Das Jahr 1945 in der Tschechoslowakei

Das Jahr 1945 in der Tschechoslowakei

Internationale, nationale und wirtschaftlich-soziale Probleme

Unter Mitarbeit von

MARTIN K. BACHSTEIN, KARL BOSL, DETLEF BRANDES, PETER BURIAN, FRITZ PETER HABEL, JÖRG K. HOENSCH, HANS KAISER, PETER KRÜGER, HEINRICH KUHN, LADISLAV LIPSCHER, FERDINAND SEIBT und HELMUT SLAPNICKA

herausgegeben von

KARL BOSL

Vorträge der wissenschaftlichen Tagung des Collegium Carolinum in Bad Wiessee vom 26. bis 29. November 1970

R. OLDENBOURG MÜNCHEN WIEN 1971

Für Form und Inhalt der einzelnen Beiträge tragen die Verfasser die Verantwortung.

Gesamtherstellung: Druckerei Georg Appl, 8853 Wemding
Umschlag- und Einbandgestaltung: Gerhard M. Hotop, München

ISBN 3-486-43451-9

INHALT

Ferdinand Seibt

VON REGENSBURG BIS POTSDAM

Ein Versuch über Grenzen und Friedensschlüsse 1803–1945

I.

Unter den Grundkategorien der Zeit und des Raumes soll der Historiker die Veränderung der menschlichen Dinge erforschen, aber seltsamerweise ist seine Aussage bis zum heutigen Tag immer wieder vornehmlich an der zeitlichen Koordinate ausgerichtet. Zwar hat uns die moderne Landesgeschichte in den letzten Jahrzehnten schon einige Lehren über die Bedeutung der räumlichen Komponente erteilt[1]; zwar hat man sich seit der Jahrhundertwende systematisch um Geopolitik bemüht. Aber diese Unternehmungen werden vielfach als Fragestellungen allzu isoliert betrachtet, während doch das Schicksal der großen und kleinen menschlichen Gemeinschaften immer wieder in seinen räumlichen Beziehungen, Bedingungen, Möglichkeiten und Grenzen gesehen werden will.

Die Grenzen: ich will hier versuchen, an der handgreiflichen Version dieses Begriffs einige Erwägungen anzuknüpfen. Es geht um die Staatsgrenzen in Mitteleuropa in einer Zeit, die man als ausgeprägte Epoche nationalstaatlicher Souveränität bezeichnen kann. Es geht dabei um eine interessante Phase der Entwicklung der Territorialgrenzen zwischen Herrschaftsgebilden überhaupt: Im 19. Jahrhundert nämlich vollzieht sich der Übergang von der Grenzdefinition aus jahrhunderte-, ja jahrtausendealten dynastischen Voraussetzungen, die „Land und Leute" an eine Herrschersippe und ihr Erbrecht banden, zum Abstraktum aus demokratischer Mitbestimmung, und im 20. Jahrhundert schließlich scheitert dieses Postulat unseres Demokratisierungsprozesses in Mitteleuropa, in Vietnam und in Korea ganz exemplarisch, ohne daß hier irgend ein Ausweg anzubieten wäre, als der aus machtpolitischer Faktizität.

Zur Anschaulichkeit beziehe ich mich auf einige Darstellungen aus Geschichtsatlanten für den Schulunterricht. Da ist zunächst einmal ein Bild von der mitteleuropäischen Staatlichkeit um achtzehnhundert aufschlußreich[2]. Sprechend ist schon der erste Eindruck. Es zeigt die Vielfalt der großen und kleinen weltlichen und geistlichen reichsunmittelbaren Territorien und der fünfzig Reichsstädte zwischen den wenigen größeren Machtblöcken der Fürstentümer, insgesamt rund zweihundert reichsunmittelbare Herrschaftsbildungen. Für die moderne Aufgabenstellung von Zentralisierung, Rationalisierung, Verwaltungsvereinfachung bringt dieses Bild leicht den Eindruck, den die Historiographie des deutschen Nationalstaats im späteren 19. Jahrhundert geflissentlich kultivierte: nicht nur Vielfalt, sondern Unübersichtlichkeit, ja Wirrwar.

---

[1] Beispielhaft: K. Bosl: Franken um 800. 2. Aufl. München 1969.

[2] Vgl. etwa die Karte: Mitteleuropa 1789, Neuer Geschichts- und Kulturatlas, Harms Unterrichtswerk, bearb. v. H. Zeissig u. a., Frankfurt 1950, S. 84–85.

Der größte Länderblock, der sich da unter den vielen kleinen und kleinsten Schollen von Süden nach Norden vorschiebt, bis in die Mitte des Kartenbildes, bezeichnet den habsburgischen Herrschaftsbereich. Er umfaßt das Königreich Böhmen, Mähren, Vorderösterreich und die österreichischen Erblande; er erstreckt sich von der Adria bis an den nördlichen Rand der Mittelgebirgsschwelle. Allerdings ist dieser Block nicht ganz ohne Konkurrenz. Nördlich davon hat sich, auf den meisten Karten mit unterschiedlichen Bezeichnungen, die Kurmark Brandenburg mit dem Königreich Preußen und den schlesischen Fürstentümern zu einem ausgelappten Ganzen zusammengeschlossen, das von der Memel bis über die Elbe hin und nach Südosten bis zum Oberlauf der Oder reicht, und es ist nicht unbedingt surrealistische Phantasie, aus seinen Formen zu lesen, daß es der habsburgischen Ländermasse Widerpart halten möchte. Mit seinen beiden Flügeln an der Ostseeküste und am Oderlauf wirkt es dynamischer als der in sich geschlossene Habsburger Block. Sein Zentrum hat Brandenburg-Preußen zwar ein gutes Stück weiter nördlich, aber der schlesische Arm reicht unmittelbar an die Habsburgerherrschaft heran, zum Kontakt im machtpolitischen Kräftespiel.

Die Karte zeigt uns noch einen dritten Länderblock von bemerkenswertem Ausmaß. Er ist in der Geschichtsschreibung des 19. Jahrhunderts weit zurückgetreten und wir haben ihn heute fast vergessen. Zu Unrecht. Wie ein Puffer und Isolator schiebt er sich an der Elbe zwischen Böhmen und Brandenburg, und gerade diese Rolle hatte er jahrhundertelang in der Geschichte immer wieder bewahrt. Aber dieser Raum des sächsischen Kurfürstentums war nicht nur defensiv, sondern versuchte sich auch in der Rolle einer ostmitteleuropäischen Großmacht. Der sächsische Kurfürst trug früher eine Königskrone als sein brandenburgischer Standesgenosse, er trug die Krone von Polen, noch ehe sich der Nachbar im Norden eine preußische Krone ausgedacht hatte. Zwei, drei Generationen war Sachsen daraufhin in der ersten Hälfte des 18. Jahrhunderts tatsächlich ein aktives politisches Zentrum. Um achtzehnhundert ist es von dieser Rolle bereits wieder abgedrängt. Immerhin reicht es damals noch vom Erzgebirge bis an die Schwelle von Magdeburg. Zwar regiert der sächsische Kurfürst nicht mehr als König von Polen, aber der Abstieg Sachsens in der deutschen Politik steht erst noch bevor.

Nur das bayerische Kurfürstentum verdient nach dem Kartenbild außerdem noch als größeres deutsches Territorium Erwähnung, getrennt von seinen rheinpfälzischen Besitzungen, aber gerade deshalb womöglich fähig, ein Kraftfeld von größeren Potenzen aufzuladen als die anderen süddeutschen Herrschaftsgebiete.

Das ist der Stand der Dinge um achtzehnhundert. Gerade da hatten sich zwei Pole im politischen Kraftfeld ausgebildet, westlich und östlich von Mitteleuropa, bereit, den Zwischenraum gewaltig zu verändern. Im Grunde war Mitteleuropa dabei in dieselbe Lage geraten, die ein, zwei Generationen zuvor das alte Königreich Polen zertrümmert hatte, zerrissen zwischen den Anrainern Rußland, Preußen und Österreich. Das revolutionäre Frankreich unter der Führung Napoleons hatte sich nämlich mit der konservativsten europäischen Macht seiner Zeit, mit dem russischen Zarentum, über eine Neuordnung Mitteleuropas geeinigt, hatte Preußen für seine Pläne gewonnen und den österreichischen Widerstand dadurch isoliert. Man konnte zwar die deutschen Fürstentümer nicht geradewegs teilen wie die polnische Adelsherrschaft, sondern mußte mit der alten imperialen Weisheit in Mitteleuropa Politik machen. Deshalb sollte auch eine Reihe von Mittelstaaten entstehen, die möglicherweise als Konkurrenten im österreichisch-preußischen Dualismus auftreten konnten, nämlich Baden, Bayern, Sachsen, Württemberg, dazu noch im ersten Ansatz ein neuen Kurfürstentum Mainz[3]. Man ist versucht, an Churchills Idee von 1945 zu denken, mit einer Reihe süddeutscher, mittelgroßer Staaten ein neues mitteleuropäisches Kräftegleichgewicht auszuhandeln. Diplomatische Form gewann die Unternehmung durch den sogenannten Reichsdeputationshauptschluß in Regensburg vom Februar 1803.

Das alte deutsche Kaiserreich gewann damit in den letzten Monaten seiner Existenz noch einmal eine neue Gestalt. Der Vorgang ist, wie ich finde, von unserer Geschichtsschreibung noch viel zu wenig beachtet worden. Es gibt bis heute noch keine wissenschaftliche Monographie darüber. Und doch hat das Ereignis kaum eine Parallele in der europäischen Geschichte, von ihren antiken Ursprüngen bis heute. Man beschloß auf einem Reichstag, 112 bislang reichsunabhängige Gebiete aufzulösen und sie in irgendwelche andere herrschaftliche Bindungen zu bringen; man disponierte über die fünfzig reichsunmittelbaren Städte in Deutschland und ließ nur noch die sechs größten unter ihnen in ihrer politischen Unabhängigkeit bestehen; man beschloß solche Grenzveränderungen, daß rund drei Millionen Menschen ihre Obrigkeit wechselten, das war rund ein Achtel aller Einwohner des alten Reiches. Man beschloß andererseits aber zugleich die Bildung einiger neuer Staaten und meist eine bis dahin in den politischen Ambitionen unerhörte Arrondierung bestehender Fürstentümer. Der Vorwand für diese Entscheidung war eine Kette von Niederlagen gegen die expansive Französische Revolution, in der man das Reichsgebiet links des Rheins verloren hatte. Man wollte die Verlustträger rechts des Rheins durch die Aufhebung der vielen nichtfürstlichen weltlichen Herrschaften, der Reichsstädte und Reichsdörfer entschädigen und durch die Säkularisation sämtlicher geistlicher Herrschaften, bisher von Bischöfen, Äbten, Pröpsten und Äbtissinnen regiert. Die Entschädigung war vielfach größer als der Verlust. Württemberg erhielt das Vierfache, Preußen das Fünffache, Baden gar das Achtfache seiner linksrheinischen Besitzungen. Habsburg gehörte seit geraumer Zeit schon zu den Objekten der französischen Offensive, ihm wurde als dauernder Gewinn nur das Fürstbistum Salzburg zugeschlagen. Auch Bayern war zunächst schlecht entschädigt. Aber das konnte es gleich in der Folgezeit im festeren Bund mit der französischen Politik mehr als wettmachen.

Das Beispiel zeigt, daß nicht nur die reich Entschädigten schnell für die französische Politik gewonnen waren; auch die Erwartungen vermochten zu binden. Und außerhalb der Fürstenhöfe war die deutsche Öffentlichkeit durchaus geteilter Meinung über den Vorgang, sah ihn nicht nur mit dem bayerischen Historiographen Lorenz Westenrieder als einen ungeheueren Rechtsbruch gegenüber der Kirche und als Gefährdung der kulturellen Weiterentwicklung an[4] und war nicht mit dem

---

[3] M. Braubach: Von der französischen Revolution bis zum Wiener Kongreß. In: Bruno Gebhardt, Handbuch der deutschen Geschichte. Bd. 3. 9. Aufl. Hrsg. v. H. Grundmann. Stuttgart 1970, S. 31 f.

[4] L. Westenrieder: Handbuch der baierischen Geschichte. Nürnberg 1820, S. 610–622.

Reichsfreiherrn vom Stein unter Protest doch zum persönlichen Opfer bereit[5]; sie war auch mit dem größten deutschen Philosophen jener Tage, mit Friedrich Wilhelm Hegel, davon ausgegangen, das alte Reich sei kein Staat mehr gewesen, denn nach dem „Wesen der deutschen Verfassung" habe die Gerechtigkeit des Reiches nur darin bestanden, sorgsam darüber zu wachen, daß dem Staat keine Gewalt übrigbleibe[6]. Wir sehen: das alte Reich vermochte keine politischen Zielvorstellungen mehr zu wecken, und das Beispiel Steins zeigt uns, daß nicht einmal alle persönlich Betroffenen uneingeschränkt dafür eintreten wollten.

Man hat für diesen Untergang eines großen Herrschaftsgebildes oft den biologischen Vergleich des Welkens und Absterbens bereit, aber er führt leicht zu falschen Suggestionen. Jedenfalls sind die anderen europäischen Großreiche auf andere Art zugrunde gegangen. Das Oströmische Reich wurde von den Türken erobert, das Weströmische war nach schweren Wirtschaftskrisen von den Germanen unterwandert, zum Teil aber auch von ihnen weitergetragen worden. Das berühmte Ancien régime starb in einer Revolution ebenso wie das berühmte alte Zarenreich, und auf eine vergleichbare Weise ging etwas später auch die Habsburgerherrschaft zugrunde. Das alte deutsche Kaiserreich aber war 1803 eigentlich noch von keinem Feind besiegt, es hatte in den letzten Reichskriegen nicht mehr als seine Schwäche demonstriert. Die großen Siege Napoleons bei Austerlitz, bei Jena und Auerstädt standen noch unter dem Horizont. Das alte Reich steckte auch in keiner Wirtschaftskrise und trotz einiger deutscher Jakobiner war es von keiner Revolution bedroht. Es starb – und das ist eigentlich unerhört – vielmehr an einer Evolution. Ohne Geringschätzung der äußeren Anstöße kann man vielleicht sagen, es überwand sich selbst. Die Mitglieder des Ausschusses, der den Reichsdeputationshauptschluß verabschiedete, waren Fürsten des alten Reiches, vier Kurfürsten, vier Mitglieder des Fürstenrates, davon zwei Geistliche. Sie hielten ihr Werk nicht für eine Auflösung, sondern für eine grundlegende Reform. Die Staatsgebilde, die um das Achtfache, das Fünffache oder auch nur um die Hälfte ihrer Gebietsverluste entschädigt wurden, zeigten sich in den nächsten Jahren von ungeheuerer Vitalität. Aber sie waren so gewachsen und so geformt als alte, als tragende Glieder des Reiches.

Man hat gesagt, daß demgegenüber die alten geistlichen Herrschaften, insgesamt in unserer Karte eine verhältnismäßig große Fläche, morsch und liquidationsreif gewesen seien. Auch dies ist mindestens eine Verallgemeinerung aus liberalem und nationalem Vorurteil. Die geistlichen Herrschaften hatten, zum Teil in den letzten Jahrzehnten, ihre Verwaltung modernisiert und waren im Zug der Aufklärung des späten 18. Jahrhunderts auch ziemlich rege am geistigen Leben Deutschlands beteiligt. Eine Welle von Universitätsgründungen war von ihnen getragen worden. Die katholischen Universitäten Bonn, Dillingen, Erfurt, Fulda, Paderborn und Salzburg gingen nun zugrunde. Bekannt ist der Verlust durch die Säkularisierung der geistlichen Bibliotheken, die nicht immer zu einem so glücklichen Ende fand, wie in der bayerischen Bibliotheksverwaltung. Auch der Abbruch der Klosterkultur war – im kleinräumigen wie im großräumigen Überblick – ein Verlust, der nicht

---

[5] Braubach 66.

[6] F. W. Hegel: Die Verfassung Deutschlands. Berlin 1893 (geschrieben 1802).

leicht kompensiert wurde. Am Ende spricht die Regionalgeschichte heute freilich von einer Entlastung durch die Säkularisation[7].

II.

Die neuen, die säkularisierten und emanzipierten, die rationalistisch von Montgelas in Bayern, von Reitzenstein in Baden, von König Friedrich in Württemberg umgestalteten Staaten zeigten in den nächsten Jahren bei äußerster Vitalität und Zentralisierung beachtliche Anziehungskraft auf ihre neuen und alten Untertanen und, zum guten Teil als Nutznießer Napoleons, Ausdehnungskraft gegenüber ihrer Nachbarschaft. Sie überlebten den Sturz Napoleons ähnlich wie Preußen, dessen innere Reform zwar mehr in sich trug von fruchtbarem Konservatismus, dessen Außenpolitik gleichermaßen erfolgreich lavierte. Die Landkarte von 1815 zeigt mit einem Schlag, daß sich das Kaleidoskop des alten Bildes zu wenigen überschaubaren Ordnungspunkten formiert hatte[8]. Heinrich von Treitschke sprach später verächtlich von „Zufallsstaaten". Bismarck aber, der Schöpfer des deutschen Nationalstaates, sah die Entwicklung einfühlsamer als der sächsische Panegyriker des deutschen Nationalismus und verstand sie auch gewinnender zu formulieren. Er sprach, in versöhnlicher Dialektik, von der notwendigen Flurbereinigung für die kommende deutsche Einigung.

In dieser Flurbereinigung hatte sich Bayern nun zu einem respektablen Mittelstaat entwickelt. Aber Preußen hatte die beste Position gewonnen. Links und rechts des Rheins hatte es seine alten Brückenköpfe zu vier bedeutenden Provinzen ausgebaut und noch mehr: Preußen wurde „der Zusammensetzung seiner Bevölkerung nach ein in viel höherem Maße deutscher Staat, als es das alte Preußen vor dem Krieg von 1806/07 gewesen war". So urteilen die Nachfahren der preußischen Geschichtsschreibung heute in der DDR[9]. Preußen war zuvor ein überwiegend ostmitteleuropäischer Staat gewesen, ostelbisch, mit einem namhaften Anteil nichtdeutscher Bevölkerung: polnischer, masurischer. Nun aber hatte Preußen einen guten Teil seiner Untertanen und bald auch seiner wirtschaftlichen Aktivität im westlichen Mitteleuropa gewonnen. Auch Baden, Bayern und Württemberg sind mit Recht als „neue Staaten" bezeichnet worden[10].

Die Karte zeigt: stabil, unverändert in seinen alten Grenzen und Positionen blieb am Ende nur der habsburgische Herrschaftsblock. An seiner Nordgrenze erkennen wir die einzige unter den aktiven Mächten des letzten Jahrzehnts, die das große Spiel um und mit Napoleon verloren hatte: Sachsen. Die sächsische Diplomatie war etwas weniger wendig als etwa die bayerische gewesen, die gerade noch eine Woche vor der Völkerschlacht zu Leipzig von Napoleons Seite abgesprungen war und sich zu Metternich und zu den Preußen geschlagen hatte. In französi-

---

[7] H. Witetschek: Studien zur kirchlichen Erneuerung im Bistum Augsburg in der ersten Hälfte des 19. Jahrhunderts. Augsburg 1965, S. 3.

[8] Vgl. etwa die Karte: Mitteleuropa 1815–1866, Neuer Geschichts- und Kulturatlas, Harms Unterrichtswerk 1950, S. 90–91.

[9] Hdb. d. Dt. Geschichte, Berlin 1965, S. 140.

[10] W. Mommsen: Geschichte des Abendlandes von der Französischen Revolution bis zur Gegenwart 1789 bis 1945. 2. Aufl. 1960, S. 98.

scher Loyalität war der König von Sachsen bei Leipzig in Gefangenschaft geraten und blieb da zwei Jahre lang. Sein Land wurde besetzt, auf Sachsen konzentrierte sich der antinapoleonische Zorn und man könnte meinen, die allzu treue Gefolgschaft für einen großen Bundesgenossen sei heute noch in Erinnerung. Jedenfalls verlor Sachsen seine Nordregion zwischen Torgau, Wittenberg und Jüterbog, es wurde ein Kleinstaat, seine Kraft lag fortan eher in der wirtschaftlichen Regsamkeit seiner Bürger als in der politischen Regsamkeit seiner Minister. Daß es 1866 noch einmal zu den Verlierern zählte, nahm man danach kaum mehr zur Kenntnis.

Die Wiener Schlußakte von 1815 bedeutete innerhalb Deutschlands einen Schlag gegen alle möglichen Hoffnungen, die sich in dem Jahrzwölft seit dem Reichsdeputationshauptschluß noch gehalten hatten. Wieder reicht die Skala vom Reichsenthusiasmus des Freiherrn vom Stein, der 1812 einen Neubau doch zugleich als Renovierung verstanden hatte, bis zum Ressentiment der künftigen deutschen Standesherrn, nämlich der reichsunmittelbaren kleinen Herrschaftsträger, die, 1803 entmachtet, danach mit dem übrigen landsässigen Adel in Deutschland von den generellen Privilegienverlusten im Zuge zivil- und staatsrechtlicher Neuerungen betroffen, doch noch eine Restauration erwartet hatten und diese Hoffnung mindestens bis um die Jahrhundertmitte pflegten[11]. Die neue und 1815 unter dem Protektorat der Heiligen Allianz in Deutschland endgültig stabilisierte Ordnung bedeutete aber auch einen Schlag gegen den politischen Katholizismus, von dem er sich nie mehr erholen sollte. In mancher Hinsicht war damit auch im katholischen Bereich die Struktur der Kirche so sehr verändert, wie im evangelischen durch die Reformation, unter allen möglichen Gesichtspunkten. Die Kirche war nun nach ihrer ökonomischen Entmachtung aus dem Zeitalter des Feudalismus herausgetreten; die gesellschaftlichen Konsequenzen davon dauern noch heute an.

Die neue Ordnung traf aber auch den Kompromiß, der 1555 den Reformationsprozeß stabilisiert und die religiöse Einheit der absolutistischen Fürstentümer ermöglicht hatte. Das ist jene Rechtsvereinbarung, welche spätere Juristen in den Merksatz kleideten: „cuius regio eius religio“. Die staatliche Souveränität des 19. Jahrhunderts nahm keine Rücksicht mehr auf diese klare Konsequenz der absoluten Fürstenherrschaft. Die neue Grenzziehung schuf konfessionelle Minderheiten in bunter Folge, besonders im Süden und im Westen Deutschlands, so wie schon Preußen mit seinen schlesischen und polnischen Erwerbungen zum bikonfessionellen Staat geworden war. An die Stelle des alten Konfessionszwanges trat nun aber die deklarierte Toleranz, freilich nur, wie man längst beobachtet hat, von Staats wegen. Denn die konfessionelle Zusammengehörigkeit bildete und bildet noch immer mit lockeren Fäden ein besonderes gesellschaftliches Gewebe, während andererseits diese Staatstoleranz weit entfernt war von christlicher Duldung, besonders auch gegenüber den jüdischen Gemeinden, die bis weit ins 19. Jahrhundert hinein unter diffamierenden Beschränkungen der staatsbürgerlichen Freiheiten litten[12].

---

[11] H. Gollwitzer: Die deutschen Standesherren. Die politische und gesellschaftliche Stellung der Mediatisierten 1815–1918. 1957.

[12] Das beleuchtet für den Bereich des westlichen Preußen demnächst zum Beispiel eine Arbeit von H. Herzig: Die Emanzipation der Juden in Westfalen.

Bekannt sind politische Reaktionen größerer konfessioneller Minderheiten unter diesen Voraussetzungen, die eine Zeitlang der katholischen Kirche in Preußen zu allgemeinen Sympathien bei den Liberalen verhalfen und die später die parteipolitische Organisation des Zentrums zur Folge hatten.

Die gesellschaftliche Neuordnung seit 1803/1815 hatte schließlich eine bislang unerhörte Aktivierung fundamentaldemokratischer Tendenzen im Gefolge, sie löste jahrhundertealte Bindungen endgültig, an denen schon das aufgeklärte Fürstentum des Spätabsolutismus vieles gelockert hatte. Sie verkündete, wenn auch das allgemeine Wahlrecht in den deutschen Einzelstaaten noch hundert Jahre auf sich warten ließ, die prinzipielle Staatsteilhabe aller Einwohner, die das absolute Fürstentum bereits zu Staatsbürgern nivellieren wollte. Sie war in dieser Hinsicht gewissermaßen der krönende Abschluß des absolutistischen Rationalismus. Hatte die neue Grenzziehung Millionen von Deutschen aus alten obrigkeitlichen und landschaftlichen Bindungen gelöst, so suchten die neuen Staatsbindungen auf alle Weise die politischen Interessen ihrer Bürger zu integrieren. Die bayerische Entwicklung gibt in diesen Jahrzehnten ein besonderes Beispiel, von der Staatspropaganda des Münchener Oktoberfestes bis zum ideologischen Konzept der Staatshistoriographie[13].

An die Stelle des alten Kaiserreiches trat der Deutsche Bund; an die Stelle des traditionellen, aber gewählten und gekrönten Reichsoberhauptes aus dem Hause Habsburg das habsburgische Präsidium auf dem Frankfurter Bundestag. Die lockere Form des Bundes war oft, und besonders nach dem Erfolg der Bismarckschen Einigungspolitik, Anlaß zu herablassenden Äußerungen in der Historiographie. Man muß dennoch hervorheben, daß dieses neue politische Bezugssystem, elastisch in seiner Lockerheit auch für den rivalisierenden Zugriff der europäischen Großmächte, durch fünfzig Jahre lang den Frieden in sich und in Europa erhielt, länger also, als das der Staatsschöpfung Bismarcks bei ihrer „latenten Hegemonialpolitik" (Schieder) möglich war. Man kann zudem mit Franz Schnabel davon sprechen, daß der Deutsche Bund in sich dabei noch immer eine stärkere staatliche Konzeption darstellte, als sie das alte Kaiserreich bis zum Jahr 1804 geboten hatte.

III.

Die Neuordnung von 1803 entsprang einer Reaktion der Kräfte des alten Reiches auf außenpolitischen Druck aus französisch-russischem Zusammenspiel; der Wiener Kongreß von 1815 verdankte bekanntlich der russisch-österreichischen Kooperation maßgebliche Direktiven; die preußische Politik gegen den Deutschen Bund von 1866, die preußische Wendung gegen Frankreich schließlich entfaltete sich mit russischer Duldung und sogar mit russischer Rückendeckung[14]. Das Kräfte-

---

[13] K. Bosl: Die historische Staatlichkeit der bayerischen Lande. ZBLG 25 (1962). – F. Seibt: Die bayerische „Reichshistoriographie" und der deutsche Nationalstaat 1806–1918. ZBLG 28 (1965). – Th. Schieder: Partikularismus und Nationalbewußtsein im Denken des Vormärz. In: Staat und Gesellschaft im deutschen Vormärz 1815–1848. (1962), S. 9ff.

[14] Th. Schieder: Vom Deutschen Bund zum Deutschen Reich. In: Bruno Gebhardt, Handbuch der deutschen Geschichte. Bd. 3. Stuttgart 1970, S. 210.

spiel in Mitteleuropa konnte niemals von der effektiven Mittellage dieses Raumes absehen, die aber nicht von Nord oder Süd, sondern allein von der Ost-West-Komponente bestimmt wurde.

Wie hatte sich 1871 nun die mitteleuropäische Landkarte verändert[15]? Das neue deutsche Kaiserreich von 1871 besaß noch immer eine föderalistische Struktur. Aber die Zahl der Mitglieder dieses Bundes hat sich noch weiter verringert, ihr Herrschaftsgebiet noch weiter ausgedehnt. Am weitesten auf diesem Weg war Preußen selbst gediehen. Es hatte seit 1614 am Rhein Fuß gefaßt, diesen Brückenkopf zwischen 1803 und 1815 ganz erheblich erweitert, aber bislang noch keine Landverbindung von Berlin nach Köln gefunden. Dieser Mangel, diese förmlich mittelalterliche Struktur eines Streubesitzes war nun beseitigt. Von Tilsit bis nach Aachen dehnte sich preußisches Staatsgebiet, nicht nur in ununterbrochener Landverbindung, sondern auch mit großen Gewinnen im nördlichen Westen, hatte doch Preußen 1866 das ganze Königreich Hannover geschluckt und dazu noch das Kurfürstentum Hessen. Eigentlich war Preußen durch diesen Zuwachs an Land und Bevölkerung nicht mehr bündnisfähig. Denn allein die Landkarte wies schon aus, was die Staatsstruktur in mancher Weise bestätigte: das neue deutsche Kaiserreich stand unter preußischer Vormacht. Eine solche Konstruktion ist unter politischen Strukturen freilich nicht gerade unerhört, aber sie schafft stets Ressentiments und Spannungen, die bei uns schließlich heute noch, rund eine Generation, nachdem auch die letzte Erinnerung an dieses Staatsgebilde getilgt ist, die öffentliche Meinung beeinflussen und die Historiographie.

Im übrigen sind von den 36 Fürstentümern des Deutschen Bundes von 1815 nurmehr 22 wiederzufinden; von den sechs freien Städten gab es nurmehr drei. Trotz des sorgfältig theoretisch bewahrten Legitimitätsprinzips des Fürstenbundes in dieser Staatskonstruktion ist also ein Zug zur Großräumigkeit, zur Zentralisation unverkennbar. Nur ein einziges Reichsland wurde vom Kaiser in dieser kaiserlichen Eigenschaft unmittelbar regiert, Elsaß-Lothringen, während alle anderen Gebiete ihren „angestammten Fürstenhäusern" oder dem Rat der freien Reichsstädte unterstanden. Dieses Legitimitätsprinzip erforderte auf der anderen Seite eine Konzession an den Grundsatz der Volkssouveränität zum Zusammenschluß des Ganzen. Denn der Kaiser, das hatte die partikularische Geschichtsschreibung der Zeit sofort richtig verstanden, war nach den Grundsätzen des alten Rechts nicht gleichermaßen legitimiert wie die alteingesessenen Dynastien. Also wurde für das Reichsganze neues Recht bemüht, liberale Ideologie, und das Deutsche Reich von 1871 zählte zu den ersten europäischen Staaten mit allgemeinem Wahlrecht, wenn auch nur für Männer, und für einen Reichstag mit beschränkten und nur innenpolitischen Zuständigkeiten.

Dieses Reich deklarierte sich als nationaler Staat. Die Karte widerlegt diese Selbstbezeichnung. Das alte Reich und der Deutsche Bund hatten tatsächlich nach Hoffmann von Fallersleben „von der Maas bis an die Memel, von der Etsch bis an den Belt" sich ausgedehnt und in diesem Bereich zwar erhebliche nationale Min-

[15] Vgl. etwa die Karte: Die deutschen Bundesstaaten 1871 bis 1818, Neuer Geschichts- und Kulturatlas, Harms Unterrichtswerk 1950, S. 101.

derheiten, aber jedenfalls auch so ziemlich alle Deutschen eingeschlossen. Das neue Reich von 1871 hatte bekanntlich durch den Verzicht auf die Habsburgerländer das eine Ziel nicht erreicht und doch den anderen Fehler nicht vermieden. Dänen, Polen und Elsaß-Lothringer bekannten sich durch ihre Abgeordneten im Reichstag als fremdnationale Minderheiten. Die sächsischen Sorben hatten nicht einmal diese Möglichkeit der Selbstbestimmung.

Aber der reine Nationalstaat ist gegenüber der europäischen Geschichte ohnedies ein Abstraktum des politischen Rationalismus. Minderheiten sind im ganzen durchaus für übernationales staatliches Gemeinschaftsempfinden zu gewinnen und bleiben doch relativ stabil. Nicht auf der nationalen, sondern auf der sozialen Ebene lag das große Eingliederungsproblem des Deutschen Reiches von 1871, und mit dieser Entwicklung macht uns wenigstens in Grundzügen eine Karte der Bevölkerungsentwicklung im 19. Jahrhundert bekannt[16].

IV.

Deutschland hatte das ganze 19. Jahrhundert hindurch einen ungeheueren Abfluß der Bevölkerung durch Auswanderung. Rund 100 000 Menschen verließen jährlich als Auswanderer die deutschen Fürstentümer. Das ist etwa das Dreifache der italienischen Auswanderung in der ersten Hälfte unseres Jahrhunderts, die man gemeinhin für exemplarisch ansieht. Dieser Strom verhielt einen Augenblick während der Revolution, sank um die Hälfte zurück, stieg aber in den Folgejahren mit den Enttäuschten und Verfolgten um ein Vielfaches an. Allein aus Baden sind im Jahr der Niederlage der Revolution 1849 nicht weniger als 80 000 Menschen ausgewandert und insgesamt haben damals eine viertel Million Deutsche ihre Heimat verlassen, meist auch zugleich den europäischen Kontinent. Auch nach der Gründung des neuen Staatswesens 1871 hielt die Auswanderungswelle noch an. Sie versiegte erst 1893, eben nicht aus außenpolitischen Gründen, sondern im Zusammenhang ökonomischer und gesellschaftlicher Entwicklungen, die sie auch ausgelöst hatten. Der Eigenbedarf in der deutschen Industrie auf dieser, und das Ende der Landnahmeperiode auf der anderen Seite des Atlantischen Ozeans ließen die Auswandererzahl „schlagartig" auf ein Drittel zurückfallen[17].

Inzwischen hatte sich die deutsche Bevölkerungsstruktur aber entscheidend gewandelt. Lebten 1871 nur 36 % der Bevölkerung, nur ein Drittel, in den Siedlungen mit mehr als zweitausend Einwohnern, so war das um die Jahrhundertwende schon beinahe die Hälfte. Und obwohl die Siedlungsgröße von zweitausend Einwohnern noch lange keine agrarische Lebensweise ausschließt, war um die Jahrhundertwende doch nur ein Drittel der Beschäftigten in der Landwirtschaft tätig, rund 44 % aber in der Industrie, ein Zahlenverhältnis, das in der deutschen Nachbarschaft, in der habsburgischen Monarchie, nur innerhalb der böhmischen

---

[16] Vgl. etwa die Karte: Wachstum der Bevölkerung, Westermanns Atlas zur Weltgeschichte, Teil III, bearbeitet von W. Trillmich und G. Czybulka, Braunschweig 1953, S. 141.

[17] K. E. Born: Von der Reichsgründung bis zum Ersten Weltkrieg. In: Bruno Gebhardt, Handbuch der deutschen Geschichte. Bd. 3. Stuttgart 1970, S. 241.

Provinz Vergleichbares hatte[18]. Die deutsche Bevölkerungskarte aber war währenddem gründlich umgestaltet worden, nicht nur durch die Auswanderung, die sich nicht so leicht im Bilde darstellen läßt, als vielmehr durch eine Binnenwanderung von ganz erheblichem Effekt. Es handelt sich insgesamt um eine Entwicklung, die schon vor mehr als hundert Jahren einen Trend weckte, der 1945 schließlich in der deutschen Katastrophe einen beinahe absoluten Effekt errang, die deutsche Westwanderung.

Allein im Königreich Preußen wanderten zwischen 1840 und 1933 nicht weniger als viereinhalb Millionen Menschen aus den Ostprovinzen ab. Nur eine und eine halbe Million davon wählte den Weg nach Übersee. Drei Millionen blieben im Land und formierten die gewaltige Umstrukturierung, die Hermann Aubin 1930 mit aufschlußreicher Statistik demonstrierte[19].

Die Karte zeigt uns zwei Ballungsgebiete im mittleren und im westlichen Raum des deutschen Kaiserreichs, zwei Bevölkerungsschwellen, um mit Hermann Aubin zu sprechen, die den Bevölkerungsabfluß aus dem Osten an sich zogen: das Industriepotential um Berlin, fortgesetzt in den Ballungsräumen um Halle, Leipzig und im sächsischen Vorland des Erzgebirges, bildete eine Mittelschwelle, die Bevölkerungskonzentration an Rhein und Ruhr formte den Schwerpunkt der Zuwanderung nach dem weiteren Westen. Auch Oberschlesien erwies sich anziehungskräftig, aber nach dem Stand seines industriellen Ausbaus nicht im gleichen Maß. Hermann Aubin betrachtete diese Entwicklung 1930 mit Sorge. Er konnte nämlich zeigen, daß der Bevölkerungsabfluß aus dem östlichen Deutschland auch eine gewisse Entleerung an wirtschaftlicher und an kultureller Dichte nach sich zog, und versuchte das in Schaubildern an Universitäten, Theatern und Ausbildungsstätten deutlich zu machen. Der wirtschaftlichen Anziehungskraft agrarischer Expansion waren die Vorfahren der Deutschen im östlichen Mitteleuropa einst nach dem Osten gefolgt. Der wirtschaftlichen Anziehungskraft des Westens, des fernen amerikanischen Westens in der Pionierzeit und des deutschen industriellen Westens an Saale, Elbe, Spree und Ruhr in der Gründerzeit, folgte ein guter Teil von ihnen im 19. und 20. Jahrhundert in umgekehrter Richtung, ehe die wirtschaftsfremde Zielsetzung von Blut und Boden in der nationalsozialistischen Politik und schließlich die Katastrophe des Krieges einen vielleicht allmählich ausgleichenden Westtrend zunächst diktatorisch stoppten und dann in einem blutigen Transfer vollendeten.

V.

Die Vertragswerke von 1919 haben die europäische Landkarte bekanntlich von Grund auf umgestaltet und auch das europäische Staatensystem auf ganz andere Abhängigkeiten eingestellt[20]. 1815 hatte man das berühmte europäische Gleichge-

---

[18] F. Seibt: Zur Sozialstruktur der Ersten ČSR. In: Beiträge zum deutsch-tschechischen Verhältnis im 19. und 20. Jahrhundert. München 1967, S. 111–125 (Veröffentlichungen des Collegium Carolinum 19).

[19] H. Aubin: Deutschland und der Osten. Deutsche Rundschau (1930) 18.

[20] Vgl. etwa die Karte: Die Friedensschlüsse von Versailles und St. Germain und Trianon und ihre Auswirkung auf Deutschland und Habsburg-Österreich, Neuer Geschichts- und Kulturatlas, Harms Unterrichtswerk 1950, S. 111.

wichtssystem, seit dem 17. Jahrhundert bereits staatstheoretisch formuliert, unter starker englischer Anteilnahme ins Lot gebracht und auch 1871 war es nur gefährdet worden, nicht aufgehoben. Jahrelang hatte es Bismarck verstanden, die tatsächliche deutsche Machtstellung einer diplomatischen und später militärischen Auseinandersetzung zu entziehen. Deutschlands Weltmachtpolitik gegen Ende des 19. Jahrhunderts war natürlich nicht geeignet, diese Machtverhältnisse noch länger im Hintergrund zu halten, und sie war andererseits nicht imstande, sich der Allianz der übrigen Teilnehmer des europäischen Konzerts gegenüber zu behaupten. Insofern hatten die Alliierten im Ersten Weltkrieg ein gutes Teil traditioneller europäischer Gleichgewichtspolitik auf ihrer Seite. Ein anderes Argument aus der europäischen Generalentwicklung bildete die Kriegszielideologie bekanntlich erst allmählich aus nach dem Eintritt Amerikas in die Allianz und dem Austritt Rußlands: den Kampf der Demokraten gegen die Kaiserreiche. Auf der europäischen Landkarte war die demokratische Staatsform vor 1918 nur im Westen zu finden. Danach aber beherrschte sie das Gesamtbild, und Monarchien hielten sich als Relikte nur noch am Rande.

Den Weltkrieg in seinen Ausmaßen hatte das späte 19. Jahrhundert mit dem Eintritt der USA und Japans in die große Politik längst vorbereitet, zugleich den Rücktritt des alten Europa aus seiner Führungsrolle. Dennoch ist der Friedensschluß von 1919 nach dem verärgerten Abgang des amerikanischen Staatspräsidenten Wilson schließlich doch noch einmal in europäischer Beschränkung zustande gekommen, in abendländischer Beschränkung, weil ihm ja bekanntlich auch das revolutionäre Rußland fernblieb. Wieweit hatten sich nun durch diesen Friedensschluß und durch einige Reaktionen, die er unmittelbar auslöste, die politischen Grenzen verändert?

Polen war durch die Ereignisse zwischen 1919 und 1921 merklich vorgeprägt, es war weit größer geworden, als man ihm ursprünglich zugedacht hatte. Im Osten reichte es nicht weniger als 150 km über die zunächst markierte sogenannte Curzonlinie. Im Westen hatte es seine Ziele freilich nicht erreicht. Hier wollte es die historischen Grenzen vor der Teilung von 1771. Nur in Oberschlesien war es darüber hinausgelangt. Die Tschechoslowakei verfocht problematische, mindestens zwiespältige Grenzprinzipien. Das ist bekannt. Sie erhielt die historischen Grenzen im Westen, während ihr die Slowakei nach dem Prinzip der ethnischen Verwandtschaft zugeschlagen wurde.

Ungarn und nicht etwa das Deutsche Reich, das die Verluste von Versailles in kartographischer Selbstspiegelung meist etwas überhöht, war der große Verlierer des Ersten Weltkrieges. Es verlor zwei Drittel seines Umfangs, die Hälfte der Bevölkerung. Deshalb bestimmte auch der Revisionismus immer wieder seine außenpolitischen Konzeptionen bis zum Bund mit Hitler 1939.

Österreich wurde wieder auf den Ausgangsraum der habsburgischen Politik beschränkt. Es war damit im Verband der historischen Erblande nicht eigentlich beschnitten worden, es hatte sich gegen einen allzuweiten Zugriff an seiner Südgrenze gewehrt, doch wurde, nach dem rationalistischen und durchaus wirklichkeitsfremden Prinzip der Paßgrenze, die alte Grafschaft Tirol zerschlagen. Seither ist in Europa nur mehr die Schweiz in der alten Funktion eines alpinen Paßstaates noch erhalten geblieben. Für den Bestand der Ersten Österreichischen Republik bildete das aber kein Lebensproblem. Das Lebensproblem lag vielmehr in der Zentrale, in der Existenz der Riesenhauptstadt Wien, die mit ihren 2 Millionen Einwohnern wohl dem alten 55 Millionen-Reich entsprach, nun aber nicht einmal verkehrsgeographisch dem Reststaat ein angemessener Mittelpunkt war, für Wirtschaft und Bevölkerung gar ein kaum verdaulicher Brocken. Jeder dritte Österreicher war nach 1919 Wiener. Mit dem Verbot wirtschaftlicher Bindungen an Deutschland, mit dem Ressentiment besonders in der tschechischen Nachbarschaft gegen jedwede Donauföderation war diese Erste Österreichische Republik schon 1919 beinahe, wenn diese saloppe Kürzung erlaubt ist, zum Opfer Hitlers verurteilt worden. Deutschland selber, wenn man einmal nur die Landkarten vergleicht, erlitt vergleichsweise den geringsten Verlust. Es büßte aber bekanntlich durch eine verfehlte Reparationspolitik, die spät, zu spät nach einem Jahrzehnt revidiert wurde, um den ideologischen Radikalismus im Lande und um schließlich die Auswirkung der Weltwirtschaftskrise noch zu mildern.

Die deutsche Landkarte im Inneren wurde durch die deutsche Entwicklung aber kaum verändert. Vergleichen wir hier einmal die inneren Grenzziehungen Frankreichs, der Schweiz, der Niederlande oder Belgiens, die alle im Lauf der letzten hundertfünfzig Jahre tiefgreifend verändert worden sind. Revolutionen schufen die französischen Departements und fegten die alten Feudalgrenzen hinweg. Ein Bürgerkrieg veränderte das Schweizer Kantonalsystem 1847. Die Revolution von 1830 schuf das moderne Belgien. Demgegenüber sind die inneren Grenzen in Deutschland zwischen 1803 und 1919, von preußischen Erwerbungen abgesehen, verhältnismäßig stabil geblieben. Mit Ausnahme der thüringischen Flurbereinigung entsprachen sie doch noch immer den fürstlichen Dispositionen; auch, als die Fürsten gingen.

VI.

Erst das Jahr 1945 löschte die meisten deutschen Grenzen auf der Landkarte – innen wie außen[21]. Man hat den Zweiten Weltkrieg, „trotz seiner globalen Ausmaße", als einen „europäischen Krieg" bezeichnet, „in dessen Zentrum Deutschland stand"[22].

Hier ist in eine einfache Formel gebracht, daß es letztlich die unbewältigte Vergangenheit des Friedensschlusses war, die den neuen Krieg auslöste, so ähnlich wie wir heute in mancher Hinsicht uns der unbewältigten Vergangenheit der sogenannten „Goldenen zwanziger Jahre" gegenüber sehen. Der Zweite Weltkrieg war jedenfalls in vieler Hinsicht eine Überhöhung des Grauens und der Vernichtung, die der Erste schon ausgelöst hatte[23]: 1918 gab es 10 Millionen Tote; die meisten in Rußland und in Deutschland. 1945 gab es 55 Millionen Tote, die wieder meist in Rußland und in Deutschland zu beklagen waren. Es gab 1945 11 Millionen Vertriebene. 1919 war dieses Problem in Mitteleuropa jedenfalls verhältnismäßig

---

[21] Vgl. etwa die Karte: Mitteleuropa nach dem Zweiten Weltkrieg, Neuer Geschichts- und Kulturatlas, Harms Unterrichtswerk 1950, S. 118.

[22] H. Michaelis, L. Just: Handbuch der deutschen Geschichte. 1965, S. 353.

[23] Michaelis.

geringfügig; 1803 hatten 3 Millionen, wie wir uns erinnern, nicht Haus, Hof und den Boden unter ihren Füßen, sondern nur ihre Obrigkeit verlassen müssen. Es gab schließlich und endlich 1945 150 000 km² Landverlust, rund ein Viertel der gesamten Staatsfläche, doppelt soviel wie 1919. Der Rest wurde zerrissen. Die Teilungsgrenzen verlaufen von Norden nach Süden; wieder einmal erweist sich daran die Ost-West-Richtung als der bestimmende Faktor im zisalpinen Kraftfeld des alten Europa.

Der Friede von 1919 trug den Stempel eines französischen Hegemonieversuchs. 1945 wurde ein in der Weltgeschichte bisher unerhörter globaler Dualismus aus den Bestimmungen des Waffenstillstandsvertrages geboren. Insofern griff das deutsche Schicksal weit über unsere Grenzen, insofern hat sich auch bis heute ein Friedensvertrag als entbehrlich erwiesen. Das Kriegsergebnis blieb auch ohnehin im Rahmen des Weltdualismus stabil und wird es wohl so lange bleiben, als ein solcher Weltdualismus besteht.

VII.

Überlegen wir zum Schluß, was uns nach diesem kleinen Überblick die politische Landkarte lehren kann: 1) Viele Jahrhunderte lang war die Entwicklung territorialer Grenzen, im einzelnen durchaus von morphologischen Gegebenheiten abhängig, insgesamt bestimmt durch das Erbrecht im dynastischen Prinzip. Versachlicht, verdinglicht, differenziert wurde dieser Grundsatz durch das Lehensrecht, das dem Staat als Abstraktum ein gewisses Eigenrecht und einen besonderen Rechtsbereich zuerkannte. Mit der wachsenden gedanklichen Analyse der politischen Gegebenheiten geriet das Grenzprinzip aber in Bewegung, es wurde zum Problem. Man suchte die Grenzen zufälliger Herrschaftsbereiche zu objektivieren; nicht die Erbverhältnisse der Herrscherfamilien, sondern der Globus selber sollte den rechten Maßstab abgeben. Das bekannte Schlagwort von den limites naturelles trat im 18. Jahrhundert in die Diskussion, obwohl es in der Machtpolitik schon seit längerem bekannt war und in der konkreten Grenzziehung beispielsweise schon 1256 einmal erwähnt worden ist. Die Sache war also, wie oft in der Ideengeschichte, an sich nicht neu, aber nun zum Theorem geworden. Gedacht, getan – und schon erhob sich eine neue Schwierigkeit. Nicht die Erde, sondern der Wille ihrer Bewohner drängte unter den Bewertungskriterien auf den ersten Platz. Aber auch dieser Maßstab bleibt bis heute problematisch. Nach dem Majoritätsprinzip ist Selbstbestimmung immer zugleich auch Fremdbestimmung, und weil keine individuellen, sondern territoriale Probleme zur Debatte stehen, kann man sich vom Majoritätsprinzip nicht lösen.

In unserer Welt ist Nationalpolitik und Grenzpolitik inzwischen, wie alle echten Probleme der Geschichte, nicht mit Überlegenheit gelöst, sondern durch andere Fragestellungen in den Hintergrund gedrängt worden. Das gesellschaftliche Bewußtsein hat das Nationalbewußtsein an Bedeutung überholt und Kommunitäten sind uns wichtiger geworden als Grenzen und Souveränität.

2) Auch der Bezug von Grenze, Raum und staatlicher Potenz hat in unserer Zeit seinen alten Rang verloren. Zwar pflegen wir noch immer von einem weiten, von einem großen Land im Sinn von einem mächtigen, von einem starken Land

zu sprechen. Aber das ist längst eine unkritische Redensart geworden. Ich muß nicht ausführen, daß in den vielen Jahrhunderten agrarökonomischer Grundlagen für den gesamten Geschichtsprozeß die Relation zwischen Macht und Weite die größte Berechtigung hatte, wenn auch keine ausschließliche. Allein schon die Existenz und bald auch die Häufung von Städten machte diese Beziehung fragwürdig. Durch den Aufschwung der Montanindustrie wurde sie allgemein entwertet. Daß es Preußen beispielsweise gelang, am Anfang noch unbewußt, zwischen 1740 und 1815 ausgerechnet die maßgeblichen Lager von Steinkohle und Eisenerz in Deutschland zu erwerben und in seinem weitgespannten Staatswesen zu vereinigen, war für seine politische Hegemonie sicher entscheidend. Allerdings ist auch hier kein naives Bezugsdenken am Platz. Auch montanferne Industrieentwicklung ließ sich in Staatsmacht ummünzen. Das zeigt unsere neueste Wirtschaftsentwicklung. Nicht die Bodenschätze oder mindestens nicht die Bodenschätze unseres Staatswesens allein, sondern auch die hier nach 1945 zusammengepreßte Bevölkerungsballung, die potenzierte Arbeitskraft bildete unter anderem die Voraussetzung für die erstaunliche Tatsache, daß die Bundesrepublik nur mehr rund ein Drittel des alten Reichsgebietes umfaßt und dennoch dem Rang nach in der Weltwirtschaft etwa denselben Platz einnimmt, wie das größere Ganze zuvor.

3. Ich habe hier eine Reihe von Friedensschlüssen über eineinhalb Jahrhunderte hinweg sozusagen als historische Etappen vor Augen geführt als die greifbare Ursache territorialer Veränderungen. Damit habe ich natürlich nicht den gesamten Geschichtsverlauf in diesem Zeitraum erfaßt. Der breite Strom gesellschaftlicher Entwicklungen wurde dabei allenfalls hie und da sichtbar, so daß am Schluß noch ein wichtiger Bezug zwischen Friedensschlüssen und Revolutionen oder auch zwischen äußerem und innerem Krieg, wenn man will, offen bleibt. Tatsächlich sind der Bürgerkrieg und der Staatenkrieg zwei sehr feindliche Brüder. Friedensschlüsse sind Staatsaktionen und deshalb auch immer geneigt, Revolutionen zu verhindern. So wurden 1815 die Revolutionsrepubliken durch legitime Fürstentümer wieder ersetzt und die Heilige Allianz entwickelte danach ihr Interventionsprinzip; so ist auch der Friedensschluß von 1871 als die Staatsform der bisher vermiedenen Revolution bezeichnet worden, oder gar von Wilhelm Liebknecht als eine „fürstliche Versicherungsgesellschaft gegen die Demokratie“[24]. Im selben Sinn erwog man 1919 den Cordon sanitaire und mindestens bald nach 1945 den Eisernen Vorhang.

4. Die Demokratisierung Europas enterbte die Dynastien und mußte folgerecht die Kronen durch Köpfe ersetzen; die Legitimität durch Ideologie. Ein Teilproblem dieser Aufgabe steckte in den neuen Grenzen für das alte Europa, aber wir haben am deutschen Beispiel gerade gesehen, daß dieses Problem nicht diskursiv zu lösen ist. Eine gedankliche Lösung verheißt freilich noch immer diejenige Utopie, die eine Welteinheit anstrebt, nicht nur eine klassenlose Staats-, sondern auch eine staatenlose Weltgesellschaft. Weil sie die Weltenharmonie verheißt, ist sie theoretisch anziehend. Aber ihre Praxis wiche kaum ab von den alten machtpolitischen Prinzipien, denen eine jede Revolution sofort wieder verfällt, wenn sie nur selber zur herrschenden Autorität geworden ist. Das französisch-russische Bündnis

---

24 Wilhelm Liebknecht. Zitiert nach: Hdb. d. Dt. Geschichte. Berlin 1965, S. 474.

ermöglichte die Grenzveränderungen von 1803; das österreichisch-russische Einverständnis deckte die europäische Neuordnung 1815; die russische Rückendeckung ermöglichte 1871 den deutschen Vorstoß zur Hegemonie. Er fiel nach vierzig Jahren einem übergreifenden Bündnis zwischen Frankreich und Rußland zum Opfer. Der Friedensschluß von 1945 ist schließlich im Kraftfeld eines neuen Weltdualismus gestaltet. Die Argumente für die staatliche Gliederung und ihre Grenzen sind seit 1803 ganz ohne Zweifel in einen gründlichen Wandel geraten; unverändert scheint die machtpolitische Mechanik, die sich ihrer bedient.

Karl Bosl

DIE AUFTEILUNGSPLÄNE DER ALLIIERTEN IN DEN VERHANDLUNGEN VON CASABLANCA BIS ZUR POTSDAMER KONFERENZ UND DIE GRUNDTATSACHEN DER TEILUNG DEUTSCHLANDS

Am Anfang einer Tagung, die sich mit dem Jahr 1945 in der Tschechoslowakei befaßt und die internationale, nationale und wirtschaftlich-soziale Problematik dieses Ereignisses vor allem analysieren möchte, empfiehlt es sich, sich zunächst mit den Fakten und den Tatsachen zusammenhängend zu befassen, um damit eine Grundlage des Urteils und der Diskussion zu schaffen.

Die Zweiteilung Deutschlands begann 1946 und war 1949 als Prozeß im wesentlichen abgeschlossen. Einem flüchtigen Blick stellt sie sich als Folge des Auseinanderbrechens der gegen die Bedrohung Europas durch die Politik Hitlers geeinten Welt in zwei feindliche Lager dar. Auch das Beispiel Österreichs zeigt, wenigstens auf den ersten Blick, daß die Teilung keine unweigerliche Folge der Feindschaft der früheren Alliierten zu sein brauchte oder sein mußte. In Punkt 2 der Atlantik-Charta vom 14. August 1941 hatten Franklin Delano Roosevelt und Winston Churchill festgelegt: „Sie wünschen, daß keine territorialen Veränderungen zustande kommen, die nicht mit den freigeäußerten Wünschen der betreffenden Völker übereinstimmen." Punkt 3 fügte hinzu: „Sie achten das Recht aller Völker, sich diejenige Regierungsform zu wählen, unter der sie leben wollen ..." Die Wirkung der Atlantic Charta stellt man noch im sowjetisch-britischen Bündnisvertrag vom 26. Mai 1942 fest, der in Teil 2, der zunächst für 20 Jahre gelten sollte, Artikel 5 über „freundschaftliche Zusammenarbeit nach dem Kriege" festlegt: „Sie [die Vertragsparteien: also Rußland und England] werden hier beide Interessen der Vereinten Nationen berücksichtigen und in Übereinstimmung mit den beiden Grundsätzen handeln,

1. weder nach territorialen Erweiterungen für sich selbst zu streben,
2. noch sich in die inneren Angelegenheiten anderer Staaten einzumischen."

Diese ideellen Grundsätze sind nicht eingehalten worden oder konnten nicht eingehalten werden. Wer darum nach den Voraussetzungen der Teilung Deutschlands fragt, muß über das Jahr 1946 hinaufgehen und kann auch nicht bei 1941 stehenbleiben, d. h. dem Jahr, in dem die Alliierten erstmals Überlegungen über die künftige Deutschlandpolitik anstellten. Man muß eher sagen, daß die Teilung Deutschlands mit dem 15. März 1939 begann, als Hitler in Prag einmarschierte, das Münchener Abkommen von 1938 damit brach und ein fremdes Volk mitten in Europa unterwarf; war es Schwäche gewesen, die die Westmächte nach München führte, jetzt hörten Verständigung und Schwäche der Umwelt auf. Der Krieg und die in ihm angewandten Methoden – ich nenne nur die lautangekündigte „Ausradierung" von Coventry oder die Ausrottung der Juden oder die Deportation – schufen eine Stimmung und eine Feindschaft bei den Gegnern, deren plötzliches Umschlagen in nüchterne Politik in den ersten Nachkriegsjahren selbst bei kältesten

Routiniers menschlich nicht sofort zu erwarten war. Die Deutschen haben sich vermutlich über die Tiefe und die weitreichende Wirkung dieser Gefühle niemals eine richtige Vorstellung gemacht oder sie konnten sie sich nicht machen. Das Erbe Hitlers fiel aber auf das deutsche Volk. Der Krieg gegen ihn hatte in seinem Verlauf die Formen eines Kreuzzuges gegen Unmenschlichkeit und Barbarei angenommen. Es setzte sich dabei die Meinung fest, daß Land und Volk, die solche Unholde auf den Schild gehoben hatten, entscheidend geschwächt werden mußten, damit sie dem Frieden der Welt nicht mehr gefährlich werden konnten. Obwohl sich unter den Historikern der Welt schon länger die Meinung gebildet hatte, daß der Vorwurf von Deutschlands Alleinschuld am Ersten Weltkrieg nicht zu halten sei, beherrschte doch die Stimmung der alliierten Welt das Gefühl, daß Deutschland nun zum zweiten Mal in einem Menschenalter einen vernichtenden und mörderischen Krieg vom Zaune gebrochen habe, der vor allem auf Kosten Europas gehen mußte. Man muß diese weltweiten, kriegspsychologischen Tatsachen sich vor Augen halten, um die Erklärung Roosevelts und Churchills auf der Konferenz von Casablanca (14. bis 26. Januar 1943) richtig einzuordnen, die nicht nur Hitler sondern auch Deutschland als Verhandlungspartner besonders bei Kriegsende ausschied und die Entschlossenheit bekräftigte, bis zum unconditional surrender weiter zu kämpfen. Damit ist freilich auch die deutsche Widerstandskraft gegen Hitler entscheidend geschwächt worden. Die Identifizierung Deutschlands mit Hitler war auch die Folge alliierter Überlegungen über die Verhältnisse nach dem Krieg, in denen die Aufteilung Deutschlands eine z. T. beträchtliche Rolle spielte. Das wieder hatte zur Voraussetzung, daß Deutschland nicht mehr als Staat und Subjekt der Politik nach dem Kriege gewertet wurde.

Die Frage einer späteren Aufteilung schnitt Stalin bereits Ende 1941 in Gesprächen mit dem englischen Außenminister Anthony Eden an. Es sollten die Rheinlande von Preußen abgetrennt, Ostpreußen an Polen abgetreten, Bayern zu einem selbständigen Staat erhoben werden. Im Anschluß daran bezeichnete Winston Churchill die Trennung Preußens von Süddeutschland und die territoriale Umgestaltung Preußens als eines der größten der zu entscheidenen Probleme. Seit Beginn des Jahres 1942 veranlaßte auch der Staatssekretär im amerikanischen Außenministerium Sumner Welles die eingehende Prüfung einer späteren Aufteilung Deutschlands in seinem Ressort. Gleichzeitig befaßte sich der von Roosevelt eingesetzte Beratungsausschuß mit diesem Fragenkomplex; doch haben die meisten Experten eine Aufteilung in drei, fünf oder sieben selbständige Staaten gegen Welles abgelehnt. Das mag Roosevelt auch veranlaßt haben, im März 1943 Anthony Eden, der das Thema des Dismemberments Deutschlands bei einem Besuch in Washington anschnitt, vor einer gewaltsamen Zerstückelung zu warnen, um vorzuschlagen, eine Aufteilung nach dem Kriege der Dynamik von Bewegungen innerhalb Deutschlands zu überlassen. Die Frage war und blieb, ob man Deutschland zwangsweise aufteilen, oder ob man eine Aufteilung freiwilligen deutschen Entschlüssen überlassen sollte. Für die letztere Lösung setzte sich der amerikanische Außenminister Cordell Hull gegen seinen Staatssekretär Sumner Welles ein. Hull und Eden ventilierten auf der ersten Konferenz zu Quebec im August 1943 die Frage, durch das Angebot eines Seehafens im Gebiet von Triest und Fiume einem süddeutschen Staat die Trennung von Preußen verlockend zu machen. Die Unterscheidung in freiwilliges und zwangsweises Dismemberment war jedoch nach Roosevelts Anweisung bei der Moskauer Oktober-Konferenz 1943 fallen gelassen. Hier einigten sich die Außenminister Englands, Amerikas und Rußlands über die Wiederherstellung Österreichs als eines selbständigen Staates in den Grenzen von 1938 und über die Abtretung Ostpreußens an Polen. Man stimmte vor allem grundsätzlich einer Isolierung Preußens zu.

Einen Markstein für die künftige Mitteleuropapolitik Rußlands setzte die erste Konferenz der „Großen Drei" in Teheran (28. November bis 1. Dezember 1943). Hier wurde als neue Ostgrenze Polens die Curzonlinie festgelegt, das bedeutete Gebietsverluste für Polen; dafür sollte es im Westen durch deutsches Gebiet bis zur Oder (Oderlinie) entschädigt werden. Das ist die erste konkrete Entscheidung über das Dismemberment Deutschlands. Man bejahte das Prinzip der Aufteilung auch für das übrige Deutschland, hatte aber über die Form und Methode noch keine klaren Vorstellungen; Hitlers Armeen standen ja noch tief in Rußland, die Invasion im Westen stand noch bevor. Erst auf der Schlußsitzung der Konferenz sprach Churchill von Maßnahmen zur Sicherung des Weltfriedens auf mindestens 50 Jahre und bezeichnete als eine derselben auch „territoriale Veränderungen umfassender Art". Er forderte die Isolierung Preußens und eine härtere Behandlung desselben als der übrigen Gebiete, er empfahl eine Donauföderation mit Einschluß Bayerns. Roosevelts Teilungsplan, den dieser auf der gleichen Konferenz darlegte, sah fünf autonome Staaten vor:

1. Preußen,
2. Hannover und Nordwestdeutschland,
3. Sachsen und das Gebiet um Leipzig,
4. Hessen-Darmstadt, Hessen-Kassel und das Land südlich des Rheins,
5. Bayern, Baden und Württemberg.

Daneben sollten Ruhrgebiet und Saargebiet einer Treuhandverwaltung der Vereinten Nationen und keiner deutschen Staatshoheit unterstehen. Diesem von Roosevelt als Diskussionsgrundlage bezeichneten Plan stand Churchills eigene Idee einer Isolierung Preußens gegenüber, die er mit der Feststellung begründete: „Die Süddeutschen allein werden keinen neuen Krieg beginnen." Stalin sprach sich für Roosevelts Vorschlag aus, weil er eine größere Schwächung Deutschlands verspreche und weil seiner Meinung nach kein Unterschied zwischen Nord- und Süddeutschen bestünde. Churchill warf dagegen ein, daß es mit der Aufteilung allein nicht getan sei, sondern daß man lebensfähige Staaten schaffen müsse, die keinen Wunsch nach einer Anlehnung an ein größeres Reich verspürten, wenigstens 50 Jahre lang nicht. Beschlüsse über die Aufteilung wurden in Teheran nicht gefaßt, aber Anregungen, oder besser Ansatzpunkte, für die spätere westeuropäische Integrationspolitik ausgesprochen. Nach einem Memorandum Churchills für das britische Kabinett vom Januar 1944 war aber die Abtrennung Ostpreußens und der deutschen Gebiete östlich der Oder sowie die Umsiedlung der Bevölkerung eine ausgemachte Sache, ebenso die endgültige Aufteilung Deutschlands in verschiedene Staaten und die Herauslösung der Schwerpunkte der Kohlen- und Stahlindustrie aus preußischem Herrschaftsbereich. Mit dem ganzen Fragenkomplex sollte sich und beschäftigte sich weiter die „Europäische beratende Kommission" in London (European Advisory Committee).

Auf der zweiten Quebec-Konferenz im August 1944 nahmen Churchill und Roosevelt als Basis ihrer künftigen Deutschlandpolitik den Morgenthauplan an, den der amerikanische Finanzminister Henry Morgenthau und der Staatssekretär im Außenamt, Sumner Welles, von dem oben schon die Rede war, ausgearbeitet hatten. Churchill hatte seine Vorbehalte gegen eine gewaltsame Aufteilung aufgegeben. Bekannt ist die Forderung des Planes nach einer völligen Demontage der gesamten Ruhrindustrie und einer radikalen Entindustrialisierung Deutschlands. Die territorialen Veränderungen sind hier wie folgt präzisiert: Polen sollte den Teil Ostpreußens erhalten, der nicht an Rußland fiel, dazu Südschlesien; Frankreich die Saar und benachbarte Gebiete zwischen Rhein und Mosel; Ruhr und angrenzendes Industriegebiet sollten internationalisiert werden; der Restteil Deutschlands in zwei autonome Staatsgebiete aufgeteilt sein, ein süddeutsches mit Bayern, Württemberg, Baden und einigen kleineren Gebieten, ein norddeutsches mit größeren Teilen des alten preußischen Staates, Thüringen und einzelnen kleineren Staaten. Dieser Plan hätte Deutschland als Staat aufgehoben. Seine Annahme scheiterte am Widerstand Cordell Hulls, des Kriegsministers Stimson und des späteren Oberkommissars in Bonn McLoy. In seinen Besprechungen mit Stalin im Oktober 1944 ging Churchill noch von den Vorstellungen Morgenthaus aus und befürwortete eine Zweiteilung Deutschlands. Stalin entwarf dabei seine Konzeption eines Gürtels unabhängiger antinazistischer provisorischer Staaten, zu denen Polen, Tschechoslowakei und Ungarn gehörten, vielleicht sogar ein vereinigter Staat Polen-Tschechoslowakei. Er begrüßte die Bildung eines süddeutschen Staatenbundes, bestehend aus Österreich, Bayern, Württemberg und Baden mit der Hauptstadt Wien, entgegen früherer Meinung. Er forderte die Abtrennung von Ruhr und Saar von Preußen und die Umbildung des Rheinlands zu einem selbständigen Staat.

Das zweite und letzte Treffen der „Großen Drei" des Zweiten Weltkrieges vom 4. bis 11. Februar 1945 in Jalta auf der Halbinsel Krim zeigte Einigkeit in der Frage der Aufteilung Deutschlands; auf Vorschlag Churchills wurde aber die Einzelberatung einem besonderen Ausschuß übertragen, der die historischen, ethnographischen und wirtschaftlichen Voraussetzungen der Aufteilung prüfen und begutachten sollte; im Grunde zählte er aber das Dismemberment nicht zu den vordringlichen Fragen, sondern hielt das Problem der Besatzungszonen für wichtiger. Das Protokoll der Krim-Konferenz, das erst 1947 veröffentlicht wurde, besagt in Abschnitt III über „Zerstückelung Deutschlands", daß der Artikel 12 der Kapitulationsbedingungen auch die Feststellung treffen solle, daß England, USA, UdSSR als Inhaber der obersten Gewalt in Deutschland in Ausübung ihrer höchsten Machtvollkommenheit Maßnahmen, einschließlich völliger Entwaffnung, Entmilitarisierung und Aufteilung treffen sollten, so weit sie diese für den Frieden und die Sicherheit für notwendig hielten.

Um so auffälliger ist es deshalb, daß Stalin in seiner Proklamation vom 9. Mai 1945 an das Sowjetvolk eine scheinbar totale Schwenkung vollzog und sich von einer Zerstückelung oder Vernichtung Deutschlands distanzierte. Vielleicht hat ihn neben allgemeinen eigenen Überlegungen dazu die Erfahrung bestimmt, daß der britische Deutschlandexperte Strang im Sonderausschuß für das Dismemberment im März 1945 die Aufteilung nur als Möglichkeit, nicht als beschlossene Sache bezeichnete. Daraufhin hatte der russische Gesandte Konjew erklärt, daß auch seine Regierung den Teilungsplan von Jalta nicht als obligatorisch, sondern nur als Druckmittel gegen Deutschland betrachte. Da es den Russen vor allem auf Reparationsleistungen ankam, die ein zerstückeltes Rumpfdeutschland nicht garantierte, mögen sie wohl, durch die bereits vollzogene De-facto-Lösung des polnischen und des ostdeutschen Problems zunächst zufriedengestellt, vom Frühjahr 1945 an immer stärker für die Einheit Deutschlands und eine zentrale Regierung eingetreten sein. Sie hatten dabei den Vorteil, propagandistisch auf den Gegensatz der französischen und anfänglich auch der amerikanischen Auffassungen hinweisen zu können. Rußlands Umstellung und Englands hinhaltende Uninteressiertheit hinderten den amerikanischen Botschafter Winant, im Aufteilungsausschuß die Aufnahme des Jalta-Hinweises auf das Dismemberment in die Kapitulationsurkunde durchzusetzen. Doch gelang ihm noch die Einfügung einer Generalklausel, die den Siegermächten gestattete, mit Deutschland nach ihren Vorstellungen zu verfahren. Diese Tatsachen lassen einen allgemeinen Schluß auf die Grundkonzeptionen und Triebkräfte der großen Politik der alliierten Mächte zu. Es scheint, daß England und Rußland europäisch, die USA global und isolationistisch, Frankreich nur national dachten. In der Erklärung über die Übernahme der obersten Regierungsgewalt in Deutschland „in Anbetracht der Kapitulation" vom 5. Juni 1945 fehlt ein Hinweis oder Ersatz für die konkrete Dismembermentformel von Jalta, auch wenn die vier Regierungen ausdrückten, daß sie später die Grenzen Deutschlands oder irgendeines Teils von Deutschland und die rechtliche Stellung Deutschlands oder irgendeines Gebietes, das gegenwärtig einen Teil deutschen Gebietes bildet, festlegen wollten. Bei den Amerikanern wirkten die Tendenzen des Morgenthauplanes länger nach und Präsident Harry S. Truman, der Nachfolger des am 12. April 1945 verstorbenen Franklin Delano Roosevelt, hatte in seinem Reisegepäck zur Potsdamer Konferenz Mitte Juli 1945 noch den Vorschlag, daß der in Jalta eingesetzte ständige Rat der drei Außenminister Empfehlungen für die Aufteilung Deutschlands ausarbeiten sollte. Truman dachte zuerst im Sinne Churchills damals an einen süddeutschen Staat mit der Hauptstadt Wien unter Einschluß Ungarns. Es besteht hier allerdings eine grundlegende Differenz zwischen dieser Feststellung, die William Leahy in seinem Buch „I was there", New York 1950, bietet, und dem was Truman selber, allerdings erst 1955 in seinen Memoiren, schreibt, daß er Gegner einer Aufteilung Deutschlands in mehrere alliierte Teilgebiete und der rivalisierenden Zonen gewesen sei und daß er ein Gesamtdeutschland mit Sitz und der Zentralregierung in Berlin gewollt habe. Potsdam erörterte die amerikanischen Teilungspläne kaum mehr, mit denen Frankreich übereinstimmte. Im Osten Deutschlands waren sie ja schon verwirklicht. Dabei gingen die Meinungen der Siegermächte nur hinsichtlich Ausmaßtempo und Begleitumstände auseinander.

Mit der Erörterung der Aufteilungspläne der Alliierten während des Weltkrieges, die zu Potsdam begraben wurden, ist historisch gesehen eine Voraussetzung für die Zweiteilung Deutschlands, die sich zwischen 1946 und 1949 vollzog, dargelegt. Die Kriegsteilungspläne sahen neben einer entscheidenden Schwächung Preußens eine Aufgliederung in Nord- und Süd-, z. T. auch Westdeutschland vor. Mutatis mutandis wollten sie das durch die Bismarcksche Reichsgründung geschaffene wirtschaftliche, politische und nationalstaatliche Potential, das sich zweimal als Bedrohung Europas und der Welt erwiesen hatte, auflösen. Die seit 1949 bestehende De-facto-Zweiteilung, die Deutschland unter dem Einfluß der Aufteilung der Welt in Machtblöcke sowie unter der Wirkung politischer Ideologien in eine Ost- und Westhälfte scheidet und Berlin, die alte Reichshauptstadt, als Sonderproblem noch hinzufügt, gründet unmittelbar in den Junideklarationen und im Potsdamer Abkommen von 1945. Als die Regierungschefs der drei siegreichen Großmächte sich nach der Krimkonferenz vom Februar im Potsdamer Schloß Cecilienhof 11 Wochen nach der bedingungslosen Kapitulation Deutschlands wieder trafen, stellten die Gebiete zwischen Oder und Neiße, d. h. Mittel- und Niederschlesien, kein Sonderproblem mehr dar. Churchills Widerspruch zu Jalta gegen die Neiße-Grenze, geboren aus der Angst um die Ernährung der Millionen Vertriebenen in den westlichen Besatzungszonen, war längst hinfällig geworden. Das Land östlich Oder und Neiße war schon in polnische Verwaltung genommen. Truman, Churchill und Attlee, der während der Konferenz Churchill ablöste (Wahl), standen vor vollendeten Tatsachen, welche die Rote Armee und die russische Politik gemeinsam geschaffen hatten. Obwohl dazu ein gemeinsamer Beschluß vereinbart war und obwohl die Viermächteerklärung vom 5. Juni 1945 eine Aufteilung in Besatzungszonen für ein Deutschland in den Grenzen von 1937 vorgenommen hatte, also mit Einschluß Ostpreußens und Oberschlesiens, die Sowjetunion hatte demnach ihre bereits im April 1944 festgelegte Besatzungszone im Osten durch die Oder-Neiße-Linie selber begrenzt und die Gebiete östlich davon abgetreten, um damit jedem Widerspruch gegen die Festlegung der polnischen Ostgrenze auf Grund der Curzonlinie von 1920 die Spitze abzubrechen. In dem gewöhnlich als Potsdamer Abkommen bezeichneten Bericht über die Dreimächtekonferenz von Berlin vom 2. August 1945 wird über die deutsche Ostgrenze darum nicht in Teil III über Deutschland, sondern im Teil IX über Polen gehandelt und die endgültige Festlegung der Westgrenze Polens bis zur Friedenskonferenz zurückgestellt, d. h. der Umfang der Polen übertragenen deutschen Gebiete offen gelassen. Die endgültige Festsetzung der polnisch-sowjetischen Grenze in Ostpreußen durch eine Friedenskonferenz ist dagegen nur mehr reine Formalität. Bedenklich war, daß die Westmächte in Potsdam dem sogenannten Transfer der Deutschen aus den an Polen abgetretenen Gebieten auf Deutschland zugestimmt haben. Die „ordnungsgemäße Überführung deutscher Bevölkerungsteile“ aus Polen, ČSR und Ungarn war im Abschnitt XIII des Abkommens geregelt. Dabei sei vermerkt, daß das Sudetenland in keiner interalliierten Erklärung mehr genannt war, das nach der Ungültigkeitserklärung des Münchener Abkommens von 1938 automatisch wieder tschechisches Staatsgebiet geworden war.

Die Teilung Deutschlands nach 1945 ist u. a. vornehmlich Folge einer Teilung der Welt und des damit zusammenhängenden kalten Krieges. Das war der eigentliche Anlaß für den Wandel in der Haltung der angelsächsischen Mächte, auch in der Grenzfrage zu Lasten Polens, das ein sowjetischer Satellit geworden war, und zugunsten Deutschlands, dessen westlicher Teil als Basis der Westmächte organisiert wurde. Dies kommt deutlich in der Erklärung des amerikanischen Außenministers

George Marshall auf der IV. Konferenz des Außenministerrates in Moskau im Frühjahr 1947 zum Ausdruck. Am 6. Juli 1950 haben die Regierungen Polens und der DDR ein Abkommen über die Markierung der bestehenden deutsch-polnischen Staatsgrenze an Oder und Neiße, der sogenannten Friedensgrenze, geschlossen. Demgegenüber erklärt die Bundesrepublik, daß nur eine gesamtdeutsche Regierung zu einem solchen Akt legitimiert sei. Die praktische Frage ist also die, ob und wann die Sowjetunion ihre Zustimmung zu einer freigewählten gesamtdeutschen Regierung gibt. Daraus folgt, daß eine Bereinigung der Grenzfrage eine der Voraussetzungen für die Wiedervereinigung von West- und Mitteldeutschland wohl sein wird; nur ein Rahmenvertrag der vier Mächte über die Elemente eines Friedensvertrages für Deutschland einschließlich der Grenzregelung, der die künftige gesamtdeutsche Regierung bindet, könnte das zustande bringen. Hier ergibt sich eindeutig der innere Zusammenhang mit der von Teheran bis Potsdam reichenden Vorgeschichte der Aufteilung Deutschlands und der Oder-Neiße-Linie. Es besteht mindestens für die Oder-Linie eine moralische, wenn auch nicht rechtliche Verpflichtung der Westmächte, die im Grunde nur für fast ganz Mittel- und Niederschlesien völlig frei in ihren Entscheidungen sind.

Auf Grund der Beschlüsse von Jalta wurde in den Junideklarationen von 1945 die oberste Regierungsgewalt in Deutschland durch die Regierungen der vier Mächte übernommen und die Exekutive ihren Oberbefehlshabern übertragen, die dabei auf Anweisung ihrer Regierungen, jeder einzeln in seiner eigens festgelegten Besatzungszone und alle vier gemeinsam in allen Deutschland als ein Ganzes betreffenden Angelegenheiten, handeln sollten. Das dadurch eingeführte Kontrollverfahren sollte nur für die Zeit gelten, in der Deutschland die sich aus der bedingungslosen Kapitulation ergebenden grundlegenden Forderungen erfüllte. Eine Regelung für die Zeit nachher sollte einer späteren Sondervereinbarung vorbehalten bleiben. Das Organ des Kontrollverfahrens, der Kontrollrat, bestehend aus den vier Oberbefehlshabern und je einem politischen Berater, sollte

1. eine angemessene Einheitlichkeit des Vorgehens der vier Befehlshaber in ihren Zonen garantieren und
2. im gegenseitigen Einvernehmen Entscheidungen über alle Deutschland als Ganzes betreffenden Fragen treffen.

Entsprechend dem Völkerrechtsprinzip von der Entscheidungsfreiheit souveräner Staaten gab es dabei nur einstimmige Beschlüsse. Eine zusätzliche Aufgabe des Kontrollrats war die Leitung der interalliierten Kommandantur für das von den vier Mächten besetzte Gebiet von Großberlin. Dieser Kontrollrat trat bis zu jenem 20. März 1948 zusammen, an dem der Sowjetmarschall Sokolowsky aus Protest gegen die in London beschlossene selbständige Deutschlandpolitik der Westmächte die Sitzung verließ. Seitdem ist das Riesengebäude an der Potsdamer Straße im amerikanischen Center von Berlin fast verödet; eine erste Sitzung hatte am 30. Juli 1945 unter Beteiligung von Eisenhower, Montgomery, Schukow und Koenig stattgefunden.

Nach dem Zerfall des Kontrollrats hat die Aufteilung Deutschlands in Besatzungszonen schließlich die Teilung Deutschlands möglich gemacht. Als Mitglied des Kontrollrats vertrat jeder der vier Oberbefehlshaber im Grunde mit den anderen drei die Einheit Deutschlands, als Militärgouverneur war er aber zugleich oberster Herr in seiner Besatzungszone. Während die Einheitsfunktion des Kontrollrats wirkungslos blieb, förderten die wesentlich verschiedenen Methoden und Ziele der Politik in den Zonen das tatsächliche Auseinanderleben in einem schnellen Tempo. Auf Grund der Bestimmung, daß alle deutschen Gebietsteile innerhalb der Grenzen von 1937, soweit sie nicht kraft interalliierter Vereinbarung ausdrücklich, wie z. B. die Oder-Neiße-Grenze, ausgenommen waren, auch Teile des besetzten Gebietes und damit einer Besatzungszone sein und der Viermächtekontrolle unterstehen sollten, war die Sowjetunion berechtigt, auch in Fragen der Westgrenze mitzusprechen, während die Befugnis der Westmächte für die Ostgrenze bereits im Potsdamer Abkommen festgelegt wurde. Gegen den englischen Vorschlag einer gemeinsamen Besetzung des ganzen Gebietes durch Truppen aller drei Mächte, den Washington nicht akzeptierte, arbeitete das in der Dreimächte-Außenministerkonferenz in Moskau (19. bis 30. Okt. 1943) beschlossene European Advisory Committee (EAC) einen Zoneneinteilungsplan aus. Ja der Umfang der sowjetischen Zone stand dadurch bereits im April 1944 fest; die Übergabe der Ostgebiete an Polen ging also zu Lasten der Sowjetzone, die ursprünglich 40 % des deutschen Gebietes und 36 % der Bevölkerung umfassen sollte. Die Zonengrenzen selber sind augenscheinlich nicht im Zusammenhang mit den Aufteilungsplänen festgelegt worden, obwohl in Jalta Zoneneinteilungen (Dismemberment) nacheinander in der gleichen Sitzung vom 6. Februar 1945 behandelt wurden. Daraus kann man schließen, daß die Besatzungszonen nicht eine Vorstufe der beabsichtigten politischen Teilungen sein sollten. Daß sie als Werkzeug der Teilung dienten, ist eine Folge der Nachkriegsbeziehungen der Alliierten und war, wie man sagen muß, unbeabsichtigt und unvorbereitet. Aufteilungspolitik und Zonenplan liefen darum nebeneinander her, weil sie auf dem gleichen Boden der Sorge um die Niederhaltung des bezwungenen Gegners im Interesse des Weltfriedens wuchsen. Die dreijährigen Beratungen über die Aufteilungen verließen nie das Stadium der Unverbindlichkeit und führten offenbar zu keiner Festlegung von Grenzlinien; die Alliierten haben sie wohl als cura posterior betrachtet. Die Militärs hatten das erste Wort, sie entschieden auch de facto über die Zoneneinteilung.

In Potsdam betrachtete man Deutschland politisch und wirtschaftlich als Einheit. Man wollte es entmilitarisieren, entnazifizieren, demokratisieren, vielleicht auch entindustrialisieren, aber nicht mehr aufteilen und zerstückeln, wenn man letzteres auch nicht direkt proklamierte. Man übertrug einem ständigen Rat der Außenminister der 5 Hauptmächte unter Einschluß Chinas und Frankreichs, der in London seinen Sitz haben sollte, den Auftrag, Friedensverträge mit den ehemaligen Verbündeten Deutschlands auszuhandeln. Er sollte auch zur Vorbereitung einer Friedensregelung mit Deutschland dienen, die eine deutsche Regierung annehmen sollte, wenn eine dazu geeignete errichtet wäre. Man kann das als Willen zur Erhaltung und Reorganisation eines einheitlichen deutschen Staatswesens interpretieren, das einen diktierten Frieden annehmen und nach der Anfangsperiode der Kontrolle errichtet werden sollte. Die Potsdamer Grundsätze waren ja nur für diese Anfangsperiode gedacht und sollten den Grund für die Bildung einer Zentralregierung geben; deshalb wurde auch die Errichtung einiger zentraler deutscher Verwaltungsabteilungen angeordnet (Finanz, Transport, Verkehr, Außenhandel, Industrie), die unter Leitung des Kontrollrates stehen sollten. Ein Gegenstück dazu war die spätere Frankfurter Zweizonenwirtschaftsverwaltung. Die von Churchill und Stalin schon in Potsdam beabsichtigte Einsetzung einer echten Zentralregierung scheiterte am Widerstand Trumans, der zunächst einen Friedensvertrag mit Deutschland ausgearbeitet haben wollte. Wenn man von einer Dezentralisation von Verwaltung und Wirtschaft dabei spricht, so betrifft das nur die innere Struktur eines einheitlich föderativ aufgebauten Deutschlands.

Potsdam ist Symbol der vereinbarten Einheit für jede Wiedervereinigungspolitik. Die Teilung Deutschlands verletzt dieses Abkommen. Schon in dem entscheidenden Punkt der Reparationen wurde zu Potsdam der Grundsatz der Einheitlichkeit Deutschlands verlassen. Dieses wurde für die Entnahme von Reparationen in zwei voneinander unabhängige Gebiete aufgespaltet, vermutlich aus der Erwägung der Westmächte, daß zwar damit die Ostzone den Russen zur freien Ausbeutung überlassen wurde, ihren Zonen aber dadurch ein Minimum an Wirtschaftstätigkeit erhalten bleiben konnte. Hier tritt erstmals die Demarkationslinie zwischen Westzone und Sowjetzone auf. Für die Westzonen galt eine Gemeinschaft der Reparationsgläubiger, für die Sowjetzone dagegen ein Reparationsmonopol Rußlands.

Schärfster Gegner der Wiedererrichtung eines einheitlichen deutschen Kernstaates waren die französischen Politiker, die Abtrennung bzw. Internationalisierung oder dauernde Besetzung von Rheinland, Ruhr und Saar forderten. Sie planten eine Föderalisierung Deutschlands; ihre Absichten wirkten bis in die Beratungen über das westdeutsche Grundgesetz hinein und im verfassungsrechtlichen Aufbau der Bundesrepublik nach. Noch im Mai 1946 entwickelte im Figaro der spätere französische Oberkommissar in Bonn, François Poncet, die Idee einer Bildung von sechs streng voneinander getrennten deutschen Teilstaaten; das Rheinland sollte einen weiteren Teilstaat bilden, der, streng von den anderen getrennt, von einer Regierung in Köln oder Koblenz verwaltet werden sollte.

Daß sich die militärischen Oberbefehlshaber in Deutschland mehr als Herren ihrer Zone denn als kollegiale Mitglieder des die Einheit repräsentierenden Kontrollrates fühlten, hat seine Gründe in dem Fehlen eines Objektes der Regierungsverwaltung durch den Kontrollrat. Es fehlte eine Vierzonenverwaltung, es fehlten deutsche Verwaltungsstellen als Entsprechung zum Kontrollrat. Am Veto Frankreichs scheiterten die Beschlüsse des Kontrollrats auf Einrichtung der einzigen Institution, welche die wirtschaftliche und politische Einheit Deutschlands hätte erhalten können. Französische Opposition gegen jede zentrale Planung verursachte den Leerlauf des Kontrollrats. Dahinter stand die französische Forderung, daß die Abtrennung von Rhein und Ruhr Voraussetzung der Errichtung einer deutschen Zentralverwaltung sei, daß also zuerst die deutsche Westgrenze festliegen müsse. Amerikaner, Engländer und Russen waren dazu nicht bereit; so schuf das Pariser Junktim eine ausweglose Lage in Deutschland. Frankreich hat sein unmittelbares Ziel nicht erreicht und damit verschwand das Thema Rhein und Ruhr aus der internationalen Diskussion. Als dann General Koenig am 10. August 1946 im Kontrollrat den Vorschlag einer Viermächteverwaltung zur Herstellung der deutschen Wirtschaftseinheit machte, war es zu spät. Unter dem Eindruck der schlechten Erfahrungen des ersten Besatzungsjahres und im Hinblick auf ihre eigene Einigung über ein Zweizonenabkommen lehnten Washington und London ab. Das war die letzte Chance für die Einheit Deutschlands gewesen. Die Franzosen verhinderten in Deutschland die Probe auf das österreichische Exempel, das lehrte, daß es trotz aller weltpolitischen Gegensätze einer klugen und entschlossenen Gesamtregierung gelingen konnte, die Einheit des in vier Zonen geteilten Landes zu wahren. Freilich darf man die völkerrechtlich andere Lage Österreichs dabei nicht vergessen; es galt als befreites Land, das sich weder Gebiets- noch Reparationsforderungen gegenübergestellt sah. In den Zeiten der Not und des Hungers entwickelten sich die Zonen schnellstens auseinander und sperrten sich auch territorial durch Grenzen gegeneinander ab. Lange bevor Churchill in Fulton am 5. März 1946 vom „Eisernen Vorhang" sprach, war er bereits seit dem Juni 1945 niedergegangen. Dahinter spielte sich die totale Ausbeutung des Landes und seiner Bewohner, die Deportation von Facharbeitern und „Klassenfeinden" und die Wiedereinrichtung der Konzentrationslager ohne Kontrolle ab, dahinter auch seit der Ablösung des Marschalls Schukow durch den Marschall Sokolowsky im Frühjahr 1946 die systematische Einordnung der Zone in den Ostblock im Namen der vereinbarten Demokratisierung. Die Meinungsverschiedenheiten in der Reparationsfrage gaben den unmittelbaren Anlaß zur Trennung der Westzone von der Ostzone. Diese wurde durch den erzwungenen Umbau der Rechts- und Gesellschaftsordnung in der Ostzone so vertieft und verhärtet, daß ein Jahr nach Potsdam jede Gemeinsamkeit der alliierten Besatzungspolitik geschwunden war.

Auf der Pariser Außenministerkonferenz vom 15. Juni bis 12. Juli 1946 stand seit Potsdam erstmals wieder die deutsche Frage auf der Tagesordnung. Die Empfehlung des französischen Außenministers Bidault für die Begründung eines deutschen Staatenbundes parierte Molotow mit der Feststellung, daß Ideen wie Föderalisierung, autonome Staaten, Lostrennung der Ruhr auf eine Vernichtung Deutschlands hinausliefen; er verlangte aber dessen ungeachtet die Anerkennung der sowjetischen Reparationsforderungen von 10 Milliarden Dollar. Bevin aber zog im Unterhaus am 22. Oktober 1946 aus der bisherigen Entwicklung den Schluß: „Das Potsdamer Abkommen muß entweder als Ganzes erfüllt werden [d. h. Deutschland als Wirtschaftseinheit behandelt sein], oder wir müssen ein neues Abkommen haben." Der amerikanische Außenminister Burns aber hatte bereits in den Schlußtagen der Pariser Konferenz vom 12. Juli 1946 für seine Regierung die Verantwortung für das Chaos abgelehnt, das infolge der Zonenaufteilung in Deutschland entstanden war. Aus solchen Erkenntnissen und Erfahrungen entstand die englisch-amerikanische Bi-Zone mit einer Bevölkerung von über 40 Mill. Menschen (Abkommen vom 2. Dezember 1946). Dieser neue Weg aber war mit der bisherigen Viermächte-Deutschlandpolitik mit Kontrollrat und Potsdamer Abkommen nicht mehr zu vereinbaren, er versperrte jede Aussicht einer späteren Verständigung mit der Sowjetunion. Die Bahn zur Begründung des westdeutschen Staates war beschritten. Das nächste war die Sperrung der Grenze zwischen Sowjetzone und Westzonen durch den Kontrollrat (30. Juni 1946). In seiner berühmten Stuttgarter Rede vom 6. Sept. 1946 erläuterte Außenminister Burns die völlige Neuorientierung der amerikanischen Deutschlandpolitik. Er setzte damit einen Meilenstein der Nachkriegspolitik. Die Neuregelung sollte provisorischen und wirtschaftlichen, keinen politischen Charakter tragen und den Weg für eine völlige Wirtschafts-, Verwaltungs- und Regierungseinheit Deutschlands frei machen. Bevor die Ministerpräsidenten der Bi-Zone am 16. Juni 1947 in Wiesbaden zusammentrafen, um die Errichtung der obersten Behörde des Wirtschaftsrates vorzubereiten, machte der bayerische Regierungschef Ehard nochmals einen Versuch, mit den Ministerpräsidenten aller deutschen Länder, auch der Sowjetzone, in München am 6./7. Juni Maßnahmen zu beraten, die den wirtschaftlichen und politischen Auseinanderfall verhindern konnten. Der Versuch scheiterte nicht nur an der kompetenzmäßig unerfüllbaren Forderung der fünf sowjetzonalen Regierungschefs nach Bildung einer deutschen Zentralregierung zur Vorbereitung eines deutschen Einheitsstaates, sondern auch daran, daß kaum noch ein Spielraum für eine freie Erörterung selbst wirtschaftlicher Fragen bei der Gegensätzlichkeit der westlichen und östlichen Deutschlandkonzeption gelassen war. Die sowjetzonalen Vertreter brachen deshalb weitere Verhandlungen ab. Die Londoner Deutschlandkonferenz des Viermächte-Außenministerrates vom 25. November bis 15. Dezember 1947 bedeutete da nicht nur das Ende der nominellen Viermächte-Zusammenarbeit, sondern wurde zugleich zum Anlaß für einen weiteren Schritt zur Verselbständigung Westdeutschlands; diesen vollzogen die Frankfurter Beschlüsse vom 7. Januar 1948, die eine Zweizonenregierung etablierten, anstelle einer Zweizonenverwaltung; Rußland und Frankreich legten schärfsten Protest dagegen ein, die Angelsachsen ließen sich aber dadurch von ihrem lange vorbereiteten Schritt nicht abhalten, zu dessen Vätern auch General Lucius Clay gehörte. Da die Sozialdemokraten bei der Wahl des Vorsitzenden und der sechs Mitglieder des Wirtschaftsrates weiße Stimmzettel abgaben, somit lauter CDU-Leute bestellt wurden, kann man sagen, daß seit dem 1. März 1948 die CDU die Führung der Regierungsgeschäfte in Westdeutschland inne hat. Kurt Schumacher, der Vorsitzende der SPD, hatte aus Anlaß der Frankfurter Beschlüsse eine deutsche Verantwortung für die Schwierigkeiten bei den Alliierten abgelehnt. Während der Westen Deutschlands unaufhaltsam eine staatliche Struktur annahm, wurde die Ohnmacht der für Deutschland zuständigen Viermächteorgane des Außenministerrates und des Kontrollrates immer offenkundiger, die Beschlüsse von Jalta und Potsdam in irgend einem Punkte durchzuführen.

In dem französischen Widerstand gegen die Einsetzung einer zentralen deutschen Verwaltung vor Erledigung der Rhein- und Ruhr-Frage lag der Schlüssel für die ganze weitere Entwicklung und ihre Zwangsläufigkeit. Der Potsdamer Grundsatz einer Wirtschaftseinheit Deutschlands machte zentrale deutsche Verwaltungsstellen nötig. Solange dies nicht möglich war, konnte man keinen Ein- und Ausfuhrplan, somit kein Reparationsprogramm für Deutschland aufstellen. Daraus zogen die Russen das Recht, aus ihrer Zone die Entschädigungen zu nehmen, ganz gleich, ob ihnen das gestattet war oder nicht. Ein solches Programm war nur möglich, wenn die französische Politik sich wandelte; wäre es vorhanden gewesen, hätten die Russen keine Reparationen wegen des Potsdamer Grundsatzes „import first" durchführen können. Deshalb gab ihnen der Jalta-Text das Recht zu solchen Entnahmen. Andererseits hinderte dieser Zustand die Russen an der Teilnahme an der Ruhrkontrolle.

Sollte die neugeschaffene Wirtschaftseinheit Westdeutschlands erfolgreich sein, so mußte sie nach allen nun gegebenen Voraussetzungen und der stetig sich verschärfenden Weltspannung in eine westeuropäische Wirtschaft und eine europäische Wirtschaftseinheit eingebaut sein, wie John Foster Dulles schon vor seiner Ernennung zum republikanischen Außenminister der USA forderte. Am 19. September 1946 hatte Churchill in Zürich zur „Erneuerung der europäischen Familie" angesichts der kommunistischen Gefahr aufgerufen. Der amerikanische Außenminister General Marshall konkretisierte in seiner Harvardrede vom 5. Juni 1947 diese Erkenntnis durch das Angebot amerikanischer Unterstützung für den Wiederaufbau gesunder Wirtschaftsverhältnisse in Europa. Die Pariser Marshallplankonferenz arbeitete seit 13. Juli 1947 ein Vierjahresprogramm unter Einschluß Westdeutschlands aus; Moskau und die von ihm kontrollierten Staaten Osteuropas schlossen sich freiwillig davon aus. Der am 16. April 1948 gegründeten europäischen Organisation für wirtschaftliche Zusammenarbeit (OEEC) traten auch die drei Westzonen durch ihre Militärkommandanten bei. Die amerikanischen Marshallplangelder stellten den entscheidenden Beitrag zur wirtschaftlichen und politischen Konsolidierung der westeuropäischen Staaten in der Nachkriegszeit dar. Parallel dazu lief der militärische Zusammenschluß, den der englische Außenminister Bevin in einer Unterhausrede vom 22. Januar 1948 anregte. Er wollte auf der Basis des englisch-französischen Bündnisses von Dünkirchen von 1947 eine Westunion aufbauen, die zunächst auf die Beneluxstaaten und dann auf Italien ausgedehnt werden sollte. Am 17. März 1948 unterzeichneten die Außenminister der fünf Staaten zu Brüssel den militärischen Beistandspakt gegen einen Angriff auf die Mitglieder; gemeint war die Sowjetunion. Bereits am 4. April 1949 löste dieses Vertragsinstrument der Nordatlantikpakt (Nato) mit den nämlichen Teilnehmern ab. Deutschland trat ihm später bei. Amerika übernahm die Führung einer wirksamen Abwehrorganisation gegen die Sowjetunion und gab damit seine traditionelle Isolationspolitik auf. Die deutschen Westzonen wurden zur Basis der Natostrategie. Die Sowjetunion und die Ostblockstaaten aber begründeten am 25. Januar 1949 einen osteuropäischen Wirtschaftsrat, Comecon. Aus der Wiederholung des russischen Reparationsanspruches auf der Moskauer Sitzung des Viermächte-Außenministerrates (10. bis 24. März 1947) und aus der Erklärung Marshalls auf der Londoner Konferenz (25. November bis 15. Dezember 1947), „die USA sind nicht dazu bereit, einem Programm für Reparationen aus der laufenden Produktion als Preis für die Einheit Deutschlands zuzustimmen", ging eindeutig hervor, daß das neue Konzept des wirtschaftlichen, politischen, militärischen Aufbaus des Westens gegen den Osten die Einheit Deutschlands ausschloß; besonders nachdem sie unter den bisherigen Voraussetzungen nicht verwirklicht werden konnte. Das westdeutsche Potential gewann immer größere Bedeutung für die Wirtschaft Westeuropas. Der kalte Krieg aber machte Westdeutschland militärisch zur amerikanischen Position in Westeuropa. Die Spaltung Deutschlands wurde so gesehen zu einer Grundvoraussetzung der neuen Blockpolitik. Deutsche Interessen spielten knapp zwei Jahre nach Kriegsende naturgemäß noch keine entscheidende Rolle. Vor der Macht dieser Tatsachen mußte auch Frankreich auf der Londoner Konferenz, die sie am 15. Dezember 1947 ohne neuen Termin vertagte, kapitulieren, wenn es von der Mitbestimmung in Deutschland und dem Aufbau eines neuen westdeutschen Staates nicht ausgeschaltet sein wollte. Rußland war an der Londoner Konferenz (23. Februar bis 3. Juni 1948) nicht mehr beteiligt, die die Empfehlung aussprach, die Ermächtigung zur Einberufung einer verfassunggebenden Versammlung für einen aus den drei Westzonen bestehenden deutschen Staat zu geben, der föderalistisch sein, aber auch „angemessene zentrale Körperschaften" besitzen sollte. Die erste gemeinsame Maßnahme von grundsätzlicher wirtschaftlicher Bedeutung ohne die vierte Besatzungsmacht war dann die westliche Währungsreform, die auch in den Westsektoren Großberlins durchgeführt wurde, was die Kluft zwischen Ost und West vertiefte. Die Westmächte schlugen darum die Verschiebung einer deutschen Nationalversammlung unter Ausarbeitung einer deutschen Verfassung solange vor, bis eine gesamtdeutsche Regierung gebildet werden könnte und eine ausreichende deutsche Souveränität gewährleistet sei. So kam anstatt einer Verfassung das Grundgesetz zustande, das nicht durch Volksabstimmung, sondern durch die Länderparlamente angenommen wurde, was Bayern nicht tat. Die das Grundgesetz ausarbeitende Körperschaft hieß deshalb auch parlamentarischer Rat und nicht verfassunggebende Versammlung.

Der Kontrollrat hielt am 20. März 1948 seine letzte Sitzung ab, auf der der Marshall Sokolowsky heftig gegen die Londoner Konferenz und gegen das einseitige Vorgehen der Westmächte protestierte und abrupt die Sitzung verließ. General Lucius Clay erklärte, daß damit die Viermächte-Regierung zusammengebrochen und die Spaltung Deutschlands Wirklichkeit geworden sei. Die Russen suchten mit der Blockade Berlins seit dem 24. Juni 1948, d. h. einem Versuch, einem sehr harten Versuch der neueren Geschichte, eine Massenhungersnot als politisches Druckmittel zu benützen (Lucius Clay), zu parieren. Die Luftbrücke der Alliierten hat diesen Versuch vereitelt. Die Warschauer Konferenz der acht Ostblockstaaten im Juni 1948 formulierte unter Protest gegen die Londoner Empfehlungen die künftigen Elemente der sowjetischen Deutschlandpolitik, darunter die Einsetzung einer provisorischen gesamtdeutschen Regierung durch Viermächte-Vereinbarung und den Abschluß eines Friedensvertrages mit dieser Regierung gemäß Potsdamer Abkommen und Abzug der Besatzungstruppen binnen Jahresfrist. Der Mißerfolg der Moskauer Verhandlungen der drei Westbotschafter über eine Aufhebung der Blockade und das Ausharren der Berliner in der Blockade garantierten den Erfolg der westlichen Deutschlandpolitik und damit die Errichtung eines westdeutschen Staates. Im Viermächte-Abkommen von New York vom 5. Mai 1949 gaben die Russen die Blockade auf; sie schlugen durch Wiszinzky auf der folgenden Pariser Konferenz über die deutsche Frage (die bis zum 20. Juni dauerte) die Wiederbelebung des alliierten Kontrollrates und die Bildung eines gesamtdeutschen Staatsrates vor; sie wünschten also zunächst Rückkehr zu Potsdam. Die Westmächte aber verweigerten jetzt die Unterstellung des bereits emanzipierten Westdeutschland unter die Viermächte-Kontrolle und schlugen als Weg zur deutschen Einheit den Beitritt der sowjetzonalen Staaten zum Bonner Grundgesetz und zum Besatzungsstatut vor. Dies lehnte Rußland ebenso ab wie das Mehrheitsprinzip der Viermächte-Hochkommission zur Kontrolle Deutschlands. Die Westmächte ihrerseits aber widersprachen dem Vorschlag auf Ausarbeitung eines Friedensvertragsentwurfes und dem Abzug der Besatzungstruppen. So scheiterte dieser auf lange Zeit letzte

Versuch eines Gesprächs über die deutsche Frage. Am gleichen 23. Mai, an dem in Paris die Außenministerkonferenz der Vier eröffnet wurde, fand auch die feierliche Verkündigung des Grundgesetzes des westdeutschen Staates in der neuen Hauptstadt Bonn statt, dem am 21. September die Umwandlung der Militärverwaltung in die alliierte Hochkommission folgte.

Am 7. Oktober 1949 wurde der Staat der Sowjetzone, die DDR, ausgerufen und eine vorbereitete Verfassung durch die als Parlament fungierende Volkskammer in Kraft gesetzt. Der Sowjetzonenrat hielt sich seiner Konstruktion nach an das Bonner Muster. Auf deutschem Boden waren in Ost und West zwei deutsche Staaten nach den Konzeptionen der jeweiligen Siegermächte entstanden, die beide den Anspruch erhoben, für das ganze Deutschland zu sprechen. Die Teilung war vollendet und verfestigte sich bis fast heute in zunehmendem Maße.

Ich fasse zusammen: Im Denken der Kriegskoalition befangen, sannen die Alliierten gemeinsam nach Methoden und Wegen einer „endgültigen" Besiegung des Gegners. Als sie den Sieg schon fast in Händen hatten, gewannen politische Überlegungen und Interessen die Oberhand, die Teilungspläne fanden keine Konkretisierung mehr; in Potsdam waren sie begraben. Doch zur selben Zeit, wohl unabhängig davon, greift die Spaltung Deutschlands um sich, die gefährlicher und unabdingbarer wurde als jede denkbare Zerstückelung. In der Geschichte wiegen sehr stark die Bindungen aller Abmachungen und Verträge, die man nicht ungestraft verletzen darf. Aber daneben steht das Gewicht der realen Machtverhältnisse, das oft stärker ist als das Papier, das auf Konferenzen beschrieben wird. Das ist das realistische, historische Fazit einer Analyse der Ereignisse seit dem 15. März 1939. Eine bittere menschliche Erfahrung und Tatsachenkette, die aber den nicht entmutigt, der zwar selber nicht an die Macht glaubt, aber nüchtern und ideologiefrei die Geschichte nicht als undeutbares philosophisches Geheimnis, sondern als das Werk von Menschen erkennt.

Peter Krüger

DIE TSCHECHOSLOWAKEI IN DEN VERHANDLUNGEN DER ALLIIERTEN VON DER ATLANTIK-CHARTA BIS ZUR POTSDAMER KONFERENZ

I

Fast auf den Tag genau 150 Jahre vor der Verkündigung der Atlantik-Charta erließen Kaiser Leopold II. und König Friedrich Wilhelm II. die Pillnitzer Deklaration[1], um zum erstenmal in der neueren Geschichte zum Zusammenschluß gleichgesinnter Staaten und zur einmütigen Verteidigung einer gefährdeten Staats- und Gesellschaftsordnung gegen eine auf Umwälzung der bestehenden Verhältnisse bedachte Nation aufzurufen – gegen das revolutionäre Frankreich. Im August 1941 trafen die mächtigsten Vertreter der westlichen Demokratien, Roosevelt und Churchill, vor der nordamerikanischen Küste zusammen, um zum zweitenmal in der neueren Geschichte alle Völker zur Abwehr einer Macht aufzufordern, die diesmal eine unheimliche Gefahr für alle übrigen Nationen bildete. 1791 handelte es sich, um es in progressiven Kategorien auszudrücken, um eine Allianz gegen den Fortschritt, 1941 um den gemeinsamen Kampf für den Fortschritt – oder genauer gesagt darum, ihm eine Überlebenschance zu wahren. 1791 war die sich bildende Allianz einheitlicher in ihrer Struktur und in ihrer Zielsetzung, 1941 überwogen die Unterschiede zwischen den Mächten, die sich zusammenschlossen, und zwischen ihren politischen Absichten. Um so größer mußte die Gefahr sein, die sie zusammenzwang: der Versuch Deutschlands unter der Führung Hitlers, andere Völker einem immer weiter wuchernden System furchtbarer Unterdrückung zu unterwerfen.

Konnte es angesichts der deutsch-russischen Zusammenarbeit 1939 bis 1941 noch fraglich sein, ob der Krieg nicht zu einem Kampf der westlichen Demokratien gegen die autoritären Systeme werden würde, so war nach dem deutschen Überfall auf die Sowjetunion klar, daß sich über alles Trennende hinweg eine Konstellation und ein Kriegsbündnis gegen den schlimmsten Gegner aller bildete. Die ungleichen Verbündeten, die Hitler zusammengezwungen hatte, führten jeder einen ungleichen Krieg. Die Vereinigten Staaten und Großbritannien kämpften um ihre Lebens- und Machtsphären, die kleinen Nationen dagegen um ihre Lebensmöglichkeit überhaupt; für die Sowjetunion galt nacheinander beides. Da die drei größten Nationen, die das imponierendste Machtpotential der Welt darstellten, sich zusammengetan hatten, war ihr politisches Gewicht so groß, daß die kleinen Nationen kaum die Chance einer Einflußnahme besaßen und selbst innerhalb des Bündnisses teilweise um ihr Leben kämpfen mußten. Vor diesem doppelten Existenzkampf standen in erster Linie jene beiden Staaten, die im Übergangsbereich der Machtsphäre der Sowjetunion und der Westmächte lagen: Polen und die Tschechoslowakei.

Die Tschechoslowakei gehörte aus verschiedenen Gründen nicht zu den neural-

[1] Martens, Georg Friedrich von (Hrsg.): Recueil des principaux traités [...]. Bd. 5 (1791–1795). Göttingen [2]1826, S. 260.

gischen Punkten im internen Machtkampf der Antihitlerkoalition. Deshalb kann sie nicht den Mittelpunkt meiner Untersuchung einnehmen, nach dem sich alles übrige ausrichtet, sondern das Schwergewicht muß bei den Großmächten bleiben, deren Zielen und deren Handeln die Tschechoslowakei weitgehend unterworfen war. Um so klarer werden jene wenigen Momente hervortreten, in denen die tschechoslowakischen Führer selbst bestimmend in den Verlauf der Entwicklung eingreifen konnten, um die Ohnmacht eines kleinen Landes zu mildern, das wie viele andere zu jenen von der Politik der Großmächte betroffenen oder gar heimgesuchten gehörte. Diese Feststellung wird bekräftigt, wenn man die kritische Zone anschaut, die während des Zweiten Weltkriegs in Europa bestand. Sie verlief von Finnland bis Rumänien, und die kleinen Nationen in diesem Bereich wurden die Leidtragenden der politischen Auseinandersetzungen, die hier entbrannten.

Die beträchtlichen Differenzen der drei Großmächte waren kaum zu überwinden und stammten noch aus der Vorkriegszeit. Sowohl für Großbritannien als auch für die Vereinigten Staaten galt, daß neben ihrer Gegnerschaft gegen den Nationalsozialismus während des ganzen Krieges der Antikommunismus lebendig blieb und gegen Ende des Krieges sogar neue Nahrung erhielt. Hitler war in ihren Augen zu jener Zeit das größere und viel gefährlichere von zwei Übeln. Die notgedrungene Allianz der Westmächte mit der Sowjetunion wurde aber nur unter tiefem Mißtrauen verwirklicht. Die Engländer sahen mit wachsendem Ingrimm, wie die Sowjetunion in der östlichen Hälfte Europas immer mächtiger wurde, je weiter der Krieg fortschritt. Sie wollten eine neue politische Ordnung in Europa mit Hilfe von Konföderationen vorbereiten und auf diesem Wege versuchen, ihre Politik des europäischen Gleichgewichts neu zu begründen, an der die Russen völlig uninteressiert waren. Die Amerikaner verhielten sich gerade in europäischen Fragen passiv und suchten ihren Grundsatz, sämtliche Entscheidungen bis zu den Friedensregelungen aufzuschieben, auch für ihre beiden Partner verbindlich zu machen. Das gelang ihnen mit beachtlichem, obgleich kaum positiv zu bewertendem Erfolg.

Aber selbst die beiden angelsächsischen Großmächte gingen nicht in völliger Einmütigkeit in den Krieg. Die Engländer brachten wenig Verständnis für die vagen Vorstellungen der Amerikaner von einem weltweiten Zusammengehen der Völker nach allgemeingültigen Prinzipien auf. Und mit Abneigung und Mißbilligung nahmen sie zu den amerikanischen Plänen einer Neuordnung des Welthandels Stellung. Aber sie waren auf die Vereinigten Staaten angewiesen und befanden sich bereits in einer gewissen Abhängigkeit von ihnen, noch bevor Amerika in den Krieg eintrat und damit seiner Macht und seinen Hilfsquellen noch größeres Gewicht gab. Schon vor der Atlantik-Konferenz hatten die Engländer keine wichtige außenpolitische Entscheidung ohne enge Konsultation mit den Amerikanern getroffen; in ihrem grundsätzlichen Kampf gegen Hitler waren beide Mächte sich einig und ebenso in dem Willen, das unterdrückte Europa zu befreien. Für Großbritannien hing zudem aus politischen und militärischen Gründen entscheidend viel davon ab, ob es ihnen gelang, die Vereinigten Staaten in den Krieg zu ziehen.

Nicht nur räumlich, sondern auch in ihren außenpolitischen Voraussetzungen, Konzeptionen und Zielen weit von den Westmächten entfernt, stand die Sowjetunion. Ihre Bemühungen, in der bereits erwähnten kritischen Zone zwischen Finnland und Rumänien Einfluß zu gewinnen, waren schon vor dem Kriegsausbruch offensichtlich und tendierten dahin, ihr begründetes Sicherheitsinteresse zu überschreiten. Dies bewog Großbritannien im Sommer 1939, ein Bündnis um jeden Preis mit Rußland abzulehnen. Die sowjetischen Bestrebungen kamen trotzdem zum Ziel, wenn auch im Bündnis mit Hitler durch die Verträge von 1939: den Nichtangriffspakt vom 23. August[2] und den deutsch-sowjetischen Grenz- und Freundschaftsvertrag vom 28. September[3]. Hitler selbst machte diesen russischen Vorstoß mit dem Beginn des Ostfeldzuges für kurze Zeit wieder rückgängig; trotzdem betrachtete die Sowjetunion die 1939/40 gewonnenen Gebiete als einen ihr zustehenden rechtmäßigen Besitz, und im Falle Polens konnte sie einige Gründe dafür anführen. Der Ostfeldzug Hitlers bekräftigte diesen Anspruch nur noch, indem er der sowjetischen Politik das durchschlagende Argument lieferte, daß Rußlands Westgrenze besser gesichert werden müßte. Mit demselben Argument begründete die sowjetische Führung ihren Anspruch auf ein weiteres Ausgreifen über die Grenzen von 1941 hinaus und forderte von allen Nachbarstaaten im Westen fast als Bedingung ihrer Existenz eine Rußland gegenüber freundliche Haltung. Nur eine der kleinen Nachbarnationen bemühte sich beizeiten, diesem Anspruch nachzukommen, die Tschechoslowakei.

Jedoch nicht nur für die politischen Bedingungen der Kriegsallianz mit der Sowjetunion waren bereits bestehende Vorstellungen maßgebend, sondern auch in den grundlegenden militärischen Fragen. Die britische Strategie lag für 1941 fest: An erster Stelle kam die Sicherung der überseeischen Verbindungen, an zweiter die Aufrechterhaltung der Vorherrschaft im Mittelmeer[4]. Alles andere trat dahinter zurück. Ein Eingreifen auf dem Kontinent stand nach dieser Entscheidung zunächst überhaupt nicht mehr in Erwägung. Mit der Verwicklung der Sowjetunion in den Krieg wurde aber gerade diese Frage unter dem Schlagwort „Zweite Front“ die wichtigste militärische Frage der Allianz – für die Sowjetunion die wichtigste überhaupt – und damit bis Juni 1944 eine nicht versiegende Quelle von Spannungen und Unzuträglichkeiten. Der sich sehr verzögernde militärische Einsatz der Westmächte schwächte entscheidend ihren politischen Einfluß in Osteuropa.

II

Die Atlantik-Konferenz vom 9. bis 12. August 1941[5], die Begegnung zwischen Roosevelt und Churchill auf zwei Kriegsschiffen in der Placentia Bay vor Neu-

[2] Dazu das geheime Zusatzprotokoll vom selben Tag über die Abgrenzung der Interessensphären in Osteuropa: Akten zur deutschen auswärtigen Politik 1918–1945. Serie D, Bd. 7. Baden-Baden 1956, S. 205–207.

[3] Mit drei geheimen Protokollen vom selben Tag: Akten zur deutschen auswärtigen Politik 1918–1945. Serie D, Bd. 8. Baden-Baden-Frankfurt am Main 1961, S. 127–129.

[4] Roskill, S. W.: The war at sea 1939–1945. Bd. 1. London 1954, S. 41 (in der Reihe: History of the Second World War).

[5] Über die Atlantik-Konferenz siehe vor allem: Foreign relations of the United States, diplomatic papers, 1941. Bd. 1. Washington 1958, S. 341–378. – Churchill, Winston S.: The Second World War. Bd. 3: The grand alliance. London 1950, S. 384–399. – Wilson, Theodore A.: The first summit. Roosevelt and Churchill at Placentia Bay 1941. Boston 1969.

fundland, Manifestation der beiden bedeutendsten Seemächte, war die erste große Kriegskonferenz – ich nenne sie so, obwohl formal die Vereinigten Staaten noch nicht im Kriege waren – und das merkwürdige an ihren Ergebnissen war, daß sie zwar in wesentlichen Fragen keine konkreten Entscheidungen brachte, jedoch beträchtliche politische Wirkungen auf die kommenden Jahre von ihr ausgingen. Die in ihrem Verlauf ausgearbeitete Atlantik-Charta war das äußere Zeichen einer politischen Einigung der beiden Westmächte im Hinblick auf ihre Zusammenarbeit im Krieg. Das war der entscheidende Vorgang. Die Tschechoslowakei wurde davon in zweifacher Hinsicht betroffen: Einmal, weil die politische Einigung, die nachhaltig von den abstinenten Auffassungen der Vereinigten Staaten geprägt war, konkrete Auswirkungen auf die Politik der tschechoslowakischen Exilregierung hatte, der diese Festlegung politischer Strategie ein Konzept verdarb; und zum andern als einer der Adressaten der Atlantik-Charta.

Zu den Intentionen, die zur Atlantik-Konferenz führten, gehörte auf seiten Großbritanniens die Absicht, weitgehende politische und materielle Unterstützung seiner Kriegsanstrengungen durch die Vereinigten Staaten sicherzustellen, und auf seiten der Vereinigten Staaten die Entschlossenheit, ihre – vor allem weltwirtschaftlich orientierten – Vorstellungen über eine Neuordnung der internationalen Beziehungen nach dem Kriege durchzusetzen und britische Alleingänge in der Kriegsdiplomatie zu verhindern. Was den letzten Punkt angeht, so weist Robert Divine vor allem darauf hin, daß die Amerikaner einer britisch-sowjetischen Nachkriegseinigung und ganz allgemein der Abwendung von den – man sollte betonen: amerikanischen – Idealen einer demokratischen Außenpolitik zuvorkommen wollten[6]. Ohne Zweifel wollten die Vereinigten Staaten jedenfalls vermeiden, von irgendeiner wesentlichen außenpolitischen Entscheidung in der Welt ausgeschlossen zu sein, und die eigenen Vorstellungen überall mit Nachdruck vertreten. Vor allem erhoben sie den Anspruch, und zwar unabhängig davon, ob sie nun in den Krieg eintreten würden oder nicht, an der Lösung der Kriegs- und Friedensprobleme wesentlich beteiligt zu werden. Deshalb gehörte es zu den Voraussetzungen der politischen Strategie Roosevelts, daß die Achsenmächte um jeden Preis niedergerungen werden mußten[7]. In dieser Hinsicht war die Atlantik-Charta eine Gegenmanifestation zu Hitlers Großraumpolitik, die moralisch-demokratische Grundlage amerikanischer Prägung für eine von den Vereinigten Staaten inaugurierte Weltpolitik nach dem Krieg. Roosevelt war im Grunde ein Vertreter der Politik Woodrow Wilsons, auch wenn er sich bemühte, deren Fehler zu vermeiden[8].

---

[6] Divine, Robert A.: The reluctant belligerent. American entry into World War II. New York – London – Sidney 1965, S. 133–135.

[7] Zur damit angesprochenen Problematik siehe Gruchmann, Lothar: Völkerrecht und Moral. Ein Beitrag zur Problematik der amerikanischen Neutralitätspolitik 1939 bis 1941. VfZ 8 (1960) 384–418. – Divine, Robert A.: The illusion of neutrality. Chicago 1962.

[8] Siehe dazu Duroselle, Jean-Baptiste: De Wilson à Roosevelt. Politique extérieure des États Unis 1913–1945. Paris 1960. – Besson, Waldemar: Von Roosevelt bis Kennedy. Grundzüge der amerikanischen Außenpolitik 1933–1963. Frankfurt am Main – Hamburg 1964, S. 65 und 71 (Fischer-Bücherei 598).

Zu den konkreten Zielen der Vereinigten Staaten auf der Atlantik-Konferenz gehörte es vor allem anderen, den Grundsatz, daß keinerlei Abmachungen über Nachkriegsregelungen getroffen werden sollten, mit den Engländern noch einmal verbindlich festzulegen. Das bezog sich insbesondere auf territoriale Fragen. Am 14. Juli 1941 hatte Roosevelt voller Beunruhigung an Churchill geschrieben, es gingen Gerüchte um, daß Großbritannien schon Abmachungen für die Zeit nach dem Kriege treffe[9]. Er erinnnerte an Versailles und an die schwere Belastung, der damals die Friedenskonferenz durch bereits früher eingegangene Verpflichtungen ausgesetzt war. Die Befürchtung, daß sich derartiges am Ende des Zweiten Weltkriegs wiederholen könnte, beherrschte in den Kriegsjahren Vorgehen und Argumentation der amerikanischen Außenpolitik in hohem Maße[10]. Roosevelt schlug Churchill in einer für die Vorsicht der amerikanischen Diplomatie überaus charakteristischen Form eine Erklärung vor, die Churchill abgeben sollte, und zwar darüber, daß hinsichtlich der Gestaltung des Friedens keinerlei englische Verpflichtungen bestünden. Eine solche Erklärung und das ihr zugrundeliegende Prinzip der Nichtverpflichtung beabsichtigte er selbst dann nachdrücklich zu unterstützen. Auf eine so weitgehende Bindung und Zurückhaltung wollte Churchill sich nicht einlassen, deshalb legte er auf der Atlantik-Konferenz einen positiveren britischen Entwurf über politische Grundsätze einer Friedensregelung vor[11]. Daraus wurde in intensiven Verhandlungen die Atlantik-Charta.

Obwohl Roosevelt aus innenpolitischen Rücksichten, die während des ganzen Krieges wirksam blieben[12], alles vermeiden wollte, was irgendwie nach einer Verpflichtung der Vereinigten Staaten aussehen konnte, gelang es dem kräftigen Einspruch Churchills, der auf die unausbleibliche Enttäuschung unter den kleinen Nationen hinwies, seine Auffassung und die des Foreign Office durchzusetzen, daß die Grundsätze über die Selbstbestimmung der Nationen und den frei geäußerten Willen der Bevölkerung hinsichtlich territorialer Veränderungen als Ergebnis der Konferenz zum Ausdruck kommen sollten[13]. Andererseits erklärte er sich mit der amerikanischen Forderung einverstanden, keinerlei bindende Abmachungen über Nachkriegsregelungen zu treffen. Während der Verhandlungen wurden die Engländer ausdrücklich gefragt, ob sie da reinen Gewissens seien, und die Amerikaner wiesen insbesondere auf die Frage der Tschechoslowakei hin. Das geschah nicht von ungefähr, denn der erste damals akute Versuch einer Grenzänderung im Kriege und

---

[9] Foreign relations 1941 I, 342.

[10] Moseley, Philip E.: Hopes and failures: American policy toward East Central Europe, 1941–1947. The Review of Politics 17 (1955) 461–484. Vgl. Kertesz, Stephen D. (Hrsg.): The fate of East Central Europe. Hopes and failures of American foreign policy. Notre Dame 1956.

[11] Foreign relations 1941 I, 355.

[12] Siehe dazu u. a. Vandenberg, Arthur H. jr. (Hrsg.): The private papers of Senator Vandenberg. Boston 1952.

[13] Foreign relations 1941 I, 360–361. – Woodward, Llewellyn: British foreign policy in the Second World War. London 1962, S. 429–431. Wie sich jetzt herausstellt, handelt es sich bei Woodwards Buch nur um die Kurzfassung eines fünfbändigen Werkes unter demselben Titel, von dem jetzt Bd. 1 (London 1970), der bis zum Juni 1941 reicht, erschienen ist.

ohne jede freie Äußerung der Bevölkerung, schon gar nicht der unmittelbar betroffenen, ging vom Präsidenten der tschechoslowakischen Exilregierung, Beneš, aus, der seine wichtigste Aufgabe zunächst darin sah, eine Nichtigkeitserklärung des Münchener Abkommens durchzusetzen und die tschechoslowakischen Grenzen von 1937 wiederzuerlangen[14]. Der Staatssekretär im britischen Außenministerium, Cadogan, versicherte den Amerikanern, seine Regierung habe es den Tschechen völlig klar gemacht, daß sie sich in ihrem Bemühen um die Wiederherstellung der Tschechoslowakei auf keine Grenzfestlegung einlasse[15]. Sie hat an dieser Einstellung bis zum Kriegsende festgehalten.

Bemerkenswert ist, daß während der Verhandlungen gerade jene Macht, mit deren Hilfe Beneš seine Ziele erreichen sollte, die Sowjetunion, nach den Quellen, die bisher vorliegen, keine Rolle spielte. Das kann mit der im Westen verbreiteten Ansicht zusammenhängen, daß die russische Niederlage noch vor Ende des Jahres 1941 besiegelt sein werde[16]. Außerdem blieb das russisch-amerikanische Verhältnis zunächst schwierig. Und indirekt war die Sowjetunion doch betroffen: Die Atlantik-Charta sollte ein Hindernis vor dem russischen Ausgreifen nach Westen bilden[17]. Erst nach den ersten Waffenerfolgen entwickelte sich die Sowjetunion zum mächtigen, in Ost- und Mitteleuropa allmählich übermächtigen Partner. Ausführlich wurde hingegen über Japan gesprochen, ein Machtfaktor, der während des ganzen Krieges ablenkend auf die amerikanische Politik in Europa einwirkte und die amerikanische Konzessionsbereitschaft gegenüber der Sowjetunion stärkte, damit diese aktive militärische Unterstützung im Fernen Osten leiste.

Bemerkenswert ist außerdem, daß man sich auf der Atlantik-Konferenz nicht mit den bisher erwähnten Fragen am meisten beschäftigte, sondern mit der Ordnung der Weltwirtschaft nach dem Kriege. Diese Frage berührte die Interessen der beiden größten See- und Industriemächte der westlichen Welt ganz unmittelbar und hierbei stießen zwei entgegengesetzte Ansichten hart aufeinander. Die britische Regierung sah für Großbritannien eine unter Umständen katastrophale wirtschaftliche Entwicklung nach dem Kriege voraus und suchte sich als Schutz dagegen die Möglichkeit zu wirtschaftlichen Beschränkungen, Zollabsperrungen, kleineren Wirtschafts-

---

[14] Memoirs of Dr. Eduard Beneš. Hrsg. und ins Englische übersetzt von Godfrey Lias. London 1954, Kap. VI. – Vgl. Celovsky, Boris: Das Münchener Abkommen 1938. Stuttgart 1958.

[15] Foreign relations 1941 I, 352.

[16] Münch, Werner: Die militärische Zusammenarbeit zwischen den USA, Großbritannien und der Sowjetunion auf dem europäischen Kriegsschauplatz im Zweiten Weltkrieg bis zum 6. Juni 1944 [...]. Teil 2. Wehrwissenschaftliche Rundschau 20 (1970) 566–568. – Das politische – und ideologische – Problem einer Änderung der amerikanischen Haltung gegenüber der Sowjetunion Stalins stellte sich besonders nach dem 22. Juni 1941. Für die Zeit davor siehe demnächst die vor der Vollendung stehende Tübinger Dissertation von Franz Knipping über die amerikanisch-russischen Beziehungen 1939–1941.

[17] Fischer, Fritz: Das Verhältnis der USA zu Rußland von der Jahrhundertwende bis 1945. HZ 185 (1958) 355. – Moltmann, Günter: Die amerikanisch-sowjetische Partnerschaft im Zweiten Weltkrieg. GWU 15 (1964) 171; im Anschluß daran die Kontroverse zwischen Stadelmaier und Moltmann, GWU 15 (1964) 493–500 und GWU 16 (1965) 218–222.

zusammenschlüssen und ähnlichen Maßnahmen zu bewahren. Die amerikanische Regierung, und insbesondere Außenminister Cordell Hull, der Schüler Woodrow Wilsons, verfolgte demgegenüber mit großer Zähigkeit, unterstützt von den führenden amerikanischen Wirtschaftsverbänden und Unternehmern, die Vorbereitung einer Weltwirtschaft nach dem Kriege, deren hervorstechendes Merkmal der Abbau aller, die freie Bewegung von Gütern und Kapital hindernden Maßnahmen und Diskriminierungen war, insbesondere der Zölle. Es war die Politik der wirtschaftlich stärksten Macht der Welt, deren Stärke gegen Ende des Krieges immer mehr wuchs, die deshalb ihr kapitalistisches System als das unangefochten geeignetste für die Nachkriegszeit ansah und ihm die gesamte Weltwirtschaft im Grunde unterordnen wollte. Es kam hinzu die Furcht vor der Wirtschafts-Depression. Die gerade bei Hull sehr ausgeprägte Erkenntnis der folgenschweren Fehler der amerikanischen Wirtschaftspolitik nach dem Ersten Weltkrieg, die amerikanische Haltung als übermächtiger Gläubiger, der es durch Schutzzölle und Beschränkungen dem Schuldner unmöglich machte, seine Schulden zurückzuzahlen, und so nach Hulls Überzeugung die Weltwirtschaftskrise und die daraus folgenden politischen Katastrophen in Europa verursachte – diese Erkenntnis sollte genutzt werden, eine neue Weltwirtschaft auf durch und durch liberalen Prinzipien aufzubauen und damit der amerikanischen Überschußwirtschaft Exportmärkte zu öffnen; die „Open Door"-Politik in weltweitem Maßstab und unter Einschluß Amerikas[18]. Gabriel Kolko führt in der jüngsten Gesamtdarstellung der politischen Geschichte des Zweiten Weltkriegs völlig zu Recht aus: „Well before it could estimate the economic and political dislocations of the war or realistically appraise the long-term world economic situation, the American government insisted that all the Allies conform to the American statement of economic peace aims. The hard-pressed Allies did so out of necessity, only to find later that cooperation on American terms was impossible, and the attempt to do so aggravated their own problems, paving the way for innumerable controversies and breaches of faith which to the United States only revealed the ill will or nefarious motives of Britain and Russia. That these nations could not agree to commit economic suicide by accepting the American program was predictable in advance, but the suppositions and needs of American policy were such that the

---

[18] Kolko, Gabriel: The politics of war. The world and United States foreign policy, 1943–1945. New York 1968, Kap. 11. Vgl. vor allem Williams, William A.: The tragedy of American diplomacy. Cleveland – New York [2]1962. Zur Entwicklung der Hullschen Politik in den 30er Jahren siehe Schröder, Hans-Jürgen: Deutschland und die Vereinigten Staaten 1933–1939. Wirtschaft und Politik in der Entwicklung des deutsch-amerikanischen Gegensatzes. Wiesbaden 1970, besonders für die Darstellung des Gegenspiels antipodischer Positionen zwischen Deutschland und den Vereinigten Staaten bei der Lösung politisch-wirtschaftlicher Probleme – „Neuer Plan" gegen „Trade Agreements Act" – und für die Analyse der wirtschaftlichen Faktoren der amerikanischen Außenpolitik: „Die amerikanische Außenpolitik wurde ganz allgemein von ökonomischen Triebkräften beherrscht. Die Hullsche Handelsvertragspolitik seit 1934 [...] wird man als den Eckpfeiler der Washingtoner Außenpolitik bezeichnen müssen. Am klarsten tritt diese enge Verflechtung ökonomischer und allgemein außenpolitischer Zielsetzungen mit dem englisch-amerikanischen Handelsvertrag vom November 1938 hervor [...]. Mit der engeren ökonomischen Kooperation zwischen Washington und London [...] war in der

United States had to present the same demands in any case[19]." Vor allem auf die kleineren Nationen bezogen, bedeutet dies, daß die Vereinigten Staaten eine ungleiche Allianz des wirtschaftlich überragend Starken mit den Schwachen, deren Schwäche noch durch den Krieg gesteigert war, herbeiführen wollten. Dieses amerikanische Programm ging über die Bedeutung eines rein wirtschaftlichen weit hinaus; Hull sah in ihm die beste Möglichkeit künftiger Friedenssicherung und einträchtiger Entwicklung der Völker. Auf dieser Grundlage stand er jedoch den differenzierten Problemen der Tschechoslowakei und anderer Länder Osteuropas beziehungslos gegenüber.

Der Einfluß dieses Programms auf die amerikanische Politik kann kaum überschätzt werden, und man muß die negative Auswirkung der globalen amerikanischen Zielsetzungen auf die Konzipierung einer konkreten und detaillierten amerikanischen Außenpolitik während des Zweiten Weltkriegs immer in Rechnung stellen. Wenn es auch Churchill auf der Atlantik-Konferenz noch gelang, eine definitive Festlegung auf die außenwirtschaftlichen Pläne der Vereinigten Staaten zugunsten einer elastischeren Formulierung zu verhindern, so wurde trotzdem der Grundsatz in Artikel 4 der Atlantik-Charta aufgenommen und zum erstenmal auch international anerkannt. Er lautet: „They [i.e. Vereinigte Staaten und Großbritannien] will endeavor, with due respect for their existing obligations, to further the enjoyment by all States, great or small, victor or vanquished, of access, on equal terms, to the trade and to the raw materials of the world which are needed for their economic prosperity[20]." Es ist bezeichnend – Kolko hat darauf hingewiesen –, daß der Artikel 4 in der sonst sehr allgemein und vage gehaltenen Atlantik-Charta der einzig klare und einigermaßen konkrete ist[21]. Die Formulierungen der wirtschaftlichen Ziele enthalten, wenn man die amerikanische Kriegspolitik verfolgt, auch den einzigen umfassenden und programmatischen Grundsatz und die einzige allgemeine Zielvorstellung, die im Detail eine adäquate Ausarbeitung innerhalb der amerikanischen Regierung gefunden, ihr als Richtlinie für konkrete politische Entscheidungen gedient haben – und folgerichtig gegen Kriegsende in wachsendem Maße bei allen politischen Entscheidungen berücksichtigt worden sind. Das steht völlig im Gegensatz zu dem Schicksal der übrigen Prinzipien der Atlantik-Charta. Ihre Verkündung stellte eine Deklamation dar[22], die den Ausgangspunkt für die UNO-Prinzipien bildete, jedoch trat im Laufe der Zeit das immer größer und peinlicher

---

amerikanischen Deutschlandpolitik eine grundsätzliche Entscheidung gefallen." (S. 286). Das gilt auch für die amerikanische Europapolitik.

19 Kolko 265–266. Siehe dazu auch Penrose, E. F.: Economic planning for the peace. Princeton 1953 und Gardner, Richard N.: Sterling-dollar diplomacy. Anglo-American collaboration in the reconstruction of multilateral trade. Oxford 1956. Zum Hintergrund der amerikanischen Politik siehe auch Potter, David M.: People of plenty. Economic abundance and the American character. Chicago 1954.

20 Foreign relations 1941 I, 368.

21 Kolko 243–244. Diese Politik wurde vor allem in Artikel VII der Lend-Lease-Abkommen (Text Kolko 249–250) fortgesetzt. Zum Beginn der Lend-Lease-Politik siehe Kimball, Warren F.: The most unsordid act. Lend-Lease, 1939–1941. Baltimore 1969.

22 Ernst Deuerlein spricht von „inkommensurablen Deklamationen"; Deuerlein, Ernst: Die Präjudizierung der Teilung Deutschlands 1944/45. Deutschland-Archiv 2 (1969) 355.

werdende Mißverhältnis zur mangelnden Ausarbeitung von Konzeptionen für ihre Durchführung in der praktischen Politik zutage. Das gilt vor allem für jene Artikel, die der Tschechoslowakei wertvoll sein mußten: „Second, they [i.e. Vereinigte Staaten und Großbritannien] desire to see no territorial changes that do not accord with the freely expressed wishes of the peoples concerned; Third, they respect the right of all peoples to choose the form of government under which they will live; and they wish to see sovereign rights and self government restored to those who have been forcibly deprived of them[23]."

Die konkreten politischen Entscheidungen wurden auf ganz anderer Ebene gefällt und ließen den Zusammenhang mit den Prinzipien der Atlantik-Charta vermissen, die eine erschreckende Ähnlichkeit mit den 14 Punkten Wilsons haben. Die Engländer waren sich gerade jener Ähnlichkeit bewußt. Sie hatten Bedenken dagegen, sich mit vagen Verpflichtungen und Formulierungen zu begnügen, und das Foreign Office wollte die Atlantik-Charta nun auch mit konkretem Inhalt füllen[24]. Damit hatten sie aber wenig Erfolg.

Churchills Bemühen, der Atlantik-Charta eine positivere Form und später auch politischen Inhalt zu geben, um der Enttäuschung und Entmutigung der kleinen Nationen, zu denen ja auch die Tschechoslowakei gehörte, vorzubeugen, erhält einen tragischen Zug, wenn man sich überlegt, welche Enttäuschung später die politische Wirkungslosigkeit dieser Prinzipien, nachdem sie sich anfangs ohne Zweifel bei den von Hitler unterdrückten Nationen Europas wachsender Popularität erfreut hatten, gerade in Ost- und Mitteleuropa hervorrufen mußte[25]. Die gegen Kriegsende immer stärker wachsende Bedeutung der wirtschaftlichen Belange für die amerikanische Außenpolitik erlaubt den für das Schicksal der Tschechoslowakei und anderer Länder wichtigen Schluß, daß die amerikanische Regierung die Hoffnung hatte, mit der Wirtschaftspolitik die Fehlschläge ihrer allgemeinen Politik in Ost- und Mitteleuropa gegenüber der Sowjetunion und die Schwäche ihrer militärischen Position in diesem Bereich auszugleichen. Auch dieser Versuch blieb vergeblich.

III

Die amerikanische Regierung drängte auf eine rasche Zustimmungserklärung der in den Krieg gegen die Achsenmächte verwickelten Staaten zur Atlantik-Charta. Doch schon kündeten sich die ersten, zunächst noch wenig beachteten Schwierigkeiten an. Die Sowjetunion monierte, daß sie zu den Beratungen nicht zugezogen worden war, obwohl sie gegen die Grundsätze nichts einzuwenden hatte[26]. Bald nach

---

[23] Foreign relations 1941 I, 368.

[24] Woodward 430.

[25] Die Reaktion des deutschen Auswärtigen Amts siehe im Telegramm des Geschäftsträgers in Washington vom 9. August 1941 und der Aufzeichnung Ribbentrops vom 17. August 1941 für Hitler; Akten zur deutschen auswärtigen Politik 1918–1945. Serie D, Bd. 13/1. Göttingen 1970, S. 250–252 und 266–268.

[26] Woodward 431.

Beginn des deutschen Überfalls war sie mit den Exilregierungen der Tschechoslowakei, Polens und Jugoslawiens in London in Verbindung getreten und hatte angefangen, die nach Rußland geflohenen Kommunisten dieser drei Länder durch sogenannte Nationalkomitees zu militärisch und politisch verwendbaren Einheiten zu formen[27]. Sie wollte ihren eigenen Vorstellungen von der Zukunft Osteuropas nach dem Krieg den Weg bereiten. Vielleicht verkannten die Westmächte die Bedeutung dieses Vorgangs in seinem Ausmaß; jedenfalls unternahmen sie nichts zur Neutralisierung des russischen Vorgehens. Die ungeheure Schwierigkeit der Aufgabe, aus der Atlantik-Charta ein anwendbares politisches Konzept zu machen, bewiesen außerdem schon die ersten Stellungnahmen der Tschechoslowakei und Polens, die erklärten, daß diese Prinzipien den besonderen Bedürfnissen und Zielen dieser Länder angepaßt werden müßten[28].

Im Zusammenhang mit der russischen Aktivität mußte in Washington ein Gespräch Beunruhigung ausgelöst haben, das der Assistant Secretary of State Berle mit Ralph Stevenson, dem Principal Private Secretary im Foreign Office, am 15. September 1941 über die Frage führte, ob nicht die Sowjetunion Osteuropa beherrschen wolle, insbesondere die Tschechoslowakei, Polen und Jugoslawien. Stevenson erklärte dazu, es bestehe in dieser Hinsicht ein halbes Versprechen der britischen Regierung gegenüber der Sowjetunion. Er erläuterte diesen Hinweis nicht weiter und meinte nur, Großbritannien setze seine Hoffnungen auf das Kriegsende[29]. In London scheint man also zumindest das Interesse der Sowjetunion, ihren Einfluß in Osteuropa zu verstärken, anerkannt zu haben, ohne daß man dies bei der damals bestehenden fast hoffnungslosen militärischen Lage in Rußland mit großer Beunruhigung auffaßte.

Das Sicherheitsinteresse der Sowjetunion wurde auch im Department of State anerkannt. Berle verglich sogar einmal das Verhältnis Osteuropas zu Rußland mit dem der Vereinigten Staaten zur westlichen Hemisphäre und legte damit eine Art sowjetischer Monroe-Doktrin nahe[30]. Die amerikanische Regierung, in allen Gebieten, die ihrer direkten Einflußnahme verschlossen waren, stets mißtrauisch, widersetzte sich nichtsdestoweniger jeder Abgrenzung von förmlichen Interessensphären

---

[27] Telegramme der amerikanischen Botschafter Winant (London) vom 4. und Biddle (bei den Exilregierungen in London) vom 6. Juli 1941; Foreign relations 1941 I, 239–241. Biddle berichtete, die Sowjetunion setze sich für die Wiederherstellung der Tschechoslowakei und für die freie Entscheidung ihrer Bevölkerung über das künftige Regime ein und begünstige eine tschechoslowakisch-polnische Konföderation. Siehe auch Eden, Anthony: The Eden memoirs. [Bd. 2:] The reckoning [1938–1945]. London 1965, S. 271 bis 272.

[28] Beneš: Memoiren 315. – Foreign relations 1941 I, 373–377. – Luža, Radomir: The transfer of the Sudeten Germans. New York 1964, S. 231.

[29] Foreign relations 1941 I, 188. Siehe auch Berle, Adolf A. jr.: Tides of crisis. A primer of foreign relations. London 1957, S. 130–131.

[30] Aufzeichnungen Berles vom 24. Februar und 6. März 1942; Foreign relations of the United States, diplomatic Papers, 1942. Bd. 3. Washington 1961, S. 111 und 115–116. Berle erklärte dem polnischen Botschafter, das legitime Sicherheitsinteresse der Sowjetunion müsse zufriedengestellt werden, und kündigte damit die nachgiebige Haltung der amerikanischen Außenpolitik gegenüber der sowjetischen Osteuropapolitik an. Vgl. The memoirs of Cordell Hull. Bd. 2. New York 1948, S. 1170.

und ging über ihre in der Atlantik-Charta sehr allgemein geäußerten Ziele während des Krieges im Grunde nicht mehr hinaus. Sie benutzte die Atlantik-Charta, die gerade so weit ging, um keinen der Aliierten ernsthaft zu verstimmen, aber keineswegs so weit, die Vereinigten Staaten irgendwie zu konkreten Maßnahmen zu verpflichten, ganz eindeutig als einen Schutzschild, mit dem sie jedes Ansinnen, Vereinbarungen über Nachkriegsfragen schon zu Kriegszeiten zu treffen, abwehrte und sich für die Friedensverhandlungen freie Hand bewahrte[31]. Diese Haltung war nicht sehr rücksichtsvoll, denn die kleinen Länder wollten schließlich wissen, wofür sie eigentlich kämpften, und nicht einem ungewissen Schicksal entgegengehen. Sprachen sie aber unbequeme Wünsche aus, so wurde ihnen erwidert, daß sie sich zunächst einmal mit aller Kraft für den Sieg einsetzen sollten, die politischen Fragen könne man später klären[32]. Die Entwicklung dieser politischen Richtlinie war für die gesamte amerikanische Kriegsdiplomatie grundlegend und hatte besondere Auswirkungen auf die Haltung der tschechoslowakischen Exilregierung. Sie wurde von Beneš, der mit den Vereinigten Staaten und Großbritannien gern Verträge zur Sicherstellung der Tschechoslowakei in den Grenzen von 1937 geschlossen hätte, offensichtlich sehr sorgfältig beachtet und bedauert. Angesichts der Haltung der Westmächte läßt sich schwer ermessen, welche Alternative er zur Zusammenarbeit mit der Sowjetunion hatte.

Benešs Lage war nicht einfach. Er stand der Exilregierung eines jungen Staates vor, der seit 1933 einer Existenzbedrohung ausgesetzt und ihr schließlich erlegen war. Um eine sichere Neugründung vorzubereiten, kämpfte er mit allen erdenklichen politischen Mitteln und einer seltenen diplomatischen Routine, die er schon in den zwanziger Jahren, vor allem als eine der wichtigsten und geschäftigsten Figuren in der sehr eigenen Welt des Völkerbundes, hatte üben können. Es ist durchaus wahrscheinlich, daß der Untergang der Tschechoslowakei als Auswirkung des Münchener Abkommens für Beneš zu einem Trauma wurde. Dazu hatte die bittere Enttäuschung über die Haltung Englands und Frankreichs während der Krise beigetragen. Die Zuverlässigkeit eines westlichen Schutzes für die Tschechoslowakei war daraufhin grundsätzlich in Zweifel geraten, und die Exilregierung wollte verhindern, daß ihr bedrängtes Land wieder in die Rolle des Verratenen und Verkauften geriet. Beneš sah die bessere internationale Absicherung eines künftigen tschechoslowakischen Staates als die unentbehrlichste Voraussetzung seiner Neugründung an, und da war es nur folgerichtig, daß er sich jener Macht zuwandte, die im Frühjahr 1939 immerhin bereit gewesen war, militärisch für sein Land einzutreten, wenn auch unter gewichtigen Bedingungen – der Sowjetunion. Er war sich über ihren bedeutenden Einfluß in der Nachkriegszeit frühzeitig im klaren. Daß er sich darüber hinaus um eine enge Zusammenarbeit der drei Großmächte bemühte, wie er in sei-

---

[31] Siehe dazu den Aufsatz Moseleys (oben Anm. 10). Moseley war von 1942 bis 1946 im Department of State als Fachmann für europäische Fragen tätig. Er verteidigt die Regierungspolitik und kritisiert die Exilregierungen wegen ihrer – häufig berechtigten – Forderungen. Siehe ferner Welles, Sumner: Seven major decisions. London 1951, Kap. IV und Foreign relations 1942 III, 108.

[32] Foreign relations 1942 III, 126.

nen Memoiren schreibt, kann man ihm glauben[33]; je enger das Einvernehmen dieser drei nach dem Krieg war, desto besser für die Tschechoslowakei und desto weniger konnte der im Grunde für eine kleine Nation in so bedrohter geographischer Lage lebensgefährliche Fall eintreten, sich auf eine Seite schlagen zu müssen. Die Sowjetunion war für Beneš anfangs, 1941/42, der benötigte diplomatische Partner, später der übermächtige Nachbar, der zwingend in jedem politischen Kalkül die beherrschende Stellung einnahm. Gleichzeitig wollte Beneš es aber nicht mit den Westmächten verderben. Ihm blieb nicht verborgen, daß die wachsamen Amerikaner, wie es schon während der Atlantik-Konferenz zum Ausdruck kam, auf seine Bemühungen um eine vertragliche Sicherung der Tschechoslowakei in den Grenzen von 1937 durch alle drei Großmächte aufmerksam geworden waren[34]. Er vermied deshalb jede ernsthafte Kontroverse mit den Westmächten und bereitete seinen Vertrag mit der Sowjetunion vom 12. Dezember 1943 während seiner Amerikareise im Mai und Juni desselben Jahres sorgfältig vor[35]. Im übrigen bemühte er sich, die Tschechoslowakei aus den Konferenzen und Besprechungen der drei Großmächte weitgehend herauszuhalten. Sie sollte nicht zu einem umstrittenen Problem nach dem Beispiel Polens werden oder in internationalen Angelegenheiten störend wirken. Diese Politik Benešs stand ganz im Einklang mit seinem Bestreben, das enge Einvernehmen der Großmächte auch für die Friedenszeit zu fördern.

Auf der Konferenz der Alliierten in London am 24. September 1941 schlossen sich die Sowjetunion und die Tschechoslowakei wie alle übrigen Alliierten der Atlantik-Charta an. Die Richtung der tschechoslowakischen Politik kam deutlich zum Ausdruck, als der Außenminister der Exilregierung, Jan Masaryk, in seiner Ansprache betonte, seine Regierung und das tschechoslowakische Volk setzten volles Vertrauen darein, daß die Anwendung der Atlantik-Charta den besonderen Umständen und Notwendigkeiten der verschiedenen Teile Europas Rechnung trage, und sie seien dessen gewiß, daß die Lebensinteressen und souveränen Rechte der Tschechoslowakei dadurch wiederhergestellt würden. Er brachte dies mit ähnlichen Worten zum Ausdruck wie vor ihm schon der Vertreter der Sowjetunion, Botschafter Maisky, der im übrigen nachdrücklich auf die Grundsätze der Atlantik-Charta einging und die Sowjetunion zum Wortführer für das Recht der kleinen Nationen auf Freiheit und Selbstbestimmung machte[36].

---

[33] Beneš: Memoiren, Kap. VII. – Vgl. Inter-allied meeting held in London at St. James's Palace on September 24, 1941. Report of proceedings. London 1941 (Cmd. 6315), S. 9. – Foreign relations 1942 III, 108–110. – Táborský, Eduard: Beneš and Stalin – Moscow, 1943 and 1945. JCEA 13 (1953/54) 155–156.

[34] Foreign relations 1942 III, 121.

[35] Beneš: Memoiren 180–187. – Táborský 157. – Vgl. Foreign relations of the United States, diplomatic papers, 1943. Bd. 3. Washington 1963, S. 670–671, wo erklärt wird, das Department of State habe während Benešs Aufenthalt in Washington nichts von dem Plan eines russisch-tschechoslowakischen Vertrags erfahren.

[36] Inter-allied meeting. Report of proceedings 4–6 und 8–10. – Geschichte der sowjetischen Außenpolitik 1917–1966. 1. Teil: 1917–1945. Berlin 1969, S. 472–475 und 505–506. – Die Vereinigten Staaten wollten allerdings die Atlantik-Charta nicht noch einmal für Osteuropa bekräftigen; Lukacs, John A.: The great powers and Eastern Europe. New York 1953, S. 480.

Noch in einem anderen wichtigen Punkt zeigten sich die Auswirkungen der Atlantik-Konferenz auf die Tschechoslowakei. Der englische Außenminister Eden hatte neben der Atlantik-Charta noch die Verabschiedung einer gemeinsamen Wirtschafts-Resolution auf die Tagesordnung der interalliierten Besprechungen in London gesetzt. Diese Resolution gab eine indirekte Antwort auf die amerikanischen Weltwirtschaftspläne. Sie war eher auf eine engere Wirtschaftsgemeinschaft als auf eine weltweite Liberalisierung gerichtet und sollte die Grundlage dafür schaffen, daß den europäischen Kriegsverbündeten durch Zusammenarbeit, gegenseitige Unterstützung, Berechnung und Verteilung der notwendigen Wirtschaftsgüter gemeinsam der Wiederaufbau ermöglicht würde. Auch hierin zeigte sich das englische Bestreben, zu Staatenzusammenschlüssen als Lösung für die Nachkriegsprobleme in Europa zu gelangen. Die Vertreter der Tschechoslowakei hatten sich schon während der Besprechung über die Atlantik-Charta im Sinne des Edenschen Vorschlags geäußert und unterstützten ihn nachdrücklich. Das spricht dafür, daß sie bemüht waren, ihre auswärtige Politik soweit wie möglich im Gleichgewicht zu halten[37]. Ob der Einfluß der Sowjetunion durch wirtschaftliche Verbindung mit Westeuropa auszubalancieren gewesen wäre, ist fraglich; auf jeden Fall war die Chance gering, da ja bezüglich der Weltwirtschaftsordnung Großbritannien und die Vereinigten Staaten unterschiedliche Ansichten hatten und der amerikanischen Entscheidung, der ja die Atlantik-Charta und Artikel VII der Lend-Lease-Abkommen international zum Durchbruch verhelfen sollte, das weitaus größere Gewicht zukam. Die Amerikaner durchkreuzten die Möglichkeiten engerer regionaler Wirtschaftsverbindungen in Europa, die unter Umständen ihre Marktchancen eingeengt hätten.

Auf derselben Londoner Konferenz vom 24. September 1941 gaben die Polen und Tschechoslowaken ohne Notwendigkeit, aber in demonstrativer Absicht noch eine zusätzliche Versicherung zur Erfüllung der Atlantik-Charta im Hinblick auf ihre geplante Konföderation ab[38]. Auch dieser Vorgang zeigt, daß die Tschechoslowakei weitere Bindungen suchte. Keine ihrer Erklärungen stießen im Herbst 1941 auf den Widerspruch der Sowjetunion, was offenbar auf den Stand des Krieges zurückzuführen ist. Sie schien zunächst sogar Konföderationen in Osteuropa, vielleicht als besseren Schutz gegen künftige deutsche Angriffe, zu begrüßen. Das sollte sich aber bald ändern, offensichtlich unter dem Eindruck der schlechter werdenden russisch-polnischen Beziehungen, und dabei trat wieder zutage, daß die Sowjetunion Staatenverbindungen an ihrer Westgrenze im Grunde doch mißtraute. Vielleicht wären noch 1941/42 Verhandlungen mit einer eher zu Konzessionen geneigten Sowjetunion über eine Neuordnung Ost- und Südosteuropas möglich gewesen, die den Interessen der Westmächte und der betroffenen kleinen Nationen mehr entsprochen hätten als die Ordnung von 1945. Dagegen aber stand der Druck der amerikanischen Politik, die keine Abmachungen erlaubte und der sich die Engländer angeschlossen hatten; dagegen stand ferner die mangelnde militärische Bereitschaft

---

[37] Inter-allied meeting. Report of proceedings 17–18 und 23.

[38] Inter-allied meeting. Report of proceedings 16–17. Zu den Föderationsplänen siehe W a n d y c z , Piotr S.: Czechoslovak-Polish confederation and the great powers 1940 to 1943. Indiana University Publications, Slavic and East European Series, Bd. 3, 1956.

der Westmächte – aus welchen Gründen auch immer – zur direkten Bekämpfung Deutschlands. Denn als hohen Preis für mögliche politische Konzessionen hätten die Russen nur das für sie Wichtigste und Wirkungsvollste akzeptiert: die nachhaltige militärische Unterstützung und Entlastung der Sowjetunion in ihrem Existenzkampf gegen Hitler 1941/42. Dazu sahen sich die Westmächte jedoch nicht in der Lage.

IV

Die russische Haltung verhärtete sich schon in den Besprechungen, die Stalin mit Eden im Dezember 1941 in Moskau über einen Bündnisvertrag zwischen ihren beiden Ländern führte. Bei dieser Gelegenheit wurden die Umrisse der sowjetischen Politik in dem ihrer Westgrenze vorgelagerten Gebiet deutlich. Die Tschechoslowakei spielte – soweit die Quellenlage bisher einen Schluß zuläßt – dabei keine große Rolle, das beherrschende Thema war Polen. Nach deutschen Quellen soll Stalin die Vorherrschaft im gesamten Bereich zwischen Finnland und Rumänien einschließlich der Tschechoslowakei verlangt haben[39]. Er sprach sich – so viel steht fest – dafür aus, daß die Tschechoslowakei wiederhergestellt werde, und machte denselben Vorschlag auch im Entwurf eines Vertrages zwischen der Sowjetunion und Großbritannien über Nachkriegsfragen und Grenzregelungen in Osteuropa. Eden konnte und wollte darauf nicht eingehen. Er berichtet, daß er schließlich folgenden Vorwurf Stalins über sich ergehen lassen mußte: „I thought that the Atlantic-Charter was directed against those people who were trying to establish world dominion. It now looks as if the Charter was directed against the U.S.S.R.[40]." Spätestens seit dieser Unterredung mußte es den Westmächten klar sein, daß die Durchsetzung der Prinzipien der Atlantik-Charta in Osteuropa von Finnland bis Rumänien auf energischen Widerstand der Sowjetunion stoßen würde.

Eden blieb bei seiner Einstellung und so scheiterten die Verhandlungen. Die tschechoslowakische Frage war für das Scheitern zwar nicht verantwortlich, wäre sie aber erörtert worden, so hätte allerdings Eden, entsprechend der während des ganzen Krieges durchgehaltenen britischen Politik, eine verbindliche und endgültige Erklärung über die Wiederherstellung der Tschechoslowakei in den Grenzen von 1937 nicht gegeben, ganz abgesehen vom amerikanischen Einspruch, auf den er mehrfach hinwies. Auch Stalin erklärte die tschechoslowakischen Grenzen nicht für endgültig und behielt sich kleine Grenzberichtigungen vor. Bei dieser Haltung blieb er[41].

Der russische Vorstoß war folgerichtig. Seit dem 22. Juni 1941 verfolgte Stalin

---

[39] Akten zur deutschen auswärtigen Politik 1918–1945. Serie E, Bd. 1. Göttingen 1969, S. 231–232. Vgl. Eden, Anthony: The Eden memoirs. [Bd. 2:] The reckoning [1938–1945]. London 1965, S. 285–303. –Foreign relations 1941 I, 201–203 und 1942 III, 494–503.

[40] Eden 296.

[41] Siehe dazu Foreign relations 1943 III, 23.

die Politik, der Tschechoslowakei im großen und ganzen wieder zu ihrem Status vor dem Münchener Abkommen zu verhelfen, sofern sie eine Rußland gegenüber freundliche Haltung einnahm. Die guten Beziehungen zwischen der tschechoslowakischen Exilregierung und der sowjetischen Botschaft in London[42] begannen sich auszuzahlen und wurden kontinuierlich weiterentwickelt.

Die amerikanische Regierung, seit Dezember 1941 im Kriege gegen die Achsenmächte und auch politisch nun noch stärker zur Stellungnahme aufgefordert, war alarmiert von der Tatsache, daß die Sowjetunion einen starken Druck auf Großbritannien ausübte, nicht nur, um eine Garantie für ihre Grenzen von 1941 zu erhalten, sondern auch, um die Grenzen der Tschechoslowakei und anderer Länder sofort festzulegen. Während der 1. Washingtoner Konferenz zwischen Roosevelt und Churchill vom 22. Dezember 1941 bis 14. Januar 1942 sorgten die Vereinigten Staaten deshalb für die Bekräftigung der Übereinkunft, daß bis zur Friedenskonferenz keine Grenzen in Osteuropa als festgelegt gelten sollten[43]. Damit aber nicht genug, nahmen bald darauf die Verhandlungen über diese Frage sehr zu Edens Mißvergnügen einen Dreieckscharakter an, als sich Roosevelt persönlich in die Frage des Abschlusses eines englisch-russischen Vertrags einmischte und ohne Rücksicht auf die Engländer die mögliche Gestalt eines solchen Vertrages mit dem Botschafter der Sowjetunion zu erörtern begann. Die Situation wurde noch verschärft dadurch, daß er sich im Februar 1942 um eine Zusammenkunft mit Stalin unter Ausschluß Churchills bemühte. Hierbei spielte auch sein Wunsch mit, möglichst schnell eine zweite Front in Europa zu eröffnen[44]. Großbritannien sah sich also plötzlich der Gefahr gegenüber, unter Umständen zugleich diplomatisch und militärisch in Europa und insbesondere in Osteuropa ausmanövriert zu werden.

Das Foreign Office protestierte in Washington gegen den amerikanischen Versuch, mit der sowjetischen Führung direkt ins Gespräch zu kommen und die englische Politik zu präjudizieren. Es hatte Erfolg, da die Russen mit den Amerikanern keine weitere Erörterung der genau entgegengesetzten Ansichten über die Grenzen in Osteuropa wünschten und Stalin keine große Bereitschaft zeigte, sich mit Roosevelt zu treffen[45]. Trotz der ungenügenden Quellenlage scheint es gerechtfertigt, diesen gegenseitigen Sondierungen und der nicht zustande gekommenen Gipfelkonferenz einige Bedeutung zuzumessen, denn sie beeinflußten die künftige Politik. Es war die erste Fühlungnahme auf höchster Ebene über die kritischen Punkte der Politik der Großen Drei in Osteuropa. Eden erfaßte einen bestimmten Zug der Entwicklung, der für die Behandlung der Tschechoslowakei wichtig ist, sehr genau, als er in einem Memorandum für seine Kabinettskollegen am 28. Januar 1942 zu folgendem Ergebnis kam: „On the assumption that Germany is defeated and German military strength is destroyed and that France remains, for a long time at

---

[42] Beneš: Memoiren, Kap. IV. – Maisky, Ivan: Memoirs of a Soviet ambassador. The war 1939–1943. London 1967, S. 169–170.

[43] Foreign relations of the United States. The Conferences at Washington, 1941–1942, and Casablanca, 1943. Washington 1968, S. 61.

[44] Eden 323. – Maisky 261–263.

[45] Eden 323–324. – Maisky 262.

least, a weak power, there will be no counterweight to Russia in Europe. [...] Russia's position on the European continent will be unassailable. Russian prestige will be so great that the establishment of Communist Governments in the majority of European countries will be greatly facilitated, and the Soviet Government will naturally be tempted to work for this." Eden hielt es deshalb für unumgänglich, so früh wie möglich zu Vereinbarungen mit der Sowjetunion gerade über Osteuropa zu kommen: „It seemed inescapable that, if Hitler were overthrown, Russian forces would end the war much deeper into Europe than they began it in 1941. It therefore seemed prudent to tie the Soviet Government to agreements as early as possible. The United States Government were not, at this stage of the war, so convinced. On the contrary, they became more tolerant of Soviet demands as Russian military victories developed and the likelihood of sharper Soviet appetites grew." In dieser Zusammenfassung weiterer Gedanken des Edenschen Memorandums vom Januar 1942 zeigen sich die ersten Differenzen der Westmächte in der Osteuropapolitik. Im Memorandum selbst heißt es dazu: „There is bound to be difficulty in practice in harmonizing day-to-day Anglo-Russian co-operation with Anglo-American co-operation. Soviet policy is amoral: United States policy is exaggeratedly moral, at least where non-American interests are concerned[46]."

Eden wollte der Sowjetunion ohne Zweifel in gewissen Grenzen entgegenkommen, allerdings noch keine Friedensregelung aushandeln. In jedem Falle aber war es nach der Begegnung mit Stalin im Dezember 1941 seine Absicht, die kleinen Völker Europas zu stärken und Konföderationen zu fördern[47]. Er hoffte außerdem, seine Pläne zur gemeinsamen wirtschaftlichen Wiederherstellung der europäischen Länder – nach Möglichkeit in Zusammenarbeit mit der Sowjetunion – voranbringen zu können. Das war allerdings für die amerikanische Regierung ein empfindlicher Punkt.

Die Vereinigten Staaten und Großbritannien waren sich jedoch darin einig, daß die russischen Sicherheitsinteressen legitim und daher zu berücksichtigen seien. Die amerikanische Regierung versuchte, ihnen zu entsprechen und der Sowjetunion eine Lösung dafür schmackhaft zu machen, ohne ihr irgendwelche Zusagen über Osteuropa zu geben. Roosevelt dachte dabei an eine starke Sicherheitsorganisation der Vereinten Nationen. Im Department of State zog man außerdem zu diesem Zweck den Gedanken der Teilung Deutschlands in Erwägung und argwöhnte im übrigen, daß Eden den Forderungen Stalins nicht hart genug entgegengetreten wäre[48].

Die Denkschrift des Department of State vom 4. Februar 1942 bringt angesichts der russischen Forderungen in Osteuropa das Dilemma der amerikanischen Außenpolitik deutlich zum Ausdruck: Ihren hohen Prinzipien von Selbstbestimmung und freiheitlicher Entwicklung stand die Furcht vor dem wachsenden russischen Mißtrauen, ja einem möglichen Sonderfrieden mit Deutschland gegenüber, die Angst vor den propagandistischen Folgen – wohlgemerkt den propagandistischen – eines Verrats an den kleinen Nationen und der Wille, auf keinen Fall politischen Einfluß

---

[46] Eden 318–319 und 373.
[47] Eden 320. – Foreign relations 1941 I, 203.
[48] Siehe oben Anm. 30, außerdem Eden 319–320, 323. – Foreign relations 1942 III, 120.

preiszugeben[49]. Es fehlte die für eine eindeutige Politik notwendige Machtentfaltung und Entschlossenheit, aber auch die innere Einheit der Regierung. Das Department of State betrachtete die Politik der Sowjetunion kritischer als Roosevelt.

Die russische Haltung war tatsächlich von tiefem Mißtrauen gekennzeichnet, das auch die Exilregierungen zu spüren bekamen. Die Sowjetunion begann, die polnische Frage zur Gretchenfrage an alle ihre Verbündeten zu erheben. Bald kamen deutliche Äußerungen der Abneigung gegen die geplante tschechoslowakisch-polnische Konföderation, die sich später zu Vorwürfen gegenüber den Westmächten steigerten, daß sie einen neuen cordon sanitaire aufbauen wollten[50]. Diese Vorwürfe waren, wenn auch nicht unberechtigt, so doch ambivalent. Die Sowjetunion begann ihren eigenen cordon sanitaire in Osteuropa aufzubauen. Der amerikanische Botschafter in Moskau, Standley, stellte Ende April 1943 folgende vorausschauende Erwägung an: „The nucleus of any European Government can be found in the Soviet Union and especially those governments in which the Soviet Union has geographic or strategic interests. It has occurred to me that we may be faced with a turnabout in European history. In 1918 Western Europe attempted to set up a cordon sanitaire to protect it from the influence of bolshevism. Might not now the Kremlin envisage the formation of a belt of pro-Soviet States to protect it from the influences of the West[51]?"

Die tschechoslowakische Exilregierung reagierte sofort auf die russischen Animositäten, und ihre Beziehungen zu den Polen verschlechterten sich fast im gleichen Tempo wie die russisch-polnischen. Der Ausgangspunkt war natürlich die Tatsache, daß die Sowjetunion ihre Isoliertheit und Gefährdung im Falle des Angriffs einer mächtigen europäischen Kontinentalmacht wie Deutschland bitter erfahren hatte. Ihre künftige Sicherheit sollte von keinen anderen Faktoren abhängen als denen, die sie selbst in der Hand hatte. Die Lösung war einfach: Vorherrschaft, soweit die Rote Armee marschierte. Das ließ sich aber erst später verwirklichen. In der Zeit der geschilderten Verhandlungen marschierte die Rote Armee überhaupt noch nicht, und es erschien angesichts der Vorbereitungen der deutschen Frühjahrsoffensive 1942 gerade der Sowjetunion zweifelhaft, ob die Rote Armee ohne das Eingreifen der Westmächte überhaupt Gelegenheit zu einem Vormarsch haben würde[52]. Die Lage war in hohem Maße kritisch für die gesamte Allianz.

Die Amerikaner – wie auch die Engländer – erkannten sofort, daß Beneš unter diesen Umständen noch mehr darauf ausging, es mit keiner der Großmächte, am wenigsten der Sowjetunion, zu verderben. Schon Ende März 1942 wurde im Departement of State festgestellt, daß Beneš und die Sowjetunion sich diplomatisch gegenseitig unterstützten. Damit standen die Vereinigten Staaten erneut vor der

---

49 Foreign relations 1942 III, 505–512. – Hull II, 1168–1170. – Furcht vor einem Sonderfrieden: Vandenberg 41 und 45, außerdem Besson 72. Dagegen treffend Hillgruber, Andreas: Hitlers Strategie – Politik und Kriegführung 1940–1941. Frankfurt am Main 1965, S. 557.

50 Foreign relations 1942 III, 111, 162 und 1943 III, 317–318, 333–335, 592, 602 und 607

51 Foreign relations 1943 III, 402; siehe auch oben Anm. 27.

52 Stalins Optimismus nach dem Sieg vor Moskau im Winter 1941/42 – siehe Schukow, Georgy K.: Erinnerungen und Gedanken. Stuttgart 1969, S. 345 – war verflogen.

Gefahr von Grenzvereinbarungen, in welche sie selbst hineingezogen werden könnten, denn die Tschechoslowaken hielten den Moment zur Einigung der Großmächte über die Grenzen in Europa und über eine gemeinsame Friedenspolitik für günstig. Beneš argumentierte treffend, als er darauf hinwies, daß die Sowjetunion zielstrebig und mit präzisen Vorstellungen ihre Nachkriegspolitik betreibe. Sie hätte einen entscheidenden Vorteil, wenn die Vereinigten Staaten und Großbritannien es versäumten, eigene Pläne vorzulegen[53].

Daß Beneš bei seinen Bemühungen allerdings in der Gefahr stand, das Gleichgewicht zu verlieren und zu stark auf die russische Seite zu geraten, argwöhnte man auch im Departement of State sofort und hatte dort den Eindruck, daß die Tschechoslowakei enger mit der Sowjetunion zusammenarbeite und ihr tiefer verpflichtet sei, als man wisse und als die übrigen Alliierten wissen sollten. Dieser Eindruck verstärkte sich in den folgenden Jahren[54].

Dem durch die russischen Pressionen labil gewordenen Zustand unentschiedener politischer Möglichkeiten in Osteuropa begegnete das Department of State durch eine Bekräftigung der Grundsätze Roosevelts am 25. März 1942. Die Erklärung umfaßte folgende 4 Punkte: „1. The United States will approve no secret treaty during the course of the present world war. 2. The President believes that all questions involving definitive boundaries and territorial readjustments in Europe should be determined only after the war is won. 3. The policy of the United States is clearly set forth in the principles enunciated in the Atlantic Charter. 4. This Government will, however, be glad to receive the views of the other United Nations as to their feelings with regard to the national interests of their own peoples in order that it may give full consideration to these problems and be in a position to determine its own views, after such consideration, when the time comes for these questions to be finally settled[55]."

Trotzdem hielt die Sowjetunion zunächst an ihrer harten Haltung fest und wollte ihre Forderungen im englisch-russischen Bündnisvertrag durchsetzen. Die Verhandlungen, die Molotow darüber in London führte, schienen Ende Mai 1942 festgefahren, als der sowjetische Außenminister plötzlich am 25. erklärte, er hätte aus Moskau die Ermächtigung erhalten, auf der Grundlage des britischen Entwurfs zu unterzeichnen. Der Vertrag vom 26. Mai 1942 enthielt keinerlei Vereinbarungen über Grenzregelungen in Europa, im Gegenteil, die Prinzipien der Atlantik-Charta wurden bekräftigt. Über den Grund der plötzlichen Wendung, die für Eden und Maisky gleichermaßen überraschend kam, sind nur Mutmaßungen möglich[56]. Es scheint aber, daß für die Russen nach dem Beginn der deutschen Frühjahrsoffensive die militärische Unterstützung durch die Westmächte wieder den Vorrang vor allen anderen Fragen erhielt. Jedenfalls waren ihre Ansprüche in Osteuropa zunächst einmal zurückgewiesen worden, während gleichzeitig auch die tschechoslowakische

---

[53] Foreign relations 1942 III, 108–110 und 121 und 1943 III, 425–426.

[54] Foreign relations 1942 III, 137 und 433 und 1943 III, 234.

[55] Foreign relations 1942 III, 130.

[56] Eden 328–329. – Maisky 267. Text des Vertrages: Holborn, Louise W. (Hrsg.): War and peace aims of the United Nations, September 1, 1939 – December 31, 1942. Boston 1943, S. 235–237.

Exilregierung ihre Grenzgarantien nicht erreichte. Sie sollte sie auch in der Folgezeit nicht einmal von der Sowjetunion erhalten, trotz der einseitigen mündlichen Erklärung, die Molotow dann am 9. Juni 1942 Beneš gegenüber in London abgab, daß die Sowjetunion München und alles, was danach geschehen sei, niemals anerkenne und sich an die tschechoslowakischen Grenzen von 1937 halte[57]. Schon das Eindringen der Roten Armee im Oktober 1944 in die Karpato-Ukraine stellte die territoriale Integrität der Tschechoslowakei in Frage. Das Gebiet wurde Ende Juni 1945 an die Sowjetunion abgetreten.

Auch die Annullierung des Münchener Abkommens durch den Notenwechsel zwischen Eden – dem angesichts des Hasses gegen Deutschland gar nichts anderes übrig blieb – und Masaryk am 5. August 1942 stellte keine rechtsverbindliche Festlegung des künftigen Bestands der Tschechoslowakei in ihren Grenzen von 1937 dar, und zwar vor allem wohl mit Rücksicht auf die deutsche und ungarische Minderheit[58]. Andrerseits war der Wille beider Großmächte, diese Grenzen im großen und ganzen bei einer Neuregelung zugrunde zu legen, offenkundig. Das gilt auch für die Vereinigten Staaten und wurde, als sich Eden im März 1943 zu Besprechungen mit der amerikanischen Regierung in Washington aufhielt, ausdrücklich bekräftigt. Roosevelt und Eden waren sich in einer Unterredung am 15. März 1943 darüber einig, daß die territoriale Abgrenzung der Tschechoslowakei nach dem Kriege keine Schwierigkeiten bereiten würde. Der britische Außenminister und der Staatssekretär im amerikanischen Außenministerium, Sumner Welles, waren darüber hinaus trotz der russischen Reserviertheit der Überzeugung, daß man zwar angesichts der russischen Abneigung gegen eine Konföderation zwischen Polen und der Tschechoslowakei diesen Plan nicht fördern wollte, daß jedoch eine Balkankonföderation und ein weiterer Zusammenschluß der übrigen osteuropäischen Staaten oder eines Teils von ihnen erstrebenswert sei. Das Thema der Neuordnung Europas durch Konföderationen wurde auch von Churchill im Mai 1943 in Washington vorgebracht. Polen und die Tschechoslowakei sollten nach seinen Vorstellungen zusammengehen, aber freundschaftliche Beziehungen zu der Sowjetunion entwickeln[59]. Daraus wurde nichts, weil Großbritannien und die Vereinigten Staaten in Osteuropa machtlos waren und die Sowjetunion Konföderationen ablehnte. Immerhin konnte Beneš damit zufrieden sein, daß der territoriale Status der Tschechoslowakei mit gewissen Abstrichen gesichert war, wenn auch eine Konföderation zusätzliche Sicherheit geboten hätte. Er hatte die erste Etappe auf dem Weg zur Konsolidierung der Tschechoslowakei nach dem Krieg hinter sich gebracht. Die beiden übrigen lagen noch vor ihm: die politische Absicherung und das Problem der deutschen und ungarischen Minoritäten.

---

[57] Keesings Archiv der Gegenwart (1942) 5719.

[58] Holborn 253–254 und 436–437.

[59] Foreign relations 1943 III, 16 und 19–24. – Churchill, Winston S.: The Second World War. Bd. 4: The hinge of fate. London 1951, S. 718. Siehe auch Churchills Rundfunkrede vom 21. März 1943: Eade, Charles (Hrsg.): Onwards to victory. War speeches by Winston S. Churchill, 1943. London 1944, S. 33–45. Dazu Bodensieck, Heinrich: Provozierte Teilung Europas? Die britisch-nordamerikanische Regionalismus-Diskussion und die Vorgeschichte des Kalten Krieges 1939–1945. Opladen 1970.

V

Als nächstes nahm Beneš die politische Absicherung der Tschechoslowakei in Angriff, indem er über einen Freundschaftsvertrag mit der Sowjetunion verhandelte. Am liebsten wären ihm Verträge mit allen drei Großmächten gewesen, aber die Westmächte lehnten solche Abmachungen zu Kriegszeiten ja prinzipiell ab und waren sich darüber einig, daß auch der Vertrag mit den Russen unterbleiben sollte. Die Amerikaner sahen ihn als „einen Rückschlag in ihren Bemühungen um internationale Verständigung" an und fühlten sich in ihrer Politik umfassender, grundsätzlicher Einigung der Großen Drei unter Ausklammerung aller Einzelprobleme gestört. Die Engländer hatten besondere Gründe dagegen. Sie beriefen sich auf eine etwas unbestimmte Abmachung zwischen Eden und Molotow bei dessen Besuch in London im Juni 1942, keine Verträge mit kleineren Alliierten vor Kriegsende zu schließen[60]. Eden wollte eine schädliche Konkurrenz der Großmächte um die Gefolgschaft der kleinen vermeiden und vor allem die Möglichkeit zu Konföderationen in Osteuropa offenhalten. Seine Pläne enthielten natürlich eine gewisse Spitze gegen die Sowjetunion. Die Grundlagen dieser Politik waren in einer Denkschrift des Referenten im Foreign Office Jebb vom Herbst 1942 dargelegt und von Churchill und Eden gebilligt worden. Jebb befürwortete u. a. regionale Blockbildungen im Rahmen einer Art Weltsicherheitsorganisation unter besonderer Rücksichtnahme auf die kleineren Nationen und warnte vor einer erneuten Isolierung der Vereinigten Staaten und der Sowjetunion[61]. Eden war sich offensichtlich darüber im klaren, daß die Interessen und das Unabhängigkeitsstreben der kleinen Nationen in Europa ihm die letzten Hilfstruppen stellen konnten bei seinen Bemühungen, den englischen Einfluß gegenüber der Sowjetunion und auch gegenüber den Vereinigten Staaten zu wahren.

Die Russen lehnten derartige Erwägungen ab, um so mehr, als ihnen seit der Jahreswende 1942/43 die militärische Initiative zugefallen war und ihre Operationen gegen Deutschland 1943 immer erfolgreicher wurden. Mit der militärischen war auch die politische Wende eingetreten; je weiter der russische Vormarsch kam, desto mehr festigte sich ihre Vormachtstellung in Osteuropa. Nachdem die Sowjetunion am 17. April 1943 die Beziehungen zur polnischen Exilregierung abgebrochen hatte, fiel der tschechoslowakischen Exilregierung eine Schlüsselstellung zu. Die Russen benutzten sie dazu, um Polen zu isolieren, und sie verwendeten beträchtliche Energie darauf, mit ihr einen Vertrag zu schließen, der als beispielhaftes Arrangement hergezeigt werden konnte. Und als schließlich der Vertrag geschlossen war, zeigte es sich, daß auch die Tschechoslowakei isoliert war. Damit ließ die Sowjetunion die englischen Konföderationspläne fast aussichtslos werden, sofern nicht die Polen vor den russischen Forderungen kapitulierten und dann mit der Tschechoslowakei und anderen Staaten eine sowjetfreundliche Konföderation schlossen[62].

---

[60] Foreign relations 1943 III, 670 und 677–678. – Táborský 157. – Woodward 296 Anm. 2.

[61] Woodward 434–435.

[62] Eden 371.

Nachdem offenbar geworden war, daß Italien kurz vor der Kapitulation stand, die Sowjetunion aber von den politischen Regelungen dort ausgeschlossen werden sollte und sich das sehr genau merkte[63], geriet Großbritannien in eine schwierige diplomatische Lage, die von Maisky in einem Gespräch mit Eden im August 1943 sofort ausgenutzt wurde. Maisky stellte Eden vor eine heikle Alternative im Hinblick auf die Nachkriegspolitik: Man könnte entweder Europa in eine östliche Einflußsphäre für die Sowjetunion, die dann vor allem die Tschechoslowakei und Polen umfassen würde, und eine westliche für Großbritannien und die Vereinigten Staaten aufteilen, jeder Partner wäre dann von der Zone des anderen ausgeschlossen; oder man könnte Europa als Einheit behandeln und die Interessen eines jeden Partners in jedem Teil Europas anerkennen. Eden zog die zweite Alternative vor, um so mehr als sie auch der amerikanischen Politik entsprach. Die Sowjetunion war auch dafür, denn sie wollte an den Planungen für eine Kontrolle Europas beim Sieg über die Achsenmächte beteiligt sein. Diese Planungen führten zur Gründung der Europäischen Beratenden Kommission (European Advisory Commission)[64].

Um ihren beherrschenden Einfluß in Osteuropa sicherzustellen, brachte die Sowjetunion Beneš in die Zwangslage, entweder trotz der Abneigung der Westmächte den russisch-tschechoslowakischen Vertrag abzuschließen oder ein ähnliches Schicksal zu erleiden wie die polnische Exilregierung in London und mit einer kommunistischen Gegenregierung in Moskau rechnen zu müssen. Als weiteres Druckmittel hatte die Sowjetunion übrigens die neue allslawische Bewegung mit ihrem Sitz in Moskau in der Hand, welche die Einigung und den Kampf des Slawentums gegen Hitler propagierte und Stalin zu ihrem Führer erhob[65]. Der Abschluß des Vertrags war angesichts der politischen Abstinenz der Vereinigten Staaten in Osteuropa also nur eine Frage der Zeit, obwohl es Eden gelungen war, die Entscheidung darüber bis zur Außenminister-Konferenz der drei Großmächte vom 18. Oktober bis 1. November 1943 in Moskau zu verschieben.

Auf dieser Konferenz, der Vorkonferenz zum ersten Gipfeltreffen Churchills, Roosevelts und Stalins in Teheran, erhielt Außenminister Molotow die Zustimmung zum russisch-tschechoslowakischen Vertrag. Eden gab offensichtlich nach, um die tschechoslowakische Exilregierung nicht noch stärkerem russischem Druck auszusetzen. Er sorgte aber dafür, daß im Zusatzprotokoll festgelegt wurde, daß jeder Staat, den Deutschland angegriffen hatte und der an die Sowjetunion oder die Tschechoslowakei grenzte, dem Vertrag beitreten konnte. Außenminister Cordell Hull nahm, soweit die Quellen ausweisen, zum Vertrag nicht Stellung und stimmte stillschweigend zu, obwohl von seinen Beratern festgestellt wurde, daß dieser Vertrag Teil der russischen Politik sei, die Hegemonie über Osteuropa und den Balkan zu erringen[66].

---

[63] K o l k o, 3. Kap.

[64] E d e n 405. – K o l k o 140–141.

[65] W o o d w a r d 296 Anm. 2. – Foreign relations 1942 III, 433 und 1943 III, 470–471 und 526–528. Vgl. B e n e š, Vaclav L.: Pan-Slavism and Czechoslovak policy during World War II. Indiana Slavic Studies 1 (1956) 137–164.

[66] Foreign relations of the United States, diplomatic papers, 1943. Bd. 1. Washington 1963, S. 624–627, 726–727 und 744–746. – W o o d w a r d 296 Anm. 2. – Foreign relations of

Es gelang Molotow außerdem, Edens Versuch, eine Abmachung darüber zu erreichen, daß wenigstens künftig keine Verträge mit kleineren europäischen Alliierten geschlossen werden sollten, zum Scheitern zu bringen, indem er geschickt die prononcierte Zurückhaltung Cordell Hulls ausnützte, der Eden keinerlei Unterstützung gab. Diese merkwürdige Einstellung Hulls trat z. B. auch in der polnischen Frage deutlich hervor, als er erklärte, dies sei ja wohl ein britisch-russisches Problem. Ebensowenig setzte er sich für Edens vergebliche Versuche ein, durch eine öffentliche Erklärung der Großmächte die Errichtung von Einflußzonen zu verhindern und den kleinen europäischen Nationen mehr außenpolitische Bewegungsfreiheit zu sichern. Hull erklärte seinerseits, daß die Vereinigten Staaten die Rechte der kleinen Nationen hochhielten, sofern sie nicht Maßnahmen ergriffen, welche die bedeutenderen Fragen des Friedens und der Sicherheit berührten. Sollte also die Politik eines kleinen Landes lästig werden, so konnte man sie als Frieden und Sicherheit bedrohend hinstellen und dagegen einschreiten. Im übrigen erklärte Hull, daß seine Regierung die britische Ansicht, Konföderationen kleiner Länder seien zweckmäßig, nicht teile, gleichgültig, ob sie politischer oder wirtschaftlicher Natur seien. Er befand sich völlig im Einklang mit Molotow. Die Moskauer Konferenz hatte die Lage der Tschechoslowakei verschlechtert[67].

Mit der Billigung des Vertragstextes, den Molotow und Beneš am 12. Dezember 1943 in Moskau unterzeichneten, erzielten die Russen einen wichtigen Erfolg, noch bevor die Großen Drei in Teheran zusammentrafen. Das Verhalten des amerikanischen Außenministers in Moskau läßt sich nur so erklären, daß er sein Hauptziel, die Einigung und künftige Zusammenarbeit der Großmächte nach allgemein anerkannten Grundsätzen, voranbringen und durch Streitigkeiten über Einzelfragen nicht gefährden wollte. Auch übte der Wunsch, die Sowjetunion für die Teilnahme am Krieg gegen Japan zu gewinnen und so die eigenen Verluste niedrig zu halten, Einfluß auf die amerikanische Politik aus[68]. Mag auch Roosevelt in einigen wichtigen Fragen über Hull hinweg gehandelt und seinen Spielraum eingeengt haben, in ihren Ansichten über die Bedeutung und den politischen Vorrang der gemeinsamen Einrichtung einer künftigen Friedensordnung für die Welt durch die Großmächte waren beide sich völlig einig[69]. Die strikte Einhaltung dieser Richtlinie ist ein wichtiger Grund für das Scheitern der Osteuropapolitik der Vereinigten Staaten in den letzten Jahren des Zweiten Weltkriegs. Es klingt grotesk, wenn man heute liest, daß

---

the United States, diplomatic papers. The Conferences at Cairo and Tehran, 1943. Washington 1961, S. 155. – Foreign relations 1943 III, 719 Anm. 89.

67 Foreign relations 1943 I, 622, 628, 679–680. – Eden 416. – Hull II, 1274–1308. II, 1274–1308.

68 Fischer, Fritz 338.

69 Wolfe, James H.: Roosevelt und die Sudetenfrage. Eine Untersuchung der amerikanischen Diplomatie. BohJb 9 (1968) 197–207 analysiert die Machtstellung Roosevelts und kommt zu dem Schluß, daß Hull immer unwichtiger wurde (S. 199–200). Kolko 243 bis 244 führt meines Erachtens zu Recht aus, es sei eine Legende, daß Hull nur eine untergeordnete Figur gewesen sei. – Die negativen Folgen der Entscheidung Roosevelts – und Hulls –, alle Einzelregelungen bis nach Kriegsende zu verschieben, werden bei Divine, Robert A.: Roosevelt and World War II. Baltimore 1969 nicht genügend herausgestellt. Vgl. Vandenberg 37–65.

Beneš sich bei den Amerikanern dafür bedankte, daß Hull in Moskau so viel Unterstützung und Verständnis für den tschechoslowakisch-russischen Vertrag gezeigt und Roosevelt in Teheran die tschechoslowakischen Interessen völlig gewahrt habe[70]. Oder kommt hier eine Lücke in den Quellen über die amerikanische Haltung gegenüber der tschechoslowakischen Exilregierung und ihrem Vertrag zum Vorschein?

Obwohl auch die Konferenz von Teheran vom 28. November bis 1. Dezember 1943 auf amerikanischer Seite ganz unter dem Einfluß des Gedankens stand, die Sowjetunion zur Annahme bestimmter Formen der Nachkriegszusammenarbeit und allgemeiner Grundsätze für die internationalen Beziehungen zu bewegen und darüber hinaus das russisch-amerikanische Verhältnis nachhaltig zu verbessern, wurden andererseits von Roosevelt während der Besprechungen wichtige Grundsätze der Atlantik-Charta praktisch preisgegeben. Die Behandlung der kleinen Länder glich manchmal der von Billardkugeln; die lange Jahre von den Vereinigten Staaten aufrechterhaltene Weigerung, die Auslöschung der baltischen Staaten durch die Sowjetunion anzuerkennen, verflüchtigte sich; und schließlich erkannte Roosevelt ohne Sträuben an, daß die Deutschen aus den an Polen abzutretenden Gebieten ausgewiesen werden könnten[71]. Schon hier wurde klar, daß die Großmächte gegen derartige Praktiken keine grundsätzlichen Einwände erhoben.

In der tschechoslowakischen Grenzfrage war unausgesprochen eine Entscheidung für den Status vor dem Münchener Abkommen vorausgesetzt worden, als nämlich die Großen Drei in Teheran bei der Erörterung der Teilung Deutschlands von diesem Status ausgingen[72]. Benešs Behauptung, daß Europa in Teheran außerdem in Zonen aufgeteilt und der Sowjetunion u. a. die Tschechoslowakei zugesprochen wurde, läßt sich zwar nicht eindeutig belegen, praktisch war es aber so. Das erwies sich schon beim Besuch Benešs im Dezember 1943 in Moskau, als in einer Reihe weiterer Absprachen den tschechoslowakischen Kommunisten schwerwiegende Zugeständnisse gemacht werden mußten[73].

---

70 Foreign relations 1943 III, 719 und 729. Vgl. Conte, Arthur: Yalta ou le partage du monde. Paris 1964, S. 139: Beneš habe enttäuscht erklärt, in Teheran habe niemand über die Tschechoslowakei gesprochen.

71 Wolfe 203–204 geht so weit, zu erklären, daß Roosevelt zugunsten seiner Pläne über eine neue Weltordnung durch einen Verband der Nationen das Prinzip der nationalen Selbstbestimmung preisgegeben habe. Deshalb auch habe er die tschechoslowakische Exilregierung in London anerkannt und stillschweigend der Vertreibung zugestimmt. Vgl. Dieckhoff, Hans Heinrich: Zur Vorgeschichte des Roosevelt-Krieges. Berlin 1943, S. 189.

72 Foreign relations, Tehran 600–604. Auch Bereshkow, Valentin M.: Mit Stalin in Teheran. Frankfurt am Main 1968 und Fischer, Alexander (Hrsg.): Teheran–Jalta–Potsdam. Die sowjetischen Protokolle von den Kriegskonferenzen der „Großen Drei“. Köln 1968 enthalten nicht mehr als die Foreign relations über die Tschechoslowakei. – Zwei Aufzeichnungen des Department of State für Roosevelt vom 31. Mai und 5. August 1944 geben folgende Feststellungen wieder: Die Tschechoslowakei solle im Prinzip die Grenzen von 1937 wieder erhalten – mit kleineren Korrekturen und Abtretungen bei einer grundlegenden Bereinigung, aus der die USA sich heraushalten und die sie Deutschland und der Tschechoslowakei überlassen sollten. Massentransfers der Sudetendeutschen unmittelbar nach dem Krieg sollten nicht stattfinden; Foreign relations of the United States, diplomatic papers, 1944. Bd. 1. Washington 1966, S. 301 und 308–309.

73 Beneš: Memoiren 252–275. – Moseley 469.

VI

Die Annullierung des Münchener Abkommens durch die Alliierten war für Beneš der erste Schritt zur Vorbereitung der tschechoslowakischen Nachkriegspolitik gewesen. Der Versuch, unter schwerwiegenden Opfern die politische Absicherung der Tschechoslowakei von der entscheidenden Macht, der Sowjetunion, zu erlangen, war der zweite. Der dritte Schritt schließlich war die Lösung des Problems der Minoritäten, vor allem der deutschen. Ihre Aussiedlung hatte Beneš schon seit einigen Jahren vorbereitet. Zunächst ging es dabei nur um Nationalsozialisten und deren Anhänger. Im Verlauf des Krieges wuchs aber die Zahl der auszusiedelnden Deutschen, je geringer die Entfernung der Roten Armee von Prag wurde.

Verhandlungen der Großmächte über tschechoslowakische Fragen fanden 1944 in der Europäischen Beratenden Kommission statt, die auf der Moskauer Außenministerkonferenz gegründet worden war. Schon Ende Januar 1944 begannen in dieser Kommission die Auseinandersetzungen über die Beteiligung der kleinen Alliierten an der Formulierung der Kapitulations-Bedingungen, die Deutschland auferlegt werden sollten. Die Engländer setzten es nach teilweise heftigen Zusammenstößen mit den Russen wenigstens durch, daß die Exilregierungen schriftliche Stellungnahmen einreichen durften, obwohl die Sowjetunion und die Vereinigten Staaten möglichst ungestört und rasch Einvernehmen über die Kapitulationsbedingungen herstellen wollten. Die tschechoslowakische Exilregierung nutzte die Gelegenheit zu dem Vorschlag, ihre sämtlichen Forderungen, einschließlich der Annullierung des Münchener Abkommens, der Anerkennung des territorialen Besitzstandes und der Aussiedlung eines großen Teils der Sudetendeutschen, in die Bedingungen aufzunehmen. Sie setzte sich damit nicht durch[74].

Aber die Exilregierung versuchte auch auf andere Weise, sich Einfluß zu verschaffen, und schlug den Großmächten den Abschluß von Zivilverwaltungsabkommen vor, die ihr die Möglichkeit geben sollten, im Gefolge der kämpfenden Truppen in die Tschechoslowakei zurückzukehren und die zivile Verwaltung zu organisieren. Die Sowjetunion stimmte zu und schloß am 8. Mai 1944[75] ein derartiges Abkommen mit einigem Propagandaaufwand wiederum als musterhaftes Beispiel dafür, wie entgegenkommend sie ihre Beziehungen zu kleineren Mächten zu regeln gedachte. Großbritannien und die Vereinigten Staaten dagegen lehnten ähnliche Verträge ab. Der Grund war offensichtlich der, daß sie jede Billigung und mittelbare Anerkennung von Maßnahmen ziviler tschechoslowakischer Behörden bezüglich der Grenzziehung, der Aussiedlung Deutscher und der innenpolitischen Neuordnung vermeiden wollten. Schon im September 1943 hatte sich Cordell Hull in einer Note an die sowjetische Regierung für eine nachdrückliche Begrenzung bei der Einrichtung und Kompetenzausstattung ziviler Verwaltungen in den befreiten Gebieten ausgesprochen und die Hauptverantwortung für die inneren Verhältnisse dieser Län-

---

[74] Foreign relations 1944 I, 41–80 und Foreign relations of the United States, diplomatic papers, 1945. Bd. 3. Washington 1968, S. 193–195.

[75] Documents on international affairs, 1939–1946. Bd. 2: Hitler's Europe. London – New York – Toronto 1954, S. 321–322.

der mit Rücksicht auf die amerikanischen Interessen so lange wie nötig den Großmächten erhalten wollen[76]. Diese Enthaltsamkeit nützte schließlich nur den Sowjets und den Kommunisten in der Tschechoslowakei.

Die Stellungnahme der Amerikaner und Engländer in der Frage der tschechoslowakischen Zivilverwaltung war nur ein Rückzugsgefecht, denn Mißbilligung eingetretener Zustände und Verweigerung ihrer formalen Anerkennung durch die Amerikaner waren kein Ersatz für ein politisches Konzept. Die Engländer begannen allmählich, verstärkt im Frühjahr 1945, mit einer Art Eindämmungspolitik gegen die Sowjetunion in der Absicht, deren Einfluß zu beschneiden und die englische Hälfte Europas stärker zu machen als die russische. Für Churchill, dem Stalin im Oktober 1944 in Moskau erklärt hatte, daß die Tschechoslowakei prorussisch sein müsse, war dies maßgebend bei dem Versuch, Eisenhower Ende April 1945 zum Vormarsch tief in die Tschechoslowakei hinein zu bewegen. Die Militärs lehnten das ab, obwohl das Department of State dafür war[77]. Die Amerikaner waren überwiegend davon überzeugt, daß die Tschechoslowakei dem Einfluß der Sowjetunion und des Kommunismus erlegen war, und die uneinheitlichen Vorstellungen innerhalb der amerikanischen Regierung wurden nachhaltig beeinflußt von der Abneigung gegen die neue europäische Linke[78], gerade auch die nichtkommunistische, die man in der Tschechoslowakei an der Macht glaubte.

Dominierend aber wurde immer mehr die wirtschaftliche Zielsetzung der amerikanischen Außenpolitik. Schon auf der Außenministerkonferenz in Moskau 1943 hatte Cordell Hull die Sowjetunion und Großbritannien aufgefordert, die amerikanischen Weltwirtschaftsgrundsätze zu akzeptieren und rechtzeitig entsprechende Vereinbarungen zu treffen. Von vornherein war diese Frage der Ausrichtung der Weltwirtschaft nach liberalen und kapitalistischen Formen eng mit der Frage der Wiederherstellung der vom Krieg besonders betroffenen Länder verknüpft. Darin konnte hinsichtlich Ost- und Mitteleuropas eine Chance gesehen werden, durch wirtschaftlichen Einfluß den Verlust des politischen wettzumachen[79]. Jedoch, wie Gabriel Kolko etwas überspitzt sagt, die wirtschaftlichen Ziele der Amerikaner, die

---

[76] Foreign relations 1943 I, 529 und 1944 I, 33. – Foreign relations of the United States, diplomatic papers, 1944. Bd. 3. Washington 1965, S. 515–521 und 1945, Bd. 4. Washington 1968, S. 440.

[77] Woodward 517. – Churchill, Winston S.: The Second World War. Bd. 6: Triumph and tragedy. London 1954, S. 210 und 400. – Kolko 411–413. – Foreign relations 1945 IV, 441–449: Churchill schrieb Truman am 30. April 1945, ein entsprechendes Vorgehen „might make the whole difference to the post-war situation in Czechoslovakia“ (S. 446).

[78] Kolko, 2. Kap.

[79] Kolko 251. – Daß hier wichtige Vorentscheidungen fallen mußten, dessen war sich Hull völlig bewußt, und er erklärte Roosevelt am 31. Oktober 1944 (zitiert bei Kolko 167): „The future economic pattern of Europe will be largely determined by policies and procedures established during the period of reconstruction. [...] In this situation [angesichts des starken russischen Einflusses in Osteuropa] the United States can hope to make its influence felt only if some degree of equal opportunity in trade, investment, and access of sources of information is preserved.“ Siehe auch die Aufzeichnung Stettinius' vom 8. November 1944 in: Foreign relations of the United States, diplomatic papers, 1944. Bd. 4. Washington 1966, S. 1025–1026.

sie gegen Ende des Jahres 1944 „clearly defined as primary, were incompatible with radical economic reform in Eastern Europe. Eighty percent of Eastern Europe's exports in 1938 consisted of raw materials, foodstuffs, and semifinished goods, and nearly threequarters of it went to Western Europe. To talk of the restoration of stability, normal trade, and the reintegration of Eastern Europe into the world economy meant, in effect, the continuation of the semicolonial economic relationship of that area to the rest of the world. Any alteration of this condition would have meant radical internal economic changes, and this in turn would have impinged on American freedom to invest and trade along traditional lines so central to its objectives in that area. If the United States chose to approach Eastern European problems from this viewpoint, it would find no satisfaction, for every important left-of-center group, Beneš' exile government included, favored farreaching nationalization and economic reform. To make this the test of Eastern European friendship condemned the area to hostility unless it would restore the prewar politicians. And, as history proved, between the pressures of Western hostility and the final consolidation of Russian power in Eastern Europe after 1947, this policy spelled the end of Czech democracy[80]." So viel ist sicher, daß durch dieses amerikanische Vorgehen die Tschechoslowakei, die im Rahmen des sich bildenden östlichen Staatensystems um eine sozialistisch ausgerichtete Wirtschaft nicht herum kommen konnte, noch mehr vom Westen getrennt wurde[81].

Auf der Jalta-Konferenz der Großen Drei vom 4. bis 11. Februar 1945 war die globale Wirtschaftsstrategie einer der wichtigsten Impulse für die amerikanische Politik[82]. Es kam aber keine Einigung mit den Russen zustande, die irgendwie deren Einfluß auf Osteuropa und die Tschechoslowakei gemindert hätte – und zu einer differenzierten Strategie, gerade im Hinblick auf die Tschechoslowakei, gingen die Vereinigten Staaten nicht über. Außerdem waren sie sich mit Großbritannien weiterhin uneins über die Osteuropapolitik. Die Amerikaner beschäftigten sich auf dieser Konferenz nicht mit der Tschechoslowakei, unternahmen aber statt dessen einen letzten Versuch, aus dem Kriegsbündnis ein politisches und wirtschaftliches zu machen. Sie scheiterten; und auch die von ihnen angeregte Erklärung über das befreite Europa führte nicht zu dem Ziel, die Sowjetunion noch zu einem gemeinsamen Vorgehen in Ost- und Mitteleuropa zu bringen, ebensowenig die Erwägung im Department of State, zu diesem Zweck einen Provisorischen Sicherheitsrat für Europa ins Leben zu rufen[83].

---

[80] Kolko 170–171; siehe auch Kolko, 19. Kap.

[81] Siehe dazu Grzybowski, Kazimierz: Foreign investment and political control in Eastern Europe. JCEA 13 (1953–1954) 13–27. Er zitiert folgende treffende Äußerung Molotows aus dem Jahre 1946: „If American and British capital had a free rein in countries which suffered heavily during the war [...] such countries would be ruled by private capital in England and America." (S. 17). Das gilt entsprechend natürlich auch für den Einfluß der Sowjetunion in diesen Ländern.

[82] Kolko 343. – Foreign relations of the United States. The conferences at Malta and Yalta, 1945. Washington 1955, S. 325–327. Siehe auch Stettinius, Edward R. jr.: Roosevelt and the Russians. The Yalta Conference. Garden City 1949.

[83] Foreign relations, Malta and Yalta 93–108. In einer Aufzeichnung aus dem Department of State vom 11. Januar 1945 heißt es: „We have no questions to raise about Czecho-

So blieb für die Potsdamer Konferenz vom 17. Juli bis 1. August 1945 nur ein Verhandlungsthema übrig, das die Tschechoslowakei unmittelbar berührte: die Frage der Aussiedlung der Deutschen. In dieser Frage erhob keine der drei Großmächte, am allerwenigsten die Sowjetunion, grundsätzliche Einwände. Die Vereinigten Staaten und Großbritannien erklärten sich in Potsdam auch mit dem Ausmaß einverstanden, nachdem ihr Haupteinwand darin gelegen hatte, daß die Ernährungsprobleme in ihren Besatzungszonen zu groß würden. Da sie im Prinzip die Bevölkerungsumsiedlung als Mittel zur Lösung der Minoritätenprobleme in Osteuropa anerkannt hatten, stellten sie nur die Bedingung, daß der „Transfer" in humaner und geordneter Weise unter Aufsicht des Kontrollrats in Deutschland durchgeführt werden sollte. Dies wurde in Potsdam beschlossen – nur gab es keine Garantie zur Überwachung der Durchführung[84]. Die tschechoslowakische Regierung hatte ihre Ziele erreicht und ging trotzdem einem ungewissen Schicksal entgegen, die Westmächte hatten im Laufe des Krieges ihren dominierenden Einfluß in der Tschechoslowakei verloren, und das alte Europa bestand nicht mehr.

VII

Aus der Fülle unterschiedlicher Voraussetzungen und Ereigniszusammenhänge lassen sich drei die Behandlung der Tschechoslowakei durch die Großmächte bestimmende Feststellungen treffen:

1. Im Zeitraum zwischen dem Beginn des deutschen Ostfeldzugs am 22. Juni 1941 und der endgültigen militärischen Wende zugunsten der Sowjetunion im Dezember 1942 fiel die Entscheidung über das künftige Schicksal der Tschechoslowakei. Alles, was danach kam, war bloß die Auswirkung der seit 1943 deutlich sichtbaren russischen Vormachtstellung in Osteuropa. Nur 1941/42 bestand für die Westmächte die Möglichkeit, unter Ausnutzung der militärischen Notlage der Sowjetunion mit Stalin zu politisch günstigen Vereinbarungen über Osteuropa zu kommen und den Ländern zwischen Finnland und Rumänien eine unabhängigere Entwicklung nach Kriegsende zu sichern. Voraussetzung dafür wäre aber ein frühzeitiges militärisches Eingreifen in Europa als westliche Gegenleistung gewesen. Hillgrubers treffende Bemerkung, daß die Invasion in der Normandie 1944 politisch zwei Jahre zu spät kam, ist besonders gravierend für Osteuropa[85].

---

slovakia now." Foreign relations 1945 IV, 420–425. Ähnlich zurückhaltend am 14. Juni 1945 in einer Antwort auf britische Vorschläge; Foreign relations of the United States, diplomatic papers. The Conference of Berlin, 1945. 2 Bde. Washington 1960, hier Bd. 1, S. 172.

84 Foreign relations, Conference of Berlin. Bd. 2, S. 1511. – Brügel, Johann Wolfgang: Die Aussiedlung der Deutschen aus der Tschechoslowakei. Versuch einer Darstellung der Vorgeschichte. VfZ 8 (1960) 134–164; an Hand der Foreign relations, Conference of Berlin von Brügel ergänzt: Die sudetendeutsche Frage auf der Potsdamer Konferenz. VfZ 10 (1962) 56–61; jetzt zu berücksichtigen: Foreign relations of the United States, diplomatic papers, 1945. Bd. 2. Washington 1967, S. 1227–1327.

85 Hillgruber 557 Anm. 104.

Ähnliches gilt aber auch auf wirtschaftlichem Gebiet. Vielleicht hätte eine sehr viel stärkere wirtschaftliche Unterstützung der Sowjetunion durch die Vereinigten Staaten ebenfalls einen guten Preis für russisches Entgegenkommen in politischen Fragen dargestellt, wenn die Zusage der Hilfe sogleich mit Verhandlungen über derartige Fragen verknüpft worden wäre[86]. Aber die Vereinigten Staaten setzten ihre volle wirtschaftliche Kraft nicht ausschließlich für Kriegszwecke ein, der Lebensstandard blieb hoch und die Devise war: Kanonen *und* Butter[87].

2. Die Tschechoslowakei bildete während des Zweiten Weltkriegs für die Großmächte nur ein untergeordnetes Problem. Sie hatte gleichmäßig zufriedenstellende Beziehungen zu jeder von ihnen und wurde nicht zu einem Streitobjekt nach dem Beispiel Polens. Vor allem stellte die Sowjetunion keine großen territorialen Forderungen. Nicht zuletzt Benešs Diplomatie und sein Entgegenkommen gegenüber den Russen hat zu der relativen Ruhe um die tschechoslowakische Frage im Zweiten Weltkrieg beigetragen.

3. Die Vereinigten Staaten, die auf Grund ihrer Machtpräponderanz unter den Westmächten ausschlaggebend waren, besaßen überhaupt kein Konzept für eine differenzierte Politik gegenüber der Tschechoslowakei, sondern nur ihre allgemeinen politischen und wirtschaftlichen Ziele, die sie erst auf der Friedenskonferenz durchsetzen wollten. Die Sowjetunion hatte inzwischen Gelegenheit, in Osteuropa ihre Vorstellungen praktisch durchzusetzen. Die amerikanische Regierung war in ihrer Gleichgültigkeit gegenüber der Tschechoslowakei, in der mangelnden Bereitschaft, sich mit deren Problemen auseinanderzusetzen und sie als Partner zu achten, ungeachtet ihrer hohen außenpolitischen Prinzipien mitschuldig an der Niederhaltung der kleinen Nationen Osteuropas durch die Sowjetunion. Daran konnten auch die Engländer nichts ändern[88].

---

86 Siehe dazu u. a. Vandenberg 45.

87 Kolko 20.

88 Bei Jaksch, Wenzel: Europas Weg nach Potsdam. Stuttgart 1958, S. 377, sind in folgendem Absatz lauter Fehlurteile zusammengefaßt: „Die große politische Gewichtsverlagerung zwischen den West- und Ostalliierten bahnte sich bereits 1943 an. Der Ablauf der militärischen Ereignisse hatte daran geringen Anteil. Stalin war im Kreis der Alliierten noch immer der Nehmende. Er rief nach einer ›Zweiten Front‹ im Westen, weil er allein an der Ostfront den Krieg nicht entscheiden konnte. Nur eine Invasion des europäischen Festlandes durch die Westalliierten konnte die Entscheidung bringen. Stalin hatte in dieser durchaus offenen Situation das unverhoffte Glück, daß ein Mann sich unterfing, im Ablauf des großen Weltdramas Zünglein an der Waage spielen zu wollen. Das war Eduard Benesch, der durch seine diplomatischen Aktionen des Jahres 1943 Stalin die Fäden der Initiative in die Hände spielte."

Martin K. Bachstein

DIE POLITIK DER TREUEGEMEINSCHAFT SUDETENDEUTSCHER SOZIALDEMOKRATEN ALS HAUPTREPRÄSENTANZ DES DEUTSCHEN EXILS AUS DER TSCHECHOSLOWAKISCHEN REPUBLIK

Es soll im folgenden versucht werden, anhand einiger neuer Quellen die entscheidenden Abschnitte in der Geschichte des englischen Exils der deutschen Sozialdemokratie aus der Tschechoslowakei während des Zweiten Weltkrieges nachzuzeichnen. Auf die Benutzung von Sekundärliteratur konnte bewußt und weitgehend verzichtet werden. Dennoch sei hier auf einige Arbeiten verwiesen, die auch dem Nichtfachmann das Einarbeiten in die Thematik der deutsch-tschechischen Beziehungen für diese Zeit wesentlich erleichtern: Brügel, J. W.: Die Aussiedlung der Deutschen aus der Tschechoslowakei. Versuch der Darstellung der Vorgeschichte. VfZ 8 (1960) 134–164. – Černý, Bohumil: Dr. Eduard Beneš und die deutsche Frage während des Zweiten Weltkrieges. In: Aktuelle Forschungsprobleme um die Erste Tschechoslowakische Republik. Hrsg. von Karl Bosl. München und Wien 1969, S. 171–186. – Prinz, Friedrich: Beneš und die Sudetendeutschen. In: Beiträge zum deutsch-tschechischen Verhältnis im 19. und 20. Jahrhundert. Vorträge der wissenschaftlichen Tagungen des Collegium Carolinum in Nürnberg vom 14. bis 15. Mai 1964 und in Salzburg vom 6. bis 8. November 1964. München 1967, S. 93–109. – Seibt, Ferdinand: Beneš im Exil 1939 bis 1945. Ebenda S. 143–156.

Die Deutsche sozialdemokratische Arbeiterpartei in der Tschechoslowakischen Republik (DSAP) kann wohl mit einiger Berechtigung als die deutsche politische Partei in der Ersten Republik bezeichnet werden, die sich am längsten und bis zuletzt um eine demokratische Lösung des deutsch-tschechischen Problems bemüht hat. Damit soll zumindest angedeutet werden, daß die DSAP eine Politik verfolgte, die eine Lösung der nationalpolitischen Probleme des Staates im Rahmen der Republik anstrebte – soweit dies der Spielraum zwischen der Henlein-Partei auf der einen Seite und den Interessen der tschechoslowakischen Staatsführung auf der anderen erlaubte.

Die Partei hatte durch die von der Wirtschaftskrise erzwungene Betonung sozialpolitischer Aufgaben und durch ihren Eintritt in die Regierungskoalition im Jahre 1929 den nationalen Anliegen der sudetendeutschen Arbeiterschaft nicht mehr in dem Maße Rechnung tragen können, wie dies angesichts der Radikalisierung der politischen Verhältnisse, in deren Schoß schließlich die Henlein-Partei heranwuchs, vielleicht angezeigt gewesen wäre. Erst die neue Führung der DSAP, die im März 1938 unter aktiver Mithilfe Präsident Benešs gewählt wurde, eröffnete neue Möglichkeiten im nationalpolitischen Bereich – für deren Durchführung es allerdings zu spät war. In seiner ersten Rede als neuer Parteivorsitzender hatte Wenzel Jaksch angedeutet, daß er „nicht auf den tschechischen Bänken sitzen" werde[1] – und da-

[1] Sozialdemokrat (Prag) vom 27. März 1938. Jaksch sagte damals folgendes: „Es ist möglich, daß von der Regierung aus Verhandlungen mit der SdP eingeleitet werden. Doch wäre es ein Fehler, in dieser Möglichkeit eine Gefahr oder auch nur eine Verlegenheit für die deutsche Sozialdemokratie zu erblicken. Eines kann schon heute klar und deutlich gesagt werden, daß wir bei Verhandlungen über eine Gesamtregelung der sudetendeutschen Frage im Rahmen der Staatssouveränität und seiner demokratischen Verfassung

mit zugleich auf die große Problematik seiner politischen Aufgabe verwiesen: Er mußte versuchen, die DSAP als nationale Alternative zur Sudetendeutschen Partei (SdP) anzubieten, ohne zu sehr in die Nähe dieser von nationalsozialistischen Einflüssen bestimmten Partei zu geraten; zugleich mußte er danach trachten, das Wohlwollen des tschechoslowakischen Staates für seine Partei auch als nationale Interessenvertretung der sudetendeutschen Arbeiterschaft zu erhalten – beides fast unmögliche Anliegen.

Diese Politik der deutschen Sozialdemokratie erwies sich auch zeitlich als undurchführbar. Jaksch hatte sich zwar immer mehr einem politischen Programm genähert, das nicht mehr im Rahmen der tschechoslowakischen Verfassung von 1920 hätte verwirklicht werden können – für die politischen Ereignisse des Jahres 1938 und die Zersplitterung der Tschechoslowakischen Republik blieb dies jedoch ohne Bedeutung. Für die Geschichte des tschechoslowakischen Exils hingegen waren die Erfahrungen von Tschechen und Deutschen in diesen Sommer- und Herbstmonaten des Jahres 1938 von entscheidender Bedeutung.

Am 30. September 1938 stellte die deutsche Sozialdemokratie in den nach dem Münchner Vertrag abzutretenden Gebieten der Republik ihre Tätigkeit ein. In seiner Abschiedsbotschaft erinnerte der Parteivorstand an die zurückliegenden Jahre des gemeinsamen Kampfes um eine Lösung des deutsch-tschechischen Problems und erwähnte besonders die Leistung des tschechischen Volkes. So hieß es:

„In Bewunderung neigen wir uns in dieser Stunde vor dem kleinen tschechischen Volke, welches die gleichen Schicksalsschläge zu tragen hat, wie wir. Möge es nach dieser Prüfung wieder glücklicheren Tagen entgegengehen. Die Aufgabe der nationalen Zusammenarbeit wird auch weiterhin im mitteleuropäischen Raum gestellt sein. Wir wünschen aus heißem Herzen, daß diese Aufgabe noch einer glücklichen Lösung zugeführt werden kann ...[2]."

Obwohl der stellvertretende Ministerpräsident, der tschechische Sozialdemokrat Rudolf Bechyně, den Vertretern der DSAP versichert hatte, die durch den Schiedsspruch von München zu erwartenden deutschen Flüchtlinge „wie Brüder" aufzunehmen und alle Maßnahmen zu ihrer Integration in die Rest-Tschechoslowakei zu treffen[3], versuchte die deutsche Sozialdemokratie unverzüglich, die Auswanderung ihrer zu Tausenden ins Landesinnere geflüchteten Funktionäre zu organisieren. Die eben erwähnte Gemeinsamkeit deutscher und tschechischer Antifaschisten erwies sich als kurzlebige Fiktion. Kleinliche tschechoslowakische Beamte lieferten Tausende deutscher Flüchtlinge an die im Sudetengebiet wartenden reichsdeutschen Organe

---

nicht auf den tschechischen Bänken sitzen werden." Das war nur einen Tag nachdem ausschließlich die Intervention Präsident Benešs die Wahl Jakschs zum neuen Vorsitzenden der DSAP gesichert hatte. Vgl. hierzu Brügel, J. W.: Tschechen und Deutsche. München 1967, S. 343.

[2] Sozialdemokrat (Prag) vom 1. Oktober 1938.

[3] Zit. n.: Zwischenbericht der Partei vom August 1946. Erstellt von Wenzel Jaksch, Richard Reitzner und Eugen de Witte. Nachlaß Jaksch, hiernach NLJ. Der Verfasser dankt auch auf diesem Wege ausdrücklich Frau Joan S. Jaksch (Wiesbaden) und Herrn Dr. Heinrich Kuhn, dem Direktor des Sudetendeutschen Archivs, München, für ihre freundliche Hilfe und großherzige Unterstützung dieser Arbeit. Zu Bechyně sei vermerkt, daß er damals trotz seines Entgegenkommens mit Nachdruck die Errichtung von deutschen Schulen in der Resttschechoslowakei als unmöglich bezeichnete.

aus, so daß bereits am 4. Oktober das Parteiorgan der deutschen Sozialdemokratie, der Prager *Sozialdemokrat*, traurig feststellte, man verfahre nunmehr auf tschechischer Seite mit den staatstreuen Deutschen nicht besser als auch die Großmächte und das Deutsche Reich mit der Tschechoslowakei. „Wir verlangen", schrieb das Blatt, „daß man die demokratischen Deutschen so behandelt, wie man treue, aufrechte Bürger der Republik behandeln muß! ... Sollen wir rechtlos sein, Freiwild sein, weil wir treu waren[4]?"

In den Jahren vor 1938 hatte es die DSAP im Staatsinteresse vermieden, für ein autonomistisches Programm einzutreten. Die Behandlung der sozialdemokratischen Flüchtlinge durch die Tschechen aber verstärkte die allgemeine Ernüchterung, so daß noch in der Heimat eine dauerhafte Lösung des deutsch-tschechischen Verhältnisses als wichtigste Aufgabe des Exils feststand. In seinem Abschiedsartikel im Prager *Sozialdemokrat* schrieb Jaksch ausdrücklich, diese Aufgabe könne nur „auf der Basis der Gleichberechtigung und Zusammenarbeit" der beteiligten Völker gelöst werden[5]. Der Vorsitzende der sudetendeutschen Arbeiterpartei wußte ohne Zweifel, daß er damit ein Ziel fixiert hatte, das sich ohne tiefgreifende staatsrechtliche Reform nicht verwirklichen ließ; ob er wohl wußte, daß er mit hohem Einsatz spielte, denn an der tschechischen Weigerung zu dieser Reform waren alle Bemühungen um eine Lösung des deutsch-tschechischen Problems seit 1920 gescheitert, muß dahingestellt bleiben.

Für die nächsten Monate trat die Auswanderungsaktion der deutschen Sozialdemokratie in den Vordergrund. Unter tatkräftiger Mithilfe von Vertretern der englischen und skandinavischen Arbeiterparteien gelang es der DSAP, nach Überwindung größter Schwierigkeiten etwa 3000 Mitglieder und deren Familien in Sicherheit zu bringen. Bereits im Februar 1939 war das Rettungswerk schon soweit gediehen, daß man sich wieder politischen Aufgaben widmen konnte. Im Hotel Monopol in Prag beschloß der Vorstand der deutschen Sozialdemokratie auf seiner letzten Sitzung in der Heimat die Überführung der alten Partei in eine politische Auslandsorganisation mit der Bezeichnung *Treuegemeinschaft sudetendeutscher Sozialdemokraten*[6].

Drei Monate später, im Mai 1939, traf man sich wieder in London, wo inzwischen der Aufbau des Auslandszentrums erfolgt war. Die britische Regierung hatte sich gegenüber den wirtschaftlichen und sozialen Anliegen der sudetendeutschen Flüchtlinge aufgeschlossen gezeigt und besonders in finanzieller Hinsicht die Durchführung der Emigration unterstützt[7]. Diese Tatsache und der Umstand, daß man

---

[4] Sozialdemokrat (Prag) vom 4. Oktober 1938.

[5] Sozialdemokrat (Prag) vom 9. November 1938.

[6] Zwischenbericht der Partei ... Im Text dieses Aufsatzes wird wechselnd die Bezeichnung deutsche bzw. sudetendeutsche Sozialdemokratie (DSAP) im Gegensatz zur reichsdeutschen Sozialdemokratie (SPD) bzw. Sopade verwendet.

[7] Sofort nach München setzten in England Bemühungen ein durch die Initiative des Lord Mayors of London und die Leitung der Tageszeitung News Chronicle, durch Sammlungen die finanzielle Betreuung der Flüchtlinge zu ermöglichen. Später kamen größere Beträge hinzu, aus der englischen Anleihe an die Tschechoslowakei, die dann mit den privaten Spenden im sog. Czech Refugee Trust Fund konsolidiert und zur Sicherstellung

sich damals in England viel sicherer wähnte als in anderen europäischen Ländern, mag zur Wahl Londons als Exilzentrum beigetragen haben. Auf der ersten Sitzung des Vorstandes der Treuegemeinschaft umriß Jaksch in groben Zügen die künftige politische Orientierung, die bereits eine andere Grundhaltung als noch in seinem Prager Abschiedsartikel erkennen ließ. Er sagte:

„Die staatsrechtliche Stellung der ČSR ist sehr unsicher. Die Frage groß- oder kleindeutsch ist vielleicht das einzige, das an den Lagerfeuern der Emigration diskutiert werden kann ... Wir sind noch immer gut akkreditiert, aber in Frankreich ist wie überall immer die erste Frage an uns, wie wir zu den Deutschen stehen. Wir sind kein Sudetenproblem mehr; nur mit anderen [d. h. nicht mit den Tschechen] können wir zu einer Konzeption kommen. Unser Verhältnis zur Sopade ist ein Angelpunkt – die Tschechen sind eine legitimierte Opposition ... Die Formel Benešs lautet: Der Kampf gilt für ein freies Volk in einem freien Europa! Bisher hat noch kein tschechischer Politiker die Wiederherstellung der historischen Grenzen verlangt, was ja für sie auch sehr schwer wäre, weil auch sie den Kampf unter der Formel des Selbstbestimmungsrechtes führen müssen ...[8]."

Daraus geht zumindest hervor, daß Jaksch nicht mit dem Entstehen einer starken tschechoslowakischen Auslandsbewegung rechnete und er deshalb in Zusammenarbeit mit anderen Faktoren eine Lösung der sudetendeutschen Frage auf der Basis des Selbstbestimmungsrechtes anstrebte. Er selbst sprach in diesem Zusammenhang zwar wiederum von einer „innereuropäischen Föderation mit Garantien und einem Vertragssystem für die kleinen Völker"[9]; an die Wiederherstellung des tschechoslowakischen Staates in den Grenzen von 1918 glaubte er offensichtlich nicht.

In der Schrift *Was kommt nach Hitler?*, die Jaksch noch vor Ausbruch des Krieges verfaßte, suchte er sein Nachkriegskonzept darzulegen. Jaksch war davon überzeugt, daß entweder „Krieg oder Revolution" eine Neuordnung Mitteleuropas bald ermöglichen würden. Er befürwortete deshalb die Schaffung einer „innereuropäischen Föderation"; d. h. die Föderalisierung des gesamtdeutschen Siedlungsbereiches, dem die Sudetendeutschen entweder „als autonomer Sektor innerhalb der historischen Provinzen Böhmen-Mährens", oder als „deutsche Reichsprovinz" angehören könnten[10]. Wichtig erscheint auf alle Fälle, daß Jaksch unter dem Eindruck des deutschen Vormarsches in Europa den Donauföderationsplänen, die er noch wenige Jahre zuvor vertreten hatte, den Rücken gekehrt und nunmehr die politische Konstellation des Jahres 1939 als Grundlage seiner weiteren Pläne akzeptiert hatte.

Die Mehrheit der Englandgruppe der Treuegemeinschaft schien damals diese Ansichten Jakschs zu unterstützen; zumindest fehlte es zunächst an kritischen Äuße-

des Lebensunterhaltes und der Auswanderungskosten für die Flüchtlinge verwendet wurden. Zudem gelang es Jaksch, durch Vermittlung von tschechischen Beamten und eines befreundeten Engländers einen beträchtlichen Betrag in Kč umzutauschen und nach England zu transferieren, so daß die finanziellen Grundlagen im Ausland zumindest in bescheidenem Rahmen sichergestellt waren. Siehe: Paul, Ernst: Sudetendeutsche – Stiefkinder der Geschichte. München 1969, S. 26.

8 Entwurf zum Sitzungsprotokoll der Partei-Vorstandssitzung vom 23. und 24. Mai 1939 in London-Paddington. NLJ.

9 Ebenda.

10 Jaksch, Wenzel: Was kommt nach Hitler? Die Möglichkeiten und Voraussetzungen einer demokratischen Föderalisierung Zentraleuropas. Hektogr. London 1939.

rungen, da man sich offensichtlich der jüngsten Erfahrungen mit den Tschechen während der Flucht ins Landesinnere noch zu gut erinnerte. Dies brachte besonders der stellvertretende Parteivorsitzende Eugen de Witte zum Ausdruck, der im Sinne Jakschs feststellte, „daß die Tschechen über ihr künftiges Verhältnis zum deutschen Volk sich mit diesem ganzen Volk und nicht etwa nur mit einem Splitter der deutschen Nation auseinanderzusetzen haben"[11].

Daß die tschechischen Auslandsvertreter diesen Standpunkt keinesfalls akzeptierten, ging bereits aus dem umfangreichen Bericht hervor, den Jaksch am 4. August 1939 von seinem ersten, vierstündigen Besuch bei dem aus Amerika zurückgekehrten Dr. Beneš an Siegfried Taub nach Schweden schrieb. Dieser Bericht beweist nicht nur, daß Beneš später in seinen Erinnerungen über die Gesamtkonzeption seiner Auslandspolitik im wesentlichen die Wahrheit schrieb, sondern auch – was vielleicht schwerwiegender ist –, daß Jaksch das politische Potential Benešs – obwohl er dessen Grundhaltung nunmehr kannte – nicht richtig einschätzte und Beneš obendrein sein eigenes Konzept offenbarte. Jaksch schrieb:

„In politischer Hinsicht ist Beneš sehr hoffnungsvoll. Er ist in Amerika auch von Roosevelt wie ein Souverän behandelt worden. Auch sind ihm von autorisiertester Stelle dort Zusicherungen gegeben worden, daß Amerika die Annexion der Tschechoslowakei nicht anerkennen wird und es als ein Ziel seiner Außenpolitik betrachtet, die Restauration der Tschechoslowaken zu unterstützen. Gestützt auf diesen Rückhalt will Beneš für die Zwischenzeit die staatsrechtliche Kontinuität aufrecht erhalten, zunächst ein politisches Direktorium bilden und je nach dem Lauf der Dinge später an die Schaffung einer Regierung schreiten ...

Was die allgemeine Politik anbetrifft, so ist Beneš von der Unausweichlichkeit einer kriegerischen Austragung überzeugt ...

Prinzipiell ist Beneš der Meinung, daß das Abkommen von München nichtig geworden sei, und daß ein selbständiger tschechoslowakischer Staat in den Münchner Grenzen nicht lebensfähig sei. Ob das Sudetengebiet ganz oder teilweise einer restaurierten Republik einverleibt werde, müsse der Entscheidung der Realfaktoren überlassen bleiben ... Von mir wurde betont", so berichtet Jaksch weiter, „daß bei der [gegenwärtig vorherrschenden] Einstellung unserer Leute zu Hause und im Auslande nur bei gegenseitiger Bereitschaft zu einer Föderallösung in eine Diskussion eingetreten werden könne. Ich erwähnte dabei den vierten Plan, worin er [Beneš] betonte, ... daß er lieber auf den dritten Plan zurückgehen möchte. Man müsse jedenfalls trachten, so meinte er, daß eine bessere Lösung gefunden würde als die frühere ...[12]."

Eine „bessere Lösung als die frühere", und noch dazu eine, die hinter den Forderungen des vierten Planes zurückbleiben würde – das bedeutete soviel, daß Beneš bereits im Sommer 1939 überzeugt war, daß er den Sudetendeutschen nicht einmal kantonale Autonomie in Aussicht zu stellen brauchte. Der Führer der sudetendeutschen sozialdemokratischen Emigration verkannte Benešs Position und meinte, daß Beneš eben unter dem Eindruck seines amerikanischen Aufenthaltes „die Vorteile der tschechischen Position ... überschätzt". Die Aussichten für eine politische Zusammenarbeit beurteilte Jaksch negativ.

Vielleicht ist es hier angebracht, einmal kurz auf den grundlegenden Unterschied der Persönlichkeiten hinzuweisen. Benešs Metier war die Außenpolitik; mit be-

---

[11] Aus dem Gutachten Eugen de Wittes zur vorgen. Schrift. Archiv Ústav Dějin Socialismu, Prag, Nr. 38–190–189–277, hiernach ÚDS mit Beleg.

[12] Jaksch an Siegfried Taub (Malmö) vom 4. August 1939. NLJ.

trächtlichem Erfolg hatte er vor seiner Wahl zum Staatsoberhaupt für nahezu zwei Jahrzehnte mit nur kurzen Unterbrechungen die Außenpolitik der ersten Republik konzipiert und geleitet. Benešs Erfahrungen als Diplomat und Verhandlungsführer prädestinierten ihn geradezu zum Führer des zweiten tschechoslowakischen Auslandskampfes. Jaksch hingegen – ein Mann aus dem Volk – war viel zu offen und diplomatisch unerfahren, um als geschickter Taktiker zu gelten. Jakschs politische Erfolge basierten auf seiner Fähigkeit, Gedanken aufzugreifen und zu entwickeln. Jaksch konnte geschickt in Wort und Schrift formulieren und errang schon in jungen Jahren große Popularität als sozialdemokratischer Redner; für seine Art der Politik bot das Exil denkbar schlechte Möglichkeiten. Beneš aber schien für die Verhältnisse der richtige Mann zu sein. Er benötigte keine Massen, die ihm zujubelten, keine Tageszeitungen zur offenen Diskussion der politischen Probleme. Von ihm konnte Jaromír Smutny mit einiger Berechtigung behaupten, Beneš sei eben „ein hervorragender Taktiker und Stratege – wohl der größte Machiavelli unserer Zeit“[13]. Ebenbürtige Kontrahenten waren es nicht, die im Exil die tschechischen bzw. sudetendeutschen Interessen vertraten.

Wenige Wochen später brach der Krieg aus. In Abwesenheit Jakschs, der zu Besuch in Schweden weilte, erschienen die Vorstandsmitglieder Fritz Kessler, Franz Kögler und Dr. Robert Wiener bei Eduard Beneš. Sie überreichten ein Schreiben, in dem sie Beneš als Staatsoberhaupt anerkannten. Ferner hieß es:

„Wir erblicken in der Wiederherstellung der selbständigen Tschechoslowakischen Republik eines der selbstverständlichsten Friedensziele der Demokratie ...

Wir setzen Sie ferner in Kenntnis, daß die Sudetendeutschen in der wiedererstandenen Republik ein gleichberechtigter Faktor im Rahmen einer föderativen Verfassung werden wollen, die die Sicherheit der sozialen Existenz und die Freiheit der nationalkulturellen Entfaltung verbürgt ...

Durch die Ungültigkeit des Münchner Abkommens würde die staatsrechtliche Stellung der Sudetendeutschen geklärt. Wir sind uns aller damit verbundenen Konsequenzen bewußt[14].“

Beneš begrüßte diesen Schritt der deutschen Sozialdemokraten und forderte sie auf, ihre staatspolitischen Vorschläge zu unterbreiten. Wahrscheinlich im Hinblick auf sein Gespräch mit Jaksch am 3. August meinte Beneš:

„Sie müssen unter sich auch darüber ins Reine kommen, ob Sie eine territoriale oder eine personelle Regelung wünschen. Bei territorialer Regelung käme eine Dreiteilung in tschechische, deutsche und gemischte Verwaltungsgebiete in Betracht. Minderheiten müssen geschützt werden ... Ich bin für Dezentralisierung und Proportionalität ...[15].“

Beneš berichtete auch von Tendenzen innerhalb der tschechoslowakischen Emigration, die aufgrund der nazistischen Schreckensherrschaft im Protektorat die Austreibung der Deutschen forderten – bezeichnete diese aber als „Dummheiten“, die man nicht weiter zu verfolgen brauche[16].

---

[13] Zit. n.: Křen, Jan: Beneš – The Problem of Political Leadership (1939–1940). In: Ústav Dějin Socialismu, History of Socialism Yearbook 1968. Prag 1969, S. 85–111, hier S. 108.

[14] Kessler, Wiener, Reitzner, Kögler / London Representative of the Sudeten German Refugees an Beneš (London) vom 1. September 1939. ÚDS 40 IV/31, 113.

[15] Zit. n.: Gedächtnisprotokoll der Vorsprache Kessler, Kögler und Wiener bei Dr. Beneš (London) am 2. September 1939. NLJ.

[16] Ebenda.

Am 3. Oktober erschien auch eine Abordnung der deutschen sozialdemokratischen Gewerkschaftsorganisationen in England bei Beneš und bekannte sich zur Erneuerung der Republik in den Vormünchener Grenzen[17]. Ein beträchtlicher Teil der in England befindlichen sudetendeutschen Sozialdemokraten schien durch die seit Kriegsausbruch geänderten Verhältnisse nunmehr geneigt, den Freiheitskampf des tschechischen Volkes gegen den gemeinsamen Gegner zu unterstützen. Richard Reitzner, der als Lagerleiter der drei in Margate befindlichen Flüchtlingslager, die fast die Hälfte der Emigration beherbergten, die Meinungen der Menschen kennen mußte, verfaßte deshalb zusammen mit dem Geschäftsführer der Kanzlei der Treuegemeinschaft, Fritz Kessler, einen Aufruf, worin den sudetendeutschen Flüchtlingen der freiwillige Eintritt in die tschechoslowakische Legion empfohlen wurde[18].

Auf der anderen Seite formierte sich aber auch während Jakschs Abwesenheit eine kleine, aber einflußreiche Gruppe um den stellvertretenden Parteivorsitzenden Eugen de Witte und Franz Katz, die sich selbst mit einiger Berechtigung als „Großdeutsche" bezeichneten. De Witte und Katz sahen sich veranlaßt, gegen die Haltung der Gewerkschaftler und der Vorstandsmitglieder Kessler, Kögler und Wiener in ihren Unterredungen mit Dr. Beneš zu protestieren. In einem längeren Brief an Beneš erklärten sie, „daß die Aktionen der Genannten eigenmächtig, ohne Wissen der Partei und ihrer verantwortlichen Funktionäre erfolgten, und daß die Partei infolgedessen für sie auch nicht verantwortlich gemacht werden kann"[19]. Zudem, so de Witte und Katz, stehe der Inhalt des Briefes der drei genannten Mitglieder „im schärfsten Gegensatz" zu der „offiziellen Erklärung" der Partei in der Osloer *Sudeten-Freiheit*, in der die „Erringung des Selbstbestimmungsrechtes" als oberstes Ziel der sozialdemokratischen Politik bezeichnet wird[20].

Der Eindruck dieser vieldeutigen Haltung des sudetendeutschen Exils in England auf Dr. Beneš war sicherlich nicht im Sinne einer für die Deutschen günstigen Entwicklung ihrer politischen Anliegen. Mußte in Beneš nicht der Verdacht entstehen, daß diese Leute bei genügender Geduld von selbst auseinanderfallen würden und er deshalb mit konkreten Verhandlungsangeboten getrost warten konnte – und zwang ihn nicht die antitschechische Haltung der Großdeutschen ohnehin zu größter Vorsicht, nicht zuletzt auch wegen Jakschs eingestanden autonomistischer Einstellung? Diese Befürchtungen erhärtete ein gemeinsamer Beitrag der früheren sozialdemokratischen Abgeordneten de Witte und Katz, der als Vorschlag der beiden zur internen Diskussion um die Ziele der Auslandspolitik der Treuegemeinschaft entstand, aber sofort seinen Weg zu Beneš fand. Darin schreiben de Witte und Katz, daß man zwar die Bestrebungen der Tschechen nach einem eigenen Staat „verstehe

---

17 Neumann, Koutník, Zinner, Kögler an Beneš vom 3. Oktober 1939. ÚDS 40 IV/31, 13f. Vgl. auch: Gewerkschaftliche Mitteilungen (London) Nr. 1, April 1940.

18 Eine Kopie des Aufrufes befindet sich im Nachlaß Jaksch.

19 de Witte und Katz an Beneš (London) vom 8. Oktober 1939. ÚDS 40 IV/31, 90ff.

20 Vgl. Sudeten-Freiheit (Oslo) Nr. 3 vom September 1939. Jaksch schrieb damals: „Es fällt uns nicht ein, einer antideutschen Politik künftiger Siegermächte das Wort zu reden ... wir wollen der Bevölkerung des Sudetenlandes wieder die Freiheit ihrer Schicksalsbestimmung zurückerobern." Um eine „offizielle Erklärung" handelte es sich nicht.

und billige“, daß aber gleichzeitig die deutschen Sozialdemokraten es ablehnen müßten, unter gleichen Bedingungen wie während der Ersten Republik in den tschechischen Staat zurückzukehren. Ferner hieß es:

„Alle Sympathie für den tschechischen Freiheitskampf kann und darf an der Tatsache nichts ändern, daß wir nicht ein Teil des tschechischen Volkes sind und daß dessen Ziel – die Wiederherstellung eines tschechischen Staates – nicht einfach auch das unsere sein kann. Wir können auch darum unsere Menschen nicht auf *Gut Glück* oder auf *Werde Was Mag* in die tschechischen Legionen eintreten lassen und möglicherweise sogar gegen unsere deutschen Heimatgenossen für die Wiederherstellung eines tschechischen Staates ...[21].“

Einen gemäßigteren Standpunkt vertrat der Staatsrechtsexperte der deutschen Sozialdemokratie, der Prager Anwalt Dr. Egon Schwelb. Schwelb machte den Vorschlag, auf dem Boden Böhmens und Mährens „zwei selbständige Staatsgebilde“ für Deutsche und Tschechen zu errichten, die lediglich Finanzen, Wehr- und Außenpolitik gemeinsam zu vertreten hätten[22].

Als der Parteivorsitzende Jaksch aus Schweden zurückkehrte, fand er eine derart zerstrittene Gruppe vor, daß er selbst einräumte, die Partei sei durch das eigenmächtige Vorgehen der verschiedenen Richtungen gegenüber Dr. Beneš gefährdet. Jaksch war aber überzeugt, daß man in Zusammenarbeit mit Freunden aus der Labour-Party und durch die Bildung einer Arbeitsgemeinschaft der mitteleuropäischen Arbeiterparteien, bestehend aus reichsdeutschen, sudetendeutschen und tschechischen Sozialdemokraten überschüssige Energien in der Treuegemeinschaft absorbieren und so die eigene Verhandlungsposition gegenüber Beneš wieder verbessern könnte. Über die grundsätzlichen Fragen meinte Jaksch, man müsse die

„Autonomieforderung ... scharf herausarbeiten, um nach Ablehnung durch die Tschechen unsere Operationsfreiheit wiederzugewinnen ... Mit der Formel Selbstbestimmungsrecht kommen wir nicht aus. Es kann auch für den Anschluß an die Tschechoslowakei ausgelegt werden. Wir müssen eine Formulierung suchen, die uns beide Möglichkeiten offen läßt ...“

Daß Jaksch und seine Freunde im Vorstand der Treuegemeinschaft auch die möglichen Konsequenzen ihrer Haltung – Vertreibung und Spaltung der Exilorganisation – in Erwägung zogen, wird darin angedeutet, daß Jaksch im Vorstand ausdrücklich erklärte:

„Wir dürfen nichts mit Leuten zu tun haben, die ohne Rücksicht auf die Zukunft des Sudetengebietes um jeden Preis zurückkehren wollen ...[23].“

Nicht zuletzt aber lassen diese Äußerungen einen ziemlich selbstbewußten Führungsstil des Vorsitzenden der Treuegemeinschaft erkennen, der selbst im Exil nicht vor Zerreißproben zurückzuschrecken schien.

---

[21] de Witte und Katz: Einige Grundprinzipien in Sachen ČSR und Sudetenland. ÚDS 40 IV/31, 95 ff.

[22] Zit. n.: Křen, Jan: V Emigraci. Zapadní zahraniční odboj 1939–1940 [In der Emigration. Der westliche ausländische Widerstand]. Prag 1969, S. 432. Dr. Schwelb, der heute als leitender Beamter der Vereinten Nationen in New York lebt, berichtet, daß sein Entwurf eigentlich als Entgegnung auf den Vorschlag seines tschechischen Zellengenossen im Gestapo-Gefängnis Prag-Pancrác entstand, der nach dem Krieg ein tschechisches Protektorat für das Sudetenland gefordert hatte.

[23] Sitzungsprotokoll der Exekutivsitzung der Treuegemeinschaft vom 23. Oktober 1939 in London. NLJ.

In der Folgezeit entstanden innerhalb der Führungsgruppe der sudetendeutschen Sozialdemokratie weitere Entwürfe, in denen eine Formulierung der Ziele des Auslandskampfes diskutiert wurde. Nach Bekanntgabe der gemäßigten Friedensziele der Labour-Party durch Clement B. Attlee am 8. November 1939, in denen von einem Verständigungsfrieden gleichberechtigter Nationen die Rede war, schien man sich in der Treuegemeinschaft auf einen Grundsatzentwurf geeinigt zu haben, in dem für die Menschen in der Heimat das „Selbstbestimmungsrecht im völkerversöhnenden Geist des Sozialismus" unter ausdrücklicher Anerkennung des Lebensrechtes der kleinen Völker gefordert wird[24]. Ganz im Sinne einer Formulierung Josef Seligers aus dem Jahre 1918 – der damals auch über den Rahmen der eigenen Partei hinausgewachsen war – wird betont, daß die Forderung nach nationaler Selbstbestimmung die Anerkennung der wirtschaftlichen und geographischen Verbundenheit des Sudetengebietes mit den historischen Räumen Böhmens und Mährens nicht ausschließt[25]. Über das Verhältnis zum tschechischen Auslandskampf heißt es:

„Als ein Teil des sudetendeutschen Volkes haben wir aber vor allem die Interessen dieses Volkes zu vertreten. Auf Grund unserer zwanzigjährigen Erfahrungen müssen wir es daher ablehnen, unter gleichen oder ähnlichen Bedingungen, wie sie bis zum Münchner Übereinkommen bestanden, das sudetendeutsche Volk einem vorwiegend tschechischen Staate neu einzugliedern ... Die Lebensinteressen der Sudetendeutschen verlangen eine autonome Lösung im Sinne des föderalistischen Prinzips ...[26]."

Im gleichen Sinne dieser nur für den internen Gebrauch gedachten Formulierungen sprach sich Jaksch auch im Namen der Treuegemeinschaft in einem Brief an Clement Attlee aus, so daß man diesen Text als repräsentative Meinung der Parteiführung bezeichnen kann, obwohl es auch an oppositionellen Stimmen nicht fehlte[27].

Man betrachtete also unverändert die staatsrechtliche Korrektur des unglücklichen Minderheitenstatus der sudetendeutschen Volksgruppe als vordringlichste Aufgabe des Exils. Solange dieses elementare Anliegen der sudetendeutschen Politik

---

[24] Richtlinien für die Auslandspolitik der sudetendeutschen Sozialdemokratie (Entwurf), hektographiert, ca. Januar 1940. NLJ.
Im Kanzlei-Archiv des Präsidenten im ÚDS Prag befindet sich eine Abschrift gleichen Titels, die in einzelnen Formulierungen über das erstzitierte Exemplar hinausgeht. So heißt es darin, daß in einzelnen Gebieten – z. B. im Sprachinselbereich – bei der Abgrenzung autonomer administrativer Gebiete „ein Bevölkerungsaustausch in Betracht zu ziehen" ist. ÚDS 40 IV/31, 114ff. Jaksch, der nirgendwo als Autor firmiert, beschwerte sich im Jahre 1943 in einem Brief an Ernst Paul (Stockholm), daß auf tschechischer Seite „eine Stelle" dieses Entwurfes gefälscht und entstellt wiedergegeben worden sei. Weder dies noch das Gegenteil ist nachzuweisen.

[25] Vgl.: Seliger, Josef: Das selbständige Deutschböhmen. Der Kampf (Wien) 11 (1918) 719–723.

[26] Richtlinien ... NLJ.

[27] Jaksch an Attlee (London) vom 8. November 1939. NLJ. In seinem undatierten Bericht an Beneš erwähnt der tschechoslowakische Militärattaché in London, Ostlt. Kalla, daß in den Herbst- und Wintermonaten des Jahres 1939 Vertreter von drei sudetendeutschen „Widerstandslagern" bei ihm erschienen seien, um im Zusammenhang mit der Diskussion der Militärdienstfrage gegen Jakschs „unklaren Standpunkt" zu protestieren. Kalla erwähnt aber auch, daß die Opposition Jakschs Qualitäten als Führer anerkenne und ihn lediglich zu einer Änderung seiner großdeutschen Haltung bewegen möchte. ÚDS 40 IV/8, 214f.

unerfüllt blieb, sprachen sich Jaksch und mit ihm die Mehrheit der in London versammelten Mitglieder der Parteiführung – trotz der in den Flüchtlingslagern wachsenden Opposition – gegen den allgemeinen Eintritt von sudetendeutschen Sozialdemokraten in die tschechoslowakische Exilarmee aus[28]. Dafür gab es hinreichende Gründe. Man glaubte einmal, Beneš auf diesem Weg zu Verhandlungen zwingen zu können; zum anderen war die Treuegemeinschaft zahlenmäßig – besonders durch das hohe Durchschnittsalter der in England verbliebenen Genossen – nicht in der Lage, durch den Eintritt von Sozialdemokraten die tschechoslowakische Exilarmee zu einem Machtinstrument ihrer Interessen zu machen, und deshalb nicht sonderlich am Beitritt ihrer Leute interessiert. Schließlich erklärt sich die Zurückhaltung der Treuegemeinschaft in der Militärfrage auch darin, daß man versuchen wollte, die eigene Opposition aus der tschechoslowakischen Armee herauszuhalten und in der englischen Armee zu isolieren. Was also leicht als disloyale Einstellung gegenüber dem tschechoslowakischen Auslandskampf hingestellt werden kann – diese Ansicht ist zwar nicht unberechtigt – schien doch zumindest in gleichem Maße bedingt durch die Erschütterung der Machtposition der noch in der Heimat gewählten Führung der Treuegemeinschaft unmittelbar nach Kriegsausbruch.

Hier sei auch auf die psychischen Belastungen des Exils hingewiesen, die besonders die sog. Opposition erfaßten. Tatkräftige, in der Heimat aktive Menschen waren plötzlich zu geduldeten Gästen eines fremden Landes geworden, wo sie von der Unterstützung der Flüchtlingshilfe recht und schlecht existierten. Die Annahme einer geregelten Beschäftigung war fast unmöglich und die meisten von ihnen hatten Vermerke in ihren Pässen, wonach sie sich sogar nur vorübergehend in England aufhalten durften. Für diese meist jüngeren Menschen bedeutete der Kriegsausbruch eine ersehnte Gelegenheit zur Betätigung, zur Rechtfertigung der Gründe, für die sie ins Exil gegangen waren – und nicht zuletzt auch zu einer Bereinigung des seit München getrübten Verhältnisses zum tschechischen Volk. Deshalb wollten nicht wenige von ihnen in die tschechische Armee eintreten. Die größeren politischen Konzepte ihrer Parteileitung kümmerten sie oft weniger; ja es ist durchaus anzunehmen, daß die zum Teil verstreut auf dem Lande oder in Lagern untergebrachten Menschen oft der in London amtierenden Parteiführung ihre privilegierte Position neideten – ohne unbedingt in grundsätzlichem Widerstand zu dieser zu stehen[29].

Trotzdem blieb die Unzufriedenheit bei den sudetendeutschen Flüchtlingen nicht ohne Folgen, zumal auch Beneš diese Verhältnisse – er war ja durch den Militärattaché Oberstleutnant Kalla und andere Zuträger stets gut unterrichtet – für sich auszunutzen verstand. Im Januar 1940 erließ Beneš einen Aufruf in deutscher und tschechischer Sprache zum Eintritt in die Exilarmee[30]. Darin heißt es:

„Niemand kann die Tatsache bestreiten, daß sich unser Staat in den letzten zwanzig Jahren . . . gefestigt, vervollkommnet und verbessert hat. Er hat seine politischen, sozialen

[28] Vgl. das Rundschreiben der Treuegemeinschaft vom 24. November 1939. Obwohl man den Mitgliedern die freiwillige Entscheidung in der Militärdienstfrage zugestand, gab man ihnen den Rat, in die britische Armee einzutreten.

[29] In diesem Sinne äußerte sich auch Ostlt. Kalla, der tschechoslowakische Militärattaché in London, in seinem bereits angef. Memorandum an Beneš. ÚDS 40 IV/8, 214 f.

[30] Čechoslovák v Anglii 2 (1940) vom 23. Januar 1940, 3 ff.

und wirtschaftlichen Fragen in demokratischer Weise und in Zusammenarbeit aller Klassen und Nationalitäten gelöst. Auch wir hatten unsere Schwierigkeiten und Unvollkommenheiten, aber *wir waren in Mittel- und Osteuropa der politisch beste Staat, sozial der weit fortgeschrittenste, in nationalen Fragen der toleranteste ... ein moralisch gesunder Staat* ...

Der Hitlerismus ist die Geisel der heutigen Zeit; er muß daher fallen, damit die Welt politisch, sozial und wirtschaftlich einen Schritt vorwärts komme; er muß fallen, damit der čechoslowakische Staat und das čechoslowakische Volk ihre menschliche und europäische Aufgabe wieder erfüllen können; er muß fallen, damit auch der einfache deutsche Mensch jenen Weg beschreiten könne, der ihm wieder ein friedliches Leben in einem ruhigen und freien, in einem besseren und gerechteren Europa ermöglicht ... Wenn wir, in diesem Lande, uns würdig erweisen sollen, im befreiten Vaterland unseren leidenden Brüdern und Schwestern in die Augen zu blicken, müssen wir alle ohne Ausnahme unsere Pflicht erfüllen und uns in die militärische Außenfront stellen ...

Lasset uns daher alle in diesen Kampf mit dem festen und klaren Entschluß gehen, unsere Pflicht bis zum Ende zu erfüllen, mit dem Entschluß eines jeden von uns, mit dem Einsatz seiner Arbeit, seiner Kräfte und seines Lebens zum Aufbau unseres neuen staatlichen Lebens und einer neuen Welt beizutragen ..." (Hervorhebung nicht im Original.)

Als der Vorstand der Treuegemeinschaft nur zögernd auf diesen geschickt formulierten Aufruf Benešs reagierte – er beinhaltete ja einen grundsätzlichen staatsrechtlichen Gegensatz zum deutschen Standpunkt –, sandte eine Gruppe von Parteifunktionären aus dem Lager Margate von sich aus ein Telegramm an Dr. Beneš, in dem sie sich eindeutig zu den von Beneš vertretenen Prinzipien bekannten[31]. Unter einem Vorwand wurden daraufhin vierzehn Mitglieder aus der Treuegemeinschaft ausgeschlossen. Obwohl sich zahlreiche andere in der Lagergemeinschaft mit den Ausgeschlossenen solidarisch erklärten, gelang es, die Angelegenheit zu neutralisieren, so daß eine Spaltung der Treuegemeinschaft damals noch vermieden werden konnte.

Dennoch lag es auf der Hand, daß die Treuegemeinschaft bald mit einer grundsätzlichen Erklärung zum deutsch-tschechischen Problem an die Öffentlichkeit treten mußte, um sowohl gegenüber den kriegführenden Ländern, den Tschechen als auch den eigenen Leuten einen klaren Standpunkt zu vertreten. Die Frage war, ob sie die Gelegenheit ergreifen und sich wenigstens klar für die Front gegen Hitlerdeutschland entscheiden würden. Dies hätte neben staatsrechtlichen Konzessionen zumindest eine neue Haltung in der Militärfrage erfordert – dafür aber auch eine Art politisches Faustpfand eingebracht, das bei Verhandlungen mit Beneš vielleicht hätte eingelöst werden können[32]; bestand doch immerhin ein Unterschied

---

[31] Der Text erschien gedruckt im Čechoslovák 2 (1940) vom 2. Februar 1940, 1.

[32] England und Frankreich hatten inzwischen das tschechoslowakische Nationalkomitee anerkannt. In ihren Schreiben an Daladier und Halifax sprachen Beneš und Osuský ausdrücklich von der Repräsentation der Völker des Staates (Czechoslovak peoples) im Nationalkomitee. Im Manifest an das tschechoslowakische Volk vom 20. Dezember 1939 war zwar von „nationalities" und „all citizens of the republic" die Rede, sonst aber nur noch vom „Czechoslovak people" und von Tschechen und Slowaken. Die deutschen Bürger blieben unerwähnt. Siehe: Czechoslovak Sources and Documents. No. 2, Struggle for Freedom. New York 1943, S. 43 ff. – Eduard Táborský behauptet, der Unterschied zwischen „people" und „peoples" sei „purely speculative" und „means the same thing". Siehe: The Czechoslovak Cause. London 1944, S. 70 ff. Wenn Beneš gegenüber Lord Halifax von „peoples" sprach, so konnte er immerhin mit „peoples" den Vormünchner Charakter seines Repräsentationsanspruches gegenüber den Engländern, d. h. einen An-

zwischen dem *noncombattant status* im englischen Pionier-Korps und dem Beitritt zu den Kampfeinheiten der tschechoslowakischen Armee.

Nach längeren Beratungen im Parteivorstand veröffentlichte die Sudetendeutsche Sozialdemokratie[33] ihre sog. Holmhurster Grundsatzerklärung. Der Text war vorher vom erweiterten Parteivorstand unter Beteiligung von Ernst Paul als Vertreter der Schweden-Gruppe der Treuegemeinschaft ausführlich diskutiert und gebilligt worden. Die Führung der sudetendeutschen Sozialdemokraten wagte kein politisches Experiment, sondern zog es vor, ihren bisher vertretenen Standpunkt noch einmal ausführlich darzulegen. Obwohl sie sich mit Nachdruck gegen das unmenschliche Hitler-Regime aussprach, blieb ihre Orientierung doch in erster Linie auf das freiheitliche Deutschland nach Hitler gerichtet, ganz im Sinne der Friedensziele der britischen und französischen Arbeiterbewegung. Das unterstreicht folgender Auszug[34]:

„Der Beitrag der freien Deutschen zu einem freien Europa kann nur in revolutionärer Leistung bestehen. Ihre Aufgabe ist die Ausrottung des imperialistischen und militärischen Geistes in der eigenen Nation, die Überwindung aller Vorherrschaftsträume und die Zurückführung der Deutschen zu ihrer Mittlerrolle zwischen Ost und West, Nord und Süd. Die besondere Sendung der Sudetendeutschen ist es dabei, eine Brücke zwischen deutschem und slawischem Wesen zu sein."

Auch wenn man heute versucht ist, im Nachhinein und unter dem Einfluß der seither das deutsch-tschechische Verhältnis belastenden Vertreibung der Sudetendeutschen diese Haltung der deutschböhmischen Sozialdemokraten zu kritisieren, so muß man auf der anderen Seite die Gründe verstehen, die damals für die Vertreter dieser kleinen deutschen Partei aus der Tschechoslowakei bestimmend waren. Für diese Sozialdemokraten hätte eine bedingungslose Erklärung für die Ziele des tschechoslowakischen Staates ein Bekenntnis zu staatsrechtlichen Grundsätzen erfordert, die in der DSAP in den zwei schwierigen Jahrzehnten der Ersten Republik noch nicht hatten Fuß fassen können. Sie fühlten und handelten als Deutsche und nicht als Tschechoslowaken, selbst wenn sie dadurch politischen Spielraum einbüßten. Dies geht auch aus dem weiteren Inhalt der Erklärung hervor, in der es über ihre Stellung zum tschechischen Freiheitskampf heißt:

„Als eine Teil des sudetendeutschen Volkes haben wir aber vor allem die Interessen unseres Volkes zu vertreten. In dieser Position wollen wir eine Wiederholung der Fehler vermeiden, welche zum Triumphe der Henlein-Bewegung und zur Katastrophe von München geführt haben. Es war ein Grundfehler der Staatskonzeption vor München, daß sie zwei Millionen Slowaken alle Vorrechte eines Staatsvolkes einräumte, außerdem einer halben Million Karpathorussen Provinzialautonomie zusicherte, während drei Millionen Sudetendeutsche

---

spruch auch für die Sudetendeutschen, besser herausstreichen als mit dem Singular von „people".
Dessenungeachtet hätte eine Beteiligung am tschechoslowakischen Auslandskampf die Handlungsfreiheit der sozialdemokratischen Exil-Bewegung kaum mehr eingeengt als durch die separate Politik der Treuegemeinschaft der Fall war.

[33] Jaksch hatte inzwischen – sicherlich nicht böswillig, aber ohne durch einen Vorstandsbeschluß hierzu berechtigt zu sein – den Parteinamen im Interesse einer besseren Identifizierung mit den sudetendeutschen Gesamtinteressen etwas geändert. Dies wurde ihm später immer wieder von der Zinner-Gruppe als „Verrat an der alten Partei" ausgelegt.

[34] Zit. n.: Sozialdemokrat (London) 1 (1940) Nr. 2 vom 16. April 1940, 29–34, hier 31 f.

als ‚Minderheit' behandelt wurden ... Die einseitig bestimmte Form eines zentralistischen Nationalstaates hat die aufopfernden Bemühungen unserer Verständigungspolitik zum Scheitern verurteilt. Auf Grund zwanzigjähriger Erfahrungen können wir daher nicht zustimmen, daß drei Millionen Sudetendeutsche neuerdings nur als Objekt der wirtschaftlichen und historischen Ansprüche der tschechischen Politik behandelt werden. Will die tschechische Politik auf die Methode des einseitigen Diktates verzichten und eine Neuorganisation des Staates in demokratischen Formen vorbereiten, dann ist es ihre Aufgabe, zur gegebenen Zeit die Vertreter der sudetendeutschen Bevölkerung einzuladen, alle Fragen betreffend die Grenzen, den Aufbau und den Inhalt des Staates im Wege freier Vereinbarung zu klären[35]."

Die deutschen Sozialdemokraten erklärten so ihre Bereitschaft zu Verhandlungen über eine staatsrechtliche Lösung im Rahmen eines föderativen Staatskonzeptes, das ihnen nicht nur lokale Selbstverwaltung, sondern ein eigenes Landesparlament und eine deutsche Landesregierung zugesichert hätte. Ausdrücklich erklärten sie, daß „eine Lösung der deutsch-tschechischen Grenzfragen durch zwangsweisen Bevölkerungsaustausch als undemokratisch und barbarisch" abzulehnen sei. Obwohl damit auch ein Abweichen von dem von Jaksch im Sommer des Vorjahres geäußerten Standpunkt zum Ausdruck kommt[36], reagierte man damit in der Hauptsache auf Gerüchte, die aus Kreisen der tschechoslowakischen Emigration kamen und in Gesprächen mit führenden tschechischen Persönlichkeiten nicht aus dem Wege geräumt werden konnten.

In einem von ihm selbst verfaßten internen Rechenschaftsbericht aus dem Jahre 1946 schreibt Jaksch, daß damals z. B. der tschechische Sozialdemokrat Zdeněk Fierlinger gelegentlich eines Londoner Besuches gegenüber Jaksch von einem „verkleinerten Tschechisch-Slowakischen Sozialstaat" gesprochen habe, der zumindest die Umsiedlung des im mährisch-schlesischen Raume ansässigen Inseldeutschtums erfordert hätte. Jaksch berichtet ferner, daß auch Rudolf Bechyně Umsiedlungspläne vertreten habe, und zwar wollte Bechyně ein autonomes deutsches Gebiet – Jaksch sprach von einer „Indianerreservation" – in Südböhmen einrichten, die Mehrheit der Deutschen Nordböhmens aber entnationalisieren. Dr. Beneš schließlich, so Jaksch 1946, hätte am Anfang seiner Unterredungen mit Jaksch von der Abtretung der Bezirke Asch, Rumburg und Friedland an Deutschland gesprochen – ohne sich jedoch über die Anzahl von Deutschen im neuen tschechoslowakischen Staat festzulegen[37].

Daraus geht hervor, daß sicherlich auch die Tschechen, die ja erst nach dem Fall Frankreichs ihre Auslandsbewegung unter der Führung Dr. Benešs in London konsolidieren konnten, kein einheitliches Konzept über ihr Verhältnis zu den Deutschen entwickelt hatten und daß ihnen aus taktischen Gründen an einem Hochspielen der Militärfrage – in deren Zusammenhang man ja von den Deutschen ungestraft auch eine staatsrechtliche Bedingungslosigkeit verlangen durfte – durchaus gelegen sein mußte.

Von den Bestrebungen einiger Mitglieder der Treuegemeinschaft, ihren eigenen, von Jaksch abweichenden Standpunkt in militärdienstlichen und staatsrechtlichen Fra-

---

[35] Ebenda.

[36] Vgl. Jaksch: Was kommt nach Hitler 16.

[37] Jaksch, et. al.: Zwischenbericht 9. Dies geht auch aus den seither erschienenen Aktenpublikationen hervor.

gen zu vertreten, war bereits die Rede. Es handelte sich dabei zunächst hauptsächlich um Funktionäre der Gewerkschaftsbewegung wie Josef Zinner, den ehemaligen Verbandsobmann der Union der Bergarbeiter; Josef Lenk, den ehemaligen Sekretär des Einheitsverbandes der Privatangestellten; Franz Kögler, Abgeordneten und Vorstandsmitglied des Allgemeinen Angestelltenverbandes, und Max Koutník, den ehemaligen Sekretär der Textilarbeitergewerkschaft. Obwohl die sog. Freien Gewerkschaften sich in Stockholm eine Exilorganisation aufgebaut hatten, erfolgte im März 1940 durch die bereits genannten Personen die Gründung einer sog. Landesgruppe England der deutschen Freigewerkschaftlichen Arbeier- und Angestellten-Organisationen in der Tschechoslowakischen Republik. Trotz der traditionell engen Zusammenarbeit zwischen der Sozialdemokratie und den Freien Gewerkschaften geschah dieser Schritt ohne Wissen und Billigung der Führung der Treuegemeinschaft[38]. Dieselbe Gruppe, zu der auch die ehemaligen Abgeordneten Fanny Blatny und Irene Kirpal gehörten, hatte bereits vor den Beratungen des sog. Holmhurster Programmes versucht, gegen die Annahme des von Jaksch vertretenen Grundsatzentwurfes zu wirken[39]. Als es feststand, daß sich keine Mehrheit gegen den Entwurf finden lassen würde, blieb Zinner – angeblich aus Krankheitsgründen – der Abstimmung fern[40].

Kurz darauf, im April, veröffentlichten die Gewerkschaftler den Text einer Mitteilung an den Vorstand der Treuegemeinschaft, worin sie ausdrücklich feststellten, „daß sie an den Grundsätzen der sozialdemokratischen Arbeiterbewegung unabänderlich festhalten und vor allem jede nationalistische Verschleierung wirtschaftlicher und sozialer Tatsachen auf das entschiedenste ablehnen ...“[41]. Jaksch antwortete in einem ausführlichen offenen Brief, in dem er die Bemühungen der genannten Gewerkschaftler verurteilt und ihnen vorwirft, eine „politische Nebenstelle aufzuziehen, die ihre Aufgaben darin sieht, die einstimmig gefaßten Beschlüsse des Parteivorstandes zu umgehen“[42]. Die Zeichen standen also auf Sturm und es läßt sich nur mit der Ausdehnung des Krieges im Sommer 1940 erklären, daß die Einheit der Exilbewegung erhalten blieb.

Ganz grundlos waren die Aktionen der Gewerkschaften nicht. Jaksch hatte ihnen die Vorsprache bei Dr. Beneš kurz nach Kriegsausbruch nicht vergessen, in der sie in Jakschs Abwesenheit eine weitgehend tschechoslowakische Haltung gezeigt hatten. Jaksch hatte deshalb in der Folgezeit wiederholt versucht, Josef Zinner von Parteisitzungen und von Verhandlungen mit englischen und anderen Gewerkschaftsvertretern fernzuhalten, obwohl er durch einen Parteibeschluß dazu verpflichtet ge-

---

[38] Rundschreiben der Treuegemeinschaft vom 7. Mai 1940.

[39] Mitteilung Hein Müllers (Burlington, Neuseeland) an den Verfasser. Herr Müller, ein alter Funktionär der Bodenbacher Kreisorganisation, berichtet, daß es auf der Versammlung in Loughton am 10. März 1940 „hoch hergegangen“ sei. Dennoch erfolgte die Annahme der Erklärung anschließend einstimmig.

[40] Zwischenbericht 8. – J. W. Brügel berichtet an den Verf., Zinner sei wegen eines chronischen Lungenleidens nicht bei den Schlußverhandlungen erschienen und Franz Kogler und Genossen hätten die Holmhurster Erklärung auch nur als „Diskussionsgrundlage“ angenommen.

[41] Gewerkschaftliche Mitteilungen Nr. 1 vom April 1940.

[42] Jaksch an Josef Zinner (Redhill, Surrey) vom 7. Mai 1940. ÚDS 40 IV/31, 22 ff.

wesen wäre[43]. Aber auch Jaksch hegte nicht grundlos ziemliches Mißtrauen. Die Führer der gewerkschaftlichen Fronde waren vorwiegend Anhänger des im März 1938 durch Jaksch abgelösten Parteivorsitzenden Ludwig Czech, deren grundsätzliche Kritik an der Exilpolitik Jakschs auch von ihrer Haltung gegenüber Jaksch in der Heimat bestimmt war. Jaksch fühlte sich von dieser Gruppe bedroht und fürchtete, wie er schrieb, daß von den Abtrünnigen „Unsicherheit, Verwirrung und Zwietracht" in die Partei getragen würde, mit dem Ziel, die Verhandlungsposition der Treuegemeinschaft mit den Vertretern der tschechoslowakischen Staatsführung zu schwächen[44].

Diese Befürchtungen waren begründet, und es soll hier gezeigt werden, daß die Tschechen durch ihr Verhalten bewiesen, daß sie an Verhandlungen mit den Sudetendeutschen nicht interessiert waren und die Treuegemeinschaft möglichst zu schwächen trachteten: Josef Zinner stand in regelmäßiger Verbindung mit František Němec, dem Minister für Soziale Fürsorge in der Auslandsregierung, und berichtete diesem über Details, die offensichtlich nichts mit den Aufgaben des Ministeriums zu tun hatten[45]. Andere Mitglieder der Opposition sprachen im Verlauf des Sommers 1940 „etliche Male" bei dem früheren Minister und Mitglied der Exilregierung, Jaromír Nečas, vor, so daß dieser an den Präsidenten über eine von der Opposition „angestrebte Teilung" berichten konnte[46]. Aus Nečas' Bericht geht weiter hervor, daß zwar „beide Gruppen" der deutschen Sozialdemokratie auch mit dem Präsidenten und anderen Funktionären der Exilregierung über ihre Meinungsverschiedenheiten in Verbindung gestanden hätten, daß aber Dr. Beneš bei „Verhandlungen über eine Spaltung" im Hintergrund bleiben müßte[47]. Nečas betont weiter, daß er der Opposition geraten habe, „das Zerwürfnis, an dem auch wir unser großes Interesse haben", entsprechend vorzubereiten, und schrieb dazu folgendes:

> „Es müßte das zwiespältige Verhalten Jakschs festgehalten werden, seine unaufrichtige, nur nach außen hin demokratische Handlungsweise, während er nach innen fast despotisch vorgeht. Jaksch beging zum Beispiel die Unvorsichtigkeit ..., daß er einfach den Namen der Partei änderte. So ... entnahm Jaksch dem Titel das Wort *Arbeiterpartei* und *Tschechoslowakei* ...
>
> Es müßte alles auch materiell vorbereitet werden ... In der heutigen Zeit hält Jaksch mit seinen Leuten den größten Teil der Emigration in Schach, da die Leute eine Vernichtung

---

43 Josef Zinner an Jaksch (London) vom 20. Mai 1940. ÚDS 40 IV/31, 27 ff.

44 Begleitschreiben Jakschs an Mitglieder des Parteivorstandes vom 7. Mai 1940. ÚDS 40 IV/31, 22 ff.

45 Josef Zinner an Minister Frant. Němec (London) vom 9. August 1940. ÚDS 40 IV/31, 39 ff.

46 Nečas, Jaromír: Rozpory v sudeto-něm. sociální democracii a chystany rozkol [Die Streitigkeiten in der sudetendeutschen Sozialdemokratie und die angestrebte Teilung]. Bericht vom 4. September 1940. ÚDS 40 IV/31, 337 ff. Bezeichnend für Jakschs Menschenkenntnis ist der Umstand, daß Jaksch noch in der Nachkriegszeit von der Aufrichtigkeit Jaromír Nečas' gegenüber seiner Partei und der Treuegemeinschaft überzeugt war. Mit Dr. Hubert Ripka, einem persönlichen Freund Jakschs aus der Prager Zeit, dauerte es bis Mitte 1942, bevor Jaksch dessen antideutsche Linie auch nur annähernd erkannte.

47 Ebenda. Aus dem Text Nečas' geht nicht hervor, ob Beneš persönlichen Kontakt mit Mitgliedern der Opposition vor deren Abspaltung von der Treuegemeinschaft unterhielt. Die Möglichkeit solcher Treffen ist nicht ausgeschlossen.

ihrer Existenz oder materielle Schäden befürchten ... Ich gewann – nach allen Manövern Jakschs in der Heimat und in London – die Überzeugung, das Jakschs Anwesenheit im Ausland eine Abmachung verhindern wird und selbst einen angebrachten modus vivendi oder ein freundschaftliches Verhältnis zwischen Tschechen und Deutschen unmöglich macht. Ich hege weiterhin die Befürchtung, daß Jaksch in erster Linie darum bemüht ist, Führer in einem autonomen Sudetengebiet zu werden, wobei auch Überlegungen wegen eines eventuellen Plebiszites und einer Lostrennung nicht ausgeschlossen sind ...[48]."

Liegt es nicht nahe, daß man deshalb die politische Ausschaltung Jakschs als wichtigstes Nahziel der tschechischen Politik gegenüber den Sudetendeutschen ins Auge faßte?

Nečas hatte aber auch ein anderes Problem angedeutet. Beneš konnte sich nach seiner Rückkehr aus Amerika gegenüber Jaksch staatsrechtlich nicht binden, da nicht nur seine eigene Position, sondern auch die des tschechoslowakischen Nationalausschusses kaum gefestigt bzw. international anerkannt war. Das hätte von der Jaksch-Gruppe eine gewisse Bedingungslosigkeit – staatsrechtlich und in der Militärfrage – gegenüber Beneš erfordert, um wenigstens – bildlich gesprochen – den Fuß in die Tür des tschechoslowakischen Auslandskampfes zu bekommen. Man kann daher Jaksch den Vorwurf machen, daß er Kriegsdauer und Kriegsausgang falsch einschätzte und dies unterließ. Für den Teil seiner Entscheidungen aber, der auf seiner politischen Erfahrung in der Heimat basierte, trifft ihn weniger Schuld, da er mit einiger Berechtigung von den Tschechen als politischen Partnern enttäuscht war. Jaksch schien sich zwar bewußt, daß er zu einem Übereinkommen mit der tschechoslowakischen Exilregierung gelangen mußte – aber er unternahm kaum etwas, um von Anfang an durch kluges Taktieren die Konsolidierung der tschechischen Position im Ausland zu fördern und damit die Verhandlungsbereitschaft der Tschechen zu stärken, da aus seiner Sicht auch deren Verhalten keinen Anlaß dazu gab. Dabei hätte Jaksch als der Schwächere nach Verhandlungen trachten müssen, solange er noch – auch vor der englischen Öffentlichkeit – als der letzte Repräsentant des freien Sudetendeutschtums auftreten konnte, bevor er durch den Naziterror im Protektorat dieser Legitimation beraubt wurde.

Im Sommer des Jahres 1940 ließ Jaksch durch den Rechtsberater der Treuegemeinschaft, den Prager Anwalt Dr. Egon Schwelb, eine Broschüre verfassen, in der sich Schwelb namens der Treuegemeinschaft gegen das von Dr. Beneš vertretene Prinzip der Rechtskontinuität der Ersten Republik aussprach – also Beneš indirekt die Legitimation als Präsident und Führer des Auslandskampfes entzog[49]. Jaksch übersah – sofern dies nicht absichtlich geschah –, daß er damit nicht nur gegenüber den Tschechen an Glaubwürdigkeit verlor, sondern überdies den Beginn konkreter Verhandlungen weiter hinauszögerte und sogar Gegenmaßnahmen der Tschechen gegen die Treuegemeinschaft heraufbeschwor, wie dies die Verbindungen Zinner-Nečas-Němec beweisen.

Als sich Jaksch endlich – nach dem Fall Frankreichs und der Anerkennung der tschechoslowakischen Auslandsregierung – zur Mitarbeit für die tschechoslowaki-

---

[48] Ebenda.
[49] Siehe: Schwelb, Egon: Zur Anerkennung der tschechoslowakischen Regierung. Hektogr. London 1940.

sche Sache bereiterklärte[50], war es schon reichlich spät für diesen Schritt. Jaksch war nunmehr der Meinung, wie er an Ernst Paul schrieb, daß „der Krieg in ein entscheidendes Stadium getreten ist“ und man deshalb auf politische Rücksichten verzichten müsse[51]. Obwohl inzwischen schon fast zuviel politisches Porzellan zerschlagen worden war, schrieb Jaksch am 27. Mai an Beneš, es müßten „alle Kräfte für einen Sieg der Demokratien über die Nazigefahr restlos mobilisiert werden, [und] demgegenüber alle Fragen betreffend die künftige Neuordnung Europas vorläufig in den Hintergrund treten“[52]. Jaksch hatte sich damit zwar nicht, wie Beneš behauptet, „bedingungslos solidarisch“ gezeigt, aber es scheint doch, wie die Korrespondenz Jaksch-Beneš beweist, nicht aus der Luft gegriffen, daß Beneš aufgrund der durch die geänderte Kriegslage und die Anerkennung der tschechoslowakischen Exilregierung einlenkenden Haltung Jakschs diesem erstmals mit konkreten Angeboten entgegenkam, obwohl von regelrechten Verhandlungen keine Rede sein konnte[53].

Im August 1940 schrieb Jaksch an Beneš, er werde sich im Sinne seiner bereits mündlich gemachten Ausführungen bemühen, „eine möglichst stabile Plattform für eine konstruktive Zusammenarbeit mit allen Instanzen der tschechoslowakischen Auslandsrevolution vorzubereiten“[54]. Zugleich aber beschwerte er sich, daß trotz der bewiesenen loyalen Haltung der Treuegemeinschaft sudetendeutsche Flüchtlinge aus Belgien auf Betreiben der tschechischen Behörden bei ihrer Ankunft in England interniert und erst dann freigelassen würden, wenn diese ihre Bereitschaft zum Eintritt in die tschechoslowakische Armee erklärt hätten[55]. Außerdem erinnerte Jaksch den Präsidenten, möglichst bald die versprochene Reorganisation der Exilarmee in die Wege zu leiten, damit auch dieses Hindernis zwischen beiden Parteien aus der Welt geschafft würde. Es gab also genug Möglichkeiten auch für die Tschechen, die neue Haltung Jakschs ohne grundsätzliche Konzessionen wenigstens zu honorieren.

Man möchte demnach annehmen, daß zumindest Ansätze für eine Einigung zwischen den sudetendeutschen Sozialdemokraten und der tschechischen Auslandsführung gegeben waren. Das Angebot Benešs an den Vorsitzenden der Treuegemeinschaft, sechs Sitze und einen Vizepräsidenten im tschechoslowakischen Staatsrat für die sudetendeutschen Sozialdemokraten freizuhalten, kann in diesem Sinne gewertet werden, wie auch die Antwort des Parteivorstandes vom 20. Oktober 1940, in der ausdrücklich von der Bereitschaft zum „Bündnis mit der Freiheitsbewegung der

---

[50] Memoirs of Dr. Eduard Beneš. From Munich to New War and New Victory. Translated by Godfrey Lias. Boston 1954. Hiernach zit. Beneš: Memoirs.

[51] Jaksch an Ernst Paul (Malmö) vom 23. Mai 1940. Herrn Ernst Paul, dem geschäftsführenden Vorsitzenden der Seliger-Gemeinde, sei auch hier für die Bereitstellung seines umfangreichen Schriftwechsels mit Wenzel Jaksch für die Jahre 1940–1948 herzlich gedankt. Die Originale befinden sich im Seliger-Archiv, Stuttgart, hiernach zit. SA. Für Jakschs Einstellung zur Kriegslage im Mai 1940 vgl. auch: Jaksch: Dr. Edward Beneš über die Zusammenarbeit von Tschechen und Deutschen. Sozialdemokrat (London) 1 (1940) Nr. 4 vom 16. Mai 1940, 72 f.

[52] Jaksch an Beneš (London) vom 27. Mai 1940. NLJ.

[53] Vgl. Beneš: Memoirs 215.

[54] Jaksch an Beneš (London) vom 5. August 1940. An diesem Tag schrieb Jaksch zwei Briefe an Beneš. NLJ.

[55] Ebenda.

Tschechen und Slowaken auf den festen Grundlagen der Ehrlichkeit, der Offenheit und des guten Willens zu einer dauernden Lösung" die Rede ist[56]. Da heißt es ferner:

„Der Vorstand beschließt hierzu seine prinzipielle Zustimmung im vollen Vertrauen zu der demokratischen, sozial fortschrittlichen und europäisch-konstruktiven Orientierung des Präsidenten Dr. Beneš.

Er geht dabei von der Erwägung aus . . ., es ist die Aufgabe der Sudetendeutschen Sozialdemokratie, ein möglichst enges Bündnis mit den sozialistischen und demokratischen Kräften des tschechischen Volkes sowohl im Kampfe gegen die Nazi-Tyrannei als auch für den Neuaufbau nach dem Sturze des Hitler-Regimes vorzubereiten.

In diesem Bestreben verfolgt sie eine Politik, die sich aus ihrem freiheitlich-revolutionären Führungsanspruch innerhalb der Sudetenbevölkerung ergibt . . ."

Obwohl auch in dieser Kundgebung der Treuegemeinschaft die Notwendigkeit zu Verhandlungen über die Stellung der Deutschen als „volle und gleichberechtigte Partner" zum Ausdruck gebracht wurde, hatte der Vorstand der Treuegemeinschaft seinen Willen zur Mitarbeit kundgetan. Beneš reagierte aber nicht mehr positiv auf diese Haltung. Fast möchte man meinen, daß ihn plötzlich sein Angebot an die deutschen Sozialdemokraten reute, da er entweder mit deren positiver Erwiderung nicht mehr rechnete oder zu der Überzeugung gelangt war, daß es im Hinblick auf die langfristige Entwicklung des Krieges besser wäre, zunächst eine Einigung mit der Treuegemeinschaft hinauszuzögern. Ohne hier bereits von Vertreibungsplänen reden zu wollen, entsteht immer mehr der Eindruck, daß Beneš zumindest danach trachtete, den Führungsanspruch der sudetendeutschen Sozialdemokraten auszuhöhlen, um sie mit zunehmender Kriegsdauer als einzige legitimierte Repräsentanten der deutschen Bevölkerung des Staates auszuschalten.

Wie kann man sonst erklären, daß die Exilregierung die Treuegemeinschaft bespitzelte, ausführliche Materialsammlungen mit angeblich antitschechischen Äußerungen Jakschs zusammenstellen ließ; daß sie der Opposition innerhalb der Treuegemeinschaft politische Ratschläge erteilte und diese sich schließlich erst in dem Moment von der Treuegemeinschaft abspaltete, als eine geschlossene Haltung gegenüber der tschechoslowakischen Regierung wegen der Gespräche über den Eintritt in den Staatsrat für Jaksch sehr wichtig gewesen wäre?

In einem Brief an Siegfried Taub schrieb Jaksch darüber folgendes:

„Wir wissen, daß wir ständig bespitzelt wurden und daß eine Militärstelle, die sonst nicht mit Zivil-Angelegenheiten befaßt ist, an der Sache aktiv interessiert war [die Spaltung voranzutreiben]. Wir glauben auch, daß Minister Němec eine Doppelrolle spielt. Die Opposition leidet keinen Geldmangel[57]."

---

[56] Rundschreiben der Treuegemeinschaft vom 23. Oktober 1940. – In seiner Broschüre: Benesch war gewarnt. München 1949 wurde die Erklärung des Parteivorstandes vom 20. Oktober 1940 an Dr. Beneš nur noch entstellt wiedergegeben. Offensichtlich hatte auch Jaksch gegenüber Beneš kein völlig reines Gewissen, denn auch er unternahm wesentliche Textrevisionen, die er allerdings Beneš als „Unterschlagungen angekreidet hätte. So ist (Benesch war gewarnt 80) von seinem im Original an den Präsidenten bekundeten „vollen Vertrauen zu der demokratischen, sozial fortschrittlichen und europäisch-konstruktiven Orientierung des Präsidenten Dr. Beneš" keine Rede mehr, ohne daß dies in der Edition durch Auslassungszeichen zu erkennen wäre.

[57] Jaksch an Taub (Stockholm) vom 9. Februar 1941. SA.

Jaksch beschwerte sich ferner, daß er oft nur allein mit Beneš sprechen könne, da dieser es vorzöge, ihm seine Ansichten vertraulich und nur mündlich zu übermitteln. Als gewiegter Diplomat und Führer des tschechoslowakischen Auslandskampfes nahm sich Beneš das Recht, seine taktische und persönliche Überlegenheit auszuspielen – für die Treuegemeinschaft aber war dies kaum von Vorteil.

Im Oktober 1940, wahrscheinlich zur gleichen Zeit, da er ihm einige Sitze im Staatsrat angeboten hatte, eröffnete Beneš Jaksch auch die Absicht, etwa eine Million Sudetendeutsche auszusiedeln. Beneš versuchte, dies Jaksch mit dem Hinweis schmackhaft zu machen, daß man so „alle jungen und unverbesserlichen Nazisten" loswerden könnte, den übrigen Deutschen aber regionale Selbstverwaltung – Beneš sprach von Kantonen – gewähren würde. Als Beneš angeblich Jaksch sogar die Möglichkeit eröffnete, die Deutschen könnten dann wählen zwischen dem Beitritt zu einer mitteleuropäischen Föderation oder dem Anschluß an Deutschland, soll Jaksch zugestimmt haben[58] – der schlüssige Beweis hierfür ist aber nicht zu erbringen. Bei einem Zusammentreffen am 21. Dezember 1940, so Beneš in einem Gedächtnisprotokoll, will er Jaksch allerdings auch mitgeteilt haben, daß von einem Verhandeln mit den Sudetendeutschen keine Rede sein könne. Also scheint Jaksch nur geringe Konzessionen gemacht zu haben, die Beneš zur Steigerung seiner Forderungen veranlaßten. Als Jaksch darauf verwies, daß er doch als Politiker zumindest bescheidene Ergebnisse für seine Anhänger vorweisen müsse, will ihn Beneš lediglich an das Schicksal der Slowaken erinnert haben, die ebenfalls zu verhandeln versucht hätten, bis die Entwicklung sie überholt hätte. Befriedigt faßte Beneš das Ergebnis seiner Gespräche mit Jaksch zusammen:

> „Ich weiß, daß Verhandlungen mit Jaksch ... noch beschwerlich sein werden. Aber es ist nicht nötig zu eilen. Jetzt kommt es schon nicht mehr darauf an, wann sie kommen. Je weiter der Krieg andauert, desto weniger werden sich die Menschen um die Deutschen aus dem Sudetenland kümmern. Heute ist bereits jedermann klar, daß es Hitler nicht um unsere Deutschen ging, sondern um etwas anderes[59]."

So überrascht es kaum, daß die Eröffnung des Staatsrates dann ohne sudetendeutsche Repräsentanten stattfand. Sicherlich spielte die zunehmend antideutsche Einstellung der tschechischen Bevölkerung daheim hierbei eine Rolle – entscheidend scheint die Haltung der Heimat aber zu diesem Zeitpunkt nicht gewesen zu sein[60]. Der Entschluß, vorerst keine Deutschen aufzunehmen, läßt vielmehr auf die wachsende Unabhängigkeit der Auslandsregierung schließen, die sie sich nicht nur gegenüber den Vertretern der Sudetendeutschen, sondern auch gegenüber dem Foreign Office geschaffen hatte.

Im Januar 1941 schreibt daher Jaksch fast resigniert an Siegfried Taub nach Schweden:

---

[58] Dokumenty z historie československé politiky 1938–1943 [Dokumente z. Gesch. d. tschechosl. Politik 1938–1943]. Hrsg. und bearb. von Libuše Otáhalová und Milada Červinková. Acta Occupationis Bohemiae et Moraviae 1. Bd. 1. Prag 1966, Nr. 105, 134 f. Hiernach zit. Dokumenty.

[59] Aufzeichnung Smutny vom 22. Dezember 1940. Dokumenty, Bd. 1, Nr. 125, 173 f.

[60] Vgl. Benešs Botschaft an die Heimat vom 18. November 1940. Dokumenty, Bd. 1, Nr. 115, 142 ff.

„Ich weiß, daß uns eine provisorische Verständigung von einem größeren Teil unserer Emigrationsschwierigkeiten befreien würde. Andererseits können wir unsere ganze politische Zukunft nicht für augenblickliche Vorteile opfern. So halte ich gut und schlecht unsere Position, lasse die Verbindungen nicht abreißen, halte die Tür zu weiteren Verhandlungen offen – mehr kann ich mit unseren bescheidenen Kräften nicht tun ... Zusammenfassend möchte ich nochmals betonen, daß die Entscheidung bei den Tschechen liegt. Entscheiden sie sich für eine einseitige Vergeltungspolitik, dann ist unsere Mühe vergebens. Es ist sehr wahrscheinlich, daß das Sudeten-Problem über die ganze Kriegsdauer offen bleibt und erst auf der Friedenskonferenz entschieden wird ...[61]."

Möglichkeiten zu eigenen Initiativen gegenüber den Tschechen, so glaubte Jaksch mit ziemlicher Berechtigung, waren nicht mehr vorhanden. Jaksch und die Treuegemeinschaft waren also bereits weitgehend isoliert. Anders läßt sich auch Jakschs Stellungnahme gegenüber Beneš nicht erklären, in der er seine Bedingungen für den Eintritt in den Staatsrat nennt; er stellt darin Forderungen, die eigentlich nur ein Politiker macht, der in der Defensive von der Hoffnungslosigkeit seiner Bemühungen überzeugt ist. Jaksch fordert nicht nur den Austausch von Erklärungen im Staatsrat, aus denen hervorgeht, daß nach der Abrechnung mit den Nazis ein Verhältnis zwischen Tschechen und Deutschen geschaffen wird, das ein friedliches Zusammenleben gewährleistet, sondern er fordert überdies für die sudetendeutschen Vertreter im Staatsrat „prinzipielle Gleichberechtigung von Anfang an"[62]. Jaksch verlangt ferner, daß den Repräsentanten der demokratischen Sudetendeutschen eine Vertretung im Auslandskabinett in Aussicht gestellt würde und verweist noch obendrein darauf, „daß wir uns vor der Heranziehung zu gleichberechtigter Mitarbeit jene politische Bewegungsfreiheit reservieren, die im Rahmen des tschechoslowakischen Parlamentarismus jeder Oppositionspartei eingeräumt war"[63].

Jaksch verfügte sicherlich über genügend politische Erfahrung, um die Konsequenzen seines Vorgehens vorauszusehen. Er war zwar kein geborener Taktiker – bisweilen impulsiv und durchaus geneigt, unter Druck übereilt zu reagieren oder – wie seine Freunde berichten – einsame Entscheidungen zu treffen; aber diese Vorbehalte erklären kaum, weshalb Jaksch angesichts des greifbar möglichen Eintritts in den Staatsrat Bedingungen stellte, die ihm sicherlich eine Absage einbringen würden; es sei denn, auch er hatte keine Hoffnung auf eine Einigung mit den Tschechen.

Eine andere Interpretation würde besagen, daß Jaksch auf eine Einigung mit der Exilregierung verzichtet hatte und alle Erwartungen auf die Hilfe Englands nach Kriegsende setzte; etwa dahingehend, daß die Briten eingedenk ihrer fehlgeschlagenen Versuche von 1918 und 1938 noch einen dritten Versuch zur Sicherung des nationalen Selbstbestimmungsrechtes in Mitteleuropa unternehmen würden. In dem Fall wäre die Haltung Jakschs eine recht leichtsinnige zu nennen und dazu geben die Quellen keinen Anlaß. Beneš hatte damals zwar noch beträchtliche Schwierigkeiten mit den Engländern, die z. B. immer noch eine Annullierung des Münchner Abkommens ablehnten. Aber auch Jaksch mußte sich trotz seiner guten Verbindungen zur Labour-Party gegenüber dem Foreign Office verteidigen, so zum Beispiel

---

[61] Jaksch an Taub (Stockholm) vom 9. Februar 1941. SA.
[62] Jaksch an Beneš (London) vom 3. Januar 1941. NLJ.
[63] Ebenda.

als er im Zusammenhang mit der Spaltung der Treuegemeinschaft dort einem amtlichen Verhör unterzogen wurde. Es scheint sogar, daß seine Gesprächspartner im Foreign Office dem tschechischen Standpunkt näherstanden als dem sudetendeutschen, so daß er dort seine eigene Haltung zur Staatsratfrage zu rechtfertigen gezwungen war:

„I know", schrieb Jaksch an Roger Makins, einen engen Mitarbeiter Außenminister Edens, „that the version given by certain circles connected with the Czechoslovak government is, that negotiations with our delegation are impossible ...

I know, however, that our mission, which is to act as the spokesmen of the democratic Sudeten Germans would come to an abrupt end if we were to become merely the tools of Czech policy. Our mandate enjoins upon us to work for an understanding by mutual agreement and *not to allow ourselves to be used as the figure heads for a policy of Diktat against the three million Sudeten Germans*[64]." (Hervorhebung nicht im Original.)

Jaksch stand zwar in reger Verbindung mit verschiedenen britischen Regierungsstellen, besonders mit dem Foreign Office; es ist aber nicht bekannt, daß Jaksch jemals verbindliche Zusagen politischer Art von diesen Stellen erhalten hat. Nicht von ungefähr äußerte er auch deshalb einmal im Parteivorstand, man sei eben „preisgegeben worden von den demokratischen Mächten und den Tschechen"[65].

Das ließ der Treuegemeinschaft natürlich noch eine dritte Möglichkeit. Wenn man weder mit Engländern noch mit Tschechen erfolgreiche Politik machen konnte – warum sollte man es nicht ohne diese beiden? Lag es für den Vorsitzenden der Treuegemeinschaft nicht nahe, den defensiven Charakter seines bisher vertretenen Standpunktes noch stärker herauszuarbeiten, um dann hinter diesem als Minimalprogramm deklarierten Standpunkt die weitere Entwicklung abzuwarten? Im Grunde genommen hatte Jaksch von Anfang an – wie dies besonders aus der Deklaration von Loughton vom März 1940 hervorging – das Programm der Treuegemeinschaft als Ausdruck des historischen und langfristigen Anspruches der sudetendeutschen Sozialdemokratie und der sudetendeutschen Bevölkerung gegenüber den Tschechen aufgefaßt und entsprechend formuliert. Es sprach nichts dagegen, daß er angesichts der allmählich auftauchenden Vertreibungspläne und des wachsenden Widerstandes gegen eine Beteiligung der Deutschen an der Exilregierung diesen historischen Anspruch der ehemals größten deutschen Partei der ČSR gleichsam als Schild gegen die tschechoslowakische Exilregierung noch stärker herauskehrte und dahinter eine Wartestellung bezog. Obwohl er im Kreis der Treuegemeinschaft nach der Abspaltung der Zinner-Gruppe seine Führungsposition ziemlich unangefochten behaupten konnte, war Jaksch sicherlich bewußt geworden, daß das Exil doch letzten Endes nur den Kopf eines Eisberges darstellte, dessen Masse sich gleichsam unter Wasser in der Heimat befand. In anderen Worten spiegelte die Geschichte des Exils die deutsch-tschechische Auseinandersetzung in der Heimat, die allein der Ausgang

---

[64] Jaksch an Roger Makins, Foreign Office, vom 11. Februar 1941. NLJ.

[65] Sitzungsprotokoll des Parteivorstandes der Treuegemeinschaft vom 27. September 1941 in London. NLJ. Daß Beneš in der sudetendeutschen Frage die Engländer nicht mehr fürchtete, geht z. B. hervor aus seiner Bemerkung an Bruce Lockhardt, er könne mit Jaksch keine Verhandlungen führen, da dieser gottlob nicht die 90% Henleinanhänger in der Heimat vertrete. Aufzeichnung Smutny vom 18. Juli 1941. Dokumenty, Bd. 1, Nr. 204, 248 f.

des Krieges entscheiden würde. Bis dahin mußte der politische Zusammenhalt der Treuegemeinschaft auf alle Fälle erhalten bleiben.

Daneben gab es aber auch noch andere Gründe, die ein gewisses Maß an politischer Zurückhaltung rechtfertigten:

Im Januarheft 1941 der von der Treuegemeinschaft herausgegebenen Zeitschrift *Freundschaft* schrieb Jaksch, weshalb eine solche defensive Stellung sicherlich angebracht wäre:

> „Bedingungslose Loyalität zu einer Regierung, deren Zusammensetzung provisorisch ist, zu einer Verfassung, deren Inhalt noch niemand kennt, zu einer Politik, deren nationalpolitische Ziele im Dunkeln liegen, können nur armselige Werkzeuge heucheln, aber nicht Träger einer historischen Verantwortung[66]."

Ähnlich formulierte er die Motive seiner Politik in einem Rundschreiben an die Mitglieder der Treuegemeinschaft: „Es ließe sich einfach nicht vermeiden", schrieb Jaksch, „daß wir weiter lavieren müssen, um unsere grundsätzliche Position zu halten und unsere Aktivität nach dem Wechsel der Situation einzurichten ..."[67]. Die „grundsätzliche Position" war eben, wie Jaksch es in einer Zuschrift an den *Manchester Guardian* formulierte, „the grant to the Sudeten population of a provincial government within the framework of a Czech-Sudeten-Slovakian, or a wider Central European Federation"[68].

Das Echo auf diese Änderung Jakschs in der tschechoslowakischen Exilpresse war außergewöhnlich. Der *Čechoslovák*, das wohl auflagenstärkste dieser Blätter, erhielt eine große Zahl von Leserbriefen, die sich nicht nur gegen den Abdruck des Textes aussprachen, sondern die fast alle, wie das Blatt schrieb, den „grundsätzlich unterschiedlichen" Standpunkt der Tschechen und Slowaken gegenüber der Treuegemeinschaft zum Ausdruck brachten[69].

In der Folgezeit läßt sich trotzdem eine gewisse Zweigleisigkeit in der Politik Jakschs nicht verleugnen. Ohne die oben erwähnte defensive Grundhaltung aufzugeben, war er gezwungen, gegenüber der Treuegemeinschaft ein gewisses Stillschweigen zu bewahren, da Beneš – sicherlich auch um Jaksch zu isolieren – seine Gespräche mit diesem meist vertraulich und unter vier Augen führte. Jaksch mußte – allein schon, um im Gespräch zu bleiben – Beneš ein hinreichendes Maß an Loyalität beweisen, ohne die Interessen der Treuegemeinschaft preiszugeben. Ob es Jaksch dabei gelungen ist, stets im Rahmen der durch den sudetendeutschen Selbstbestimmungsanspruch gesteckten Grenzen zu bleiben, ist sehr fraglich.

---

[66] Zit. n.: Sozialistische Nachrichten. Organ der Deutschen Sozialdemokratischen Arbeiter-Partei in der Tschechoslowakischen Republik (Auslandsgruppe) 1 (1940/41), Nr. 23 vom 15. September 1941. Die Sozialistischen Nachrichten waren das in London publizierte Organ der Zinner-Gruppe. Der Verf. dankt Herrn Dr. J. W. Brügel (London) für die Bereitstellung aller Exemplare dieser Zeitschrift.

[67] Rundschreiben der Treuegemeinschaft vom 10. März 1941.

[68] Manchester Guardian vom 12. Februar 1941. Zit. n.: Sozialistische Nachrichten 1 (1940/41) Nr. 23.

[69] Siehe: „Tenax": Problém Němců z Československa. Němčina v Čechoslováku" [Das Problem der Deutschen in der Tschechoslowakei. Die deutsche Sprache im Tschechoslowakischen]. Čechoslovák 3 (1941) Nr. 11 vom 14. März 1941.

Ungeklärt bleibt außerdem, weshalb Jaksch seinen Leuten verschwieg, daß ihm sein tschechischer Gesprächspartner bereits im Oktober 1940 die Aussiedlung von „mindestens einer Million" Deutscher vorgeschlagen hatte. Dies lag sicherlich nicht nur daran, daß er nach der Abspaltung der Zinner-Leute eine weitere Beunruhigung der Mitglieder vermeiden mußte[70]. Ende 1940 hatte Beneš der Heimat mitgeteilt, daß die Deutschen auch in einer zukünftigen Republik eine Rolle spielen würden, daß „es unmöglich ist, drei Millionen Deutsche zu vernichten oder auszutreiben, wie das einige unter uns dummerweise annehmen". Die deutsche Emigration bereite er aber darauf vor, so Beneš, „die Aussiedlung von mindestens einer Million ... und die Notwendigkeit eines tschechischen Lebensraumes" anzuerkennen[71].

Wenige Monate später zeigte sich, daß Beneš diesen Begriff recht großzügig interpretierte. Nachdem bereits sein enger Mitarbeiter Dr. Hubert Ripka darauf hingewiesen hatte, daß es notwendig sei, „to reconstruct the smaller Central European countries in such a way to make them as nationally homogenous as possible ..., including also possibly an organized application of the principle of the transfer of populations"[72], trat auch Beneš selbst mit Transfer-Plänen an die Öffentlichkeit. „I accept the principle of transfer of populations", schrieb Beneš und fügte hinzu: „If the problem is carefully considered and wide measures are adopted in good time, the transfer can be made amicable under decent human conditions ...[73]."

Im Gegensatz zur Zinner-Gruppe, die sich kurz nach Bekanntwerden des vorgenannten Ripka-Aufsatzes mit einem Beitrag aus der Feder J. W. Brügels ausdrücklich gegen Zwangsumsiedlungspläne jeglicher Art aussprach[74], dauerte es bis Anfang September, bevor auch die Treuegemeinschaft gegen diese Transfer-Vorschläge der Auslandsregierung vorging[75]. Der Schluß liegt nahe, daß die Führung der Treuegemeinschaft durch das wahrscheinlich durch Jaksch gegenüber Beneš implizierte Einverständnis mit einer Umsiedlung des Sprachinseldeutschtums in erhebliche Schwierigkeiten geraten war und deshalb befürchten mußte, daß lautstarke Proteste der sudetendeutschen Sozialdemokratie gegen die tschechischen Transfer-

---

[70] Einschränkend sei bemerkt, daß die Protokolle der Exekutive bzw. des Parteivorstandes der Treuegemeinschaft nicht vollständig erhalten sind und deshalb eine Benachrichtigung des Vorstandes erfolgt sein könnte.

[71] Depesche nach Prag vom 18. November 1942. Dokumenty, Bd. 1, Nr. 115, 142ff.

[72] Ripka, Hubert: A New Central Europe. Central European Observer 18 (1941) Nr. 11 vom 30. Mai 1941, 130f.

[73] Beneš, Eduard: The New Order in Europe. The Nineteenth Century and After 130 (1941), September-Heft.

[74] Brügel, J. W.: Kein Spiel mit Gewaltlösungen. Sozialistische Nachrichten 1, Nr. 18 vom 2. Juli 1941. Dr. Brügel (London) hat sich in einer Mitteilung an den Verf. als Autor dieses Artikels bezeichnet. Obwohl die Treuegemeinschaft bereits in der Holmhurster Erklärung das Prinzip des Bevölkerungstransfers allgemein abgelehnt hatte, stammt die erste Stellungnahme von sudetendeutscher Seite gegen den Transfergedanken von einer kleinen Gruppe von Intellektuellen in Paris: Brügel, J. W. / Goldschmidt, L. / Kolarz, Walter: Le Probleme du Transfert de Population. Trois millions Sudetes doivent – ils emigrer? Paris 1939, hektogr.

[75] Jaksch, Wenzel: Nationalstaat oder Sozialstaat. Sozialdemokrat (London) 2 (1941) vom 10. September 1941, 390.

pläne zu einer Bloßstellung ihres Vorsitzenden durch die Auslandsregierung hätten führen können[76].

Im großen und ganzen aber scheint Jaksch die Autonomieforderung gegenüber Beneš mit Nachdruck vertreten zu haben; selbst dann noch, als dieser an einer Einigung mit den sudetendeutschen Sozialdemokraten nicht mehr interessiert schien. Dies kommt andeutungsweise in einem Brief Benešs zum Ausdruck, in dem er an Jaksch schreibt:

„Solange wir nicht in der Lage sind, an die Lösung dieser Fragen [wie z. B. den Eintritt der Deutschen in den Staatsrat] heranzugehen, werden wir weiter parallel und loyal vorgehen, das gemeinsame Ziel vor Augen, d. h. den Sturz des Nazismus und Hitlerismus und die Befreiung der Tschechoslowakischen Republik, wobei wir uns einstweilen Freiheit in den Ansichten über die weitere Ausgestaltung unserer inneren Angelegenheiten nach dem Krieg bewahren wollen[77].“

Der Führung der Treuegemeinschaft war kaum verborgen geblieben, daß sie nur noch durch vorbehaltlose Anerkennung des ihr unbekannten tschechoslowakischen Standpunktes – einschließlich der sich abzeichnenden Umsiedlungspläne – in den Staatsrat aufgenommen werden würde. Jaksch war nicht gewillt, diesen Schritt nur deshalb zu wagen, um dann seine Vorbehalte vor einem öffentlichen Forum anmelden zu dürfen, denn ein Parlament herkömmlicher Prägung war der Staatsrat nicht[78]. Wie so viele andere Emigranten, so glaubte auch Jaksch noch immer an eine kurze Dauer des Krieges und die Rückkehr in die Heimat. Aus diesem Grunde, so schrieb er an Ernst Paul nach Schweden, wäre es sinnlos, sich bedingungslos dem tschechoslowakischen Auslandskampf zu unterwerfen:

„Wir werden keine Politik machen, welche uns in dauernden Gegensatz zu den wirtschaftlichen, sozialen und kulturellen Interessen der Mehrheit der Sudetenbevölkerung bringt. An diesem Punkt möchte ich es auf Biegen oder Brechen ankommen lassen. Ich glaube, daß die England-Gruppe ziemlich geschlossen zu einem solchen Vorschlag stehen wird. Selbst wenn dies hier oder in Schweden nicht ganz der Fall sein sollte, werde ich mir persönlich überlegen, ob ich den Schatz des heimatlichen Vertrauens gegen das Kupfergeld der Emigrationspolitik einwechseln darf. Ich würde [sonst] ... die Parteiinstanzen vor eine entsprechende Entscheidung stellen[79].“

Anschließend an diese Ausführungen deutete Jaksch zum erstenmal an, daß er eine taktische Alternative zu einer Verhandlungslösung des deutsch-tschechischen Problems in Erwägung zog. Da die Tschechen inzwischen ihre negative Bereitschaft zu einer Vertragslösung hinreichend bekundet hatten, wollte Jaksch – zumindest als Alternative – einen „Einsatzplan“ vorbereiten, um bei Kriegsende auch ohne formelles Übereinkommen mit der Auslandsregierung die Interessen seiner Landsleute in der Heimat an Ort und Stelle vertreten zu können. Er berichtete darüber folgendes:

---

[76] Vgl. Jaksch: Was kommt nach Hitler 16 und auch die von Jaksch mitverfaßten Richtlinien zur Auslandspolitik, deren eine Version einem begrenzten Bevölkerungsaustausch zustimmte. (Siehe auch Anm. 24 oben.)

[77] Beneš an Jaksch (London) vom 9. Juni 1941. NLJ.

[78] Jaksch an Paul (Stockholm) vom 4. August 1941. SA.

[79] Ebenda.

„Alles kommt darauf an, ob wir die Arbeiter im Gebiet zwischen Falkenau und Bodenbach-Warnsdorf ungefähr zur gleichen Zeit in Bewegung bringen, wie das tschechische Volk in Bewegung kommen wird. Sind wir ein Faktor der Revolution, dann werden wir auch ein Faktor der Neugestaltung sein. Versagen wir in der Revolution, dann kann uns keine Verhandlungskunst retten. Deshalb ist es beschlossene Sache, daß Richard [Reitzner] und ich mit einer kleineren Gruppe am ersten Tage der Wendung einsteigen und zwar auf kürzestem Wege und auf jedes Risiko hin[80].“

Er wollte also einer tschechischen Volkserhebung eine zumindest defensiv orientierte deutsche entgegenstellen.

Eigentümlicherweise, obwohl er z. B. noch an Ernst Paul ausdrücklich geschrieben hatte, daß dieses Konzept als Alternative für die derzeit nicht gerade deutschfreundliche Linie der tschechoslowakischen Auslandsregierung gedacht sei, machte Jaksch kurze Zeit später Dr. Beneš ausführliche Mitteilung von seinen Plänen, die eigentlich nur der Landeskonferenz der Treuegemeinschaft zur Beschlußfassung vorgelegt werden sollten. Fast um zu unterstreichen, wie wichtig es für die Tschechen sein würde, Jaksch als Führer der sudetendeutschen Sozialdemokraten auszuschalten, schrieb Jaksch an Beneš:

„Am Tage nach dem Zusammenbruch des Nazi-Regimes werden unsere Organisationen im ganzen Lande wieder aufstehen und wir werden die führende politische Kraft, ja vielleicht die einzige intakte Kraft innerhalb drei Millionen Menschen im Herzen Europas sein. Unsere ganze Tätigkeit im Auslande ... ist der Vorbereitung dieser revolutionären Aufgabe gewidmet. So wollen wir die de facto-Anerkennung als die Partei der sudetendeutschen Revolution aus eigener Kraft erringen und durch eigene Leistung, gestützt auf das unerschütterte Vertrauen unserer Heimat-Kaders[81].“

Dies kann durchaus als Absage an die Tschechen aufgefaßt werden. Beneš reagierte zunächst damit, daß er den Vertretern der sudetendeutschen Sozialdemokraten mitteilte, ihre Ernennung in den Staatsrat sei unmöglich. Damit hatte Beneš Jaksch in empfindliche Schwierigkeiten gebracht, da die Diskussion des politischen Auftrages an die Staatsratsdelegation ein Grund dafür gewesen war, Vertreter der gesamten Exilbewegung aus England zu einer Landeskonferenz nach London einzuladen[82]. Ferner entschloß sich Beneš zur Veröffentlichung des bereits erwähnten Artikels, in dem zum ersten Mal der Begriff des „large-scale Transfers“ auftauchte[83].

Zu einem Bruch mit den Sudetendeutschen kam es deshalb nicht. Jaksch versuchte

---

[80] Ebenda.

[81] Jaksch an Beneš (London) vom 11. September 1941. NLJ.

[82] Zwischenbericht 14.

[83] Siehe Anmerkung 73 oben. Nicht nur das Verhältnis zu den deutschen Sozialdemokraten war hierbei ausschlaggebend. Seit dem Überfall Hitler-Deutschlands auf die Sowjetunion und dem erneuerten Bündnis der Tschechoslowakei mit Rußland war es natürlich leichter, anti-deutsche Vorstellungen offen zu diskutieren. Ein anderer Grund für Benešs Hervortreten in der Transfer-Frage scheint aber auch dessen Absicht gewesen zu sein, auf diesem Wege seine Bedenken gegen die damals neuverkündete Atlantic-Charta anzumelden. Er unterstützte damit Jan Masaryk, der bereits vor ihm gegen Punkt 2 der Charta Einspruch erhoben hatte, in der es hieß: „No territorial changes are desired which will not be in accordance with the freely expressed wishes of the people concerned.“ Vgl.: Holborn, Louise: War and Peace Aims of the United Nations. 2 Bde. Boston 1943/48, hier Bd. 1, S. 2.

vielmehr, auch weiterhin mit Beneš Gespräche zu führen und wenigstens nach außen hin den loyalen Partner zu spielen, obwohl weder Beneš noch Jaksch ganz an diese Komödie geglaubt haben können. Ganz ausschalten läßt sich aber auch dabei nicht, daß es Beneš in einigen Unterredungen unter vier Augen gegenüber Jaksch gelungen war, sich selbst als passiven, zwangsgebundenen Vollstrecker radikaler Bestrebungen in der tschechoslowakischen Auslandsbewegung und in der Heimat hinzustellen und man deshalb vorläufig keine realen Verhandlungen miteinander führen könnte. So schrieb Jaksch noch wenige Tage vor der Landeskonferenz „in vollster Loyalität" und „herzlichst für das große Vertrauen" dankend an Beneš, daß er mit seinen Ausführungen auf der Landeskonferenz die ihm „auferlegte Verschwiegenheitspflicht" nicht brechen werde. Er werde sich auch bemühen, eine „Normalisierung" des Verhältnisses zur tschechoslowakischen Regierung durchzusetzen, um die Voraussetzungen für eine „spätere, engere Kooperation" schaffen zu helfen[84].

Man sollte diese Zeilen keinesfalls mißdeuten und von einem Abhängigkeitsverhältnis zwischen Jaksch und Beneš sprechen. Es scheint vielmehr so, daß auch Jaksch mit der Zeit gelernt hatte, Beneš mit dessen eigenen Mitteln zu behandeln. Jakschs Ausführungen wenige Tage später auf einer Vorstandssitzung der Treuegemeinschaft beweisen, daß er die politische Lage der Treuegemeinschaft durchaus realistisch einzuschätzen wußte. Nach wie vor bekannte sich Jaksch zur politischen Aufgabe der Treuegemeinschaft als legitimierter Vertreterin des demokratischen Sudetendeutschtums und zum sog. Vierten Plan aus dem Jahre 1938 als deren Minimalprogramm, an dem sie alle trotz der Verschlechterung ihrer politischen Lage festhalten müßten. Er sagte dazu folgendes:

> „Tatsache ist, daß es heute in England keinen Mann von Rang und Namen gibt, der es wagen würde, uns zu unterstützen. Ihr Mann ist Beneš, hinter dem ein Volk steht; wir aber haben nichts hinter uns als eine von Verfolgung dezimierte Partei ... Dalton [ein führender Labour-Politiker] ist ganz auf Tschechen und Polen eingeschworen. Wir sind unter den Bundesgenossen Englands die schwächsten, aber man [Beneš?] versucht uns immer wieder in dem Vertrauen zu stärken, daß eine befriedigende Lösung gefunden werden wird ...
>
> *Wir brauchen für die Zukunft das Alibi, daß wir im Auslande alles getan haben, um mit den Tschechen zu einer Vereinbarung zu kommen ... Auch die größte Geschicklichkeit kann die Verbrechen Hitlers nicht aus der Welt schaffen. Wir haben keine Alternative.* Kein Mensch denkt daran, zu Deutschland zu gehören ... Autonomie, das ist in Wahrheit der Ausdruck des Willens des ganzen sudetendeutschen Volkes und darauf müssen wir unsere ganzen Bestrebungen konzentrieren ...[85]." (Hervorhebung nicht im Original.)

Der einzig wesentliche Abstrich gegen früher war die ausdrückliche Ablehnung der Verbindung mit Deutschland. Die Referate der Landeskonferenz unterstützten diesen sonst kaum gewandelten Standpunkt. Ernst Paul, der aus Schweden durch das Entgegenkommen englischer Freunde mit dem Flugzeug hatte nach England kommen können, Richard Reitzner, Eugen de Witte, Dr. Robert Wiener – sie alle befürworteten die Haltung Jakschs[86]. Dieser betonte auch öffentlich, daß es prak-

---

[84] J a k s c h an Beneš (London) vom 23. September 1941. NLJ.

[85] Protokoll der Sitzung des Parteivorstandes ... vom 27. September 1941.

[86] Vgl.: Landeskonferenz der Treuegemeinschaft sudetendeutscher Sozialdemokraten. Abgehalten am 28. September 1941 in der Holborn Hall in London. London o. J. (1941), S. 9ff.

tisch unmöglich sei, zu einer annehmbaren Vereinbarung mit den Tschechen zu kommen[87]. Jaksch erklärte nochmals, daß er im Sinne Seligers das sudetendeutsche Selbstbestimmungsrecht vertrete, nicht im Sinne eines Anschlusses an Deutschland, sondern mit dem Ziel einer verfassungsrechtlich verankerten Autonomie – der Anerkennung der Sudetendeutschen als Staatsvolk. Aber: „Ein Diktat zu befürworten gegen unsere eigenen Leute kann von uns niemand verlangen", meinte Jaksch und fügte hinzu:

„Wir stellen uns auf den Boden [von] ... Punkt 2 der Atlantic Charter. [Diese] ... könnte eine goldene Gelegenheit für die freiwillige Option der Sudetendeutschen zugunsten der Wiederherstellung des staatlichen Zusammenlebens mit ihren slawischen Nachbarn sein ... Vorausgesetzt, daß wir diesen Standpunkt im Rundfunk an die Sudetendeutschen heranbringen können, ist zu erwarten, daß wir damit keine einhellige Begeisterung erwekken. Dieses Risiko werden wir aber in Kauf nehmen, weil ... wir die Folgen der Niederlage für die Menschen in der Heimat so weit als möglich zu mildern haben[88]."

Die sudetendeutschen Sozialdemokraten hatten begriffen, daß der Krieg mit einer Niederlage Deutschlands enden würde – aber auch angesichts dieser Tatsache lehnten sie die bedingungslose Integration in den tschechoslowakischen Auslandskampf ab. Dafür versteifte sich die tschechoslowakische Haltung zunehmend. Die Ernennung Karl Kreibichs in den Staatsrat im Dezember 1941 war gleichbedeutend mit einer schweren Niederlage der Treuegemeinschaft. Beneš hatte wiederholt von „parallelem und loyalem Vorgehen" auf beiden Seiten gesprochen[89]; davon konnte fortan keine Rede mehr sein. Die zunehmende Schärfe der reichsdeutschen Politik im Protektorat seit der Ernennung Heydrichs zwang die sudetendeutschen Sozialdemokraten aber zur Zurückhaltung. Im März 1942 schrieb Jaksch nach Schweden, daß man im Vorstand der Treuegemeinschaft die Aussichten auf eine Verständigung mit den Tschechen von Anfang an richtig beurteilt habe. Es bleibe deshalb nichts anderes übrig, als den bisherigen Weg weiterzugehen, bis das Kriegsende sie „aus der vergifteten Atmosphäre der Emigration erlöst"[90].

Der Gang des Krieges und die Persekution der tschechischen Zivilbevölkerung durch deutsche Organe erweiterten auf der Gegenseite den politischen Spielraum der Auslandsregierung im gleichen Maße, wie diese Entwicklung für die sudetendeutschen Sozialdemokraten einengend wirkte. Obwohl er eines seiner wichtigsten Ziele – die Aufhebung des Münchner Abkommens durch England – noch immer nicht erreicht hatte, konnte Beneš in der Diskussion über die Gestaltung Europas nach dem Kriege immer mehr ohne spürbaren Widerspruch auch das Konzept eines Bevölkerungstransfers zur Sprache bringen[91].

Um diese geänderte Lage zu besprechen, tagte Anfang Juni 1942 der erweiterte Vorstand der Treuegemeinschaft. Energisch wandten sich die Vertreter der sudetendeutschen Sozialdemokraten in einer Resolution gegen die Politik der Tschechen, die

---

87 Ebenda 7f.
88 Ebenda.
89 Vgl. Anmerkung 77 oben; Beneš an Jaksch (London) vom 9. Juni 1941. NLJ.
90 Jaksch an Paul (Stockholm) vom 20. März 1942. SA.
91 Vgl. Benešs Interview mit Cyrus L. Sulzberger. New York Times vom 19. Februar 1942, ferner Benešs Londoner Rede vor der Foreign Press Association: Three Speeches Delivered by Dr. E. Beneš, President of the Czechoslovak Republic. London o. J. (1942).

sie nicht nur als Verleugnung ihrer Verdienste in der Ersten Republik, sondern auch als einseitige Bevorzugung der Slowaken entschieden ablehnten[92]. In seinem Begleitschreiben zur vorgenannten Resolution an Beneš wies Jaksch darauf hin, daß künftig eine Zusammenarbeit mit den Organen der Auslandsregierung kaum mehr gewährleistet sei, denn:

> „Bevölkerungstransfer wäre undiskriminierte Vergeltung, und das bedeutet .. die Zerstörung jeder Basis demokratischer Zusammenarbeit für eine Generation ...
>
> Das Programm des Bevölkerungstransfers liegt außerhalb des Prinzips der staatsrechtlichen Kontinuität, in dessen Namen bisher die Loyalität der demokratischen Sudetendeutschen im Auslande von der tschechoslowakischen Regierung reklamiert wurde[93].“

Einen Vorgeschmack der Dinge, die da kommen sollten, erhielt Jaksch kurz danach, als er sich – zugegeben etwas ungestüm – bei einigen führenden tschechoslowakischen Politikern über den Inhalt eines Buches von Sheila Grant Duff beschwerte[94]. So antwortete ihm Prokop Drtina, einer der engsten Mitarbeiter Benešs, daß zu allen Eindrücken, die ihn an der Fähigkeit des deutschen Volkes zu demokratisch-humanistischer Mitarbeit habe zweifeln lassen, auch die Politik der Treuegemeinschaft gezählt werden müsse[95].

Noch viel aufschlußreicher aber war die Antwort Dr. Hubert Ripkas. Ripka, der Jahre hindurch enge Beziehungen zu Jaksch unterhalten hatte und inzwischen als Staatssekretär und Berater Eduard Benešs zu einer wichtigen Figur in der tschechoslowakischen Exilpolitik geworden war, faßte das Urteil der Auslandsregierung über Jaksch und die Politik der Treuegemeinschaft zusammen:

> „Diese Deine Politik“, schrieb Ripka, „die mit verschiedenen Modifikationen ... vom Jahre 1939 bis heute durchgehalten wurde, hat umso mehr Erstaunen hervorgerufen, je bekannter der standhafte, demokratische Standpunkt geworden ist, den Du im Jahre 1938 so mannhaft und opferbereit vertratest ...
>
> Denn gerade Du hast in der Emigration tatsächlich damit begonnen, eine unklare und opportunistische Politik zu verfolgen, die eine zukünftige Zusammenarbeit auf diesem Gebiet sehr beeinträchtigt ...[96].“

Diese Bemerkungen, die als Antwort auf einen sachlich nicht unbegründeten Einwand gegen eine historisch-politische Darstellung erfolgten, beweisen, daß die politischen Möglichkeiten der Treuegemeinschaft gegenüber der tschechoslowakischen Auslandsführung erschöpft waren. Sie unterstreichen aber auch, daß eine Zusammenarbeit, wenn überhaupt, dann von Anfang an hätte versucht werden müssen.

Das erfolgreiche Attentat auf den Reichsprotektor Heydrich durch tschechische Kommandotruppen, die mit britischen Flugzeugen in ihr Einsatzgebiet transportiert worden waren, führte zu dem Vergeltungsakt von Lidice. Nicht nur die Sympathie für die Opfer, sondern sicherlich auch allgemein die Widerstandstätigkeit der Tschechen, die beträchtliche reichsdeutsche Kräfte im Protektorat beschäftigte, bestärkten

---

[92] Siehe: Sozialdemokrat (London) 3 (1942) vom 29. Juni 1942, 543.

[93] Zit. n. dem Text des Briefes an Beneš in: Ruhm und Tragik der sudetendeutschen Sozialdemokratie. Herausgegeben von der Treuegemeinschaft sudetendeutscher Sozialdemokraten. Malmö 1946, S. 97 ff.

[94] Vgl.: Grant Duff, Sheila: A German Protektorate. London 1942.

[95] Dr. Prokop Drtina an Jaksch vom 8. Juni 1942. NLJ.

[96] Dr. Hubert Ripka an Jaksch vom 16. Juni 1942. NLJ.

das Foreign Office in der Absicht, mit der Annullierung von München eine großzügige Geste gegenüber der tschechoslowakischen Exilregierung ausdrücken zu müssen. Die sudetendeutschen Sozialdemokraten fühlten sich als Leidtragende dieser Entscheidung, die, wie sie in Depeschen an die Außenminister der USA und Kanadas zum Ausdruck brachten, die künftige Organisation Mitteleuropas „gefährlich präjudiziere“[97].

In einem längeren Memorandum an das Foreign Office vom 18. August 1942 erläuterten sie ihre Vorbehalte: Die Vertreter der Treuegemeinschaft erklärten sich zwar grundsätzlich einverstanden mit der Aussetzung des Münchner Abkommens, meinten aber, daß eine zukünftige friedliche Entwicklung in der Heimat selbst bei Anerkennung von Punkt 2 der Atlantic-Charta durch die tschechoslowakische Regierung nicht gewährleistet sei. Die sudetendeutschen Sozialdemokraten begründeten ihre Darlegung mit Äußerungen Benešs, Jan Masaryks und Ripkas, wonach ein „einseitiger Bevölkerungstransfer“ zu erwarten sei – zumindest aber „wahllose Rache“ am sudetendeutschen Volk durch Tschechen und Slowaken. Seit Beginn ihrer Auslandstätigkeit war den sudetendeutschen Sozialdemokraten mehr oder weniger offen von den Engländern ein Vertretungsrecht für alle demokratischen Sudetendeutschen eingeräumt worden, das eigentlich nur die abgespaltene Zinner-Gruppe bestritten hatte. In diesem Memorandum an die britische Regierung verweist Jaksch noch einmal auf diesen Vertretungsanspruch und begründet ihn mit der demokratischen Haltung der sudetendeutschen Sozialdemokratie in der Heimat, die die Vertreter dieser Partei im Exil auch als Vertreter der gesamten, nicht nazistischen Mehrheit des Sudetendeutschtums legitimierte[98]. Dieser Einspruch blieb ohne Wirkung bei den Westmächten.

Hinzu kommt noch ein anderer, nicht unwichtiger Umstand: Jaksch sprach seit der britischen Annullierung „Münchens“ von einem neuen Stadium in der Auseinandersetzung um die deutsch-tschechische Frage, das er für die Treuegemeinschaft durch die offizielle Einschaltung der englischen, amerikanischen und kanadischen Regierung zum Ausdruck bringt. Da aber auch diese Bemühungen – nicht zuletzt durch die Kriegslage – erfolglos blieben, soll auf die Schilderung der abschließenden Auseinandersetzung zwischen der Treuegemeinschaft und der Auslandsregierung verzichtet werden[99]; dafür sollten wir aber – soweit dies die hierfür recht dürftigen Quellen bereits gestatten – unser Augenmerk auf die letzten zwei Kriegsjahre richten, in denen die Treuegemeinschaft auf sich allein gestellt ihre politische Mission als „Partei der sudetendeutschen Revolution“ (Jaksch) zu erfüllen suchte[100].

---

[97] Vgl.: Jaksch, Wenzel: Europas Weg nach Potsdam. Neu bearb. und ergänzte Ausgabe. Köln 1967, S. 380.

[98] Jaksch: The Czech-Sudeten Problem After the Renunciation of the Munich Agreement. Submitted by Wenzel Jaksch on 18th August 1942. NLJ.

[99] Neben den bereits bekannten Veröffentlichungen Jakschs sei hier besonders auf die von Herrn Prof. Dr. Friedrich Prinz (Saarbrücken/München) vorbereitete Edition des Schriftwechsels Jaksch – Beneš verwiesen, ferner auf die bereits als Manuskript vorliegende umfangreiche Arbeit von Herrn J. W. Brügel (London): Tschechen und Deutsche im Zweiten Weltkriege (Arbeitstitel).

[100] Jaksch in der Beilage zu seinem Brief an Beneš vom 11. September 1941.

Hierzu scheint es notwendig, einmal kurz zurückzublenden. Bereits im Herbst 1941 hatten die führenden Persönlichkeiten der Treuegemeinschaft eingesehen, daß der Krieg wohl länger als angenommen dauern würde und man deshalb nach einer deutschen Niederlage nicht mehr mit Sicherheit mit einer Lösung im Sinne einer sudetendeutschen Option für territoriale Autonomie innerhalb des neuen tschechoslowakischen Staates rechnen könnte. Der unbefriedigende Verlauf der Gespräche mit Beneš zwang so zu Überlegungen, wie man trotzdem auch ohne fremde Hilfe dieses Ziel erreichen könnte.

Ernst Paul, der Vertreter der Schwedengruppe, hatte bereits auf der Ersten Landeskonferenz in London auf die großen Schwierigkeiten verwiesen, die zur Verwirklichung einer solchen neuen Politik noch überwunden werden mußten – obwohl auch er diese Ansätze begrüßte, da sie auf alle Fälle der politischen Isolierung der Treuegemeinschaft von der Heimat entgegenwirkten[101]. Im Gegensatz zu den Tschechen, die immer wieder gegen das Terrorregime der deutschen Besatzungsmacht im Protektorat ankämpften und die über eine sich ständig erneuernde Widerstandsorganisation in der Heimat verfügten, hatte die deutsche Sozialdemokratie weder Zeit noch finanzielle Mittel besessen, um einen guten illegalen Apparat aufzubauen; ob sudetendeutsche Sozialdemokraten jemals Aktionen gegen reichsdeutsche Organe durchgeführt hätten, bleibt ohnehin fraglich. Der Versuch, in Polen ein Grenzsekretariat für den Ostrauer Bereich einzurichten, war durch den Kriegsausbruch gescheitert. Da man weder Codes noch andere Hilfsmittel zur Übermittlung von Nachrichten per Post ins neutrale Ausland vereinbart hatte, beschäftigte sich seit Herbst 1941 die Schweden-Gruppe mit der sorgfältigen Auswertung der normalen Heimatpost und fertigte daraus gelegentliche Stimmungsberichte an, die Jaksch in London verwenden konnte[102]. Dauernde, gute Verbindung zur Heimat konnte aber nicht hergestellt werden.

Jaksch selbst war es in London gelungen, durch Vermittlung von Freunden in der Labour-Party, die – wie z. B. Richard Crossman – ihn noch in der Heimat bei seinen letzten Kundgebungen begleitet hatten, Zugang zu den Deutschland-Sendungen der BBC zu erhalten. Seit Juni 1941 konnte Jaksch wöchentlich, später alle zwei Wochen, zu den Menschen im Sudetenland sprechen[103]. Nach anfänglichen Formulierungsschwierigkeiten entwickelte Jaksch einen durchaus ansprechenden Stil, der auch – wie Ernst Paul aus Schweden berichten konnte – daheim beachtet wurde[104].

Immer wieder warnte Jaksch die Menschen in der Heimat, sich keinesfalls als Werkzeuge des „uferlosen Raubkrieges“ gegenüber anderen Völkern benutzen zu lassen, oder die, wie er sagte, „niederträchtige Unterdrückungspolitik“ im Protektorat zu unterstützen: „Hütet Euch!“ rief er ihnen zu, „Gebt Euch nicht her zu Henkern und Spitzeln gegen tschechische Patrioten! Die Reichsbonzen werden eines Ta-

[101] Landeskonferenz der Treuegemeinschaft sudetendeutscher Sozialdemokraten, abgehalten am 28. September 1941 in der Holborn Hall in London. London o. J. (1941), S. 2 ff.

[102] Zwischenbericht 17 f.

[103] Jaksch: Some Reasons for Reconsideration of the Problem of Broadcasting to the Sudeten Population. Memorandum an britische Stellen, April 1943. NLJ.

[104] Paul an Jaksch (London) vom 12. Juni 1942. SA.

ges ausreißen und Ihr werdet in der Patsche sitzen bleiben[105]!" Jaksch wurde sogar noch deutlicher – wir sollten aber diese Worte nicht nur als mahnende Warnung an die Heimat, sondern auch als eindringlichen Aufruf zur Legitimierung des Auslandskampfes der sudetendeutschen Sozialdemokratie durch Widerstand in der Heimat verstehen: Zu Allerseelen 1941 sagte Jaksch im BBC:

„Mit dem wiederbefreiten tschechischen Volke werden die Sudetendeutschen in dieser oder jener Form zusammenleben müssen. Darum muß schon heute vorgebaut werden, daß nicht Unschuldige für die Verbrechen der Schuldigen zu leiden haben. Wir tun auf diesem Gebiete unsere Pflicht, aber *ohne Unterstützung der Heimat kann diese schwere Aufgabe nicht gelöst* werden ...

Sagt Euch los von den Männern mit den blutigen Händen! *Sagt Euch los durch jede mögliche Form des geheimen Widerstandes.* Verweigert der nationalsozialistischen Politik der Selbstausrottung Gefolgschaft, wo immer Ihr nur könnt ...

Wenn die Masse versagen sollte bei dem unvermeidlichen Sturz der Hitler-Herrschaft, dann werden am kommenden Allerseelentag des nächsten Jahres die Totenkerzen hunderttausender Sudetendeutscher stehen[106]!" (Hervorhebung nicht im Original.)

Der Widerhall dieser Aufrufe im Sudetenland war gering. Die tschechoslowakische Auslandsregierung hatte aber erkannt, daß der Rundfunk zu einem wichtigen Propagandamittel der sudetendeutschen Sozialdemokraten zu werden drohte. Mitglieder des Staatsrates und der Auslandsregierung versuchten deshalb, der Treuegemeinschaft auch diese Möglichkeit der politischen Verbindung zur Heimat zu entziehen, indem sie indirekt auf englische Stellen einwirkten – mit dem Ziel, Jaksch den Zugang zur BBC sperren zu lassen. Bereits im Januar 1942 protestierte Jaksch deshalb bei Staatssekretär Ripka, jedoch ohne Erfolg[107]. Es war aber nicht nur die Exilregierung, sondern auch die Überzeugung englischer Regierungskreise, die gegen Jaksch wirkten, daß Jaksch als Sudetendeutscher einfach nicht in einem für Reichsdeutsche gedachten Programm auftreten könnte.

Der Vansittartismus – jene pauschal antideutsche Richtung in der englischen Politik – hatte inzwischen auch die Führung der Labour-Party erfaßt, so daß die sudetendeutsche Sozialdemokratie einen beträchtlichen Teil ihres Rückhaltes in der englischen Arbeiterbewegung verlor[108]. Nach Lidice untersagten die Engländer endgültig – sicherlich auch auf Betreiben der Regierung Beneš – im Zuge der Nullifizierung „Münchens" und der vollen Anerkennung der Auslandsregierung den sudetendeutschen Sozialdemokraten die Benutzung der deutschen Sendung von BBC. Die Treuegemeinschaft mußte auch diesen schweren Schlag hinnehmen, ohne sich wirkungsvoll wehren zu können[109].

Jaksch nahm die ganze Angelegenheit dennoch nicht allzu tragisch und schrieb deshalb an Ernst Paul, es sei eben notwendig, diese Zeit als eine „Geduldsprobe im Interesse der Sache zu überstehen"[110]. Auch im Hinblick auf die Situation im tschechischen Lager meinte er:

---

[105] Rundfunkmanuskript „Sudetenland" vom 3. Juli 1941. NLJ.

[106] Rundfunkmanuskript „All Souls Day" vom 1. November 1941. Jaksch hatte – offenbar auf englische Weisung hin – den Titel „Self-Extermination" gestrichen. NLJ.

[107] Jaksch an Ripka (London) vom 26. Jänner 1942.

[108] Siehe: Europas Weg nach Potsdam 376 f.

[109] Jaksch an Paul (Stockholm) vom 16. Februar 1943. SA.

[110] Jaksch an Paul (Stockholm) vom 20. Januar 1943. SA.

„Mein Eindruck ist, daß die Dinge im Lager der Partner viel weniger ausgereift sind wie bei uns; daß dort taktische Momente nach wie vor übermäßig im Vordergrund stehen und daß man mit uns erst dann vernünftig reden wird, sobald alle Versuche uns auszumanövrieren, gescheitert sind ...

Ich glaube nicht", fuhr Jaksch fort, „daß wir während des Krieges noch eine positive Entscheidung über die Autonomie herausholen können. Ich habe starke Gründe anzunehmen, daß man die Stärke unserer Anfangsposition abwartet und uns dann darnach als größeren oder kleineren Faktor behandeln wird[111]."

Jaksch meinte also, daß es am zweckmäßigsten sei, gegenüber den Tschechen politische Zurückhaltung zu üben, keine Konzessionen zu machen und alle Kräfte darauf zu konzentrieren, die Heimatkader auf ihre politische Funktion beim Umsturz vorzubereiten. Natürlich entsprach ein Teil dieser Konzeption einer typischen Überschätzung der eigenen Stärke, wie dies in der Emigration allgemein zu beobachten ist, von der nur fiktiven Existenz von Heimatkadern ganz zu schweigen. Auf der anderen Seite entbehrte der Gedanke jedoch nicht jeder realen Grundlage, denn ein wirkungsvolles Auftreten von wenigstens einigen sudetendeutschen Sozialdemokraten im Widerstand gegen das Hitler-Regime in der Heimat hätte die tschechoslowakische Auslandsregierung in beträchtliche Verlegenheit gebracht und die Position der Treuegemeinschaft auch gegenüber der englischen Öffentlichkeit wesentlich gestärkt.

Als die Postverbindungen mit der Heimat zunehmend schwieriger wurden und Jaksch trotz wiederholter Eingaben nicht mehr in den Auslandssendungen der BBC sprechen konnte, entschloß man sich, sudetendeutsche Soldaten der englischen Armee für den Heimateinsatz vorzubereiten. Die genauen Umstände dieser Aktion sind wegen der äußerst dürftigen Quellenlage nicht mit Sicherheit nachzuweisen. Während Ernst Pauls letztem Besuch in England im Herbst 1941 wurde vereinbart, unter den Mitgliedern der Treuegemeinschaft in Schweden einige zuverlässige Männer für einen Sondereinsatz zu werben[112]. Im Jahre 1943 kamen zumindest drei dieser Männer, Albert Exler, Ernst Hoffmann und Otto Pichl, die aus Dänemark und Finnland bei Kriegsausbruch nach Schweden geflüchtet waren, mit englischer Hilfe auf dem Luftwege nach England, wo sie in die britische Armee eintraten[113].

Hier möchte man fragen, aus welchen Erwägungen englische Stellen ein Unternehmen billigten und unterstützten, das eigentlich gegen die Politik der britischen Regierung gegenüber der tschechoslowakischen Auslandsregierung gerichtet war. Tschechische Dokumente verweisen auf enge Verbindungen Jakschs zum zweithöchsten Labour-Vertreter in der Kriegskoalition, zum Innenminister Herbert Morrison, der von Jaksch auch in einem Artikel zur Kriegszieldiskussion in der Labour-Party gebührend hervorgehoben wurde[114]. Man kann also annehmen, daß – vielleicht aus alter Verbundenheit zur sudetendeutschen Arbeiterbewegung – die La-

---

[111] Ebenda.

[112] Vgl. das Vorwort Ernst Pauls in: Exler, Albert: Das große Wagnis. Schriftenreihe des Seliger-Archivs. Stuttgart o. J. (1967), S. 6. Hiernach zit. Paul/Exler.

[113] Ebenda.

[114] Zpráva ze dne 23. srpna 1943 (Bericht vom 23. August 1943). Dokumenty, Bd. 1, Nr. 299, 362 f. Vgl. auch Jaksch: Wiedergeburt des Glaubens. Sozialdemokrat (London) 4 (1943) 697–702.

bour-Party der Treuegemeinschaft eine letzte Möglichkeit zum Beweis ihrer politischen Kraft in der Heimat eröffnen wollte. Nicht von ungefähr betont Ernst Paul auch den „ausschließlich politischen Auftrag" dieses von den Engländern gedeckten Unternehmens[115].

In den tschechischen Akten steht ferner, daß mit Wissen Jakschs sudetendeutsche Angehörige der britischen Armee seit 1943 „fortschreitend zum Military Intelligence Service versetzt werden sollen". Jaksch und Reitzner wären aber ausdrücklich gegen eine Ausbildung dieser Leute für die britische Okkupationsarmee, d. h. gegen ihre Verwendung im Reich. Einige sudetendeutsche Soldaten, so heißt es weiter, dienten auch in einer Sonderabteilung des Intelligence Service, die dem britischen Informationsministerium unterstellt sei. In diesem Zusammenhang ist in den Akten auch von Flugblättern die Rede, in denen die Bevölkerung in der Heimat aufgefordert wird, „das deutsche Gebiet der Tschechoslowakei bis zu der Zeit zu halten, wo die verbündeten Truppen eintreffen, um ein mögliches Blutvergießen zwischen Tschechen und Deutschen ... zu vermeiden"[116].

Diese Darlegungen finden ihre allgemeine Bestätigung in den Nachrichten, die zwischen den beiden Zentren der Treuegemeinschaft, London und Stockholm, ausgetauscht wurden. Jaksch glaubte tatsächlich an ein Ende des Krieges noch im Jahr 1943 und sah deshalb keinen Vorteil in einer Fortsetzung der Gespräche mit Beneš[117]. Um aber die eigenen Aktionen besser vorbereiten zu können, erwog Jaksch im Frühjahr 1943 Reisen nach Kanada, in die Vereinigten Staaten und auch nach Schweden[118]. Aus ähnlichen Gründen empfahl der Parteivorstand den in England lebenden Genossen nunmehr noch eindeutiger den Eintritt in die britische Armee[119]. Im Mai fragte Jaksch in Schweden nach Anlaufadressen in Nordböhmen (Reichenberg und Maffersdorf)[120]. Kurz danach beauftragte Jaksch Ernst Paul mit einer Untersuchung der Stärke des deutschen Polizeiapparates in Nordböhmen, denn – so meinte er – „dessen Funktionieren entscheidet ja doch über die Bewegungsfreiheit unserer Menschen". Jaksch schlug sogar vor, man möge das zweifelsohne vorhandene Bedürfnis einiger Hitler-Funktionäre nach Rückversicherung „kaltblütig ausnützen". Er verwies damit auf die angebliche Bereitschaft des Aussiger Regierungspräsidenten, Hans Krebs, dessen Amtspraxis gegenüber früheren Sozialdemokraten in Nordböhmen ausgesprochen milde gewesen sei, und hoffte, dieser würde unter günstigen Umständen mit den Sozialdemokraten in einer Umsturzsituation zusammenarbeiten. Über die Aussichten des geplanten Unternehmens schrieb Jaksch:

„Das Spiel ist hoch, der Preis ist groß ... Ich denke daran, nach entsprechenden Sondie-

---

115 Paul/Exler 9.

116 Dokumenty, Bd. 1, Nr. 299, 362 f.

117 Jaksch an Paul (Stockholm) vom 20. März 1943. SA. Vgl. auch Jakschs Schlußwort an die Zweite Landeskonferenz im gedruckten Protokoll: 2. Landeskonferenz der England-Gruppe der Treuegemeinschaft sudetendeutscher Sozialdemokraten. London o. J. (1943), S. 22, ferner Jakschs Neujahrsaufsatz: Hitlers letztes Jahr. Sozialdemokrat (London) 4 (1943) 649–651.

118 Jaksch an Paul (Stockholm) vom 11. Mai 1943. SA.

119 Ebenda.

120 Jaksch an Paul (Stockholm) vom 23. Mai 1943. SA.

rungen an schwache Stellen ein haushohes Ultimatum zu richten ... Man müßte eben die Periode des Absplitterns, die vor dem großen Zusammenbruch kommen wird, ein wenig vorbereiten ...[121]."

Man kann sich des Eindrucks nicht erwehren, daß hier ziemlich leichtsinnig gespielt wurde. Die ganze Heimatanalyse basierte auf Post- und Presseberichten und auf gelegentlichen Berichten von Deserteuren, die auf dem Wege von Finnland nach Norwegen in Schweden ihre Truppenteile verlassen hatten. Man erwartete einen großen Erfolg, wenn einige Sendboten die alte Heimat erreichen würden und übersah völlig, daß die Kriegslage nicht für, sondern gegen ein solches Unternehmen arbeitete. Man baute in London auf illegale Kader in der Heimat, die es nicht gab und die selbst die Tschechen nach 1942 nur sehr mühsam erhalten konnten. Die zunehmende Wichtigkeit des böhmisch-mährischen Raumes als Rüstungskammer verstärkte die Wachsamkeit der reichsdeutschen Sicherheitsorgane. Junge, tatkräftige Menschen wurden in zunehmendem Maße eingezogen oder in heimatfremde Orte dienstverpflichtet. Unter diesen Uuständen insgesamt fünf Menschen loszuschicken, sagt einiges über die Selbsteinschätzung der sudetendeutschen sozialdemokratischen Emigration.

Allerdings muß einräumend hinzugefügt werden, daß die Führung der Treuegemeinschaft die allgemeine politische Entwicklung im Westen richtig erkannte und vielleicht deshalb zu hohem Einsatz gewillt war. Karl Kreibich, der kommunistische Vertreter im Staatsrat, hatte sich persönlich und auch indirekt mit Jaksch in Verbindung gesetzt und eine „Arbeitsgemeinschaft" vorgeschlagen, um die Zustimmung der Sozialdemokraten zu einem Teiltransfer doch noch zu sichern. Jaksch schloß daraus, daß das Ergebnis der letzten Amerika-Reise Beneš doch nicht so befriedigend ausgefallen sei, wie dies allgemein angenommen wurde[122]. Er wertete die Bemühungen der Kommunisten als Indiz dafür, daß es Beneš nur in Zusammenarbeit mit Rußland gelingen würde, die Vertreibungspläne der Auslandsregierung wirklich durchzusetzen und daß auch aus diesem Grunde die Politik der Treuegemeinschaft nur in „einer eindeutigen Option für den Westen" bestehen könnte[123].

Die Beschlüsse der dritten Landeskonferenz der sudetendeutschen Sozialdemokraten waren deshalb auch weniger für die tschechoslowakische Auslandsregierung als für die westliche Weltöffentlichkeit gedacht und sollten zugleich die politische Basis für die Zusammenarbeit mit allen Schichten der Heimatbevölkerung bilden. Jaksch fühlte sich berechtigt, für die Sudetendeutschen bei Kriegsende nicht mehr und nicht weniger zu fordern, wie selbst die Kommunisten für die abtrünnigen Slowaken auch verlangten:

1. Ein politisch-kulturelles Zentrum – eine Provinzhauptstadt – in Aussig,
2. die Verlegung der deutschen Hochschulen ins deutsche Sprachgebiet,
3. regionale Wirtschaftsorganisation und sudetendeutsche Kreditinstitute,
4. sudetendeutsche Beamte und
5. volle Schulautonomie im sudetendeutschen Bereich[124].

---

[121] Jaksch an Paul (Stockholm) vom 7. Juni 1943. SA.
[122] Jaksch an Paul (Stockholm) vom 31. Juli 1943. SA. Ferner Beneš: Memoirs 242 ff.
[123] Jaksch an Paul (Stockholm) vom 31. Juli 1943. SA.
[124] Jaksch in einer Rede auf der Dritten Landeskonferenz. Dritte Landeskonferenz, Treuegemeinschaft sudetendeutscher Sozialdemokraten. London o. J. (1944), S. 11 f.

Als die Haltung der England-Gruppe in diesem Stadium von der Mehrzahl der in Schweden lebenden Mitglieder als allzu offen anti-tschechoslowakisch kritisiert wurde und selbst Ernst Paul, der mit großem Geschick eine Spaltung in Schweden fast zwei Jahre hindurch verhindert hatte, die Genossen in London dafür tadelte, schrieb Jaksch folgende Rechtfertigung:

„Unser einziger Hochverrat besteht in der Verfolgung einer konsequenten politischen Linie, die man erst eindrücken muß, um Pläne zu verwirklichen, die mit Demokratie, Antifaschismus oder Menschenrechten überhaupt nichts zu tun haben ...

Wenn die große Tragödie der Vernichtung eines Dreimillionen-Volkes nach dem Waffenstillstand kommen sollte – war unsere Arbeit dann vergebens? Ich sage nein. Unsere Aufgabe ist es, den Glauben unserer Menschen an die Sache zu bewahren und deshalb dürfen wir unsere Hände nicht durch Mitwirkung beflecken. Was mehr erreicht werden kann, wird unser sichtbares historisches Verdienst für Generationen sein[125]."

Um gegen die drohende Vertreibung zu warnen und endlich eine direkte Beteiligung der Heimat am Kampf um das Lebensrecht der sudetendeutschen Bevölkerung im tschechoslowakischen Staat durchzusetzen, entschloß sich die Führung der Treuegemeinschaft zum „Großen Wagnis"[126].

Im Frühjahr 1944 setzte man zwei Gruppen in Bewegung, die auf dem Luftwege von England und Italien aus, oder mit Hilfe der dänischen Widerstandsbewegung auf dem Landwege in die Heimat gelangen sollten. Ihr Auftrag ist umstritten. Es ist aber wahrscheinlich, daß sie versuchen sollten, führende Männer aus der Heimat, unter ihnen Dr. Lodgman v. Auen, den katholischen Bischof von Leitmeritz, Dr. Anton Alois Weber, evtl. auch Hans Krebs und den früheren Aussiger Bürgermeister Leopold Pölzl zur Flucht ins neutrale Ausland zu bewegen, wo diese in Zusammenarbeit mit Londoner Sozialdemokraten einen sudetendeutschen Föderativausschuß als Gegenpol zur tschechoslowakischen Auslandsregierung ins Leben rufen sollten[127].

Der Versuch mißlang. Das Fehlen einer Widerstandsorganisation in den Resten der alten sozialdemokratischen Kader war ein Grund dafür; ein anderer die fehlenden Querverbindungen zur tschechischen Widerstandsbewegung. Es gelang nicht einmal, breite Schichten in der Heimat über die Vertreibungspläne der Auslandsregierung zu unterrichten oder eine Radioverbindung zwischen Nordböhmen und London herzustellen[128]. Damit war auch die Grundlage für die Schaffung eines Sudetendeutschen Demokratischen Nationalkomitees nicht mehr gegeben. Die Gruppe konstituierte sich zwar schließlich im August 1944 in London unter Führung von Jaksch und dem in den USA lebenden Pater Emmanuel Reichenberger, aber

---

125 Jaksch an die Treuegemeinschaft in Schweden vom 9. März 1944. SA.

126 So der Titel des Berichtes von Albert Exler. Hier sei auch darauf verwiesen, daß es nach den Akten nicht ausgeschlossen ist, daß auch eine Einschleusung von sudetendeutschen Agenten auf dem Landwege von der Schweiz aus geplant war. ÚDS 37, 172, 640 ff.

127 Der Verfasser gelangte zu diesem Ergebnis nach zahlreichen Gesprächen mit führenden sudetendeutschen Vertretern, unter ihnen Ernst Paul, Dipl. Ing. A. K. Simon, Artur Schober und Karl Kern. Ihre Mitteilungen entsprechen im wesentlichen den Äußerungen Albert Exlers im Bayerischen Rundfunk am 17. Februar 1970: Widerstand im Böhmerland. Manuskript von Almar Reitzner, S. 20 f.

128 Jaksch an Paul (Stockholm) vom 8. Juni 1945. SA.

sie konnte ihre ursprünglich zugedachte Funktion als sudetendeutsche Exilregierung nicht aufnehmen und spielte keine politische Rolle. Wenige Tage nachdem dieses sog. *Democratic Sudeten Committee* aus der Taufe gehoben war und Jaksch sich vertrauensvoll an Clement Attlee um Hilfe gewandt hatte, erhielt er eine vernichtende Antwort von dem führenden Labour-Politiker und stellvertretenden Premierminister:

„You wrote to me on the 31st of July about the position of the Sudeten Germans", schrieb Attlee und fuhr fort: „This, I am afraid, is not a matter in which I am prepared to intervene, and I think your proper course is for you to address your representations to the government of Czechoslovakia[129]."

Demnach war es auch sinnlos geworden, eine Lösung der sudetendeutschen Frage auf der Grundlage der Atlantic-Charta zu erwarten. Die Politik der Treuegemeinschaft sudetendeutscher Sozialdemokraten, die im Exil noch immer das zu erreichen suchte, was der Partei in zwanzig Jahren konstruktiven Strebens in der Heimat versagt geblieben war, nämlich die staatsrechtliche Anerkennung der Sudetendeutschen als deutscher Volkskörper im tschechoslowakischen Staat, war gescheitert. Beide Seiten hatten sich als mehr oder minder kompromißlose Vertreter von Ansichten gezeigt, die im nationalen Selbstinteresse ihrer eigenen Nation wurzelten und dadurch einen mit der Gegenseite unvereinbaren Charakter annahmen. Es ist deshalb müßig und für den Historiker kaum angebracht zu fragen, was wohl geschehen wäre, wenn Jaksch sich bei Ausbruch des Krieges bedingungslos für die tschechoslowakische Sache ausgesprochen hätte. Tatsache ist, daß er es nicht tat, und daß selbst diejenigen, die 1940 diese Option vollzogen, zum großen Teil auch nicht in der Tschechoslowakei verbleiben konnten. Beneš und Jaksch erkannten beide – vielleicht der eine mehr als der andere –, daß das Exil das Spiegelbild der Entwicklung in der Heimat darstellte, und da war der Verlauf des Krieges klar auf der Seite Benešs und der Tschechoslowaken.

Selbst der vergleichende Hinweis auf die Kampfgemeinschaft zwischen demokratischen Tschechen und Sudetendeutschen in den Jahren vor 1938 erklärt nur ungenügend die Probleme des Exils, da er nur eine Minderheit auf beiden Seiten berücksichtigt, die sich dann im Ausland – ohne das einigende Element des drohenden Hitler-Deutschlands – auch nicht mehr verständigen konnte. Das Exil duplizierte in mancher Hinsicht die miteinander unvereinbaren Probleme zwischen Tschechen und Deutschen im letzten Jahrzehnt der ersten Republik, die nur gewaltsam gelöst werden konnten. Man sollte deshalb Jakschs folgende Bemerkung nicht nur auf die tschechische Seite beziehen, sondern auch auf die sudetendeutsche. Jaksch schrieb:

„Hier ging es um ein gigantisches Objekt. Keine persönliche Freundschaft, keine Schätzung unserer patriotischen Leistung hätte den Wettlauf ... [von denen] verhindern können, die da glauben, die Geschichte von Jahrhunderten revidieren zu können und selbst als Schöpfer eines homogenen Landes in die Geschichte einzugehen. Das ist einfach die innere Dynamik des Nationalismus, daß er sich eine solche goldene Gelegenheit nicht entgehen lassen kann und will[130]!"

---

[129] Faksimile Abdruck in: Europas Weg nach Potsdam 415.

[130] J a k s c h an Paul (Stockholm) vom 2. September 1944. SA.

Detlef Brandes

DER TSCHECHISCHE WIDERSTAND IN DEN LETZTEN KRIEGSJAHREN

Zu Beginn möchte ich ein paar Worte über die Quellengrundlage dieses Referats sagen:

Es gibt nur wenige Memoiren und ebensowenig gedruckte Quellen. Archivstudien konnte ich zu diesem Thema leider nicht betreiben.

Es gibt schlechte Gesamtdarstellungen aus einer vergangenen historiographischen Periode, in der den Angaben in einem Flugblatt ebenso vertraut wurde wie denen in einem Polizeibericht.

In den letzten Jahren sind gute Einzeluntersuchungen über den tschechischen Widerstand erschienen, doch konnten diese noch nicht oder nicht mehr zu einem Gesamtbild zusammengefügt werden. Dazu kommt, daß diese vorwiegend die ersten Besatzungsjahre behandeln.

Aus deutschen Archiven und Befragungen ist für die Beschreibung des tschechischen Widerstandes nur wenig zu erwarten.

Aus diesem Grunde müssen viele Aussagen des Referats ungenau bleiben und mit Fragezeichen versehen werden.

Ich werde mich bemühen, einen Überblick zu geben und der Frage nachzugehen, wie es zu der langjährigen Schwäche des tschechischen Widerstandes kommen konnte.

Lassen Sie mich mit einigen allgemeinen Überlegungen über die Voraussetzungen des tschechischen Widerstandes beginnen. Wodurch unterschied sich die Situation im Protektorat von der in anderen besetzten osteuropäischen Ländern? Mir erscheinen folgende Unterschiede für die Entwicklung des tschechischen Widerstandes wesentlich:

1. Das Protektorat hatte wenige schwer zugängliche Waldgebiete, in denen einzelne oder Gruppen längere Zeit leben konnten, ohne befürchten zu müssen, bald entdeckt und umzingelt zu werden. Es war dicht besiedelt und durch Eisenbahnen, Straßen und Telefon gut erschlossen.
2. Böhmen und Mähren wurden ohne Kampf besetzt, als der tschechische Widerstandswille schon gebrochen war. Die Bevölkerung hatte wenig Waffen. Es gab keinen direkten Übergang vom Kampf an der Front in den Widerstand.
3. Kriegerische Traditionen ähnlich denen, über die Serben und Polen verfügten, fehlten weitgehend. Die Befreiung nach dem Ersten Weltkrieg war den Tschechen in den Schoß gefallen. Warum sollte es nach dem Zweiten Weltkrieg anders sein? Eine gewisse Sonderstellung nahmen allerdings die Legionäre des Ersten Weltkriegs, das Offizierskorps und die Kommunisten, Sozialdemokraten und Gewerkschaften ein, die immerhin auf kämpferische Traditionen der Arbeiterbewegung zurückblicken konnten.
4. Das deutsche Besatzungsregime war im Protektorat bei weitem nicht so drückend wie auf dem Boden Polens, Jugoslawiens und der Sowjetunion. Nicht, daß sich

die nationalsozialistische Politik in ihren Grundsätzen von der dort verfolgten Politik unterschieden hätte – wie ich in meinem Buch nachzuweisen versucht habe – sondern in der Methode. Wenn man rund die Hälfte der Tschechen zum Deutschtum bekehren und die tschechische Rüstungsindustrie auf Hochtouren bringen wollte, mußte man eben vorsichtiger auftreten. Unter solchen Umständen konnte man sich weder eine völlige Abschaffung der Autonomie oder eine Hungersnot, noch ständige Massenerschießungen und Umsiedlungen leisten. Mit einem Satz, das Besatzungsregime im Protektorat provozierte nicht so zum Widerstand wie in den erwähnten anderen Staaten.

In den folgenden fünf Kapiteln möchte ich zuerst die Tätigkeit der nationalen Widerstandsgruppen, danach die der Kommunisten und die der Partisanen beschreiben, einen Überblick über die Sabotagetätigkeit geben und mit einer kurzen Darstellung des Prager Aufstandes schließen.

Die nationalen Widerstandsgruppen

Anfang 1941 hatten die größten nationalen Widerstandsorganisationen einen gemeinsamen Ausschuß, den sog. ÚVOD, gebildet. In diesem waren die Geheimarmee, ein Fünferausschuß der politischen Parteien und eine sozialistische Gruppe, die sich aus Gewerkschaften und linker Sozialdemokratie rekrutierte, vertreten. Diese Einigung wurde jedoch Ende 1941 mit der Aufrollung sowohl des ÚVOD als auch seiner Gliederungen bezahlt. Obwohl sich organisatorisch in den folgenden Jahren vieles änderte, blieben die genannten politischen Kräfte weiterhin die wesentlichen Träger des nationalen Widerstandes.

Im Herbst 1941 und im Frühjahr 1942 versuchte die tschechoslowakische Exilregierung dem Widerstand zu helfen, indem sie gut ausgebildete Fallschirmagenten über dem Protektorat absetzen ließ. Deren Bemühungen wurden jedoch durch die auf das Heydrich-Attentat folgende Terrorwelle zunichte.

Vom ÚVOD und seinen Teilen war in der zweiten Hälfte des Jahres 1942 nicht mehr viel übrig. Und von den wenigen Resten wußte man nicht, ob die Gestapo sie nicht mit Absicht geschont hatte, um einen Anknüpfungspunkt für spätere Verhaftungen zu haben. Dennoch läßt sich eine gewisse Kontinuität feststellen.

Die Geheimarmee bekam im Juni 1942 eine neue Führung, die die Organisation klein hielt und sich damit zufrieden gab, in den Führungsspitzen der mannschaftsstarken tschechischen legalen Organisationen Zellen zu bilden. Die Geheimarmee hatte Verbindung zur sog. „Regierungstruppe" des Protektorats, die 7000 Mann stark war, zur Gendarmerie und zur Polizei. Diese Widerstandsorganisation der Geheimarmee war für den Aufstand im letzten Moment bestimmt. 1944 hatte sie Funkverbindung mit London.

Die Geheimarmee beteiligte sich an dem Anfang 1943 gegründeten „Nationalausschuß", in dem ehemalige Parteipolitiker und hohe Beamte eine wichtige Rolle spielten. Der Nationalausschuß hatte auch Verbindungen zu den Gewerkschaften und zur Kommunistischen Partei, während die mährische Widerstandsgruppe R 3, die weiter unten erwähnt werden wird, den Nationalausschuß wegen seines angeblichen Rechtsdralls ablehnte. Der Ausschuß und viele seiner Mitglieder – allein in Pilsen über 300 – fielen im Juli 1944 der Gestapo zum Opfer.

Das Programm des „Nationalausschusses" verlangte eine Vereinheitlichung des Parteienwesens, sprach sich kritisch gegenüber der im Exil propagierten tschechoslowakisch-polnischen Föderation aus und forderte die Ausweisung aller Deutschen. Nur die staatstreuen sollten im Status von Ausländern Wohnrecht in der Tschechoslowakei erhalten. Dazu kam die Forderung nach Reparationen und einer tschechoslowakischen Besatzungszone in Deutschland zur Sicherung der deutschen Zahlungen.

Unabhängig vom „Nationalausschuß" bildete sich wiederum ein Fünferausschuß der Parteien aus je einem Vertreter der Sozialdemokratischen, Nationalsozialistischen, Nationaldemokratischen, Volks- und Agrarpartei. Dieser betonte im Gegensatz zu den meisten anderen Gruppen die Kontinuität mit der Ersten Republik und ging sogar vom rechtlichen Weiterbestehen des Vormünchner Parlaments aus. Er hatte Verbindung zur Führung des verbotenen Sokol. Im August 1944 wurde er von der Gestapo aufgerollt, doch bald darauf durch einen ebenso zusammengesetzten Ausschuß ersetzt.

Die bedeutendste nicht-kommunistische Widerstandsgruppe dürfte aber doch der sog. „R 3" (Rat der Drei) gewesen sein, der sich langsam von seinem Zentrum auf der Böhmisch-Mährischen Höhe über das ganze Protektorat ausbreitete. Er verstand sich als Nachfolger der schon im ÚVOD vertretenen sozialistischen Gruppe, stützte sich aber nun nicht mehr auf die Gewerkschaften und die Parteilinke, sondern erweiterte sein Netz auf dem Lande, in den Dörfern, unter einfachen Leuten. Der R 3 bildete sich im September 1942 und überstand die deutsche Herrschaft. Seine Gründer haben Memoiren geschrieben, die eine wichtige Quelle auch für dieses Referat sind.

Sie polemisieren gegen die Geheimarmee, die sich nicht gescheut habe, die Führungsspitze der Regierungstruppe und der Gendarmerie an sich zu binden, statt an der Basis Zellen zu bilden. Doch machte es der R 3 bei der Feuerwehr und der „Tschechischen Jagdvereinigung" selbst nicht anders. Seit Mai 1944 stellte der R 3 Partisanengruppen auf, die je nach den örtlichen Bedingungen früher oder später zu Aktionen übergingen. Im November 1944 umfaßten diese 300 Bewaffnete, von denen jedoch ein Teil noch im gleichen Jahre von der Gestapo verhaftet wurde.

Das Programm des R 3, das alte ÚVOD-Programm, suchte einen Dritten Weg zwischen Kapitalismus und Sozialismus. In einer nach London gefunkten Depesche spricht der R 3 von „Verstaatlichung der großen Betriebe", „Bodenreform", „Recht auf Arbeit", „gelenkter Demokratie", enger Zusammenarbeit mit der Sowjetunion und der Austreibung aller Deutschen und Madjaren.

In der Übergangszeit nach dem Kriege sollte Beneš diktatorisch herrschen, zusammen mit einem Parlamentsersatz aus Widerstandskämpfen, ergänzt durch ein paar Exilpolitiker. Vorbilder waren De Gaulles Frankreich und zum Teil auch Titos Jugoslawien.

Interessant erscheint mir, daß der R 3 sich die Bildung der von der KPČ propagierten und von der Exilregierung akzeptierten „Nationalausschüsse" anders vorstelle als die Regierung. Die Nationalausschüsse sollten nach Meinung des R 3 von der gleichen Anzahl von Vertretern der KPČ und eines „demokratischen Blocks" besetzt werden. Ob sich durch solch eine Politik die parteipolitischen Machtverhältnisse in den böhmischen Ländern ähnlich denen der Slowakei entwickelt hätten? Sicher erscheint mir, daß die Bildung eines demokratischen Blocks oder auch einer demokratischen Partei es den Kommunisten schwer gemacht hätte, mit Hilfe des „sozialistischen Blocks" in der „Nationalen Front" ihre Politik durchzusetzen. In ihren Memoiren scheinen die R 3-Führer manchmal beweisen zu wollen: Wir wären mit den Kommunisten besser fertig geworden als ihr aus dem Exil.

Der R 3 war auch während des Krieges sehr unzufrieden mit der Exilregierung, da diese ihn nicht als oberstes Widerstandsorgan anerkannte, ihm die aus Großbritannien entsandten Fallschirmagenten nicht unterstellte und viel zu wenig Waffen schickte. Er verlangte von der Regierung, daß diese eine Übereinkunft mit den der Kiewer Zentrale unterstehenden Partisanen traf, damit diese nicht angeblich unnütz Menschenleben gefährdeten. Außerdem wollte der R 3 bzw. der von ihm mitgetragene „Tschechische Nationalrat" (ČNR) an den Moskauer Verhandlungen im März 1945 beteiligt werden. Während die Vertreter des Slowakischen Nationalrats in Moskau dabei waren, blieb das bestellte Flugzeug, das die ČNR-Vertreter abholen sollte, aus.

Seit dem Herbst 1944 arbeiteten R 3 und die sog. „Revolutionäre Gewerkschaftsbewegung" (ROH) zusammen und verhandelten über die Bildung eines „Tschechischen Nationalrats". Die Gewerkschaften hatten dabei eine Schlüsselstellung, da nur sie über Kontakte zum ZK der Kommunistischen Partei verfügten und es ihnen gelungen war, einige bisherige kommunistische und sozialistische Gruppen aufzusaugen.

Außer der Kommunistischen Partei, den Gewerkschaften und dem R 3 waren im ČNR noch einige kleinere Gruppen, besonders aus den landwirtschaftlichen und Konsumgenossenschaften, vertreten. Schließlich wurden auch Vertreter der anderen Parteien kooptiert, nach dem Vorbild, das die Kaschauer Regierung gegeben hatte. Die Geheimarmee wurde jedoch nicht hinzugezogen, anscheinend weil der R 3 die militärische Führung beanspruchte und erhielt.

Der R 3 rechnete bis zum Schluß mit großen Waffenlieferungen. Von deren Eintreffen wollte er das Ausmaß seiner Tätigkeit abhängig machen. Er kritisierte die Exilregierung wegen ihrer Aufrufe zum Widerstand ohne gleichzeitige Waffenlieferungen. Doch diese kamen sehr spät und dann auch noch sehr spärlich. Im März wurden 10 und Mitte April 6 Flugzeug-Ladungen abgeworfen, von denen jeweils rund 150 Mann bewaffnet werden konnten. Dabei fiel ein Teil auch noch der Gestapo in die Hände.

Doch die Exilregierung wollte auch deshalb nicht soviel Waffen liefern, da sie keine großen Widerstandsaktionen und damit deutsche Repressalien provozieren wollte, die große Opfer gefordert hätten. Ein wichtiger Grund für die geringen Lieferungen dürfte aus einer Depesche der Regierung vom 9. März 1945 hervorgehen. Dort heißt es: Die Waffen aus dem Westen könnten aus technischen Gründen nicht das Niveau erreichen, das für einen Aufstand nötig sei. Größere Aktionen sollten nur im Zusammenhang mit Operationen der Roten Armee unternommen werden. Auch wenn eine solche Depesche vielleicht bei einer breiteren Quellengrundlage ganz anders interpretiert werden muß, möchte ich vorläufig daraus schließen, daß die sowjetische Regierung und damit die von ihr abhängige tschechoslowakische keinen Aufstand wünschten. Wer konnte wissen, ob durch einen solchen Aufstand nicht Kräfte emporgehoben wurden, die man gerade auf diplomatischem Wege ausgespielt hatte.

Am 15. April 1945 funkten Masaryk und Ripka aus London, daß aus dem Westen keine massenhaften Waffenlieferungen zu erwarten seien. Die Entscheidung liege bei Moskau und der Kaschauer Regierung. Aber auch von dort oder über das Kiewer Partisanen-Hauptquartier bekamen die nicht-kommunistischen Gruppen keine materielle Hilfe. Daran konnte auch eine Fahrt des R 3-Führers nach Kaschau und sein Gespräch mit Beneš nichts ändern. Man wird diese Situation bei einem Vergleich beispielsweise mit den Widerstandsbewegungen auf dem Balkan nicht vergessen dürfen. Dabei hatte man im Exil und in Moskau wohl einen relativ guten Überblick über die Größe und Leistungsfähigkeit der einzelnen Gruppen, berichteten doch mehrere von westlichen Fallschirmagenten bediente Funkstationen und einige sowjetisch geleitete Partisanengruppen ständig nach London und Kiew.

Die von britischen Flugzeugen abgesetzten Fallschirmagenten beschränkten sich seit 1942 weitgehend auf den Nachrichtendienst für die Exilregierung und die westlichen Alliierten. Nur selten wurden sie als Führungsgremien in Gebieten eingesetzt, wo die Widerstandsbewegung bisher unterentwickelt war. Da sie für den Nachrichtendienst viele Verbindungen brauchten, waren sie sehr gefährdet und flogen auch dementsprechend oft auf. Dazu waren diese Gruppen sehr klein – sie bestanden meist aus zwei bis vier Mann – und folglich auf Hilfe angewiesen. Sie konnten sich nicht wie größere Partisanengruppen ihre Lebensmittel durch Raub verschaffen oder sich mit Aussicht auf Erfolg gegen deutsche Streifen etc. wehren.

Die nationale Widerstandsbewegung hatte es schwer im Protektorat. Die Gestapo war den immer wieder neu nachrückenden Führern der einzelnen Gruppen meist überlegen. Sie hatte Erfahrung, alle technischen Hilfsmittel, Archive und besonders Lockspitzel. Wenn man sieht, zu welch verschiedenen Zeiten und an wieviel Orten ein und derselbe Gestapospitzel auftaucht und bald darauf die Gestapo zuschnappt, erkennt man den Vorsprung, den diese vor dem Widerstand hatte. Dieser hätte nur durch schwer zugängliche Operationsbasen ausgeglichen werden können, über die der tschechische Widerstand im Gegensatz zum russischen, polnischen und jugoslawischen nicht verfügte. Die Gestapo kontrollierte ganze Widerstandsgruppen und zog solche sogar selbst auf. Das führte z. B. in einem Fall soweit, daß sie über eine Schein-Widerstandsgruppe mit London Funkdepeschen austauschte und sich von der Exilregierung die Vertrauenswürdigkeit ihrer Agenten gegenüber anderen noch nicht unterwanderten Gruppen bestätigen ließ.

Die KPČ war die einzige Partei, die als Partei in den Widerstand ging und dort weiterlebte. Ihr erstes illegales ZK wurde im Frühjahr 1941, ihr zweites zur Zeit der Verfolgung der Heydrich-Attentäter von der Gestapo liquidiert.

Im Laufe des Jahres 1942 setzte sich allmählich ein neues, das dritte ZK, durch, besonders dadurch, daß es wieder das Parteiorgan „Rudé právo" herausgab. Es konnte einige abgerissene Verbindungen wieder aufnehmen, doch nur in Böhmen. Mähren blieb mit einer kurzen Unterbrechung bis Kriegsende ohne Verbindung nach Prag. Die eigentlichen Stützen der Organisation wurden nun die Gewerkschaften und die Arbeiterkonsum-Genossenschaften. Im Juni 1943 gelang es einem von der Auslandsführung der KPČ entsandten Funktionär, Verbindung mit dem ZK aufzunehmen und ihm Moskauer Weisungen zu überbringen. Eine Funkverbindung nach Moskau erhielt jedoch weder dieses noch das letzte illegale ZK. Dieser Funktionär, der ins ZK eingegliedert wurde, versuchte eine stärkere Zentralisierung der Partei und die Bildung von Partisanengruppen durchzusetzen. Die übrigen ZK-Mitglieder hielten die Bildung von Partisanengruppen für verfrüht. Doch einigte man sich schließlich auf die Aufstellung kleinerer Sabotageabteilungen. Wie richtig die Partei handelte, indem sie eine straffere Zentralisierung ablehnte, zeigt die Tatsache, daß das ZK-Mitglied, das zugleich Gestapo-Agent war, diese Moskauer Weisung unterstützte. Für die Gestapo hätte eine Straffung der Organisation nur Vorteile gehabt. Wie gut diese im Protektorat arbeitete, kann man daraus entnehmen, daß allein die Kartothek der Brünner Leitstelle 930 Namen enthielt, die als Lockspitzel allein auf den Linkswiderstand angesetzt wurden. Das zuständige Referat ermittelte in sechs Jahren 9703 Angehörige kommunistischer und sozialistischer Gruppen, von denen rund 18% hingerichtet wurden oder in KZs umkamen. Häufig verhaftete die Gestapo nur die Spitzenfunktionäre und ließ die übrigen Mitglieder im Glauben, nicht verraten zu sein, weiterarbeiten, schleuste Lockspitzel ein und köpfte die Gruppe nach einiger Zeit von neuem.

Als die Gestapo das 3. ZK nicht mehr gewähren lassen konnte, weil es einen Sabotageakt gegen die Eisenbahnlinie Prag–Pilsen initiiert hatte und weitere plante, verhaftete sie die wichtigsten Funktionäre. Nur der Moskauer Abgesandte konnte entkommen und bildete zusammen mit dem Gestapo-Agenten ein Rest-ZK, das im Juli 1944 liquidiert wurde. Bei diesem Erfolg der Gestapo handelt es sich um keine Ausnahme. Im Mähren z. B. druckte die Gestapo zeitweise das mährische Organ der KPČ und stellte für die Landesleitung der KP die Artikel zusammen. Sie verhaftete deren Mitglieder erst, als diese Verdacht geschöpft hatten.

Beinahe wäre es dem gleichen Agenten, der das 3. ZK auf dem Gewissen hatte, gelungen, das 4. ZK unter Josef Smrkovský aufzuspüren. Doch hatte der Agent Ende 1944 Gewissensbisse oder eher Alibiangst und warnte die ZK-Mitglieder.

Die letzten Jahre zeigen eine weitgehend handlungsunfähige KP. Zu groß waren die Opfer gewesen, zu unerfahren die nachrückenden Genossen. Auf der anderen Seite entwickeln sich in dieser Zeit große kommunistische Jugendgruppen, die schließlich auch Reste der alten Parteiorganisation aufsaugen und neue Leute in die Partei bringen.

Das 4. ZK spiegelt diese Entwicklung wider. Es bestand aus drei Funktionären einer solchen Jugendgruppe, zwei Funktionären der kommunistischen Betriebsorganisationen in Prag und Smrkovský. Es gab das Parteiorgan heraus, kontrollierte aber nur die KP-Gruppen in Prag und Umgebung. Zudem hatte es weder Verbindung zur Auslandsführung in Moskau noch zu den Partisanen.

Dadurch kam es auch, daß sich das ZK an den Aufstandsvorbereitungen und am Aufstand selbst beteiligte, obwohl es dazu keine Weisung hatte und vielleicht auch nicht bekommen hätte.

Die Partisanenbewegung

Der Partisanenkrieg ist nur zu einem kleinen Teil eine eigenständige tschechische Entwicklung. Zwar hatte auch der R 3 Partisanengruppen aufgestellt, doch begannen diese den Kampf sehr spät und lebten wohl größtenteils legal, um dann außerhalb der Arbeitszeit als Partisanen aufzutreten. Auch innerhalb der kommunistischen Widerstandsbewegung hatte es schon 1942 und 1943 Ansätze zur Bildung von Partisanengruppen, besonders in Ostmähren und im Brdywald gegeben. Doch wurden diese sehr schnell von der Gestapo aufgerollt.

Der eigentliche Partisanenkrieg begann in Böhmen und Mähren mit der Entsendung ausgebildeter Partisanengruppen aus der Sowjetunion auf das Gebiet des Protektorats. Die größte Gruppe überschritt während des slowakischen Aufstandes im September 1944 die slowakisch-tschechische Grenze und operierte in den Beskiden. Die übrigen Gruppen wurden von sowjetischen Flugzeugen besonders auf der Böhmisch-Mährischen Höhe und im März 1945 auch über dem Brdywald abgesetzt. Sie bestanden aus rund 15–20 Mitgliedern, hatten einen sowjetischen Kommandeur und einen tschechischen politischen Kommissar, 2 Funkgeräte, Waffen und Sabotagematerial. Sie sollten nach Kiew an das Partisanenhauptquartier berichten, Sabotageakte gegen Verkehrs- und besonders Eisenbahnlinien unternehmen und sich vor allem um sowjetische und tschechische Mitglieder vergrößern. Sie ergänzten ihre Reihen einerseits durch entflohene sowjetische Kriegsgefangene oder Fremdarbeiter und andererseits durch Tschechen, die entweder kommunistisch eingestellt waren oder aber auch nur die Möglichkeit zum Kampf, die sich hier bot, ausnützen wollten. Zum Teil dürften die tschechischen Mitglieder der Partisanengruppen jedoch Leute gewesen sein, die „arbeitsvertragsbrüchig" geworden waren (v. a. Leute, die nicht im Reich arbeiten wollten, besonders wegen der Luftangriffe), und solche, die vor der Ende 1944 verkündeten Arbeitsmobilisierung in die Wälder ausgewichen waren. Die Partisanen unternahmen Sabotageakte gegen Eisenbahnlinien und Züge, sprengten Brücken, entwaffneten tschechische Gendarmen und ungarische Soldaten und überfielen deutsche Posten und kleinere Einheiten. Sie spielten Geburtshelfer bei der Gründung der Nationalausschüsse, die sich in den Partisanengebieten meist aus den Helfern der Partisanengruppen rekrutierten.

Dennoch gelang es den deutschen Behörden bis zum April 1945, die Aktivität der Partisanen in Grenzen zu halten. Anfang August 1944 hatte Karl Hermann Frank aus Waffen-SS-Einheiten eine Kampfgruppe für die Partisanenjagd gebildet, die er aber bei Ausbruch des slowakischen Aufstandes Ende August 1944 an die Slowakei abgeben mußte. Um ein Übergreifen des slowakischen Aufstandes auf das Protektorat zu verhindern, ließ er die Grenze zur Slowakei sperren. Unterstützt durch einen intensiven Nachrichtenaustausch mit dem deutschen Befehlshaber in der Slowakei, funktionierte diese Sperrung so gut, daß selbst die starke Brigade „Jan Žižka“ beim Grenzübergang ungefähr die Hälfte ihrer Mitglieder verlor. Zudem war ein Partisanenjagdkommando aus Serbien nach Mähren verlegt worden. Gleichzeitig ging man an den Aufbau eines dichten SD-Netzes in den Partisanengebieten. Man bildete „Alarmverbände“ aus den Deutschen des Protektorats, „Schutzwachen“ bzw. einen „Mährischen Heimatschutz“ aus der tschechischen Landbevölkerung und ein „Grenzschutzkorps“ aus ausgewählten tschechischen Gendarmen.

Gezielte Terrormaßnahmen sollten die Bevölkerung von einer Unterstützung der Partisanen abschrecken. Am 3. November 1944 befahl Frank, alle Partisanen, ihre Helfer und Arbeitsvertragsbrüchige „kurzerhand einer Sonderbehandlung zuzuführen und in Orten oder in der Umgebung von Orten, in denen Bandenüberfälle vorkommen, öffentlich aufzuhängen“. In den nächsten Tagen sei eine größere Anzahl von Exekutionen „politisch erwünscht“. „Alle bürokratischen und menschlichen Hemmungen haben zu entfallen.“ Zu solchen Terrorakten kam es dann auch.

Von September bis November 1944 konzentrierte sich die Bekämpfung der Partisanen auf die Beskiden. Wie damals die Machtverhältnisse zwischen Partisanen und deutschen Truppen noch waren, zeigt das folgende Beispiel: Bei einer einwöchigen Einkreisungsaktion im November 1944 stellten 13000 Mann ganze 12 Partisanen. Ende 1944 konnte Frank an den Chef der Bandenkampfverbände schreiben, daß es im Protektorat nur noch ungefährliche Gruppen gebe, die vor allem Raubzüge zu ihrer eigenen Versorgung unternähmen. Die Partisanen seien von der Zivilbevölkerung isoliert, und zwar sowohl durch deutsche Abschreckungsmaßnahmen, als auch durch die Tatsache, daß ihre Helferorganisationen aufgerollt werden konnten.

Doch im Frühjahr 1945 nahmen diese isolierten Gruppen den Kampf mit doppelter Kraft wieder auf. Nun reichten die deutschen Kräfte nicht mehr für größere Einkreisungsmanöver. Obwohl 1945 achtmal soviel deutsche Truppen im Protektorat lagen wie 1942, benötigte die Wehrmacht doch alle Kräfte für den Abwehrkampf gegen die Rote Armee. In der tschechischen Literatur spricht man für das Frühjahr 1945 von rund 120 größeren und kleineren Partisanengruppen mit ungefähr 7500 Mitgliedern. Diese Zahl dürfte jedoch viel zu hoch gegriffen sein, besonders wenn man bedenkt, daß aus der Sowjetunion als Organisatoren nur 152 Partisanen eingeschleust worden waren und von diesen wiederum ein großer Teil bald der Gestapo zum Opfer gefallen war. Richtig ist allerdings, daß sich im April 1945 die Zahl der Partisanenaktionen vervielfachte. Sie bekamen jedoch selbst in einem Befehl vom 1. Mai 1945 keinerlei Weisung, sich an den Aufständen der tschechischen Bevölkerung zu beteiligen. Sie versuchten nur, der Roten Armee den Vormarsch zu erleichtern.

Stärke und Wirksamkeit des tschechischen Widerstandes

Die Zeit nach dem Attentat auf Heydrich und vor dem massiven Auftreten der Partisanen ist durch einen Mangel an größeren Widerstandsaktionen gekennzeichnet. Einerseits waren die Voraussetzungen, wie schon zu Beginn gesagt wurde, ungünstig, andererseits hatte die Gestapo ein erdrückendes Übergewicht und einen entmutigenden Handlungsvorsprung vor den Widerstandsorganisationen.

Die in der tschechischen Literatur erwähnte Arbeitssabotage in den Betrieben muß nach dem bisherigen Stand der Untersuchungen vorsichtig beurteilt werden. Sicherlich haben die tschechischen Arbeiter keine Begeisterung für die deutschen Kriegsziele aufbringen und deshalb zu größeren Leistungen angespornt werden können. Doch waren die Löhne in den kriegswichtigen Betrieben verbunden mit einem ausgedehnten Akkordsystem zufriedenstellend. Außerdem war die Lebensmittelversorgung für die Rüstungsarbeiter besser als für die übrige Bevölkerung. Wenn tschechische Historiker die Zunahme der Krankmeldungen und den Rückgang der durchschnittlichen pro Kopf-Produktivität als Widerstandshandlung verzeichnen, unterschlagen sie andere Faktoren. Beide Erscheinungen könnten nämlich zu einem überwiegenden Anteil auf eine schlechtere körperliche Verfassung der Arbeiter und das Einströmen ungelernter Arbeitskräfte, besonders von Frauen, in die Betriebe zurückgeführt werden. Hier würden nur Vergleiche mit den Verhältnissen in deutschen Gebieten Schlüsse erlauben.

Von Sabotage blieben die Rüstungsbetriebe – wie die Rüstungsinspektion Prag verzeichnet – fast vollkommen verschont. Es gab dort zahlreiche Verhaftungen, aber überwiegend wegen sogenannter politischer Vergehen und nur ganz wenige wegen Sabotage oder Sabotageverdachts. Die Rüstungsinspektion faßte sogar noch das erste Vierteljahr 1944 folgendermaßen zusammen: „Sabotageakte und Widerstand in größerem Ausmaße sind nicht bekannt geworden. Die Arbeitsdisziplin ist, wenn man die Verhältnisse im 5. Kriegsjahr in Betracht zieht, zufriedenstellend, Verstöße gegen dieselbe sind verhältnismäßig gering." Außerhalb der Betriebe gab es ein paar demonstrative Aktionen. So wurde auf das Arbeitsamt in Mährisch-Ostrau ein Brandanschlag und auf die Propagandastelle der „Antibolschewistischen Liga" ein Sprengstoffanschlag verübt. Bei einer Veranstaltung des faschistischen „Jugendkuratoriums" wurde Tränengas gestreut.

Einen großen und für die deutsche Führung gefährlichen Umfang erreichte der tschechische Widerstand erst im April 1945. Im März und April ließen die Partisanen rund 1900 hl Spiritus, der damals deutscherseits als Benzinersatz verwendet wurde, aus den örtlichen Lagern auslaufen. Sie überfielen Straßentransporte, woraus sich manchmal regelrechte Kämpfe entwickelten. Sie griffen Wohnungen und Unterkünfte von Einheiten der deutschen Wehrmacht, der ungarischen und der Wlassow-Armee an. Das bedeutendste Aktionsfeld des tschechischen Widerstandes und besonders der Partisanen war jedoch die Eisenbahnsabotage. Diese führte dazu, daß in den Partisanengebieten nur noch mit einer Geschwindigkeit von 30 Stundenkilometern gefahren werden konnte und die Züge durch Bewaffnete geschützt werden mußten. Zusätzlich zu den übrigen Sicherungen wurde ein Streckenschutz von rund 1000 Mann aufgestellt. Während die Straße von Brünn nach Iglau frei war,

war der Eisenbahn-Verkehr durch Mähren sehr behindert. Auf den Strecken Iglau-Brünn und Iglau-Znaim war je eine Brücke für 14 Tage bzw. bis zum Kriegsende unpassierbar. Die Zahl der Anschläge auf Gleise, Züge und Brücken lag im März 1945 bei 23 und stieg im April auf 161. Aus einer deutschen Karte, auf der diese Sabotageakte verzeichnet sind, geht hervor, daß die Zentren Mähren und Ostböhmen und außerdem der Brdywald waren, also die eigentlichen Partisanengebiete. Von den Anschlägen wurden sowohl die Haupt- als auch die Nebenstrecken betroffen, sowohl die West-Ost- als auch die Nord-Süd-Verbindungen.

Außerdem versuchten die Partisanen die Elektrizitätsversorgung zu gefährden. Sie unternahmen Anschläge auf Hochspannungsmasten und Schaltstellen.

Der Prager Aufstand

Für einen Aufstand in den letzten Kriegstagen traten alle tschechischen Widerstandsgruppen einschließlich der Kommunisten ein, am meisten natürlich die Geheimarmee, die sich seit Beginn des Krieges auf den Aufstand vorbereitet hatte, aber auch die KPČ, die zwar bis 1942 nur vom Generalstreik als höchster Form des Endkampfes gesprochen hatte, doch seit Stalingrad den „nationalen Aufstand" propagierte. Während die Offiziere die neue Armee durch Mobilisierung während des Aufstandes schaffen wollten, ging die KPČ davon aus, daß aus kleineren Partisanengruppen allmählich eine „nationale Volksarmee" entstehen würde.

Neben politischen und ideellen Gründen gab es eine pragmatische Begründung für die tschechische Bevölkerung, sich an Aufständen in den letzten Kriegstagen zu beteiligen. Wenn es ihr gelang, die Wehrmacht vor Ankunft der Roten Armee aus ihrer Heimat hinauszuwerfen, würde diese weitgehend von Kriegshandlungen, also besonders von Artilleriefeuer und Bombardierungen, verschont bleiben. Für Prag galt dies in besonderem Maße, da Prag nach den deutschen Plänen wie eine „Festung" verteidigt werden sollte. Dazu war die Sprengung der Moldaubrücken und die Evakuierung der Bevölkerung vorgesehen. Darauf wies die illegale Gewerkschaftsführung auch in einem Flugblatt von Anfang Mai 1945 die Prager Bevölkerung hin.

Am 26. April befreite die Rote Armee Brünn, am 30. April 1945 Mährisch-Ostrau, doch blieb sie danach bis zum 8. Mai im wesentlichen in ihren Stellungen liegen. In der Zeit nach dem 1. Mai kam es in manchen Orten zu Aufständen bzw. zur Machtergreifung durch die Nationalausschüsse. Diese können hier nicht im einzelnen beschrieben werden. Es ging meist so vor sich, daß sich das Gerücht verbreitete, die alliierten Truppen ständen unmittelbar vor der Stadt. Daraufhin ging die Bevölkerung auf die Straße und feierte die Befreiung mit tschechoslowakischen Fahnen, und indem sie deutsche Aufschriften und Tafeln entfernte. Deutsche Soldaten wurden entwaffnet, die Nationalausschüsse traten aus der Illegalität heraus und ersetzten die bisherige Verwaltung. Wenn man merkte, daß man zu früh gehandelt hatte, zog man sich teilweise wieder zurück, gab die Waffen wieder ab und respektierte die Anordnungen der deutschen Militärbehörden. In Prerau (Přerov), dem ersten Aufstandszentrum, honorierten die Deutschen das Nachgeben des Nationalausschusses, indem sie seine Mitglieder erschossen. Nur in wenigen Orten kam es zu Streiks und zu bewaffneten Auseinandersetzungen. Deutschen Repressalien fielen in 15 Orten zwischen 5 und 60 Personen zum Opfer. Insgesamt handelt es sich um 310 Erschießungen, davon 60 in Großmeseritsch (Velké Meziříčí) und 38 in Javoříčko. Schörners Befehl, „rücksichtslos durchzugreifen" und „die Beteiligten zu dezimieren", wurde jedoch nur zum Teil durchgeführt. Der Terror nahm in Richtung Westen ab. Manche örtlichen Wehrmachtsbefehlshaber waren froh, in den Nationalausschüssen Organe zu haben, mit denen sie über einen unbehinderten Abzug der deutschen Truppen verhandeln konnten, und ließen sie gewähren. Viele deutsche Soldaten ließen sich auf die Nachricht von der angeblichen deutschen Kapitulation widerstandslos entwaffnen.

Alle Züge, die sich bei den Aufständen in der Provinz gezeigt hatten, sollten auch beim Prager Aufstand, der am 5. Mai 1945 begann, eine Rolle spielen. In diesem Referat können nicht alle Verwicklungen im einzelnen nachgezeichnet, sondern sollen vor allem die Grundpositionen der verschiedenen Parteien erklärt werden. Auf der einen Seite stand die deutsche Protektoratsverwaltung, besonders Karl Hermann Frank, der im wesentlichen drei Ziele verfolgte:

1. einen ungehinderten Abzug der deutschen Soldaten und Zivilisten zu erreichen,
2. die Amerikaner nach Prag zu locken,
3. eine rechtsgerichtete Regierung einzusetzen, die unter amerikanischem Schutz den Deutschen Autonomie gewähren würde.

Die deutsche Reichsregierung unter Dönitz wollte solange kämpfen, bis möglichst viele Wehrmachtsangehörige vor der russischen Kriegsgefangenschaft gerettet wären, und nichts aufgeben, was bei einem möglichen Gegensatz zwischen den Alliierten von Wert sein könnte.

Frank verhandelte vor Beginn des Aufstandes mit der Protektoratsregierung über die Bildung einer tschechischen Regierung unter dem Vorsitz von Bienert, dem Chef der Protektoratsregierung. Doch als Bienert seine Ermächtigung durch Frank gegen 13.00 Uhr am 5. Mai 1945 über den Prager Rundfunk verlesen wollte, wurde dort schon gekämpft und er selbst verhaftet. Außerdem versuchte Frank prominente Widerstandsführer, die sich in deutscher Gefangenschaft befanden, zu einer Beteiligung an einer von ihm eingesetzten Regierung zu bewegen, was diese jedoch ablehnten.

Wohl um ihr Prestige in der Bevölkerung zu erhöhen, hatte die Protektoratsregierung die Entfernung aller deutschen Schilder und Aufschriften von öffentlichen Gebäuden angeordnet. Das führte noch am 4. Mai zu Gerüchten über einen bevorstehenden Einmarsch der US-Armee und zu spontanen Kundgebungen. Am 5. Mai kam es zu Zusammenrottungen, wurden tschechische Fahnen aus den Fenstern gehängt und deutsche Soldaten entwaffnet. Eine Menge versuchte zum Gestapo-Hauptquartier vorzudringen.

Nun gab die Geheimarmee das Signal zum Aufstand. Sie schickte um 12.00 Uhr Polizisten ins Rundfunkgebäude, die den Sender unter ihre Kontrolle bringen sollten. Als diese dort wider Erwarten auf eine verstärkte deutsche SS-Abteilung stießen, rief der Rundfunk um 12.33 Uhr die halbmilitärischen Verbände, wie die Regierungstruppe, die Gendarmerie, den Luftschutz und die Polizei, um Hilfe. Diese Verbände spielten dann auch tatsächlich eine wichtige Rolle beim Aufstand.

Der „Tschechische Nationalrat“, der die wichtigsten Widerstandsgruppen außer der Armee, besonders also Gewerkschaften, Kommunisten und den R 3 vereinigte, schaltete sich erst gegen 14.00 Uhr in die Vorgänge ein. Smrkovský, der stellvertretende Vorsitzende des ČNR, hatte noch gegen 10.00 Uhr auf einer Versammlung von Betriebsdelegierten vor einem verfrühten Losschlagen gewarnt. Die Rote Armee sei noch zu weit von Prag entfernt und die bestellten Waffen seien nicht eingetroffen. Doch wenn der ČNR nicht überspielt werden wollte, mußte er sich nun am Aufstand beteiligen. Es kam in den ersten Stunden zu einem Machtkampf zwischen ihm und der Geheimarmee, der am späten Nachmittag des 5. Mai mit der formalen Unterstellung der militärischen Führung unter den ČNR endete. Die militärische Führung handelte dennoch weitgehend selbständig, löste jedoch den ihr beigeordneten politischen Ausschuß auf.

Die Aufständischen machten sich die deutsche Überraschung zunutze und brachten bald den größten Teil der Stadt unter ihre Kontrolle. Ausgenommen waren nur die Burg und einige kleinere deutsche Stützpunkte in öffentlichen Gebäuden. Zentren der Organisation des Aufstandes wurden die Polizeistationen und die Kasernen der Regierungstruppe.

Zum Entsatz der eingeschlossenen Deutschen rückten drei deutsche SS-Divisionen heran, und zwar von Norden, von Nordosten und von Süden. Sie kamen jedoch teilweise nur langsam voran, da sich ihnen Barrikaden auf den Einfallstraßen nach Prag in den Weg stellten, die in der Nacht zum 6. Mai aufgebaut worden waren.

Während auf den Straßen gekämpft wurde, fanden gleichzeitig Verhandlungen statt, bei denen beide Seiten Zeit gewinnen wollten. Der ČNR erwartete Waffen, alliierte Unterstützung durch Flugzeuge und einen amerikanischen Einmarsch. Die Deutschen warteten auf die Hilfe der heraneilenden SS-Divisionen, aber auch ebenfalls auf die Amerikaner. Schon am 5. Mai 1945 hatten Frank und der ČNR eine Waffenruhe für 23.00 Uhr vereinbart. Sie konnten sich jedoch auf keinen endgültigen Waffenstillstand einigen, weil Frank als Gegenleistung für die Anerkennung des ČNR Handlungsfreiheit für die Schörner-Armee verlangte. Auch war Frank nicht bereit, Prag zur „offenen Stadt“ zu erklären. Er sprach vielmehr nur von einer Erklärung zur „Lazarettstadt“, ein Begriff, der für den ČNR zu unverbindlich war.

Nachdem die Tschechen in der Nacht Barrikaden aufgebaut und die Deutschen Verstärkung herangebracht hatten, gingen die Kämpfe am Morgen des 6. Mai weiter. Im Laufe des Tages wechselten Kampfaufrufe mit Weisungen zur Feuereinstellung. Am Nachmittag des 6. Mai hatte Frank seine Bedingungen reduziert. Er war bereit, Prag zur „offenen Stadt“ zu erklären, verlangte jedoch, daß die Wehrmacht weiter gegen die Rote Armee kämpfen könne. Doch hatte Schörner um 16.00 Uhr den Befehl gegeben, an Elbe und Moldau Verteidigungsstellungen aufzubauen. Dieser Befehl und eine Erklärung zur „offenen Stadt“ hätten sich natürlich widersprochen. Prag wäre zum Zentrum der Kämpfe geworden.

Als sich am 7. Mai 1945 die Waage in Prag zugunsten der Deutschen zu neigen begann, griff die 1. Wlassow-Division in die Kämpfe ein, allerdingst nicht, ohne die deutschen Truppen vorher zur Kapitulation aufgefordert zu haben. Diese Division war rund 20 000 Mann stark und spielte trotz unzureichender Bewaffnung bei den Kämpfen an diesem Tage eine große Rolle. Die Aufständischen ließen sich diese Hilfe gefallen, distanzierten sich jedoch öffentlich von der Division, weil sie ein Bündnis mit Wlassow in den Augen der Sowjetunion abgestempelt hätte.

Die Division rückte wieder ab, als sie erkannte, daß die Amerikaner Prag den Russen überlassen hatten. Die Wlassow-Armee dürfte wohl kaum deshalb in die Kämpfe eingegriffen haben, weil sie den Prager Aufständischen helfen wollte, sondern um bei einer eventuellen amerikanischen Besetzung von Prag von den Westmächten als Machtfaktor anerkannt und honoriert zu werden.

Auch Frank hatte versucht, die Amerikaner nach Prag zu holen. Zwei Delegationen waren zu ihnen entsandt worden, beide kamen nicht an. Die eine kam nicht über Kesselrings Hauptquartier hinaus, die andere wurde von den Aufständischen abgefangen.

Nach dem Abzug der Wlassow-Division sank die Kampfmoral der Aufständischen. Waffen und alliierte Hilfe waren ausgeblieben. Die so nahe US-Armee blieb auf der Linie Karlsbad–Pilsen–Budweis stehen. Am 8. Mai eroberten die deutschen Truppen den Altstädter Ring und einen Teil der Innenstadt. Auf vielen Barrikaden erschienen weiße Fahnen.

Doch nun wirkten sich größere Ereignisse auf den Prager Aufstand aus. Eisenhower bestand darauf, daß die deutsche Kapitulation gleichzeitig an allen Fronten stattfand. Sie wurde auf den 8. Mai 24.00 Uhr festgelegt. Nun konnte man sich auch in Prag einigen. Der ČNR wollte seinen Sieg dokumentieren und die Macht ergreifen, aber Prag vor weiteren Zerstörungen retten. Die Deutschen wollten möglichst schnell nach Westen abmarschieren. Man einigte sich darauf, daß der Abzug unbehindert vor sich gehen sollte und daß die Deutschen die schweren Waffen am Rande von Prag und die leichten vor Übertritt auf amerikanisch besetztes Gebiet auf tschechischer Seite niederlegen sollten.

Während am Morgen des 9. Mai die letzten Deutschen im Westen aus Prag hinausmarschierten, kamen von Norden die ersten russischen Panzer.

Der ČNR glaubte nun, der Repräsentant des tschechischen Widerstandes zu sein. Er ergänzte sich durch Aufnahme weiterer Mitglieder mit dem Ziel, zu einem vorläufigen Parlament zu werden. Am Morgen kamen die ersten Vertreter der Roten Armee zum „Tschechischen Nationalrat“ und versprachen Nichteinmischung in die inneren Angelegenheiten.

Am Nachmittag des 9. Mai gab der ČNR die Weisung heraus, daß die Nationalausschüsse ihre Macht im Sinne der Verfassung der Republik und der Weisungen des Nationalrats auszuüben hätten. Bis zur Ankunft der Regierung übernahm er tatsächlich viele Verwaltungsangelegenheiten. Doch seine Tage waren gezählt, da die Sowjetunion nicht vergaß, daß er den Deutschen den ungehinderten Abzug in amerikanische Kriegsgefangenschaft ermöglicht und mindestens zeitweise mit der Wlassow-Armee zusammengearbeitet hatte. Die tschechoslowakische Regierung gab dem sowjetischen Druck in dieser Richtung nach. Der ČNR wurde in einen Landesnationalausschuß umgewandelt, eine Maßnahme, die der Slowakische Nationalrat, der beim Slowakischen Aufstand entstanden war, hatte verhindern können.

Der R 3-Führer Grna schrieb in seinen im Mai 1948 fertiggestellten, aber erst 1968 veröffentlichten Memoiren: „Ich habe damals verstanden, daß der heimatliche Widerstand dadurch vollkommen von einem direkten Einfluß auf den Verlauf der staatlichen Angelegenheiten ausgeschaltet worden ist."

Die bekanntesten Mitglieder des ČNR wurden allmählich ausgeschaltet. Nach 1948 wurde einigen von ihnen der Prozeß gemacht.

Hans Kaiser

DIE EINGLIEDERUNG DER SLOWAKEI IN DIE NATIONALSOZIALISTISCHE KRIEGSWIRTSCHAFT[1]

Seit die Kriegführung einen zunehmend technologischen Charakter angenommen hat, ist die Kriegswirtschaft ein äußerst komplexes Phänomen geworden, das tendenziell die Gesamtheit der produktiven Lebensäußerungen einer Gesellschaft umfaßt. Waren Kriege früher in erster Linie ein fiskalisches Problem, eine Angelegenheit der Staatskasse, und nur als solche mit der Produktivität der Gesellschaft, die sie führte, als Ganzes verquickt, so ziehen sie mittlerweile weit über den engeren Bereich der Rüstungswirtschaft hinaus den gesamten Produktionsprozeß und seine Ressourcen in ihren Bann. Nicht nur der Krieg, auch die Kriegswirtschaft ist seitdem total geworden.

Diese Mobilisierung erstreckt sich nicht allein auf die Hilfsquellen der Gesellschaft, sondern auch auf deren Strukturen, die im Verlauf des Krieges tiefgreifenden Wandlungen unterworfen werden. Der seit dem Ende des vorigen Jahrhunderts ohnedies in Gang befindliche Konzentrations- und Monopolisierungsprozeß und die ihn begleitende Ausweitung staatlicher Interventionstätigkeit nehmen in ihm ein sonst nicht gekanntes Ausmaß an. Andernfalls ließen sich die enormen Gleichgewichtsstörungen, denen der gesellschaftliche Verwertungsprozeß unter dem Einfluß der destruktiven Verwendung eines Großteils seiner Produkte unterliegt, in der Tat nicht kontrollieren.

Es hängt wohl mit dieser Komplexität der modernen Kriegswirtschaft zusammen, daß deren Erforschung noch in den Anfängen steckt[2]. Dies gilt auch für die nationalsozialistische Kriegswirtschaft, obwohl hier in letzter Zeit Fortschritte erzielt werden konnten[3], und erst recht gilt dies für die nationalsozialistische Wirt-

---

[1] Der Vortrag referiert Ergebnisse einer Dissertation über den Gesamtkomplex der Politik des „Dritten Reiches" gegenüber der Slowakei während des Zweiten Weltkrieges, die der Verf. in Bälde im Druck vorlegen zu können hofft.

[2] Darstellungen zur Kriegswirtschaft, die den hier skizzierten Zusammenhängen nachgehen, sind rar. Vgl. zum Ersten Weltkrieg Schröter, Alfred: Krieg – Staat – Monopol 1914–1918. Die Zusammenhänge von imperialistischer Kriegswirtschaft, Militarisierung der Volkswirtschaft und staatsmonopolistischem Kapitalismus in Deutschland während des Ersten Weltkrieges. Berlin 1965 sowie Klein, F. (Hrsg.): Der erste Weltkrieg. Bd. 1–3. Berlin 1968/69, und Feldmann, Gerald D.: Army, Industry and Labor in Germany 1914–1918. Princeton/N. J. 1966. In theoretischer Hinsicht anregend Bucharin, Nikolaj: Ökonomik der Transformationsperiode. Hrsg. von Günter Hillmann. Hamburg 1970 (Rowohlts Klassiker 261/263).

[3] Neben Milward, Alan S.: Die deutsche Kriegswirtschaft 1939–1945. Stuttgart 1966 (Schriftenreihe der Vierteljahrshefte für Zeitgeschichte 12) und Petzina, Dieter: Autarkiepolitik im Dritten Reich. Der nationalsozialistische Vierjahresplan. Stuttgart 1968 (Schriftenreihe der Vierteljahrshefte für Zeitgeschichte 16) ist hier vor allem zu nennen Eichholtz, Dietrich: Geschichte der deutschen Kriegswirtschaft 1939–1945. Bd. 1: 1939–1941. Berlin 1969 (Forschungen zur Wirtschaftsgeschichte 1). Aufschlußreich auch Wright, Gordon: The Ordeal of Total War 1939–1945. New York–Evanston–London 1968, S. 44 ff., 79 ff. und passim.

schaftspolitik gegenüber der Slowakei[4]. Im Folgenden kann es sich daher nur um eine erste Bestandsaufnahme handeln.

Ich will versuchen, anhand einer im wesentlichen chronologischen Darstellung, die sich an den wichtigsten Zäsuren des Krieges orientiert, Ausmaß und Formen der kriegswirtschaftlichen Belastung der Slowakei zu skizzieren, wobei es mir in erster Linie darum geht, deren Wandel im Zusammenhang mit den wechselnden Anforderungen des Krieges sichtbar zu machen.

Das NS-System, das für den Expansionskrieg geschaffen wurde und auf ihn hindrängte, nahm wesentliche Elemente der Kriegswirtschaft schon in der Friedenszeit vorweg. Die Übergänge von der Rüstungswirtschaft zur eigentlichen Kriegswirtschaft waren daher fließend[5]. Sinnfälligen Ausdruck fand diese Tatsache im Vierjahresplan[6], einer Veranstaltung, deren erklärtes Ziel die wirtschaftliche Mobilisierung für den Krieg war und die, wie das Beispiel der Tschechoslowakei zeigte, schon vor Kriegsbeginn auch auf die in Abhängigkeit gebrachten und unterjochten Völker ausgedehnt wurde.

Auch für die Slowakei liegt ein solcher Plan aus der Zeit unmittelbar nach München vor. Es handelt sich um einen Bericht Dr. Rabls[7], der seinerzeit als Rechtsberater der deutschen Minderheit fungierte[8] und als Korrespondent der Berliner Börsenzeitung auch über gute Kontakte zu Berliner Wirtschaftskreisen verfügte[9]. In

---

[4] Außer der älteren, aber immer noch wertvollen Studie Kováčíks, L.: Slovensko v siete nemeckého finančného kapitálu [Die Slowakei im Netz des deutschen Finanzkapitals]. Preßburg 1955, liegt an Gesamtdarstellungen nur der knappe Überblick in Olšovský, R. u. a.: Přehled hospodářského vývoje Československa v letech 1918–1945. II., upravené vydání [Überblick über die wirtschaftliche Entwicklung der Tschechoslowakei in den Jahren 1918–1945. 2. verbesserte Ausg.]. Prag 1963, S. 636 ff. vor. Vgl. hierzu auch die Aufsätze Hornovás, Adela: Príspevok k charakteristike ekonomiky tzv. slovenského štátu [Beitrag zur Charakteristik der Wirtschaft des sogenannten Slowakischen Staates]. EČ 2 (1954) 337–348; Hlavné črty militarizácie ekonomiky tzv. slovenského štátu [Hauptzüge der Militarisierung der Wirtschaft des sogenannten Slowakischen Staates]. EČ 4 (1956) 463–483 und O hmotnom postavení pracujúcich za slovenského štátu [Über die materielle Stellung der Werktätigen im Slowakischen Staat]. EČ 8 (1960) 49 ff. Von den Monographien zu wichtigen Teilfragen sind zu nennen: Bauch, Vlastislav: Pol'nohospodárstvo za slovenského štátu [Die Landwirtschaft im Slowakischen Staat]. Preßburg 1958, und Lipták, L'ubomír: Ovládnutie slovenského priemyslu nemeckým kapitálom (1939–1945) [Die Beherrschung der slowakischen Industrie durch das deutsche Kapital]. Preßburg 1960.

[5] Zur Unterscheidung von Rüstungs- und Kriegswirtschaft vgl. Eichholtz, Dietrich: Probleme einer Wirtschaftsgeschichte des Faschismus in Deutschland. JbWG (1963) Teil 3, S. 97 ff., insbesondere S. 123 ff.

[6] Vgl. hierzu die schon erwähnte Arbeit Petzinas über den Vierjahresplan.

[7] Bericht Dr. Rabls an Seyss-Inquart vom 31. 10. 1938, Nachlaß Seyss-Inquart 39.

[8] Vgl. im einzelnen Hoensch, Jörg K.: Die Slowakei und Hitlers Ostpolitik. Hlinkas Slowakische Volkspartei zwischen Autonomie und Separation 1938/1939. Köln–Graz 1965, S. 176 ff.

[9] Hierüber geben einige Briefe von und an Dr. Rabl aus dem Bestand des SD-Leitabschnitts Wien im Bundesarchiv Koblenz Aufschluß: Dr. Rabl an Prof. Meyer (Dresdner Bank) vom 29. 10. 1938, RG 1010/2694; Bankdirektor a. D. Fridolin Vogt an Dr. Rabl vom 28. 10. 1938, RG 1010/2648.

seinem Exposé, das u. a. auch Göring zugeleitet wurde[10], bezeichnete er es einleitend als Ziel der deutschen Politik, die Slowakei möglichst bald und möglichst vollständig in den Vierjahresplan einzubeziehen, und zog hieraus höchst aufschlußreiche Konsequenzen für die Umstrukturierung des Landes. Neben dem Ausbau der Infrastruktur hielt er insbesondere die „Ablösung der kryptoliberalen, chaotischen Wirtschaftsverhältnisse durch eine weitschauende Planung nach deutschem Muster“ für unerläßlich. „Eine solche Planung“, hieß es dazu weiter, „ist indes ohne totale, mit einem autoritären Vorzeichen versehene Erfassung des Landes, seiner Menschen und seiner wirtschaftlichen Energiequellen nicht möglich. Diese Erfassung hinwiederum aber bedingt einen durchgreifenden rechtlichen und organisatorischen Neubau, der sich weithin nach unsern Vorbildern zu richten hätte.“ Als die den rüstungswirtschaftlichen Erfordernissen entsprechenden Minimalbedingungen nannte Rabl in diesem Zusammenhang auf politischem Gebiet das Prinzip der Einheit von Partei und Staat, den Umbau der Hlinka-Garde zur „schlagkräftigen Machtorganisation des neuen Systems“ sowie die Schaffung eines der HJ nachgebildeten Jugendverbands, und im wirtschaftlichen Bereich die Übernahme der Arbeitsfront, des Reichsnährstands sowie des Arbeitsdiensts.

Obwohl dieses Konzept nachweislich im Einklang mit ähnlich gearteten Plänen Görings stand[11], scheiterte es im Herbst 1938 an der zeitweilig auch von Hitler geteilten Überlegung, den tschechoslowakischen Reststaat als Ganzes unter die Botmäßigkeit des Reiches bringen zu können[12]. Der Plan wurde jedoch auch im Frühjahr 1939 nach dem Einmarsch in Prag, als die politischen und machtmäßigen Voraussetzungen erneut zu bestehen schienen, nicht wieder aufgegriffen. Die Reichsführung entschied sich vielmehr – nicht zuletzt unter dem Einfluß maßgebender Wirtschaftskreise – für eine sehr viel differenziertere, in erster Linie politisch-propagandistisch motivierte Lösung[13].

---

[10] S. Begleitschreiben Dr. Rabls zu seinem Bericht vom 31. 10. 1938, Nachlaß Seyss-Inquart 39.

[11] Besprechung bei Generalfeldmarschall Göring im Reichsluftfahrtministerium am 14. 10. 1938, 1301-PS, IMT, XXVII, S. 160–164.

[12] Vgl. hierzu Lukeš, František: Podivný mír [Der seltsame Frieden]. Prag 1968, S. 140ff. Die Eingliederung der ČSR in den Machtbereich des „Dritten Reiches“ sollte völkerrechtlich in der Form eines sog. Freundschaftsvertrages erfolgen, den das Auswärtige Amt im Dezember 1938 ausarbeitete. Der Wortlaut des Vertragsentwurfs ist abgedruckt bei Bodensieck, Heinrich: Der Plan eines „Freundschaftsvertrages“ zwischen dem Reich und der Tschecho-Slowakei im Jahre 1938. ZfO 10 (1961) 462–476. Zu seiner Interpretation vgl. Schiefer, Hans: Deutschland und die Tschechoslowakei vom September 1938 bis März 1939. Diss. Göttingen 1953, S. 133 und Hoensch 215 Anm. 32. Anders Rönnefarth, Helmuth K. G.: Die Sudetenkrise in der internationalen Politik. Entstehung, Verlauf, Auswirkung. Wiesbaden 1961, S. 712ff. (Veröffentlichungen des Instituts für europäische Geschichte 21).

[13] Die Konzeption des „Schutzstaates“ setzte sich innerhalb der Reichsführung auch nach der Unterzeichnung des Schutzvertrages am 23. März 1939 (ADAP, VI, Dok. 40) erst allmählich durch. Eine wichtige Rolle spielte dabei der Bericht einer Studiengruppe der Reichsgruppe Industrie vom 26. Mai 1939, BA, Ser. 520, EAP 173-g-12-18/31. In dieser war neben dem Generalsekretär des Bundes der österreichischen Industriellen, Dr. Haus-

Den für die Kriegswirtschaft zuständigen Stellen war inzwischen bewußt geworden, wie sehr das Reich im Kriegsfall auf das Wirtschaftspotential des Donauraumes angewiesen sein würde[14]. Obwohl man entschlossen war, dieses unentbehrliche Hinterland notfalls auch mit Gewalt in Besitz zu nehmen[15], hielt man es doch aus machtpolitischen Erwägungen heraus für ratsam, die Möglichkeiten eines friedlichen Arrangements auszuloten. Denn die Machtdemonstration in Prag hatte die Widerstände gegen ein politisches Zusammengehen mit dem Reich in den südosteuropäischen Hauptstädten keineswegs abgebaut[16]. Es lag daher nahe, den Donauländern durch eine demonstrative Besserstellung der Slowakei die Vorzüge einer prodeutschen Orientierung vor Augen zu führen. Der als „Schutzstaat" fest in das Machtsystem des Nationalsozialismus einbezogenen Slowakei fiel so die Aufgabe zu, den Donauländern den Status eines mit Deutschland verbündeten Kleinstaates beispielhaft vorzuführen. Dies war der Kern dessen, was unter dem Begriff der „Visitenkarte des Reiches" für die Politik gegenüber der Slowakei bestimmend bleiben sollte[17].

Zu dieser Rolle gehörte es, daß die Reichsführung, die sich im Vertraulichen Protokoll über die wirtschaftliche und finanzielle Zusammenarbeit, das gleichzeitig mit dem Schutzvertrag unterzeichnet wurde, die faktische Verfügungsgewalt über das slowakische Wirtschaftspotential gesichert hatte[18], nach außen hin peinlich darauf

---

wirth, der über enge Kontakte zum Kreis um Seyss-Inquart verfügte (s. hierzu seinen Briefwechsel mit SS-Sturmführer Hammerschmid, Nachlaß Seyss-Inquart 23), auch der Direktor der Hermann-Göring-Werke, Dr. Voß, vertreten. Göring und Seyss-Inquart wiederum gehörten schon im März 1939 zu den einflußreichsten Befürwortern des Schutzvertrages, den sie gegen starke Widerstände des Auswärtigen Amts bei Hitler durchsetzen konnten. S. hierzu den Aktenvermerk SS-Hauptsturmführers Polte vom 23. 3. 1939, BA, Ser. 518, EAP 173-g-12-18/22. Zum Schutzvertrag und seiner Entstehungsgeschichte vgl. Hoensch 334ff.

14 Symptomatisch der „Arbeitsbericht des Generalbevollmächtigten des Ministerpräsidenten Generalfeldmarschall Göring für Sonderfragen der chemischen Erzeugung", Dr. C. Krauch, vor dem Generalrat des Vierjahresplans, Entwurf vom 20./21. April 1939 (abgedruckt bei Eichholtz, Dietrich: Zum Anteil des IG-Farben-Konzerns an der Vorbereitung des Zweiten Weltkrieges. JbWG ⟨1969⟩ Teil 2; vgl. Eichholtz: Kriegswirtschaft 59f.) und eine Studie des Reichsamts für wehrwirtschaftliche Planung vom März 1939 („Die rohstoffwirtschaftliche Bedeutung des Südostraums für die deutsche Kriegswirtschaft"), BA, R 7 X/323. Göring hob schon im Herbst 1938 die Unentbehrlichkeit einer ungehinderten Warenzufuhr aus dem Donauraum hervor: Treue, Wilhelm: Das Dritte Reich und die Westmächte auf dem Balkan. Zur Struktur der Außenhandelspolitik Deutschlands, Großbritanniens und Frankreichs 1933–1939. VfZ 1 (1953) 58.

15 Bei Krauch war von der „*zunächst* friedlichen Ausweitung des Großwirtschaftsraums auf den Balkan" die Rede (vom Verf. hervorgehoben). Auch die Studie des Reichsamts betonte, daß „friedliche Mittel" bei der Durchdringung des Donauraums angesichts des „gewaltigen Aufwands", den militärische Operationen nach sich ziehen würden, zwar vorzuziehen seien, schloß aber den „machtpolitischen Weg" im Fall von Widerständen nicht aus.

16 S. undatiertes Redemanuskript vom Sommer 1939 über „SO (Südost)-Fragen", Nachlaß Seyss-Inquart 23.

17 Der Ausdruck „Visitenkarte des Reiches" ist einer Aufzeichnung des Gesandten Bernard vom 25. 6. 1940 (ADAP, X, Dok. 17) entnommen.

18 ADAP, VI, Dok. 40. Zur Interpretation vgl. Hoensch 345f.

achtete, die wirtschaftspolitischen Hoheitsrechte des „Schutzstaates“ nicht anzutasten[19]. Aus demselben Grund lehnte sie es auch ab, die Slowakei – wie man in Preßburg anscheinend gewünscht hatte[20] – in einer Zoll- und Währungsunion mit dem Reich zu verbinden, und ebenso sorgfältig vermied man jeden Eingriff in die innere Struktur des slowakischen Wirtschaftssystems[21]. Erleichtert wurde der Reichsführung dieser Kurs durch die „Blitzkriegsstrategie“, die bis weit in den Krieg hinein eine Drosselung der kriegswirtschaftlichen Anstrengungen zu erlauben schien[22]. Hitler hatte sich mit Rücksicht auf die Begrenztheit der kriegswirtschaftlichen Ressourcen für die sog. Breitenrüstung entschieden, die dem Blitzkriegskonzept entsprach und alles auf den momentanen Rüstungsvorsprung setzte. Dahinter stand die Hoffnung, die unzulängliche Basis im Verlauf periodischer Eroberungszüge allmählich ausweiten zu können. So aberwitzig dieses Konzept angesichts des überlegenden Rüstungspotentials der Gegner anmutet, so verschaffte es dem Regime doch den Handlungsspielraum, den es nicht nur gegenüber der Bevölkerung im Innern – ein drastischer Konsumverzicht war ihr nicht zuzumuten[23] –, sondern auch gegenüber den Satelliten brauchte.

Das Wirtschaftspotential des „Schutzstaates“ wurde in der Anfangszeit des Krieges in der Tat nur selektiv herangezogen, d. h. nur, soweit es zur Beseitigung bestimmter Engpässe unentbehrlich war. Neben der Ausbeutung der Erdölvorkommen bei Gbely, die einem Industriekonsortium unter Führung der Deutschen Erdöl-AG übertragen wurde und deren Ertrag fast 100%ig nach Deutschland floß[24], zeigte sich Berlin insbesondere an der Verfügungsgewalt über die Rüstungsfabriken im Waagtal und an der Anwerbung von Arbeitskräften interessiert.

---

[19] So schloß die Reichsregierung mit der Slowakei am 22. Juni 1939 einen Handelsvertrag auf der Grundlage der Meistbegünstigung ab und bediente sich bei Wirtschaftsverhandlungen, wie auch im Verkehr mit anderen Staaten, der Institution eines Regierungsausschusses. Eine wichtige Einschränkung bildete freilich die Bestimmung des Vertraulichen Protokolls vom 23. März 1939, die der Slowakei Wirtschaftsverhandlungen mit Drittländern erst nach dem Abschluß der Wirtschaftsabkommen mit dem Reich gestattete (Art. III, Abs. 2).

[20] Rabl an Hammerschmid 22. 3. 1939, Nachlaß Seyss-Inquart 39. Einer Behauptung Ďurčanskýs zufolge sollen sich vor allem der Gouverneur der Nationalbank, Imrich Karvaš, und der Vorsitzende des slowakischen Industriellenverbandes, Zat'ko, für eine solche Lösung ausgesprochen haben: SD-Bericht über eine Rede Ďurčanskýs vom 28. 11. 1944, RG 1010/2751.

[21] Diese Abstinenz bezog sich in dieser Phase auf die gesamte innere Struktur des „Schutzstaates“. S. die Äußerung Ribbentrops gegenüber Bernard und Karmasin am 1. 12. 1939, „eine Einflußnahme auf die innerstaatliche Struktur der Slowakei soll unsererseits nicht erfolgen“ (ADAP, VIII, Dok. 409).

[22] Zur Konzeption der Blitzkriegsstrategie und -wirtschaft vgl. Hillgruber, Andreas: Hitlers Strategie. Politik und Kriegführung 1940–1941. Frankfurt 1965, S. 27ff.; Milward: Kriegswirtschaft 9ff.; Eichholtz: Kriegswirtschaft 17ff.

[23] Vgl. hierzu Eichholtz: Kriegswirtschaft 64ff. und insbesondere S. 86f. Eichholtz verweist zu Recht auf den Zusammenhang zwischen dem Charakter eines Krieges und der jeweiligen moralisch-politischen Belastbarkeit der Bevölkerung.

[24] Zur Eigentumsfrage s. das Schreiben von Prof. Bentz an das RWM vom 4. 5. 1942, R 7 VIII/65. Über die Fördermengen gibt eine vertrauliche Studie des RWM, „Stand und Möglichkeiten der Energieversorgung der Slowakei“, R 7 VIII/58, Auskunft. Allgemein hierzu Lipták: Ovládnutie 37 und Olšovský u. a. 642.

Den Anspruch auf die Rüstungskapazitäten begründete die Wehrmacht ursprünglich mit dem Argument, daß sie als Teil der ehemaligen tschechoslowakischen Rüstungsindustrie mit der Zerschlagung der Rest-Tschechoslowakei automatisch in das Eigentum des Reiches übergegangen seien[25]. Es bedurfte langwieriger Verhandlungen, ehe das OKW sich unter dem Einfluß des Auswärtigen Amts zu einer Lösung bereit fand, die den Hoheitsanspruch des slowakischen Staates wenigstens formell nicht in Zweifel zog[26]. Diese Lösung änderte nichts an der Tatsache, daß der Wehrwirtschaftsvertrag vom 30. Januar 1940, der die Frage regelte[27], die Verfügungsgewalt über die Erzeugung von 26 slowakischen Betrieben letztlich völlig in den Händen der deutschen Wehrmacht beließ. Die Wehrmacht erhielt das Recht, den Betrieben in einem faktisch nicht begrenzten Umfang Aufträge zu erteilen, deren Ausführung durch eigenes Aufsichtspersonal unter Führung eines Wehrwirtschaftsoffiziers zu überwachen, Arbeitskräfte notfalls auch aus dem Reich oder dem „Protektorat" einzuführen sowie auf die Arbeitsbedingungen und deren Einhaltung maßgeblichen Einfluß zu nehmen. Der slowakische Staat verpflichtete sich darüber hinaus, die Betriebe ausreichend mit Rohstoffen und Arbeitskräften zu versorgen und eine zollfreie Ein- und Ausfuhr aller im Zusammenhang mit der Rüstungsproduktion erforderlichen Waren sicherzustellen. Ein wesentlicher und im Verlauf des Krieges an Umfang ständig zunehmender Teil des slowakischen Industriepotentials geriet damit unter die direkte Kommandogewalt des Wehrwirtschafts- und Rüstungsamts im OKW.

Ähnlich weitgehende Befugnisse räumte der Vertrag über die Anwerbung slowakischer Arbeitskräfte vom 8. Dezember 1939 dem Reichsarbeitsministerium auf dem Gebiet des slowakischen Arbeitsmarktes ein[28]. Eine Vertretung des Ministeriums in Preßburg war aufgrund dieses Vertrages befugt, im Rahmen von jeweils durch die Regierungsausschüsse festzulegenden Quoten Werbekampagnen durchzuführen. Auf diese Weise kamen 1939 über 50 000[29], 1940 90 000[30], in den darauffolgenden Jahren sogar bis zu 130 000[31] slowakische Arbeitskräfte ins Reich. Wäh-

---

[25] WWiSt an OKW/Amt Ausl. ? 4. 1939; s. auch ADAP, VI, Dok. 206.

[26] Der Verlauf der Verhandlungen läßt sich anhand der Akten des OKW/Amt Ausland detailliert verfolgen (W 01-7/311–313).

[27] Eine Kopie des deutschen Vertragstexts fand sich in den Akten des Prozesses gegen Imrich Karvaš, ŠSÚA, NS, Tnl'ud, 57/46, Krab. 72. Die slowakische Fassung jetzt abgedruckt bei Hubenák, Ladislav: Politika nemeckej ochrannej zóny na Slovensku roku 1939 [Die Politik der deutschen Schutzzone in der Slowakei im Jahr 1939]. SbAP 17/2 (1967).

[28] Protokoll der 2. Tagung des deutschen und des slowakischen Regierungsausschusses vom 4.–8. 12. 1939, Punkt 12, Ha.-Pol., IV a, Handakte Wiehl, Slowakei, Bd. 1.

[29] Ebenda.

[30] Kociská, Anna: Robotnícka trieda v boji proti fašizmu na Slovensku (1938–1941) [Die Arbeiterklasse im Kampf gegen den Faschismus in der Slowakei]. Preßburg 1964, S. 256 f. und Anm. 675.

[31] 1942 stieg sie auf 120 000 (Chreňo, Jozef: Z fašistických čŕt tzv. slovenského štátu [Über die faschistischen Züge des sogenannten Slowakischen Staates]. SbAP 11/2 ⟨1961⟩ 14), im Sommer 1942 – nach einem saisonbedingten Rückgang auf 80 000 (GB 11. 3. 1942) – sogar auf 130 000 (Vertrauliches Protokoll der Reichsgruppe Industrie über die „Indu-

rend diese Abwerbung anfangs freiwillig erfolgte, da die Slowakei unter Arbeitslosigkeit litt[32], stieß sie bald auf wachsenden Widerstand. Eine Regierungsverordnung drohte Widerstrebenden schon im Mai 1940 den Entzug der Arbeitslosenunterstützung und gegebenenfalls die Einweisung in Arbeitslager an[33].

Außer an Rüstungsgütern und Arbeitskräften zeigte das Reich in der Anfangszeit lediglich noch an einigen für die Herstellung von Waffen unentbehrlichen Erzen – vor allem Antimon und Mangan – sowie am Holzreichtum der Slowakei größeres Interesse[34], während die übrigen Zweige der slowakischen Wirtschaft, insbesondere die Textil-, Zement- und Papierindustrie, zunächst nur wenig Beachtung fanden. Mangelnde Auslastung der Kapazitäten sowie Arbeitslosigkeit bzw. Kurzarbeit waren die Folge[35]. Unter der Erschütterung durch den Kriegsbeginn, den sog. Kriegsstoß – einem Phänomen, das durch die abrupte Umschichtung der Arbeitskräfte und den Ausfall der üblichen Warenströme verursacht wird[36] –, verschärfte sich diese Lage noch, zumal die notleidenden Branchen sich der unvermindert starken Konkurrenz böhmischer und reichsdeutscher Industriewaren ausgesetzt sahen. Die „friedensähnliche Kriegswirtschaft", deren die Exponenten des NS-Regimes sich rühmten[37], zeitigte damit Folgen für die Slowakei, die im Widerspruch zu den außenpolitisch motivierten Bemühungen standen, dieses Land als ein Musterbeispiel deutschen Aufbauwillens hinzustellen[38]. Obwohl der deutsche Regierungsausschuß sein Bekenntnis zur industriellen Entwicklung des „Schutzstaats" auch in der

---

striekraft der Slowakei und Möglichkeiten des Industrieausbaus unter Berücksichtigung der industriellen Entwicklung seit der Staatsgründung" vom 7. 7. 1942, Ha.-Pol., IV a, Industrie im allgemeinen ⟨Slowakei⟩, Bd. 1, 41).

32 Im Frühjahr 1939 hatte es in der Slowakei über 60 000 Arbeitslose gegeben. Undatierte Aufstellung vom Frühjahr 1940, Ha.-Pol., IV a, Handakten Waldern, Slowakei, 26/3. Vgl. Kociská 256.

33 Sl. z. 1940, č. 129, Nariadenie s mocou zákona zo dňa 29. mája 1940.

34 Göring hatte Staatssekretär Keppler schon im Herbst 1938 mit dem Auftrag in die Slowakei geschickt, Erdöl- und Erzvorkommen zu erkunden (1301–PS, IMT, Bd. XXVII, S. 163). Die Förderung von Antimon, aber auch von Mangan- und Eisenerz stieg nach der Staatsgründung in der Tat rasch an. S. Olšovský u. a. 722 (Tab. 28). Auf dem Gebiet der Holzwirtschaft war schon auf der ersten Tagung der Regierungsausschüsse im Juni 1939 eine enge Zusammenarbeit vereinbart worden. Vertrauliches Protokoll der 1. Tagung des deutschen und des slowakischen Regierungsausschusses vom 9.–22. 6. 1939, Anlage 1, Ha.-Pol., IV a, Handakte Clodius, Slowakei. Die Ausfuhr von Holz und Holzerzeugnissen umfaßte bald 40% des gesamten slowakischen Exports in das Reich (GB 20. 5. 1943; vgl. Ponc, O.: Struktureller Umbau der slowakischen Wirtschaft. ZfP 31 ⟨1941⟩ 578).

35 Umfangreiches Material über den desolaten Zustand der slowakischen Textilindustrie im Sommer 1940 findet sich in den Akten der Deutschen Gesandtschaft, Ges. Preßburg W 2 Nr. 1, 351, Bd. 2. Zur Lage der Zementindustrie s. die Aufzeichnung über die Besprechung der Vorsitzenden der Regierungsausschüsse vom 5.–11. 12. 1940, Punkt 12 und die Anlage 4. Allgemein hierzu Kociská 187 ff. und 225 ff.

36 Zum Begriff des „Kriegsstoßes" vgl. Schröter 61 f. Zu seinen Auswirkungen auf die Wirtschaft des Reiches am Beginn des Zweiten Weltkrieges vgl. Eichholtz: Kriegswirtschaft 103 ff. Zur Lage in der Slowakei vgl. Kociská 153 und 250 f.

37 Eichholtz: Kriegswirtschaft 102 und Anm. 1.

38 Bernard an das AA 19. 1. 1940, Handakten Keppler, 1/5, Slowakei, Bd. 1.

Dezembersitzung 1939 wiederholte[39], geschah nichts, um dieses Programm in die Tat umzusetzen. Darin zeigte sich, wie sehr dieses Konzept von den Wechselfällen des Krieges abhängig war.

Im Gegensatz zum deutschen Gesandten Bernard, der sich noch im Juni 1940 rückblickend befriedigt über die kriegswirtschaftliche Leistungsbereitschaft der Slowakei äußerte und dabei insbesondere auf den Wehrwirtschaftsvertrag und das Abkommen über den Arbeitstransfer verwies[40], meldeten sich schon im Frühjahr 1940 Stimmen zu Wort, die mit der Linie des weitgehenden wirtschaftspolitischen Laisser-faire unzufrieden waren. Das Reich könne zur Slowakei nicht nur „irgendwelche Geschäftsbeziehungen“ unterhalten, argumentierte z. B. ein Referent im Auswärtigen Amt[41], denn sie gehöre zum Südostraum, der „als blockadefreier Lebensraum des deutschen Volkes gewollt oder ungewollt, mit oder ohne ausdrückliche vertragliche Bindungen dem Deutschen Reich gegenüber in den entscheidenden Monaten des Krieges eben wesentlich höhere Verpflichtungen hat und in wesentlich höherem Maße zur Sicherstellung der Lebens- und Kriegsbedürfnisse des Reiches politisch herangezogen werden muß“. Unter Anspielung auf die stark deflationistische Bankpolitik der Slowakei, die nach Auffassung des Referenten die Entfaltung der Produktivkraft des Landes behinderte, wurde es als Aufgabe der Außenpolitik bezeichnet, „(mit allen Mitteln) die Aufrechterhaltung einer bis an ihre Leistungsgrenzen gesteigerten produktiven Wirtschaft“ zu erzwingen. „Dieselbe Haltung wird das Reich einnehmen müssen, wenn durch eine zu geringe Festigkeit in der autoritären Führung der Wirtschaft dieses Landes die Produktivkraft nicht ausreichend ausgenützt wird – es sind eben die politischen Kräfte, welche die Kraft des Landes souverän so zu leiten imstande wären, sichtlich nicht ausreichend vertreten.“

Diese Kritik am bisherigen Wirtschaftskurs wurde bezeichnenderweise zu dem Zeitpunkt vorgebracht, als man bei den Rüstungsanstrengungen des Reiches im Zusammenhang mit den Vorbereitungen auf den Westfeldzug zum ersten Mal in fühlbare Bedrängnis geraten war[42]. Es verstrichen allerdings noch einige Monate, ehe die Reichsführung sich – wenn auch teilweise aus anderen Beweggründen heraus – mit dem Diktat von Salzburg Ende Juli 1940 zu einem Eingriff entschloß, wie ihn die Kritiker gefordert hatten[43].

Von der Übernahme nationalsozialistischer Ordnungsvorstellungen durch die

---

[39] Vertrauliches Protokoll der 2. Tagung des deutschen und des slowakischen Regierungsausschusses vom 4.–8. 12. 1939, Punkt 1, BA, R 2/412.

[40] Aufzeichnung Bernards vom 25. 6. 1940, ADAP, X, Dok. 17.

[41] Undatiertes Exposé (März 1940) über „Wirtschaftsprobleme der Slowakei“, Ha.-Pol., IV a, Handakten Waldern, 26/3.

[42] Eichholtz: Kriegswirtschaft 113 ff.; vgl. auch Petzina 136 f. und Milward: Kriegswirtschaft 56 ff.

[43] Der Eingriff von Salzburg ist von der bisherigen Literatur unter diesem Gesichtspunkt nur unzureichend untersucht worden. Vgl. Lipták, L.: Príprava a priebeh Salzburských rokovaní roku 1940 medzi predstavitel'mi Nemecka a slovenského štátu [Die Vorbereitung und der Verlauf der Salzburger Verhandlungen im Jahre 1940 zwischen den Vertretern Deutschlands und des Slowakischen Staates]. HČ 13 (1965) 329–365 und Dress, Hans: Die Stellung des sog. Slowakischen Staates im Rahmen der faschistischen Neuordnung Europas. Diss. Berlin 1967 (Ms.), S. 293 ff.

neue Führungsgarnitur Tuka/Mach versprach sich Berlin neben der Verschärfung des antisemitischen Programms nachweislich auch die bessere Ausnutzung des slowakischen Wirtschaftspotentials[44], so sehr damit – zumindest zeitweilig – auch schon weit darüber hinausweisende „Großraum"-Erwartungen verknüpft gewesen sein mochten[45]. Die rasche Verschlechterung der Kriegslage nach dem Scheitern des „Unternehmens Seelöwe" und dem Fiasko des italienischen Angriffs auf Griechenland, noch mehr aber die beginnenden Vorbereitungen für „Barbarossa", haben solche weitgespannten Entwicklungsperspektiven indes bald wieder auf die kurzfristigen Erfordernisse des Krieges zurückgeführt. Die „wirtschaftsbelebenden Maßnahmen", zu denen sich die Vorsitzenden der Regierungsausschüsse Anfang August 1940 endlich entschlossen[46], wurden jedenfalls rasch auf diese Zwecke zugeschnitten. „Die Frage, welche Zweige der slowakischen Industrie zunächst ausgebaut werden sollen", hieß es bereits wieder im Protokoll der Regierungsausschüsse vom Dezember 1940[47], „kann wegen der wechselnden Bedürfnisse der deutschen Kriegswirtschaft heute noch nicht endgültig beantwortet werden." Unter Berufung auf diese Abhängigkeit behielt das Reichswirtschaftsministerium sich die Prüfung jedes einzelnen Investitionsvorhabens vor und sah sich damit zugleich in die Lage versetzt, das Aufkommen einer den deutschen Firmen abträglichen Konkurrenz rechtzeitig zu unterbinden[48].

Dennoch nahm die slowakische Industrie seit dem Herbst 1940 dank der staatlichen Förderungsmaßnahmen[49] und der günstigen Absatzmöglichkeiten im Reich einen beträchtlichen Aufschwung[50], der sich nicht zuletzt an der wachsenden Zahl von Betriebsneugründungen bzw. -erweiterungen ablesen ließ[51].

---

44 Der neue Gesandte von Killinger führte als Hauptzweck seiner Tätigkeit in Preßburg an, „daß erstens der slowakische Wirtschaftsraum für unsere Kriegführung und für das slowakische Volk in jeder Hinsicht intensiviert werden muß, zweitens daß die Slowakei als selbständiger Staat unter unserem Schutz hundertprozentig an das Reich angelehnt sein muß in politisch-nationalsozialistischem Sinne und ein Abgleiten in ein feindliches Lager ... verhindert werden muß, drittens der Welt ein Beispiel gegeben werden soll, daß ein Staat unter deutschem Schutze blüht und gedeiht und nicht rückwärts schreitet ..." Bericht v. Killingers an das AA vom 27. 10. 1940, UStS Luther, Slowakei, 32.

45 In der Öffentlichkeit wurden die neuen wirtschaftspolitischen Maßnahmen als Schritte auf dem Weg zur Eingliederung der Slowakei in einen für die Zeit nach dem Krieg geplanten „europäischen Großwirtschaftsraum" hingestellt. Vgl. den Leitartikel des „Grenzboten" vom 1. 9. 1940 aus Anlaß der Preßburger Donaumesse.

46 Aufzeichnung über die Besprechungen zwischen den Vorsitzenden des deutschen und des slowakischen Regierungsausschusses vom 7.–14. 8. 1940, Ha.-Pol., IVa, Handakten Wiehl, Slowakei, Bd. 1.

47 Vertrauliches Protokoll der 3. Tagung des deutschen und des slowakischen Regierungsausschusses vom 5.–11. 12. 1940, Punkt 1, ebenda.

48 Zahlreiche Belege für Interventionen des RWM gegen die Gründung slowakischer Konkurrenzfirmen in den Akten des deutschen Beraters für Wirtschafts- und Finanzfragen, Dr. Gebert, ŠSÚA, MH, I, Prez- P/B – 1 ff. Vgl. Lipták: Ovládnutie 112 ff. und Dress 147 ff.

49 Hierher gehören das Gesetz zur Förderung der Industrie vom 19. 11. 1940 (Sl. z. 1940, č. 299) und das Gesetz über Steuererleichterungen bei Investitionen vom 26. 11. 1940 (Sl. z. 1940, č. 307).

50 Eindeutige Zahlen über die Entwicklung des Gesamtindexes der slowakischen Industrie-

Dabei blieb der Boom, soweit die spärlichen Statistiken einen solchen Schluß zulassen, bis zum Frühjahr 1942 keineswegs auf die Rüstungsproduktion im engeren Sinn beschränkt, sondern erfaßte bis auf wenige Ausnahmen auch die übrigen Zweige der Volkswirtschaft[52]. Begleitet wurde er von einem systematischen Ausbau der Infrastruktur, wobei neben der Erweiterung des Verkehrsnetzes[53] der Bau von Elektrizitätswerken[54] im Vordergrund stand.

Dank der nach wie vor florierenden Konsumgüterproduktion, die ihrerseits ein Reflex der unverändert vorherrschenden Blitzkriegswirtschaft war, blieb auch der Spielraum für sozialpolitische Gesten zunächst erhalten. Das Preßburger Regime gefiel sich nach Salzburg zeitweilig sogar in einer betont antikapitalistischen Attitüde und hob beispielsweise die Löhne in einigen bestreikten Branchen, vor allem jedoch in der Rüstungsindustrie, nicht unwesentlich an, so daß der Gesamtindex der Reallöhne vorrübergehend stieg[55]. Der Blick der Arbeiterschaft sollte auf diese Weise,

---

produktion liegen nicht vor. Während Hornová z. B. für 1941 einen Index von 119 (1939 = 100) errechnete, nahm Krajčovič lediglich eine Ziffer von 110 an. Angaben bei Průcha, Václav: Základní rysi hospodářského vývoje Slovenska v letech 1939–1945 [Die Hauptzüge der wirtschaftlichen Entwicklung der Slowakei in den Jahren 1939–1945]. (Manuskript), S. 52. Das Slovenský plánovací úrad in Bratislava (Statistický zpravodajstvo, séria IV – priemyselná statisticka, roč. 1949, č. 2) errechnete für 1943 bei einem anderen Bezugsjahr (1937 = 100) einen Index von 162,8 (Olšovský u. a. 723, Tab. 29).

51 Die Zahl der Betriebsneugründungen stieg von 10 (1940) (1939 nur 5) auf 27 (1941), die der Erweiterungen von 4 (1940) auf 23 (1941) an. Vertrauliches Protokoll der Reichsgruppe Industrie vom 7. 7. 1942 über „Die Industriekraft der Slowakei und Möglichkeiten des Industrieausbaus unter Berücksichtigung der industriellen Entwicklung seit der Staatsgründung", Ha.-Pol., IV a, Slowakei, Industrie im allgemeinen, Bd. 1, 41.

52 Das Slovenský plánovací úrad bezifferte den Zuwachs der Konsumgüterproduktion von 1937 bis 1943 auf 35,9% (die Produktionsgüterproduktion stieg im Vergleichszeitraum um 95,6%). Olšovský u. a. 723. Diese Zahlen vermitteln allerdings ein zu positives Bild von der wirtschaftlichen Entwicklung der Slowakei, denn ein Großteil der Konsumgüterproduktion diente ebenfalls kriegswirtschaftlichen Zwecken. Vgl. Hornová: Militarizácie 470, derzufolge die überwiegend für den heimischen Markt bestimmte Industrieproduktion von 1939 bis 1943 um 17% zurückging, während die exportorientierte Industrieproduktion sich im selben Zeitraum beinahe verdoppelte (von 100 auf 183).

53 Der Ausbau des slowakischen Straßen- und Schienennetzes erfolgte überwiegend aus militärstrategischen Gründen, zunächst, im Sommer 1939, im Zusammenhang mit dem geplanten Feldzug gegen Polen (s. Odpis spisu z tajného archívu prezídia býv. Ministerstva hospodárstva v Bratislave č. 2610/prez. 1939, ŠSÚA, NS, Tnľud 57/46), später, 1941, zur Vorbereitung des Angriffs auf die Sowjetunion. Die für den Straßenbau eingesetzten Beträge stiegen allein in der Zeit zwischen dem 30. 4. und dem 30. 9. 1941 von 12,874 Mill. RM (Wi/IF 3.186, Lagebericht des WO Preßburg vom 13. 5. 1941) auf 27,499 Mill. RM (Wi/IF 3.186, Lagebericht des WO Preßburg vom 11. 10. 1941).

54 S. die Vereinbarung über den Ausbau der slowakischen Elektrizitätswirtschaft im Vertraulichen Protokoll der 4. Tagung des deutschen und slowakischen Regierungsausschusses vom 25.–28. 11. 1941, Anlage B, Ha.-Pol., IV a, Handakten Waldern, 26/3; Ergänzungen hierzu im Protokoll der 1. Tagung des deutschen und des slowakischen Industrieausschusses vom 4.–6. 2. 1942, Ha.-Pol., IV a, Slowakei, Industrie 1, Bd. 1. Der Bau von Elektrizitätswerken sollte die Slowakei energiewirtschaftlich von der Zufuhr von Kohle unabhängig machen und die Basis für die Elektrifizierung des Schienennetzes liefern.

55 Vgl. Kociská 53 (Tab. 10), 175 ff., 197, 222 und 247.

wie der deutsche Berater für Sozialpolitik, SS-Sturmbannführer Albert Smagon, verriet[56], „in Zusammenarbeit mit dem Propagandaamt von den derzeitigen Führern der Gewerkschaften abgewendet und auf Innenminister Mach gelenkt werden". Tatsächlich wurden der ohnehin integrierten christlich-sozialen Einheitsgewerkschaft mit der Errichtung des Zentralarbeitsamtes – einer Art „Treuhänder der Arbeit" – die Tarifhoheit[57] und zu Beginn des Jahres 1941 auch die Verfügungsmacht über die Sozialversicherung entzogen[58], bis sie 1942 schließlich in der „Arbeitenden Gemeinschaft", einer slowakischen Variante der Deutschen Arbeitsfront, aufgehen sollte[59].

Das Kontrollsystem des Staates gegenüber der Arbeiterschaft war jedenfalls, ähnlich wie in Deutschland, wesentlich weiter ausgebaut als gegenüber den Unternehmern, die nach wie vor über ihre Organisationsautonomie verfügten[60]. Damit hing es wohl auch zusammen, daß es weder auf slowakischer, noch auf deutscher Seite eine Zusammenfassung der kriegswirtschaftlichen Zuständigkeiten in einer Hand gab[61]. Symptomatisch war die Reaktion des Reichswirtschaftsministeriums auf einen Vorschlag des deutschen Wehrwirtschaftsoffiziers, die Unternehmen des Bergbaus in den Wehrwirtschaftsvertrag einzubeziehen und damit der Wehrmacht zu unterstellen. Das RWM wies diesen Vorschlag mit dem Argument zurück, daß der für die deutsche Kriegswirtschaft wichtige slowakische Antimon-, Kupfer- und Eisenerzbergbau ohnedies von Bergwerksgesellschaften betrieben würde, die unter Leitung und Einfluß leistungsfähiger deutscher Unternehmungen stünden „und somit die Gewähr dafür bieten, daß (tatkräftig gearbeitet wird und) die erzeugten Produkte der deutschen Wirtschaft zugute gebracht werden. Auf sie vermögen die zuständigen deutschen Stellen erforderlichenfalls ohne weiteres einzuwirken"[62]. Das Reichswirtschaftsministerium machte sich hier offensichtlich zum Sprecher der reichsdeutschen Konzerne, denen es im Reich bekanntlich schon Anfang 1940 ge-

---

[56] Tätigkeitsbericht Smagons vom 18. 10. 1940, Anlage zu dem Bericht Dr. Chlans an Heydrich vom 20. 10. 1940, BA, Ser. 517, EAP 173-g-12-18/21; vgl. Kociská 73 f. und 114 f.

[57] Tätigkeitsbericht Smagons an Dr. Hahn vom 25. 2. 1941, BA, Ser. 519, EAP 173-g-12–18/26; vgl. Kociská 73 f. und 114 f.

[58] Kociská 73 f.

[59] Sl. z. 1940, č. 70, Zákon o slovenskej pracujúcej pospolitosti zo dňa 6. mája 1942 [Gesetz über die slowakische Arbeitende Gemeinschaft].

[60] Während alle Gewerkschaftsorganisationen außer der christlich-sozialen schon vor der Staatsgründung aufgelöst worden waren (vgl. Holotíková, Zdenka: K činnosti a ideológii ľudáckych odborov na Slovensku v radoch slovenskej robotníckej triedy (1920–1945) [Zur Tätigkeit und Ideologie der Gewerkschaften der Volkspartei in der Slowakei im Rahmen der slowakischen Arbeiterklasse]. HČ 9 ⟨1961⟩ 64), blieben die Unternehmerverbände unangetastet.

[61] Zur Regelung von Versorgungsproblemen war zwar schon im Herbst 1939 vorübergehend ein Oberstes Wirtschaftsamt geschaffen, auf Grund der Widerstände von seiten der Unternehmer jedoch bald wieder aufgelöst worden. Müller, Richard A.: Die kriegswirtschaftliche Organisation in der Slowakei. Statistisches Reichsamt 1944, Bericht Nr. 26, R 7 VI/365, 1.

[62] Entwurf eines Briefes der Bergbauabteilung des RWM an das OKW vom 26. 1. 1942, R 7 VIII/65.

lungen war, den Einfluß des Wehrwirtschafts- und Rüstungsamts im OKW aus der Wirtschaft weitgehend auszuschalten und an seine Stelle ein von der Privatindustrie kontrolliertes „Selbstverantwortungssystem“ zu setzen[63].

Die Antwort des RWM ist aber noch aus einem anderen Grund interessant, denn sie zeigt, welche Aufgabe den Konzernen bei der wirtschaftlichen Durchdringung und Lenkung der besetzten und abhängigen Gebiete zufiel. Sie übten gleichsam die Funktion von Transmissionsriemen der deutschen Macht aus, die es den Staatsorganen erlaubte, nicht ständig selbst in Erscheinung zu treten. Ihre Bedeutung mußte in der Tat in dem Maße wachsen, in dem Staatsapparat und führende Monopolgruppen im System des Nationalsozialismus weitgehend miteinander verschmolzen[64]. Aus diesem Grund war es von weittragender Bedeutung, daß sich die reichsdeutschen Konzerne schon in den Anfangsjahren des Krieges aller wichtigen Industriezweige in der Slowakei bemächtigen konnten. Die Hermann-Göring-Werke, der IG-Farben-Konzern sowie die Deutsche und die Dresdner Bank spielten dabei die Hauptrolle[65]. 1942, auf dem Höhepunkt der deutschen Macht, befanden sich auf diese Weise 100% der Erdölproduktion, 99,6% des Bergbaus, 76,5% der chemischen und 59,9% der Metallindustrie – um nur die wichtigsten zu nennen – in deutscher Hand[66]. Über die Beteiligungspakete der beiden führenden deutschen Bankinstitute, der Unions-Bank und der Handels- und Kreditbank, die sich im Zuge der Bankenkonzentration wichtige Ausgangspositionen gesichert hatten, reichte der Einfluß aber auch weit in sonst von tschechischem oder slowakischem Kapital beherrschte Branchen hinein[67].

Dieser Aneignungsprozeß hatte sich gegen den Willen, ja vielfach ohne die Kenntnis der Slowaken vollzogen, indem die reichsdeutschen Konzerne meist über Prager Konzernzentralen die bislang von tschechischen oder westeuropäischen Kapitaleignern kontrollierten Aktienpakete übernahmen. Das slowakische Bürgertum, das sich

---

[63] Der offizielle Name lautete „Organisation für die Selbstverantwortung und die Verantwortlichkeit der deutschen Industrie“. Vgl. hierzu Milward: Kriegswirtschaft 53 ff., insbesondere 59 und Eichholtz: Kriegswirtschaft 121 ff.

[64] Zur allgemeinen Tendenz der Verschmelzung von Staatsapparat und Privatwirtschaft in der Phase des Monopolkapitalismus vgl. jetzt Hirsch, Joachim: Wissenschaftlich-technischer Fortschritt und politisches System. Frankfurt 1970, S. 11 ff. (edition suhrkamp 437); ferner Eichholtz, Dietrich: Probleme einer Wirtschaftsgeschichte des Faschismus in Deutschland. JbWG (1963) Teil 3, S. 97–127.

[65] Neben zahlreichen, wenn auch verstreuten Belegen in den Akten vgl. hierzu vor allem Král, Václav: Otázky hospodářského a sociálného vývoje v českých zemích v letech 1938–1945 [Fragen der wirtschaftlichen und sozialen Entwicklung in den böhmischen Ländern in den Jahren 1938–1945]. Bd. 2. Prag 1958, passim, und Lipták: Ovládnutie, passim. Zur Rolle der IG-Farbenindustrie-AG speziell Radandt, Hans: Die IG Farbenindustrie AG und Südosteuropa 1938 bis zum Ende des Zweiten Weltkrieges. JbWG (1967) Teil 1, S. 77–146.

[66] Lipták: Ovládnutie 88.

[67] Einen genauen Überblick über den Stand der Eigentums- und Beteiligungsverhältnisse in der slowakischen Industrie vermittelt eine Aufstellung des Auswärtigen Amts vom August 1943, Ha.-Pol., IV a, Slowakei, Handel 13 a, Bd. 5.

damit erneut düpiert sah, durfte sich stattdessen an „arisiertem" jüdischem Vermögen schadlos halten[68].

In Branchen, in denen die Übernahme von Aktienmehrheiten entweder nicht möglich oder nicht wünschenswert erschien, bediente man sich anderer, weniger auffälliger Methoden. Als erprobtes Mittel erwies sich hier das Kartell. Auf Wunsch des deutschen Regierungsausschusses blieben nicht nur die zahlreichen tschechoslowakischen Kartellvereinbarungen in Kraft[69], sie wurden im Laufe der Zeit durch eine Reihe weiterer Absprachen ergänzt. Langfristiges Ziel war – wie sich am Beispiel der Glas- und Zementindustrie ablesen ließ – die Einbeziehung der slowakischen Wirtschaftszweige in ein von Berlin aus gesteuertes gesamteuropäisches Kartellsystem[70]. Die maßgeblichen Monopolgruppen verfügten nicht nur im Rahmen solcher herkömmlicher privatwirtschaftlicher Lenkungsverfahren, sondern auch innerhalb des staatlichen Entscheidungsprozesses selbst über Mitsprachemöglichkeiten. In erster Linie sind hier die dem Regierungsausschuß untergeordneten Industrie- und Bankausschüsse zu nennen. Ihre Mitglieder wurden auf Vorschlag der Wirtschaftsgruppen vom Reichswirtschaftsministerium bestimmt. Empfehlungen dieser Gremien wurden nach ihrer Genehmigung durch den Regierungsausschuß umgehend wieder den Wirtschaftsgruppen und über diese den interessierten Firmen zugeleitet[71]. Auf diese Weise war ein deren Interessen optimal entsprechender, wenn auch sicherlich nicht immer reibungsloser Entscheidungsfluß garantiert. Während der so beschaffene industrielle Lenkungsapparat auch nach dem Beginn des Ostfeldzugs vorerst nicht angetastet wurde – ein erster Umbau erfolgte erst im Spätsommer 1943 –, führten die seit dem Frühjahr 1941 vermehrt auftretenden Versorgungsschwierigkeiten im Bereich der Landwirtschaft schon bald zur Forderung nach einer grundlegenden Organisationsreform. Das zersplitterte landwirtschaftliche Verbandswesen war den Anforderungen des Krieges, zumal seit die Slowakei selbst in den Krieg eingetreten war, nicht gewachsen. Das vom deutschen Berater für Landwirtschaft, Hamscha, wiederholt angepriesene Modell des Reichsnährstands stieß bei den zuständigen slowakischen Stellen jedoch auf unüberwindlichen Widerstand[72]. So beschränkte man sich schließlich im Sommer 1942 auf die Zusammenlegung der agrarischen Interessenverbände – des Getreide- und Viehmonopols und der Gruppierungen der landwirtschaftlichen Industrie – in einem Zentralverband, der sog. Landwirtschaftskammer[73], während die Wahrnehmung der sozialen Belange der Landbevölkerung einer Ständeorganisation innerhalb der Staats-

---

[68] Vgl. hierzu Lipták: Ovládnutie 154f., der in diesem Zusammenhang von einer Bundesgenossenschaft zwischen deutschem und slowakischem Kapital spricht.

[69] Vertrauliches Protokoll über die 1. Tagung des deutschen und des slowakischen Regierungsausschusses vom 9.–22. 6. 1939, Punkt 4, Ha.-Pol., IVa, Handakten Waldern, 26/3.

[70] Zu den Vorgängen in der Glas- und Zementindustrie vgl. Lipták: Ovládnutie 95ff. und 101ff.

[71] Protokoll der 43. Sitzung des kaufmännischen Ausschusses der IG Farbenindustrie AG vom 23. 9. 1941, NI-6076.

[72] S. hierzu die Tätigkeitsberichte Hamschas aus dem Jahre 1941, BA, Ser. 520, EAP 173-g-12-18/30.

[73] GB 4. 6. 1942; GB 2. 7. 1942.

partei überlassen blieb[74]. Zur Behebung der akuten Versorgungsprobleme wurde darüberhinaus – ebenfalls im Sommer 1942 – ein Oberstes Versorgungsamt (OVA) geschaffen, das nicht nur für die Versorgung von Wehrmacht, Bevölkerung und Industrie zuständig war, sondern auch die Preis- und Lohnpolitik zentral steuern sollte[75]. Der Vorsitzende des OVA, der im Rang eines Ministers dem Kabinett angehörte und nach dem Innen- und Verteidigungsressort über den dritthöchsten Etat verfügte, war befugt, im Rahmen seines Aufgabenbereichs „alle Maßnahmen und Anordnungen gegenüber Einzelpersonen, Betrieben, wirtschaftlichen Zusammenschlüssen, staatlichen Dienststellen (auch Zentralämtern) und anderen öffentlichen Ämtern, Anstalten und Gemeinden" zu treffen, „die zur Sicherstellung einer ordnungsgemäßen Versorgung und volkswirtschaftlich vertretbaren Preis- und Lohngestaltung erforderlich sind". Während das OVA unter Imrich Karvaš, der dieses Amt bis zum Ausbruch des Volksaufstands innehatte, die Preis- und Lohnpolitik diktatorisch lenkte – ein genereller Preis- und Lohnstop war allerdings schon vorausgegangen –, bediente es sich bei der Durchführung von Bewirtschaftungsmaßnahmen überwiegend der jeweils betroffenen Interessenverbände.

Die Slowakei fügte sich mit dieser Regelung offensichtlich dem massiven Druck, der seit dem Herbst 1941 von seiten der zuständigen deutschen Stellen ausgeübt wurde. Selbst Ludin, der um die Wahrung des souveränen Scheins stets besonders bemüht war, hatte für den Fall des Scheiterns einer slowakischen Lösung des Versorgungsproblems schon im August 1941 die Einsetzung deutscher Fachleute mit Weisungsbefugnis angedroht[76], eine Lösung, für die sich auch der Wehrwirtschaftsoffizier nachdrücklich aussprach. Ein energisches Einschreiten sei unbedingt erforderlich, schrieb dieser Ende September 1941 an seine Behörde[77], „wenn man nicht will, daß 65 km vor Wien sich ein bolschewistischer Zersetzungsherd bildet". Ähnliche Gedanken lagen teilweise auch den Maßnahmen zur Erhöhung und Verbesserung der landwirtschaftlichen Produktion zugrunde, die gleichzeitig mit der Reorganisation des Verteilerapparats ergriffen wurden, wenn sie darüberhinaus zweifellos auch durch das Interesse an einer Entlastung der deutschen Ernährungslage motiviert waren. Der „Dringende Dreijahresplan für den landwirtschaftlichen Aufbau", der im Frühjahr 1941 aufgrund einer Vereinbarung der Regierungsausschüsse verabschiedet wurde[78], war jedenfalls gänzlich auf die Bedürfnisse des deutschen Marktes abgestellt. Im Einklang mit den Grundsätzen des Vertraulichen Protokolls vom 23. März 1939 war die Unterstützung der einzelnen Wirtschaftszweige

---

[74] Tätigkeitsbericht Dr. Hamschas vom 1. 7. 1941, Ser. 520, EAP 173-g-12-18/30; Sl. z. 1942, č. 70, Zákon o slovenskej pracujúcej pospolitosti z dňa 6. mája 1942.

[75] Sl. z. 1942, č. 100. Ústavný zákon zo dňa 5. júna 1942 [Verfassungsgesetz vom 5. Juni 1942]; Müller, Richard A.: Die kriegswirtschaftliche Organisation in der Slowakei. Statistisches Reichsamt 1944, Bericht Nr. 26; GB 6. 6. 1942.

[76] Bericht Ludins an das AA vom 23. 9. 1941, UStS Luther, Slowakei, 32.

[77] WO-Bericht an das OKW/WiRüAmt/Wi III vom 16. 9. 1941, Wi/IF 3. 36.

[78] Richtlinien für den Aufbau der Landwirtschaft in der Slowakei, Anlage A 1 a zum Vertraulichen Protokoll der 3. Tagung des deutschen und des slowakischen Regierungsausschusses vom 28. 4. – 12. 5. 1941, Ha.-Pol., IVa, Handakten Waldern, 26/3; vgl. Richard A. Müller.

jeweils an die Voraussetzung gebunden, daß deren Ausbau „entsprechend den deutschen Marktbedürfnissen planmäßig geregelt wird". Neben der Förderung der Geflügelzucht und des Obst- und Gemüsebaus, der Herstellung von Qualitätsweinen und der Verbesserung des Saatguts wurde insbesondere der Ausbau des Molkereiwesens als vordringlich betrachtet. Von diesem versprach sich die deutsche Regierung nicht nur eine „wirksame Erschließung" der slowakischen Fettquellen, die den Ankauf von Fetten und Fettrohstoffen im Ausland erübrigen sollte, sondern darüberhinaus „in steigendem Umfang" die Ausfuhr von Milcherzeugnissen in das Reich. Die deutsche Seite erklärte sich zu diesem Zweck bereit, der Slowakei durch Lieferung von Saatgut, Zuchtvieh und landwirtschaftlichen Maschinen bei der Anhebung der Erträge behilflich zu sein, und stellte ihr in diesem Zusammenhang einen propagandistisch groß herausgestellten Kredit in Höhe von 200 Mill. Ks (etwa 18 Mill. RM) zur Verfügung[79]. Darüberhinaus sollte den slowakischen Bauern im Wege von Fachtagungen und Studienreisen modernes landwirtschaftliches know how vermittelt werden[80].

Auch die Bemühungen der deutschen Wirtschaftsberater, das Tiso-Regime von der im übrigen ohnedies nur halbherzig betriebenen Bodenreform abzubringen[81], galten der Sicherung einer möglichst hohen Lieferfähigkeit der slowakischen Landwirtschaft. Unter Berufung auf die höhere Ertragsfähigkeit des landwirtschaftlichen

---

[79] „Diese Aktion (der landwirtschaftliche Entwicklungsplan – H. K.) und die Zurverfügungstellung von 200 Mill. Ks für die erwähnten Aufgaben bringen der slowakischen Regierung Schlagworte für die Inlandpropaganda und wirken sich für uns günstig aus, da wir damit beweisen, daß Deutschland auch im Kriege andere Staaten in ihrem wirtschaftlichen Aufbau stützen kann", hieß es in einer Aufzeichnung Hudeczeks zum Ergebnis der 3. Tagung des deutschen und des slowakischen Regierungsausschusses vom 28. 4. – 12. 5. 1941, Ha.-Pol., IV a, Handakten Wiehl, Slowakei, Bd. 1, E 085620–23.

[80] S. Richtlinien für den Aufbau der Landwirtschaft in der Slowakei. Vgl. hierzu auch Brandt, Karl u. a.: Management of Agriculture and Food in the German Occupied and Other Areas of Fortress Europe. Stanford 1953, S. 255 ff.

[81] Hamscha bezeichnete es in einem undatierten Tätigkeitsbericht (vom Frühjahr 1941) als „obersten Grundsatz" der Bodenreform, daß für sie „in erster Linie wirtschaftliche Momente" ausschlaggebend sein müßten, BA, Ser. 520, EAP 173-g-12-18/30; s. auch seinen Tätigkeitsbericht vom 27. 3. 1941 (ebd.), wo er diesen Grundsatz auf die Aufteilung des jüdischen Grundbesitzes anwendete. Für den Fall einer „weitere(n) und bleibende(n) Annäherung" zwischen Deutschland und der Slowakei sah Hamscha in der Aufrechterhaltung von landwirtschaftlichen Großbetrieben aber auch noch politische Vorteile. „In diesem Fall ist der Grund und Boden in Form größerer Objekte leichter greifbar als in Form unzähliger kleinstbäuerlicher Besitzungen ..." In einem undatierten Vermerk in den Akten des SD-LA Wien wird aus ähnlichen Gründen gegen die Aufteilung des jüdischen Bodenbesitzes Stellung genommen und dessen Überführung in eine Aktiengesellschaft unter starker reichsdeutscher Beteiligung empfohlen. „Diese bleibt dann solange als Landreserve bestehen, bis der Zeitpunkt gekommen ist, wo auch die slowakische Frage biologisch gelöst werden soll." BA, Ser. 523, EAP 173-g-12-18/38. Zur Entwicklung der slowakischen Agrarreform vgl. allgemein Doležal, Jiří: Přispevok k otázkám pozemkové držby na Slovensku v letech druhé světové války [Beitrag zu den Fragen des Grundbesitzes in der Slowakei in den Jahren des Zweiten Weltkrieges]. ČČH 7 (1959) 318–358 und Bauch, Vlastislav/Kontra, Martin: Príspevok k otázke postavenia malých rol'níkov za tzv. sloveského štátu [Beitrag zur Frage der Stellung der Kleinbauern im sogenannten Slowakischen Staat]. EČ 3 (1955) 81 ff.

Großbetriebs wandten die Berater sich sogar gegen die Aufteilung des „arisierten" jüdischen Großgrundbesitzes[82]. Als strukturelle Norm schwebte ihnen, wie im Reich, der bäuerliche Erbhof vor. Für die kleinbäuerlichen Existenzen, die das slowakische Dorf zahlenmäßig beherrschten, war in dieser Konzeption kein Platz[83].

Die Förderungsmaßnahmen reichten jedoch nicht aus, um den negativen Einfluß des Krieges auf die landwirtschaftliche Ertragsfähigkeit voll auszugleichen, so daß in den Jahren 1941/42 nicht nur die Erzeugung insgesamt[84], sondern auch der Export in das Reich spürbar zurückgingen[85]. Für diesen Rückgang waren, außer der schweren Versorgungskrise, die sich seit dem Eintritt der Slowakei in den Krieg erheblich verschärfte, vor allem die im Vergleich mit Drittländern ungünstigen Exportpreise und der Clearingstand verantwortlich[86]. Die slowakische Regierung suchte daher die Ausfuhr nach Deutschland systematisch zu drosseln. Um dem Trend zur Verlagerung des Agrarexports auf Drittländer entgegenzuwirken, setzte der deutsche Regierungsausschuß schon im Spätherbst 1941 den Grundsatz durch, daß 80% der erzeugten landwirtschaftlichen Überschüsse an Deutschland zu liefern seien[87]. An der Außenhandelspraxis der Slowakei änderte dies jedoch zunächst nur wenig[88].

Möglich war diese für die Slowakei vergleichsweise günstige Entwicklung wohl nur, weil dem Reich mit Rücksicht auf die politische Werbefunktion des „Schutzstaats" eine Beeinträchtigung der Versorgungslage nicht ratsam erschien und das verfügbare landwirtschaftliche Potential angesichts der sich im Osten scheinbar eröffnenden Möglichkeiten ohnedies kaum ins Gewicht fiel[89]. Die Slowaken profitier-

---

[82] S. hierzu neben der schon zitierten Stellungnahme Hamschas auch ein Schreiben Geberts an Tuka vom 12. 8. 1942, ŠSÚA, MH, I, Prez – P/B – 176, in dem Gebert es als „größte Sorge" bezeichnet, daß die „volle landwirtschaftliche produktive Kraft" des jüdischen Grundbesitzes durch agrarreformerische Experimente beeinträchtigt wird.

[83] Zur Lage der slowakischen Kleinbauern vgl. Bauch/Kontra 77–96.

[84] Olšovský u. a. 724 (Tab. 30 und 31).

[85] Den Anlaß lieferte der Eintritt der Slowakei in den Krieg gegen die Sowjetunion. S. Reichsministerium für Ernährung und Landwirtschaft (REM) an die Deutsche Gesandtschaft (Preßburg) vom 6. 9. 1941, Ges. Preßburg W 2 Nr. 1, 351, Bd. 6. Zur Entwicklung im ersten Halbjahr 1942 s. die Aufstellung der Gesandtschaft über den Stand des Warenverkehrs vom 2. 9. 1942, Ges. Preßburg W 2 Nr. 1, 351, Bd. 9, sowie die Aufzeichnung Dr. Breyans (RFM) vom 21. 8. 1942, BA, R 2/404.

[86] S. Telegramm Ludins an das AA vom 2. 9. 1941, Ges. Preßburg W 2 Nr. 1, 351, Bd. 6, sowie das schon erwähnte Schreiben des REM vom 6. 9. 1941 (ebd.).

[87] Die Klausel bezog sich auf Getreide und Getreideerzeugnisse, Futtermittel, Hülsenfrüchte, Malz, Mohn, Kartoffel, Vieh, Geflügel und Eier, Überschüsse an Stroh und Heu waren in vollem Umfang nach Deutschland zu liefern. Vertrauliches Protokoll der 4. Tagung des deutschen und des slowakischen Regierungsausschusses vom 25.–28. 11. 1941, Punkt 4.

[88] Die Ausfuhr von Lebensmitteln nach Deutschland fiel im 1. Halbjahr 1942 gegenüber dem Vergleichszeitraum des Vorjahres um ein Drittel zurück, während der Export in die Schweiz sich gleichzeitig erhöhte. Auf einer Besprechung im Auswärtigen Amt wurde daher gefordert, daß die Slowakei kriegswichtige Waren in Zukunft ohne Rücksicht auf den Clearingstand liefern müsse. Aufzeichnung Dr. Breyans vom 21. 8. 1942, BA, R 2/404.

[89] Brandt u. a. 259.

ten so gesehen indirekt von der Ausbeutungspolitik, die das NS-Regime in anderen Gegenden seines Machtbereichs praktizierte.

Vom Übergang zum „totalen Krieg“, der sich seit dem Ende der Blitzkriegsstrategie vor Moskau im Winter 1941/42 abzuzeichnen begann, blieb freilich auch der „Schutzstaat“ nicht verschont, wenngleich sich die Umstellung dort weniger rasch vollzog als im Reich. Der Zuwachs im Clearingsaldo blieb 1942 sogar hinter der Steigerungsrate des Jahres 1941 zurück[90]. Dies war allerdings eher auf die günstige Entwicklung des zivilen Handelsverkehrs zurückzuführen, denn die Lieferungen der Wehrwirtschaftsbetriebe stiegen 1942 gegenüber dem Vorjahr beinahe auf das Doppelte an[91].

Auch so warf die Zunahme des Clearingsaldos, der 1942 zum ersten Mal die Höhe des slowakischen Staatshaushalts übertraf[92], schwer lösbare Probleme auf. Da den Leistungen, ähnlich wie auch sonst im Fall von Rüstungsproduktion, kein Gegenwert entsprach, gefährdeten sie in zunehmendem Maße die Gleichgewichtsbedingungen des slowakischen Wirtschaftssystems. Im Kern liefen sie auf eine Kreditierung der deutschen Kriegswirtschaft hinaus, die es dieser erlaubte, die Inflation zu exportieren[93]. Mit dem Anstieg der Konten schwanden im übrigen die Aussichten auf deren Ausgleich immer mehr. Von der Verpflichtung zu diesem Ausgleich hatte die deutsche Seite sich ohnedies schon im Herbst 1940 losgesagt[94]. In der Folgezeit nahmen dann die von Berlin angebotenen Gegenwerte einen immer fiktiveren Charakter an[95].

In dieser Lage gewannen die Formen politisch-ideologischer Legitimierung, deren das Reich sich bediente, zunehmend an Gewicht. Nach Salzburg hatte Berlin das Problem durch eine schleichende Gleichschaltung lösen wollen, war dabei jedoch auf den erbitterten Widerstand der vom Klerus unterstützten Tiso-Gruppierung ge-

---

[90] 1941 von 86,1 Mill. RM um 111,5 auf 197,6 Mill. RM, 1942 um 78,1 auf 275,7 Mill. RM, d. h. die Steigerungsrate fiel von 130% (1941) auf 40% (1942). Bericht der Deutschen Verrechnungskasse an das RWM vom 26. 7. 1943, Anlage II, R 7 VI/362,1.

[91] Von 309,8 Mill. Ks auf 578,9 Mill. Ks, Daxner, Igor: L'udactvo pred národným súdom (1945–1947) [Die Volkspartei vor dem Volksgericht]. Preßburg 1961, S. 155. Andere Zahlen bei Olšovský u. a. 653.

[92] Während die Staatsausgaben ca. 2,4 Mrd. Ks betrugen (Kováčík 131), stieg der Clearingsaldo am Jahresende 1942 auf 3,2 Mrd. Ks an (Bericht der Deutschen Verrechnungskasse an das RWM vom 26. 7. 1943, Anlage II, R 7 VI/362,1).

[93] Vgl. Kováčík 56.

[94] Aufzeichnung über die Besprechungen der Vorsitzenden des deutschen und des slowakischen Regierungsausschusses vom 7.–14. 8. 1940, Punkt 4, Ha.-Pol., IVa, Handakten Wiehl, Slowakei, Bd. 1, E 085385–400.

[95] Im Frühjahr 1942 wurde z. B. von deutscher Seite als Gegenleistung die Lieferung von Investitionsgütern im Wert von 1,6 Mrd. Ks angeboten (Protokoll der Besprechungen der Vorsitzenden des deutschen und des slowakischen Regierungsausschusses vom 12.–21. 2. 1942, Ha.-Pol., IVa, Handakten Waldern, 26/3). Im Rahmen dieser Vereinbarung hatte Preßburg bis Mitte 1943 Bestellungen in Höhe von 550 Mill. Ks aufgegeben (Schreiben der Deutschen Verrechnungskasse an das RWM vom 26. 7. 1943, R 7 VI/362,1), bis Sommer 1944 waren dafür aber nur Waren im Wert von 145 Mill. Ks geliefert worden. In dieser Lage setzte Berlin durch, daß die stornierten Vorauszahlungen in Nachkriegsaufträge umgewandelt wurden (Vertrauliches Protokoll der 8. Tagung des deutschen und des slowakischen Regierungsausschusses vom 27. 4. – 16. 6. 1944, Punkt 69).

stoßen[96]. Nach der Ankunft Ludins im Januar 1941 war die Reichspolitik daher allmählich auf eine pragmatischere Linie zurückgeschwenkt, die dem „Schutzstaat" den L'udakismus als Staatsideologie – gleichsam als eigenen Weg zum Faschismus – konzedierte[97]. Im Zusammenhang damit wurde das Beraterkorps aus ideologisch umkämpften Bereichen zurückgezogen und auf die Funktion eines kriegswirtschaftlichen Expertenteams beschränkt[98]. – Dieser Pragmatismus sollte sich bezahlt machen, denn die Slowakei „leistet(e) ihre Ablieferungspflichten und ihren Kriegsbeitrag viel williger", wie der Adjutant Ludins 1944 feststellte[99], „seit das Reich sich aus einer Beeinflussung der letztangeführten Bereiche heraushalte". Er bezog sich damit auf die Abberufung der Berater für die Hlinkapartei und die Jugend, die im Frühjahr 1942 erfolgt war[100].

Die Führungsschichten des Regimes, die vom Rüstungsboom profitierten, waren in der Tat geneigt, den Clearingsaldo als eine Art „Befreiungstaxe" in Kauf zu nehmen[101]. Bei den Verhandlungen der Regierungsausschüsse kam es zwar stets erneut zu lebhaften Klagen über den Clearingstand; die Slowaken gaben den deutschen Forderungen aber doch immer wieder nach. Selbst der als Scharfmacher bekannte Berater für Wirtschafts- und Finanzfragen, Dr. Gebert, bescheinigte 1941 Imrich Karvaš, der als Gouverneur der Nationalbank für die Clearingfinanzierung zuständig war, er tue „das Äußerste, was man verlangen kann"[102]. Dies galt insbesondere auch für die kritische Zeit nach Stalingrad, als der Clearingsaldo allein binnen eines halben Jahres, vom Februar bis Juli 1943, um beinahe ein Drittel, von 3,3 Mrd. Ks auf 4,16 Mrd. Ks, emporschnellte[103]. Diese Zahlen spiegeln zwar die real erbrachte Leistungszunahme im Bereich der Kriegswirtschaft nur ungenau wider, vermitteln aber doch eine Vorstellung von dem Umfang, in dem nunmehr auch die Slowakei dem „totalen Krieg" ihren Tribut zu zollen hatte.

Der Umbau des wehrwirtschaftlichen Lenkungsapparats im „Schutzstaat" vom Sommer 1943 ist daher nicht als Reaktion auf ein Nachlassen der slowakischen Lieferbereitschaft zu bewerten, sondern ergab sich gleichsam routinemäßig aus der im

---

96 S. hierzu die Berichterstattung v. Killingers an das AA, UStS Luther, Slowakei, 32.

97 Den durch die Umstände erzwungenen Verzicht auf die nationalsozialistische Gleichschaltung der Slowakei stellte der „Völkische Beobachter" als „Beweis" dafür hin, „daß das Deutsche Reich keineswegs im Sinne eines politischen oder geistigen Imperialismus seine gestaltenden Ideen anderen Völkern aufdrängt ...", zit. nach GB vom 16. 2. 1941.

98 Die Grundgedanken dieser Konzeption sind schon in einem Bericht Ludins an das AA vom 29. 1. 1941 angelegt, UStS Luther, Slowakei, 32, 338163–85. Vgl. zur Politik Ludins Prečan, Vilém: Nacistická politika a Tisův režim v předvečer Povstání [Die nazistische Politik und das Tiso-Regime am Vorabend des Aufstandes]. HaV 6 (1969) 1102 ff.

99 Vermerk über eine Rede Gmelins vor dem Führerkreis der Gaustudentenführung in Wien vom 14. 1. 1944, BA, Ser. 517, EAP 173-g-12-18/14.

100 Die Reduzierung des Beraterkorps war Ende April 1942 beschlossen worden, undatiertes Schreiben des Sonderreferats Gesandter Krummer an die Deutsche Gesandtschaft (Preßburg), Inland II g, Slowakei, 449, Bd. 2.

101 Slowakei-Bericht des SD-LA Prag an das RSHA vom 21. 3. 1944, BA, Ser. 524, EAP 173-g-12-18/42.

102 Dr. Gebert an Dr. Hahn, 3. 1. 1941, RG 1010/2695.

103 Bericht v. Schulmanns über den Stand der Clearingfinanzierung vom April 1944, Ha.-Pol., IV a, Slowakei, Finanzwesen 16, Bd. 14.

Reich schon im Mai 1942 vollzogenen Unterstellung des Wehrwirtschafts- und Rüstungsamts unter die Kompetenz des Ministeriums für Bewaffnung und Munition[104]. Erstaunlich ist eher, daß sie so spät erfolgte. Sie führte zudem analog zur Trennung von Wehrwirtschafts- und Rüstungsamt, zur Aufteilung der bislang einheitlich vom Wehrwirtschaftsoffizier wahrgenommenen Zuständigkeiten. Während die rüstungswirtschaftlichen Aufgaben, also insbesondere die Verfügungsgewalt über die Wehrwirtschaftsbetriebe, an die dem Speer-Ministerium unterstellte Deutsche Industriekommission (DIKO) fielen, vertrat eine beim Deutschen General neugeschaffene Wehrwirtschaftsgruppe die verbleibenden Interessen des OKW[105]. Mit dieser Regelung war der Plan, die kriegswirtschaftlichen Kompetenzen in einer Hand zu vereinen – ein Gedanke, den insbesondere Ludin verfochten hatte – gescheitert[106]. Der Plan sollte erst nach der Besetzung des Landes im Herbst 1944 realisiert werden.

Immerhin wurde aber schon im Spätherbst 1943 der Zuständigkeitsbereich der DIKO weiter ausgedehnt. Ein Zusatzabkommen zum Wehrwirtschaftsvertrag vom 12. November 1943 unterstellte ihr 7 weitere slowakische Industrieunternehmen[107]. Im Rahmen dieses erweiterten Aufgabenbereichs verfuhr die DIKO nach der Order, die slowakische Industrie und ihre Fachkräfte „erschöpfend und planvoll auszunutzen"[108]. Die Leistungskurve der slowakischen Kriegswirtschaft kletterte in der Tat seit dem Herbst 1943 erneut steil nach oben. Zur rigorosen Auslastung der vorhandenen Kapazitäten kam im Zuge der sog. Verlagerungsgeschäfte der Bau neuer Anlagen[109]. Im Frühherbst 1943 erwog das Speer-Ministerium im Rahmen des sog. Großen Plans sogar den Bau eines kompletten Stahlwerks mit einer Jahresproduktion von 100 000 t in Dubnica[110]. Lediglich den Vorstellungen der zuständigen deutschen Stellen in Preßburg, die einen Zusammenbruch des slowakischen Währungssystems befürchteten, war es zu verdanken, daß Speer den Plan fallen ließ und sich stattdessen mit dem Ausbau vorhandener Kapazitäten begnügte[111]. Der Mehrbedarf belief sich auch so allein auf dem Gebiet der Rüstungsproduktion auf beinahe 2 Mrd. Ks (d. h. 2/3 des slowakischen Notenumlaufs)[112]. Obwohl der

---

104 Milward: Kriegswirtschaft 79. – Janssen, Gregor: Das Ministerium Speer. Deutschlands Rüstung im Krieg. Berlin–Frankfurt–Wien 1968, S. 50.

105 Undatierte Aufzeichnung (vom September 1943) über die wehrwirtschaftlichen Kompetenzen in der Slowakei, Ha.-Pol., IVa, Slowakei, Industrie 1, Bd. 1; s. auch den Bericht Ludins an das AA vom 19. 4. 1944 (ebd.).

106 Bericht des Militärattachés Becker an das OKW vom 30. 8. 1943, W 01–7/320. Ludin soll in diesem Zusammenhang vorgeschlagen haben, ihm die Kompetenzen eines Reichsverteidigungskommissars zu übertragen. Bericht Dr. Chlans vom SD-LA Wien an das RSHA vom 27. 9. 1943, R 70 Slowakei/20.

107 S. Aufzeichnung Walderns vom 8. 12. 1943, Ha.-Pol., IVa, Slowakei, Industrie 1, Bd. 1.

108 Dienstanweisung des Reichsministeriums für Rüstung und Kriegsproduktion für den Leiter der DIKO vom 1. 3. 1944, W 01–7/320.

109 Vgl. zur Praxis der Rüstungsverlagerung allgemein Janssen 148ff.

110 Aufzeichnung Hudeczeks vom 13. 9. 1943, Ha.-Pol., IVa, Handakten Waldern, Slowakei, 25/1.

111 Ausführliches Material zu diesen internen Auseinandersetzungen ebenda.

112 Vertrauliches Protokoll der 7. Tagung des deutschen und des slowakischen Regierungsausschusses.

Wert der im Rahmen des Wehrwirtschaftsvertrags erzeugten Waffen und Geräte überwiegend aus Verarbeitungskosten bestand – Rohstoffe und Halbfabrikate stammten in der Regel aus dem Reich –, stieg das Konto bis zum Juli 1944 um weitere 1,5 Mrd. Ks auf insgesamt 3 Mrd. Ks an[113]. Allein die Zahl der in den Wehrwirtschaftsbetrieben beschäftigten Arbeitskräfte betrug 1944 48 000[114]. Hinzu kamen die Zulieferindustrie und die im Wehrwirtschaftsvertrag nicht erfaßten kriegswichtigen Wirtschaftszweige[115]. Insbesondere der Bergbau gewann seit dem Verlust der Ukraine und der Bedrohung des Balkan zunehmend an Bedeutung[116].

Diese „Militarisierung" der slowakischen Wirtschaft[117] verschärfte auch die Lage auf dem Arbeitsmarkt, zumal Sauckel, der inzwischen für die Anwerbung slowakischer Arbeitskräfte zuständig war, auf der Fortführung der Werbekampagnen bestand[118]. Das Interesse an einer Tätigkeit im Reich hatte jedoch seit der Anhebung des Lohnniveaus in der Slowakei und den einsetzenden alliierten Luftangriffen im Reich spürbar nachgelassen. Immer häufiger verließen slowakische Arbeiter ihre Arbeitsplätze im Reich noch vor Ablauf ihres Kontrakts, um stattdessen eine weniger diskriminierende Beschäftigung in der Slowakei aufzunehmen[119].

Diese Entwicklung versetzte die zuständigen deutschen Stellen in nicht geringe Verlegenheit. Eine Anhebung der Lohnüberweisungssätze als wirksamster materieller Anreiz erschien wegen des hohen Clearingsaldos nicht vertretbar[120], der Einführung der allgemeinen Arbeitspflicht widersetzte sich wiederum Preßburg mit Erfolg[121]. Angesichts dieser Lage empfahl Sauckel im Frühjahr 1944, slowakische Arbeitskräfte gegen Verpflegung und Taschengeld als Arbeitskolonnen im Reich einzusetzen[122]. Ein solcher Weg war jedoch erst recht nicht gangbar, solange das Reich

---

[113] Lagebericht der DIKO vom 7. 9. 1943, R 3/510.

[114] Hornová: Príspevok 344. Die dort angegebene Zahl bezog sich auf den Stand vom Juni 1944. Ende Januar 1944 hatte sie 41 500 betragen. Lagebericht der DIKO vom 10. 2. 1944, Anlage, Wi/IF .2.

[115] Hornová: Príspevok 344 und passim.

[116] Zum Ausbau der Manganerzförderung s. Aufzeichnung der Organisation Todt vom 17. 1. 1944, R 7 VIII/94, sowie das Protokoll der 8. Tagung des deutschen und des slowakischen Regierungsausschusses vom 27. 4. – 16. 6. 1944, Punkt 78 und 79, R 7 VI/362,1. S. ferner die Studie des Reichsamts für Bodenforschung vom 20. 9. 1944 über „Die Bedeutung des Erzbergbaus in Nord- und Westungarn und in der Ostslowakei", R 7 VIII/92. In diesen Zusammenhang gehört auch ein Schreiben Ribbentrops an Lammers vom 14. 12. 1944, in dem Ribbentrop die Einsetzung eines Wirtschaftsbeauftragten mit der wachsenden kriegswirtschaftlichen Bedeutung der Slowakei begründete, BA, R 43, I, 1491 b.

[117] Zum Begriff der „Militarisierung" vgl. Hornová, Adela: Hlavné črty militarizácie ekonomiky tzv. slovenského štátu [Hauptzüge der Militarisierung der Wirtschaft des sogenannten Slowakischen Staates]. EČ 4 (1956) 463 ff.

[118] Mussap an die SOEG 13. 4. 1943, R 63/92. Im Winter 1943/44 wurde z. B. eine große Werbeaktion für landwirtschaftliche Arbeiter durchgeführt. Undatierter Berichtsentwurf des OKW/WFSt, W 01-7/320.

[119] Aussage Šano Machs vor dem Volksgericht, Pred súdom národa, I, S. 70; Protokoll Matuš Černák, ŠSÚA, NS, Tnľud 24/46//7.

[120] Aktenvermerk vom 22. 5. 1943, Ges. Preßburg, W 2 Nr. 1 a, Bd. 7.

[121] Trotz wiederholter Aufforderung von deutscher Seite lehnten die Slowaken die Einführung der Arbeitsdienstpflicht strikt ab. Vortragsnotiz vom 10. 2. 1944, Wi/IF .2; s. auch Lagebericht der DIKO vom 10. 2. 1944, R 3/510.

[122] Aufzeichnung Dr. Kirchfelds (RWM) 21. 4. 1944, R 7 VI/362,1.

auf die Fiktion der slowakischen Selbständigkeit nicht verzichten wollte. Daher griff der Regierungsausschuß im Sommer 1944 doch wieder auf eine Erhöhung der Transfersätze zurück[123]. Die Slowaken mußten sich gleichzeitig verpflichten, zusätzlich zu den rund 60 000 im Reich tätigen Arbeitskräften weitere 27 000 Landarbeiter abzuordnen. Kontraktbrüchigen wurden harte Strafen angedroht. Auch forderte die deutsche Seite erneut und mit äußerster Schärfe die Verabschiedung eines Gesetzes über die Arbeitspflicht. Sie erfolgte schließlich Anfang August 1944[124], wenige Wochen vor dem Beginn des Volksaufstands.

Obwohl Preßburg, wie gerade dieses Beispiel zeigt, den Forderungen Berlins letztlich doch immer wieder nachkam, mehrten sich auf deutscher Seite die Stimmen, die angesichts des zunehmenden slowakischen Widerstands auf eine Korrektur des bisherigen Kurses drängten. Eine Erhöhung des slowakischen Kriegsbeitrags in dem Umfang, wie ihn das Reich verlangte, schien mit dem System freiwilliger Kollaboration nicht länger in Einklang zu bringen zu sein. Daher erhoben nicht nur Kreise des SD und der deutschen Minderheit, von denen die Entwicklung im „Schutzstaat" ohnedies seit Jahren mit wachsender Kritik verfolgt worden war, sondern auch Konzernvertreter und Wirtschaftsbürokraten zunehmend die Forderung nach einer „Generalbereinigung"[125]. Gemeinsam war den Kritikern bei aller Unterschiedlichkeit der Akzentuierung die Überzeugung, daß sich die Grenzen der slowakischen Leistungsfähigkeit bei einer Änderung des durch den Schutzvertrag festgelegten Systems beträchtlich erweitern ließen. Hans Kehrl, der Leiter des Planungsamts im Speer-Ministerium, versprach sich eine intensivere Ausschöpfung des slowakischen Wirtschaftspotentials beispielsweise – ähnlich wie übrigens auch Funk – von der Einführung einer Zoll- und Währungsunion[126]. Demgegenüber zielten die Vorstellungen des SD von vornherein auf eine politisch-ökonomische Gesamtlösung ab, bei der die Leistungssteigerung von der Machtübernahme durch die pronazistisch gesinnten Kräfte der Hlinka-Garde erwartet wurde[127]. Beide Lösungs-

---

[123] Protokoll der 8. Tagung des deutschen und des slowakischen Regierungsausschusses vom 28. 4. – 16. 6. 1944, Punkt 53.

[124] Sl. z. 1940, č. 107; s. auch den Lagebericht des WO Preßburg vom 24. 8. 1944, Wi/IF .2.

[125] Der Ausdruck „Generalbereinigung" wird wiederholt in SD-Berichten verwendet. S. z. B. den Bericht Dr. Böhrschs (SD-LA Wien) an das RSHA vom 3. 1. 1944, BA, Ser. 520, EAP 173-g-12-18/31.

[126] Zur Auffassung Kehrls s. die Aufzeichnung Dr. Kirchfelds vom 21. 4. 1944, R 7 VI/362,1. Im Reichswirtschaftsministerium war die Einführung einer Zoll- und Währungsunion schon um die Jahreswende 1942/43 erwogen worden. S. Aufzeichnung Hudeczeks vom 29. 1. 1943, Ha.-Pol., IVa, Handakten Waldern, Slowakei, 25/1. Funk schlug dann im Herbst 1943 erneut wenigstens die Einführung der Reichsmark als Zweitwährung vor: Niederschrift über die Besprechung im RWM über die Finanzierung des deutsch-slowakischen Zahlungsvorhabens vom 13. 9. 1943 (ebenda).

[127] Über die Haltung des SD geben zahlreiche Berichte des SD-LA Wien Aufschluß (R 70 Slowakei/20, 60, 191). Zu den Vorstellungen des SS-Beraters der Hlinka-Garde, Nageler, s. dessen Jahresbericht vom 14. 1. 1944, R 70 Slowakei/20. Eher noch radikalere Ansichten vertrat der Wirtschaftsberater des Gaus Niederdonau, Rafelsberger. S. dessen Bericht an Bormann vom 12. 2. 1944, ŠSÚA, NS, Tuka-Prozeß, Krab. 50.

vorschläge hätten jedoch die aus außenpolitischen Gründen bislang aufrechterhaltene Souveränitätsfiktion in Frage gestellt.

Die Verfechter des bisherigen Kurses, zu denen neben der Gesandtschaft und dem Auswärtigen Amt auch Teile des Reichswirtschaftsministeriums zählten, brauchten sich freilich nicht allein auf dessen propagandistischen Nutzwert zu berufen, sondern hatten auch das Argument der kriegswirtschaftlichen Effektivität auf ihrer Seite. Außer Dänemark gab es im nationalsozialistischen Machtbereich kein Land mit einem ähnlich hohen Clearingsaldo pro Kopf der Bevölkerung wie die Slowakei[128]. Von daher erschien das Schutzstaat-Modell auch in materieller Hinsicht legitimiert.

Mit Rücksicht auf diese Vorteile hielt Hitler auch nach dem Ausbruch des Volksaufstands an der Souveränitätsfassade fest, obwohl er dadurch Verzögerungen bei der kriegswirtschaftlichen Ausnutzung des Landes in Kauf nehmen mußte[129]. So erfolgte die Ernennung eines Wirtschaftsbeauftragten, der die Erfassung des slowakischen Wirtschaftspotentials zentral koordinieren sollte, erst Ende Dezember 1944, weil das Auswärtige Amt auf dessen Unterstellung unter die Gesandtschaft beharrte[130]. Die zuständigen Wirtschaftsressorts waren jedoch dem Beauftragten gegenüber unmittelbar weisungsberechtigt[131]. Diese Regelung war symptomatisch für die fortschreitende Aushöhlung der noch verbliebenen Souveränitätssubstanz, wie sie sich seit der Besetzung des Landes vollzog.

Aufgabe des Wirtschaftsbeauftragten sollte es nicht zuletzt sein, die üblich gewordene Praxis offener Plünderungen[132] soweit einzudämmen, „daß in Zukunft wieder geordnete Wirtschaftsverhältnisse" einkehrten, „die allein die höchste Leistungsfähigkeit der Slowakei für unsere Kriegszwecke sicherstellten"[133]. Die legalen Handhaben, die ihm dabei zu Gebote standen, reichten in der Tat völlig aus. So verpflichtete das am 9. Oktober 1944 geschlossene „Abkommen über die Versorgung der deutschen Wehrmacht"[134] die Slowakei, für die aus der Anwesenheit deutscher Truppen entstehenden Kosten in voller Höhe aufzukommen. Im Weigerungsfall war die Wehrmacht berechtigt, „den entsprechenden Bedarf aus dem Lande unmittelbar selbst zu befriedigen". Die Auflagen, die der Slowakei während der

---

[128] Undatierte Aufstellung des RWM (Mai 1944), R 7 VI/362,1; s. auch einen Vortrag Hudeczeks vor der DP am 26. 5. 1944, BA, Ser. 520, EAP 173-g-12-18/31.

[129] Bericht des Einsatzkommandos der Sipo und des SD an den BdS im GG Bierkamp vom 8. 12. 1944, RG 1010/2695.

[130] Der Vorschlag zur Einsetzung eines Wirtschaftsbeauftragten ging von der Einsatzgruppe H aus, BdS Witiska an das RSHA vom 19. 10. 1944, RG 1010/2745; s. auch dessen Vermerk vom 1. 11. 1944, RG 1010/2705. Zur Haltung des AA s. das Schreiben des Geheimrats Wagner an SS-Standartenführer Brandt vom 19. 12. 1944, Inland II g, Slowakei, 449, Bd. 2, und den Vermerk Brandts vom 15. 12. 1944, NS 19/413.

[131] Ribbentrop an Lammers 14. 12. 1944, R 43 II/1491 b.

[132] Einen Überblick über die von der deutschen Wehrmacht vorgenommenen Plünderungen gibt eine Verbalnote der slowakischen Regierung vom 10. 11. 1944, s. Telegramm Ludins an das AA vom 10. 11. 1944, Handakten Botschafter Ritter, Slowakei, 39.

[133] Aufzeichnung eines Telefongesprächs zwischen Geheimrat Wagner und SS-Standartenführer Brandt vom 24. 11. 1944, Inland II g, Slowakei, 449, Bd. 2.

[134] „Abkommen über die Versorgung der Deutschen Wehrmacht in der Slowakei", R 7 X/326; s. auch Prečan, Vilém (Hrsg.): Slovenské národné povstanie. Dokumenty [Der slowakische Nationalaufstand]. Preßburg 1965, Dok. 405.

gleichzeitig laufenden 9. Tagung der Regierungsausschüsse[135] gemacht wurden, erfolgten nach dem Grundsatz, daß die Slowakei „das Maximum an Kriegspotential liefern (müsse), was die Industrie zu fabrizieren in der Lage ist"[136]. Auf den Clearingstand und die Finanzierungsmöglichkeiten sollte dabei keinerlei Rücksicht mehr genommen werden. Im Einklang mit dieser Regelung wurde die gesamte slowakische Industrieproduktion wenig später der Aufsicht der Deutschen Industriekommission unterstellt[137], die damit im „Schutzstaat" über dieselbe Kompetenzfülle verfügte wie das Ministerium für Rüstung und Kriegsproduktion im Reich[138].

Die Unterstellung des slowakischen Wirtschaftspotentials unter das Kommando Speers hatte zur Folge, daß auch die Ausbeutung der Arbeitskräfte wesentlich verschärft wurde. Nachdem schon vor Ausbruch des Volksaufstands die allgemeine Arbeitspflicht verfügt worden war, folgte im Oktober 1944 ein Dekret über die 60-Stunden-Woche[139]. Parallel hierzu vollzog sich der Übergang zu Formen offener Zwangsarbeit. So wurde das Gros der von den einrückenden deutschen Truppen entwaffneten slowakischen Wehrmachtsangehörigen schon Anfang September als Zwangsarbeiter ins Reich verschleppt[140]. Ende September requirierte der Deutsche Befehlshaber 60 000 slowakische Arbeiter für den Stellungsbau[141]. Als die Rote Armee schließlich im Spätherbst 1944 nach dem Durchbruch am Dukla-Paß in die Ostslowakei vorzustoßen begann, willigte das Tiso-Regime darin ein, daß alle wehr- und arbeitsfähigen Männer zwischen 16 und 20 Jahren, für die ein geschlossener Arbeitseinsatz in der Mittel- oder Westslowakei nicht garantiert werden konnte, zum Arbeitseinsatz in das Reich überführt werden sollten[142].

Mit dieser Vereinbarung hatten die Reichsorgane gegenüber den slowakischen Arbeitskräften ein Maß an totaler Verfügungsgewalt errungen, das sie auf dem Gebiet der Produktionsanlagen erst einige Wochen später durchzusetzen vermochten. Ende Januar 1945 beugte sich Preßburg dem massiven Druck Berlins und stimmte

---

[135] Vertrauliches Protokoll der 9. Tagung des deutschen und des slowakischen Regierungsausschusses vom 24. 9. – 26. 10. 1944, R 2/15689 a.

[136] So faßte der Wirtschaftsexperte der Einsatzgruppe H, SS-Untersturmbannführer Dr. Schönfeld, das Ergebnis der Tagung zutreffend zusammen. Bericht Dr. Schönfelds an das RSHA vom 19. 10. 1944, RG 1010/2745. Für ein rücksichtsloses Vorgehen gegenüber der Slowakei hatten sich insbesondere Vertreter der in Preßburg ansässigen deutschen Banken ausgesprochen. Vermerk Dr. Schönfelds vom 12. 9. 1944 (ebd.).

[137] Vertrauliches Protokoll der 9. Tagung des deutschen und des slowakischen Regierungsausschusses, Anlage.

[138] So in einem Aktenvermerk der DIKO vom 18. 11. 1944, RG 1010/2749.

[139] Sie wurde auf Verlangen des Reiches am 13. 10. 1944 eingeführt. Aktenvermerk Smagons vom 23. 10. 1944, RG 1010/2742.

[140] Befehl Keitels vom 2. 9. 1944, Handakten Botschafter Ritter, Slowakei, 39. Obwohl Himmler der slowakischen Regierung Anfang Oktober 1944 die Rückkehr der Soldaten zusagte (Telegramm Ludins an das AA vom 6. 10. 1944, ebd.), befanden sie sich auch noch zum Jahreswechsel im Gewahrsam des Reiches (Telegramm Ludins an das AA vom 29. 12. 1944, Inland II g, Slowakei, 449, Bd. 2).

[141] Telegramm Ludins an das AA vom 26. 9. 1944, Handakten Botschafter Ritter, Slowakei, 39.

[142] Aufzeichnung Smagons vom 23. 2. 1945, RG 1010/2742.

dem Abtransport der Industrieanlagen aus dem Operationsgebiet zu[143]. In der Folgezeit verhinderte lediglich der Mangel an Laderaum die völlige Verschleppung der slowakischen Betriebseinrichtungen. Die zurückgelassenen Anlagen wurden jedoch in Einklang mit einem Führerbefehl vom September 1944[144] entweder gelähmt oder zerstört.

Das Speer-Ministerium behandelte den „Schutzstaat" in der Spätphase des Krieges, wie die SS, offensichtlich nur noch als „innerreichliches Problem"[145]. Der in der Logik der Kriegswirtschaft begründete Vereinheitlichungsprozeß war damit zu seinem Abschluß gelangt, ohne daß die Souveränität des „Schutzstaats" formell angetastet zu werden brauchte. Die Tatsache, daß sich dieser Prozeß nur in der Form der Ausplünderung des Satelliten vollziehen konnte, zeigt aber auch, wie sehr der nationalsozialistische Expansionsversuch im Zeichen eines nationalen Hegemonialanspruchs mit seinen eigenen Erfordernissen in Widerspruch geriet und historisch überlebt war.

---

[143] Der Text des Abkommens und weiteres Material zu diesem Fragenkomplex findet sich in einem Aktenfaszikel des SD-LA Wien, RG 1010/2739. Eine Vereinbarung, die den deutschen Kapitaleignern die Verbringung ihrer Aktienanteile in das Reich gestattete, war vorausgegangen: Schönfeld an das RSHA vom 19. 1. 1945, RG 1010/2740.

[144] KR-Fernschreiben des WFSt/Qu. 2 Nr. 06938 geh. vom 10. 9. 1944 an die Wehrmachtsbefehlshaber Norwegens, Dänemarks, der Niederlande usw., BA, K 10–2/101.

[145] So Gmelin über die Konzeption des Deutschen Befehlshabers in der Slowakei, Höfle; Bericht des Einsatzkommandos der Sipo und des SD an den BdS im GG Bierkamp vom 8. 12. 1944, RG 1010/2695.

Ladislav Lipscher

DIE EINFLUSSNAHME DES DRITTEN REICHES AUF DIE JUDENPOLITIK DER SLOWAKISCHEN REGIERUNG

Der Schwerpunkt des Aufsatzes liegt in der Aufzeichnung der Judenpolitik der Slowakischen Regierung, die sie seit ihrer Umbildung im Juli 1940 verfolgt hatte. Zur Erläuterung der gestellten Aufgabe ist es aber unausbleiblich, zuerst eine kurze Untersuchung der Entstehung des slowakischen Staates, der sich daraus ziehenden Konsequenzen für das Ausmaß seiner Souveränität sowie auch der Hauptströmungen innerhalb der regierenden Slowakischen Volkspartei vorauszuschicken. Der erste Teil der zum besseren Verständnis führenden Voraussetzungen der Judenpolitik der Slowakischen Regierung ist von entscheidender Bedeutung. Diese Tatsache bedingt die Reihenfolge der weiteren Ausführungen.

Während der tschechoslowakischen Krise Anfang März 1939 wurde seitens des Dritten Reiches der Entschluß ganz offen zutage gebracht, mit Hilfe der Slowakei den Torso der Tschechoslowakei von der Bildfläche verschwinden zu lassen. Hitlers Einladung folgend, kam der einige Tage zuvor abberufene Vorsitzende der slowakischen Landesregierung Dr. Josef Tiso am 13. März 1939 nach Berlin. Während der Unterredung betonte Hitler unzweideutig mehrfach seine Entschlossenheit, die tschechoslowakische Frage „eindeutig" zu bereinigen.

Nach seiner Rückkehr aus Berlin berichtete Dr. Tiso vor dem inzwischen einberufenen Landtag über seine Aussprache mit Hitler und Ribbentrop. Er hob die massiven Drohungen hervor, die seitens dieser Politiker fielen, falls es nicht zur sofortigen Ausrufung der Selbständigkeit der Slowakei käme. In gedrückter Stimmung nahm der slowakische Landtag das „Gesetz über den slowakischen Staat" ohne Diskussion einstimmig an (Gesetz Nr. 1 vom 14. März 1939 Slow. Gesetzblatt).

Schon die Bedingungen, unter welchen der neue Staat entstand, machten die volle Entfaltung seiner Unabhängigkeit und Selbständigkeit illusorisch. Am 15. März 1939 mußte die Slowakische Regierung dem massiven Druck nachgeben und wurde gezwungen, Hitler um Schutz zu ersuchen. Nach dramatischen Verhandlungen wurde endlich am 23. März 1939 in Wien der „Schutzvertrag zwischen dem Deutschen Reich und der Slowakei" unterschrieben (Reichsgesetzblatt, Teil II, S. 606), der durch das „Vertrauliche Protokoll über die wirtschaftliche und finanzielle Zusammenarbeit zwischen dem Deutschen Reich und der Slowakei" ergänzt wurde. Der Text des vertraulichen Protokolls wurde während des Zweiten Weltkrieges nicht veröffentlicht. Das Deutsche Reich übernahm in Art. 1 des Schutzvertrages den „Schutz der politischen Unabhängigkeit des slowakischen Staates und seines Gebietes"[1].

Das System der abgeschlossenen Verträge und Vereinbarungen, die im Laufe der Jahre 1939–1940 modifiziert wurden, erweckt keinesfalls den Eindruck, daß es sich

[1] Akten zur deutschen auswärtigen Politik 1918–1945. Aus dem Archiv des deutschen Auswärtigen Amtes. Serie D (1937–1945) (zitiert ADAP). Bd. VI, Dokument 99.

um Beziehungen zwischen gleichberechtigten, souveränen Staaten handelt. Die Souveränität der Slowakei wurde hauptsächlich in zwei sehr wichtigen Richtungen, nämlich auf dem Gebiete der Außen- und Verteidigungspolitik, grundsätzlich geschmälert. Diese Umstände, so auch das Kräfteverhältnis zwischen dem Dritten Reich und der Slowakei, sind zugleich als Grund anzusehen, daß die Slowakische Regierung gleich zu Beginn des selbständigen Staates den Wünschen und Befehlen ihres „Schutzpatrons" gegenüber viel gefügiger und serviler sowie auch nachgiebiger im Vergleich zu den anderen Satellitenstaaten des Dritten Reiches sein mußte und sich auch so verhielt.

Obwohl Hitler in seinem Telegramm an den slowakischen Regierungsvorsitzenden Dr. Tiso vom 16. März 1939 de facto den slowakischen Staat anerkannte, hatte er über die künftige staatsrechtliche Stellung des Landes noch keine verbindliche Entscheidung getroffen. Die Slowakei bedeutete für Hitler nicht nur eine strategisch wichtige Position bei einem Vorgehen gegen Polen: sie diente im Anfang auch als potentielles Tauschobjekt[2].

Zu einer gewissen Sicherstellung der Slowakei als Bestandteil des reichsdeutschen Machtbereiches (wenigstens auf die Dauer des Krieges) in Form eines selbständigen Staates kam es nach dem deutsch-polnischen Krieg. Durch die Auflösung Polens als selbständigen Staat fiel einer von den möglichen Prätendenten auf das Gebiet der Slowakei ab. Das zögernde Verhalten Ungarns während der polnischen Krise verärgerte Hitler auf einige Zeit und die reichsdeutsche Politik wurde ins antiungarische Wasser gesteuert. Hitler hat die Haltung der Slowakei während des polnischen Feldzuges hoch geschätzt, was aus seiner Unterredung mit dem slowakischen Gesandten in Berlin am 21. Oktober 1939 zu entnehmen ist. Nach Hitlers Worten hat das Verhalten der Slowakei ihre Selbständigkeit endgültig festgesetzt[3].

Nach dieser bedingten „Gewährleistung" der Existenz des selbständigen slowakischen Staates kann man verschiedene Betrachtungen gewisser reichsdeutscher Stellen sowie konkrete Schritte, welche dem Zwecke der Steigerung des deutschen Einflusses auf die Innenpolitik der Slowakei dienten, verfolgen.

Eben zur Zeit, als sich die Vorschläge zur Vertiefung des deutschen Einflusses in der Slowakei verdeutlichten, kam es zu bestimmten Unstimmigkeiten zwischen der Slowakischen Regierung und zuständigen reichsdeutschen Stellen, was sicherlich in Berlin die Vorstellungen über das notwendige Eingreifen nur bekräftigte. Diesmal entstanden Differenzen während der Verhandlungen über die Ausnützung der kriegswichtigen wirtschaftlichen Betriebe in der Slowakei. Am 19. Januar 1940 legte der deutsche Gesandte in Preßburg H. Bernard dem Auswärtigen Amt ein Elaborat, welches eine Analyse samt diesbezüglicher Anträge betreffend einer Lösung beinhaltete, vor. Er stellte fest, daß seit der Beendigung des polnischen Krieges in der Slowakei stärkere antideutsche Strömungen bemerkbar wurden. Als einen der Hauptträger dieser Störungen bezeichnete er die Juden, die noch eine wichtige Rolle im Wirtschaftsleben einnahmen. Im zweiten Teil seines Berichtes analysierte

---

[2] ADAP, VI, Dokumente 66, 99. – Geschichte des Zweiten Weltkrieges in Dokumenten. Bd. 2. Freiburg-München 1955, S. 62.

[3] ADAP, VIII, Dokument 286.

er die Möglichkeiten, die zur Stärkung des deutschen Einflusses führen könnten. Die wichtigste von diesen ist nach seiner Ansicht die weitmöglichste Unterstützung und Förderung derjenigen politischen Persönlichkeiten in der Slowakei, die sich um Errichtung einer autoritären Regierungsform bemühen. Als solche betrachtet der Gesandte den Kreis um Dr. Tiso, Dr. Tuka, A. Mach und General Čatloš[4]. Im gleichen Sinne äußerte sich auch der Staatssekretär Keppler vom Auswärtigen Amt, der am 14. März 1940 die Slowakei besuchte. Nach seiner Ansicht sind Dr. Tiso und Dr. Tuka überzeugt, „daß die Existenz einer selbständigen Slowakei, nur mit Hilfe Deutschlands möglich sein wird, während Dr. Ďurčanský ... dies nicht tut und offenbar bemüht ist, Allüren anzunehmen, als ob die Slowakei eine Großmacht wäre und das deutsche Wohlwollen kaum nötig habe"[5].

Die inneren Verhältnisse der Slowakei waren durch eine latente Krise gezeichnet, die schon um die Jahreswende 1939/1940 entstand. In dieser Zeit kam es zur Verschärfung der Auseinandersetzungen beider Gruppierungen innerhalb des autoritären Regimes. Die gegen den konservativen Flügel gerichtete radikale Opposition, eine Opposition sozusagen von rechts, wurde von der Hlinka-Garde organisiert. Diese Opposition setzte sich aus verschiedenen ungleichartigen Elementen zusammen: unter dem Schild der Hlinka-Garde und auch hinter dem Namen Dr. Tukas gruppierten sich kleinbürgerliche Radikale, die vor allem von Alexander Mach (Chef des Amtes für Propaganda und Oberkommandant der Hlinka-Garde) angeführt waren. Zu diesen gehörten lumpenproletarische Individuen, denen die gardistische Mütze und die Binde auf dem Ärmel einen günstigen Deckmantel für ihre Gewalttätigkeiten und Ausschreitungen bot. Zudem gehörte diesem Block eine Gruppe politischer Abenteurer an, die sich durch enge Zusammenarbeit mit den Nationalsozialisten stark kompromittierten. Zuletzt muß zu diesen noch eine zahlenmäßig zwar nicht starke Gruppe, bestehend aus Mitgliedern der paramilitärischen Organisation der Slowakischen Volkspartei, die „Rodobranci", gerechnet werden.

Der deutsch-polnische Krieg ermutigte diese Elemente, die sich heftig für eine „Fortsetzung der Revolution" einsetzten. Sofort nach Beendigung des polnischen Feldzuges trat den übertriebenen Machtansprüchen der Hlinka-Garde der zahlenmäßig stärkere und einflußreichere konservative Flügel entgegen. Dieser umfaßte nicht nur die Anhänger des Staatspräsidenten Dr. Tiso in der Fühung der Slowakischen Volkspartei, sondern auch den Parteiapparat und fast den ganzen Landtag sowie die Mehrheit der Bürokratie. In dieser Gruppierung ist auch die sehr einflußreiche katholische Geistlichkeit zu finden. Die unzähligen unqualifizierten Eingriffe der Hlinka-Garde in das öffentliche Leben haben auch große Verstimmung in slowakischen Unternehmerkreisen hervorgerufen, da diese eine Stabilisierung der Verhältnisse anstrebten. Dr. Tiso und seine Anhänger, die die Hebel des Staates und der Partei in den Händen hielten, waren die Repräsentanten des wohlhabenderen und konsolidierteren Teiles des slowakischen Bürgertums und Kleinbürgertums.

[4] Deutsches Zentralarchiv, Potsdam. Auswärtiges Amt, Politische Abteilung, Slowakei 61, 155.

[5] ADAP, IX, Dokument 2.

Ende Februar 1940 brach eine schwere politische Krise aus, die auf gespannte Beziehungen im slowakischen Regierungslager deuten ließ. Unmittelbarer Anlaß waren Kompetenzstreitigkeiten bei der Verwirklichung antijüdischer Maßnahmen. Im Grunde genommen ging es dabei um die Klärung der Zuständigkeit der Staatsverwaltung und der Hlinka-Garde. Diese erreichten ihren vorläufigen Höhepunkt im schriftlichen Rücktrittsgesuch A. Machs, das er dem Staatspräsidenten am 21. Februar 1940 vorlegte, und das alle von ihm bekleideten Ämter betraf. Von A. Mach wurde behauptet, und das war für die derzeitige politische Atmosphäre bezeichnend, daß er deshalb als unehrlich galt, weil er die politische Linie der slowakisch-deutschen Freundschaft und der engen Anlehnung an das Dritte Reich verfolgte.

A. Mach fand in Dr. Tuka, der auch mit dem Rücktritt drohte, einen sinngemäßen Verbündeten. Die Möglichkeit des Rücktritts beider Politiker beschwörte eine sehr bedrohliche Situation herauf, weil es hieß, daß es sich um die „engsten Freunde des Deutschen Reiches und Verfechter eines scharfen antijüdischen Kurses" handelt. Die Regierungskrise wurde durch das Einlenken des Staatspräsidenten Dr. Tiso und infolge des Eingriffes des deutschen Gesandten, welcher auf die Konsequenzen dieses Konfliktes unmittelbar vor der bevorstehenden Reise A. Machs nach Deutschland hinwies, überwunden.

Die Voraussetzung, daß die Klärung der politischen Krise nur verschoben wurde, bewahrheitete sich. Die Führung der deutschen Minderheit in der Slowakei benutzte die deutsche Offensive im Westen zur intensiven Agitation für eine schnelle Lösung der Judenfrage noch während der Dauer des Krieges. Die Erfüllung dieser Forderung stellt sie als Bedingung der slowakisch-deutschen Freundschaft, denn sonst wäre die Zukunft der selbständigen Slowakei in Frage gestellt[6]. Der Inhalt des Artikels, den man allgemein als vom Reich inspiriert betrachtete, fand nicht nur einen starken Widerhall in der slowakischen Presse, sondern bewirkte ein sofortiges Handeln seitens der Hlinka-Garde. Am 19. Mai 1940 versammelten sich in Rosenberg (Ružomberok) alle Kommandanten, um über die „Unterdrückung" der Hlinka-Garde durch die Behörden zu beraten. Zugleich wurde die Forderung nach sofortiger Machtübernahme aufgestellt. Sie gaben A. Mach und seiner Konzeption der freundschaftlichen Beziehungen zum Deutschen Reich ihr volles Einverständnis.

Die Antwort ihrer Widersacher ließ nicht lange auf sich warten. Staatspräsident Dr. Tiso nahm ganz überraschend am 21. Mai 1940 das vor einigen Monaten eingereichte Rücktrittsansuchen A. Machs an. Laut Beschluß des erweiterten Präsidiums der Slowakischen Volkspartei vom 28. Mai 1940 wurden die vorgenommenen Entscheidungen des Parteivorsitzenden und Staatspräsidenten Dr. Tiso einstimmig genehmigt. Die Konsequenzen waren sichtbar: die politischen Positionen derjenigen slowakischen Politiker, die durch ihr servilstes Verhalten zum Dritten Reich bekannt waren, gerieten ins Wanken.

Die Ereignisse in der Slowakei lösten in Berlin eine sehr heftige Reaktion aus. Der Leiter der Politischen Abteilung im Auswärtigen Amt Woermann erarbeitete für Ribbentrop das Memorandum vom 23. Mai 1940 über die Situation in der

---

[6] Grenzbote, Preßburg, 17. Mai 1940.

Slowakei, welches auch Vorschläge zwecks Durchführung notwendiger Maßnahmen beinhaltet. Es wird festgestellt, daß die Ereignisse in der Slowakei einen Verlauf angenommen hätten, der ein sofortiges Eingreifen Deutschlands erfordere. „Wie verlautet", berichtet Woermann weiter, „ist die Angelegenheit als ein besonders dringlicher Fall über die Gauleitung Niederdonau bereits dem Reichsleiter Bormann herangebracht worden, der beabsichtigen soll, baldigst dem Führer Vortrag halten." Bormann beabsichtigte die Deutsche Gesandtschaft in Preßburg aufzulösen und einen Reichskommissar zu bestellen. Das sofortige Eingreifen sollte nach Woermann folgende Ziele anstreben: Er verlangt die Rehabilitation von A. Mach, die Absetzung von Dr. Ďurčanský, die Entfernung antideutscher und insbesondere jüdischer Elemente aus Dienststellen innerhalb der Slowakei und im Außendienst[7].

Am 28. Mai 1940 wurde dem deutschen Gesandten aufgetragen, Dr. Tiso mitzuteilen, daß er zwecks Berichterstattung über die jüngsten Vorkommnisse in der Slowakei nach Berlin zurückberufen werde und daß in der Zwischenzeit, bis zu seiner Rückkehr, keine Regierungsumbildung vorgenommen werde[8].

Auf Grund der Berichte, die von verschiedenen deutschen Stellen aus der Slowakei in Berlin eingingen (die Deutsche Gesandtschaft, Deutsche Partei, SS und NSDAP-Stellen, Abwehrdienst), wurde man sich allmählich klar über die Art und Weise sowie den Umfang der Lösung der slowakischen Krise. Von verschiedenen vorliegenden Konzeptionen wählte man schließlich die nicht so rigoros aufgestellte Variante, welche nur zu personellen Veränderungen führen sollte. Diese wiederum sollten eine Stärkung der Positionen der dem Dritten Reich verbundenen Politiker und die Schwächung ihrer Gegenspieler bewirken sowie die Einschüchterung durch exemplarische Bestrafung derjenigen slowakischen Politiker, die für das Dritte Reich unbequem waren. Dadurch wollte man zugleich ganz klar an den Tag legen, daß das Dritte Reich mit allen Mitteln seine Hegemonie anzuwenden gedenke[9].

Am 23. Juli 1940 kehrte der deutsche Gesandte nach Preßburg zurück und noch an demselben Tag überbrachte er Staatspräsident Tiso die Einladung, zusammen mit Dr. Tuka und Mach zu Hitler zu kommen. Als Grundlage für diese Verhandlungen hatte Bernard ein Dokument mit der Aufschrift „Deutsche Feststellungen gegenüber der Slowakei" vom 22. Juli 1940 verfaßt, welches er vor seiner Abreise in Berlin zurückließ[10].

Der deutsche Gesandte geht von der schon bekannten These aus, daß das Deutsche Reich im Schutzvertrag vom 23. März 1939 die Garantie für die politische Unabhängigkeit der Slowakei übernommen hat, es kann daher eine diese Unabhängigkeit gefährdende innere Zersetzung der Slowakei nicht dulden. „Es ist festzustellen", schrieb der deutsche Gesandte, „daß die Slowakei ihrer vertraglich festgelegten außenpolitischen Verpflichtung nicht nachgekommen ist, bzw. ihre sich zwangsläufig ergebenden Verpflichtungen auf innenpolitischem Gebiet völlig verkannt hat." Im weiteren zählt der deutsche Gesandte alle großen Fehler, die Minister Dr. Ďur-

---

[7] ADAP, IX, Dokument 309.
[8] ADAP, IX, Dokument 336.
[9] ADAP, X, Dokument 143.
[10] ADAP, X, Dokument 205.

čanský in der Außen- und Innenpolitik gemacht haben sollte, auf. Auf die Judenfrage kommend verargt er der Slowakischen Regierung, daß diese „in keiner Weise der Lösung nähergebracht worden ist, so daß die ärgsten Feinde Deutschlands heute noch in der Slowakei als wertvolle nicht zu entbehrende Mitbürger angesehen werden".

Der Einladung folgend, reisten die slowakischen Politiker am 27. Juli 1940 von Preßburg ab. Die Verhandlungen begannen mit der Begegnung Dr. Tisos mit Ribbentrop in Salzburg. Ribbentrop ergriff als erster das Wort mit der Feststellung, daß sich der Staatspräsident sicherlich bewußt sei, daß die Slowakei für Deutschland kein Problem darstellen könne. Die Forderung der Abberufung Dr. Ďurčanskýs sowie die Ernennung von Dr. Tuka zum Außenminister und A. Mach zum Innenminister stellte Ribbentrop ultimativ. Er unterstrich die Notwendigkeit der Fügung von Dr. Tiso unter die deutschen Wünsche durch die Drohung, daß Hitler ihn sonst nicht empfangen würde. Dann wurde zu weiteren Beratungen Dr. Tuka in den Konferenzsaal gerufen. Ribbentrop gab ihm bekannt, daß er zum Chef des Außenministeriums und A. Mach zum Innenminister berufen sei. Um ihm seine Arbeit in der neuen und zusätzlichen Funktion (Tuka war schon Ministerpräsident) zu erleichtern, werde ihm der deutsche Gesandte in Preßburg mit Rat zur Seite stehen. Der Reichsaußenminister teilte Dr. Tuka noch mit, daß deutsche Berater den slowakischen Regierungsstellen zugeteilt würden.

Nachdem sich der Staatspräsident dem von Ribbentrop ausgeübten massiven Druck beugte, wurden Tiso, Tuka und Mach in Anwesenheit Ribbentrops und des zukünftigen Gesandten in Preßburg Killinger von Hitler empfangen. Die Unterredung, die wie gewöhnlich in einen Monolog Hitlers ausmündete, stellte eine Mischung von Wohlwollensbekundungen, verschiedenen Andeutungen und Drohungen dar. Neben den Andeutungen auf die vorgenommenen Eingriffe in die Innenpolitik der Slowakei hat Hitler, hinweisend auf die labile außenpolitische Situation des Landes, was eher als eine Drohung zu verstehen ist, folgendes hinzugefügt: „Der Gedanke einer unabhängigen Slowakei, der Deutschland am Herzen liege, entspreche durchaus nicht der Konzeption aller europäischer Kanzleien. In anderen Ländern spreche man demgegenüber von tausendjährigen Grenzen, von fremden nationalen Aspirationen und sozialen Problemen[11]." (Dies war eine Andeutung auf die Ansprüche Ungarns gegenüber der Slowakei.)

Die Lage des slowakischen Staates hat sich nach der Salzburger Begegnung der slowakischen Delegation mit Hitler und Ribbentrop grundsätzlich verändert. Bis zu diesem Zeitpunkt mußte zwar die Slowakei ihre Außen- und Verteidigungspolitik den Wünschen des Schutzpatrons anpassen, doch wenigstens nach außen wurde seitens des Dritten Reiches der Anschein gewahrt, daß es zu offensichtlichen Eingriffen in die slowakische Innenpolitik nicht kommen sollte. Diese relative Hand-

---

[11] Der Verlauf der Verhandlungen Ribbentrop-Tiso wurde nach den Akten, die sich in den Prozeßakten gegen Dr. Tuka, Dr. Tiso, Dr. Ďurčanský und A. Mach befinden, rekonstruiert.
Über die Unterredung Hitlers mit den slowakischen Politikern existiert eine nicht unterschriebene Aufzeichnung. ADAP, X, Dokument 248.

lungsfreiheit der Slowakischen Regierung in der Innenpolitik war, wie sich zeigte, zeitlich begrenzt und durch den Verlauf der Kriegsgeschehen bedingt. Der slowakische Staat wurde zwar in seiner Existenz belassen, aber nicht mehr als Beweis eines „freien Lebens unter großdeutschem Schutz“, sondern eher als Beweis der deutschen Allmacht über die kleinen Staaten, vor allem im Donaubecken, die auch als Objekte der Einführung der nationalsozialistischen Vorstellungen von einem „Neuen Europa“ vorgesehen waren.

Die von deutscher Seite diktierten personellen Veränderungen wurden nach der Rückkehr der slowakischen Delegation in die Heimat unverzüglich in die Tat umgesetzt. Eine weitere Folge des harten Eingriffes des Dritten Reiches in die Innenpolitik des kleinen Schutzstaates war der Einsatz deutscher Berater in allen wichtigen politischen, administrativen und wirtschaftlichen Institutionen der Slowakei. Somit wurde durch die deutschen Berater in Verbindung mit der Deutschen Gesandtschaft, den Organisationen der deutschen Minderheit sowie den deutschen militärischen Kontrollstellen ein Gebilde der Oberherrschaft des Dritten Reiches ins Leben gerufen, welches seine Fühler in alle entscheidenden Positionen der slowakischen Innenpolitik ausstreckte. Zusammenfassend kann gesagt werden, daß das Endergebnis der Salzburger Verhandlungen im energischen Eingriff des Dritten Reiches in die innere Struktur des slowakischen Staates sowie in die Wechselbeziehungen innerhalb der Regierungskreise bestand, der in entscheidendem Maße die weitere Entwicklung der Slowakei in nächster Zukunft beeinflußte.

Die anfänglichen großen deutschen Erfolge auf den Kriegsschauplätzen erhärteten die Slowakische Regierung in der Überzeugung von der schnellen Beendigung des Krieges zugunsten des Dritten Reiches. Diese Vorstellungen haben die slowakischen Regierungskreise dermaßen beeinflußt, daß sie sich schon mit der zukünftigen Einordnung der Slowakei im „Neuen Europa“ auseinandersetzten. Ausgehend von diesen Zukunftsplänen kamen sie zur Erkenntnis, daß die Stellung der Slowakei um so sicherer sein wird, je bereitwilliger sie sich dem deutschen Vorbild in jeder Hinsicht anpassen werden.

Bei der Beurteilung der Judenpolitik der Slowakischen Regierung bis zum Salzburger Treffen (28. Juli 1940) kann im ganzen genommen gesagt werden, daß diese nicht unter unmittelbarem Druck fortgeführt wurde. In dieser Zeit wurde auf dem Gebiete der offiziellen slowakischen Politik gegenüber den Juden das Hauptgewicht auf den wirtschaftlichen Bereich verlegt. Die ideologischen Motive, die in entscheidendem Maße das Vorgehen der deutschen Nationalsozialisten beeinflußten, spielten in der Slowakei nur eine untergeordnete Rolle. Die Gründe dafür, daß den wirtschaftlichen Positionen der Juden so eine entscheidende Aufmerksamkeit gewidmet wurde, sind vor allem in den allgemein gefaßten Erwägungen zu suchen, welche keine slowakische Eigentümlichkeit darstellen. In der Slowakei erhielten sie in bezug auf die gegebene Situation dennoch einen besonderen Nachdruck.

In erster Linie bemühte sich die Slowakische Regierung, die errungene politische Macht mit den wirtschaftlichen Gegebenheiten in Einklang zu bringen. In ausgeprägter Form entwickelte diesen Gedanken der slowakische Wirtschaftsminister Dr. G. Medrický: Die Arisierung ist ein Problem der nationalen Existenz, das ist eine Sache der tiefsten Überzeugung aller verantwortlichen Politiker der neuen Slowakei. Die politische Unabhängigkeit muß durch das wirtschaftliche Potential unterlegt und gefestigt werden[12].

Die Entschlossenheit der Slowakischen Regierung, bestimmte antijüdische Maßnahmen durchzuführen, ist nicht auf namhaften Widerstand gestoßen. Es bestanden nur Differenzen in der Beurteilung der Methoden, des Ausmaßes und der zeitlichen Folge der Verwirklichung dieser Eingriffe. Die unterschiedlichen Ansichten über diese partialen Fragen verursachten einen Zwang für die Regierung, zwei sich teilweise widersprüchliche Tendenzen in Einklang zu bringen.

Bezugnehmend auf die wirtschaftlichen Schwierigkeiten, haben mehrere Politiker und Wirtschaftsexperten zu großer Vorsicht bei der Verwirklichung so rigoroser Eingriffe in diesen – für das neue Regime so empfindlichen – Bereich geraten. Diese ermahnenden Stimmen haben sogar im zentralen Presseorgan der Slowakischen Volkspartei Publizität gefunden[13].

Im Zusammenhang mit den rein wirtschaftlichen Erwägungen, die für den Intensitätsgrad der antijüdischen Maßnahmen in der slowakischen Wirtschaft maßgebend waren, muß noch ein nicht minder wichtiger politischer Faktor in Betracht gezogen werden. Die slowakischen Regierungskreise waren sich der Tatsache bewußt, daß es an nichtjüdischen slowakischen kapitalstarken Personen und Fachleuten fehlte, die imstande wären, die Positionen der ausgeschiedenen Juden zu übernehmen. Die Folge wäre – und das wurde von offizieller slowakischer Seite offen zugegeben –, daß die von Juden verlassenen Stellen von deutschen Unternehmern und Fachleuten eingenommen würden[14].

Gegenüber der Tendenz, die einen vorsichtigen Kurs in der Verwirklichung der antijüdischen Maßnahmen, vor allem auf dem wirtschaftlichen Gebiet, diktierte, stand die politische Notwendigkeit, die wachsende Unzufriedenheit, hervorgerufen durch wirtschaftliche Schwierigkeiten, einigermaßen zu dämpfen. Der radikale Flügel der Slowakischen Volkspartei trachtete danach, diese Situation für seine eigenen Zwecke auszunützen. Die Verfechter des radikalen Kurses im slowakischen Lager sowie die Führerschaft der deutschen Minderheit verlangten ein rigoroses Eingreifen in die „Lösung" der Judenfrage. Zu diesem Zweck wurde auch ein gemeinsames Komitee mit paritätischer Vertretung gegründet[15].

Unter dem Einfluß dieser entgegengesetzten Tendenzen verabschiedete die Slowakische Regierung einige grundsätzliche Maßnahmen gegen die jüdische Bevölkerung[16]. Wenn auch die erlassenen gesetzlichen Maßnahmen den Anfang der fort-

---

12 Slovák [Der Slowake]. Preßburg, 2. Juli 1940.

13 Slovák, 8. Oktober 1939, 25. Januar, 18. Februar und 2. März 1940.

14 Slovák, 25. Januar 1940.

15 Státny slovenský ústredný archív [Staatliches slowakisches Zentralarchiv, Preßburg] – ÚPV 9901/39.

16 Kurz zusammengefaßt hatten die wichtigsten gesetzlichen Maßnahmen das Ziel, folgende Fragen zu lösen:
Regierungsverordnung Z. 63/1939 (Slow. Gesetzblatt), die den Begriff „Jude" auf konfessioneller Grundlage sowie auch den Anteil der Juden in den freien Berufen festsetzte. Das Gesetz Z. 46/1940 (Slow. Gesetzblatt) über die Bodenreform verfügte, daß alle landwirtschaftlichen Liegenschaften der Juden durch das neugegründete Staatliche Boden-

laufenden Verarmung der jüdischen Bevölkerung zur Folge hatten, muß gesagt werden, daß sie im Vergleich zu der Entwicklung nach dem Eingriff des Dritten Reiches in die Innenpolitik der Slowakei viel mäßiger gefaßt und nicht so rigoros durchgeführt wurden.

Der sich vollziehende Wechsel des Regimes hatte die verheerendsten Folgen gerade auf dem Gebiet der Judenpolitik. Das Emporkommen Dr. Tukas auf die oberste Stufe der slowakischen Politik bedeutete eine gewisse Befriedigung für diesen in der Heimat so unbeliebten Mann. Der deutsche Gesandte in Preßburg hatte in einem seiner Berichte an das Auswärtige Amt die Stellung Dr. Tukas sehr treffend charakterisiert: „Tuka kann sich ... sowie die Dinge hier liegen, weder allein noch mit Hilfe seiner Freunde Mach und Murgaš ..., noch mit Hilfe der Garde halten. Halten kann er sich nur mit der vollen moralischen Unterstützung des Reiches bzw. dessen Vertreters, Tuka kann deshalb nicht aus der Reihe tanzen[17]."

In der Bestrebung, sich um jeden Preis die „moralische Unterstützung" zu sichern, verkündet Tuka sofort nach seiner Heimkehr aus Salzburg die Einführung des slowakischen Nationalsozialismus. Unter den wichtigsten Voraussetzungen der Erfüllung seines Vorhabens nannte er an vorderster Stelle die Ausmerzung des jüdischen Einflusses in Politik und Wirtschaft[18]. Um die große Bedeutung, die er den antijüdischen Maßnahmen beizumessen gedachte, zu unterstreichen, hob Tuka hervor, daß die Slowakei mit dem Schutz der 200 deutschen Divisionen (Tuka apostrophiert die Äußerung Hitlers während seiner Unterredung mit Tiso am 28. Juli 1940) nur in dem Fall rechnen kann, wenn die Judenfrage radikal gelöst werde, denn es ist unvorstellbar, daß das nationalsozialistische Deutschland der Slowakei Schutz gewähren möchte, wenn hier die Juden regierten[19]. Tuka hatte mit Absicht dem Schutz des Dritten Reiches Nachdruck verliehen, um auf die Psychose des Schreckens, die in der slowakischen Öffentlichkeit sehr tiefe Wurzel faßte, vor weiteren Ansprüchen Ungarns gegenüber der Slowakei einzuwirken (der sogenannte ungarische Komplex).

Im Rahmen der Ernennungen der deutschen Berater für die zentralen slowakischen Behörden und Institutionen wurde auch ein Berater für Judenfragen für die Slowakische Regierung bestellt. Auf Antrag von A. Eichmann wurde Hauptsturmführer der SS, Dieter Wisliceny, für diese Funktion auserkoren, die er Ende August 1940 auch übernahm. Der Berater für Judenfragen gehörte zwar formell zum Personal der diplomatischen Vertretung des Dritten Reiches, aber in Wirklichkeit war er unmittelbar Eichmann, als dem Leiter der zuständigen Abteilung des Reichssicherheitshauptamtes, unterstellt und ihm gegenüber verantwortlich.

Eine entscheidende Wende in der Judenpolitik der Slowakischen Regierung stellt die Verabschiedung des Verfassungsgesetzes Zahl 210 vom 3. September 1940 (Slow. Gesetzblatt) dar, das die Regierung bevollmächtigt, Verfügungen in Arisierungs-

---

amt aufgekauft würden. Das Gesetz Z. 113/1940 (Slow. Gesetzblatt) über die jüdischen Unternehmen und die jüdischen Angestellten (Das erste Arisierungsgesetz).

17 Politisches Archiv des Auswärtigen Amtes (zitiert PA, AA) – Handakten USt. S. Luther, Slowakei (Gesandtschaft Preßburg).

18 Slovák, 31. Juli 1940.

19 Slovák, 1. August 1940.

angelegenheiten zu treffen. Die Vollmachten der Regierung waren zeitlich auf die Dauer eines Jahres sichergestellt. Wie die weitere Entwicklung zeigte, genügte der Slowakischen Regierung die einjährige Frist, um in Form von Verordnungen mit Gesetzeskraft alle entscheidenden antijüdischen Maßnahmen zu vollziehen. Zur Gültigkeit dieser Verordnungen genügten vollständig die Unterschriften des Ministerpräsidenten und des zuständigen Ministers. Dadurch wurde auch die Kompetenz des Staatspräsidenten zugunsten der Regierung stark geschmälert. Aus politischer Sicht betrachtet, ging es um die Stärkung der Position Dr. Tukas und A. Machs, der starken Männer in der Regierung und Hauptverfechter des Nationalsozialismus, zum Nachteil von Dr. Tiso und einer seiner bedeutendsten Stützen – des Landtages.

Falls die Regierung ihr Vorhaben, die antijüdischen Maßnahmen auf Grund der zugesprochenen sehr breiten Vollmachten nicht nur zu intensivieren sondern auch zu vertiefen, realisieren wollte, mußte sie unweigerlich erst die organisatorische Zersplitterung der antijüdischen Agenda aus dem Wege schaffen. Unter direkter Mitwirkung des Beraters für Judenfragen, D. Wisliceny, wurde entsprechend den Erfahrungen im Dritten Reich, der gewesenen Ostmark und im Protektorat auch in der Slowakei laut Verordnung mit Gesetzeskraft Z. 222 vom 15. September 1940 (Slow. Gesetzblatt) das Zentralwirtschaftsamt (Ústredný hospodársky úrad) als Zentralstelle für die Entjudungsaktion in der Slowakei gegründet. Laut Regierungsverordnung Z. 234 vom 26. September 1940 (Slow. Gesetzblatt) wurde die Judenzentrale (Ústredňa Židov) als Organisation des öffentlichen Rechtes ins Leben gerufen. Als Vorbild diente die Reichsvereinigung der Juden Deutschlands sowie die Zentralstelle für jüdische Auswanderung, die als erste in Wien ihre Funktion ausübte. Die Judenzentrale in Preßburg, eine Zwangsorganisation, der alle Juden angehören mußten, war ein Teil eines Systems, das von Heydrich und Eichmann später im ganzen besetzten Europa aufgebaut und zur Vollkommenheit entwickelt wurde; man benützte dafür nämlich nichtsahnende jüdische Vertreter als Werkzeuge.

Die erwähnten Maßnahmen bildeten nur den Ausgangspunkt für weitgehende Entrechtung des slowakischen Judentums. Eine regelrechte Flut von Maßnahmen ergoß sich über das Land, die teils die existierenden noch verschärften, teils aber neue Regelungen beinhalteten. Der allgemeine Trend entsprach der sich ständig vertiefenden antijüdischen Politik, die Tukas Lager und die Hlinka-Garde in die Wege leitete.

Aber auch dieses rigorose und schnelle Vorgehen der zuständigen slowakischen Stellen gegen die Juden befriedigte noch nicht in vollem Maße die Vorstellungen des Beraters für Judenfragen. Im Bericht, datiert vom 18. Juli 1941, kann folgende Kritik wahrgenommen werden: „Zusammenfassend möchte ich noch einmal betonen, daß ich auf Grund meiner 10monatigen Tätigkeit beim Zentralwirtschaftsamt zur Überzeugung gekommen bin, daß hinsichtlich der Arisierung erhebliche Fortschritte zu verzeichnen sind, daß aber anderseits von einer wirklichen Ausschaltung der Juden aus dem Wirtschaftsleben und der Politik in der Slowakei noch keine Rede sein kann. Die meisten Lösungen sind Kompromisse. Der Grund dafür liegt einmal in dem persönlichen Verhalten der damit beauftragten Beamten, zum anderen aber in der allgemein innenpolitischen Situation des Landes. Keiner von den Männern, mit denen ich zusammengekommen bin, glaubt innerlich an den slowakischen Staat und an die Richtigkeit der bisherigen slowakischen Politik[20]."

Die Gleichschaltung der slowakischen antijüdischen Gesetzgebung mit ihrem nationalsozialistischen Vorbild wurde konsequent vorwärtsgetrieben. Den Markstein im Prozeß dieser Gleichschaltung stellt unbestritten die Verabschiedung der Verordnung Z. 198/1941 (Slow. Gesetzblatt) vom 9. September 1941 über die Rechtsstellung der Juden – der berüchtigte Judenkodex – dar. Die Verordnung setzt sich aus 270 Paragraphen zusammen, somit die umfangreichste legislative Arbeit, die während der Existenz des slowakischen Staates verfaßt wurde. Der Judenkodex ist eigentlich die Zusammenfassung und Verschärfung aller bisherigen legislativen Maßnahmen. Er beinhaltet aber auch eine Fülle von Paragraphen, die die antijüdischen Maßnahmen in vieler Hinsicht erweiterten.

Welche Wichtigkeit das Dritte Reich der Herausgabe dieser Verordnung beimaß, geht aus der Tatsache hervor, daß am 2. September 1941 Dr. Hans Globke in Begleitung von Reichsminister Frick in Preßburg zum offiziellen Besuch eintraf. Es sind keine handfesten Beweise über den Verlauf und Inhalt der Gespräche mit den slowakischen Regierungsvertretern aufgefunden worden. Eine Tatsache steht aber fest, daß einen Tag nach Globkes Abreise die Slowakische Regierung in großer Eile zusammentrat. Der einzige Programmpunkt, der auf der Tagesordnung stand, war die Verabschiedung des Judenkodexes[21].

Der deutsche Gesandte in Preßburg berührte noch vordem die Frage der zukünftigen inhaltlichen Gestaltung des Judenkodexes in seinem Bericht an das Auswärtige Amt vom 23. August 1941, in dem er folgende Ansicht äußert: „Auf alle Fälle wird die Judengesetzgebung sich für die Verankerung nationalsozialistischer Grundsätze beim Aufbau des slowakischen Staates sehr günstig auswirken und einen Erfolg der Regierung Tuka und der gardistischen Bewegung darstellen ... Außenpolitisch könnte vielleicht zu gegebener Zeit auf die Tatsache hingewiesen werden, daß ein Staat, an dessen Spitze ein katholischer Geistlicher steht, eine so konsequente Haltung gegenüber der Judenfrage einnimmt[22]."

Der Judenkodex hält den Begriff „Jude" auf rassischer Grundlage fest. Dementsprechend führt er den Begriff Mischling ein, der eine Neuheit im Rechtsleben der Slowakei darstellt und mit den Grundlagen der Nürnberger Gesetze übereinstimmt. Schließlich wurde in den Judenkodex eine wichtige Satzung, die des § 255, eingeschaltet, die besagt: „(1) Der Präsident der Republik kann von den Bestimmungen dieser Verordnung befreien. (2) Die Befreiung kann eine vollständige oder teilweise sein und kann an Bedingungen geknüpft werden."

Gegen die Herausgabe des Judenkodexes erhob die katholische Kirche scharfen Einspruch. Am 7. Oktober 1941 trafen die slowakischen Bischöfe in Neutra (Nitra)

---

[20] Bundesarchiv Koblenz – Sicherheitsdienst des RFSS, SdB, RFSS, Preßburg 1941, R 70 Slowakei/35.

[21] Lévai, Jenö: Eichmann in Ungarn. Dokumente. Budapest 1961, S. 48. – Predvoj, Bratislava [Die Vorhut], 1. April 1965.

[22] PA, AA – Handakten USt. S. Luther, Slowakei (Gesandtschaft Preßburg).

zusammen, um eine Beratung über den Inhalt des Judenkodexes abzuhalten. Die Bischofstagung erarbeitete ein Memorandum, welches sie dem Staatspräsidenten, dem Ministerpräsidenten sowie auch anderen verantwortlichen Persönlichkeiten überreichte. In der Herausgabe des Judenkodexes sahen sie eine Verletzung des herrschenden slowakischen und christlichen Geistes. Im Memorandum wird in erster Linie die Aufhebung jener Vorschriften, die sich auf die getauften Juden beziehen, verlangt. Außerdem besteht der slowakische Episkopat auf seiner Forderung, daß die Vertreter der Kirche zur Ausarbeitung derjenigen Vorschriften, die in das kirchliche Leben eingreifen, heranzuziehen seien. Zuletzt wird der Staatspräsident aufgefordert, von seinem Recht, welches ihm der § 255 gibt, in vollstem Maße Gebrauch zu machen.

Auch seitens des Vatikans wurden diplomatische Schritte bei der Slowakischen Regierung in bezug auf den Judenkodex unternommen. Dem slowakischen Gesandten im Vatikan wurde eine Note vom 12. November 1941, ähnlichen Inhalts wie der des Memorandums, verfaßt vom slowakischen Episkopat, überreicht. Die Slowakische Regierung fand es nicht der Mühe wert, auf die Note zu reagieren. Erst nach einigen dringenden Aufforderungen sandte das slowakische Außenministerium eine ausweichende Antwort vom 8. Mai 1942 ab – also in der Zeit der fortlaufenden Judendeportationen aus der Slowakei[23].

Dazu muß gesagt werden, daß der Staatspräsident sowie mehrere Landtagsabgeordnete katholische Priester waren, der Stellvertreter des Vorsitzenden des Staatsrates sogar ein Bischof und der überwiegende Teil der Regierungsmitglieder und Landtagsabgeordneten Anhänger der christlichen Weltanschauung. Die Tatsache, daß diese Umstände und die erhobenen Einsprüche keinen Einfluß ausübten und daß das Rassenprinzip als Grundlage des Judenkodexes durchkommen konnte, bezeugt nur die überragende Stellung der Schützlinge des Dritten Reiches, Dr. Tuka und A. Mach, sowie der Hlinka-Garde in der damaligen slowakischen Politik.

Die Verabschiedung und das sofortige Inkrafttreten des Judenkodexes haben die offiziellen reichsdeutschen Stellen mit großer Genugtuung wahrgenommen[24].

Die Summe der Vorschriften und Verbote, die im Judenkodex aufgenommen wurden, war so vollkommen, daß weitere legislative Maßnahmen nur zu seiner Ergänzung und Modifizierung führen konnten. In dieser Beziehung verdienen zwei Maßnahmen besondere Beachtung. Die eine war die Kundmachung des Innenministeriums Z. 401/41 über die Kennzeichnung der Juden (Judenstern). Zweitens gehört hierher die Kundmachung des Zentralwirtschaftsamtes Z. 434/41, die die Aussiedlung der aus dem wirtschaftlichen und sozialen Leben ausgeschiedenen Juden von Preßburg in gewisse Wohnzentren in der Provinz anordnete.

Falls die Aussiedlung der Juden von Preßburg einen Schritt zu ihrer gänzlichen Konzentration nur vermuten ließ, so wurde es bei den folgenden Maßnahmen klar, daß dieses Ziel angestrebt wurde. Die Beweggründe der Slowakischen Regierung für diesen Schritt ergaben sich aus der Situation, in welche die „Lösung“ der Juden-

---

[23] Sidor, Karol: Šest' rokov pri Vatikáne [Sechs Jahre im Vatikan]. Scranton/Pa 1947, S. 134f.

[24] Pohl, O.: Die Slowakei löst die Judenfrage. Nation und Staat 15 (1941–42).

frage geriet. Die jüdische Frage verlor in dieser Zeit ihre wirtschaftliche und politische Begründung, sie wurde aber ein außerordentlich ernsthaftes soziales Problem. Es mußte etwas unternommen werden, um der großen Anzahl entwurzelter Menschen wenigstens das Lebensminimum zu verschaffen. Außerdem entstand durch diese Lage auch ein eminentes gesellschaftliches Problem. Die slowakischen Regierungskreise befürchteten, daß die trostlose Lage der Juden Mitleid mit den Opfern hervorrufen könnte, was wieder die Opposition für ihre Zwecke ausnützen könnte. Deshalb wurde der Entschluß gefaßt, das entstandene Problem durch Isolierung der Juden zu lösen. Die Konzentration sollte zur Isolation der Juden und zur Leistung von Zwangsarbeit führen. Selbstverständlich hatte Hitler damals noch nicht den Entschluß gefaßt, die „Endlösung" der Judenfrage herbeizuführen, jedenfalls war diese Entscheidung den zuständigen slowakischen Stellen nicht bekannt. Diese glaubten, daß die kompakte Aussiedlung der Juden aus Europa die endgültige Lösung dieser Frage darstelle[25].

Was die Organisation der Zwangsarbeit der Juden betrifft, so wurde diese Frage durch Verordnung Z. 153/1941 (Slow. Gesetzblatt) und den Judenkodex stark vorangetrieben. Durch diese Maßnahmen wurde verfügt, daß Juden vom 16. bis zum 60. Lebensjahr jene Arbeit zu leisten verpflichtet seien, die ihnen das Zentralwirtschaftsamt, dessen Kompetenz später an das Innenministerium übertragen wurde, vorschrieb. Auf Anregung der Hlinka-Garde wurde dann der Aufbau von Konzentrationslagern für Juden in Angriff genommen (Nováky und Sered).

Wie schon erwähnt, ist die „Lösung" der Judenfrage in eine Sackgasse geraten. Die Juden wurden zu einer schweren Belastung für die Verwaltung. Das war Heydrichs klassische Methode, die sich auch Eichmann zu eigen gemacht hatte. Der Berater für Judenfragen D. Wisliceny hatte diese Ziele ganz offen zugegeben. Während eines offiziellen Gesprächs mit dem Vorsitzenden des slowakischen Zentralwirtschaftsamtes vertrat er die Ansicht, daß wenn 90000 Juden (die Gesamtzahl der Juden in der Slowakei) ihres Vermögens und Verdienstes verlustig gehen, unausbleiblich ein jüdisches Problem entstehen muß, welches nur durch Auswanderung eine Lösung finden kann.

Die so entstandene Situation war nur der Ausgangspunkt für die zuständigen reichsdeutschen Stellen, um den vom Dritten Reich abhängigen Regierungen das Einverständnis zur Deportation der Juden leichter zu entlocken.

Das weitere Vorgehen gestaltete sich, wie aus einem Dokument ersichtlich ist, folgendermaßen: „Das Reichssicherheitsamt fragte fernmündlich an, ob im Zuge der Abschiebung der Juden aus Deutschland nach dem Osten die slowakischen und kroatischen Juden mit erfaßt werden können. Es wird angeregt, aus Gründen der Courtoisie die Frage über die Deutsche Gesandtschaft in Preßburg bzw. Agram mit den Regierungen der Slowakei und Kroatien besprechen zu lassen", berichtet Legationsrat Rademacher Staatssekretär Weizsäcker vom Auswärtigen Amt am 28. Oktober 1941[26].

Die Zusage der Slowakischen Regierung ging ein und das Rassen- und Siedlungs-

---

[25] Slovák, 4. November 1941.
[26] ITM. Dok. NG 182.

hauptamt wurde darüber verständigt, daß die jüdischen Staatsbürger dieser Länder, die in Deutschland ihren Wohnsitz hatten, deportiert werden können[27].

Da nun diese Sondierung erfolgreich verlaufen war, wurden weitere Schritte unternommen. Im Falle der Slowakei trat das Dritte Reich an die dortige Regierung mit der Forderung heran, weitere Arbeitskräfte zur Verfügung zu stellen. (Dies geschah auf Grund des deutsch-slowakischen Abkommens vom 19. Juni 1941, wonach slowakische Arbeitskräfte für Deutschland und das Protektorat angeworben wurden.) Innenminister A. Mach und sein Präsidialchef Dr. Koso erklärten sich mit dieser Forderung einverstanden, jedoch mit dem Vorbehalt, daß die verlangten Arbeitskräfte Juden sein können. Das Dritte Reich akzeptierte diesen Antrag und war bereit, sofort 20000 „junge kräftige slowakische Juden abzunehmen und nach den Osten zu verbringen"[28].

Die Verhandlungen in bezug auf die Deportation der Juden führte von slowakischer Seite ein enger Kreis von hohen Regierungsvertretern, wie Dr. Tuka, A. Mach und Dr. Koso. Sie konnten sich auf die Unterstützung der Hlinka-Garde und der paramilitärischen Formation der deutschen Minderheit, den Freischutz, verlassen. Am 3. März 1942 machten Dr. Tuka und Mach anläßlich einer routinemäßigen Sitzung die Mitglieder der Regierung mit der Deportation der Juden als einer abgemachten Sache bekannt. Die beiden dem radikalen Flügel angehörenden Regierungsmitglieder hatten es abgelehnt, eine Diskussion über den vorgetragenen Bericht zuzulassen, da, wie sie betonten, es sich um eine Forderung der Deutschen handelte. Die Deportationspläne mit konkreter Angabe der Abfahrten einzelner Transporte wurden dem Amt des Ministerpräsidenten von der Deutschen Gesandtschaft in Preßburg zugestellt[29].

Auf Veranlassung des Landtagsvorsitzenden Dr. M. Sokol trat am 17. März 1942 das Präsidium der Slowakischen Volkspartei zusammen, um über die weitere „Lösung" der Judenfrage zu beraten. Es wurde der Beschluß gefaßt, daß die Judenfrage zwar gelöst werden müsse, dies aber im Einklang mit der christlichen Moral zu geschehen habe. Trotz dieses Beschlusses ist am 25. März 1942 der erste Transport von Juden in Richtung Polen abgegangen.

Für jeden deportierten Juden verpflichtete sich die Slowakische Regierung, RM 500.– an das Dritte Reich zu zahlen. Auf Einspruch der Slowakischen Regierung verpflichtete sich das Dritte Reich, die aus der Slowakei in das Reichsgebiet deportierten und noch zu deportierenden Juden grundsätzlich nicht mehr in die Slowakei zurückzubefördern. Ferner wurde von deutscher Seite erklärt, daß die Reichsregierung keinen Anspruch auf das Vermögen der deportierten Juden erheben werde[30].

Erst am 15. Mai 1942, als die Deportationen in vollstem Gange waren, verabschiedete der slowakische Landtag das Gesetz Z. 68/1942 (Slow. Gesetzblatt) über die Aussiedlung der Juden, denen zugleich auch die Staatsbürgerschaft aberkannt

---

[27] Das Urteil im Wilhelmstraßen-Prozeß. München 1950, S. 87.

[28] Fernschreiben USt. S. Luther an die Deutsche Gesandtschaft, Preßburg, vom 16. Februar 1942. Institut für Zeitgeschichte, München. Eichmann-Prozeß. Beweisdokumente 837 (hektographiert).

[29] Štátny slovenský ústredný archív (zitiert ŠSÚA) – NS. A. Mach Tnl'ud 6/46.

[30] Institut für Zeitgeschichte, München. Eichmann-Prozeß. Beweisdokumente 835.

wurde. Weiter wurden noch gesetzlich die einzelnen Kategorien von Juden, die der Deportation vorläufig nicht unterliegen sollten, festgesetzt. Der letzte Transport ging am 20. Oktober 1942 aus der Slowakei. Im ganzen wurden ungefähr 59000 slowakische Juden nach dem Osten verschickt, von welchen 242 am Leben blieben[31].

Wenn nach den Gründen der Einstellung der Transporte gesucht wird, so treten mehrere in Erscheinung.

Nach der Massenabtransportierung verblieben auf dem Gebiet der Slowakei in überwiegender Mehrheit die „wirtschaftlich" wichtigen sowie die vor dem festgesetzten Stichtag getauften Juden und ihre Angehörigen.

Vor allem ging aber die Einstellung der Transporte auf die Stellungnahme des slowakischen Episkopats, des Vatikans sowie der protestantischen Bischöfe und Priester zurück, die zwar die Deportation nicht verhinderten, aber von Anfang an gegen ihre Verwirklichung auftraten[32].

Aber auch die Mehrheit des Landtages, des Staatsrates sowie der Regierung wollte keinesfalls die „Endlösung" der Judenfrage nach nationalsozialistischem Muster herbeiführen. Die Brutalitäten, die schon in der Slowakei während der Konzentration und des Abtransportes von Juden zum Vorschein kamen, sowie Deportationen von alten, schwerkranken Menschen und Kindern erweckten große Mißbilligung in vielen Kreisen der slowakischen Öffentlichkeit. Diese Mißbilligung vertiefte sich noch mehr durch den Umstand, daß es einigen deportierten Juden schon im Mai 1942 gelang, aus den Konzentrationslagern in Polen zu entkommen und in die Slowakei zurückzukehren.

Es darf auch nicht außer acht gelassen werden, daß der Machtkampf Dr. Tiso-Dr. Tuka auch nach Salzburg mit unverminderter Härte weitergeführt wurde und die slowakische Politik in beträchtlichem Maße beeinflußte. Im Sommer 1942 kam es zu einem Umschwung. Durch eine politische Affäre seines Günstlings wurde die Position Dr. Tukas, und demzufolge auch Machs, schwer bedroht. Tuka wurde vom Präsidium der Slowakischen Volkspartei entfernt und nur dank des Druckes, der vom Dritten Reich ausgeübt wurde, in seiner Funktion als Ministerpräsident belassen (Telegramm Ribbentrops an den deutschen Gesandten in Preßburg)[33].

Anderseits hatte die Verlangsamung und spätere gänzliche Unterbrechung der Deportationen großen Unwillen bei den zuständigen Stellen des Dritten Reiches hervorgerufen. Ende Mai 1942 fuhr sogar A. Eichmann persönlich nach Preßburg, weil mehrere führende slowakische Persönlichkeiten sich nach dem Schicksal der Deportierten erkundigten. Eichmann äußerte sich über den Zweck dieses Besuches in seiner Unterredung mit dem holländischen Journalisten Sassen im Jahre 1957 wie folgt: „Ich erklärte ihnen kurz und bündig und ohne viele Worte zu machen, daß sie die größten Anstrengungen zu machen hätten, um die letzten Juden aus dem Gebiet zu entfernen. Ich kannte Mach schon lange, ehe er Innenminister war, und konnte anders mit ihm sprechen, als der offizielle deutsche Botschafter Ludin ...

---

31 ŠSÚA – NS, Dr. A. Vašek Tnl'ud 17/46–52.
32 Katolícke noviny [Katholische Zeitung]. Preßburg, 26. April 1942.
33 PA, AA. – Inland II g Slowakei – IMT – Dok. NO 3069.

Ich drohte auch dem Botschafter und sagte ihm, der Reichsführer wünsche, daß alles sofort geschehe[34]."

Am 25. Juni 1942 konferierte Ministerpräsident Dr. Tuka mit Berater Wisliceny in Anwesenheit des deutschen Gesandten auch über die Judendeportationen. Wisliceny verlangte eine sofortige Revision der ausgegebenen Schutzbriefe für Juden. Zwecks Durchführung dieser Revision sollte jeder einzelne Arbeitgeber vorgeladen und über die Unentbehrlichkeit der Juden vernommen werden. „Gesandter Ludin rät zu einer 100⁰/₀ Lösung der Judenfrage", wurde im Vermerk über diese Beratung angeführt[35].

Es muß noch erwähnt werden, daß Wisliceny für seine vorgesetzten Stellen „Vorschläge für die Weiterführung der Judenaussiedlung aus der Slowakei" erarbeitete. Die Verwirklichung dieser Vorschläge sollte unweigerlich zu einer durchgreifenden Verminderung der Inhaber von Schutzbriefen führen, was dann ihre Konzentrierung und Aussiedlung zur Folge haben würde. Sogar Angehörige der durch eine scharfe Kontrolle übriggebliebenen Inhaber der Schutzbriefe sollten in eines der slowakischen Konzentrationslager überführt werden[36].

Nach dem 20. Oktober 1942 bis zur militärischen Besetzung der Slowakei durch deutsche Militäreinheiten sind keine weiteren Judentransporte abgegangen. Der Grund, daß die vorläufige Einstellung der Transporte seitens des Dritten Reiches toleriert wurde, ist auch in den Überlegungen H. Himmlers zu suchen. Im Gutachten des Instituts für Zeitgeschichte in München wird dazu diese Ansicht geäußert: „... waren wohl durch finanzielle Erwägungen des Reichsführers SS Himmler das entscheidende Moment. Ganz abgesehen von den gerade 1942 anlaufenden Verhandlungen, für 2 Millionen Dollar im Rahmen des sogenannten Europa-Planes die Deportierungen aus allen Ländern – mit Ausnahme Polens – einzustellen, ist Himmlers finanzielles Interesse speziell an den slowakischen Juden ganz evident. Er führte im Herbst 1942 mit dem sich gerade damals in der Slowakei aufhaltenden Chef des SS-Hauptamtes, SS-Obergruppenführer Berger, Besprechungen, wie man durch den Verkauf von Auswanderungspapieren an vermögende slowakische Juden die Aufstellung einer SS-Division in Ungarn erleichtern könnte[37]."

Die offizielle slowakische Politik wurde durch zwei schwerwiegende Entscheidungen, die sie auch in die Tat umsetzte, sehr belastet: die Teilnahme der Slowakei am Krieg gegen die Sowjetunion und die Deportation der Juden.

Die Kapitulation der deutschen militärischen Verbände bei Stalingrad (jetzt Volgograd) am 2. Februar 1943 hat ganz offensichtlich der slowakischen Öffentlichkeit gezeigt, welcher großen Gefahr die Slowakei ausgesetzt war. Die Angst vor der Zukunft wurde hauptsächlich in denjenigen Kreisen empfunden, die sich zu sehr an dem Vorgehen gegen die Juden beteiligt hatten. Viele von ihnen zogen sich zurück und versuchten ihre Anteilnahme an den antijüdischen Aktionen in Vergessenheit geraten zu lassen.

---

34 Hausner, Gideon: Gerechtigkeit in Jerusalem. München 1967, S. 180.

35 PA, AA – Inland II/A/B. Bd. 3.

36 ŠSÚA – MV 1942.

37 Gutachten des Instituts für Zeitgeschichte. Bd. 2. Stuttgart 1966, S. 67–68.

Die Lage der mit Schutzbriefen versehenen Juden sowie auch derjenigen, die in den slowakischen Konzentrationslagern Zwangsarbeit leisteten, wurde erträglicher. Diese Feststellung bedeutete noch nicht, daß eine Gefahr weiterer Deportationen nicht vorhanden war. Es muß nur daran erinnert werden, daß am 7. Februar 1943 der Oberkommandierende der Hlinka-Garde und Innenminister A. Mach vor den anwesenden Kommandanten der Hlinka-Garde in Rosenberg (Ružomberok) die Fortsetzung der Deportationen von Juden aus der Slowakei für die nächste Zeit ankündigten[38].

Gegen dieses Vorhaben wurde von vielen Seiten sehr entschieden Einspruch erhoben. So wurde z. B. ein Hirtenbrief der slowakischen Bischöfe erlassen, der sich ganz offen gegen weitere Deportationen aussprach. Aber auch mehrere slowakische Regierungsmitglieder haben ihr Nein ganz eindeutig ausgesprochen.

Der veränderten Lage, die sich infolge der Ereignisse an den Kriegsschauplätzen vollzogen hatte, mußte auch das Dritte Reich Rechnung tragen. So wurde in der Einstellung des Dritten Reiches zur Judenfrage in der Slowakei eine Änderung sichtbar.

SS-Oberführer Dr. Veesenmayer (der spätere deutsche Gesandte in Budapest) wurde vom Reichsaußenminister beauftragt, auf inoffiziellem Wege Staatspräsident Dr. Tiso das Interesse des Dritten Reiches „auf Bereinigung der Judenfrage in der Slowakei erkennen zu geben". Das Ergebnis konnte nicht viel Positives gebracht haben, wie dies aus dem eingesandten Bericht des Auswärtigen Amtes an den deutschen Gesandten in Preßburg vom 21. Juli 1943 hervorgeht: „Es wird im Augenblick nicht erwogen, die Slowakische Regierung wegen der restlichen Bereinigung der slowakischen Judenfrage anzusuchen. Daher soll auch seitens der Gesandtschaft bis auf weiteres kein offizieller Schritt unternommen werden[39]."

Bis zur militärischen Besetzung der Slowakei ist es in der Lage der Juden, die im Lande verblieben, zu keinen Änderungen gekommen. Bei dieser Gelegenheit wird vielleicht am besten sein, einige Ansichten des deutschen Gesandten, die er in seinem „Überblick über die Lage der Juden in der Slowakei" vom 11. August 1944 niederschrieb, wörtlich wiederzugeben:

„Im Jahre 1943 hat die Lösung der Judenfrage kaum Fortschritte gemacht. Es war im Gegenteil eher eine rückläufige Bewegung festzustellen ... Die rückläufige Bewegung in der Judenfrage war in den letzten Monaten vermehrt festzustellen. Irgendeine Initiative der Slowakischen Regierung war in den letzten Monaten unterblieben, wenn auch bei offiziellen Gesprächen die grundsätzliche Bereitschaft zur Lösung der Judenfrage immer wieder betont wurde ... Bei Behandlung der Judenfrage ist von mir daher gegenüber der Slowakischen Regierung immer betont worden, daß irgend ein Druck deutscherseits nicht beabsichtigt sei, sondern daß die Slowakei völlig frei entscheiden könne. Allerdings wurde slowakischerseits nach außen anscheinend mehrfach angedeutet, daß alle Judenmaßnahmen lediglich auf deutschen Druck erfolgt seien[40]."

*

[38] Gardista [Der Gardist]. Preßburg, 9. Februar 1943.
[39] PA, AA – Inland II g. Judenfrage in der Slowakei.
[40] Ebenda.

Abriß:

Es ist unbestreitbar, daß die Slowakische Volkspartei schon lange vor der Regierungsübernahme eine gegen die Juden gerichtete Einstellung verfolgte. Ihr Programm sowie auch ihr politisches Vorgehen waren auf ähnlichen ideologischen Grundlagen aufgebaut wie diejenigen von christlich-sozialen Parteien in anderen Staaten. Aus der Entwicklung der Slowakischen Volkspartei geht hervor, daß ihre Auffassungen über eine mögliche Ausschaltung der Juden aus dem gesellschaftlichen und wirtschaftlichen Leben zwar existierten, aber recht unklar zusammengefaßt waren.

Nach der Ausrufung der autonomen Slowakei (6. Oktober 1938) wurde die Slowakische Volkspartei zur führenden politischen Kraft des Landes. Im weiteren Verlauf der Existenz der autonomen Slowakei verschärfte sich zwar die antijüdische Stimmung, aber, abgesehen von kleineren Exzessen, kam es nicht zu direkten Eingriffen gegen die jüdische Bevölkerung.

Nachdem später unter direktem Druck des Dritten Reiches die Selbständigkeit des slowakischen Staates ausgerufen wurde, traf die Slowakische Regierung antijüdische Maßnahmen, die nicht nur einen Verstoß gegen die Menschen- und Bürgerrechte darstellen, sondern auch wirtschaftliche Folgen nach sich zogen. Trotzdem betrachtete die Regierung bis zum eigenmächtigen Eingriff des Dritten Reiches in die inneren Verhältnisse der Slowakei die jüdischen Unternehmer und Fachleute als wichtigen und notwendigen Faktor im öffentlichen Leben des Landes. Diese Einstellung ist ganz klar aus dem vorläufig bedachten Vorgehen der Regierung gegen die Juden erkennbar. So wurde z. B. das erste Arisierungsgesetz am 29. Februar 1940 vom slowakischen Landtag verabschiedet, aber wegen Verweigerung der Unterschrift seitens des Staatspräsidenten trat dieses erst am 1. Juni 1940 in Kraft. Das Vorgehen des Staatspräsidenten wurde allgemein als Verzögerungsmanöver des mäßigen Flügels der Regierungspartei gewertet.

Wie sich der weitere Lauf der antijüdischen Maßnahmen entwickelt hätte, kann heute nicht mit Bestimmtheit beantwortet werden. Es ist aber vorauszusehen, daß die Slowakische Regierung ohne den ausschlaggebenden Eingriff des Dritten Reiches auch im Verlauf der weiteren Entwicklung der antijüdischen Maßnahmen von diesem Weg nicht abgegangen wäre. Für diese Voraussetzung sprechen mehrere Ereignisse und Tatsachen. Vor allem muß wiederholt werden, daß die Juden im öffentlichen Leben der Slowakei eine sehr wichtige Rolle spielten. In bezug auf den Stand der slowakischen Wirtschaft hätte die gänzliche Ausschaltung der Juden katastrophale Folgen gehabt. Diese Feststellung ergibt sich auch aus der Tatsache, daß jüdische Fachleute bis zur militärischen Besetzung der Slowakei im September 1944 auf vielen Gebieten des öffentlichen Lebens tätig waren und so den Folgen der Deportation entgingen. Diese vorausgesetzte Entwicklung entsprach auch den Vorstellungen der Mehrheit der verantwortungsvollen slowakischen Politiker. Man muß noch hinzufügen, daß ihr überwiegender Teil sich gegen eine „Lösung" der Judenfrage aus rassischen Grundsätzen ausgesprochen hatte[41].

Erst nach der vorgenommenen Umbildung der Slowakischen Regierung, die eine

[41] Z. B. Vortrag des Dekans der Theologischen Fakultät in Preßburg, Prof. Dr. Spesz, vom 15. Februar 1939. Slovák, 16. Februar 1939.

Veränderung des politischen Regimes im Sinne einer wenn auch etwas „liberaler" gestalteten Diktatur nationalsozialistischer Prägung herbeiführte, kam es zur durchgreifenden Wendung in der Verwirklichung der antijüdischen Maßnahmen, die mit der physischen Vernichtung des überwiegenden Teiles der slowakischen Juden endete. Diese Entwicklung ist auf den unmittelbaren Druck des Dritten Reiches und seiner folgsamen Vollzieher aus dem Lager der slowakischen offiziellen Kreise zurückzuführen.

Wie aus der vorangegangenen Darlegung ersichtlich ist, wurde der Versuch unternommen, die betreffenden historischen Gegebenheiten grundsätzlich aufzuzeichnen. Dennoch wurde bewußt eine Teilfrage nur gestreift, aber nicht näher untersucht. Aus der Analyse der politischen Strömungen der slowakischen Regierungspartei geht – kurz gefaßt – folgende Tatsache hervor. Obwohl der mäßigere Flügel unter der Führung des Staatspräsidenten und Parteivorsitzenden Dr. Tiso die Mehrheit bildete, und auch das katholische Episkopat seinen Unwillen und seine Opposition gegen die Verabschiedung der Rassengesetzgebung und die Durchführung der Deportation zum Ausdruck brachte, wurden diese Maßnahmen durchgeführt. Das Mißlingen ihrer Bemühungen wurde – jedenfalls erst nach Beendigung des Zweiten Weltkrieges – durch die angebliche Notlage, in der sie sich befanden, begründet. Dem Inhalt nach brachten diese Kräfte folgendes Argument hervor: Durch die militärischen und politischen Erfolge des Dritten Reiches beeinflußt und durch dessen massiv ausgeübten Druck eingeschüchtert, sahen sie sich nicht in der Lage, ihre Ansichten durchzusetzen. Sie lebten in der Erkenntnis, daß widrigenfalls die unmittelbare Gefahr der Besetzung der Slowakei durch das Dritte Reich bevorstehe. Diese Begründung ist nicht ganz von der Hand zu weisen. Jedenfalls ist sie betreffend der Möglichkeiten, den Juden zu helfen, vereinfacht und nicht befriedigend.

Der Klärung dieser nicht unwichtigen Frage müßte eine eingehende Untersuchung vorangehen. Nur durch diesen Vorgang könnte erfaßt werden, bis zu welcher Grenze die Slowakische Regierung unter einem unmittelbaren Druck des Dritten Reiches handeln mußte und inwieweit die antijüdischen Maßnahmen auf ihre eigene Initiative zurückzuführen sind. Das bedeutet zugleich, die richtigen und ausgewogenen Proportionen zwischen der wirklichen Lage und den bewußt nicht ausgenützten und verpaßten Möglichkeiten zu finden. Die Beantwortung dieser Frage konnte aber wegen ihrer Tragweite und Schwierigkeiten nicht in diesen Aufsatz einbezogen werden. Der Versuch, diese Aufgabe zu lösen, muß deshalb einer separaten Abhandlung überlassen werden.

Jörg K. Hoensch

DIE SLOWAKEI IM JAHRE 1945

Die nationale Geschichte der Slowakei ist, gemessen an der Vergangenheit aller ihrer Nachbarn, arm an herausragenden Ereignissen und historisch relevanten Zäsuren. Als Volk ohne Staat seit dem 10. Jahrhundert waren die Slowaken zum Objekt der Politik gedragiert. Nach ersten Ansätzen im 19. Jahrhundert haben sie erst in unserem Säkulum verstärkt Einfluß auf ihre nationalen Belange zu nehmen vermocht. Einen der turbulentesten Einschnitte charakterisiert die Jahreszahl 1945: Abschluß und Neuanfang zugleich. Bei der Darstellung der wesentlichen Entwicklungslinien bieten sich, über den eigentlichen Kalenderzeitraum etwas ausgreifend, drei beinahe gleichlange und einander adäquate Phasen an:

a) Der den Zeitraum von Ende Oktober 1944 bis zum April 1945 umfassende Abschnitt, in dem sich der endgültige Zusammenbruch des seit dem Slowakischen Nationalaufstand (Slovenské národné povstanie, künftig: SNP) schwer angeschlagenen klerikal-autoritären Volkspartei-Regimes vollzieht, das Land mit aktiver Unterstützung slowakischer Partisanen durch Einheiten der Roten Armee besetzt wird und in dem schließlich nach langwierigen Verhandlungen zwischen den im Slowakischen Nationalrat (Slovenská národná rada, künftig: SNR) zusammengeschlossenen bürgerlichen und kommunistischen Kräften einerseits und den Führungsgremien des Londoner und des Moskauer Exils andererseits eine erste Festlegung der staatsrechtlichen Stellung der Slowakei im tschechoslowakischen Staatsverband erfolgte.

b) In der danach einsetzenden, bis Ende Oktober 1945 dauernden Phase der politischen Konsolidierung und des Wiederaufbaus mußte sich der SNR vorrangig darauf konzentrieren, seinen Anspruch auf eine möglichst weitgehende Selbstverwaltung durch den Aufbau eigenständig-slowakischer Legislativ-, Exekutiv- und Administrativorgane gegenüber der Prager Zentralregierung zu behaupten, der Kriegsfolgen Herr zu werden und die drängenden politischen, wirtschaftlichen und sozialen Fragen einer Lösung zuzuführen.

c) Die während des gemeinsamen Untergrundkampfes und in der Euphorie des Erfolgs zurückgetretenen weltanschaulichen und politischen Gegensätze zwischen den Vertretern der Kommunistischen Partei der Slowakei (Komunistická strana Slovenska, künftig: KPS) und den in der Demokratischen Partei (Demokratická strana, künftig: DP) zusammengeschlossenen „bürgerlichen", in ihrer personellen Zusammensetzung durchaus inkohärenten Gruppen brachen in den letzten Monaten des Jahres 1945 offen aus und erreichten einen ersten Höhepunkt vor den Mai-Wahlen von 1946. Dieser Konflikt, durch den überraschend klaren Wahlerfolg der DP geschürt, hat die tschechoslowakische Innenpolitik bis zum Februar 1948 wesentlich beeinflußt und kann selbst heute noch nicht als endgültig bereinigt gelten.

In dem hier abgesteckten Rahmen soll versucht werden, den Schwerpunkten der politischen, wirtschaftlichen und sozialen Veränderungen in der Slowakei im Jahre 1945 Rechnung zu tragen.

*

Mit der Liquidierung des SNP durch deutsche Truppen büßte auch der „Schutzstaat Slowakei" aus Hitlers Gnaden die letzten Residuen seiner Souveränität ein. Die nicht unerwartete, in diesem Umfang jedoch überraschende und aus anti-deutschen Ressentiments gespeiste Eruption der Ablehnung des Volkspartei-Regimes hatte im Grunde sowohl die Regierung Tuka als auch die deutschen Stellen unvorbereitet getroffen. Die bereits zuvor schwelende Vertrauenskrise zwischen Berlin und Preßburg war danach weder durch die rasche Umbesetzung der Regierungsämter noch durch rigorose Säuberungen in Verwaltung und Armee beizulegen[1]. Nach der Errichtung der deutschen Militäradministration kam den von den deutschen „Beratern" verschärft überwachten slowakischen Behörden praktisch nur noch die Rolle von Vollzugsorganen der deutschen Befehle auf unterster Ebene zu, wobei nach dem Überlaufen etwa der Hälfte der Polizei-, Gendarmerie- und Armeeeinheiten zu den Aufständischen sowie bei der mit der sich verschlechternden Kriegslage zunehmenden Unzuverlässigkeit der Beamten selbst dieser Aufgabenkreis nur unzureichend versehen wurde. Martialische Appelle der Volkspartei-Führung[2], Ergebenheitsadressen an Hitler und Durchhalteparolen konnten den Eindruck eines völligen Zerfalls ebensowenig verwischen wie die Versuche, durch die Mobilisierung der letzten Reserven eine Wende auf dem militärischen Sektor herbeizuführen. Die dem Regime ergebenen Hlinka-Gardisten älterer Jahrgänge, seit September 1944 in der dem Volkssturm nachgebildeten „Domobrana" (Heimwehr) organisiert und mit Polizeifunktionen sowie mit Sicherheitsaufgaben betraut, waren trotz des Engagements ihres neuen Oberkommandierenden Otomar Kubala nur bedingt verwen-

---

[1] In der am 5. September 1944 eingesetzten Regierung Dr. Štefan Tiso hatten nur Innenminister Mach, Wirtschaftsminister Medrický und Finanzminister Pružinský ihre Ressorts zu behaupten vermocht. Štefan Polakovič wurde stellvertretender Chef des Propagandaamtes; Anton Mederly stieg zum Präsidenten der Slowakischen Nationalbank auf. Bedingt durch das Überlaufen des Verteidigungsministers General Ferdinand Čatloš zu den Aufständischen sah sich das Offizierskorps besonders gründlichen Säuberungsmaßnahmen ausgesetzt, die in Verbindung mit der Entwaffnung der verbliebenen Einheiten durch deutsche Truppen einen weiteren Kampfeinsatz des slowakischen Restheeres ausschlossen.

[2] Außer den Rundfunkansprachen des slowakischen Staatspräsidenten Dr. Jozef Tiso vom 30. August und vom 2. September 1944 sind hier vor allem die beiden unter dem Einfluß von Prof. Dr. Ferdinand Ďurčanský zustandegekommenen Memoranden der jüngeren Intellektuellen in der Volksparteiführung vom 20. September 1944 und vom 14. Januar 1945 zu erwähnen. Mit der Parole der „Rückkehr zu den Prinzipien des 14. März 1939" wurde eine durchgreifende Säuberung der Partei und die konsequente Anwendung totalitärer Maßnahmen zur Behauptung der Eigenstaatlichkeit gefordert. Text des Memorandums vom 20. September 1944 bei Vnuk, František: Neuveriteľné sprisahanie. Vojenské a politické akcie proti Slovenskej Republike v roku 1944 [Die unglaubliche (unvorstellbare) Verschwörung. Die militärischen und politischen Aktionen gegen die Slowakische Republik im Jahre 1944]. Middletown 1964, S. 128–131. Eine Übersetzung der beiden Texte ins Englische bei Lettrich, Jozef: History of Modern Slovakia. London 1956, Nr. 39 und 40, S. 313–317. Am 23. Januar 1945 gab der slowakische Landtag eine Erklärung ab, die staatliche Selbständigkeit unter allen Umständen verteidigen zu wollen. Siehe dazu Mikuš, Joseph A.: La Slovaquie dans le drame de l'Europe. Histoire politique de 1918 à 1950. Paris 1955, S. 201. Einige aufschlußreiche Ergebenheitsproklamationen führt an Lettrich: History of Modern Slovakia 220f. und 224.

dungsfähig. Der neue Verteidigungsminister Štefan Haššík konnte Mitte September 1944 auf ein „Heer" von insgesamt 6900 regierungstreuen Soldaten zurückgreifen, das, im November auf knapp 20 000 Mann gebracht, durch die Mobilisierung älterer Jahrgänge am 12. Januar und 5. März 1945 sowie die Dienstverpflichtung der aus dem Deutschen Reich zurückkehrenden Arbeiter kurz vor dem Zusammenbruch einen Personalbestand von 41 000 Soldaten erreichte. Die mangelnde Kampfbereitschaft, die unzulängliche Ausbildung und die unzureichende Ausrüstung der Armee – auf deutsches Insistieren waren den neuaufgestellten Einheiten nur 10 Prozent der notwendigen und üblichen Bewaffnung ausgehändigt worden – schlossen einen Einsatz an der Front oder bei der Partisanenbekämpfung von vornherein aus, so daß sie vornehmlich nur zu Schanz- und Reparaturarbeiten im Hinterland herangezogen werden konnte[3].

Präsident Tiso und die Führung der allein regierenden Slowakischen Volkspartei Hlinkas (Hlinkova slovenská l'udová strana [HSL'S], künftig: SVP) zeigten sich der politischen und der militärischen Entwicklung während der letzten Kriegsmonate nicht gewachsen. Für sie war der SNP keine slowakische, sondern eine ausschließlich kommunistisch inspirierte Verschwörung, zu der sich ein kleiner Teil der Slowaken durch die Vorspiegelung falscher Tatsachen hatte mißbrauchen lassen. Sie konnten die Auflehnung gegen ihr autoritäres, von der katholischen Kirche aktiv unterstütztes Regime, das dem Lande trotz des Krieges eine relative Wohlhabenheit eingetragen und bisher nur geringe materielle Opfer abverlangt hatte, nicht begreifen. Das Zerbrechen ihres Staates empfanden sie als ein historisches Mißverständnis, das sie dem Eingreifen einer fremden Macht und eines fremden Willens, aus Moskau und London importiert, zuschreiben zu müssen glaubten[4]. Durch die Akzeptierung von Benešs im Londoner Exil vertretenen nationalstaatlichen „tschechoslowakischen" These durch die Alliierten war die SVP zudem frühzeitig dem Zwang ausgesetzt worden, sich ganz auf die Seite Hitlers in der Hoffnung zu schlagen, ihre so schwer erkämpfte Souveränität dennoch nach einem deutschen „End-

---

[3] Husák, Gustáv: Svedectvo o Slovenskom národnom povstaní [Zeugnis über den SNP]. Preßburg 1964, S. 501 f.
Von den im November 1944 nachweisbaren 19 161 Offizieren und Mannschaften standen 6353 Mann in zwei in Ungarn und Italien operierenden Pionierdivisionen, die auf deutschen Wunsch auf mehr als 10 000 Mann aufgefüllt wurden. Mit Ausnahme einer einzigen Domobrana-Einheit haben keine slowakischen Verbände aktiv auf deutscher Seite in die sich von November 1944 bis Ende April 1945 auf slowakischem Territorium abspielenden Kampfhandlungen eingegriffen. Siehe Falt'an, Samo: Partizan War in Slovakia in the Period 1944–1945. Studia Historica Slovaca 5 (1967) 57–91, hier S. 71 f. Bis in alle Einzelheiten geht Falt'an dieser Entwicklung in seiner umfangreichen Studie Partizánska vojna na Slovensku [Der Partisanenkrieg in der Slowakei]. Preßburg 1945, nach. Eine – wenn auch noch unzureichende – Würdigung des Anteils der slowakischen Armeeinheiten am SNP legte Miroslav Kropilák in seiner Studie Účast' vojakov v Slovenskom národnom povstaní [Die Beteiligung der Soldaten am SNP]. Preßburg 1960 vor, die Wolfgang Venohr in seinem Buch: Aufstand für die Tschechoslowakei. Der slowakische Freiheitskampf von 1944. Hamburg 1969 in wesentlichen Punkten ergänzt hat.

[4] Friš, Edo: Povstanie zd'aleka i zblízka [Der Aufstand aus der Ferne und aus der Nähe]. Preßburg 1964, S. 110.

sieg“ behaupten zu können[5]. Die jungen Pragmatiker in der SVP hatten dagegen auf eine von General Augustín Malár ausgearbeitete Variante des Aufstandsplanes gesetzt, wonach bei einem Vorstoß der Roten Armee nach Krakau im Norden und nach Miskolc im Süden der Versuch unternommen werden sollte, die Slowakei möglichst unversehrt dem Zugriff der Deutschen Wehrmacht zu entziehen und von einer neutralen Basis aus die Unabhängigkeit des Landes bei einer künftigen Friedensregelung zu behaupten. Die Durchführbarkeit dieser in der Emigrantenliteratur sicher überbewerteten Konzeption war von zu vielen Imponderabilien abhängig, als daß ihr ernsthaft Erfolgsaussichten eingeräumt werden können. Auch die in der Emigrantenpresse mehrfach erwähnten Angebote russischer Unterhändler an Tiso und Ďurčanský, die Regierung der UdSSR sei nach einem Ausscheiden aus den Kriegshandlungen nach dem rumänischen Vorbild bereit, die staatliche Souveränität der Slowakei im Nachkriegseuropa zu garantieren, haben durch die unermüdliche Wiederholung ohne Quellenverweise nicht gerade an Glaubwürdigkeit gewonnen[6].

Als die erhoffte spektakuläre Wende des Kriegsverlaufes immer unwahrscheinlicher wurde und sich die totale deutsche Niederlage abzuzeichnen begann, machte sich in der SVP Defätismus breit[7]. Auf der Versammlung der SVP-Jugend in Piešt'any am 14. Januar 1945 kam auf Anregung Ďurčanskýs ein Beschluß zustande, den exponierten Mitgliedern die Emigration mit der Auflage zu ermöglichen, von der Schweiz und aus Schweden für den Gedanken der slowakischen nationalen Eigenständigkeit und gegen die Wiedererrichtung der ČSR zu arbeiten. Weniger belastete, doch populäre SVP-Politiker, wie der Führer der Einheitsgewerkschaft Rudo Čavojský, der Abgeordnete Čarnogurský oder die späteren Generalsekretäre der DP, Miloš Bugár und Ján Kempný, sollten versuchen, eine Berücksichtigung der Interessen der katholischen Kirche und der ehemaligen SVP-Wähler auch nach der Niederlage sicherzustellen[8]. Etwa 3000 Politiker, Beamte und Intellektuelle setzten sich Ende März/Anfang April 1945 mit ihren Familien nach Westen ab; unter dem Schutz deutscher Truppen wurden am 2. April auch die Mitglieder der slowakischen Regierung und Präsident Tiso nach Kremsmünster in Oberösterreich evakuiert, wo sie am 8. Mai 1945 vor dem amerikanischen Brigade-

---

5 Vgl. dazu Kirschbaum, Joseph M.: Slovakia: Nation at the Crossroads of Central Europe. New York 1960, S. 180–190.

6 Čulen, Konstantin: Po Svätoplukovi druhá naša hlava [Nach Svätopluk unser zweites Staatsoberhaupt]. Middletown 1947, S. 281. – Mikuš: La Slovaquie 202. – Kirschbaum: Slovakia 191.

7 Vgl. dazu den aufschlußreichen Bericht des deutschen Gesandten Ludin vom 17. Januar 1945, nach Prečan, V. (Hrsg.): Slovenské národné povstanie. Dokumenty [Der SNP. Dokumente]. Preßburg 1965.

8 Husák: Svedectvo 501. – Dějiny Československa v datech [Geschichte der Tschechoslowakei in Daten]. Prag 1968, S. 356.
Die materialreichste Dokumentation für die slowakische Eigenstaatlichkeit gab der ehemalige Außenminister Ferdinand Ďurčanský heraus: Právo Slovákov na samostatnost' vo svetle dokumentov (Biela kniha) [Das Recht der Slowaken auf Unabhängigkeit im Licht der Dokumente (Weißbuch)]. Buenos Aires 1954. Im gleichen Sinne sind u. a. die Bücher von Kirschbaum, Mikuš und Paučo geschrieben.

general W. A. Collier die Kapitulationsurkunde zu unterzeichnen hatten[9]. Das Experiment der slowakischen Eigenstaatlichkeit hatte sich im Soge der militärischen Niederlage des Deutschen Reiches nicht länger aufrecht erhalten lassen, zumal der Großteil der slowakischen Führungsschicht und noch mehr die breiten Massen der Bevölkerung mit zunehmender Kriegsdauer ihre sozialen Interessen und ihre politischen Rechte in einer wiederhergestellten Tschechoslowakei besser gewahrt glaubten als in einem krypto-souveränen Staatswesen, das ohnehin nur einer Laune Hitlers entsprungen war und während des Zweiten Weltkrieges seine Lebensfähigkeit nicht nachzuweisen vermocht hatte.

Die Konsequenzen der Besetzung der Slowakei durch die Rote Armee

Durch ein am 8. Mai 1944 unterzeichnetes, bereits im sowjetisch-tschechoslowakischen Vertrag (Beneš-Stalin-Abkommen) vom 12. Dezember 1943 stipuliertes Abkommen hatte die Londoner Exilregierung den Plänen der Alliierten zugestimmt, das Territorium der ČSR von Osten her durch Einheiten der Roten Armee besetzen zu lassen. Mit der Aufstellung des 1. Tschechoslowakischen Armeekorps in der UdSSR seit dem 10. April 1944, zwei Tage nach Erreichen der alten Staatsgrenze in der Karpaten-Ukraine durch russische Truppen, wollte die Exilregierung zugleich einen eigenen Beitrag zur Befreiung des Landes leisten. Doch trotz der immer dringlicheren Hilfeersuchen der slowakischen Aufständischen leitete die 4. Ukrainische Front, unterstützt von der 1. Tschechoslowakischen Armee, erst am 18. Oktober 1944 am Dukla-Paß ihre Offensive ein und erzwang in schweren Kämpfen den Übergang über die Karpaten, während vom Süden her die durch zwei rumänische Armeekorps verstärkte 2. und 3. Ukrainische Front die Karpaten-Ukraine überrannten und noch im November 1944 im Südosten slowakisches Territorium erreichten. Mit der Aufgabe von Kaschau und Prešov am 19. Januar 1945 mußten sich die von slowakischen und russischen Partisaneneinheiten hart bedrängten deutschen Verbände unter Mitnahme großer Vermögenswerte langsam nach Westen durch das Waagtal zurückziehen. Die nach der Liquidierung des SNP zersprengten Partisanengruppen hatten seit Oktober 1944 durch Überläufer und Fallschirmspringer ihre Kampfkraft wiedererlangen können und fügten gemäß ihres Auftrags durch Sabotageakte und Überfälle im Hinterland der deutschen Armee spürbare Verluste zu[10]. Unter den harten deutschen Vergeltungsaktionen, bei denen nach dem Nie-

---

[9] Text bei Kirschbaum: Slovakia, Nr. 38, S. 295 f.

[10] In der slowakischen Historiographie ist die Rolle der Partisanen im Nationalaufstand und während der Kampfhandlungen im Winter 1944/45 bis in die jüngste Zeit hinein einer idealisierenden, ja nachgerade mystischen Interpretation unterworfen gewesen. Diese Tatsache mag nicht zuletzt auf den großen Einfluß des Verbandes slowakischer Partisanen (Sväz slovenských partizánov = SSP) zurückzuführen sein, obwohl er bereits 1951 im Verband der antifaschistischen Widerstandskämpfer (Svaz protifašistických bojovníků = SBP) aufging. Eindeutige Angaben über die Stärke der Partisanenverbände liegen nicht vor, die Zahlen schwanken zwischen 10000 und 17000 aktiven Kämpfern, die im Januar 1945 in 44 größere Abteilungen, acht Gruppen und elf Brigaden gegliedert waren. Außer den bereits erwähnten Arbeiten von M. Kropilák (s. o. Anm. 3) und seinem Beitrag: Národnooslobodzovací boj na Slovensku roku 1945 [Der Volksbefreiungskampf

derbrennen der Gemeinde Uhrovec im Bezirk Topol'čany am 4. November 1944 bis zum April 1945 weitere sechzig Siedlungen wegen der Unterstützung der Partisanen eingeäschert wurden, hatte besonders die Zivilbevölkerung schwer zu leiden. Am 4. April 1945 marschierten die Truppen der 2. Ukrainischen Front des Marschalls Malinovskij in Preßburg ein; in der Nacht vom 1. auf den 2. Mai zogen sich in der Nordwest-Slowakei im Gebiet von Čadca die letzten deutschen Einheiten von slowakischem Territorium zurück. Die militärische „Befreiungsaktion" war damit zu einem Abschluß gekommen[11].

Wenn sich auch der psychologische Effekt der Besetzung durch die Rote Armee in der Slowakei nicht in gleichem Maße politisch kapitalisieren ließ wie in den historischen Ländern, so hat die KPS ihre Ausgangsposition im Gefolge der einen hohen Blutzoll entrichtenden Roten Armee wesentlich zu stärken verstanden. Die Übereinkunft, sich nach den Kampfhandlungen nicht in innenpolitische Angelegenheiten einzumischen, wurde von den unmittelbar hinter der Front vorrückenden Kommissaren des NKWD mißachtet, die nicht nur ihre eigenen Säuberungsmaßnahmen durchführten und mehr als 7000 Slowaken in die UdSSR deportierten, sondern die auch im lokalen Bereich den Kommunisten bei der Einsetzung der Nationalausschüsse (Národné výbory, künftig: NV) jede nur mögliche Hilfestellung leisteten und durch die Gewährung materieller Anreize die Durchsetzung der politischen Ziele der KPS förderten[12]. Die aufwendige Propagierung des vor allem in der Mittelslowakei aus alter Tradition lebendigen panslawischen Gedankenguts bewirkte, daß die UdSSR in weiten Kreisen der Bevölkerung als der einzige Garant für eine kontinuierliche Entwicklung der nationalen Sonderinteressen der Slowaken in der Tschechoslowakischen Republik angesehen wurde. Die als notwendig anerkannten Reformen auf dem sozialen und wirtschaftlichen Sektor wurden von den slowakischen Intellektuellen nur dann als sinnvoll erachtet, wenn sowjetische Vorbilder übernommen würden. Die überwiegende Mehrheit der slowakischen bäuerlichen Bevölkerung indessen nahm die Beendigung des SVP-Regimes, die Wiedererrichtung der ČSR und die einsetzenden Neuerungen im Sinne einer „volksdemokratischen"

---

in der Slowakei im Jahr 1945]. Historický časopis SAV (künftig: HČ) 3 (1955) 305–325 siehe den Aufsatz von Šolc, Jaroslav: Cesta slovenských partizánov od celonárodného protifašistického povstania k Februáru 1948 [Der Weg der slowakischen Partisanen vom antifaschistischen Volksaufstand zum Februar 1948]. HČ 9 (1961) 29–49. In den gesamtnationalen Widerstandskampf eingeordnet wird die slowakische Partisanenbewegung in dem Band: Odboj a revoluce 1938–1945. (Nástin dějin československého odboje) [Widerstand und Revolution 1938–1945. (Abriß der Geschichte der tschechoslowakischen Widerstandsbewegung)]. Prag 1965.

11 Eine äußerst detaillierte Darstellung der Kämpfe und des Vorrückens der Roten Armee enthält das zweibändige Sammelwerk: Osvobození Československa Rudou armádou 1944/45 [Die Befreiung der ČSR durch die Rote Armee]. Prag 1965. Die für die Besetzung der Slowakei wichtigen Aktionen wurden in konziser Form in dem von Bohuslav Graca hrsg. Buch Dejinná križovatka. Slovenské národné povstanie – predpoklady a výsledky [Ein historischer Kreuzweg. Der SNP – Voraussetzungen und Ergebnisse]. Preßburg 1964, S. 452–459 (Boj pokračuje) dargestellt.

12 Vgl. dazu Zinner, Paul E.: Communist Strategy and Tactics in Czechoslovakia, 1918 to 1948. London und Dunmow 1963, S. 99f., und Lettrich: History of Modern Slovakia 230.

Ausrichtung des Staates mit der gleichen Passivität zur Kenntnis, mit der sie 1939 auf die Ausrufung der slowakischen Eigenstaatlichkeit reagiert hatte.

Die Auseinandersetzung um die staatsrechtliche Stellung der Slowakei und das Ergebnis der Moskauer Verhandlungen

Dem Slowakischen Nationalrat (SNR), dem slowakischen Führungsorgan des slowakischen Untergrunds, in dem sich im Dezember 1943 kommunistische und „bürgerliche", meist aus dem agrarischen Lager kommende Politiker zusammengeschlossen hatten, war im Verlauf des SNP sowohl von der Londoner Exilregierung als auch von der Moskauer Emigration die Anerkennung als des legitimen Vertreters der slowakischen Interessen zuteil geworden[13]. Beneš und seinem Kabinett war diese Entscheidung nicht leicht gefallen, setzte sie doch die Akzeptierung der im sogenannten Weihnachtsabkommen von 1943, in den Proklamationen des SNR während des Aufstands und in den Memoranden an die Exilregierung enthaltenen Forderungen der Slowaken auf Gewährung einer uneingeschränkten Landesselbstverwaltung und nach der Respektierung der slowakischen nationalen Eigenständigkeit voraus[14]. Gemäß der Erklärung der Exilregierung vom 30. Juni 1943 vertrat der

---

[13] Die Geschichte des SNR hat in den meisten Darstellungen des Slowakischen Nationalaufstands eine Würdigung erfahren. Außer den bereits aufgeführten Arbeiten zu dieser Thematik, und hier besonders instruktiv Husák: Svedectvo 57–74, seien erwähnt Dvořák, Jozef: Slovenská politika včera a dnes [Die slowakische Politik gestern und heute]. Prag 1947; die beiden Studien von Falt'an, Samo: K problémom národnej a demokratickej revolúcie na Slovensku [Zu den Problemen der nationalen und demokratischen Revolution in der Slowakei]. Preßburg 1965, und: O Slovenskom národnom povstaní [Über den SNP]. Preßburg 1964; sowie die beiden Bücher von Jablonický, Jozef: Slovensko na prelome. Zápas o víťazstvo národnej a demokratickej revolúcie na Slovensku [Die Slowakei am Scheideweg. Kampf und Sieg der nationalen und demokratischen Revolution in der Slowakei]. Preßburg 1965, und: Z ilegality do povstania (Kapitoly z občianskeho odboja) [Aus der Illegalität in den Aufstand. Kapitel aus dem bürgerlichen Widerstand]. Preßburg 1969.
Dem SNR wird besondere Aufmerksamkeit gewidmet in den Untersuchungen von Lettrich, Jozef: O Slovenskej národnej rade [Über den slowakischen Nationalrat]. Preßburg 1945; Matousek, Stanislav: Slovenske národne orgány [Die slowakischen Nationalorgane]. Preßburg 1960, vornehmlich S. 83–104; und Štvrtecká, A.: Vznik SNR (Študijný materiál – pomôcka pre lektorov) [Die Entstehung des SNR. Studienmaterial – Hilfsmittel für Vorlesungen]. Preßburg 1964.

[14] Das von Husák, Novomeský und Šmidke für die KPS, von Lettrich, Ursíny und Josko für die „Demokraten" unterzeichnete „Weihnachtsabkommen" war am 29. März 1944 von Beneš im Prinzip gebilligt worden. Text des Vianočná dohoda bei Falt'an, Samo: Slovenská otázka v Československu [Die slowakische Frage in der ČSR]. Preßburg 1968, S. 309 f.; englische Übersetzung bei Lettrich: History of Modern Slovakia, Nr. 26, S. 303–305.
Die Proklamationen des SNR vom 1. und 29. September 1944 u. a. bei Falt'an: Slovenská otázka, Nr. 16 und 17, S. 321–325; englische Übersetzung des Aufrufs vom 1. September bei Lettrich: History of Modern Slovakia, Nr. 28, S. 305–307, deutsche Übersetzung bei Venohr: Aufstand für die Tschechoslowakei, Nr. 7, S. 306 f.
Text der Memoranden an die Exilregierung in London von Ende Juli und vom 29. September 1944 sowie der Wortlaut der Billigung dieser Forderungen des SNR durch Beneš

Präsident noch während der Verhandlungen in Moskau im Dezember 1943 „unerschütterlich die Ansicht, daß die Slowaken Tschechen sind und daß das Slowakische nur ein Dialekt der tschechischen Sprache ist ... Ich hindere niemanden an der Erklärung, er sei ein Slowake, aber ich lasse die Bekundung nicht zu, daß eine slowakische Nation existiert“[15]. Der SNR konnte seine konsequente Weigerung, entsprechend den Wünschen Benešs in der Frage des „Tschechoslowakismus“ einem Kompromiß zuzustimmen oder die Regelung der Beziehungen zwischen den beiden Völkern auf einen späteren Zeitraum zu vertagen, deshalb aufrechterhalten, weil sich die Führung der Exil-KPTsch im August 1944 voll hinter die Forderungen der Slowaken gestellt hatte und sich – aus vordergründigen taktischen Überlegungen – zum Verteidiger der slowakischen nationalen Belange aufschwang[16]. Mit Benešs Entwurf, erneut eine zentralistisch angelegte Republik mit einem Präsidenten, einer Regierung und einem Zentralparlament zu errichten und den regionalen Sonderinteressen durch die Zulassung von vier Landesvertretungen (für Böhmen, Mähren, die Slowakei und die Karpaten-Ukraine) mit bescheidenen Legislativ- und Exekutivbefugnissen, vor allem auf dem kulturellen Sektor, Rechnung zu tragen, waren die Vertreter des SNR nicht mehr zufrieden zu stellen, zumal sie sich während des Nationalaufstandes in Banská Bystrica mit dem Präsidium des SNR einen Obersten Staatsrat, mit dem Plenum eine für alle anstehenden Fragen zuständige Gesetzgebung und mit dem Ausschuß der Beauftragten (Sbor povereníkov) als Regierung ihre eigenen revolutionären Staatsorgane gegeben hatten.

Trotz der Niederwerfung des Aufstands und der Notwendigkeit der Mitglieder des SNR, nach dem 23. Oktober 1944 unterzutauchen und bei Partisaneneinheiten

---

vom 6. November 1944 bei Falt'an: Slovenská otázka, Nr. 14 und 18, S. 311–316 und 325–335.

Die meisten der hier angeführten Dokumente sind auch abgedruckt bei Prečan: Slovenské národné povstanie, und in Cesta ke květnu [Der Weg zum Mai (1945)]. Bd. I/1. Prag 1965.

[15] Cesta ke květnu I/1, S. 300.

[16] Der Durchbruch bei der Führung der KPTsch, der sich in den Gesprächen Benešs mit Gottwald vom 13. bis zum 20. Dezember 1943 in Moskau bereits andeutete, erfolgte am 23. August 1944, als das von Karol Šmidke überbrachte Memorandum des SNR von den Führern der Exil-KPTsch gutgeheißen wurde. Text nach Prečan: Slovenské národné povstanie 310–312. In den in Moskau erscheinenden Československe Listy hatte sich besonders Václav Kopecký zum Anwalt der slowakischen Autonomieforderungen gemacht (siehe u. a. die Nr. 2 und 3 vom 1. und 15. Februar 1944); Gottwald stimmte diesen Vorstellungen in seinem Beitrag „Zum nationalen Befreiungskampf in der Slowakei“ (Nr. 17 vom 15. September 1944) uneingeschränkt zu.

Mit den Vorstellungen Benešs und der Londoner Regierungsmitglieder gegenüber der Slowakei im Herbst 1944 setzten sich kritisch auseinander u. a. Falt'an: Slovenská otázka 159–163, 167f., 174–181; und Husák: Svedectvo 95–117 und 398–464. Beneš hat seine Überlegungen selbst dargelegt in dem Memoirenband: Paměti. Od Mnichova k nové válce a k novému vítězstvi [Erinnerungen. Von München zu einem neuen Krieg und einem neuen Sieg]. Prag 1947, und die Ereignisse in: Šest let exilu a druhé světové války [Sechs Jahre des Exils und des Zweiten Weltkriegs]. Prag 1947 einer eigenwilligen Interpretation unterzogen. Vgl. auch Korbel, Josef: The Communist Subversion of Czechoslovakia 1938–1948. The Feilure of Coexistence. Princeton 1959, S. 84f. und S. 88.

im Gebiet der Niederen Tatra Zuflucht zu suchen, konnte die Exilregierung den Anspruch der Slowaken, als gleichberechtigte Partner (rovný s rovným) in einer – möglichst föderalisierten – Nachkriegsrepublik anerkannt zu werden, nicht mehr negieren. Denn einmal hatte die paritätische Besetzung der revolutionären slowakischen Nationalorgane mit Vertretern der KPS und des bürgerlichen Lagers, die sich erst langsam in der neuen Demokratischen Partei (DP) ein gemeinsames und vorerst noch äußerst inkohärentes Forum zu schaffen begannen, langfristig politische Möglichkeiten eröffnet, die die zuvor zerstrittenen Flügel innerhalb der slowakischen Kommunisten hatten enger zusammenrücken und auch die Meinungsverschiedenheiten mit der Moskauer Zentrale in den Hintergrund treten lassen. Da slowakische Kommunisten wie Demokraten in den Grundzügen der künftig einzuschlagenden Politik weitgehend übereinstimmten und im Aufstandsgebiet zum Teil schon jene neuen Formen praktiziert hatten, die in Moskau euphemistisch unter dem Schlagwort des „Übergangs zum volksdemokratischen Regierungssystem" propagiert wurden, konnten sie mit der vollen Unterstützung ihrer nationalitätenpolitischen Forderungen gegenüber der Regierung Šrámek und dem Präsidenten Beneš durch Gottwald und die KPTsch rechnen. Die betrüblichen Erfahrungen, die der Regierungsbeauftragte für die befreiten Gebiete, Minister František Němec, bei dem Versuch gemacht hatte, eine Zivilverwaltung in der Karpaten-Ukraine aufzubauen und die Provinz der Londoner Exilregierung zu unterstellen[17], ließen es Beneš für angebracht erscheinen, jeden Konflikt mit dem SNR zu vermeiden, zumal da ältere, jedoch bereits aufgegebene Pläne slowakischer Kommunisten, das Land als autonome Sowjetrepublik in die UdSSR einzubringen, bekannt waren und da die Tätigkeit der Politoffiziere der 1. Tschechoslowakischen Armee den Eindruck erweckte, in der Ostslowakei von neuem eine Bewegung zum Anschluß an die Sowjetunion ins Leben rufen zu wollen[18].

Die Verhandlungsposition der Slowaken besserte sich zudem mit jedem Tag und mit dem weiteren Vorrücken der Roten Armee nach Westen. Bereits am 30. November 1944 hatte der SNR von dem Befehlshaber der 4. Ukrainischen Front die Bewilligung erhalten, seine Mitglieder dürften die Tätigkeit der direkt hinter der Kampflinie von den Kommunisten mit tatkräftiger Unterstützung des NKWD errichteten Nationalausschüsse (NV) koordinieren und als „fachmännische Ratgeber" wirken. Die Zielsetzung der NVs, nämlich „die Beseitigung der alten, polizeibürokratischen Verwaltungsordnung und ihre Ersetzung durch gewählte Organe des Volkes ..., welche [die] einzigen Vollstrecker der Verwaltungsmacht wurden"[19],

[17] Němec, František / Moudry, Václav: The Soviet Seizure of Subcarpathian Ruthenia. Toronto 1955. Vgl. dazu die völlig konträren Interpretationen bei Korbel: Communist Subversion 99–109, bei Husák: Svedectvo 520–534, und bei Graca: Dejinná križovatka 466–472.

[18] Duchaček, Ivo: The Strategy of Communist Infiltration: The Case of Czechoslovakia. New Haven 1949, S. 9 und 13. Zu den Anschlußplänen der Slowakei siehe Graca: Dejinná križovatka 74–89 und 110–122. Besonders aufschlußreich sind der Artikel Husáks im Nové slovo vom 15. Oktober 1944 und die Aufzeichnungen der Unterredung zwischen der Führung der KPTsch und Novomeskýs mit Dimitrov Ende Dezember 1944, nach Cesta ke květnu I/2, 519.

[19] Die Tschechoslowakei auf dem Wege zum Sozialismus. Prag 1949, S. 40 und 42.

kam besonders den Vertretern der KPS zugute, die auf den „oft noch im Laufe der Kämpfe" durchgeführten Wahlversammlungen weit über die ihnen im Rahmen der geplanten Nationalen Front zustehenden paritätischen Besetzung der slowakischen Nationalausschüsse hinaus alle Schaltstellen mit ihren Mitgliedern oder Sympathisanten zu belegen verstanden. Die im Untergrund bewährte straffe Organisation, durch die am 17. September 1944 erfolgte Vereinigung mit den Sozialdemokraten noch gestärkt, half den slowakischen Kommunisten trotz ihrer numerischen Unterlegenheit gegenüber den bürgerlichen Kräften, ihre Vorstellungen über die Reorganisation der Nachkriegsrepublik in der Slowakei in die Praxis umzusetzen und in allen zwischen dem Londoner Exil, der Moskauer KP-Führung und dem Präsidium des SNR noch strittigen Punkten eine Entscheidung in ihrem Sinne zu präjudizieren[20].

Als Instrument dienten ihnen der SNR und die „Ämter der Delegation" (Delegácia pre oslobodené územie), die seit dem 21. Januar von Trebišov, nach dem 1. Februar 1945 von Kaschau aus zwar in Übereinstimmung mit dem Regierungsbeauftragten für die befreiten Gebiete, im Grunde genommen jedoch als selbständige slowakische Nationalorgane den Aufbau der Verwaltung vorantrieben. Wichtige Vorentscheidungen, so über den Aufbau der Nationalausschüsse, über die Neuverteilung des Bodens, über die Vorbereitung von Wirtschafts- und Sozialreformen, wurden von dieser revolutionären Legislative und Exekutive noch im Laufe des Februar 1945 gefällt[21]. So rief der SNR am 8. Februar und am 24. März – zwar mit unbefriedigendem Ergebnis – die Mobilmachung der Jahrgänge 1910 bis 1926 aus[22], stellte mit der Gründung der „Národná bezpečnosť'" seine eigenen Sicherheits- und Polizeiorgane auf[23] und nahm mit dem Dekret über die Konfiskation und Parzellierung des Bodens der Deutschen, Ungarn, der Verräter und Feinde des slowakischen Volkes prinzipielle Entscheidungen vorweg[24].

---

[20] Das Memorandum des Vereinigungskongresses von Kommunisten und Sozialdemokraten in Banská Bystrica vom 17. September 1944 bei Prečan: Slovenské národné povstanie 521 f., deutsche Übersetzung bei Venohr: Aufstand für die Tschechoslowakei 326 f. Von den um den Jahreswechsel 1944/45 schwelenden Meinungsverschiedenheiten zwischen der Exilregierung und der Moskauer Emigration sowie dem SNR berichtet Graca: Dejinná križovatka 459–466.

[21] In seiner anschaulich geschriebenen Studie: Politická situácia na východnom Slovensku od oslobodenia do vyhlásenia Košického vládneho programu [Die politische Lage in der Ostslowakei von der Befreiung bis zur Verkündigung des Kaschauer Programms]. HČ 11 (1963) 529–551 hat Jozef Jablonický die Auswirkungen dieser Maßnahmen am konkreten Beispiel Ostslowakei exakt aufgezeigt. Vgl. auch Graca: Dejinná križovatka 472–476, und Husák: Svedectvo 535–548.

[22] Bis Anfang April 1945 hatten sich erst 20 000 Mann registrieren lassen, obwohl zu diesem Zeitpunkt bereits mehr als 80 % des Landes von den deutschen Truppen geräumt waren.

[23] Verordnung Nr. 7/1945 vom 23. Februar 1945: Sbierka nariadení Slovenskej národnej rady [Sammlung der Dekrete des SNR, künftig: Sb. SNR]. Preßburg 1945. Die Vertreter der DP wollten damit einer Usurpation der Polizei- und Gendarmerieaufgaben durch die von der KPS kontrollierten Arbeitermilizen Vorschub leisten, die sich in einigen Orten, z. B. in Michalovce, gestützt auf die sowjetischen Stationierungseinheiten, zu Ausschreitungen gegenüber der Zivilbevölkerung hatten hinreißen lassen.

[24] Verordnung Nr. 4/1945 vom 27. Februar 1945, Sb. SNR.

Die Initiative lag eindeutig bei der KPS, deren Vertreter im Präsidium des SNR, also vor allem Šmidke, Novomeský und Husák, sich im politischen Intrigenspiel den Repräsentanten der DP weit überlegen zeigten. Trotz mehrfacher personeller Umgruppierungen wußten sie im Beauftragtenausschuß die ausschlaggebenden Ressorts zu verteidigen[25], und sie verstanden in der von ihrer Presse[26] stark beeinflußten öffentlichen Meinung den Eindruck zu erwecken, die wahren Vertreter der politischen und materiellen Interessen und die eigentlichen Verteidiger der nationalslowakischen Belange zu sein. Wollten die führenden, meist evangelischen Mitglieder der DP, vornehmlich Lettrich, Ursíny, Šrobár oder Pietor, wegen ihrer früheren Zugehörigkeit zur „zentralistischen“ und jetzt diskreditierten Agrarpartei in der überwiegend katholischen, von der Volksparteiherrschaft noch so stark geprägten Slowakei nicht an Glaubwürdigkeit verlieren, so mußten sie versuchen, sich als ebenso gute Patrioten wie die Kommunisten zu qualifizieren und die nationalen Interessen über Gebühr in den Vordergrund ihres Programms zu stellen. Nur von dieser Ausgangsbasis her läßt es sich erklären, daß sie den Vorstellungen der KPS in den am 10. März publizierten Richtlinien über die praktische Durchführung der Bodenreform weitgehend entsprachen und im Beschluß der beiden allein in der Slowakei zugelassenen Parteien KPS und DP vom 15. März der Forderung der Kommunisten Rechnung trugen, jeweils einen vorbereitenden Ausschuß für die Gründung einer Nationalen Front, einen Einheitsverband der slowakischen Landwirte und der slowakischen Jugend einzusetzen. In dem am 17. März 1945 veröffentlichten programmatischen „Aufruf an die slowakische Nation“ des SNR hatten dann auch weit stärker als in der Deklaration vom 4. Februar 1945 die politischen Zielsetzungen der KPS ihre Berücksichtigung gefunden.

Diese Demonstrationen einer unverbrüchlichen Übereinstimmung der slowakischen Demokraten und Kommunisten erreichten nicht zufällig im März 1945 einen Höhepunkt, ging es doch für die Slowaken in diesen Wochen darum, in den nach Moskau einberufenen Verhandlungen ihre Vorstellungen über die künftige Ausrichtung des tschechisch-slowakischen Verhältnisses durchzusetzen. Beneš und die Führer der sich mit ihm im Londoner Exil aufhaltenden bürgerlichen Parteien zeigten trotz ihrer zuvor abgegebenen Zusagen bis in den Februar 1945 wenig Neigung,

---

[25] Ein provisorischer Beauftragtenausschuß war am 7. Februar 1945 in Kaschau durch das Präsidium des SNR ernannt worden, wobei die einflußreichen Abteilungen für das Innere und für die Landwirtschaft vorerst von jeweils einem Mitglied der KPS und der DP gemeinsam verwaltet wurden. Am 21. Februar 1945 erfolgte durch die Verordnung Nr. 1/1945, Sb. SNR, die endgültige Vergabe der Regierungsämter an die Parteien, die in rascher Folge bis zum 11. April 1945 insgesamt fünfmal personell umbesetzt wurden. Das während des SNP auf 50 Mitglieder begrenzte Plenum des SNR (jeweils 24 Vertreter der KPS und der DP sowie zwei Militärs) wurde am 2. März 1945 durch Kooption auf 65 Mitglieder erweitert. Die personellen Veränderungen verzeichnet Husák: Svedectvo 547, 562 f. und 598.

[26] Die KPS hatte während des SNP in Banská Bystrica die Pravda herausgegeben, die seit dem 30. Januar 1945 dreimal wöchentlich in Kaschau und ab April in Preßburg publiziert wurde. Die Čas und der Demokrat (ab 4. März 1945) kamen noch später als das offizielle Organ des SNR, die Národná obroda (Nationale Wiedergeburt), heraus, die seit dem 4. Februar 1945 erschien.

einen Sonderstatus der Slowaken in der ČSR zuzulassen oder den Anspruch des SNR anzuerkennen, als des einzigen legitimen Vertreters der Slowaken die Verhandlungen zu führen. Der Ministerpräsident und Führer der Tschechischen Volkspartei, Msgr. Ján Šrámek, sah im SNR nämlich nichts anderes als eine Vereinigung der „Bürger von Banská Bystrica"; bei den Nationalsozialisten empfahlen Jaroslav Stránský und Hubert Ripka einen uneingeschränkt zentralistischen Kurs[27]. Eine verbindliche Entscheidung wollten die Vertreter der tschechischen bürgerlichen Parteien entweder der Provisorischen Nationalversammlung vorbehalten oder die Lösung doch wenigstens bis zu einer Normalisierung der Verhältnisse und bis zu der danach möglichen Bewertung der Verteilung der politischen Gewichte vertagen. Gestützt auf seine faktische Machtposition in den befreiten Distrikten der Slowakei und mit Billigung der „linken" Sozialdemokraten um Fierlinger und der Moskauer KP-Führung konnte der SNR schließlich seine Anerkennung als eines gleichberechtigten Verhandlungspartners durchsetzen.

Bei der Ausarbeitung der Verhandlungsunterlagen übernahmen die Mitglieder der KPS einmal mehr die Initiative. Gustav Husák hatte im Februar 1945 drei Wochen in Moskau geweilt und für die Aufnahme der Vorstellungen der slowakischen Kommunisten in den Themenkatalog Sorge getragen, den Gottwald für die Gespräche mit der Londoner Exilregierung vorbereitete. Beeindruckt von der Lösung der Nationalitätenfragen in der UdSSR war rasch die Übereinkunft erzielt, entsprechend den slowakischen Wünschen eine vergleichbare Regelung auch in der ČSR anzustreben. Angetan von den Möglichkeiten, durch eine zweite kommunistische Partei die slowakischen Interessen vertreten zu lassen und dadurch außer der paritätischen Besetzung der Ämter und Würden in der Slowakei die kommunistische Basis in der Zentralregierung und im Parlament zu verdoppeln, gab es auch keine Diskussionen über die Aufrechterhaltung der im Kriege vollzogenen formalen Trennung der tschechischen und der slowakischen KP. Die slowakischen Genossen respektierten von vornherein den Anspruch der KPTsch, die Richtlinien der Politik festzulegen. Da in London, Moskau und Kaschau Übereinstimmung darin herrschte, die SVP zu verbieten und auch die Agrarpartei nicht mehr zuzulassen, bestand bei dem synthetischen Charakter, den zahlreichen Faktionen und der organisatorischen Schwäche der DP durchaus die begründete Hoffnung, daß die KPS auf legalem Wege rasch zur stärksten politischen Kraft in der Slowakei anwachsen werde. Aus dieser Überlegung heraus rang Gottwald den slowakischen Genossen den Verzicht auf radikale Programmpunkte wie z. B. eine totale Bodenreform und die Verstaatlichung der gesamten Industrie ab und legte die KPS auf ein stark nationales, sonst aber eher evolutionär denn revolutionär ausgerichtetes Programm fest, durch das die bei dem Fehlen starker Arbeiterkader ausschlaggebenden Kleinbauern und der bürgerliche Mittelstand angesprochen werden sollten[28]. Versehen mit dem Mandat,

[27] Husák: Svedectvo 549 und 583 f. – Laštovička, Bohuslav: V Londýně za války [In London während des Krieges]. Prag 1961, S. 470 und 481; Graca: Dejinná križovatka 485–490, speziell 486; Falt'an: Slovenská otázka 195 f.

[28] Um die religiösen Gefühle der Slowaken nicht zu verletzen, weigerte sich Gottwald, die Zustimmung zur sofortigen Konfiskation des etwa 100 000 ha umfassenden kirchlichen Grundbesitzes zu erteilen. Der Landhunger der slowakischen Bauern sollte allein durch

das sich Husák auf einer Arbeitskonferenz von 110 Delegierten aus 27 befreiten Distrikten am 28. Februar/1. März 1945 in Kaschau geben ließ[29], trug die KPS ihre Vorstellungen am 2. März dem Plenum des SNR vor.

Danach hatten der Präsident und die neue Regierung noch vor ihrer geplanten Übersiedlung auf slowakisches Territorium eine „feierliche und offizielle Erklärung der völligen Gleichberechtigung des slowakischen Volkes" mit den Tschechen und das Versprechen abzugeben, die Beziehungen künftig auf der Grundlage der Gleichheit der beiden Nationen und nur im Rahmen gemeinsamer Vereinbarungen zu regeln. Der SNR erwartete zudem mit der Anerkennung als der einzig legitimen Legislativ- und Exekutivgewalt auf dem Boden der Slowakei die Bestätigung, der rechtmäßige und ausschließliche Verhandlungspartner zu sein. Im Bereich der Innenpolitik, auf dem kulturellen Sektor, im Justizwesen, der Gesundheits- und der Sozialfürsorge und der Landwirtschaftsadministration verlangte der SNR uneingeschränkte Kompetenzen, wollte in Fragen des Verkehrswesens, der Post, des Wiederaufbaus und der Finanzen mit der Zentralregierung zusammenarbeiten und stand der gesamtstaatlichen Exekutive nur die Vertretung der slowakischen Interessen in der Außenpolitik, dem Außenhandel und – mit gewissen Beschränkungen – der Verteidigungspolitik zu. Es wurde die Erwartung ausgesprochen, daß im Regierungsprogramm den im Weihnachtsabkommen und der Proklamation vom 4. Februar 1945[30] enthaltenen Forderungen Rechnung getragen würde. Die Berücksichtigung der Slowaken entsprechend dem Bevölkerungsproporz in allen zentralen Einrichtungen und Verwaltungen wurde als Selbstverständlichkeit angesehen. Wegen der unterschiedlichen wirtschaftlichen Entwicklung der beiden Nationen wurde der Wunsch ausgesprochen, für eine Übergangsfrist die Slowakei als selbständige Wirtschafts-, Zoll- und Währungseinheit bestehen zu lassen[31].

Die Vertreter der DP konnten diesem Vorschlag ihre volle Zustimmung nicht versagen, zumal er vornehmlich der Absicherung all der autonomen Rechte galt, die die Regierung Syrový bereits am 22. November 1938 der SVP zugestanden hatte. Als die Delegation des SNR[32] am 12. März in Moskau mit diesem Verhand-

---

die Enteignung des Bodens der Deutschen und Ungarn gestillt werden, wobei der KP-Chef auch eine Übersiedlung slowakischer Bauern in die Sudetengebiete in Aussicht stellte. Aus „Klassengründen" und zur Schonung der nationalen Gefühle sollten nur altgediente ungarische und jüdische Genossen in der Partei Aufnahme finden, ohne jedoch nach außen besonders in Erscheinung treten zu dürfen. Die Fusion mit den Sozialdemokraten war aufrecht zu erhalten. Über ihre vorerst noch relativ schwache Mitgliederbasis hinaus sollte die KPS die Kontrolle der im Aufbau begriffenen Massenorganisationen übernehmen. Husák: Svedectvo 553–560.

[29] Einzelheiten bei Husák: Svedectvo 565–577; und bei Graca: Dejinná križovatka 477–485.

[30] Text bei Husák: Svedectvo 546 f.

[31] Der Text dieses vom Plenum des SNR am 2. März 1945 gebilligten Acht-Punkte-Programms bei Lettrich: O Slovenskej národnej rade 43–47. Auszüge bei Husák: Svedectvo 576 f. Vgl. die Interpretation bei Falt'an: Slovenská otázka 181–186.

[32] Für die KPS waren Husák, Novomeský und der frühere Sozialdemokrat Šoltész, für die DP Šrobár, Ursíny und Styk sowie als Vertreter des Militärs der Oberst Ferjenčík in die Delegation berufen worden. Als Sachverständige nahmen Friš, Pull und Rašla für die KPS

lungsauftrag eintraf, legte ihr Gottwald zur Vermeidung unüberbrückbarer Auseinandersetzungen nahe, den Punkt über die Beibehaltung einer slowakischen Zoll- und Währungseinheit ersatzlos zu streichen und auch die Forderungen auf dem militärischen Sektor – so sollte der Einsatz der ausschließlich in der Slowakei stationierten slowakischen Einheiten und ihrer slowakischen Offiziere nur mit Zustimmung des SNR erfolgen dürfen – sowie das Verlangen nach einem formellen Abrücken Benešs von der Erklärung der Exilregierung vom 30. Juni 1943 über die ethnische und kulturelle Einheit der tschechoslowakischen Nation abzumildern. Mit dem geschickten Schachzug, die Delegation des SNR als geschlossene Vertretung der Slowaken und nicht als Repräsentanten ihrer Parteien und nur zur slowakischen Frage zu den Beratungen heranzuziehen, wußte Gottwald einem Auseinanderdividieren des kommunistischen und des bürgerlichen Standpunkts auszuweichen und sich zugleich der geschlossenen Unterstützung der Slowaken in den anderen anstehenden Streitfragen zu versichern.

Während es bei den Moskauer Verhandlungen[33] zwischen den aus dem Londoner Exil angereisten Vertretern der bürgerlichen Parteien und der Führung der KPTsch um den von Gottwald vorbereiteten Entwurf des künftigen Regierungsprogramms keine aufsehenerregenden Meinungsverschiedenheiten gab und zwischen dem 22. und 24. März 1945 in drei kurzen Nachmittagsberatungen eine Übereinkunft über alle prinzipiellen Fragen erzielt werden konnte[34], zeigten sich mit Ausnahme der Kommunisten die tschechischen Politiker anfangs nicht zu einer Lösung der slowakischen Problematik im Sinne der Resolution des SNR vom 2. März bereit. Die Weigerung der slowakischen Unterhändler, entsprechend den Wünschen von Beneš die beiden slowakischen Mitglieder der Exilregierung Lichner und Bečko in ihre Delegation aufzunehmen, verschlechterte die Verhandlungsatmosphäre. Dem von

---

sowie Tvarožek, Pietor und Polák für die DP an der am 7. März 1945 angetretenen Reise nach Moskau teil.

[33] Der Verlauf der Moskauer Verhandlungen, bei denen eine Übereinstimmung über den im sog. Kaschauer Programm festgelegten Kurs der ersten Nachkriegs-„Regierung der Nationalen Front der Tschechen und Slowaken" erzielt wurde, ist – jedenfalls über den für die Slowakei relevanten Abschnitt VI – sowohl in der nach 1948 erschienenen Emigrantenliteratur als auch in der tschechoslowakischen Geschichtsschreibung idealisiert, dramatisiert und vereinfacht dargestellt worden. Als besonders unzuverlässig erweist sich die Schilderung von Zdeněk Fierlinger im 2. Band seiner Memoiren: Ve službach ČSR [Im Dienst der ČSR]. Prag 1948, und die Darstellung von Kopecký, Václav: ČSR a KSČ [Die ČSR und die KPTsch]. Prag 1960, S. 379ff. Husák hat in seinem wissenschaftlich gearbeiteten Erinnerungsband Svedectvo o Slovenskom národnom povstaní 578–590 neue Aspekte der Verhandlungen aufgezeigt und eine unpretentiöse Schilderung ihres Verlaufs gegeben. Eine recht sachliche Interpretation erfahren die Moskauer Verhandlungen und ihre Vorgeschichte in bezug auf die Slowakei bei Graca: Dejinná križovatka 490–516 und bei Falt'an: Slovenská otázka 186–201.

[34] Husák: Svedectvo 582f. vermerkt, daß die Abschnitte 9–16 des späteren Kaschauer Programms ohne größere Aussprache, die Teile 1 bis 5 und 7 nach kurzen sachlichen Beratungen von den Vertretern aller Parteien einstimmig angenommen wurden. Der Abschnitt 8, in dem die Aussiedlung der Deutschen und Magyaren beschlossen wurde und der über das Schicksal von mehr als 4 Millionen Menschen entschied, wurde nach der Verlesung innerhalb von fünf Minuten ohne Widerspruch gebilligt.

Husák beredt vorgetragenen und verteidigten slowakischen Standpunkt widersprachen entschieden Stránský, Hála und Majer. In Übereinstimmung mit dem Präsidenten, der sich offiziell aus den Verhandlungen heraushielt, gleichwohl die bürgerlichen Vertreter aus der SNR-Delegation zu einem Abgehen von ihrer Position zu bewegen suchte, vertraten die Politiker des Londoner Exils die Auffassung, der slowakische Nationalismus sei als „ein fremdes Produkt", als „Ergebnis der Zurückgebliebenheit" und des „Volkspartei-Separatismus" zu bewerten. Daher sollten die Slowaken als Rehabilitationsleistung die Gelegenheit erhalten, sich als „Tschechoslowaken" zu qualifizieren, wobei ihnen eine gewisse kulturelle Autonomie und eine bescheidene Selbständigkeit im Rahmen der Landesselbstverwaltung unbenommen bleiben sollte. Bei der Gewährung einer breiteren politischen Autonomie oder gar einer föderativen Regelung als Alternative für das von ihnen propagierte zentralistische System nach dem Vorbild der Ersten Republik sahen die tschechischen bürgerlichen Politiker die Grundlagen des Staates gefährdet. Obwohl die Slowaken bereit waren, auf die Bezeichnung „Regierung" für den Ausschuß der Beauftragten und „Parlament" für das Plenum des SNR zu verzichten, weigerten sie sich entschlossen, die Festlegung der Kompetenzen zwischen den Zentral- und den Landesorganen den „gewählten legislativen Vertretern der beiden Nationen" zu überlassen und nur unter Duldung der vom SNR im befreiten Gebiet bereits wahrgenommenen Rechte eine verbindliche Entscheidung auf später zu vertagen. Mit Unterstützung der KPTsch gelang es den Vertretern des SNR am 25. und 26. März 1945, ihr Programm mit äußerlich geringfügigen, insgesamt aber folgenschweren Abstrichen gegen die Opposition der Nationalsozialisten, der Volkspartei und des rechten Flügels der Sozialdemokraten durchzusetzen. Die mit tatkräftiger Unterstützung slowakischer Partisanen in dieser Phase rasch voranschreitende Besetzung des Landes durch die Rote Armee, die Einsetzung der Nationalausschüsse und die de facto-Regierungsgewalt des SNR zwangen die Vertreter der tschechischen Parteien, sich den Wünschen der Slowaken nach einer maximalen Nationalautonomie zu beugen, wollten sie nicht die Gefahr einer Aufrechterhaltung der slowakischen Souveränität unter kommunistischer Ägide oder den Verlust des Landes an die UdSSR heraufbeschwören. Die beiden tschechischen Verhandlungsgruppen, sowohl Kommunisten wie auch die Vertreter der demokratischen Parteien, schlossen die Übereinkunft mit den Slowaken jedoch mit der reservatio mentalis ab, den Baum der slowakischen nationalen Eigenständigkeit nicht in den Himmel wachsen zu lassen und seine Wurzeln bei der ersten sich bietenden Gelegenheit abzugraben.

Der Inhalt dieser am 5. April 1945 in Kaschau von Gottwald verlesenen und von ihm zur „Magna charta des slowakischen Volkes" hochgelobten Vereinbarung[35] un-

---

[35] Selbst die slowakischen Kommunisten wurden durch diese von Kopecký inspirierte Formulierung überrascht; sie betrachteten das Verhandlungsergebnis nicht als „große" Lösung und sahen im Begriff „charta" ein feudales Überbleibsel, zumal sich die Slowaken diese Regelung hart erkämpft hatten. Vgl. F a l t ' a n : Slovenská otázka 198. In die Versicherung Gottwalds, „Sie haben die volle Garantie, daß die Stellung des slowakischen Volkes in der erneuerten Republik den Vorstellungen der Slowaken entsprechen wird", setzte der SNR absolutes Vertrauen.
Das Kaschauer Programm und das damit in Zusammenhang stehende Material wurde

terschied sich immerhin in zwei Punkten wesentlich von der Resolution des SNR: trotz der Anerkennung der Slowaken als ethnisch eigenständiger Nation und der Respektierung ihres Rechts, ihr politisches Schicksal im eigenen Lande selbständig zu bestimmen, war ein föderativer Umbau der Republik zwar nicht von vornherein ausgeschlossen, aber auch nicht eindeutig stipuliert worden. Als leichtfertig und folgenschwer muß auch der Verzicht der slowakischen Delegierten auf eine präzise Definition der Rechte und Pflichten der Zentral- und der Landesorgane gewertet werden, denn sie gaben sich schließlich doch mit der Formel zufrieden, die Aufteilung der Funktionen später durch die legitimen Vertreter des tschechischen und des slowakischen Volkes vornehmen zu lassen. In den persönlichen Absprachen waren zwar die Richtlinien zur Ausbildung einer dreidimensionalen Lösung – tschechische Organe für die böhmischen Länder, slowakische Vertretungskörperschaften für die Slowakei und gemeinsame tschechoslowakische Institutionen für gesamtstaatliche Belange – festgelegt, eine rechtsverbindliche Regelung aber nicht erzielt worden. Während die tschechischen Vertreter in der im Kaschauer Programm niedergelegten Lösung ein Maximum sahen, war diese für die Mehrheit der Slowaken nicht das Ende des Kampfes um die nationale Gleichberechtigung, sondern nur der Abschluß des Ringens um Anerkennung der slowakischen nationalen Eigenständigkeit gegenüber dem „Tschechoslowakismus". Auch wenn ihr die kulturelle Autonomie, eigene slowakische Armeeinheiten mit slowakischer Kommandosprache und die gerechte Berücksichtigung ihrer Vertreter in allen Staatsorganen zugesagt worden war, so erwartete die slowakische Bevölkerung vor dem Hintergrund des gescheiterten Abenteuers der Souveränität und nach dem mit nationalen Parolen durchgestandenen Aufstand eine noch weitergehende Bersücksichtigung ihrer nationalen Aspirationen, als ihnen die Zentrale im Interesse der Staatsraison zuzugestehen vermochte. Die Befriedigung, neun der 25 Kabinettsplätze in der Regierung Fierlinger mit Slowaken besetzt zu sehen, konnte die Mitglieder des SNR nicht darüber hinwegtäuschen, daß die kommenden Runden der Auseinandersetzung zwischen Tschechen und Slowaken noch schwerer werden könnten[36].

---

publiziert in: Program prvé domácí vlády republiky, vlády Národní fronty Čechů a Slováků. Sbírka dokumentů [Das Programm der ersten Regierung in der Heimat, der Regierung der Nationalen Front der Tschechen und Slowaken. Dokumentensammlung]. Prag 1945. – Die Texte der Ansprache Gottwalds und der Entgegnung Novomeskýs in: Prezident opät' medzi nami [Der Präsident wieder unter uns]. Preßburg 1945, S. 80–86.

[36] Nicht zuletzt dank des Insistierens der KPTsch hatte Beneš sein ursprüngliches Angebot vom 14. Februar 1945, nur vier Slowaken in die neue Regierung aufzunehmen, erweitern müssen. Neben den sechs Ministern (außer Široký (KPS) und Ursíny (DP) als stellvertretende Ministerpräsidenten) nahmen Ďuriš und Šoltész für die KPS die wichtigen Portefeuilles für Landwirtschaft und für Arbeit und Sozialfürsorge ein, während für die DP Šrobár dem Finanzressort und Pietor dem Ministerium für Binnenhandel vorstanden, waren in den drei „gesamtstaatlichen" Ministerien des Äußeren (Vladimír Clementis, KPS), der Verteidigung (Mikuláš Ferjenčík, parteilos) und Außenhandel (Ján Lichner, DP) drei slowakische Staatssekretäre mit Kabinettsrang in der am 4. April 1945 ernannten Regierung berücksichtigt worden. Präsidialdekret Nr. 1/1945 vom 4. April 1945, Sbírka zákonů a nařízení Republiky Československé [Sammlung der Gesetze und Verordnungen der ČSR]. Prag 1945. Vgl. auch: Ustavení československé vlády Národní fronty Čechů a

Die Differenzierung der politischen Kräfte in der Slowakei in der Konsolidierungsphase vom April bis zum Oktober 1945[37]

Der im Kaschauer Programm verbriefte Erfolg des SNR bedeutete nach den Jahren des Untergrundkampfes, nach den dramatisch-hektischen Monaten während des SNP und nach der parallel zur Besetzungsaktion der Roten Armee erfolgenden Übernahme der de facto-Regierungsgewalt in der Slowakei noch nicht den Übergang zu ruhigeren oder gar normalen Zeiten. Die im neuen Regierungsprogramm auf Initiative der KPTsch[38] postulierten Eingriffe in die traditionellen Strukturen von Staat, Gesellschaft und Wirtschaft , deren Auswirkungen noch nicht mit Sicherheit abzusehen waren, machten tiefgreifende, über das übliche Maß von Reformen hinausgehende „revolutionäre" Maßnahmen notwendig. Von der untersten Ebene bis hinauf zu den Körperschaften der Landesselbstverwaltung galt es, Richtlinien für Legislative, Exekutive, Jurisdiktive und die Administration auszuarbeiten und die Kompetenzen abzugrenzen. Was sich an revolutionären Einrichtungen während des Nationalaufstandes und unmittelbar nach der Besetzung bewährt hatte, entsprach oft nicht den Notwendigkeiten der Nachkriegszeit. Die unter Vorwegnahme gesetzlicher Regelungen oft schon von den Partisanen durchgeführte Säuberung der Verwaltung von exponierten Anhängern der SVP, die Flucht qualifizierter Kräfte und die Ausrottung eines Großteils der jüdischen Akademiker während des Krieges schränkten das schon immer zu kleine Potential ein, das zur aktiven Beteiligung an

---

Slováků a její první projevy [Die Bildung der tschechoslowakischen Regierung der Nationalen Front der Tschechen und Slowaken und ihre ersten Erklärungen]. Prag 1945. Gottwald hatte der KPS den Rat erteilt, die populären Aufstandsführer in der Slowakei zu belassen und sie im SNR und im Ausschuß der Beauftragten zu verwenden, während die prominenten Emigranten die Ministerämter und hohen Beamtenfunktionen in Prag übernehmen sollten. Husák: Svedectvo 587.

37 Die folgenden Arbeiten gehen im Detail auf die in diesem Abschnitt aufgegriffenen Fragestellungen ein: Cambel, Samuel: Revolučný rok 1945 [Das Revolutionsjahr 1945]. Neusohl 1965. – Československa revoluce v letech 1944–1948 [Die tschechoslowakische Revolution in den Jahren 1944–1948]. Prag 1966. – Československo na cestě k socialismu. Dokumenty o vzniku a vývoji lidové demokracie v Československu do února 1948 [Die ČSR auf dem Wege zum Sozialismus. Dokumente über Ursprung und Entwicklung der Volksdemokratie in der ČSR bis zum Februar 1948]. Prag 1965. – Domanský, J.: Vznik a vývoj lidově-demokratického Československa (1945–1948) [Ursprung und Entwicklung der volksdemokratischen Tschechoslowakei]. Prag 1959. – Falt'an, Samo: K problémom národnej a demokratickej revolúcie na Slovensku [Zu den Problemen der nationalen und demokratischen Revolution in der Slowakei]. Preßburg 1958. – Vartíková, Marie: Roky rozhodnutia. K dejinám politického boja pred 1948. – Slovensko v letach 1945–1957 [Die Slowakei in den Jahren 1945–1957]. Preßburg 1958. – Vartíková, Marie: Roky rozhodnutia. K dejinám politického boja pred Februárom 1948 [Jahre der Entscheidung. Zur Geschichte der politischen Auseinandersetzungen vor dem Februar 1948]. Preßburg 1962. – Vartíková, Marie: Slovensko v rokoch 1945–1948 [Die Slowakei in den Jahren 1945–1948]. Nová mysl 2/1963.

38 Rudolf Slánský hat in einer Rede in Mährisch Ostrau am 17. März 1946 für die KPTsch das Verdienst beansprucht, bis auf geringfügige, von den demokratischen Parteien bei den Moskauer Verhandlungen gewünschte stilistische Änderungen den Entwurf des Kaschauer Programms allein erarbeitet zu haben. Vgl. Nová Svoboda, 19. März 1946. Dieser Aussage haben die Vertreter der bürgerlichen Parteien nicht widersprochen.

der Rekonstruktion herangezogen werden konnte. Die Übernahme der Administration auf Orts-, Bezirks- und Kreisebene durch die Nationalausschüsse sowie die Aufhebung der bewährten Verwaltungseinheiten führten mehrfach zu einer Paralyse der Exekutive und erschwerten die Aufgabe des Ausschusses der Beauftragten und der Zentralregierung bedeutend, denn es war ihnen nicht immer möglich, sich auf allen Ebenen Gehör zu verschaffen und die erforderlichen Maßnahmen sinnvoll zu koordinieren.

Unter strikter Beachtung der bei der feierlichen Gründung der Nationalen Front der Tschechen und der Slowaken am 4. April 1945 erlassenen Grundsätze vollzog sich der administrative Umbau in der Slowakei[39]. Das Zentralkomitee der Nationalen Front sollte alle strittigen Grundsatzfragen einer Lösung zuführen, bevor sie dem Plenum des SNR oder dem Beauftragtenausschuß als Landesregierung zur Vorbereitung von Gesetzesinitiativen vorzulegen waren. Die DP und die KPS als die allein zugelassenen Parteien in der Slowakei bemühten sich zwar intensiv, die mit der Zeit immer stärker in Erscheinung tretenden Meinungsverschiedenheiten über den einzuschlagenden Kurs in gutem Einvernehmen beizulegen. Die verbindende Zielsetzung der beiden ungleichen Partner, nämlich die im Kaschauer Programm erkämpfte staatsrechtliche Stellung der Slowakei in der tagespolitischen Praxis und bei den ausstehenden Verhandlungen mit der Zentralregierung zu behaupten, half vorerst auch noch, die auftretenden Risse zu kitten. Als sich die Prager Regierung nach der Konsolidierung ihrer eigenen Position jedoch ernsthaft daran machte, die in Moskau offengebliebenen Fragen des künftigen tschechisch-slowakischen Zusammenlebens zu regeln, konnten die bereits selbst uneinigen Slowaken weniger Widerstand als erwartet leisten, zumal ihnen die Führung der KPTsch nicht mehr ihre uneingeschränkte Unterstützung lieh.

Diese Entwicklung wurde nicht zuletzt dadurch beschleunigt, daß die Vertreter der DP und der KPS ihren während des SNP konzipierten Organen der Landesselbstverwaltung unter den veränderten Nachkriegsbedingungen – beeinflußt auch durch die ihnen im Kaschauer Programm auferlegten Beschränkungen und die unzulängliche Unterstützung, ja widerwillige Duldung der Zentralregierung – keinen bleibenden Inhalt zu geben verstanden. Am 21. April 1945 hatten sich der SNR und der Beauftragtenausschuß gemäß den Moskauer Vereinbarungen der Zentralregierung formal unterstellt[40] und siechten seitdem dahin. Das durch Kooption zweimal erweiterte und durch die auf dem 1. Parteitag der Nationalausschüsse in Neusohl (Banská Bystrica) am 28. August 1945 vollzogenen „Wahlen" umbesetzte und auf 100 Mitglieder vergrößerte Plenum des SNR erhielt schließlich keine andere Aufgabe, als in unregelmäßigen Abständen durch Akklamation die Verordnungen des Ausschusses der Beauftragten nachträglich zu legalisieren und damit den Nachweis der Einhaltung demokratischer Spielregeln zu liefern[41]. Das auf fünf Mitglieder

[39] In der Slowakei hat die Nationale Front keine der gesamtstaatlichen Prager Einrichtung vergleichbare Rolle gespielt, die unter dem Vorsitz Gottwalds als Entscheidungs- und Richtlinieninstanz für die Regierung und für die Provisorische Nationalversammlung eine der Pětka oder Devítka der Ersten Republik entsprechende Position einnahm.

[40] Verordnung Nr. 30/1945 vom 21. April 1945, Sb. SNR.

[41] Am 2. März 1945 waren 15, im April weitere 16 Mitglieder in das ursprünglich 50 Ab-

reduzierte Präsidium des SNR, ursprünglich als Oberster Staatsrat konzipiert, sah sich nach der Neuabgrenzung seines Tätigkeitsbereichs am 14. September 1945[42] zugunsten des Beauftragtenausschusses seiner bisherigen umfassenden Kompetenzen beraubt und zu zunehmender Wirkungslosigkeit verurteilt. Allein der Ausschuß der Beauftragten konnte anfangs ein gewisses Eigengewicht erlangen und seinen Aufgaben als autonomer Landesregierung weitgehend uneingeschränkt nachkommen[43]. Zu dieser von der Zentralregierung durchaus begrüßten Schwächung der Selbstverwaltungsorgane mag außer den weltanschaulichen und programmbedingten Differenzen zwischen der KPS und der DP zudem beigetragen haben, daß die Aufnahme slowakischer Vertreter in die Zentralregierung und die Staatsverwaltung einen kaum zu verkraftenden Substanzverlust für den Aufbau der slowakischen Behördenorganisation bedingte. Die in Preßburg verbliebenen Aufstandsführer, die sich wie Šmidke, Lettrich, Husák oder Novomeský als gute Patrioten erwiesen hatten und die sich redlich um eine Konsolidierung bemühten, konnten oder durften sich dem Trend der Zentralisierung und des Abbaus der Kompetenzen der slowakischen Nationalorgane nicht entgegenstemmen.

Die Kommunistische Partei der Slowakei wäre dazu noch am ehesten in der Lage gewesen. Sie hatte bereits 1929 10,9% der in der Slowakei abgegebenen Stimmen erhalten und 1935 ihren Anteil auf 13,7% ausweiten können. Unter Arbeitern und Kleinbauern, aber auch unter der Intelligenz und vor allem bei der ungarischen Minderheit war ihr Programm auf Resonanz gestoßen, das sich stets zentralistischer „tschechoslowakistischer" Tendenzen enthalten hatte. Während des slowakischen Staates hatte sich die Untergrund-KP selbständig organisiert und Pläne für die Nachkriegszeit ausgearbeitet, die, wie der in Aussicht genommene Anschluß der Slowakei als autonome Republik an die UdSSR, der Moskauer Exilführung um Gottwald nicht in das Konzept gepaßt hatten. Eine stärkere Anlehnung an die Moskauer Linie war erst im Sommer 1944 erfolgt, als Gottwald die politische Relevanz einer aktiven Beteiligung der KPS am Nationalaufstand erkannt hatte und dafür auch bereit war, den nationalen Programmpunkten der Slowaken seine Unterstützung zu leihen, zumal sie ihm nachher ja auch dazu dienten, der West-Emigration die Zustimmung zu seinen Plänen einer volksdemokratischen Umgestaltung der ČSR abzutrotzen.

Die führenden Vertreter der KPS hatten im Untergrund mit den „bürgerlichen", in Opposition zum Volkspartei-Regime stehenden Politikern zwar volle Überein-

---

geordnete zählende Plenum des SNR berufen worden. Bei den „Wahlen" am 28. August 1945 wurden jeweils 40 Vertreter der KPS und der DP sowie 15 nach dem Parteiproporz bestimmte Repräsentanten der Kultur- und Massenorganisationen in den SNR delegiert. Am 7. Oktober 1945 erhielten fünf Vertreter der ukrainischen Bevölkerungsgruppe in der Ostslowakei Sitz und Stimme.

[42] Verordnung Nr. 111/1945 vom 14. September 1945, Sb. SNR.

[43] Der am 7. April 1945 eingesetzte Beauftragtenausschuß erfuhr am 17. September 1945 eine durchgreifende Reorganisation, als im Rahmen der Gewaltenteilung die Kontrollfunktion des Präsidiums des SNR über den Ausschuß eingeschränkt und dem nur begrenzt aktionsfähigen Plenum des SNR übertragen wurde. Außer dem Vorsitz (Karol Šmidke) kontrollierte die KPS sechs „Ressorts", die DP entsandte sieben Beauftragte. Zur personellen Besetzung siehe Husák: Svedectvo 598.

stimmung über die Grundfragen einer Neuordnung, selten aber über das Ausmaß der danach zur Durchführung notwendigen Maßnahmen erzielt. Als es der KPS im Gefolge der Roten Armee gelang, mit Unterstützung ihrer Altgenossen und durch den Einsatz der Partisanen die Zusammensetzung der meisten örtlichen Nationalausschüsse in ihrem Sinne zu beeinflussen, als sie den Versuch unternahm, durch ihre Presseorgane und durch ihre Mitglieder in den Gremien des SNR die Realisierung der vorgesehenen Reformen zu präjudizieren, als sie Säuberungen nach eigenem Gutdünken und nach parteipolitischen Gesichtspunkten einzuleiten begann, da fühlten sich die bürgerlichen Koalitionspartner überfahren. Die auf die KPS anfangs zukommende Mitgliederlawine, durch die nationalen, sozialen und wirtschaftspolitischen Aussagen ihres Programms ausgelöst und von manchem Volksparteiler aus opportunistischen Überlegungen genutzt[44], ließ bei den Demokraten ernsthafte Befürchtungen wach werden, ob sich die vereinbarte paritätische Aufteilung aller Machtbasen in der Slowakei werde aufrechterhalten lassen. Wenn sich auch die Zahl der Mitglieder der KPS bis zum Mai 1946 mit über 150 000 gegenüber dem Vorkriegsstand verdoppelte, so war ihr die Mehrheit der neuen Genossen ohne tiefere Kenntnisse der marxistischen Theorie beigetreten: der Wunsch nach radikalen Veränderungen in der Gesellschaftsstruktur, der Haß gegen die sozialen Unterschiede und Privilegien, die Sympathie für den antifaschistischen Kampf und für das Eintreten der Kommunisten für die nationalen slowakischen Belange, nicht zuletzt aber auch politische Opportunität sowie die Hoffnung auf persönlichen materiellen Gewinn hatten die Reihen der KPS aufgefüllt[45].

Das Mißtrauen und die Vorbehalte der DP machten den slowakischen Kommunisten weniger zu schaffen als der Argwohn der tschechischen Genossen. Gottwald hatte schon im Februar 1945 darauf bestanden, daß seine Vertrauensleute Edo Friš und Karol Bacílek zu Sekretären für politische Angelegenheiten bzw. für Organisation im ZK der KPS gemacht wurden. Husáks konstruktiver Beitrag bei der Ausarbeitung der Moskauer Verhandlungsunterlagen hatte ihn in den Augen Gottwalds zum 1. Sekretär und damit zum Parteichef qualifiziert. Der Zusammenschluß der KPS mit den Sozialdemokraten hatte bei der Moskauer Führung schon früh

---

[44] Die KPTsch besaß im Mai 1945 einschließlich der slowakischen Sektion 27 000 Mitglieder. Vor den Parlamentswahlen im Mai 1946 wurden 1 159 164 eingetragene Anhänger, darunter 151 330 Slowaken, gezählt. Im Herbst 1946 war ihre Zahl in der Slowakei auf 191 882 angewachsen. Angaben nach Protokol IX Sjezdu KSČ [Protokoll des IX. Parteitags der KPTsch]. Prag 1949, S. 148 f. Am 15. Januar 1948 verzeichnete die KPS 210 222 Mitglieder. Während in Böhmen und Mähren 14 % der Bevölkerung der KPTsch angehörten, waren in der Slowakei nur 7 % erfaßt. Diese Diskrepanz war nicht nur auf die unzureichenden Rekrutierungsmaßnahmen nach 1946, auf die geringere politische Bewußtheit oder das mangelnde Interesse der Slowaken zurückzuführen, sondern ihre konservative und proklerikale Grundhaltung fand darin ebenso einen Ausdruck wie das Fehlen einer standesbewußten Industriearbeiterschaft. Da die KPS unter den ungarischen Wählern stets einen unverhältnismäßig hohen Anteil erreicht hatte, brachte der anfängliche Ausschluß der Magyaren vom aktiven politischen Leben spürbarere Folgen für die KPS mit sich als die Aussiedlung der Deutschen aus den historischen Ländern für die KPTsch.

[45] Lipták, L'ubomír: Slovensko v 20. storoči [Die Slowakei im 20. Jahrhundert]. Preßburg 1968, S. 273.

die Furcht vor rechtsabweichlerischen Tendenzen in der KPS geweckt. Als die slowakischen Genossen auch nach Kriegsende ihren strikt nationalen Kurs beibehielten und die Errungenschaften auch entgegen den Weisungen der Parteiführung zu verteidigen wagten, setzte Gottwald auf einer am 11./12. August 1945 in Sillein abgehaltenen Konferenz einen Austausch der Spitzenfunktionäre durch. Chef der KPS wurde Viliam Široký, ein enger Mitarbeiter Gottwalds und wenig erfolgreicher Organisator des SNP. Štefan Bašt'ovanský, ebenfalls Moskau-Emigrant und Vertrauter Širokýs, stieg zum Generalsekretär auf. Die von der KPTsch befolgte Linie, möglichst linientreue Moskau-Emigranten in alle Schlüsselstellungen zu setzen und sie gegenüber ihren Schicksalsgenossen aus der West-Emigration, den Untergrundführern sowie den KZ- oder Gefängnisinsassen einseitig zu bevorzugen, fand auch in der Slowakei Anwendung. Die Aufstandsführer hatten trotz ihres Prestiges und ihrer Popularität in das zweite Glied zurückzutreten. Unter starker Betonung der „tschechoslowakischen" Aspekte wurde die KPS aufgefordert, stärker als zuvor auf die Arbeit der Nationalausschüsse Einfluß zu nehmen, sich in den Massenorganisationen eine feste Basis zu schaffen, den exekutiven und, wenn möglich, auch den legislativen Zweig der slowakischen Landesselbstverwaltung unter ihre Kontrolle zu bringen und sich schließlich unter Ausschaltung jeder echten Opposition in der Nationalen Front einen krypto-legalen Ersatz der Staatsmacht aufzubauen, um in einer kritischen Situation die Staatsmaschinerie ausschalten und die Regierungsgeschäfte übernehmen zu können. Die Konfrontation mit der stetig an Boden gewinnenden DP sollte gesucht und der reaktionäre Charakter ihrer Politik enthüllt werden[46]. Trotz des Ziels einer baldigen totalen Machtübernahme wurde die KPS darauf eingeschworen, nach außen nur auf die nationale und demokratische, noch nicht auf die sozialistische Revolution hinzuarbeiten. Die Voraussetzungen für die Verwirklichung dieses Programms, nämlich die geforderte breite Koalition der von der KP geführten Arbeiterklasse mit den Bauern, dem Mittelstand der städtischen Bevölkerung und der arbeitenden Intelligenz zustande zu bringen, waren in der Slowakei ungleich ungünstiger als in den böhmischen Ländern[47].

Dazu trug vor allem die Demokratische Partei bei, dieses Zufallsprodukt der Kriegsjahre und des Untergrundkampfes. Ihre vorwiegend aus der alten Agrarpartei und dem Kreis um Milan Hodža, zum kleineren Teil aus der alten Slowakischen Nationalpartei hervorgegangenen Führer einte ein politisch gemäßigtes, eher konservatives Programm und ihre entschiedene Ablehnung des Volkspartei-Regimes. Obwohl eindeutig gegen die slowakische Souveränität und auf die Einbringung einer mit breiten autonomen Rechten ausgestatteten Slowakei in die wie-

---

[46] Eine recht doktrinäre Interpretation der Silleiner Konferenz lieferte Cambel, Samuel: Žilinská konferencia KSS v auguste a jej miesto v našej revolúcii [Die Silleiner Konferenz der KPS im August (1945) und ihr Platz in unserer Revolution]. Příspěvky k dějinám KSČ [Beiträge zur Geschichte der KPTsch] 11/1960.

[47] Die von Gottwald am 9. Juli 1945 entwickelten, aber erst 1948 publizierten Vorstellungen über die einzelnen Stadien der kommunistischen Machtergreifung in der ČSR waren auch für die KPS verbindlich. Der Text der vor Funktionären gehaltenen Rede in Gottwald, Klement: Deset let. Sborník statí a projevů 1936–1946 [Zehn Jahre. Sammlung der Reden und Erklärungen 1936–1946]. Bd. 3. Prag 1948, S. 274–289.

dererrichtete ČSR festgelegt, hatten sie sich während des SNP von den nationalen und revolutionären Parolen der KPS mitreißen lassen. Das Verkennen der Ursachen und der Ziele des SNP und die daraus erwachsende Unbeweglichkeit der tschechischen Politiker, aus freien Stücken den Forderungen der Slowaken entgegen zu kommen, hatte die bürgerlichen Vertreter gezwungen, sich im Rahmen des SNR stärker an die KPS anzulehnen und im Interesse einer Einheitsfront auch Programmpunkte zu vertreten, die ihren Vorstellungen nur unvollkommen entsprachen. Das Fehlen einer Parteiorganisation, ihre anfängliche Unterlegenheit, ja Hilflosigkeit gegenüber den kommunistischen Initiativen sowie die Ablehnung der von der KPS geübten Praktiken ließen die Demokraten weiter nach rechts rücken und zur Sammelbewegung aller der KPS mit Vorbehalten gegenübertretenden Kräfte werden. Während die DP dadurch ihre Basis zwar verbreitern konnte, wurde sie durch die Auseinandersetzung der einzelnen Interessengruppen und Faktionen in ihren eigenen Reihen in ihrer politischen Handlungsfähigkeit nicht unerheblich beeinträchtigt. Im Gegensatz zur kleineren, aber disziplinierten und straff durchorganisierten KPS, die den Bauern- und den Jugendverband, die Widerstandsorganisationen und die Gewerkschaften unterwandert hatte, verfügte die DP über eine politisch heterogene, schwer mobilisierbare und im Grunde nicht aktionsfähige Mehrheit in der amorphen Masse der Wähler[48].

In ihrem Programm trat die DP kompromißlos für die volle politische Gleichberechtigung der Slowaken mit den Tschechen und die Erhaltung der während des Aufstands konzipierten nationalen Institutionen auf. Nachdem sie einen größeren Rückhalt in der Bevölkerung gewonnen hatte, strebte die DP eine möglichst weitgehende politische Selbständigkeit der slowakischen Nationalorgane gegenüber der Zentralregierung an und versuchte, die im Kaschauer Programm enthaltenen föderalistischen Elemente weiterzuentwickeln. Eine eindeutig demokratische Regierungsform sollte die Beachtung der legalen Ordnung garantieren. Auf dem Wirtschaftssektor waren die privaten Initiativen zu fördern und der öffentlichen Hand nur eine beschränkte Kontrollfunktion einzuräumen. Auf außenpolitischem Gebiet trat die DP für die Unabhängigkeit der ČSR und freundschaftliche Bindungen zu den Staaten in Ost und West unter besonderer Berücksichtigung der möglichen Brückenfunktion der Republik ein. Mit dem Versprechen, sich um den kulturellen und materiellen Fortschritt sowie die Bewahrung der nationalen, geistigen und politischen Traditionen zu bemühen, entsprach das Programm der DP den sozialen und politischen Vorstellungen der Mehrheit der Slowaken, der Bauern, Kleinbürger und der Handwerker ebenso wie eines Teils der Intelligenz. Die Maßnahmen der DP, die Kommunisten in die Schranken zu verweisen, ihnen die Kontrolle über die Nationalausschüsse zu entziehen, die innenpolitische Konsolidierung beschleunigt herbeizuführen, den Terror des von den Kommunisten beherrschten Staatssicherheitsdienstes zu beschränken und die Volksgerichtshöfe nicht zu Institutionen werden zu

---

[48] Auch in die DP wurden kommunistische Agenten eingeschleust: Der für die DP bis in das Präsidium der Nationalversammlung aufgestiegene Ján Ševčík, der zwischen 1948–1952 die reorganisierten Demokraten im Sinne der kommunistischen Einheitsfront führte, danach aber selbst den Säuberungen in der Slowakei zum Opfer fiel, wurde als Agent des sowjetischen Geheimdienstes entlarvt. Zinner: Communist Strategy and Tactics 146.

lassen, um die der KPS mißliebigen Politiker auszuschalten, brachten der DP auch das Vertrauen jener Kreise ein, die zuvor der SVP nahegestanden oder jede Reforminitiative abgelehnt hatten. Bis zum Mai 1946 konnte die DP mehr als 200 000 Mitglieder gewinnen[49].

Eine besondere Schwierigkeit ergab sich 1945 aus der Frage, was mit den Mitläufern der SVP geschehen sollte. Noch im Dezember 1944 hatten sich mehr als 300 000 Mitglieder zur Slowakischen Volkspartei Hlinkas bekannt. Als sich die Kommunisten anfangs daran machten, durch radikal-nationale Parolen die weniger Belasteten für sich zu gewinnen, wollte die DP auf dieses Wählerpotential ebenfalls nicht verzichten. Mit dem Hinweis, die angekündigten Reformen würden nicht erweitert, und dem Versprechen, in der Kirchenpolitik keinen radikalen Kurs zulassen zu wollen, konnte die DP noch im Sommer 1945 auch unter den ehemaligen SVP-Wählern einen Einbruch erzielen. Die Demokraten setzten sich damit aber bei den Kommunisten und bei den tschechischen Parteien dem Vorwurf aus, nur ein unzureichend camouflierter Ableger der SVP zu sein und ihr Programm im Geiste Hlinkas und Tisos umzuformulieren. Während sich in dieser Konfrontation die ursprünglich eher „zentralistisch" ausgerichtete DP gezwungen sah, die nationalslowakischen Zielsetzungen ihres Programms stärker herauszustellen und gegenüber der Zentralregierung auf der Einhaltung der im Kaschauer Programm festgelegten Zusagen zu beharren, fand sich die ursprünglich viel nationaler argumentierende KPS in die Defensive gedrängt und mußte in der engeren Anlehnung an die tschechische Mutterpartei einige ihrer Postulate über Bord werfen und den einheitsstaatlichen Charakter der ČSR betonen. Diese im Vergleich zu der im Winter 1944/45 herrschenden Konstellation paradoxe Entwicklung hat, wie unten weiter auszuführen sein wird, die slowakische Politik zwischen Oktober 1945 und November 1947 wesentlich geprägt[50].

Wiederaufbau und Reformen

Die Kampfhandlungen während des SNP und der militärischen Besetzung durch die Rote Armee haben in der Slowakei schwere materielle Schäden hinterlassen. Besonders die ost- und mittelslowakischen Distrikte meldeten große Verluste, während in einem Teil der süd- und westslowakischen Bezirke keine nennenswerten Zerstörungen zu verzeichnen waren[51]. Die Partisanenaktionen hinter der Front hatten

---

[49] Vor dem Februarumsturz 1948 waren 257 000 Mitglieder in der DP registriert. Nach der Meinung der Beobachter war diese Zahl nach den Mai-Wahlen 1946 relativ konstant geblieben. Vgl. Lipták: Slovensko 265. Zum Programm und den Zielen der DP vgl. Lettrich: History of Modern Slovakia 239 f.

[50] Siehe dazu Lipták: Slovensko 274 f.

[51] Bei den ersten Schätzungen war man von einer Gesamtschadenssumme von 35 000 Ks = 3500 RM pro Einwohner, mithin von 63,479 Milliarden Kronen ausgegangen. Nach den Berechnungen des Statistischen Staatsamtes waren aber insgesamt Verluste in Höhe von 114,461 Milliarden Kronen oder von mehr als 11,44 Milliarden RM zu beklagen. Die Höhe der Schäden kann nur bei Berücksichtigung der slowakischen Staatseinnahmen im Jahre 1944 ermessen werden, die ganze 3 Milliarden Ks oder 300 Mill. RM erreichten. Siehe Lipták: Slovensko 260 und Kirschbaum: Slovakia 188 Anm. 23.

diese Schadenssumme ebenso in die Höhe schnellen lassen wie die als Antwort von der Deutschen Wehrmacht angewandte Taktik der verbrannten Erde. Während der letzten sechs Kriegsmonate waren zudem noch 3500 Waggonladungen mit Sachwerten, Nahrungsmitteln und Industrieprodukten aus dem Land gebracht worden. Es fehlte an Vieh, an Saatgut und an landwirtschaftlichen Maschinen, als sich die Bauern 1945 an die Frühjahrsbestellung machten[52]. Die unausbleiblichen Folgen waren ein generelles Absinken des Lebensstandards, die Rationierung der Nahrungsmittel, das Angewiesensein auf UNRRA-Hilfe, ein blühender Schwarzhandel und, bei den bereits im slowakischen Staat einsetzenden inflationistischen Tendenzen, die Rückkehr zur Tauschwirtschaft. Die unzureichende Versorgung der Bevölkerung mit Milch, Eiern und Frischfleisch wurde von der KPS der DP und dem ihr angehörenden Beauftragten für Landwirtschaft mit der Begründung angelastet, die Demokraten hätten durch eine Verschlechterung der Versorgungslage in den von den Kommunisten beherrschten Städten politisches Kapital zu schlagen versucht[53]. Erst 1949 wurde im Bereich der Landwirtschaft der Stand der Vorkriegsproduktion wieder erreicht.

In besonders schlechtem Zustand befanden sich die slowakischen Verkehrswege und das rollende Material. Die meisten Brücken waren gesprengt, mehr als 1000 km schwierige Eisenbahntrasse mit zahllosen Tunnels völlig zerstört worden. Nur 22 funktionierende Dampflokomotiven und 900 einsatzfähige Kraftwagen wurden im April 1945 im ganzen Land aufgefunden[54]. Obwohl der Wiederaufbau der Bahnlinien vorrangig mit Hilfe von Schichtarbeit, Dienstverpflichtungen und dem Einsatz sowjetischer Pioniere vorangetrieben wurde, konnte der Verkehr auf der Kaschauer-Oderberger Bahn durchgehend erst im September 1945 wieder aufgenommen werden.

Zur gleichen Zeit spielte sich eine umfangreiche Bevölkerungsverschiebung ab, die neben den nationalen Minderheiten auch 300 000–400 000 Slowaken oder mehr als 10% der Bewohner betraf. Obwohl schon während des SNP, am 8. September 1944, die dann am 27. Februar 1945 bestätigte Entscheidung über die Enteignung und Zwangsverwaltung des Besitzes der Deutschen, Ungarn, der Verräter und Feinde

---

52 Die Schwere der landwirtschaftlichen Verluste in der Slowakei geht aus der Gegenüberstellung des Abmangels an Vieh hervor. Im Vergleich zum Bestand von 1937 fehlten:

in Böhmen / Mähren	in der Slowakei
27 %	70–80 % der Schweine
7 %	50 % des Rindviehs
12 %	45 % der Pferde

Nach Statistická ročenka Republiky československé 1957 [Statistisches Jahrbuch der ČSR 1957]. Prag 1957, S. 133.

53 Vgl. Václavů, Antonín: The Postwar Problems of Czechoslovak Agricultural Production. In: The Czechoslovak Economy 1945–1948. Prag 1968, S. 155–197, hier S. 164f. (Acta Oeconomica Pragensia 28).

54 Im August 1944 waren in der Slowakei im zivilen Bereich 8000 Autos zugelassen. Das genaue Ausmaß der Zerstörungen verzeichnen: Štatistická príručka Slovenska 1947. Preßburg 1947, S. 385. – Chmela, L.: Hospodářská okupace Československa, její methody a dusledky [Die Wirtschaftsokkupation der ČSR, ihre Methoden und Folgen]. Prag 1946, S. 119–121. – Otázky národní a demokratické revoluce v ČSR [Fragen der nationalen und demokratischen Revolution in der ČSR]. Prag 1955, S. 281–283.

des slowakischen Volkes gefallen war, hatten sich die Mitglieder des SNR erst während der Moskauer Verhandlungen der von der Londoner Exilregierung ausgehenden Initiative einer Aussiedlung der Karpatendeutschen und der Magyaren angeschlossen[55]. Diese Entscheidung war von der KPS jedoch schon durch ihren Beschluß vom 1. März 1945 präjudiziert worden, in dem sie für die Rückgliederung der im 1. Wiener Schiedsspruch an Ungarn gefallenen Distrikte an die Slowakei und für einen Bevölkerungsaustausch eingetreten war[56]. 120 000 der knapp 150 000 Karpatendeutschen waren im Herbst und Winter 1944 evakuiert worden, von denen nach Beendigung der Kampfhandlungen ein Großteil versuchte, wieder in ihre alten Gemeinden zurückzukehren. Durch Präsidialdekrete[57] wurden sie ebenso wie die Ungarn einer Arbeitsdienstpflicht unterworfen, in Lagern zusammengezogen und schließlich 1946 ausgesiedelt. Von den verbliebenen 24 000 Deutschen ist nach 1947 nur einem Bruchteil die Übersiedlung in die BRD oder nach Österreich geglückt[58].

Die Frage der in der Slowakei lebenden 650 000 Magyaren ließ sich nicht entsprechend den slowakischen Vorstellungen lösen, da die Alliierten den Antrag auf Abschiebung nach Ungarn ablehnten. Nur etwa 20 000 Personen dürften es vorgezogen haben, freiwillig die Slowakei zu verlassen. Der nach langwierigen Verhandlungen vom 3. bis zum 6. Dezember 1945 schließlich am 27. Februar 1946 unterzeichnete Vertrag zwischen der ungarischen und der tschechoslowakischen Regierung sah einen Bevölkerungsaustausch in gleicher Höhe zwischen den in Ungarn siedelnden Slowaken und den in der Slowakei ansässigen Magyaren vor. 68 407 Ungarn und eine wohl gleichhohe Anzahl von Slowaken wurden von dieser Regelung betroffen, durch die auch die mehr als 50 000 nach Böhmen und Mähren zwangsverlegten Magyaren in ihre alten Dörfer zurückkehren durften.

Durch die freiwillige Reemigration von Slowaken aus Frankreich, Rumänien und Belgien, die Rückkehr der im Deutschen Reich während des Krieges eingesetzten

---

[55] Husák: Svedectvo 243.

[56] Husák: Svedectvo 570. In dem Aufsatz von Zvara, J.: Mad'arská otázka v ČSR v letech 1948–1954 [Die ungarische Frage in der ČSR in den Jahren 1948–1954]. Příspěvky k dějinám KSČ 3/1965, S. 409–427, wird auch ganz knapp die Vorgeschichte im Jahr 1945 gestreift.

[57] Nr. 71 und Nr. 88/1945, Sbírka zákonů a nařízení Republiky Československé.

[58] Nach der slowakischen Volkszählung vom 15. Dezember 1940 lebten 130 192 Deutsche in der Slowakei. Dazu waren die 11 000 in Engerau und Theben an Deutschland gefallenen und die in dem von Ungarn besetzten Gebiet verbliebenen Deutschen hinzuzuzählen, so daß zusammen mit dem natürlichen Wachstumsgewinn im Mai 1945 von einer Gesamtzahl von 159 000 ausgegangen werden kann. Die Kriegsverluste sind mit 15 000 anzusetzen, so daß mit einem de jure-Stand von 144 000 gerechnet werden muß. Nach deutschen Unterlagen wurden 107 000 Karpatendeutsche direkt von der Vertreibung betroffen, nach slowakischen Quellen jedoch 176 000 Personen, und zwar durch unorganisierte Aussiedlung 1945 10 000, durch organisierte Maßnahmen 1946 156 000 und durch Einzelausreisen 1947 weitere 10 000 Karpatendeutsche. Vgl. dazu: Die deutschen Vertreibungsverluste. Bevölkerungsbilanzen für die deutschen Vertreibungsgebiete 1939/1950. Hrsg. vom Statistischen Bundesamt. Stuttgart 1958, S. 323 f. und S. 339. - Dokumentation der Vertreibung der Deutschen aus Ost-Mitteleuropa. Bd. IV/1. Die Vertreibung der deutschen Bevölkerung aus der Tschechoslowakei. Berlin 1957, S. 171–178. – Dvořáková, E. / Lesjuk, P.: Československá společnost a komunisté [Die tschechoslowakische Gesellschaft und die Kommunisten]. Prag 1967, S. 84.

slowakischen Arbeiter, die Besiedlung der Preßburger, Kremnitzer und Zipser Sprachinseln und schließlich auch durch die Verbringung von Slowaken in das sudetendeutsche Gebiet wurden die alten Sozial- und Siedlungsstrukturen kräftig durcheinandergerüttelt.

Die personellen und organisatorischen Veränderungen im gesamten staatlichen Bereich trugen noch bedeutsamer zu dem Abbau der traditionsreichen Strukturen bei. In der Verwaltung, im Schulwesen, in der Industrie wurden Säuberungen durchgeführt und die SVP-Mitglieder vor die Orts- und Kreisvolksgerichte gestellt. Durch das Dekret Nr. 33 vom 15. Mai 1945 wurden die Strafverfolgungen gegen die „faschistischen Verbrecher, ausländischen Bedrücker, gegen Verräter und Kollaboranten" eingeleitet, National- und Volksgerichtshöfe eingesetzt und der Errichtung von Arbeitslagern zur politischen Reedukation der Regimegegner zugestimmt[59]. Das Dekret Nr. 51/1945 erklärte alle Vereinigungen und Organisationen für aufgelöst, deren Zielsetzung nicht den im Kaschauer Programm festgelegten Richtlinien entsprach. Nachdem bereits der NKWD 7000 Slowaken deportiert und sowohl die Partisanen als auch die KPS selbständig „Gerechtigkeit" geübt hatten, ist dem Urteil des slowakischen Historikers Lipták, die Säuberungsaktion in der Slowakei sei im Vergleich zu den anderen europäischen Ländern die durchgreifendste und radikalste gewesen, nichts hinzuzufügen[60].

Im Verein mit der Ablösung der etablierten Verwaltungseinrichtungen[61] und der Einsetzung der Nationalausschüsse fand auch eine Reorganisation der staatlichen Sicherheitsorgane statt. Oft hatten Partisanengruppen im Auftrag der neuen Nationalausschüsse Polizeiaufgaben übernommen und dazu später auch Ortsmilizen eingesetzt. Die DP dagegen förderte die Weiterverwendung der Gendarmerie, um ungerechtfertigte Übergriffe gegen die Zivilbevölkerung einzudämmen. Am 23. Februar 1945 entzog der SNR den alten Polizeiorganen ihre Befugnisse und setzte die dem Beauftragten für das Innere unterstellte Nationale Sicherheit (Národná bezpečnost') als neue Polizeitruppe ein[62]. Auf das Insistieren der DP beschloß das Präsidium des SNR die Auflösung der von den Kommunisten beherrschten Milizen, die im Mai 1945 endgültig ihre Arbeit einstellten. Dennoch verstand es die KPS, sich unter dem Schutz des ihrer Partei angehörenden Innenbeauftragten das sog. Nationale Sicherheitskorps Nr. 2 aufzubauen, eine geheime Staatspolizei ihrer Coleur, mit der sie die Ausbootung der Demokraten im Herbst 1947 vorbereitete[63].

---

[59] Mit dieser Verordnung Nr. 33, die ergänzt wurde durch das Dekret Nr. 57/1946 vom 14. Mai 1946, Sb. SNR, kamen die Slowaken den am 19. Mai 1945 publizierten Präsidialdekreten zuvor.

[60] Lipták: Slovensko 261. – Vgl. auch Lettrich: History of Modern Slovakia 237f.

[61] Die traditionsreichen Ämter der Notare auf Gemeindeebene und des Bezirkshauptmanns im Landkreis wurden im Sinne der Vorstellungen der KPS durch die Verordnung Nr. 26/1945 vom 7. April 1945, Sb. SNR, aufgehoben und ihre Funktionen den Orts- und Bezirksnationalausschüssen übertragen, die diese Aufgabe de facto z. T. bereits seit Dezember 1944 ausgeübt hatten. Siehe dazu Jablonický: Politická situácia na východnom Slovensku ... HČ 11 (1963) 529–535 und Kropilák: Národnooslobodzovací boj ... HČ 3 (1955) 319f.

[62] Verordnungen Nr. 6 und 7/1945 vom 23. Februar 1945, Sb. SNR.

[63] Den Aufbau der Milizen und der Nationalen Sicherheit beschreibt Jablonický:

Schwierigkeiten zeichneten sich auch bei der Eingliederung der Partisanen in das Alltagsleben ab. Nach den Ende 1944 ausgearbeiteten Plänen der Moskauer KP-Führung sollten sie nicht demobilisiert werden, sondern den Kern einer künftigen Volksarmee bilden. Die Londoner Exilregierung nahm diese Anregung am 25. Januar 1945 mit Vorbehalten zur Kenntnis, fürchtete sie doch, die häufig mit kommunistischem Gedankengut sympathisierenden, nicht an militärische Zucht gewöhnten Partisanen könnten das Heer einseitig indoktrinieren und es zu einer festen Basis für die KP werden lassen. Doch nach der Beendigung der Kampfhandlungen verliefen sich die Partisanen schnell; nur Einzelpersönlichkeiten haben später im Heer eine größere Rolle gespielt. Die ehemaligen Partisanen wurden im öffentlichen Leben aber einseitig bevorzugt – als höchste Qualifikation für jedes Amt in der Slowakei galt nicht eine entsprechende Ausbildung, sondern der Nachweis des aktiven Dienstes bei der Roten Armee[64]. Von den vier Verbänden der Widerstandskämpfer mit insgesamt 120 000 Mitgliedern – der den Demokraten nahestehende Soldatenverband des Slowakischen Aufstandes (Sväz vojakov SNP = SVOJPOV), der Verband der Auslandskämpfer bei der Tschechoslowakischen Legionärsgemeinde in der Slowakei (Združenie zahraničných vojakov pri Čs. obci legionárskej na Slovensku), der Verband politischer und rassenverfolgter befreiter Häftlinge (Sväz politických a rasove prenásledovaných oslobodených väznov = SPROV) und der von der KPS geförderte Verband slowakischer Partisanen (Sväz slovenských partizánov = SSP) – engagierte sich eigentlich nur der SSP aktiv in tagespolitischen Fragen, verlangte erfolgreich eine gründlichere Säuberung des öffentlichen Lebens von ehemaligen Volksparteilern und forderte auf einer Konferenz in Bojnice am 4./5. Dezember 1945 entsprechend den Vorstellungen der KPS die rasche und erschöpfende Verwirklichung des Kaschauer Programms in der Slowakei[65].

Eine bereits während des SNP verkündete Maßnahme griff der SNR im April 1945 wieder auf, als er die Verstaatlichung der vorherrschenden Parochialschulen und die Einführung der Koedukation ankündigte[66]. Der katholische Klerus, durch seine aktive Unterstützung des Volkspartei-Regimes in den Augen der neuen Herren schwer kompromittiert, mußte diese bedeutsame Minderung seines öffentlichen Einflusses hinnehmen, da es ihm vorerst noch an einer politischen Interessenvertretung fehlte. Auch die Gefahr einer entschädigungslosen Enteignung der umfangreichen kirchlichen Latifundien, sowohl von der DP als auch von der KPS gefordert, aber aus taktischen Überlegungen vorerst zurückgestellt, war noch nicht gebannt.

Die damit angeschnittene Frage der Landreform spielte überhaupt in der politi-

---

Politická situácia na východnom Slovensku ... HČ 11 (1963) 536f. – Vgl. Lettrich: History of Modern Slovakia 238. – Husák: Svedectvo 563.

[64] Zinner: Communist Strategy and Tactics 137.

[65] Siehe zu diesem Komplex die erschöpfende Darstellung von Šolc: Cesta slovenských partizánov ... HČ 9 (1961) 31–34.

[66] Für 1945 liegen keine präzisen Angaben über die Zahl der betroffenen Schulen vor. Die Relation dürfte sich trotz der generellen Zunahme an Schulen gegenüber 1921 nur unwesentlich geändert haben, als in der Slowakei 26 Privatschulen, 797 öffentliche und 2386 kirchliche Bildungseinrichtungen gezählt worden waren.

schen Auseinandersetzung des Jahres 1945 eine bedeutsame Rolle. Sie war vom SNR durch das Dekret über die Enteignung des deutschen und ungarischen Landbesitzes bereits während des Nationalaufstands vorweggenommen worden. Die von der KPS aufgestellte Forderung, nicht nur das Land der ethnischen Minderheiten, sondern auch die kirchlichen Latifundien und den über das Limit von 50 ha Ackerboden hinausgehenden Großgrundbesitz entschädigungslos zu enteignen, hatte Gottwald im Februar 1945 den slowakischen Genossen mit dem Argument der politischen Inopportunität und dem Hinweis auszureden vermocht, der Landhunger der slowakischen Landarbeiter und Kleinbauern werde sich mit dem Ackerland der Karpatendeutschen und der Ungarn stillen lassen. Außerdem stellte er den Transfer siedlungswilliger Slowaken in die Sudetengebiete in Aussicht. Mit der Verordnung Nr.4/1945 vom 27. Februar 1945 griff der SNR einer gesamtstaatlichen Regelung über das Ausmaß der Konfiskationen und der Retribution des Bodens aus dem Besitz der Deutschen und Ungarn vor; durch einen Erlaß vom 10. März legte der Beauftragte für Landwirtschaft die Richtlinien für das Vorgehen bei dieser Aktion fest[67].

Die Veröffentlichung solcher Bestimmungen erwies sich als dringlich, weil die Nationalausschüsse in der Ostslowakei schon von sich aus die Initiative ergriffen und mit der Verteilung des Bodens nach Gutdünken bereits begonnen hatten[68]. Slowakische Bergbauern aus der Mittelslowakei wanderten unaufgefordert in die Zips ab und nahmen die von den Deutschen verlassenen Höfe in Besitz. Auch ein Teil der ungarischen Bevölkerung mußte seine Gehöfte verlassen und für Slowaken Platz schaffen. Als das Veto der Alliierten gegen eine Massenaussiedlung der Magyaren bekannt wurde und die laufende Enteignungsaktion gestoppt, ja zum Teil rückgängig gemacht werden mußte, wurde deutlich, daß die KPS ihre großzügigen Versprechen gegenüber Kleinbauern und Landarbeitern nicht werde einhalten können, zumal sich nicht allzuviele slowakische Bauernfamilien bereit zeigten, in das Sudetengebiet zu übersiedeln. Unter die durch das Präsidialdekret vom 21. Juni 1945

---

67 Aus der Fülle der Publikationen, die sich mit Aspekten der Landreform befassen und in denen eine detaillierte Darstellung geboten wird, seien als die interessantesten hier aufgeführt: B a u c h, V.: Pol'nohospodárstvo za slovenského štátu [Die Landwirtschaft im slowakischen Staat]. Preßburg 1958. – Bílá Hora odčiněna. Konfiskace a rozdělení zemědělského majetku Němců, Mad'arů, jakož i zrádců českého a slovenského národa [Revanche für den Weißen Berg. Konfiskation und Redistribution des Landbesitzes der Deutschen, Ungarn, der Verräter und Feinde des tschechischen und des slowakischen Volkes]. Prag 1945. – C a m b e l, Samuel: Agrárna otázka na Slovensku a naša revolúcia (1945 až 1958) [Die Agrarfrage in der Slowakei und unsere Revolution]. Preßburg 1958. – F a l t ' a n, Michal: Cesta slovenského rol'níctva k socializmu [Der Weg der slowakischen Bauern zum Sozialismus]. Preßburg 1954. – H u s á k, Gustáv: K rol'níckej otázke na Slovensku [Zur Bauernfrage in der Slowakei]. Preßburg 1948. – K o t ' á t k o, Jiří: Pozemková reforma v Československu [Landreform in der ČSR]. Prag 1949. – P l e v z a, Viliam u. a.: KSČ a rolnícka otázka na Slovensku (1921–1960) [Die KPTsch und die Bauernfrage in der Slowakei]. Preßburg 1961, S. 365–440. – Pozemková reforma na Slovensku k 31. 12. 1946 [Die Landreform in der Slowakei bis zum 31. 12. 1946]. Preßburg 1947. – P r o c h á z k a, J.: Konfiskace majetku nepřátel a zrádců v ČSR [Konfiskation des Eigentums der Feinde und Verräter in der ČSR]. Prag 1946.

68 K r o p i l á k: Národnooslobodzovací boj ... HČ 3 (1955) 321.

legalisierte Konfiskation fielen in der Slowakei nur 578 000 ha (gegenüber 2,4 Mill. ha in Böhmen und Mähren), von denen 183 463 ha landwirtschaftlichen Nutzlandes an 79 976 Antragsteller verteilt wurden[69].

Die KPS versuchte bei diesem mageren Ergebnis, die DP und ihren Beauftragten für Landwirtschaft, Dr. Martin Kvetko, für den Mißerfolg der Landreform verantwortlich zu machen. Ihrer Initiative entsprangen dann auch die Verordnungen, trotz der inflationistischen Preisentwicklung den Pachtzins für landwirtschaftliches Nutzland um durchschnittlich 30% zu senken und den staatlichen Ankaufpreis entsprechend der Betriebsgröße festzulegen sowie die Preise für tierische Produkte kräftiger als die für pflanzliche Erzeugnisse gegenüber den Vorkriegspreisen zu erhöhen[70]. Den slowakischen Erzeugern wurden erstmals – entgegen der Praxis der Vorkriegszeit – gleichhohe Ankaufspreise wie den tschechischen Bauern garantiert[71].

Gelang es der KPS somit nicht, mit ihrer Landwirtschaftspolitik einen nachhaltigen Erfolg für sich zu verbuchen, so setzte sie ihre Hoffnung auf die Auswirkungen der von ihr ebenso stark propagierten Verstaatlichung der Industrie. Sie konnte sich dabei ebenfalls auf den am 8. September 1944 gefaßten Beschluß des SNR über die entschädigungslose Enteignung des deutschen und ungarischen Besitzes sowie die Überführung der konfiszierten Betriebe in eine staatliche Zwangsverwaltung stützen. Dieses Präzedenz erleichterte es der Führung der KPTsch während der Moskauer Verhandlungen, die bürgerlichen Parteien im Kaschauer Programm auf die Verstaatlichung der Grundstoffindustrie und der Großbetriebe festzulegen. Noch vor der Publizierung des Präsidialdekrets Nr. 5 vom 19. Mai 1945 und zugleich über die dort festgelegten Richtlinien hinausgehend hatte sich die KPS bereits Mitte April 1945 für die Nationalisierung aller Großunternehmen und der konfiszierten Betriebe ausgesprochen[72].

Die slowakischen Demokraten vertraten ein etwas differenzierteres Programm. Ihr seit Juli 1945 amtierender Parteivorsitzender Jozef Lettrich sprach sich durchaus für die Verstaatlichung der enteigneten Unternehmen, der Schlüssel-, Rüstungs- und extrahierenden Industrie sowie der Energieversorgung aus, er lehnte aber eine

---

69 Die Angaben über das Ausmaß der Neuverteilungen schwanken. Kot'átko: Pozemková reforma 24 f. bringt die oben angeführten, auch von: The Czechoslovak Economy 24 übernommenen Zahlen. 342 483 ha, davon 299 982 ha Wald, wurden in staatlichen oder genossenschaftlichen Besitz überführt. 20 000 ha Ackerland blieben anfangs für Rücksiedler aus Ungarn reserviert. Während im tschechischen Landesteil 28% des pflügbaren Landes den Besitzer wechselten, waren es in der Slowakei nur 8,8%. – Nach: Die Tschechoslowakei auf dem Wege zum Sozialismus. Prag 1949, S. 155 erhielten durch die Bodenreform dagegen 82 138 Familien 170 899 ha Ackerland zum Eigentum. An landwirtschaftliche Produktionsgemeinschaften seien 42 502 ha vergeben worden. Demnach bekam jeder Antragsteller nur wenig mehr als 2 ha, während im Sudetengebiet im Durchschnitt 6 ha Ackerland pro Betriebseinheit abgegeben wurden.

70 Die Besitzer von Höfen bis 20 ha erhielten 77%, die von Betrieben zwischen 20 und 50 ha 65% und die von Großgrundbesitz über 50 ha 44% mehr von den staatlichen Ankaufstellen als in der Vorkriegszeit.

71 The Czechoslovak Economy 27 Anm. 30.

72 The Czechoslovak Economy 13.

Kollektivierung oder den erzwungenen genossenschaftlichen Zusammenschluß der Mittel- und Kleinbetriebe ab. Die Privatunternehmen jeder Größenordnung sollten erhalten bleiben und durch staatliche Investitionsbeihilfen gefördert werden, zumal ihre Zahl während des Krieges zurückgegangen war[73]. Die DP wollte vor jedem propagandistisch auswertbaren Erfolg der Verstaatlichung ein Programm einer verstärkten Industrialisierung durchgeführt sehen, das die Slowakei langsam auf ein mit den tschechischen Ländern vergleichbares Niveau gebracht, den latenten Arbeitskräfteüberschuß abgebaut und die Verarbeitung der slowakischen Rohstoffe im eigenen Land sichergestellt hätte. Als erste Maßnahme wurden einige der in den Sudetengebieten demontierten Fabriken in der Slowakei aufgebaut und mit Hilfe der Zentralregierung die während des Krieges beschädigten Betriebe, vor allem im Waagtal und in Preßburg, wieder in Gang gebracht. Nach den langfristigen Aufbauplänen sollte die Slowakei ungefähr im Jahr 1960 einen den historischen Ländern vergleichbaren Industrialisierungsgrad erreicht haben. Bis 1948 konnte die Produktion der meisten Industriezweige im Vergleich zum recht bescheidenen Stand von 1937 um durchschnittlich 100% gesteigert werden, wobei die höchsten Zuwachsraten jedoch bereits während des Krieges erreicht worden waren[74].

Das entgegen den Vorstellungen der DP am 24. Oktober 1945 ergangene Präsidialdekret über die Nationalisierung der Schlüsselindustrie betraf in der Slowakei zwar nur 16,4% oder 3000 Betriebe, unterwarf aber 61,2% der 136 000 slowakischen Industriearbeiter der staatlichen Kontrolle. Einen gewissen Erfolg konnte die DP gegenüber der KPS und den von ihr beeinflußten Gewerkschaften insoweit verbuchen, als die bedeutende Nahrungsmittelindustrie weitgehend in privaten Händen verblieb. Durch die Nationalisierung und die Einführung der Planwirtschaft im Oktober 1946 dürfte jedoch das Tempo der Industrialisierung in der Slowakei vor 1948 nicht wesentlich beeinflußt worden sein[75].

---

[73] Lipták: Slovensko 266. Während des Krieges war die Zahl der Gewerbebetriebe mit weniger als 10 Beschäftigten um 15,1 % von 41 330 auf 35 100 zurückgegangen. Die mittleren Unternehmen waren dagegen von 1850 (1939) auf 2600 (1944) Einheiten angewachsen. 1946 arbeiteten in 53 239 Handwerksbetrieben 107 250 Beschäftigte. Štatistická príručka Slovenska 1948, S. 162. Vgl. The Czechoslovak Economy 127 f.

[74] 1948 waren im Vergleich zu 1937 folgende Steigerungsraten erreicht worden: Verbrauchsgüter um das 2,5fache, chemische Industrie um das 4,58fache, Energie um das 2,17fache und Metallverarbeitung um das 1,96fache. Die wichtige Nahrungsmittelindustrie erreichte ihren Vorkriegsstand jedoch erst wieder Ende 1948.
Weiterführende Angaben zur industriellen Entwicklung in der Slowakei bei Barnovský, Michal: Problematika industrializácie Slovenska v rokoch 1945–1950 [Probleme der Industrialisierung in der Slowakei in den Jahren 1945–1950]. HČ 16 (1968) 169–194. – Deyl, Z./Snítil, Z.: K některým problémům hospodářské politiky KSČ v letech 1945–1948 [Zu einigen Problemen der Wirtschaftspolitik der KPTsch]. Příspěvky k dějinám KSČ 5/1965, S. 691–706. – Kuhn, J./Turčan, P.: Slovensko v práci a vo výstavbe [Die Slowakei bei der Arbeit und beim Wiederaufbau]. Preßburg 1948. – Vergner, Z. (Hrsg.): Národní hospodářství ČSR v letech 1945–1960 [Die Volkswirtschaft in der ČSR in den Jahren 1945–1960]. Prag 1960. – Turčan, P.: Socialistická industrializácia Slovenska [Die sozialistische Industrialisierung der Slowakei]. Preßburg 1960.

[75] The Czechoslovak Economy 15 f. – Text der Präsidialdekrete in: Nationalisation in Czechoslovakia. Decrees of the President of the Republic of October 24, 1945 on the Nationali-

Auch bei der Verstaatlichung der Banken verfolgte die KPS den rigoroseren Kurs. Am 23. März 1945 war der Beauftragte für das Finanzwesen zwar ermächtigt worden, im Interesse des Staates Sofortmaßnahmen auf finanziellem Gebiet einzuleiten und gegebenenfalls auch eine kurzfristige Kontrolle über die Banken auszuüben, er durfte aber keine Zwangsaufsicht anordnen[76]. Trotz des Einspruchs der KPS, die unter weitester Auslegung des Präsidialdekrets Nr. 5 vom 19. Mai 1945 eine Bankkontrolle als Voraussetzung für die Verstaatlichung forderte, ließ sich die DP am 6. Juni nur zu einer verstärkten Aufsicht über die Banken und am 24. August 1945 zur Einführung einer nationalen Administration für das Bankgewerbe herbei[77]. Die Präsidialdekrete Nr. 102 und 103 vom 24. Oktober 1945 über die Verstaatlichung des Bank- und Versicherungsgewerbes schalteten die hinhaltende Opposition der DP aus, die sich zuvor der finanziellen Unterstützung durch die Sedliacka banka erfreut hatte: sechs slowakische Banken mit mehr als 300 Zweigstellen unterlagen dem Verstaatlichungsedikt[78]. Die zum 1. November 1945 durchgeführte Währungsreform sollte in Ergänzung zu den Verstaatlichungsmaßnahmen die bereits im slowakischen Staat vorhandenen, nach Kriegsende verstärkt auftretenden inflationistischen Tendenzen eindämmen und durch eine allgemeine Preisreform mit dem Ziel, die Preise im ganzen Land zu vereinheitlichen, den im Vergleich zu 1938 drei Mal höheren Preisindex stabilisieren. Die Neufestsetzung aller Einkommen wurde von der KP dazu genutzt, die Arbeiter gegenüber Angestellten und Beamten besser zu stellen[79].

Doch bei der grundsätzlich konservativen Ausrichtung der slowakischen Bevölkerung hat der KPS das kompromißlose Eintreten für die Verstaatlichungsmaßnahmen eher geschadet denn genutzt. Die Mehrheit der Slowaken lebte in dem Wunsche, die revolutionäre Begeisterung möge endlich abklingen und das Land in eine konstruktive Phase der Konsolidierung eintreten. Diese Hoffnung trog. Denn die KPS und die DP hatten sich trotz ihres am 17. März 1945 abgegebenen feierlichen Versprechens der „kameradschaftlichen und aufrichtigen Zusammenarbeit" in den Auseinandersetzungen über den künftig in der Slowakei und gegenüber der Zentral-

---

sation of Mines and some Industrial Enterprises, some Enterprises of the Food Industry, Joint Stock Banks and Private Insurance Companies. Prag 1946. Dem Einfluß der slowakischen Gewerkschaften auf die Nationalisierungskampagne und auf die politischen Entscheidungen gingen nach Jarošová, V.: Odbory a revoluční vývoj Slovenska v rokoch 1945–1947 [Die Genossenschaften und die revolutionäre Entwicklung in der Slowakei]. Příspěvký k dějinám KSČ 4/1962 und Jarošová, V./Jaroš, O.: Slovenské robotníctvo v boji o moc [Die slowakischen Arbeiter im Kampf um die Macht]. Preßburg 1965.

76 Verordnung Nr. 17/1945 vom 23. März 1945, Sb. SNR.

77 Verordnungen Nr. 50 und Nr. 100 / 1945 vom 6. Juni bzw. 24. August 1945, Sb. SNR.

78 Die sechs betroffenen Kreditinstitute waren die Tatra banka, Slovenská banka, Sedliacka banka, Stredoslovenská banka, Myjavská banka und die L'udova banka.
Eine dramatisierte Schilderung der Vorgänge liefert Kováčik, L.: Boj o banky [Der Kampf um die Banken]. Preßburg 1950. Zum Ausmaß der Verstaatlichungen siehe auch: The Czechoslovak Economy 207 f. und 228.

79 Einzelheiten bei Veltruský, Ladislav: The Credit Policy and Structural Changes in the Credit System. In: The Czechoslovak Economy 199–237, hier 211–228 (Monetary Reform in 1945).

regierung einzuschlagenden Kurs so auseinandergelebt, daß nicht mehr von einem Miteinander-, sondern schon von einem Gegeneinander-Regieren gesprochen werden mußte. Beide Parteien bereiteten sich frühzeitig intensiv auf die für Ende Mai 1946 ausgeschriebenen Wahlen vor, die eine Entscheidung herbeiführen sollten. Diesen Zeitraum des Mißtrauens und der gegenseitigen Verdächtigungen, des Opponierens und der Paralyse in der Slowakei wußte die Zentralregierung zu nutzen, um die von den Slowaken im März 1945 erkämpften Zugeständnisse stetig zurückzunehmen und die Kontrolle der gesamtstaatlichen Institutionen über die slowakischen Nationalorgane zu festigen.

Die Verhandlungen über den Rechtsstatus der Slowakei in der wiedererrichteten ČSR

Die im Abschnitt VI des Kaschauer Programms gefundene Regelung über die künftigen politischen Rechte der Slowaken im Rahmen der ČSR war nicht nur von den Vertretern der bürgerlichen Parteien, sondern auch von der Führung der KPTsch als das Maximum der Zugeständnisse betrachtet worden, unter denen die Koexistenz und ein konstruktives Zusammenleben der beiden Nationen gerade noch aufrecht zu erhalten waren. KPS und DP hatten darin übereingestimmt, alle Ansätze eines nationalen Separatismus zu unterbinden, wenn die Zentralregierung die revolutionären faits accomplis in der Slowakei anerkennen und ihrerseits auf einen chauvinistischen „Tschechoslowakismus" Verzicht leisten wolle. Da bei der Hektik der Moskauer Verhandlungen aber keine verbindlichen Absprachen über die Auslegung und die praktische Durchführung der Vereinbarungen getroffen worden waren, mußte durch Verwaltungsmaßnahmen und in späteren Verhandlungen Einklang über die Ausrichtung der Innenpolitik erzielt werden.

Während der einmonatigen Ausübung der Regierungsgewalt von Kaschau aus vermied es die Zentralregierung, sich in Fragen der slowakischen Landesselbstverwaltung einzumischen. Der SNR wußte diese Zurückhaltung dadurch zu honorieren, daß er seine bisher von der Verordnung Nr. 1 vom 1. September 1944 abgeleiteten Rechtsbefugnisse aufgab und sich unter Berufung auf das Kaschauer Programm der Zentralregierung unterstellte. Dem Verzicht auf legislative Rechte im Bereich gesamtstaatlicher Aufgaben[80] folgte die Anerkennung der Rechtsverbindlichkeit der Präsidialdekrete für die ganze Republik „im Rahmen der Vereinbarungen mit dem SNR"[81]. Doch bereits in dieser Formulierung glaubten die Slowaken eine gewisse Vorwegnahme der noch ausstehenden Definition der Begriffe „gesamtstaatliche" und „slowakische Kompetenzen" zu erblicken, zumal das Präsidium des SNR am 18. April 1945 die Forderung erhoben hatte, daß die Präsidialdekrete vor der Publizierung den slowakischen Organen zur Beschlußfassung vorgelegt werden müßten. Die Auseinandersetzung führte in der zweiten Mai-Hälfte zu ersten ernsthaften Verstimmungen zwischen Prag und Preßburg, als sich die Slowaken bei der Vorbereitung der wichtigen Dekrete vom 19. Mai übergangen glaubten und ihre

---

[80] Verordnung Nr. 30/1945 vom 21. April 1945, Sb. SNR, die unter anderem die Auflösung des Amtes des Beauftragten für Verteidigung aussprach.

[81] Beschluß auf der 5. Sitzung der Zentralregierung in Kaschau am 24. April 1945.

Vorstellungen unterrepräsentiert fanden; der zum gleichen Zeitpunkt bekannt gewordene Beschluß der Zentralregierung, den Tschechischen Nationalrat aufzulösen, empfanden DP und KPS als einen politischen Schachzug in Vorwegnahme einer Liquidierung oder doch eines Zurückdrängens des SNR. Diese Befürchtungen waren nicht ungerechtfertigt, wurden doch in den Reihen der Nationalsozialisten, der Volkspartei und auch unter den Sozialdemokraten immer häufiger Bedenken gegen die den Slowaken gewährten Rechte laut, denen sich auch ein kleiner Teil der slowakischen Öffentlichkeit in der Hoffnung anschloß, bei einer zentralistischeren Ausrichtung der slowakischen Politik mit einer größeren Bereitschaft der Regierung und tschechischer Wirtschaftskreise zu Investitionen in der Slowakei rechnen zu können.

Unter diesen Voraussetzungen fanden die Vorbereitungen für die von der Regierung für Ende Mai/Anfang Juni 1945 anberaumten Verhandlungen über die Abgrenzung der Kompetenzen zwischen der Regierung und dem SNR statt. Die Ministerkommission – unter dem Vorsitz von Šrámek nahmen an ihr auch die slowakischen Regierungsmitglieder Široký, Ursíny, Pietor und Lichner teil – beschloß, keinen Initiativantrag vorzulegen, gegebenenfalls jedoch eine Anregung von Ivan Pietor zur Diskussion zu stellen, das Parlament durch eine paritätisch besetzte Nationalitätenkammer zur Wahrung der slowakischen Belange zu erweitern. Das Plenum des SNR beschloß dagegen am 26. Mai 1945, entsprechend dem Memorandum vom 2. März auf der Forderung nach einer echten Föderalisierung der Republik zu beharren und die Errichtung von getrennten tschechischen und slowakischen Nationalvertretungen unter den gemeinsamen gesamtstaatlichen Organen zu verlangen[82]. Die Entscheidung gegen diese sehr weitgehende Konzeption fiel bereits am 31. Mai und am 1. Juni auf einer gemeinsamen Sitzung des Präsidiums der KPTsch und der KPS, als Gottwald mit Unterstützung Širokýs die slowakischen Genossen darauf festlegte, die grundsätzlichen staatsrechtlichen Fragen zurückzustellen und sich mit einer Abgrenzung der Kompetenzen zwischen SNR und der Zentralregierung zu begnügen. Nach den Vorstellungen der KPTsch sollten die Präsidialdekrete, Gesetze und Verordnungen allein durch die Zustimmung der vom SNR in die Regierung entsandten Mitglieder eine gesamtstaatsverbindliche Rechtskraft erhalten. Obwohl Gottwald immer wieder betonte, den SNR nicht zu einer Landesadministrative degradieren zu wollen, lief seine Empfehlung, die slowakischen Beauftragten der Aufsicht der zuständigen Ressortchefs der Zentralregierung zu unterstellen, auf eine Schwächung der slowakischen Exekutive hinaus[83].

---

[82] Der Entwurf des SNR vom 26. Mai 1945 weist verblüffende Parallelitäten mit dem am 28. Oktober 1968 unterzeichneten und am 1. Januar 1969 de jure in Kraft getretenen, aber de facto nur zum Teil praktizierten Föderalisierungsgesetz der ČSSR (Nr. 143/1968) auf. Vgl. dazu Brügel, Johann Wolfgang: Verfassungsumbau in der Tschechoslowakei: Föderalisierung und Minderheitenrechte. EA 24 (1969) 21 ff. und Slapnicka, Helmut: Die Föderalisierung der Tschechoslowakei. Osteuropa 19 (1969) 599 ff.

[83] Der Entwicklung des tschechisch-slowakischen Verhältnisses in diesem Zeitraum hat Falťan: Slovenská otázka 201–235 seine besondere Aufmerksamkeit geschenkt. Den Grundsatzfragen dieser Beziehungen gehen ebenfalls nach Grospič, Jiří/Jičinský, Zdeněk: K některým problémům ústavně právního vývoje vztahů Čechů a Slováků v letech 1945–1946 [Einige Probleme der verfassungsrechtlichen Entwicklung der Beziehungen zwischen Tschechen und Slowaken]. In: Československá revoluce v letech 1944–1948.

Obwohl sich ein Teil der KPS-Unterhändler und die Demokraten entschieden gegen diesen Lösungsvorschlag wandten, hatten sie am 2. Juni 1945 in der sog. 1. Prager Vereinbarung (první pražská dohoda) einer ersten Begrenzung der ihnen in der „Magna charta“ zugesagten Rechte im Sinne einer „asymetrischen Lösung“ der Föderalisierung zuzustimmen. Ihnen wurde erneut verbrieft, daß die Moskauer Übereinkunft über die Anerkennung und Stellung des slowakischen Volkes nicht angetastet werden sollte. Als „gesamtstaatliche Angelegenheiten“ sollten der ausschließlichen Kompetenz der Zentralregierung und des Parlaments die Fragen der Verfassung, der inneren Sicherheit, der Staatsgrenzen, der außenpolitischen Vertretung, des Staatsbudgets, der Sozialversicherung und verwandter Bereiche unterliegen[84]. In allen anderen „Angelegenheiten nicht gesamtstaatlichen Charakters“ wurde der SNR als das einzig legitimierte Legislativ- und Exekutivorgan in der Slowakei ausdrücklich anerkannt. Der SNR bzw. der Beauftragtenausschuß vertraten verantwortlich auch in gesamtstaatlichen Angelegenheiten die Interessen der Zentralregierung in der Slowakei, die deshalb dort keine eigenen Verwaltungsorgane einzurichten versprach. Auch auf die personelle Besetzung der slowakischen Behörden versprach die Prager Zentrale keinen Einfluß zu nehmen[85]. Als einen Erfolg verbuchte der SNR, daß die Beauftragten nicht dem Ministerrat unterstellt wurden, auch wenn er einer Empfehlung zur Zusammenarbeit zwischen den entsprechenden Zentral- und Landesorganen zuzustimmen hatte. In dem den Streit auslösenden Punkt, nämlich der Form der slowakischen Zustimmung zu den Präsidialdekreten, hatte der SNR den von der KPTsch eingebrachten Vorschlag zu akzeptieren, die slowakischen Regierungsmitglieder entsprechend seinen Instruktionen zur Vertretung der slowakischen Interessen zu bevollmächtigen. Weiterhin waren alle Ansätze zu der von den Slowaken gewünschten Föderalisierung nicht zuletzt deshalb unberücksichtigt geblieben, weil sich in der KPTsch ebenfalls ein zentralistischerer Kurs auszubilden begann und bei Gottwald die Tendenz deutlich zutage trat, die „national“ ausgerichteten Aufstandsführer durch die linientreuen Genossen der Moskauer Emigration zu ersetzen. Das bereits im SNP und während der Moskauer Verhandlungen aufscheinende Unverständnis der tschechischen Politiker gegenüber den besonderen historischen Gegebenheiten und den spezifischen Problemen des durch den Krieg schwer mitgenommenen und entwicklungsmäßig zurückgebliebenen Landes hatte sich jedoch bereits zum offenen Mißtrauen gegen den Kurs der slowakischen Landespolitik und die ihn vertretenden Politiker gewandelt.

Auch nach der am 5. Juni 1945 erfolgten Zustimmung des SNR zu dieser Vereinbarung besserte sich das Klima zwischen Prag und Preßburg nicht grundlegend.

Sborník příspěvků z konference historiků k 20. výročí osvobození ČSSR [Die tschechoslowakische Revolution in den Jahren 1944 bis 1948. Sammelband der Beiträge für die Historikerkonferenz aus Anlaß des 20. Jahrestags der Befreiung der ČSSR]. Prag 1966, S. 126–149.

[84] Durch die Formulierung „Nationale (d. h. gesamtstaatlich-tschechoslowakische) Angelegenheiten ... sind die nationalen wirtschaftlichen, sozio-kulturellen und administrativ-politischen Angelegenheiten“ wurden die bereits bestehenden Unklarheiten nicht gerade beseitigt.

[85] Nach Falt'an: Slovenská otázka 207.– Vgl. auch Busek, V. / Spulber, N. (Hrsg.): Czechoslovakia. New York 1957, S. 46 f.

Die Slowaken beklagten sich über die unzureichende Hilfe beim Wiederaufbau, wiesen andererseits aber alle Koordinierungsmaßnahmen der Zentralregierung als ungerechtfertigte Eingriffe in ihre Autonomie zurück[86]. Während sich die Spannungen selbst innerhalb der KP widerspiegelten und mit dem Wechsel in den Führungspositionen der KPS am 11./12. August 1945 eine Bereinigung der politischen Landschaft stattfand, herrschte nach dem am 8. Juli 1945 abgehaltenen Parteitag der DP, auf dem Lettrich zum Vorsitzenden gewählt wurde, bei Freund und Feind die Befürchtung vor, eine nationale Sammlungsbewegung sei in der Slowakei im Werden, die eines Tages den Bestand des Staates gefährden könne. Das innerslowakische Ringen zwischen KPS und DP wußte im September die Zentralregierung erneut zu nutzen, um den Tätigkeitsbereich der slowakischen Nationalorgane mit der Begründung einzugrenzen, der SNR könne die ihm übertragenen legislativen und exekutiven Aufgaben nicht ausreichend wahrnehmen. Als der bereits im Oktober 1945 mit aller Heftigkeit einsetzende Wahlkampf die Reste der alten Gemeinsamkeit zwischen KPS und DP hinwegfegte, hielten die in der Ausrichtung ihrer Slowakei-Politik jetzt weitgehend einheitlich operierenden vier tschechischen Parteien den Zeitpunkt für gekommen, die Slowakei einer noch engeren Kontrolle der Zentralregierung zu unterstellen.

Den äußeren Anlaß lieferten einmal mehr die Auseinandersetzungen um die Rechtsverbindlichkeit der Präsidialdekrete in der Slowakei. Die konkreten Klagepunkte der Slowaken richteten sich aber gegen die unverhüllt zentralistischen Tendenzen der Regierung, die von neuem versuchte, die Beauftragten der Aufsicht der Zentralministerien unterzuordnen und die Ernennung hoher Beamter und der Universitätsprofessoren der Kompetenz des SNR zu entziehen. Mit seiner Forderung nach strikter Beachtung der Vereinbarung vom 2. Juni 1945 verband der Nationalrat auch die Bitte, künftig die Gesetzesinitiativen der Regierung zuvor mit dem Ausschuß der Beauftragten abzustimmen, die slowakischen Vorstellungen stärker zu berücksichtigen und die Widersprüche in den Verwaltungsanordnungen der Ministerien und der Beauftragten zu beseitigen. Bei den vom 9. bis zum 11. April 1946 in Prag geführten Verhandlungen mußten die Slowaken einer weiteren Begrenzung der ihnen in Moskau zugesicherten Rechte zustimmen. Während damals die KPS die Initiative ergriffen hatte, so waren diesmal die Vertreter der DP besonders engagiert und mußten sich gegen die Verdächtigungen des kommunistischen Informationsministers Václav Kopecký verteidigen, durch ihr Beharren auf einer „zweigleisigen Staatskonzeption“ separatistischen Tendenzen Vorschub zu leisten. Den Vorstellungen der DP über die Organisation der Obersten Gerichtshöfe und über die Auslegung der Präsidialdekrete war bei der geschlossenen Ablehnung der tschechischen Parteien kein Erfolg beschieden; sie mußten in dieser 2. Prager Vereinbarung sogar ihre hoheitsrechtlichen Befugnisse auf dem Wirtschafts- und Planungssektor den Zentralbehörden überlassen. Ohne die Unterstützung einer der großen tschechischen Parteien und bei der unzureichenden Kooperation von KPS

---

[86] Am 24. Juli 1945 kam auf Initiative Širokýs endlich ein Regierungsbeschluß zustande, der Slowakei intensivere Wiederaufbauhilfe zu gewähren und die Durchführung dieser Arbeiten sowie die Verteilung der Mittel dem SNR zu überlassen.

und DP innerhalb der slowakischen Nationalorgane war der Anspruch der Slowaken auf eine Förderalisierung der Republik nicht aufrecht zu erhalten; selbst die Behauptung der zuvor errungenen Zugeständnisse erwies sich in zunehmendem Maße als undurchführbar.

Die Mai-Wahlen 1946 – Vorgeschichte und Folgen

Diese zweite Prager Vereinbarung vom 11. April 1946, die kaum zwei Monate Bestand haben sollte, hatte nur deshalb zustande kommen können, weil die innenpolitische Landschaft in der Slowakei seit dem Oktober 1945 einem grundlegenden Wandel unterworfen war. Während sich durch den Übergang der Regierungsgewalt auf die parlamentarischen Organe in Form der von den Parteien beschickten Provisorischen Nationalversammlung und durch die feste Etablierung der Ministerialbürokratie eine Normalisierung und Stabilisierung abzuzeichnen begann, nahm die politische Auseinandersetzung innerhalb der slowakischen Nationalorgane an Hektik und Schärfe zu. Rückwirkungen auf das Verhältnis zwischen Prag und Preßburg konnten dabei nicht ausbleiben. Die Meinungsverschiedenheiten bildeten sich vor allem um den Komplex der Beteiligung des katholischen Bevölkerungsteils am aktiven politischen Leben aus. Sowohl die KPS als auch die DP bemühten sich, das durch das Verbot der SVP entstandene Vakuum auszufüllen, den Einfluß des katholischen Klerus auf einen beträchtlichen Teil der Bevölkerung für sich auszunutzen und sich die brachliegenden katholisch-politischen Kräfte einzugliedern. Auf tschechischer Seite wurden ebenfalls Überlegungen angestellt, wie durch eine Ausweitung der Tätigkeit der Tschechischen Volkspartei oder durch die Gründung einer selbständigen, christlich-sozialen Partei dieses konservative Wählerreservoir als Gegengewicht zu den bestehenden föderalistischen Tendenzen in der KPS und der DP zur Stärkung der zentralistischen Kräfte in der Slowakei erschlossen werden könnte. Die Verstaatlichung des kirchlichen Schulwesens, die drohende Enteignung des kirchlichen Grundbesitzes, das Vorherrschen des protestantischen Elements in der Führung der DP sowie die weltanschaulichen Gegensätze zu den Kommunisten ließen dem slowakischen Episkopat solch eine Entwicklung als durchaus wünschenswert erscheinen, zumal auch der Vatikan diese Pläne zu fördern versprach. Sowohl die DP als auch die KPS stimmten anfangs aus ganz unterschiedlichen Überlegungen diesem Kurs zu, denn die Demokraten erhofften sich bei einem Ausgreifen der Tschechischen Volkspartei in die Slowakei die Zulassung in den böhmischen Ländern und damit die Unterstützung des Wählerstammes der verbotenen Agrarpartei, während die Kommunisten nicht zu Unrecht annahmen, bei einer Zersplitterung der bürgerlichen Stimmen die DP grundlegend schwächen und selbst zur stärksten politischen Kraft in der Slowakei werden zu können. Auch Präsident Beneš schaltete sich noch vor Jahresende 1945 mehrfach direkt in die Vorgespräche ein, wobei er sein Interesse an einer antikommunistisch ausgerichteten Partei zu erkennen gab, gleichzeitig aber nicht vor einer Stärkung des politischen Katholizismus und vor den möglichen Folgen zu warnen vergaß[87].

---

[87] Da mit dem Aufsatz von Čelko, Jaroslav: Politické machinácie katolíckého kléru na Slovensku v rokoch 1945–1948 (Pokus o vytvorenie katolíckej politickej strany) [Die

Die Konfrontation über den künftigen Kurs der slowakischen Politik zwischen DP und KPS, innerhalb des tschechischen und des slowakischen Flügels der KP sowie zwischen Tschechen und Slowaken schlechthin, zeigte den Demokraten die Notwendigkeit auf, auf die Unterstützung ihrer politischen Linie durch den katholischen Bevölkerungsteil nicht zu verzichten, vor allem nachdem für sie keine Aussicht bestand, politisch im tschechischen Landesteil wirksam zu werden. Die einzelnen Faktionen innerhalb der DP, die ehemaligen Agrarier, die Mitglieder der Nationalpartei, die Šrobár-Anhänger, die fortschrittlichen Katholiken und die früheren Volksparteiler, hatten sich während der Auseinandersetzungen mit der Zentralregierung und im Streit um das Ausmaß der Reformen und der Nationalisierungsmaßnahmen enger zusammengeschlossen und dadurch für die Bevölkerung an politischer Glaubwürdigkeit gewonnen. In der am 20. Januar 1946 bekanntgegebenen Gründung einer Partei der Arbeit (Strana práce), die als Auffangorganisation für ehemalige Sozialdemokraten gedacht war, die dem Zusammenschluß ihrer alten Partei mit der KPS nicht zustimmten, sah die DP einen ersten Versuch der KPS, in ihr Wählerreservoir einzubrechen. Eine weitere große Partei, zu der ein beträchtlicher Teil ihrer katholischen Mitglieder abgewandert wäre, mußte die Wirkungsmöglichkeiten der DP mindern und der immer stärker nach Prag ausgerichteten KPS die Vormachtstellung bescheren. Deshalb boten Lettrich und Ursíny überraschend dem slowakischen Episkopat Ende Januar 1946 die Berücksichtigung der katholischen Vorstellungen in ihrem Programm und katholischer Politiker in ihren Führungsgremien an. In einem unter der Federführung ehemals aktiver Parlamentarier der SVP – u. a. Čarnogurský, Čavojsky und Dr. Kempný – mit Billigung des Erzbischofs Kmet'ko von Neutra ausgearbeiteten Memorandum verlangten die katholischen Interessenvertreter in 85 Punkten jedoch ein so weitreichendes Nachgeben der DP, daß erst die Intervention des päpstlichen Nuntius und die Vermittlung des Prager amerikanischen Botschafters Steinhardt zum Zustandekommen eines für beide Seiten akzeptablen Kompromisses führten. Am 30. März 1946 wurde eine Vereinbarung unterzeichnet, die dem katholischen Flügel in allen innerparteilichen Gremien der DP die Besetzung der Führungs- und Funktionärspositionen im Verhältnis von 7 : 3 zusicherte und ihm in allen Vertretungskörperschaften, in den Nationalausschüssen, im SNR und im Parlament zwei Drittel der von der DP zu stellenden Abgeordneten zugestand. Zwei der drei neuen Generalsekretäre waren Exponenten der katholischen Richtung[88]. Im Rahmen der „Bemühungen um die Beseitigung der religiösen Intoleranz im Volke" versprach die DP, sich für die Wiedereinführung des Parochialschulwesens zu verwenden und eine Revision des Systems der Nationalausschüsse zugunsten der hergebrachten Orts-, Kreis- und Landesselbstverwaltungskörperschaften anzustreben. Die geheimen Absprachen sahen eine Reform der Volksgerichtshöfe unter Zurückdrängung des dort übermächtigen kommunistischen Einflusses, eine Amnestie für die minderbelasteten verurteilten

politischen Machinationen des katholischen Klerus in der Slowakei in den Jahren 1945 bis 1948 (Der Versuch der Gründung einer katholischen politischen Partei)]. HČ 8 (1960) 88–109 bereits eine ausführliche Darstellung der Vorgänge vorliegt, erübrigt sich hier eine detaillierte Interpretation.

[88] Neben Fedor Hodža übten Miloš Bugár und Dr. Ján Kempný dieses Amt aus.

Volksparteiler, eine milde Bestrafung oder gar Freilassung des Staatspräsidenten Tiso und schließlich die Vergabe der Beauftragtenämter für Inneres und für das Schulwesen an bewußt katholisch eingestellte Politiker vor[89].

Das überraschende Zustandekommen dieser Vereinbarung zwischen den „Lutheranern“ und den „Katholiken“, die von Husák als der „agrarisch-volksparteiliche Block“ (agro-l'udácky blok) charakterisiert wurde, schreckte sowohl die Kommunisten als auch die tschechischen bürgerlichen Parteien auf. Beide wurden fortan nicht müde, diesen Zusammenschluß als reaktionär, anti-tschechisch und faschistoid abzustempeln. Die am 1. April 1946 eilig als vierte slowakische Partei ins Leben gerufene Freiheitspartei (Strana slobody) unter der Führung Dr. Vavro Šrobárs, mit der den „christlich, fortschrittlich und pro-tschechoslowakisch gesinnten Bürgern“ eine Alternative zur Politik der DP geboten werden sollte, fand nur geringen Widerhall[90]. Als nach einem mit bisher unbekannter Härte geführten Wahlkampf, in dem jeder jeden verdächtigte und die politischen Emotionen bis ins Unerträgliche angeheizt wurden, am 26. Mai 1946 die Stimmen zu zählen waren, konnte die DP, nicht zuletzt dank der katholisch-konservativen Unterstützung, einen in dieser Höhe unerwarteten Erfolg für sich verbuchen. Mit 62% der Stimmen und 43 von insgesamt 69 Mandaten konnte sie ein mehr als doppelt so gutes Ergebnis wie die KPS erzielen. Die beiden Splitterparteien blieben klar unter 4%[91]. Obwohl die slowakischen Kommunisten im Vergleich zu 1935, als sie mit 13,7% das für sie beste Resultat in der Ersten Republik erreicht hatten, ihren Stimmenanteil mit 30,37% mehr als verdoppeln konnten, waren sie weit unter dem mit 40,17% aller Stimmen deutlich ausgefallenen Erfolg der KPTsch im tschechischen Landesteil geblieben. Dieses unerwartet bescheidene Abschneiden, allein durch einen gewissen Durchbruch

---

[89] Diese wegen ihrer Erstveröffentlichung in der demokratischen Zeitung Čas am 5. April 1946 auch „April-Abkommen“ genannte Vereinbarung wurde erstmals vollständig abgedruckt in: Spiknutí proti republice [Verschwörung gegen die Republik]. Prag 1947, S. 24. Die Reaktion der KPS geht aus der Stellungnahme Husáks: Zápas o zajtrajšok 219 f. hervor.

[90] In der historischen Literatur fehlen übereinstimmende Angaben, auf wessen Initiative die Parteigründungen des Jahres 1946 zurückzuführen sind. In: Die Tschechoslowakei auf dem Wege zum Sozialismus 53 wird der Eindruck erweckt, die Partei der Arbeit sei auf Initiative der DP zustandegekommen, um die ehemals sozialdemokratischen Kräfte von der KPS abzuziehen. Lettrich: History of Modern Slovakia 239 wirft den Kommunisten vor, durch die von ihnen inspirierten Parteigründungen den Versuch unternommen zu haben, die DP zu schwächen. Während die Partei der Arbeit bereits im Oktober 1946 ihren Namen in Sozialdemokratische Partei der Slowakei abänderte und sich im November 1947 der tschechischen Sozialdemokratie anschloß und mit ihr im April 1948 liquidiert wurde, hat sich die Strana slobody bis heute in der Slowakei als Miniaturpartner der KPS erhalten.

[91] Auf die DP entfielen 999 622 Stimmen, 43 der 69 Parlaments- und 63 der 100 SNR-Mandate. Die KPS erhielt 489 596 = 30,37% der Stimmen, 21 Parlaments- und 31 SNR-Sitze. Die Freiheitspartei wurde von 60 195 = 3,73% gewählt und war jeweils mit drei Abgeordneten im Parlament und im SNR vertreten. Auf die Partei der Arbeit entfielen 50 079 = 3,11% der Stimmen, 2 Sitze im Parlament und 3 Mandate im SNR. 12 724 = 0,79% der Stimmen waren ungültig. Angaben nach Lettrich: History of Modern Slovakia. 240. – Statistical Bulletin of Czechoslovakia I/2–3 (1946), S. 9f. – Vgl. Zinner: Communist Strategy and Tactics, Tabellen 7–9, S. 256–258.

im Aufstandszentrum Neusohl (Banská Bystrica) aufgehellt, kam um so überraschender, weil die KPS ihren Wahlkampf in der Endphase mit einem extrem nationalistischen und moderiert sozialistisch-sozialdemokratischen Programm geführt, von der in der Slowakei vorhandenen Slawophilie profitiert und die Mehrzahl der früher sozialdemokratischen Wähler hinzugewonnen hatte. Die Demokraten wollten das Wahlergebnis so verstanden wissen, daß sich 70% der slowakischen Wähler gegen den Kommunismus, gegen separatistische Tendenzen und für die wiedererrichtete ČSR als demokratisch-föderalisierte Republik entschieden hätten.

Reagierten die tschechischen bürgerlichen Parteien auf diesen Wahlerfolg der DP auf Grund ihres eigenen schlechten Abschneidens nur konsterniert und warfen der DP danach vor, zu einseitig auf den Gewinn lokaler oder regionaler Vorteile bezogen und zu wenig an einer konstruktiven Gesamtstaatspolitik interessiert zu sein, so unterzog die KP ihre Slowakei-Politik einem grundsätzlichen Wandel. Klement Gottwald versuchte am 30. Mai auf einer Sitzung des ZK der KPTsch das Ergebnis damit zu erklären, „daß sich in der Slowakei unser neues volksdemokratisches Regime nicht durchsetzte, daß dort alles nach dem alten ging, daß das Kaschauer Programm nicht mit solcher Gründlichkeit wie in den tschechischen Ländern durchgeführt wurde. Die Gefahr besteht darin, daß die alten reaktionären Hlinka-Leute in die Demokratische Partei eingedrungen sind, daß die Anhänger Tisos im Sieg der Demokratischen Partei ihren Sieg sehen, daß auch die Gardisten in der Demokratischen Partei ihre Vertreterin sehen“[92]. Tags zuvor war das Präsidium der KPS bei einer Lagebeurteilung übereingekommen, „nicht zuzulassen, daß die DP ihre Versprechen an den Volkspartei-Untergrund erfüllen kann“, und es hatte für den 31. Mai zu einem Generalstreik aufgerufen, den immerhin 30 000 Arbeiter befolgten. Die Notwendigkeit, künftig einen zentralistischeren Kurs zu steuern, um mit der Unterstützung der KPTsch die Entwicklung in der Slowakei weiterhin in ihrem Sinne beeinflussen zu können, wurde jetzt auch von den slowakischen „nationalen“ Kommunisten anerkannt und aktiv vertreten. Um ihren bisherigen Koalitionspartner nicht noch stärker zu reizen, übte die DP bei der Neubesetzung des Ausschusses der Beauftragten äußerste Zurückhaltung und nahm der KPS außer dem Vorsitz nur noch das bedeutsame Amt des Beauftragten für das Innere zugunsten des Parteilosen Dr. Mikuláš Ferjenčík ab.

Dennoch zeigte sich bei den Verhandlungen über die Bildung einer neuen Zentralregierung und bei den vom 2. bis zum 28. Juni 1946 laufenden Gesprächen innerhalb der Nationalen Front der Tschechen und Slowaken über die endgültige Festlegung der Rechte der slowakischen Nationalorgane, daß der Wahlerfolg der DP die Bereitschaft der anderen Parteien, den slowakischen Wünschen entgegenzukommen, vollständig abgebaut hatte. Bei einer Sitzung der tschechischen Nationalen Front am 12. Juni 1946 legte Gottwald als designierter Ministerpräsident ein Vier-Punkte-Programm über die Beschränkung der Vollmachten des SNR und des Beauftragtenausschusses vor, das die generelle Zustimmung aller tschechischen Politiker fand. Der DP blieb nur die Flucht an die Öffentlichkeit, um die Allianz der

---

92 Deutsche Übersetzung zitiert nach: Die Tschechoslowakei auf dem Wege zum Sozialismus 54 f.

KPS und der Partei der Arbeit mit den tschechischen Parteien anzuprangern, denn bei den Sitzungen der Nationalen Front waren ihre sich heftig zur Wehr setzenden Vertreter den Advokaten einer zentralistischen Richtung hoffnungslos unterlegen. Das am 28. Juni 1946 in der 3. Prager Vereinbarung erzielte Ergebnis kam dann auch einer völligen Niederlage gleich: Zuerst wurde die gesetzgebende Gewalt des SNR der Regierung dadurch untergeordnet, daß alle Gesetzesinitiativen zwei Wochen vor der Behandlung in den slowakischen Gremien der Regierung zur Begutachtung vorzulegen waren, die sich die Entscheidung vorbehielt, ob die angestrebte Verordnung in den Kompetenzbereich des SNR fiel, in die Aufgaben der Zentralregierung eingriff oder schlichtweg vertagt werden sollte. Die slowakische Landesexekutive, der Ausschuß der Beauftragten, wurde der Zentralregierung unterstellt; sein Vorsitzender gehörte gleichzeitig dem Prager Kabinett an und war an dessen Weisungen gebunden. Die einzelnen Ressortchefs bekamen ausdrücklich die Weisungs- und Aufsichtsbefugnis über die entsprechenden Beauftragtenämter übertragen. Schließlich behielt sich die Regierung die Auswahl der Beauftragten vor, die formell zwar weiterhin vom Vorsitzenden des SNR ernannt wurden, ihren Diensteid aber dem Regierungschef zu leisten hatten. Der SNR und die slowakischen Landesorgane hatten demnach auf jedwede Eigeninitiative zugunsten der Regierung zu verzichten und waren zu Vollzugsorganen der Zentralinstitutionen abgesunken. Anstelle der angestrebten Föderalisierung wurde den Slowaken gerade noch ein bescheidenes und höchst anfälliges Maß an Autonomie in untergeordneten Angelegenheiten belassen. Dem Plenum des SNR blieb am 16. Juli 1946 keine andere Wahl, als dieser Vereinbarung zuzustimmen[93].

*

Damit war die bereits 1943 einsetzende, seit dem Slowakischen Nationalaufstand intensivierte, dann während der Moskauer Verhandlungen im März 1945 vorerst zugunsten der Slowaken beigelegte und seit Mai 1945 die Innenpolitik der ČSR beherrschende Diskussion um die staatsrechtliche Stellung der Slowaken in der wiedererrichteten Republik im Sinne jener zentralistisch-konservativen Kräfte geregelt worden, die in jedem Zugeständnis an die Slowaken über ein begrenztes Maß an Landesselbstverwaltung hinaus den Keim für ein erneutes Auseinanderbrechen des Staates zu sehen glaubten. Die Vertreter der bürgerlichen Parteien hatten auch 1945 noch nicht die Triebkräfte der Autonomie- und, bereits unter deutscher Ägide, der Separationspolitik der SVP erkannt, so wie sie sich auch geweigert hatten, die wahren Motive für das Aufflammen des Slowakischen Nationalaufstandes zur Kenntnis zu nehmen. Bei aller Bereitschaft, in einen Staatsverband mit den Tschechen zurückzukehren, verlangte die überwiegende Mehrheit der politisch bewußten Slowaken die volle Anerkennung und Respektierung ihrer nationalen und politischen Rechte, um als Gleiche unter Gleichen am Wiederaufbau einer demokratisch-

---

[93] Die Auseinandersetzung zwischen Lettrich und Novomeský auf der 19. Plenumssitzung des SNR am 16. Juli 1946 stellt anhand des stenografischen Protokolls dar Falt'an: Slovenská otázka 223–226.

föderalistischen Republik teilzunehmen. Die KPTsch bekannte sich aus taktischen Überlegungen solange zu diesen Aspirationen des slowakischen Volkes, bis sie mit deren Hilfe ihre revolutionären Vorstellungen durchgesetzt und ihren eigenen Herrschaftsanspruch gefestigt hatte. Als es ihr wider Erwarten nicht gelang, von der slowakischen Basis aus die Kontrolle der Staatsmacht an sich zu reißen, war sie im Einvernehmen mit den tschechischen bürgerlichen Parteien um einen beinahe vollständigen Abbau der slowakischen Eigenständigkeit auf dem Gebiet der Landeslegislative und -exekutive bemüht. Unter dem Vorwand, gesamtstaatlichen Interessen zu dienen, gestaltete sie die Auseinandersetzung mit den slowakischen Demokraten 1946/47 zu einer Generalprobe für die Übernahme der Macht in der ČSR um. Die bürgerlichen Parteien haben in ihrer zentralistisch-tschechoslowakistischen Ausrichtung und bei ihrer Voreingenommenheit gegenüber den slowakischen nationalen Belangen diese Schwächung des demokratischen Staatsaufbaus solange geduldet und gedeckt, bis die KP im November 1947 ihr Ziel in der Slowakei erreicht und die ihren Plänen gefährlichen Führer der Demokraten politisch kompromittiert oder ausgebootet hatte.

Die slowakischen bürgerlichen und kommunistischen Kräfte, die sich im Weihnachtsabkommen von 1943 zum Kampf gegen das im Soge Hitler-Deutschlands dem Untergang zutreibende Volkspartei-Regime zusammengeschlossen hatten, besaßen anfangs zwar eine gemeinsame nationale Zielsetzung und konnten im Untergrund ihre unterschiedlichen politischen und sozialen Konzeptionen noch einigermaßen einander angleichen. Sobald sie aber in dem von der Roten Armee besetzten, vom Kriege schwer gezeichneten Land gemeinsam konstruktive Arbeit zu leisten hatten, bröckelte ihre Basis rasch ab. Das Eintreten der DP und der KPS für extreme politische Forderungen gegenüber der Zentralregierung lag im Jahr 1945 mit in der Notwendigkeit begründet, die Unterstützung und das Vertrauen der Bevölkerung zu gewinnen und das durch das Verbot der SVP entstandene politische Vakuum auszufüllen. Während sich die KPS nach unbefriedigenden Anfangserfolgen seit dem Sommer 1945 von der dominierenden tschechischen Mutterpartei ins Schlepptau nehmen ließ und dadurch bei den in nationalen Fragen äußerst empfindlichen Slowaken an Glaubwürdigkeit verlor, wurde die DP zum Sammelbecken all jener anti-kommunistischen und slowakisch-nationalen Kreise, die einen Kompromiß mit der Prager Regierung ablehnten und trotz der offenbaren Mängel und Unausgeglichenheiten ihrer Landesselbstverwaltung sich jedes korrigierenden Eingreifens der Zentrale widersetzten. Bei den seit den Tagen der Ersten Republik und vor allem seit 1938 auf beiden Seiten noch lebendigen Vorbehalten und einem mit gewisser Berechtigung seit Mai 1945 stetig anwachsenden Mißtrauen war es nicht verwunderlich, daß die von Tschechen und Slowaken in die Wiedererrichtung des Staates gesetzten Erwartungen nicht in Erfüllung gingen. So sind wegen der noch nicht überwundenen nationalen Egoismen der beiden staatstragenden Völker die in dem Neuanfang liegenden Chancen 1945 nicht erkannt und durch die unzureichende Lösung der für den Fortbestand der ČSR essentiellen slowakischen Frage auch die Voraussetzungen für das Scheitern der bürgerlich-demokratischen Republik Masarykscher und Benešscher Prägung geschaffen worden.

Peter Burian

DER „TRANSFER" UND SEINE KONSEQUENZEN

Das Nationalitätsprinzip, das sich im 19. Jahrhundert zu einem der leitenden Grundsätze der europäischen Politik entwickelte, bedeutet nach einer klassisch gewordenen Definition des deutschschweizerischen Staatsrechtlers Johann Kaspar Bluntschli aus dem Jahre 1875, daß „jede Nation ... berufen und berechtigt" sei, „einen Staat zu bilden. Wie die Menschheit in eine Anzahl von Nationen geteilt ist, so soll die Welt in ebenso viele Staaten zerlegt werden. Jede Nation ein Staat. Jeder Staat ein nationales Wesen[1]." Diese Verbindung von Nationalbewußtsein und Territorium, dieser Anspruch jeder als Nation handelnden Gemeinschaft, sich selbst in einem eigenen Nationalstaat zu regieren, machte Probleme sichtbar, die früheren Epochen unbekannt gewesen waren. Das oft in sich verschachtelte und ineinander verzahnte nationale Siedlungsgebiet, gerade in Ostmittel- und Südosteuropa, auf der einen und historisch, strategisch, siedlungs-, wirtschafts- und verkehrsgeographisch motivierte Ansprüche auf der anderen Seite machten es unmöglich, daß bei der Feststellung von Staatsgrenzen stets nationale Rücksichten allein entscheidend sein konnten, was für die alten übernationalen, allein historisch-dynastisch begründeten Reiche ohnehin nicht galt. Der fehlenden nationalen Geschlossenheit eines Staates entspricht das Vorhandensein von einer oder von mehreren andersnationalen Gruppen (Minderheiten) in eben diesem Staat. Ein Staat jedoch, dessen Existenz an die Selbstbestimmung der modernen Nation gebunden ist – und das war bei den nach dem Ersten Weltkrieg in Europa entstehenden neuen Staaten ausnahmslos der Fall –, mußte in solchen Gruppen eine latente Bedrohung des eigenen nationalstaatlichen Daseins zumindest vermuten und dies dann offensichtlich mit um so mehr Berechtigung, wenn er zahlenmäßig größere oder sozial, kulturell oder wirtschaftlich höher entwickelte andersnationale Gemeinschaften umfaßte und seine Existenz und die Abgrenzung seines staatlichen Hoheitsgebiets allein der Aktivität der einen, nun dominierenden Nation verdankte. Diese potentielle Bedrohung wurde um so stärker empfunden, als diese Minderheiten im Verhältnis zu konnationalen Staaten jenseits der eigenen Grenzen nun ihrerseits national „unerlöste" Gruppen darstellen konnten. Die Minderheitenschutzverträge, die in der Zwischen-

---

[1] Bluntschli, Johann Kaspar: Allgemeine Staatslehre. Bd. 1. Stuttgart [5]1875, S. 107. Bluntschli selbst hat die Allgemeingültigkeit des Nationalitätsprinzips bezweifelt. Es ist bezeichnend, daß die hier zitierte Formulierung bei ihm zum ersten Mal nach der Reichsgründung von 1870/71 auftaucht; in der vorhergehenden Auflage (München [4]1868, Bd. 1, S. 90) hatte es noch geheißen: „Jede Nation, welche eine eigentümliche Staatsidee und zugleich die Kraft und das Bedürfnis hat, dieselbe zu verwirklichen, ist berechtigt, einen nationalen Staat zu bilden; aber sie ist bei diesem Streben verpflichtet, die historische Rechtsordnung insoweit zu respektieren, als dieselbe nicht ihre naturgemäße Entwicklung widerrechtlich hindert. Die Herstellung eines nationalen Staates erfordert keineswegs (!) die Vereinigung aller nationalen Bestandteile zu einem Staatsganzen, sondern nur ein so starkes Zusammenwirken nationaler Elemente, daß das der Nation eigene Staatenbild zu sicherer und ausreichender Erscheinung gelangt."

kriegszeit in manchen der ostmitteleuropäischen Staaten galten, vermochten diese Nationalitätenfragen aus Gründen, die hier im einzelnen nicht analysiert werden können, nicht zu lösen; nur eine der Ursachen für das Versagen des in den Pariser Vorortverträgen konzipierten Schutzes sei genannt: den neuen Mittel- und Kleinstaaten waren im System von 1919 macht- und gleichgewichtspolitische Funktionen zugewiesen worden, die sie nicht erfüllen konnten[2].

Der Schwierigkeit, national reine Staaten durch territoriale Abgrenzung zu schaffen, kann, solange der in sich homogene Nationalstaat als Ideal gilt, auf die Weise begegnet werden, daß nicht das Staatsgebiet, sondern die Bevölkerung dieses Gebiets verändert wird. Das kann durch den Versuch geschehen, die „ethnischen Minderheiten durch Überredung oder Gewalt an die als Staatsursache fungierende Gruppe zu assimilieren"[3], die Minderheiten können aber auch dadurch zum Verschwinden gebracht werden, daß sie entweder physisch vernichtet oder aus ihrem Heimatstaat ausgewiesen werden. Ein solcher Bevölkerungstransfer, wie er mitunter mit einem euphemistischen, aber im Grunde doch zutiefst inhumanen Ausdruck bezeichnet wird, ist zur Lösung von Nationalitätenproblemen in unserem Jahrhundert, gerade in den national uneinheitlichen Gebieten Ostmittel- und Südosteuropas, wiederholt durchgeführt worden. Er zeigte sich in unterschiedlicher Gestalt: als Aussiedlung, Austausch, Ausweisung, Verdrängung, Umsiedlung, teils als Folge freiwilliger Entscheidung, teils unter Zwang, auf der Grundlage von vertraglichen Abmachungen mit Gegenseitigkeit oder durch einseitige Akte. Abgesehen von den Zwangsumsiedlungen innerhalb der Sowjetunion geschahen vor dem Zweiten Weltkrieg die umfangreichsten Bevölkerungsverschiebungen auf dem Balkan: das waren der im Frieden von Konstantinopel (1913) vereinbarte Tausch von Bulgaren (44 800) und Türken (48 600) sowie die Flucht und die nachträglich durch Verträge legalisierte Ausweisung der Griechen aus der Türkei (1,4 Mill.) und die Aussiedlung von Türken aus Griechenland (380 000) (1923)[4]. Deutschland veranlaßte dann

---

[2] Zur Grundlegung des vertraglichen Minderheitenschutzes vgl. Viefhaus, Erwin: Die Minderheitenfrage und die Entstehung der Minderheitenschutzverträge auf der Pariser Friedenskonferenz 1919. Eine Studie zur Geschichte des Nationalitätenproblems im 19. und 20. Jahrhundert. Würzburg 1960 (Marburger Ostforschungen 11). Eine zusammenfassende Darstellung des Minderheitenschutzes in der Zwischenkriegszeit steht noch aus; erste Versuche stellen dar: Modeen, Tore: The International Protection of National Minorities in Europe. Åbo 1969 (Acta Academiae Aboensis. Ser. A. Bd. 37, 1.): Teil 3: The Treaty System up to the Second World War (S. 47–65), und Kloss, Heinz: Grundfragen der Ethnopolitik im 20. Jahrhundert. Die Sprachgemeinschaften zwischen Recht und Gewalt. Wien u. Bad Godesberg 1969, S. 329–350 (Ethnos 7).

[3] Lemberg, Eugen: Soziologische Theorien zum Nationalstaatsproblem. In: Schieder, Theodor (Hrsg.): Sozialstruktur und Organisation europäischer Nationalbewegungen. München 1971, S. 19–30, hier S. 23 (Studien zur Geschichte des 19. Jahrhunderts 3).

[4] Der Austausch von 1913 war freiwillig („l'échange facultatif mutuel des populations") und betraf lediglich die Bevölkerung innerhalb einer Zone von 15 km beiderseits der neuen Grenze (Friedensvertrag von Konstantinopel, 16./29. September 1913, Annexe I; Martens, G. F. v.: Nouveau Recueuil Général des Traités. Ser. III. Bd. 8, S. 78–93, hier S. 86). Das im Zusammenhang mit den Lausanner Friedensverhandlungen am 30. Januar 1923 geschlossene Abkommen zwischen der Türkei und Griechenland hingegen legte zum ersten Mal eine obligatorische Umsiedlung fest („l'échange obligatoire") und gestattete die Rückkehr nur mit Zustimmung der Regierung (Martens, Ser. III. Bd. 13,

während der ersten Kriegsjahre die vertragsmäßigen Rücksiedlungen von Deutschen aus Ostmitteleuropa in ein Großdeutsches Reich (971 000), das um nichtdeutschen Volksboden bereits erweitert worden war[5]. Es leitete damit die in der Regel zwangsweisen Bevölkerungsverschiebungen am Ende des Krieges ein, mit denen die nationale Einheitlichkeit der Staaten erreicht werden sollte, auch wenn es sich dabei zugleich um kollektive Straf- und Vergeltungsmaßnahmen handelte[6]; als Beispiel dafür werden im folgenden die Vertreibungen und Aussiedlungen aus der Tschechoslowakei im einzelnen darzustellen sein.

*

Das Nationalitätenproblem der Ersten Tschechoslowakischen Republik war eine Folge der Grenzziehung bei der Entstehung dieses Staates: in den böhmischen Ländern wurden die historischen Grenzen beibehalten, die nordungarischen Komitate wurden gegenüber Trianon-Ungarn vorwiegend nach strategischen und verkehrsgeographischen Wünschen abgegrenzt, und ähnliche Gründe waren auch für die

---

S. 422–427, hier S. 422). – Wie ungeheuerlich man ein solches Vorgehen damals empfand, zeigt eine Äußerung von Lord Curzon; er bezeichnete diese Lösung „als eine ganz schlechte und fehlerstrotzende, die mit Schaudern und Konsternation von allen – auch den beiden interessierten Delegationen – angesehen wurde; er bedaure sie tief. In den kommenden hundert Jahren würde die Welt für diesen Entschluß schwer zu büßen haben." (Livre Jaune. Conférence de Lausanne. Bd. 1. 1923, S. 310, zit. in: Streit, Georg von: Der Lausanner Vertrag und der griechisch-türkische Bevölkerungsaustausch. Berlin 1929, S. 24). Zum Grundsätzlichen des Problems: Höxter, Werner: Bevölkerungsaustausch als Institut des Völkerrechts. Leipzig 1932 (Frankfurter Abhandlungen zum modernen Völkerrecht 35).

5 Thoss, Alfred: Die Umsiedlungen und Optionen im Rahmen der Neuordnung Europas. Zeitschrift für Geopolitik 18 (1941) 125–136; die noch immer erschöpfendste Darstellung bei Schechtman, Joseph B.: European Population Transfers 1939–1945. New York 1946, S. 27–363.

6 Schon eine Zusammenstellung der wichtigsten Literatur zeigt die Internationalität des Problems, das auf das deutsche Siedlungsgebiet nicht beschränkt blieb und bis heute nichts an Aktualität verloren hat: Rothfels, Hans: Frontiers and Mass Migrations in Eastern Central Europe. The Review of Politics 8 (1946) 35–67 („... the method of the defeated had its fatal imprint upon the method of the victors"; S. 67). – Kulischer, Eugene M.: Europe on the Move. War and Population Changes, 1917–47. New York 1948. – Carter, Henry: The Refugee Problem in Europe and the Middle East. London 1949. – Proudfoot, Malcolm J.: European Refugees: 1939–52. A Study in Forced Population Movement. London 1956. – Sceneri, Mario: Sulla espulsione dal territorio dello stato. In: Scritti di diretto internazionale in onore di Tomaso Perassi. Bd. 2. Mailand 1957, S. 261–277. – Paikert, G. C.: The German Exodus: A selective study on the post-World War II expulsion of German populations and its effects. Haag 1962 (Publications of the Research Group for European Migration Problems 12). – Schechtman, Joseph B.: Postwar Population Transfers in Europe 1945–1955. Philadelphia 1962. – Ders.: The Refugee in the World. Displacement and Integration. New York 1963. – Kloss 189–217, 455–500. – Überaus nützlich sind nach wie vor die Übersichten bei Rhode, Gotthold: Völker auf dem Wege ... Verschiebungen der Bevölkerung in Ostdeutschland und Osteuropa seit 1917. Kiel 1952 (Schriften des Schleswig-Holsteinischen Geschichtslehrer-Verbandes NF 1).

Zuweisung der Karpatenukraine entscheidend[7]. Nach der letzten Volkszählung vor dem Zweiten Weltkrieg im Jahre 1930 hatte die Tschechoslowakei rund 14,5 Mill. Einwohner; von ihnen waren 7,4 Mill. (= 51,2%) Tschechen, 2,3 Mill. (= 15,8%) Slowaken, 3,2 Mill. (= 22,3%) Deutsche, 700 000 (= 4,8%) Madjaren, 550 000 (= 3,8%) Ukrainer und 82 000 (= 0,6%) Polen. Das den neuen Staat tragende fiktive tschechoslowakische Staatsvolk zählte damals insgesamt rund 9,7 Mill. (= 67%)[8]. Daß der größte Teil der Minderheiten in geschlossenen Siedlungsgebieten entlang den Grenzen zu Nationalstaaten ihres Volkes lebte, verschärfte das Nationalitätenproblem.

Durch das Münchener Abkommen, den Ersten Wiener Schiedsspruch, die Abtretung des Olsagebietes an Polen und die Annexion der Karpatenukraine durch Ungarn waren im März 1939 das Protektorat Böhmen und Mähren und der selbständige slowakische Staat zwar im wesentlichen auf das Siedlungsgebiet der Tschechen und Slowaken beschränkt, doch befanden sich nun in den verloren gegangenen Gebieten wiederum starke tschechische und slowakische Minderheiten: nach dem Stand der Volkszählung von 1930 gab es in den an Deutschland abgetretenen Gebieten 20,6%, in den an Polen abgetretenen Gebieten 55% Tschechen und Slowaken und in den Gebieten, die an Ungarn gefallen waren, 21% Slowaken und 29% Ukrainer[9]. Die Höhe dieser Zahlen ist allerdings zum Teil daraus zu erklären, daß nach 1919 Tschechen und Slowaken als Angehörige des öffentlichen Dienstes vor allem in die Grenzgebiete zugezogen waren; so war dann bei der Volkszählung vom 17. Mai 1939 ihr Anteil in den an Deutschland abgetretenen Gebieten von 20,6% auf 9,3% zurückgegangen[10].

Diese Vorgänge in den Jahren 1938 und 1939 waren ausgelöst und entscheidend ermöglicht worden durch die expansive Außenpolitik des Deutschen Reiches, die sich der innenpolitischen Probleme der ČSR, vor allem des deutschen und des slowakischen, bediente; sie sind ein weltpolitisch folgenschweres Beispiel für den Versuch, die Probleme eines Nationalstaats[11], der starke Minderheiten umfaßt, durch

---

[7] Zur Entstehung der tschechoslowakischen Grenzen nach 1918 vgl. Perman, Denis: The Shaping of the Czechoslovak State. Diplomatic History of the Boundaries of Czechoslovakia, 1914–1920. Leiden 1962 (Studien zur Geschichte Osteuropas 7).

[8] Les Minorités ethniques en Europe centrale et balkanique. Paris 1946, S. 69–79 (Études et documents 3). – Bohmann, Alfred: Das Sudetendeutschtum in Zahlen. Handbuch über den Bestand und die Entwicklung der sudetendeutschen Volksgruppe in den Jahren 1910 bis 1950. Die kulturellen, soziologischen und wirtschaftlichen Verhältnisse im Spiegel der Statistik. München 1959, S. 13.

[9] Bohmann 123.

[10] Ebenda 134.

[11] In den Gründungsdokumenten der Ersten Tschechoslowakischen Republik (Pariser Unabhängigkeitserklärung vom 18. Oktober 1918, Manifest des Nationalausschusses vom 28. Oktober 1918) wird das Recht, einen unabhängigen Staat zu schaffen, ausdrücklich für das „tschechoslowakische Volk" in Anspruch genommen. Diese Vorstellung dominierte auch in den folgenden zwanzig Jahren, wenn auch in der Verfassung ein eindeutiger Bezug zum Nationalstaat fehlte. Vgl. Burian, Peter: Chancen und Grenzen des sudetendeutschen Aktivismus. In: Bosl, Karl (Hrsg.): Aktuelle Forschungsprobleme um die Erste Tschechoslowakische Republik. München 1969, S. 133–149, hier S. 142 f. Anm. 28.

die Neufestsetzung von Staatsgrenzen zu lösen. Sechs Jahre später wurden diese Schwierigkeiten auf genau entgegengesetzte Weise beseitigt, durch die Vertreibung und Aussiedlung der Minderheiten.

Der Gedanke, durch Bevölkerungsverschiebung möglichst reine Nationalstaaten zu schaffen, war zu Beginn der vierziger Jahre, wie der Hinweis auf die damals schon vollzogenen oder gerade in Gang gekommenen Umsiedlungen gezeigt hat, nicht mehr unbekannt. In den Diskussionen während des Krieges sowohl in den tschechischen Exilgruppen als auch in den Widerstandskreisen in der Heimat ist der Wunsch nach einer nationalen Bereinigung der Lage in der Republik nach einem alliierten Sieg jedoch stets schon von mehreren Motiven bestimmt gewesen[12]. Dominierend war zweifellos die Vorstellung, die der Exilpolitiker Hubert Ripka im Mai 1941 in einem Projekt für die Neuordnung Europas allgemein so formulierte: „Auf jeden Fall sollte ein Versuch unternommen werden, die kleineren mitteleuropäischen Länder so wiederaufzubauen, daß sie national so homogen wie möglich gestaltet werden[13].“ Der Schwierigkeit, zu einem solchen Resultat zu kommen, war man sich jedoch von Anfang an bewußt; es werde, wie Beneš im Winter 1941/42 schrieb, auch nach diesem Krieg Fälle geben, in denen „gewisse Staaten ohne ein bestimmtes Gebiet mit gemischter Bevölkerung nicht existieren können“[14]. Das zweite Motiv für die Ausweisung kann als das Trauma von München bezeichnet werden, die Vorstellung nämlich, daß das Verhalten der Minderheiten die Sicherheit und Integrität des tschechoslowakischen Staates bedroht habe und daß diese Minderheiten dafür auch durch eine Ausweisung aus der wiederhergestellten Republik zu bestrafen seien. Man gestand sich auch nach dem Scheitern der Zwischenkriegspolitik nicht ein, daß die von den tschechischen Politikern 1918/19 durchgesetzte Konfiguration der Republik erst die Voraussetzungen für diese Bedrohung geschaffen hatte. Der dritte Impuls für die Aussiedlung der Minderheiten schließlich ist die Erwartung einer sozialen Umschichtung. Anfang 1942 erwähnte Beneš im Gespräch mit Wenzel Jaksch, die Stimmung des tschechischen Volkes verlange, daß die „kommende soziale Revolution“ mit einer nationalen gekoppelt werde, die die „gesamte deutsche Bourgeoisie, die pangermanistische Intelligenz und die dem Faschismus verfallene Arbeiterschaft“ aus dem Land verbannen werde; „in diesem Plan

---

[12] Die tschechischen Überlegungen zur Lösung der Minderheitenfrage nach einer Niederlage Deutschlands sind zusammenfassend noch nicht untersucht und dargestellt worden. Der folgenden Skizze liegen zugrunde: Wiskemann, Elizabeth: Germany's Eastern Neighbours. Problems relating to the Oder-Neisse-Line and the Czech Frontier Regions. London 1956. – Brügel, Johann Wolfgang: Die Aussiedlung der Deutschen aus der Tschechoslowakei. Versuch einer Darstellung der Vorgeschichte. VfZ 8 (1960) 134–164. – Luža, Radomír: The Transfer of the Sudeten Germans. A Study of Czech-German Relations, 1933–1962. New York 1964, S. 219–222, 229–251. – Černý, Bohumil: Dr. Eduard Beneš und die deutsche Frage während des Zweiten Weltkrieges. In: Bosl: Aktuelle Forschungsprobleme 171–187. – Brandes, Detlef: Die Tschechen unter deutschem Protektorat. Bd. 1: Besatzungspolitik, Kollaboration und Widerstand im Protektorat Böhmen und Mähren bis Heydrichs Tod (1939–1942). München 1969, S. 61–64, 179–184.

[13] Central European Observer, London, 30. 5. 1941, zit. bei Brügel 145.

[14] Foreign Affairs, New York, Januar 1942, S. 227–242, hier S. 238.

ist auch ein Stück Marxismus“[15]. Die Überlegungen für eine Aussiedlung galten, das muß wohl nicht besonders betont werden, in erster Linie der deutschen Minderheit, der weitaus stärksten nichtslawischen Bevölkerungsgruppe, deren Existenz in der Tschechoslowakei zum Anlaß für die Verkleinerung und schließliche Auslöschung der tschechoslowakischen Eigenstaatlichkeit geworden war.

Wenn hier drei Motive für die Aussiedlung von Minderheiten genannt wurden, ein nationalstaatliches, ein strafend-vergeltendes und ein sozialrevolutionäres, so ist das eine vereinfachend-schematisierende Darstellung, die der Deutlichkeit zuliebe gewählt wurde. In Wirklichkeit war es keineswegs so, daß es von Anfang an im Exil – in Westeuropa sowohl wie in der Sowjetunion – klare und die ganze Zeit hindurch konsequent verfolgte Absichten über die Frage der Aussiedlung gegeben hätte.

Die bekannt gewordenen Pläne für die Republik nach dem Kriege zeigen für den hier interessierenden Komplex verschiedene Varianten, die erklärt werden können mit der Entwicklung des Krieges und dem diplomatischen Status, der der Exilgruppe zugestanden wurde, die aber ebenso davon beeinflußt waren, welchem Kreis die jeweiligen Äußerungen galten oder mit welchen Partnern verhandelt wurde. Die Vorstellung, über 3 Millionen Sudetendeutsche auszusiedeln und dennoch das ganze bisher von diesen bewohnte Gebiet zu behalten, erschien zu Anfang als völlig unrealisierbar. So finden sich in den ersten Entwürfen wiederholt Hinweise auf einen Verzicht auf die historischen Grenzen, wobei aber mit einer Verkleinerung des Staates zugleich auch die jetzt noch in der Republik verbleibende deutsche Minderheit zahlenmäßig reduziert werden sollte. In einem Bericht Benešs an die Heimat vom 18. November 1940 hieß es: „Ich gebe die historischen Grenzen keineswegs auf, betrachte sie jedoch bloß als eine Opportunitäts- und keine Prinzipienfrage. Hauptsache ist und wird für uns sein, in Hinkunft ein größeres nationaltschechisches Gebiet zu schaffen und es für uns zu sichern. Hierfür wird es nötig sein, das tschechische Gebiet Mährens nach Norden und Süden möglichst auszuweiten und so unsere Umklammerung durch die Deutschen Österreichs und Schlesiens zu beseitigen. ... Es werden daher die Deutschen aus Nord- und Südmähren incl. Brünn und Iglau sowie aus Schlesien zwischen Jägerndorf und Ostrau verschwinden müssen. ... Außerhalb des (neu begrenzten) nationaltschechischen Gebietes würden ... drei Gaue verbleiben: Jägerndorf, Reichenberg und Karlsbad. Die im Landesinnern incl. Prag wohnhaften Deutschen müßten entweder auswandern oder bedingungslos die tschechische Herrschaft sowohl in sprachlicher als auch in administrativer Hinsicht ohne Minderheitenrechte ... annehmen. Die drei deutschen Gaue müßten so begrenzt werden, daß wir in Hinkunft von den Deutschen nicht durch den Umstand terrorisiert werden können, daß die Grenzlinien im Falle ihrer Abtrennung eine für die Verteidigung unmögliche Gestalt bekämen – wie nach München. ... Aus diesem Plan ergeben sich folgende Konsequenzen: Wir dürfen uns keinen unmöglichen Hoffnungen hingeben, daß man 3 Millionen Deutsche ausmerzen oder ausweisen könnte, wie so manche Leute bei uns naiverweise glauben. Man

---

[15] Beneš, Edvard: Memoirs. From Munich to New War and New Victory. London 1954, S. 217.

könnte jedoch mit dem Abgang oder der Ausweisung ganzer Hunderttausender kompromittierter Nazideutscher oder einer Zwangs(!)übersiedlung weiterer Hunderttausender Deutscher aus den Kreisen in die drei deutschen Gaue, nach Österreich oder nach Deutschland rechnen. Diese Übersiedlung würde jedoch schwerlich die Gesamtzahl einer ganzen Million um vieles überschreiten. Und das wäre schon ein beispielloser Erfolg, eine gewaltige Sicherstellung unseres Staates und der Entwicklung unseres inneren nationalen Gebietes[16]." Solche Projekte waren allerdings grundsätzlich durch die Einsicht belastet, daß es schwierig sei, die Kontinuität der Republik zu verteidigen und ihre Anerkennung bei den Alliierten zu erwirken, wenn man auf der anderen Seite die Bereitschaft zeige, die Grenzen von 1919 in irgendeinem Punkt aufzugeben.

Durch die Verschärfung der deutschen Besatzungspolitik in der Heimat und unter dem Eindruck der alliierten Erfolge gewannen auch in der Emigration radikalere Vorstellungen an Gewicht. Im Februar 1943 forderte Beneš, „die Minderheitenfragen in Ostmittel- und Südosteuropa sollten diesmal ‚drastisch und endgültig' geregelt werden, nämlich durch ‚allgemeinen Austausch von Minderheiten, um dieses lästige Problem für immer zu beenden'. Die von der Aussiedlung nicht erfaßten Angehörigen einer Minderheit sollten alle staatsbürgerlichen Rechte, aber keine besonderen nationalen Rechte haben", so daß die Entstehung eines reinen Nationalstaats auf jeden Fall gewährleistet sei[17].

Die Verhandlungen, die Beneš Ende 1943 mit der in Moskau lebenden kommunistischen Emigration führte, hatten nach einem Brief Gottwalds folgendes Resultat: „Der Herr Präsident hat uns seinen Plan für den sogenannten Transfer, d. i. die Aussiedlung der Deutschen, entwickelt. Wir haben ihm gesagt, daß es zweckmäßiger wäre, die Sache im Rahmen der Aktion zur Bestrafung derjenigen zu lösen, die am Krieg und an den an der Tschechoslowakei verübten Verbrechen schuldig sind, also auf der antifaschistischen und antinazistischen Linie, im Sinne folgender Thesen:

a) Bestraft werden einschließlich Ausweisung aus der Republik und Beschlagnahme des Vermögens alle, die Hitler aktiv geholfen haben und sich des Hochverrats gegen die Republik schuldig machten.

b) Den übrigen Bürgern deutscher Nationalität wird die Möglichkeit gegeben, entweder für Deutschland oder die Tschechoslowakei zu optieren. Dabei behält sich

---

[16] Černý 174 f. – Brandes 181.
Die radikaleren Vorschläge zur Lösung des Minderheitenproblems, die in den Widerstandskreisen in der Heimat erörtert wurden und auf die Beneš hier anspielt, waren schon im Jahre 1939 laut geworden. Für den Versuch, die Ausweisungen aus der Tschechoslowakei in Verbindung mit den anderen Bevölkerungsverschiebungen jener Zeit zu sehen, ist die Tatsache wichtig, daß man sich bei solchen Plänen auf die vereinbarte oder gerade laufende Rücksiedlung von Deutschen aus Osteuropa oder aus Südtirol als Beweis für die Durchführbarkeit solcher Maßnahmen berief. Freilich sind in den tschechischen Vorschlägen Rache, Bestrafung und Vergeltung wesentliche, national bestimmte Motive, und die Erwartung, daß diese Maßnahmen notwendigerweise nicht unblutig verlaufen könnten, ist nicht zu übersehen. Die damals noch gemäßigteren Vorschläge der Exilgruppen wurden vom Widerstand im Protektorat abgelehnt (Brandes 61–64, 179–184).

[17] New York Times, 19. Februar 1943; zit. bei Brügel 151.

die tschechoslowakische Regierung die Entscheidung in jedem individuellen Fall vor.

c) Die aktive Teilnahme der tschechoslowakischen Bürger deutscher Volkszugehörigkeit am Kampfe gegen Hitler sowohl vor München als auch nach München bringt den automatischen Anspruch auf die tschechoslowakische Staatsbürgerschaft mit sich.

... Der Herr Präsident ... unterstrich ..., daß die Tschechoslowakei am Ende der Säuberungsaktion ein slawischer Nationalstaat sein müsse[18]."

Noch vor dem Ende der Kampfhandlungen in Europa wurde der früher erörterte Gedanke einer Aussiedlung bei gleichzeitiger Verkleinerung des Staatsgebiets verworfen. In einem Memorandum, das von der Exilregierung der European Advisory Commission, die die Kapitulationsbedingungen auszuarbeiten hatte, übermittelt wurde, wurde so argumentiert: Von den 3,2 Mill. Deutschen nach dem Stand von 1930 könnten 250000 als Kriegsverluste unberücksichtigt bleiben, 500000 Henleinanhänger würden aus dem Lande fliehen; von den restlichen 2,5 Mill. sollten 1,6 Mill. „im organisierten Transfer" ohne Konfiskation ihres Eigentums ausgesiedelt werden, 800000 Deutsche sollten im Lande bleiben dürfen, würden jedoch keine Minderheitenrechte genießen und müßten Tschechen werden[19]. In einem anderen Dokument, einem Bericht des Sekretärs Beneš, Prokop Drtina, an die Widerstandsgruppen im Protektorat vom 16. Juli 1944 hieß es: „Zur Frage unserer Deutschen gibt Ihnen der Präsident ... folgende Erklärungen: Soweit es sich um die internationale Lösung dieser Frage handelt, hängt noch viel von der Entwicklung der Endphase des Krieges ab. Das Verhältnis zu den Deutschen und zu Deutschland, zu der Methode, wie mit Deutschland nach dem Kriege verfahren werden soll, also auch zu der Frage, was mit unseren Deutschen zu geschehen hat, nimmt in der ganzen öffentlichen Weltmeinung immer mehr eine Wendung zum Besseren, und zwar so, wie unser Volk es braucht. Wir rechnen heute also mit der Möglichkeit der Durchführung eines Transfers unserer deutschen Bevölkerung. Es kann jedoch heute noch nicht definitiv gesagt werden, daß sämtliche über drei Millionen Deutsche auf der Grundlage irgendeiner internationalen Regelung transferiert werden können. Auf diesem Wege wird es vielleicht nur möglich sein, sie zum Teil loszuwerden, maximal vielleicht zwei Millionen, und wir können uns daher nicht auf eine internationale Lösung verlassen und können eine solche nicht abwarten. Es ist notwendig, daß wir in den ersten Tagen nach der Befreiung vieles selbst erledigen, daß möglichst viele schuldige Nazis vor uns fliehen, aus Angst vor einer Bürgerrevolte gegen sie in den ersten Tagen der Revolution, und daß möglichst viele derjenigen, die als Nazis sich wehren und Widerstand leisten, in der Revolution erschlagen werden; denken Sie immer daran: darauf muß die ganze Nation vorbereitet sein. Der internationalen Lösung der deutschen Frage bei uns muß daher neben der revolutionären Befreiungsbewegung und später auch neben den ordnungsgemäßen

---

[18] Brügel 152f.

[19] Stránský, Jaroslav: Odsun Němců z ČSR hlediska národního a mezinárodního [Der Abschub der Deutschen aus der ČSR, national und international betrachtet]. London 1953, S. 23–32 (Doklady a rozpravy 10).

militärischen Operationen ... die schnellstmögliche Besetzung und Säuberung auch der Grenzabschnitte vorhergehen ... Es ist die Überzeugung des Präsidenten, der Regierung, des Staatsrats und unserer ganzen politischen Öffentlichkeit im Ausland, daß der künftige Staat ein Nationalstaat sein muß. Im großen und ganzen lassen das die Verbündeten gelten[20]."

Der letzte Satz charakterisiert zutreffend den Stand der Diskussion über die künftige Gestaltung der Republik um die Mitte des Jahres 1944, und diese Situation hatte sich auch am Ende des Krieges und bei der Wiederaufrichtung des Staates im April/Mai 1945 noch nicht geändert. Weder war es gelungen, eine verbindliche Erklärung über die Grenzziehung durch die Alliierten zu erreichen, noch auch eine ausdrückliche Billigung der Aussiedlungspläne. Die Äußerungen der Großmächte lassen sich „bestenfalls" als „bedingte Zustimmung" oder als „Verzicht auf ein Veto", nicht aber als „Blankoscheck" verstehen[21]. Auch der Wunsch der Exilregierung, die Zustimmung Deutschlands zur Ausweisung in die Kapitulationsbedingungen aufzunehmen, wurde nicht erfüllt[22].

Die Hinnahme der Ausweisung der Sudetendeutschen durch die Alliierten wurde durch eine Politik der vollendeten Tatsachen erreicht, die sogleich nach der Besetzung der tschechoslowakischen Gebiete innerhalb der Grenzen vor 1938 eingeleitet wurde. Der größte Teil des Landes wurde durch die Rote Armee besetzt, ein schmaler Streifen im Westen durch amerikanische Truppen. Die erste legislatorische Maßnahme, die im Zusammenhang mit der Verwirklichung des „Transfer"-Plans interessiert, ist das Verfassungsdekret vom 4. Dezember 1944 über die Errichtung der Nationalausschüsse. In diesem Text wurden die Sudetendeutschen als „staatlich unzuverlässige Bevölkerung" definiert und als solche grundsätzlich von der verantwortlichen Teilnahme an der staatlichen Verwaltung ausgeschlossen; für die rein deutschen Gemeinden und Bezirke war deshalb die Ernennung von Tschechen zu Verwaltungskommissaren vorgesehen[23].

In dem Regierungsprogramm, das die provisorische tschechoslowakische „Regierung der nationalen Front" am 5. April 1945 in Kaschau verabschiedete, wurden bei den feindlichen Minderheiten drei Personengruppen unterschieden:

1. diejenigen Deutschen und Madjaren, die sich als „Antinazisten und Antifaschi-

---

[20] Prečan, Vilém: Z korespondence Slovensko–Londýn v roce 1944 [Aus der Korrespondenz Slowakei–London 1944]. Příspěvky k dějinám KSČ 6 (1964) 923–930. – Černý 183 f.

[21] Brügel 159 über die Verhandlungen Benešs mit den USA.

[22] Schieder, Theodor (Hrsg.): Dokumentation der Vertreibung der Deutschen aus Ost-Mitteleuropa. Bd. 4: Die Vertreibung der deutschen Bevölkerung aus der Tschechoslowakei. o. O. (1957), hier Teil 1, S. 47 f.
Die im folgenden gegebenen Einzelheiten über die Vorbereitung und Durchführung der Vertreibung sind dieser Veröffentlichung entnommen. Zu den methodischen Problemen des ganzen Dokumentationsunternehmens vgl. Broszat, Martin: Massendokumentation als Methode zeitgeschichtlicher Forschung VfZ 2 (1954) 202–213. – Schieder, Theodor: Die Vertreibung der Deutschen aus dem Osten als wissenschaftliches Problem. VfZ 8 (1960) 1–16. – Burian, Peter: Die Dokumente der Vertreibung der Sudetendeutschen. BohJb 8 (1967) 292–301.

[23] Dokumentation, IV/1, S. 50, 68.

sten" betätigt haben; ihnen wurde die tschechoslowakische Staatsbürgerschaft bestätigt und (wenn sie Emigranten waren) die Rückkehr in die Republik zugesichert;

2. die „übrigen" tschechoslowakischen Bürger deutscher oder madjarischer Nationalität; ihre Staatsbürgerschaft wurde aufgehoben, doch sollte ihnen die Option für die Republik gestattet werden; über solche Gesuche sollte von den Behörden in jedem Fall individuell entschieden werden;
3. diejenigen Deutschen und Madjaren, die wegen eines Verbrechens gegen die Republik mit einer Verurteilung zu rechnen haben; sie sollten aus der Republik für immer ausgewiesen werden, soweit über sie nicht die Todesstrafe verhängt werden würde[24].

Hier sah es noch so aus, als ob nur ein beschränkter Personenkreis von der Ausweisung bedroht sei.

Der erste Komplex der Maßnahmen, die von der wiedererrichteten tschechoslowakischen Verwaltung getroffen wurden und die schließlich mit Vertreibung und Aussiedlung ihren Höhepunkt fanden, bezweckte politische Verfolgung und Bestrafung. Der wichtigste Text ist hier das Retributionsdekret vom 19. Juni 1945, das eine Art Kriegsverbrechergesetz war, auf der ununterbrochenen Kontinuität der Republik fußte und rückwirkend Strafbestimmungen enthielt[25]. In vieldeutigen und wenig präzisen Formulierungen wurden Verbrechen gegen den tschechoslowakischen Staat unter Strafe gestellt; das Dekret bildete die juristische Begründung für kollektive Maßnahmen vor allem gegen die deutsche Minderheit. Die Veröffentlichung dieses Dekrets verschärfte die Aktionen, die sofort nach der Besetzung gegen die Deutschen im innertschechischen Gebiet eingesetzt hatten, gab ihnen eine rechtliche Basis und schuf die Möglichkeit zu ihrer Ausweitung auf das ganze Gebiet der Republik. Diese Aktionen waren: systematische Verhaftungen, Internierungen in Konzentrations- oder Sammellagern, Verschleppungen zum Arbeitseinsatz und Verurteilung zu Zwangsarbeit; sie waren oft die unmittelbare Vorstufe der Austreibung nach Deutschland oder Österreich, die in den ersten Wochen und Monaten unter besonders grausamen und unmenschlichen Umständen durchgeführt wurde.

Der zweite Bereich von Maßnahmen, durch die die nationale Säuberung vorbereitet wurde und die womöglich noch wirkungsvoller waren als die Zerstörung der Rechtssicherheit für die Deutschen durch das Retributionsdekret, umfaßte Verfügungen zur wirtschaftlichen Ausschaltung und Enteignung der Sudetendeutschen. In dem Dekret vom 19. Mai 1945[26] wurden als staatlich unzuverlässige Personen, deren Vermögen unter staatliche Verwaltung gestellt werden sollte, alle Personen bezeichnet, „die sich bei irgendeiner Volkszählung seit 1929 zur deutschen oder madjarischen Volkszugehörigkeit bekannt haben", was praktisch auf die entschädi-

---

[24] Im Anhang zum Kommentarband der Dokumentation (IV/1, S. 181–357) sind die wichtigsten Quellenstücke zur Geschichte der Vertreibung in Übersetzung abgedruckt; der vollständige Wortlaut des Kaschauer Programms S. 184–203; die auf die Behandlung der Minderheiten bezüglichen Teile in den Abschnitten VIII–XI.

[25] Dokumentation, IV/1, Anlage 4, S. 211–224.

[26] Ebenda, Anlage 3, S. 204–210.

gungslose Enteignung aller Angehörigen der Minderheiten hinauslief. Das damit im Zusammenhang stehende Verfassungsdekret vom 2. August 1945 über die Staatsangehörigkeit[27] bestätigte ausdrücklich den Verlust der tschechoslowakischen und den Erwerb der deutschen oder ungarischen Staatsangehörigkeit zwischen 1938 und 1945 aufgrund deutscher oder ungarischer Gesetzgebung, obwohl sonst alle anderen Akte im Zusammenhang mit dem Münchner Abkommen, dem Wiener Schiedsspruch und der Errichtung des Protektorats für null und nichtig erklärt wurden: die tschechoslowakische Regierung leugnete den Wechsel der Staatshoheit über das Territorium, hielt aber an dem Wechsel der Staatshoheit über Personen fest[28]. Im Dekret vom 21. Juni 1945 wurde für Zwecke der Bodenreform und „geleitet vor allem von dem Streben, ein für allemal den tschechischen und slowakischen Boden aus den Händen der fremden deutschen und madjarischen Gutsbesitzer ... zu nehmen“, das landwirtschaftliche Vermögen der Deutschen für enteignet erklärt und die Aufteilung und Zuweisung des Bodens an tschechische und slowakische Siedler angeordnet[29]. Das Dekret vom 25. Oktober 1945 schließlich verfügte die entschädigungslose Enteignung alles sonstigen beweglichen und unbeweglichen Vermögens von Deutschen – soweit das noch nicht geschehen war – und aller Vermögensrechte der deutschen juristischen Personen und aller natürlicher Personen deutscher Nationalität. Ausgenommen von der Konfiskation des beweglichen Vermögens blieb nur der Teil, „der zur Befriedigung der Lebensbedürfnisse oder zur persönlichen Ausübung der Beschäftigung dieser Personen und ihrer Familienmitglieder unumgänglich nötig ist (wie Kleidung, Federbetten, Wäsche, Hausgerät, Nahrungsmittel und Werkzeuge)“[30]. Diese Konfiskationen bezweckten nicht nur die wirtschaftliche Vernichtung des nationalen Feindes, um die Errichtung des reinen Nationalstaats zu erleichtern, sondern sie gehörten auch schon zum Komplex der Sozialisierungsmaßnahmen: auf diese Weise waren bereits im Mai 1945 45% aller Industrieunternehmen mit 75% aller Industriearbeiter in Staatsbesitz, weil die Deutschen an der tschechoslowakischen Wirtschaft stärker beteiligt waren, als es ihrem Bevölkerungsanteil entsprochen haben würde; durch die Arisierungen nach 1938 war der deutsche Einfluß noch größer geworden[31].

Die rein deutschen Gebiete wurden mit Tschechen und Slowaken durchsetzt, zuerst unorganisiert und ohne Kontrolle. Durch Dekrete im Juli 1945 wurden die legislatorischen Voraussetzungen für die planmäßige Besiedlung geschaffen, wo-

---

27 Ebenda, Anlage 8, S. 240 f.

28 Ebenda, IV/1, S. 83 f.

29 Ebenda, IV/1, Anlage 5, S. 225–230.

30 Ebenda, Anlage 13, S. 263–275.

31 Urban, Rudolf: Die Tschechoslowakei. In: Birke, Ernst / Neumann, Rudolf (Hrsg.): Die Sowjetisierung Ost-Mitteleuropas. Untersuchungen zu ihrem Ablauf in den einzelnen Ländern. Frankfurt (Main) 1959, S. 177–251, hier S. 205–208. – Ders.: Der Weg der Tschechoslowakei seit 1945. In: Lemberg, Eugen / Rhode, Gotthold (Hrsg.): Das deutsch-tschechische Verhältnis seit 1918. Stuttgart 1969, S. 92–104, hier S. 93. – Lazarčik, Gregor: Economic Growth of Czechoslovakia since World War II. In: Rechcigl, Miloslav jr. (Hrsg.): Czechoslovakia. Past and Present. 2 Bde. Haag 1968, Bd. 1, S. 419–435, hier S. 419 f.

durch die Verdrängung der dort ansässigen Deutschen als endgültig bestätigt wurde, – eine weitere Maßnahme zur Vorbereitung der Aussiedlung[32]. Das sudetendeutsche Schul- und Kirchenwesen wurde zerstört, soweit das nicht schon durch die Vermögensgesetze geschehen war[33].

Der eigentliche Akt der Aussiedlung vollzog sich in mehreren Etappen. In den ersten Monaten kam es zu „wilden" Vertreibungsaktionen, die in einzelnen Städten oder Gemeinden spontan einsetzten und bis zum Frühsommer 1945 auf ganze Landstriche übergriffen[34]. An den Grausamkeiten bei der Durchführung dieser Austreibungen waren neben den örtlichen Nationalausschüssen vor allem Angehörige der mit der Roten Armee eingerückten tschechoslowakischen Befreiungsarmee unter General Ludvík Svoboda beteiligt. Mitnahme von Gepäck war von vornherein eingeschränkt. Jenseits der Grenzen, zu denen die Deutschen in oft tagelangen Fußmärschen getrieben worden waren, waren die Deutschen sich selbst überlassen, was vor allem bei Vertreibungen in Gebiete des Reiches, die inzwischen von Polen besetzt worden waren, zu besonders unmenschlichen Zuständen führte, weil die Vertriebenen durch die Polen zurückgewiesen wurden, die Tschechen aber ihnen die Rückkehr in ihre Heimat verweigerten[35]. Von dieser ersten Austreibungswelle wurden etwa 700 000–800 000 Deutsche erfaßt, von denen rund 150 000 nach Österreich gelangten[36]. In den Gebieten, die von den Amerikanern besetzt worden waren, kam es nicht zu solchen Austreibungsaktionen.

Eine zweite Phase der Ausweisung wurde durch das Potsdamer Abkommen eingeleitet. In Artikel XIII wurde von den Siegern des Krieges die Notwendigkeit bestätigt, auch noch die in der Tschechoslowakei bisher zurückgebliebenen Deutschen nach Deutschland in „ordnungsgemäßer und humaner Weise" auszusiedeln[37]. Die Durchführungsbestimmungen für diese Aussiedlungen erließ der Kontrollrat in Berlin am 20. November 1945. Danach sollten von den noch in der Tschechoslowakei lebenden 2,5 Mill. Deutschen 1,75 Mill. in die amerikanische und 0,75 Mill. in die sowjetische Besatzungszone ausgesiedelt werden[38]. Diese Aussiedlungen begannen im Januar 1946. Die wichtigste Bedingung war die Forderung, daß Familien nur geschlossen ausgesiedelt werden sollten und daß Mitnahme von Gepäck bis 50 kg zu gestatten sei. Der Transport erfolgte in Eisenbahnwagen. Weil die Tschechen sich wiederholt nicht an die Abmachungen hielten – vor allem wurden die arbeitsfähigen Familienmitglieder zurückgehalten –, intervenierten die amerikanischen Besatzungsbehörden. Die Aussiedlung in die westlichen Besatzungszonen wurde im November 1946 eingestellt. Es kam aber in den folgenden Jahren, zuletzt auch auf Initiative der Bundesregierung in Bonn, zu weiteren Aussiedlungen, meist in der Form von Familienzusammenführungen. Von der Bevölkerungsverschiebung aus der Tsche-

---

[32] Dokumentation, IV/1, S. 87f.

[33] Ebenda 94–97.

[34] In besonders unmenschlicher Form vollzog sich die Austreibung der Deutschen aus Brünn, aus Jägerndorf und aus Komotau (Dokumentation, IV/2, Nr. 97; 71, 72; 90).

[35] Dokumentation, IV/1, S. 107.

[36] Ebenda 112.

[37] Amtsblatt des Kontrollrats in Deutschland. Ergänzungsblatt Nr. 1. Berlin (1946), S. 19f.

[38] Dokumentation, IV/1, S. 118; für das Folgende S. 119–127.

choslowakei wurden bis 1950 rund 2,9 Mill. betroffen. Die Verluste der Vertreibungsperiode sind auf rund 225 000 Sudetendeutsche zu schätzen[39].

Die Aussiedlung der Deutschen aus der Slowakei verlief etwas anders, weil von den 140 000 hier lebenden Deutschen rund 120 000 während der ersten Monate des Jahres 1945 evakuiert wurden; sofern sie das Kriegsende innerhalb der alten Staatsgrenzen erlebten, kehrten sie allerdings oft, teils gezwungen, teils freiwillig, in die Heimat zurück und wurden dann dort von der Aussiedlung erfaßt[40].

*

Die Behandlung der Madjaren, der zweiten zur feindlichen Minderheit erklärten Volksgruppe, unterschied sich von der Politik, die den Deutschen gegenüber verfolgt wurde[41]. Es kam hier zu keinen Austreibungen. Im Winter 1945/46 verhandelte die Tschechoslowakei mit Ungarn über einen Bevölkerungstausch. Im Abkommen vom 27. Februar 1946 war vorgesehen, daß so viele Bürger madjarischer Nationalität in der Slowakei zur Aussiedlung ausgewählt werden sollten, wie sich Bürger slowakischer Nationalität in Ungarn freiwillig zur Umsiedlung in die Tschechoslowakei melden würden. In einem eigenen Artikel war allerdings festgelegt, daß Kriegsverbrecher madjarischer Nationalität aus der Tschechoslowakei einseitig ausgewiesen werden konnten, ohne daß ihre Zahl auf diese Quote anzurechnen war. Der Bevölkerungsaustausch, der durch eine tschechoslowakische Umsiedlungskommission propagandistisch und organisatorisch vorbereitet worden war, begann im April 1947 und war im Juni 1948 praktisch abgeschlossen. Aus Ungarn kamen rund 73 000 Personen in die Slowakei, aus der Tschechoslowakei 68 000 nach Ungarn; die Mitnahme des beweglichen Eigentums war gestattet. Der Austausch betraf nur rund 12% der madjarischen Bevölkerung in der Slowakei. Das Ziel der Aktion, die Aussiedlung eines wesentlichen Teils oder gar der ganzen madjarischen Bevölkerung, wurde nicht erreicht, vor allem deshalb, weil auf tschechoslowakischer Seite die Zahl der Slowaken in Ungarn, an die man ja die Aussiedlungsquote von Madjaren aus der Slowakei gebunden hatte, viel zu hoch eingeschätzt worden war.

*

Wenn man auf einer Tagung, die sich mit der Bedeutung des Jahres 1945 in der tschechoslowakischen Geschichte beschäftigt, über die damals vollzogenen oder eingeleiteten Bevölkerungsverschiebungen spricht, so darf nicht nur von Aussiedlun-

---

[39] Ebenda 135, Anm.; vgl. Die deutschen Vertreibungsverluste. Bevölkerungsbilanzen für die deutschen Vertreibungsgebiete 1939/50. Hrsg. vom Statistischen Bundesamt Wiesbaden. Bearb. von Werner Nellner. Stuttgart 1958, S. 355.

[40] Dokumentation, IV/1, S. 166–178.

[41] Für das Folgende Siegel, Jacob S.: The Population of Hungary. Washington 1958, S. 37. – Schechtman: Postwar Population Transfers 129–148. – Zvara, Juraj: K problematike postavenia mad'arskej národnostnej skupiny v ČSR ... 1945–1948 [Zur Problematik der Stellung der madjarischen Volksgruppe in der ČSR]. HČ 12 (1964) 28–49.

gen die Rede sein, sondern es muß auch die vom Staat geförderte Rückführung von Tschechen und Slowaken erwähnt werden, die außerhalb der Staatsgrenzen lebten, der sogenannten Reemigranten, zu denen die eben genannten Slowaken aus Ungarn nicht zählen[42]. Diese Aktion wurde in den ersten Jahren nach dem Krieg durchgeführt und war zur Zeit der kommunistischen Machtergreifung im Jahre 1948 praktisch abgeschlossen. Sie erfaßte nur einen kleinen Teil der Auslandstschechen und -slowaken. Die Gesamtzahl der Zurückgeführten wird auf rund 120000 geschätzt. Die stärkste Gruppe waren die Tschechen aus Wolhynien, rund 35000, aus Frankreich kamen 12000, aus Österreich (vor allem aus Wien), aus Polen und Schlesien (vor allem aus dem Glatzer Land) und aus Übersee je 10000, aus Deutschland 5000, noch kleinere Gruppen aus Rumänien, Bulgarien, Jugoslawien und Belgien. Ihnen wurden zum Teil Wohnsitze in den von den Deutschen geräumten Gebieten zugewiesen; mit rund 12000 Familien waren sie an der landwirtschaftlichen Besiedlung dieser Gebiete beteiligt.

*

Es ist in diesem Bericht der Versuch unternommen worden, am Beispiel der Tschechoslowakei den Prozeß einer radikalen Verwirklichung des Nationalstaatsgedankens darzustellen. Diese Bevölkerungsverschiebung war kein vertragsmäßiger Austausch und auch keine vertragsmäßige Aussiedlung, höchstens in der späteren Phase, in der die schon vollzogenen Maßnahmen als sanktioniert und ihre Fortführung unter Kontrolle gebracht erscheinen. In seiner extremen Ausschließlichkeit war dieser Prozeß durch die deutsche Kapitulation ermöglicht worden, er wurde ausgelöst und dem eigenen Volk und der Weltöffentlichkeit gegenüber mit einigem Erfolg verständlich gemacht und gerechtfertigt mit der Zerschlagung der Ersten Republik durch das nationalsozialistische Deutschland, vor allem aber durch die Maßnahmen während der deutschen Besetzung. Bei jeder Analyse der tschechoslowakischen Ausweisungen nach dem Zweiten Weltkrieg muß stets gegenwärtig sein, daß die Zerstörung rechtsstaatlicher und materiell-ökonomischer Sicherungen, die durch die erwähnten Dekrete und mehr noch durch ihre Durchführung bewirkt wurde, schon durch die deutsche Politik, für Deutsche wie Tschechen gut sichtbar, zu hoher Vollendung entwickelt worden war. Die Theorie vom reinen Staat war vom Nationalsozialismus, auch durch die Substituierung der Nation durch die Rasse als Selektionskriterium, in der Form der systematischen physischen Vernichtung „fremder" Bevölkerungsteile der Verwirklichung nahe gebracht worden. Von dieser Art, nationale Fragen zu lösen, sind die tschechoslowakischen Maßnahmen grundsätzlich unterschieden, wenn auch Tendenzen zum Völkermord nicht zu übersehen sind. Auf der anderen Seite empfanden die Deutschen die Zerstörung ihrer Lebensgrundlagen und die terroristische Art und Weise, in der dies vollzogen wurde, als so nieder-

---

[42] Für das Folgende die Zusammenfassung bei Urban, Rudolf: Die sudetendeutschen Gebiete nach 1945. Frankfurt (Main) 1964, S. 54–59; s. auch den bei Brandes (S. 179) mitgeteilten Beleg über die Forderung tschechischer Widerstandsgruppen nach Rückführung der Landsleute aus dem Ausland.

drückend und menschenunwürdig, daß der eigentliche Ausweisungsakt selbst in der Regel als Erlösung begrüßt wurde. Es bleibt zu fragen, ob das vielberufene Recht auf die Heimat nicht in der Richtung modifiziert werden müßte, daß ein Leben in einem Rechtsstaat der Anwesenheit in einer Heimat vorzuziehen sei, in der die individuellen Rechtsgarantien weitgehend unwirksam sind.

Durch die Ausweisungen und die Abtretung der Karpatenukraine an die UdSSR[43] ist die Tschechoslowakei, im Sinne der neuen Definition als Staat der Tschechen und Slowaken[44], zum Nationalstaat geworden. Sie gehört seit 1948 dem sozialistischen Lager an, in dem eine andere Auffassung von Funktion und Charakter eines Staates gilt als in der bürgerlich bestimmten Gesellschaft[45]. Von einem Nationalstaat kommunistischen Typs wird man allerdings erst dann sprechen können, wenn der besondere nationale Inhalt eines nationalen Kommunismus einen eigenen Staatstypus mit besonderer gesellschaftlicher Verfassung schafft. In Jugoslawien scheint das gelungen zu sein, in der Tschechoslowakei ist es versucht und im August 1968 vor den Augen einer erschütterten Welt verhindert worden.

---

[43] Vertrag vom 29. Juni 1945 (Text bei Meissner, Boris (Hrsg.): Das Ostpakt-System. Dokumentensammlung. Frankfurt (Main) 1955, S. 51, Nr. 1).

[44] Kaschauer Programm, Abschnitt VI.

[45] Für das Folgende Schieder, Theodor: Forschungsprobleme des Nationalstaats. In: Schieder (Hrsg.): Sozialstruktur 9–18, hier 13.

Heinrich Kuhn

DER NEUAUFBAU DER KOMMUNISTISCHEN PARTEI DER TSCHECHOSLOWAKEI (KPTsch) IM JAHRE 1945

Der Neuaufbau der Kommunistischen Partei der Tschechoslowakei (KPTsch) nach 1945 vollzog sich in drei Etappen. Die erste Etappe, die Gegenstand der Ausführungen des Verfassers ist, beginnt mit ihren Vorbereitungen noch in der Illegalität und im Exil und vollzieht sich mit der Besetzung der Tschechoslowakei durch die Sowjetarmee bis zum VIII. Kongreß der KPTsch im März 1946. Mit dieser Zäsur, sichtbar durch den organisatorischen Neuaufbau der Partei und das Erreichen von einer Million Mitgliedern, endet die eigentliche Phase des Neuaufbaus der Partei.

Die zweite Etappe von März 1946 bis zur organisatorischen Eingliederung der Tschechoslowakischen Sozialdemokratischen Arbeiterpartei (Juni 1948) und der Kommunistischen Partei der Slowakei (September 1948) ist gekennzeichnet von der Taktik „Die Mehrheit der Nation zu gewinnen" und fand ihren historisch sichtbaren Abschluß bereits in den Februarereignissen 1948.

Die dritte Etappe führt bis zum IX. Kongreß der KPTsch im März 1949 und zeigt uns die Partei als Massenorganisation von über 2,3 Millionen Mitgliedern, was bedeutet, daß nahezu jeder 5. Bewohner der Tschechoslowakei Mitglied der KPTsch war.

Die Untersuchung über den organisatorischen Neuaufbau der KPTsch kann jedoch nicht isoliert, vielmehr muß sie im Zusammenhang mit der allgemeinen politischen Situation in der Tschechoslowakei nach dem Mai 1945 gesehen werden. Ein nicht unwesentlicher, auch psychologisch bedeutsamer Zusammenhang zwischen dem rapiden zahlenmäßigen Zustrom der KPTsch und der propagandistischen Selbstdarstellung dieser Partei führt uns auch in die Zeit zurück, da die KPTsch eine illegale Organisation war und ihre Auslandsleitung von Moskau aus den Neuaufbau der Kommunistischen Organisation in der Tschechoslowakei vorbereitete.

Mit der Ausdehnung der Herrschaft und des Einflusses des nationalsozialistischen Deutschen Reiches in den Jahren 1938 begann für viele der europäischen Kommunistischen Parteien der Weg in die Illegalität. Die Kommunistische Partei der Tschechoslowakei (KPTsch) war für eine illegale Tätigkeit seit langem vorbereitet. Bereits der V. Kongreß der KPTsch (1929) hatte in seinen „Organisationsthesen" die Möglichkeiten einer illegalen Tätigkeit angedeutet; auf der V. Plenarsitzung des Zentralkomitees (ZK) der KPTsch am 9. und 10. Juli 1932 ordnete dann das ZK der KPTsch an, „daß alle Unterorganisationen der Partei neu aufgestellt werden müßten, um eine Straffung zu erreichen, die notfalls auch den Ansprüchen der Illegalität genügen könnte"[1]. So wurde die KPTsch bereits vor der Machtergreifung durch den Nationalsozialismus in Deutschland auf eine halb-illegale Basis umgestellt, auch wenn sie weiterhin als legale Partei arbeitete; diese vorsorglichen Maßnahmen

---

[1] Kuhn, Heinrich: Der Kommunismus in der Tschechoslowakei. Bd. 1: Organisationsstatuten und Satzungen. Köln 1965, S. 45.

waren wohl eher eine Vorbeugung gegenüber einer Verfolgung durch die tschechoslowakischen Polizeibehörden als eine Maßnahme für die Zeit einer möglichen Besetzung des Staatsgebietes, an die die Führung der KPTsch bis zu Beginn des Jahres 1938 noch nicht ernsthaft glaubte[2]. Die Kommunistische Partei der Tschechoslowakei hatte zwar in den 30er Jahren viel von ihrer ursprünglichen Mitgliederstärke verloren[3], war aber noch immer eine beachtliche politische Kraft; ihr revolutionärer Schwung erschöpfte sich jedoch in taktischen Manifestationen[4]. Die Mitgliederzahl der KPTsch wird für das Jahr 1937 mit rund 70 000 angegeben[5]. Die „Roten Gewerkschaften"[6] hatten im gleichen Jahr 136 000 Mitglieder[7]. Die Zahl der mit der KPTsch und ihren politischen und sozialen Zielen Sympathisierenden war jedoch erheblich größer. Bei den letzten für einen Vergleich heranzuziehenden Wahlen (1935) erhielt die KPTsch rund 850 000 Stimmen und war zur viertstärksten Partei geworden[8].

Man wird bei einer Beurteilung des Neuaufbaus der KPTsch nach 1945 diese Tatsachen und Zahlen sich stets vor Augen halten müssen. Absolute Vergleichszahlen auf regionaler Basis zwischen dem Vorkriegsstand der Mitglieder der KPTsch und dem Jahre 1945 liegen nicht vor, da nach 1945 die Kreiseinteilung der KPTsch geändert wurde[9]. In einer 1946 erschienenen Quelle werden jedoch über einige der neuen Kreisorganisationen die Vergleichszahlen mit dem Jahre 1937, bzw. 1938 genannt[10]. So hatte der Kreis Prag im Juni 1937 in 281 Organisationen (112 Betriebsorganisationen und 169 örtliche Organisationen) 5391 Mitglieder. Für die Kreisorganisation Jungbunzlau werden für das Jahr 1936 insgesamt 7000 Mitglieder

---

[2] Nach Mitteilung eines 1938 maßgeblichen Funktionärs in der KPTsch an den Verfasser (im Jahre 1968).

[3] 1938 hatte die KPTsch noch rund 150 000 Mitglieder. In den dreißiger Jahren bewegte sich ihre Mitgliederstärke zwischen 30 000 und 75 000. Vgl.: Kuhn, Heinrich: Zur Sozialstruktur der Kommunistischen Partei der Tschechoslowakei. BohJb 3 (1962) 426–467.

[4] Selbstkritische Untersuchungen über die tatsächlichen Möglichkeiten der KPTsch und ihre Rolle als politische Kraft in der Vorkriegstschechoslowakei sind vor allem seit den 60er Jahren von einigen Autoren der Parteihochschule des ZK der KPTsch (jetzt Institut für Marxismus – Leninismus) in Prag durchgeführt worden.

[5] Kuhn: Sozialstruktur.

[6] Die offizielle Bezeichnung der „Roten Gewerkschaften" lautete: Všeodborový mezinárodní svaz [Internationaler Allgewerkschaftlicher Verband].

[7] Kuhn: Sozialstruktur.

[8] Ebenda. – Zinner, E. Paul: Communist strategy and tactics in Czechoslovakia 1918–1948. London 1963, S. 254–255.

[9] 1945 bis 1949 hatte die KPTsch in den böhmischen Ländern folgende Kreise: Prag, Kladno, Kolin, Jungbunzlau, Königgrätz, Pardubitz, Havlíčkův Brod (Deutsch-Brod), Brünn, Olmütz, Ostrau, Budweis, Tabor, Strakonitz, Pilsen, Karlsbad, Aussig, Reichenberg, Iglau und Zlin. Vgl. Kašpar, Jan: Členská základna komunistické strany Československa v letech 1945–1949 [Die Mitgliederbasis der KPTsch in den Jahren 1945–1949]. ČČH 19 (1971) H. 1, S. 4.

[10] Sněm budovatelů šťastné a silné republiky. Zpráva v činnosti strany od VII. do VIII. sjezdu KSČ [Versammlung der Vorkämpfer für eine glückliche und starke Republik. Bericht über die Tätigkeit der Partei vom VII. zum VIII. Kongreß der KPTsch]. Prag 1946.

der KPTsch genannt, für den Kreis Deutsch-Brod rund 600 Mitglieder. Im Kreis Budweis waren 1938 in 68 Bezirksorganisationen (8 Betriebsorganisationen und 60 Bezirksorganisationen) 486 Mitglieder organisiert. Der Kreis Aussig hatte 1938 rund 3000 Mitglieder[11]. Wenn auch diese spärlichen Angaben keine absoluten Schlüsse erlauben, sei doch die Vermutung erlaubt, daß der Stamm der Mitglieder der Partei nicht allein in den industriellen Zentren organisiert sein konnte[12].

Der Weg in die Illegalität

In der sich seit Beginn des Jahres 1938 immer mehr zuspitzenden Krise war die Führung der KPTsch Verfechterin einer unnachgiebigen Haltung gegenüber den drohenden Gebietsverlusten des Staates; auch nach der Zustimmung der tschechoslowakischen Regierung vom 20. auf 21. September 1938 (in der diese die Note der britischen und französischen Regierung vom 18. 9. beantwortete) zur Abtretung der überwiegend von Deutschen bewohnten Gebiete des Staates rief die KPTsch die Bevölkerung zum Widerstand gegen eine „Kapitulationspolitik" auf. In dieser Haltung wußte sie sich nicht nur konform mit den übrigen kommunistischen Parteien; sie war auch von einer natürlichen Reaktion der Selbsterhaltung bestimmt: „München" mußte das Ende der legalen Betätigung der KPTsch bedeuten.

Am 4. Oktober 1938 trat das ZK der KPTsch zu einer Plenarsitzung zusammen, um die durch den Anschluß der Sudetengebiete an das Deutsche Reich geschaffene Lage zu beraten[13]. Die Tschechoslowakei hatte aufgehört in ihren Grenzen von 1918 zu existieren; die ersten Maßnahmen der Regierung der „zweiten" Tschechoslowakischen Regierung ließen keinen Zweifel daran, daß die Tage der Legalität der KPTsch gezählt waren. Das ZK beschloß, die Parteiführung mit Klement Gottwald in das Exil nach Moskau zu entsenden, um der drohenden Verhaftung profilierter Vertreter der Parteiführung vorzubeugen[14]. Das Plenum wählte eine illegale Leitung für die Bedingungen der illegalen Parteiarbeit: Eduard Urx, Jan Zika, Viktor Synek und August Schramm. Die auf der gleichen Sitzung gebildete „legale" Parteiführung, bestehend aus den Abgeordneten der Nationalversammlung Antonín Zápotocký, Vladimír Clementis, Jaromír Dolanský und Ivan Sekanina, sollte die Interessen der Kommunistischen Partei so lange wie möglich wahrnehmen, um Zeit für einen intensiveren Ausbau eines illegalen Organisationsnetzes zu gewinnen[15]. In Böhmen und Mähren-Schlesien war die KPTsch in Kreisgebieten organisiert, die sich jedoch nicht mit den Wahlkreisen deckten und primär den organisatorischen

---

[11] Von den 659 932 Bewohnern dieses Kreises waren Ende 1945 bereits 385 534 Bürger tschechischer Nationalität. Vgl. Sněm budovatelů.

[12] Diese Meinung des Autors wird auch durch die folgende Arbeit erhärtet: Dvořáková, Eva / Lesjuk, Petr: Československá společnost a komunisté v letech 1945–1948 [Die tschechoslowakische Gesellschaft und die Kommunisten 1945–1948], Prag 1967.

[13] Kuhn: Der Kommunismus 46.

[14] Dějiny KSČ [Geschichte der KPTsch]. Prag 1961, S. 387. – Außer Gottwald wurden Rudolf Appelt, Václav Kopecký, Josef Krosnář und Bohumir Šmeral nach Moskau ins Exil gesandt. Weitere führende Vertreter der KPTsch folgten.

[15] Kuhn: Der Kommunismus 46.

Bedürfnissen der Partei angepaßt worden waren[16]. In der Slowakei existierte seit Januar 1930 eine slowakische Gebietsleitung, um den besonderen nationalagitatorischen Bedürfnissen der Parteiarbeit Rechnung zu tragen[17]. Zwei Tage nach dem Zusammentritt des Plenums des ZK der KPTsch in Prag traf sich auch am 6. Oktober 1938 die slowakische Gebietsleitung der Partei in Sillein, um über die neuentstandene Situation zu beraten[18] und Maßnahmen für das drohende Verbot zu treffen[19]. Als am 9. Oktober 1938 die neue, autonome slowakische Regierung die KPTsch für die Slowakei verbot[20], war die slowakische Gebietsleitung der KPTsch bereits zu einer „illegalen" Organisation umgebildet worden[21]. Nicht lange ließ das Verbot der Partei im restlichen Staatsgebiet auf sich warten. Am 27. Dezember 1938 entschloß sich die Regierung Beran zu diesem Schritt[22], am 23. Januar 1939 entschied das Oberste Wahlgericht, daß auch die Sitze der Kommunistischen Abgeordneten und Senatoren für ungültig zu erklären seien[23].

Kurz nach dem Verbot der KPTsch durch die Regierung in Prag (27. Dezember 1938) konstituierte sich auf Empfehlung des Sekretariats des Exekutivkomitees der Kommunistischen Internationale in Moskau, das am 22. Januar 1939 tagte, die illegale Gebietsorganisation der KPTsch in der Slowakei zur Kommunistischen Partei der Slowakei (KPS) und die seit Oktober 1938 durch die Eingliederung des Sudetenlandes in das Deutsche Reich illegal gewordenen sudetendeutschen Kommunisten zur Kommunistischen Partei des Sudetenlandes[24]. Anfang Januar 1939 wurde

---

16 Vgl. Anmerkung 9.

17 Die Kreisführung der KPTsch für die Slowakei war auf einer gesamtslowakischen Konferenz der Vertreter aller Kreise der KPTsch in der Slowakei am 18. und 19. Januar 1930 in Anwesenheit von Klement Gottwald gebildet worden. Auf der Konferenz wurde die Bildung von Kreisen der KPTsch für die Slowakei (Preßburg, Sillein, Neusohl, Kaschau) beschlossen. Den einzelnen Kreisführungen unterstanden jeweils neun (später zehn) Gebiete. Přiruční slovník k dějinám KSČ [Handbuch zur Geschichte der KPTsch]. Bd. 1. Prag 1964, S. 387. – Filo, Milan: Boj KSČ na Slovensku za obranu republiky v rokoch 1937–1938 [Der Kampf der KPTsch in der Slowakei zur Verteidigung der Republik in den Jahren 1937–1938]. Preßburg 1960.

18 Dějiny KSČ 387; ausführlicher darüber in: Hučková-Štvrtečka, Anna: Činnost prvého illegálného ustředního vývoru KSS. Z dějini Kommunistickej strany Slovenska [Die Tätigkeit des ersten illegalen ZK der KPS. Zur Geschichte der KPS]. Sborník ustavu dějini KSS 1 (1959) Nr. 2.

19 Kuhn: Der Kommunismus 46 ff.

20 Dějiny KSČ 385.

21 Hučková-Štvrtečka 12 ff. – Auf der Sitzung der slowakischen Gebietsleitung der KPTsch war beschlossen worden, ein dreiköpfiges illegales ZK zu bilden, dem Koloman Moško, Karol Bacílek und Július Ďuriš angehörten. Organisatorisch war das Gebiet in vier Regionen eingeteilt worden; die Region Preßburg (die von Ján Osaha geleitet wurde), die Region Sillein (Ludovít Benada), die Region Neusohl (Karol Černocký) und die Region Prešov (Pavel Tonhauser).

22 Bereits am 28. Oktober 1938 hatte die Regierung der (zweiten) Tschecho-Slowakischen Republik die Tätigkeit der KPTsch in den böhmischen Ländern eingestellt. Dějiny KSČ 386 u. 388.

23 Mabey, P. Malvin: The begin and development of the Communist Party of Czechoslovakia (until 1938). Abstract. Cambridge 1956, S. 339.

24 Bareš, Gustáv: Depeše mezi Prahou a Moskvou [Depeschenwechsel zwischen Prag und Moskau]. PD KSČ 7 (1967) Nr. 3.

in Paris das Auslandsbüro der KPTsch unter der Leitung von Bruno Köhler, Viliam Široký und Jan Šverma errichtet[25]. Die slowakische Gebietsleitung der KPTsch mit Koloman Moško, Karol Bacílek und Július Ďuriš verlegte zunächst ihren Sitz von Preßburg nach Brünn[26]. Nach der Errichtung des Protektorats Böhmen und Mähren entstand in Preßburg mit Július Ďuriš, Ján Osaha und L'udovít Benada das 1. illegale ZK der KPS[27].

Unmittelbar nach der Errichtung des Protektorates kam es zu einer ersten großen Verhaftungswelle von Mitgliedern und Angehörigen der KPTsch. Die illegale Leitung blieb jedoch bis zum Frühjahr 1941 unbehelligt. Die illegalen Organisationen der Partei wurden über Instruktionen in den einzelnen Kreisen durch die illegale Parteiführung geleitet, die ihrerseits mittels Funkverbindung mit der in Moskau residierenden Parteizentrale unter Klement Gottwald verbunden war[28].

Die illegale Tätigkeit der KPTsch und ihre Organisation

„Die Grundlagen für unsere jetzige Politik haben wir bereits zu einer Zeit geschaffen, als die Republik besetzt war, als wir sowohl in der Heimat als auch im Ausland unseren nationalen Befreiungskampf führten."

Klement Gottwald auf einer Kundgebung am 9. Juli 1945 in Prag.

Bis zum Ausbruch des deutsch-sowjetischen Krieges war die illegale Aktivität der Partei vor allem darauf konzentriert, sich organisatorisch zu festigen. Zu Sabotageakten gegen die neue „Schutzmacht" war es von seiten der illegalen Kommunistischen Partei der Tschechoslowakei bis zu diesem Zeitpunkt nicht gekommen. Im Gegenteil, auf einer Sitzung des (illegalen) Zentralkomitees der Kommunistischen Partei der Tschechoslowakei am 24. August 1939 wurde der Abschluß des deutsch-sowjetischen Paktes begrüßt und die Stellungnahme des Zentralkomitees dazu in einer Folge des illegal erscheinenden „Rudé právo" verbreitet[29]. Der Beschluß des illegalen Zentralkomitees der Kommunistischen Partei der Tschechoslowakei vom Dezember 1940 über organisatorische Fragen[30] zeigte die Schwierigkeiten auf, denen sich die Organisation der Partei in jener Zeit gegenübergestellt sah.

„Anstatt daß man Tag für Tag um die führende Rolle der Partei und um ihre Führung in der Arbeiterklasse und im Volk kämpft, verlassen sich manche Teile der Partei ganz einfach untätig auf die Sowjetunion ... Das führt direkt zur Vernachlässigung der Sorge um die Partei und um ihre Verteidigung. Mitglieder und Funktionäre, die nicht dauernd die Sendung der Partei vor Augen haben, schützen dann nicht ihre Partei, ihre Organisation wie einen Augapfel – und dann begegnen wir freilich solchen Erscheinungen wie einem nachlässigen Aufbau der Organisationen, der leichtsinnigen Aufnahme neuer Mitglieder, der Vernachlässigung der Konspiration[31]."

„Viele Funktionäre und Mitglieder sind sich auch noch nicht des Unterschiedes zwischen einer legalen und einer illegalen Partei bewußt geworden und stellen sich gegen den Aufbau

---

[25] Dějiny KSČ.
[26] Hučková-Štvrtečka 12 ff.
[27] Ebenda 12.
[28] Kuhn: Der Kommunismus 47 ff.
[29] Dějiny KSČ 402.
[30] Kuhn: Der Kommunismus 47 ff.
[31] Ebenda 219–225.

einer von oben geschaffenen Verbindung und gegen die entsprechende Einsetzung von Parteiorganen, sie wollen die Mitglieder der Leitung kennen und forschen sogar nach ihnen. Dadurch wird die Partei dekonspiriert und man zeigt dem Feind eine Blöße ...[32]."

„Die Mängel in der Organisation, der Konspiration und der Massenarbeit, unter denen die Partei bisher leidet, halten sich zu ihrem Schaden weiter und werden deshalb nicht rechtzeitig beseitigt, weil wir eine ungenügende und teils unrichtige Vorstellung über die von den höheren gegenüber unteren Parteiorganen gehandhabte Leitung der Partei haben ...[33]."

„Der Massencharakter der Partei kann heute nur Einflußnahme auf die Massen bedeuten, nämlich, daß sie überall, in jedem Betrieb und an jedem Ort ihre Organisation besitzt, daß ihre Organisationen und die Mitglieder so aufgebaut und verteilt sind, daß sie inmitten eines Kreises von Mitgliedern stehen, von einem Wall Sympathisierender umgeben sind, so daß sie die legalen Massenorganisationen beeinflussen und leiten und wirkliche Führer der Arbeiterklasse des werktätigen Volkes sind ...[34]."

„Das Zentralkomitee lenkt daher sehr nachdrücklich die Aufmerksamkeit der Partei vor allem auf die Vervollkommnung und den Aufbau der Betriebsorganisationen. Da es unsere Aufgabe ist, die Arbeiterklasse zu vereinigen und unter unserem Banner zu führen, muß der Schwerpunkt unserer politischen Arbeit und daher auch der Organisation in den Betrieben liegen ...[35]."

„Ausgehend von der Tatsache, daß zumeist der Verrat aus den zu umfangreichen örtlichen Organisationen kam, deren Mitglieder sich gegenseitig kannten und auch der Polizei bekannt waren, empfiehlt das Zentralkomitee, die Ortsorganisationen sorgfältig umzuorganisieren. Die einzelnen Arbeitsgruppen der Ortsorganisation (Fünfergruppen) sind zweckmäßigerweise nach den einzelnen Abschnitten der Massenarbeit der betreffenden Organisation und nach Straßen geordnet aufzubauen. Die einzelnen Arbeitsgruppen sind sorgsam voneinander zu trennen, damit sie nicht wechselseitig miteinander verbunden sind und damit ihre Verbindung ausschließlich nach oben, in die Leitung der Ortsorganisation, geht. Wir müssen auf jeden Fall durchsetzen, daß in der Leitung und als Verbindungsleute nur Genossen stehen, die der breiten Öffentlichkeit und den Behörden als Kommunisten unbekannt sind, und daß Mitglieder, die als Kommunisten aus der Zeit der Legalität bekannt sind, nicht einmal in die einzelnen Arbeitsgruppen (Fünfergruppen) direkt eingereiht werden ...[36]."

„Die Notwendigkeit, die Sicherheit der Partei zu erhöhen, erfordert die Entfernung jener Genossen aus den eigenen illegalen Organisationen, die der breiten Öffentlichkeit und den Behörden bekannt sind. Die Partei ist gezwungen, im Hinblick auf den wachsenden Terror des Feindes, der alle aus der Zeit der Legalität bekannten Genossen verhaftet und damit die Organisation selbst direkt bedroht, diese Maßnahme zu ergreifen. Das Zentralkomitee trifft diese Vorkehrung im Interesse der Partei und erwartet, daß diese Genossen die Notwendigkeit eines solchen Schrittes einsehen[37]."

Alle früheren Beschlüsse des Zentralkomitees der Kommunistischen Partei der Tschechoslowakei über den Aufbau der Organisation blieben jedoch in Gültigkeit[38]. Sie erfuhren nur durch folgende Entschließung eine Ergänzung.

„Alle Leitungen sind nur von oben nach unten aufzubauen und abzuändern, damit die unteren Leitungen und Organisationen nicht wissen, wer in der höheren Leitung tätig ist. Auch die Reorganisation der Grundorganisationen kann nur von oben nach unten vorgenommen werden. Die Vertrauensleute der einzelnen Leitungen dürfen nur mit der höheren,

---

[32] Ebenda 219–225.
[33] Ebenda 219–225.
[34] Ebenda 219–225.
[35] Ebenda 219–225.
[36] Ebenda 219–225.
[37] Ebenda 219–225.
[38] Ebenda 219–225.

keinesfalls mit der unteren Leitung Verbindung haben. Diese Verbindung nach unten dürfen nur die übrigen Mitglieder der zuständigen Leitung besorgen . . .[39]."

„Für große Kreise ist die Errichtung von Bereichen zu empfehlen, in denen immer einige nebeneinanderliegende Bezirke je nach Zweckmäßigkeit zusammengefaßt werden, so daß die Kreisleitung nur die Bereiche direkt und die Bereichsleitungen daraufhin die Bezirke instruieren . . .[40]."

„Das Zentralkomitee empfiehlt ferner, besonders bei wichtigen Betriebszellen, die Technik und die Verbindungseinrichtungen dieser Zellen außerhalb des Betriebs aufzubauen, und zwar aus Genossen, die in dem betreffenden Betrieb nicht beschäftigt und nicht Mitglieder der Betriebszellen sind[41]."

Im Frühjahr 1941 verhandelte das Mitglied des illegalen Zentralkomitees der seit März 1939 als „Kommunistische Partei der Slowakei" auftretenden Organisation, Július Ďuriš, mit der Leitung der Kommunistischen Partei der Tschechoslowakei in Prag[42]. Im „Hinblick auf die besonderen Bedingungen der Illegalität" in der Slowakei wurden der Kommunistischen Partei der Slowakei erhebliche Zugeständnisse gemacht, die nicht nur die bereits bestehende organisatorische Trennung fixierten, sondern auch den slowakischen Kommunisten weitgehende politische Selbständigkeit und Unabhängigkeit gewährten[43]. Infolge dieser Vollmacht verbreitete das Mitglied des illegalen Zentralkomitees der Kommunistischen Partei der Slowakei, Ján Osaha, am 1. Mai 1941 ein Programm der slowakischen Kommunisten, in dem die künftige Slowakei als ein „vollkommen freier, unabhängiger Staat" bezeichnet wurde[44].

Im Protektorat Böhmen und Mähren wurde im Frühjahr 1941 das 1. illegale Zentralkomitee der Kommunistischen Partei der Tschechoslowakei durch die Geheime Staatspolizei verhaftet. Nur Jan Zika gelang es, sich zunächst dem polizeilichen Zugriff zu entziehen[45]. In der Folge vermochte es die Geheime Staatspolizei immer wieder, Mitglieder des illegalen Zentralkomitees der Kommunistischen Partei der Tschechoslowakei aufzuspüren und zu verhaften, so daß die Partei bis Herbst 1944 nur unwesentliche Erfolge erzielen konnte. Erst mit dem sich abzeichnenden Ende des Krieges kam es durch illegale Organisation der Kommunistischen Partei der Tschechoslowakei zu größeren zusammenhängenden Sabotageaktionen[46].

Zur Problematik des Neuaufbaus der KPTsch nach dem Ende des Zweiten Weltkriegs stellt sich auch die Frage, inwieweit sich die Partei, sowohl in der Emigration wie auch gegenüber der Bevölkerung im besetzten Gebiet, als politische Kraft darzustellen vermochte.

Erst nach Ausbruch des deutsch-sowjetischen Krieges gelang den Repräsentanten der westlichen Auslandsleitung der KPTsch ein entscheidender Durchbruch zur vollen Anerkennung als gleichberechtigte Partner in dem gemeinsamen Widerstand gegen einen gemeinsamen Gegner: das nationalsozialistische Deutschland. So hatten

---

[39] Ebenda 219–225.
[40] Ebenda 219–225.
[41] Ebenda 219–225.
[42] Hučková-Štvrtečka 26ff.
[43] Dějiny KSČ 414–415.
[44] Hučková-Štvrtečka 22ff. – Dějiny KSČ 415.
[45] Ebenda 412.
[46] Sněm budovatelů.

z. B. die nach der Besetzung Frankreichs nach Großbritannien übergewechselten Mitglieder der Pariser Leitung der KPTsch zunächst gegen das Mißtrauen der britischen Behörden anzukämpfen; eine Reihe von ihnen, wie Bruno Köhler, wurde sogar für eine Zeitlang interniert[47]. Diese Situation änderte schlagartig der gemeinsame Kampf der Westalliierten mit der Sowjetunion gegen Hitler, insbesondere das Abkommen über die Anerkennung der tschechoslowakischen Exilregierung und die Anerkennung der Tschechoslowakei in ihren Vorkriegsgrenzen, die Jan Masaryk mit dem sowjetischen Botschafter Majsky am 18. Juli 1941 in Moskau unterzeichnet hatten[48]. Wenn auch die KPTsch in der am 12. November 1942 unter Jan Šrámek gebildeten zweiten tschechoslowakischen Exilregierung noch nicht vertreten war, so wurden ihre Repräsentanten bereits 1942 in den Staatsrat aufgenommen[49]. Das entscheidende Gewicht erhielt die KPTsch jedoch mit der Unterzeichnung des tschechoslowakisch-sowjetischen „Abkommens über Freundschaft, gegenseitige Hilfe und Nachkriegszusammenarbeit", das in Anwesenheit von Edvard Beneš am 12. Dezember 1943 in Moskau unterzeichnet worden war. Dieses Abkommen bedeutete für die Nachkriegs-KPTsch die Anerkennung als mitbestimmender Faktor der Innenpolitik in einer befreiten Tschechoslowakei und bedeutete für den Neuaufbau der Partei eine kaum in ihren psychologischen Auswirkungen abzuschätzende Hilfe[50].

Die Selbstdarstellung der KPTsch als Faktor des inneren Widerstands gegen das Besatzungsregime war dagegen nicht so leicht in das Bewußtsein der Bevölkerung zu bringen. Auf dem Territorium des Protektorats und des slowakischen Staates operierte eine Vielzahl von Widerstandsorganisationen mit unterschiedlicher Zielsetzung, nur in dem Bestreben einig, das Land von der Besetzung zu befreien[51]. In-

---

[47] Laštovička, Bohuslav: V Londyně za války [In London während des Krieges]. Prag 1964. – Křen, Jan: V emigraci. Západní Zahraniční obboj 1939–1940 [In der Emigration. Der westliche Auslandswiderstand 1939–1940]. Prag 1960. Von den 1938–1939 nach dem Westen in die Emigration gegangenen leitenden Funktionären der KPTsch hielten sich Jan Šverma, Bruno Köhler und Viliam Široký zunächst in Paris auf; nach der Besetzung Frankreichs gingen Köhler, Václav Nosek, Anežka Hodinová-Spurná und Vladimír Clementis nach London, wo bereits auch Karl Kreibich war. Zinner 71 ff.

[48] Beneš, Edvard: Páměti [Erinnerungen]. Prag 1947.

[49] 1942 wurden fünf Repräsentanten der KPTsch in den Staatsrat (das tschechoslowakische Exilparlament) aufgenommen: Václav Nosek, Anežka Hodinová-Spurná, Jozef Válo, Karl Kreibich und Ivan Petruščák. Vgl. Zinner 79.

[50] In allen Veröffentlichungen der Tschechoslowakei über den Auslandswiderstand wie aber auch in den Darstellungen zur Geschichte der Partei wird dem Moskauer Bündnisvertrag von 1943 eine für die weitere Entwicklung der Tschechoslowakei und die Entfaltung des Kommunismus entscheidende Bedeutung zuerkannt.
Vgl. Dějiny KSČ. – Kopecký, Václav: ČSR a KSČ [Tschechoslowakische Republik und KPTsch]. Prag 1960. – Fierlinger, Zdeněk: Ve službach ČSR [Im Dienst der Tschechoslowakischen Republik]. Prag 1948. – Udaltsev, I. I.: Komunisticheskaia Partia chekhoslovakii v borbe za svobodu [Die kommunistische Partei der Tschechoslowakei im Kampf um die Freiheit]. Moskau 1951.
Die zentrale Bedeutung dieses Paktes für die Nach-Kriegsentwicklung unterstreicht auch Zinner.

[51] Brandes, Detlev: Die Tschechen unter deutschem Protektorat. Tl. 1: Besatzungspoli-

nerhalb des Widerstands war die KPTsch (oder die von ihr beeinflußten Gruppen) nur eine unter vielen anderen und in der effektiven Widerstandsleistung keineswegs an erster Stelle[52]. Politisches Ziel des von der KPTsch kontrollierten Widerstands war ja auch keineswegs die Selbstdarstellung ihres eigenen, revolutionären politischen Programms, sondern das einer nationalen Einheit im Widerstand.

Als sichtbare Erfolge (in den Augen der Bevölkerung) für den kommunistischen Widerstand können daher nur der Slowakische Nationalaufstand und der Prager Mai-Aufstand angesprochen werden[53].

Die politische Agitation der Kommunisten im selbständigen slowakischen Staat war auf Weisung Moskaus ganz auf die Erhaltung der Selbständigkeit abgestellt, die nach einer Befreiung der Slowakei nicht angetastet werden dürfe[54]. So vereinten sich bereits im September 1943 die Vertreter der illegalen KPS mit Vertretern der „sozialistischen" und „Bürgerblocks" zu einem illegalen 1. Slowakischen Nationalrat. Auch der Slowakische Nationalaufstand, der Ende August 1944 begann, war keineswegs alleiniges Werk der Kommunisten, sondern ein Versuch verschiedener Vertretungsgruppen, vor allem des bürgerlichen Lagers, in Anbetracht des sich abzeichnenden Zusammenbruchs der deutschen Ostfront einen eigenen slowakischen Beitrag für die Zeit nach dem Ende des Nationalsozialismus zu erbringen und von einer slowakischen Selbständigkeit soviel wie möglich zu retten[55].

Ähnlich muß auch der Prager Mai-Aufstand 1945 gewertet werden, der sich fast in „Sichtweite" der sowjetischen Panzer abspielte[56].

---

tik, Kollaboration und Widerstand im Protektorat Böhmen und Mähren bis Heydrichs Tod (1939–1942). München–Wien 1969.

[52] Brandes. – Beer, Ferdinand: Komunistická strana Československa v čele národně osvobozeneckého boje českého a slovenského lidu 1938–1945 [Die KPTsch an der Spitze des nationalen Befreiungskampfes des tschechischen und slowakischen Volkes]. Prag 1956.

[53] Lettrich, Jozef: History of modern Slovakia. New York 1953. – Jablonický, Jozef: Z ilegality do povstania [Von der Illegalität zum Aufstand]. Preßburg 1969. – Husák, Gustav: Svědectvo o Slovenskom národnom povstaní [Zeugnis über den slowakischen Nationalaufstand]. Preßburg 1964. – Venohr, Wolfgang: Aufstand für die Tschechoslowakei. Der slowakische Freiheitskampf von 1944. Hamburg 1969.
Über den Prager Mai-Aufstand vgl.: Bartošek, Karel: Pražské povstaní 1945 [Der Prager Aufstand 1945]. Prag 1960. – Šťovíček, Ivan: Zápis v zasedání ČNR v dnech 4.–9. Května 1945 [Protokoll über die Tätigkeit des Tschechischen Nationalrats vom 4.–9. Mai 1945]. HaV (1967) Nr. 6, S. 979–1019.

[54] Sichtbarer Ausdruck dieser Moskauer Haltung war die Existenz der Kommunistischen Partei der Slowakei, deren leitende illegale Funktionäre mit ausdrücklicher Billigung Klement Gottwalds auf einen „sowjetischen sozialistischen Staat des werktätigen Volkes" in einer „Slowakischen sowjetischen sozialistischen Republik" hinarbeiteten. Vgl. Hučková-Štvrtečka (Programm der Kommunistischen Partei der Slowakei vom 1. Mai 1941).
Ähnliche Dokumente finden wir auch in: Cesta ke Květnu. Vznik lidové demokracie v československu [Der Weg zum Mai. Die Entstehung der Volksdemokratie in der Tschechoslowakei]. Bd. 1. und 2. Prag 1965.

[55] Vgl. Anmerkung 53.

[56] Vgl. Anmerkung 53 und Šťovíček.

Die politische Taktik der KPTsch in der Phase des organisatorischen Neuaufbaus der Partei im April und Mai 1945

„Die Taktik der Nationalen Front ist unsere Grundtaktik, und sie bleibt auch für absehbare Zeit."
Klement Gottwald auf einer Kundgebung am 8. April 1945 in Kaschau

Die KPTsch hatte in den Maitagen in den böhmischen Ländern 27 000 organisierte Mitglieder[57]; in der Slowakei zählte die KPS rund 10 000 Mitglieder[58]. Diese Mitgliederbasis schien keineswegs ausreichend, um die Ziele zu erreichen, die die Moskauer Führung der KPTsch in den letzten Kriegsjahren in einer zu befreienden Tschechoslowakei anstrebte. Das Programm und Nahziel der KPTsch-Führung war in den Jahren 1944–1945 die Durchführung eines antifaschistischen, nationalen und demokratischen Umsturzes[59]. Dieses Programmziel erhoffte die KPTsch in der Gemeinschaft der „Nationalen Front" und als ihre treibende Kraft zu erreichen. Die Basis für diese „Nationale Front" bildete die Londoner Exilregierung und die in ihr vertretenen Exponenten jener Parteien, die zu einer Zusammenarbeit mit dem Kommunismus in einer befreiten Tschechoslowakei bereit waren. Obzwar die KPTsch personell in der Londoner Exilregierung nicht vertreten war, wurde zwischen der Londoner Exilregierung und der Moskauer Leitung der KPTsch grundsätzliche Einigung über die Bildung der „Nationalen Front" erzielt. Diese Verhandlungen wurden in der Zeit von 1943 bis zum März 1945 geführt. Am 16. Dezember 1943 wurden entsprechende Vorschläge der Moskauer Leitung der KPTsch Dr. Beneš vorgelegt[60]. Am 8. Februar 1944 unterbreiteten die Repräsentanten der KPTsch im Londoner Exil einen Programmvorschlag des „Nationalen Blocks der Werktätigen in Stadt und Land", der bereits die Grundkonzeptionen der späteren „Nationalen Front" enthielt und die drei sozialistischen Parteien (KPTsch, Tschechoslowakische Sozialdemokratische Arbeiterpartei und die Tschechoslowakische Volkssozialistische Partei) als Basis der „Nationalen Front" vereinen sollte[61]. April

---

[57] Klímeš, Miloš/Zachoval, Marcel: Příspěvek k problematice unorových událostí v československu v unoru 1948 [Beitrag zur Problematik der Februarereignisse in der Tschechoslowakei im Februar 1948]. ČČH 6 (1958) Nr. 2.
Die Zahl von 27 000 Vorkriegsmitgliedern der KPTsch taucht in den meisten tschechoslowakischen aber auch anderen Publikationen immer wieder auf. In Sněm budovatelů werden jedoch widersprechende Zahlenangaben genannt. In Kašpar wird die Zahl von 28 445 Vorkriegsmitgliedern angeführt (S. 4). Es scheint, daß Kašpar dafür bisher noch nicht zugängliche Quellen zur Verfügung hatte. Kašpar führt auch an, daß es 1945 in der Slowakei 12 000 Vorkriegsmitglieder der KPTsch gegeben habe, zu dieser Zahl müssen jedoch nochmals 20 000 Mitglieder gezählt werden, die von seiten der Sozialdemokraten auf dem Vereinigungskongreß (1944) dazugekommen sind (S. 11).

[58] Lehar, Lubomír: Uloha masové členské zakladny KSČ v podminkách pokojného rozovje revoluce do února 1948 [Die Aufgabe der Massenmitgliedergrundlage der KPTsch unter den Bedingungen einer ungestörten Entwicklung der Revolution bis zum Februar 1948]. Kandidaturdisseration, Ústav dejin KSČ. Prag 1963.

[59] Reiman, Michal: Koncepce KSČ „o specifické cestě k socialismu v naši revoluce" [Die Konzeption der KPTsch „Über den besonderen Weg zum Sozialismus in unserer Revolution"]. In: Československá revoluce v letech 1944–1948 [Die Tschechoslowakische Revolution in den Jahren 1944–1948]. Prag 1946, S. 165.

[60] Cesta ke Květnu I, 35–40.

[61] Ebenda I, 82–91 und 13.

1945 wurde dann endgültig die „Nationale Front" konstituiert, die ihre Grundzüge im sogenannten „Kaschauer Regierungsprogramm" manifestiert hatte[62]. „Die Existenz des Nationalen Blocks wie auch der Nationalen Front bedeutete eine neue Form der Zusammenarbeit sozialistischer wie auch nichtsozialistischer Parteien auf einem festvereinbarten Programm, das große Bedeutung sowohl für den erfolgreichen Abschluß des nationalen Befreiungskampfes wie auch für die Revolution hatte[63]."

Wenige Tage nach der Konstituierung der Tschechoslowakischen Regierung in Kaschau (4. April 1945)[64] trafen sich am 8. April 1945 am gleichen Ort Vertreter der KPTsch aus den Reihen der Moskauer und Londoner Emigration zu einer gemeinsamen Sitzung[65]. Diese Vertreter der KPTsch bildeten ein 17-köpfiges provisorisches ZK der KPTsch, das die bisherige illegale Leitung der Partei ersetzen sollte. Klement Gottwald wurde auf dieser Sitzung als Vorsitzender der KPTsch bestätigt, zu seinem Stellvertreter wurde Karol Šmidke gewählt. Generalsekretär wurde Rudolf Slánský[66]. Klement Gottwald hielt auf dieser Funktionärkonferenz eine programmatische Rede, in der er die neue Lage für seine Partei charakterisierte. Er behauptete, daß durch die sich abzeichnende Niederlage des nationalsozialistischen Deutschlands auch in der Tschechoslowakei die „Bourgeoisie als herrschende Klasse diskreditiert" sei; ihre Macht, „vor allem soweit es sich um den Staatsapparat handelt", sei „stark erschüttert" ... „Für das werktätige Volk in der Slowakei und in den böhmischen Ländern ist die Situation viel besser und günstiger als in den anderen befreiten Ländern."

Gottwald führte weiter aus:

„Weder die tschechische, noch die slowakische Bourgeoisie kann sich heute auf eine der juristischen, verfassungsmäßigen und staatlichen Institutionen stützen, die sie sich bis zum Münchner Abkommen geschaffen hat[67]."

Die Bourgeoisie besitze keine verfassungsmäßigen Institutionen, über die sie dominieren und mit deren Hilfe sie im Namen des Rechts und der Kontinuität herrschen könnte.

„Zum Unterschied von anderen Emigrantenregierungen bringt unsere tschechoslowakische Regierung nichts nach Hause, auf das sie sich stützen könnte. In London gab es einen Staatsrat, eine Regierung und einen Präsidenten. Der Staatsrat ist mit Hilfe unserer Genossen aufgelöst worden. Die Regierung, deren Trümmer in Kaschau eingetroffen sind, mußte bereits im Zug ihre Demission einreichen, und von denjenigen, die die Kontinuität aufrecht erhalten, bleibt allein Beneš[68]."

Schließlich sei die Bourgeoisie auch in einer schwierigen Lage, da sie, „obwohl sie es möchte, nichts von dem übernehmen kann, was von den Okkupanten und Vertretern aufgebaut wurde, d. h. den ganzen Staatsapparat. Daß ihr (d. h. der Bourgeoisie) dies mißlang,

---

62 Deutscher Wortlaut (Übersetzung) des „Programms der neuen tschechoslowakischen Regierung der Nationalen Front der Tschechen und Slowaken" siehe: Dokumentation der Vertreibung der Deutschen aus Ost- und Mitteleuropa. Bd. 4/1 (1957) Anlage 2, S. 184 ff.

63 Cesta ke Květnu 13.

64 Dějiny KSČ.

65 Cesta ke Květnu 587. – Bis zum Erscheinen der Veröffentlichung von Bohuslav Laštovička (vgl. Anmerkung 47) wurde diese wichtige Konferenz in der zeitgenössischen kommunistischen Literatur nicht erwähnt.

66 Kuhn, Heinrich: Handbuch der Tschechoslowakei. München 1967, S. 418 und 419.

67 Cesta ke Květnu 587–597.

68 Ebenda 587–597.

daran hat außer der objektiven, von der Sowjetunion und der Roten Armee geschaffenen Situation die Taktik und Strategie, die von unserer Partei von allem Anfang an zielbewußt eingehalten wurde, ein großes Verdienst[69]."

„Es ist dies das Verdienst der Taktik unserer Partei, die von Anfang an diese Prinzipien im Kampf in der Heimat und im Ausland durchgesetzt und dadurch erreicht hat, daß sie heute allgemein anerkannt wird."

Außerdem sei hinzuzurechnen, „daß wir die Rote Armee hier hatten, die die Position der Bourgeoisie auch nicht stärkt". Aus all dem ergebe sich, „wie unsere Strategie und Taktik sein soll und wahr vor uns steht ...[70].

„Wir haben reinen Tisch gemacht, soweit es die Staatsverfassung und den Staatsapparat betrifft. Wir beginnen von neuem und von unten aufzubauen. Bedeutet das, daß es schon heute an der Zeit ist, uns als nächstes Ziel eine sowjetische Republik, den sozialistischen Staat zu setzen? Nein! Es wäre im Gegenteil ein großer strategischer Fehler, wenn die Partei solche unmittelbare Perspektiven hätte. Trotz der günstigen Situation sind unser nächstes Ziel nicht die Sowjets und die Sozialisierung, sondern eine wirklich konsequente Durchführung der demokratischen nationalen Revolution, in deren Strömung wir uns befinden, und zwar bis zum Ende, damit wir uns im weiteren Verlauf den Weg zu neuen Zielen öffnen können, womöglich in der breiten Nationalen Front an der Spitze des Volkes. Politisch liegt das Hauptproblem darin, daß wir imstande sind, als Partei des werktätigen Volkes und als Arbeiterpartei die ganze Nation zu führen und daß wir als Repräsentanten des Volkes anerkannt werden[71]."

Gottwald nannte dann als die Hauptaufgaben der Partei für die nächste Zukunft: Zur Führungsmacht zu werden, die Nationalausschüsse zur Hauptarena der Auseinandersetzung zu machen, die Vertreter der Bourgeoisie als Kollaboranten und Verräter zu brandmarken. Als wichtige Voraussetzungen für die Errichtung dieser Nahziele bezeichnete er die Tatsache, daß die Konfiskation und Verteilung des Bodens bereits im „Kaschauer Regierungsprogramm" aufgenommen worden sei[72].

Hierzu führte Gottwald aus:

„Das zweite Problem ist die Sicherstellung von Betrieben der Feinde, Verräter und Kollaborateure. Hier fühlt man die Bedeutung dieser Frage noch nicht, aber man wird sie fühlen, wenn wir weiter nach Westen gehen, nach Brünn, Preßburg, Ostrau, Kladno und noch weiter. Das wird eine Vermögensverschiebung von weitreichender Bedeutung sein. Vorerst noch keine formale Verschiebung, vorerst sprechen wir von keiner Verstaatlichung oder Konfiskation, außer von der Bodenkonfiskation. Aber doch bestehen hier bereits Voraussetzungen, um die gewaltige Vermögensverschiebung durchführen und dem Großkapital seine ökonomische Basis unter den Füßen entziehen zu können. Das geschieht heute legal mit unfreiwilliger Zustimmung, aber doch mit Zustimmung unserer ‚Freunde'. Und darin liegt für uns wieder ein riesiges Kapital. Sorgen wir dafür, daß wir es nicht abermals zum Fenster hinauswerfen, daß diese Angelegenheit nicht abermals von unseren Feinden mißbraucht wird. Verwendet auch nicht den Ausdruck ‚Zwangsverwaltung'. Es ist dies ein exekutorischer Ausdruck – sagt lieber Nationalverwaltung. Duldet nicht, daß unsere Gegner den ganzen Gedanken der Nationalverwaltung in diesem Stadium diskreditieren, was ihr Bestreben sein wird[73]."

Abschließend äußerte sich Gottwald auch zur Taktik der Partei in der nächsten Zukunft:

---

[69] Ebenda 587–597.
[70] Ebenda 587–597.
[71] Ebenda 587–597.
[72] Ebenda 587–597.
[73] Ebenda 587–597.

„Und nun zu unserer Taktik und Strategie gegenüber den anderen Klassen und sozialen Schichten. Unsere Taktik heute und für absehbare Zeit ist die Taktik der Nationalen Front. Wir sind dabei, einen wirklichen Volksstaat unter der Parole der Nationalen Front, der nationalen Einheit aufzubauen. Die Nationale Front bauen wir nicht auf unserem, dem kommunistischen, Programm auf, dessen Ziel die Sowjets und der Sozialismus sind, sondern auf dem Regierungsprogramm. Von der sozialen Seite her bedeutet die Nationale Front einen Block der Arbeiterklasse, der Bauernschaft, der Kleinbourgeoisie, der Intelligenz und jenes Teils der demokratischen Bourgeoisie, die unser Programm der Nationalen Front gemeinsam mit uns durchführen will. Danach bestimmen wir unser Verhältnis auch zu den politischen Gruppen ...[74]."

„Die Taktik der Nationalen Front ist unsere Grundtaktik, und sie bleibt es noch für absehbare Zeit. Keine andere Taktik ist heute möglich. Der Kampf gegen die Reaktion, geführt von der Plattform der Nationalen Front aus – darin liegt unsere Stärke. Diese doppelte Richtung unserer Taktik müßt ihr verstehen, und das gibt auch in jeder Situation eine genaue Unterscheidungsmöglichkeit. Dann werden euch diese Schwierigkeiten nicht aus der Fassung bringen. Wenn wir die Taktik der Nationalen Front und die Zusammenarbeit mit anderen politischen Gruppen verkünden, bedeutet das nicht, daß der Kampf eingestellt ist, sondern er geht weiter, in anderen Formen, und zwar in für uns günstigen Formen[75]."

Und über die Aufgaben der Partei, die lernen müsse, von der illegalen Arbeit zur legalen Arbeit, in die „Öffentlichkeit" zurückzukehren, verlautete der Parteivorsitzende:

„Und nun einige Worte über die Partei. Diese günstige Situation, die hauptsächlich von der Roten Armee geschaffen wurde und die darin besteht, daß wir beginnen, die Republik auf neuen Grundlagen aufzubauen, können wir nur dann richtig ausnutzen, wenn wir eine Partei haben, wenn wir wirklich die Vorhut und Führerin des werktätigen Volkes und der Nation sind."

„Auch hier sind unsere Aussichten gut. Wir haben die Persekution überstanden. Hunderte und Tausende unserer Genossen haben das Leben geopfert. Die Partei brachte es zustande, in der Illegalität zu kämpfen, warum sollte sie nicht imstande sein, heute zu kämpfen? Heute droht kein Zuchthaus und kein Gummiknüppel. In dieser Hinsicht sind die Hindernisse weggefallen. Ideologisch und politisch sind wir stärker. Wir besitzen die Voraussetzungen, um eine einheitliche, festgefügte, vom Volk geliebte und geachtete Massenpartei aufzubauen. Unsere Schwierigkeiten sind heute anderer Art als früher. Es sind dies Aufbauschwierigkeiten, Schwierigkeiten der Gestaltung und Entstehung. Wir haben uns bemüht, das alte Regime zu stürzen. Heute haben wir eine andere Aufgabe. Die Aufgabe, aufzubauen, zu gestalten, zu verwalten, mit einem erfahrenen Feind zu konkurrieren. Das ist unsere Schwierigkeit. Es ist notwendig, sich von der illegalen oppositionellen Arbeit auf die effektive Regierungsarbeit, auf die Regierungsarbeit in unserem proletarischen, plebejischen Sinn umzuorientieren. Hier ist es notwendig, zu lehren[76]."

Daß diese Rede Gottwalds, in der er klar die Fernziele der KPTsch aussprach und die Taktik seiner Partei für die Periode des Übergangs bis zur Erreichung der Macht erläuterte, erst viel später der Öffentlichkeit zugänglich gemacht wurde[77], ist verständlich.

---

[74] Ebenda 587–597.

[75] Ebenda 587–597.

[76] Ebenda 587–597. Deutscher Wortlaut (Übersetzung) in: Kuhn, Heinrich: Der Kommunismus in der Tschechoslowakei. Programme und Zielvorstellungen. Bd. 2 (1971 im Manuskript).

[77] Vgl. Anmerkung 65. – Die Rede Klement Gottwalds wurde erstmalig veröffentlicht in: Gottwald, Klement: Spisi [Schriften]. Bd. 12. Prag 1955, S. 13–25.

Auf der gleichen Sitzung (am 8. April 1945) in Kaschau wandte sich das neukonstituierte provisorische Präsidium des ZK der KPTsch mit einem „Aufruf“ an die Öffentlichkeit, der bei der Bevölkerung um Vertrauen für die KPTsch und die von ihr zu erwartende Politik warb und natürlich ganz andere Formulierungen aufwies als die o. a. Worte Klement Gottwalds an seine engsten Mitstreiter über die Taktik zur Erringung der Macht. In diesem Aufruf „Was tun, womit beginnen?“ an die nach Ende des Zweiten Weltkrieges übrig gebliebenen Funktionäre und die zu gewinnenden Sympathisierenden wurde der Ruf nach Einigkeit an die Spitze gestellt („Erhaltet und festigt die Einheit! Die Einheit des Volkes, die Einheit der Nation!“), zur Wahrung der grundlegenden Artikel der Verfassung aufgefordert, in der „die einzige Quelle der Staatsmacht das Volk ist“, und zur Gründung von Nationalausschüssen („Wählt in jeder befreiten Gemeinde sofort einen Ortsnationalausschuß und in jedem befreiten Kreis einen Kreisnationalauschuß. Entsendet in die Nationalausschüsse euere besten Repräsentanten, die sich im Kampf gegen die Okkupation und Verräter bewährt haben und die wirklich Demokraten sind!“) aufgefordert[78].

Mit meisterhaftem Gespür für die Empfindungen der Masse der Bevölkerung nach 6 Jahren der Besetzung werden in diesem Aufruf zielbewußt Emotionen und Wünsche des Volkes geweckt („Setzt die Räder der Produktion wieder in Gang. Wählt in jedem Betrieb und in jeder Fabrik einen Betriebsausschuß“ und „Richtet in jedem Ort die Volksmiliz ein ... Setzt sofort alle Deutschen fest ... Richtet für die festgesetzten Deutschen Arbeitslager ein und zwingt sie, am Wiederaufbau dessen zu arbeiten, was sie selbst vernichtet haben“) und es wird zu Aktionen aufgefordert, die erst später durch Dekrete des Präsidenten der Republik „Legalität“ erhalten sollten („Säubert das Vaterland von den Folgen des Verrats ... Stellt das gestohlene Eigentum der Deutschen, der Verräter und Kollaborateure sicher! ... Bereitet die endgültige Wiedergutmachung für den Weißen Berg vor, die Rückgabe des tschechischen Bodens an das tschechische Volk ... Gebt den kleinen tschechischen Menschen das Eigentum zurück, das ihnen von den Deutschen und Verrätern geraubt wurde! ... Sorgt für diejenigen, die ein Opfer des nazistischen Terrors wurden!“)[79].

Mit unmißverständlichem Hinweis auf die im Lande stehende Rote Armee schloß der Aufruf:

> „Durch das Verdienst der Roten Armee, durch das Verdienst der Sowjetunion, durch das Verdienst Stalins – wurde der lange und schwere Befreiungskampf unseres Volkes mit dem Siege gekrönt. Wir sind wieder frei ... Die KPTsch ... wird auf ihrem Platz stehen und ihre Pflicht der Nation und dem Volk gegenüber auch jetzt erfüllen, beim Aufbau der neuen demokratischen Volksrepublik[80].“

Als die Rote Armee am 9. Mai 1945 in Prag einzog, wurde in ihrem Gefolge auch sogleich dieser Aufruf an die „Bevölkerung“ überall verbreitet, nachdem er bereits im April in allen bis dahin befreiten Gemeinden und Städten verteilt wor-

---

[78] Deutscher Wortlaut (Übersetzung) in: Kuhn: Der Kommunismus II (Manuskript).
[79] Ebenda.
[80] Ebenda.

den war[81]; er wurde zielbewußt in die Tat umgesetzt. Im Rechenschaftsbericht über die Tätigkeit der Partei vom VII. (1936) zum VIII. (1946) Kongreß heißt es: „Vom ersten Augenblick an war die Tätigkeit der Kommunistischen Partei vor allem mit Zukunftsaufgaben erfüllt. Kommunisten kamen an die Spitze der Nationalausschüsse, sorgten sich um Ernährung, Elektrizität, Wasserleitungen, das Fernmeldenetz, organisierten die Sicherheit, nahmen die Deutschen fest und die Verräter und stellten das nationale Vermögen sicher[82]."

Auch der organisatorische Aufbau ging rasch voran[83]. Über diese Probleme beriet das provisorische ZK der KPTsch vor allem auf seiner ersten Sitzung am 28. Mai 1945 in Prag[84]. Bereits einige Tage zuvor, am 12. Mai, fand in Prag das erste Funktionärsaktiv des Prager Kreises statt, auf dem Klement Gottwald und Josef Krosnář sprachen[85]. Am 5. Mai 1945 wurden im Kreis Prag bereits 22862 Mitglieder registriert[86]. Auch in den anderen Kreisen, insbesondere in jenen, die bereits eher durch die Rote Armee besetzt worden waren, konstituierten sich schon Anfang Mai 1945 die Organisationen der KPTsch[87]. In der Zwischenzeit waren auch die Mitglieder der KPTsch, die die Konzentrationslager überdauert hatten, und ein großer Teil der in der Sowjetunion im Exil lebenden Angehörigen der Partei in ihre Heimat zurückgekehrt. Zu ihnen gesellte sich auch eine nicht unbeträchtliche Zahl von Angehörigen des tschechoslowakischen Armeekorps, das an der Seite der Roten Armee gekämpft hatte. So war es verständlich, daß sich auch die 2. Sitzung des provisorischen ZK der KPTsch, das am 24. Mai 1945 in Prag zusammentrat, fast ausschließlich mit Organisationsfragen beschäftigte, aber auch erstmals eine kritische Analyse über die Zeit der illegalen Tätigkeit der Partei zog[88]. Aus dem Kreis der „Illegalen" und der ZK-Häftlinge wurden neue Mitglieder in das ZK kooptiert und sein Präsidium erweitert[89]. Die Kommunistische Partei hatte sich in den böhmischen Ländern konsolidiert und konnte an die Verwirklichung ihrer politischen Ziele herangehen.

Die Rolle der KPTsch als Partner der Regierungskoalition der Nationalen Front bis zu den Mai-Wahlen 1946

„Unsere Periode ist eine Periode der nationalen und demokratischen Revolution ... Unsere Ordnung ist eine Ordnung der nationalen und demokratischen Revolution von besonders geartetem, eben tschechoslowakischem Typ, und seine Entwicklung hängt davon ab, wie wir es, dabei ausgehend von unseren eigenen Verhältnissen, verstehen wer-

---

81 Nach Angaben von Jan Kašpar wurden über 200 000 Flugblätter mit dem Aufruf der KPTsch an die Bevölkerung in allen befreiten Kreisen der Republik verteilt (S. 5).

82 Sněm budovatelů.

83 Jan Kašpar bemerkt, daß der Neuaufbau der KPTsch spontan und sehr rasch erfolgte. Überall bildeten sich örtliche Organisationen, und dort, wo die Mitgliederbasis zunächst für solche Organisationen zu gering war, entstanden Betriebsorganisationen der KPTsch (S. 4).

84 Sněm budovatelů.

85 Ebenda.

86 Ebenda.

87 Ebenda.

88 Ebenda.

89 Kuhn: Handbuch 418 ff.

den, der Ordnung, wie bisher, auch in der Zukunft die Richtung zu geben."

Klement Gottwald auf einer Kundgebung am 9. Juli 1945 in Prag

Die Verhandlungen, die Dr. Edvard Beneš im Dezember 1943 in Moskau mit den Exponenten der Moskauer Leitung der KPTsch führte, ebneten der KPTsch den Weg zu einer maßgeblichen Rolle als Partner und Teilhaber der Staatsmacht und einer erneuerten und befreiten Tschechoslowakei[90]. Als am 4. Mai 1945 in der ostslowakischen Stadt Kaschau, im Schutz der Roten Armee, eine neue Regierung der Nationalen Front gebildet wurde, erlosch dadurch die Legitimation der bisherigen Londoner Exilregierung und der Vollmachten des Tschechoslowakischen Staatsrats[91]. Lediglich der Präsident der Republik und seine Funktion blieben erhalten und waren auch ein von den Kommunisten anerkanntes sichtbares Signum der Kontinuität der Tschechoslowakischen Republik[92].

Über die wesentlichen Grundzüge des Regierungsprogramms, das Anfang Mai 1945 in Kaschau verkündet worden war (Kaschauer Regierungsprogramm), wurde, nach den Äußerungen der KPTsch-Führung, schon im Dezember 1943 bei den Verhandlungen mit Edvard Beneš „grundlegende" Übereinstimmung erzielt[93]. Die KPTsch war zu einem gleichberechtigten Partner der „Nationalen Front der Tschechen und Slowaken" geworden; wesentlichen Vorstellungen der Kommunisten über gravierende politische, gesellschaftliche und ökonomische Umwälzungen in einer befreiten Tschechoslowakei hatte Edvard Beneš zugestimmt. Der Vertrag über Freundschaft und Zusammenarbeit mit der Sowjetunion selbst mußte für eine erneuerte Tschechoslowakei auch außenpolitisch ihre Bewegungsfreiheit und Unabhängigkeit erheblich einengen. In der ersten Regierung der volksdemokratischen tschechoslowakischen Republik hatte die KPTsch mehrere Ressorts erhalten, so das Innenministerium (und damit die Machthaberrolle über den Polizeiapparat), das Landwirtschaftsministerium (durch dessen Hände die Zuteilung des beschlagnahmten Bodens ging) u.s.w.[94].

Partner der KPTsch in der Regierung und damit der Macht im Staate waren die Tschechoslowakische Sozialdemokratische Arbeiterpartei, die Tschechoslowakische

---

[90] Vgl. Anmerkung 50. – Diese Feststellung wird auch in der Dokumentensammlung Cesta ke Květnu, Bd. 1 und 2 erhärtet; die Dokumente selbst spiegeln den stets wachsenden Einfluß der KPTsch auf den künftigen Kurs der Regierungspolitik der „Nationalen Front".

[91] Vgl. auch die Ausführungen von Klement Gottwald auf der Kaschauer Konferenz (Anmerkung 77).

[92] Zu dieser Problematik vgl.: Taborsky, Eduard: The Czechoslovak Cause. An account of the problems of international law in relation to Czechoslovakia. London 1944.

[93] Cesta ke Květnu I, 35–38.

[94] Kuhn: Handbuch 341ff. – Die personelle Besetzung der erneuerten tschechoslowakischen Regierung (der Nationalen Front) war bereits am 28. März 1945 ausgehandelt worden (Cesta ke Květnu I, 448–452).
In dieser Regierung des 4. April 1945 erhielten die KPTsch und die KPS folgende Ressorts:

Stellv. Regierungsvorsitzende:	Klement Gottwald (KPTsch)
	Viliam Široký (KPS)
Innenminister:	Václav Nosek (KPTsch)

Volkspartei, die Tschechoslowakische Volkssozialistische Partei sowie in der Slowakei die Kommunistische Partei der Slowakei (KPS) und die Demokratische Partei[95]. Nicht wieder zugelassen war eine Reihe von Parteien, deren Repräsentanten sich, nach Ansicht der Bündnispartner der Nationalen Front, durch Kollaboration mit dem Feinde von einer politischen Reaktivierung in einer befreiten Tschechoslowakei selbst ausgeschlossen hatten[96]. Die Nichtwiederzulassung dieser Parteien und die Vertreibung der Deutschen und Magyaren, die Bestrafung der „Verräter" und „Kollaborateure", hatten die politische und gesellschaftliche Struktur der Tschechoslowakei ganz entscheidend verändert. Die „Rechtsparteien" – wenn man dieses Schlagwort in diesem Zusammenhang gebrauchen darf – waren von der politischen Bühne verschwunden; die zugelassenen Parteien standen sämtlich, soweit nicht ganz „links", so doch „links von der Mitte". Auch nach der Ausschaltung der Deutschen und Magyaren als politischen Faktor gab es noch zahlreiche Anhänger der nicht wieder zugelassenen tschechischen und slowakischen Parteien, die, durch die „Okkupationszeit" nicht belastet, nun politisch heimatlos geworden waren und um deren Stimmen und Gunst die Parteien der „Nationalen Front" warben.

Allein mit Programmen und Versprechungen wäre aber der KPTsch niemals ein entscheidender Durchbruch zur Macht gelungen. Ihre Taktik in dieser Periode der „nationalen und demokratischen Revolution" – wie es Gottwald nannte – zielte darauf, die „Mehrheit des Volkes" zu gewinnen[97]. Dies konnte nur gelingen, wenn die KPTsch imstande war, die gesellschaftlichen und sozialen Strukturen entscheidend zu verändern und dabei zugleich die Partei für die breite Masse der Bevölkerung offen zu halten[98]. Als der geeignete Weg hierfür erschien der Führung der KPTsch die Tätigkeit der Repräsentanten der Partei in der Regierung und den Nationalausschüssen sowie in den nach 1945 neugegründeten gesellschaftlichen und

---

Minister für Schulwesen und Aufklärung:	Zdeněk Nejedlý (KPTsch)
Minister für Landwirtschaft:	Július Ďuriš (KPS)
Minister für Arbeitsschutz und Sozialfürsorge:	Jozef Šoltész (KPS)
Staatssekretär im Außenministerium:	Vladimír Clementis (KPS)

Das Ministerium für Nationale Verteidigung erhielt Armeegeneral Ludvík Svoboda (der derzeitige Präsident der Republik), der später der KPTsch beitrat (Vgl. Kuhn, Heinrich: Biographisches Handbuch der Tschechoslowakei. München 1969, 1. Lfg.).

95 Cesta ke Květnu I.

96 Darüber, wer als Partner und Teilhaber der „Nationalen Front" zugelassen werden sollte, wurde insbesondere im Dezember 1943 in Moskau zwischen Dr. Edvard Beneš und der Auslandsleitung der KPTsch in Moskau verhandelt. Vgl. Cesta ke Květnu I.

97 Reiman 165. – In Kaschau und auch später hatte Klement Gottwald nachdrücklich hervorgekehrt, daß im augenblicklichen Stadium die Zielsetzung der KPTsch nicht „Sowjetisierung und Sozialisierung" sei, sondern die Durchsetzung der „nationalen und demokratischen Revolution".

98 Reiman 167. – Dabei bemühte sich die Führung der KPTsch, anstelle der bisherigen Theorie, der sozialistische Aufbau sei nur durch „Diktatur des Proletariats" möglich, eine andere „Variante des sozialistischen Modells" zu suggerieren, nämlich, daß in der Tschechoslowakei der „Sozialismus als fortschrittliches Ideal" betrachtet werden müsse. Daher war die These „Für die Mehrheit der Nation" insbesondere auf die Landwirte als potentielle Mitglieder der KPTsch gemünzt. Diese Taktik wurde nach dem Abschluß der ersten Phase des Neuaufbaus der KPTsch (März 1946) und nach dem Wahlsieg (Mai 1946) verstärkt angewandt.

Massenorganisationen, auf überparteilicher Ebene errichtet, aber in den entscheidenden Funktionen mit zuverlässigen Anhängern der KPTsch durchsetzt.

In beiden Organen der Staatsverwaltung, in der Zentrale wie auch der Verwaltung (Nationalausschüssen), war die KPTsch stets „Koalitionspartner mit den konkurrierenden Parteien". Für die KPTsch kam es im wesentlichen darauf an, das Mißtrauen gegenüber den Kommunisten – soweit es nicht durch die Besatzungszeit überwunden war; auch die Allianz der Westalliierten mit der Sowjetunion mußte so manchen früheren Gegner des Kommunismus eines anderen belehren – abzubauen und durch eine aktive Betätigung der Kommunisten in den Verwaltungsorganen den Beweis zu erbringen, daß auch der Kommunist ein guter Partner in der neuen „Ordnung" sei. Bei der geringen Zahl von Altkommunisten[99] war diese Taktik von doppelter Wirksamkeit; auch die neuen Mitglieder der KPTsch, die sich vielfach deshalb an die Partei anschlossen, weil sie sich im Schutz der KPTsch vor Angriffen ob ihrer loyalen Verhaltensweise gegenüber der Besatzungsmacht sicher fühlten, übten einen Anreiz auf die Bevölkerung aus, daß man es einmal doch mit der Kommunistischen Partei versuchen könne.

Die Führung der KPTsch vermied es zudem, ihren Gegnern eine Angriffsfläche zu bieten und es ihnen zu ermöglichen, die KPTsch mit der Begriffsvorstellung des „Kommunisten der Vorkriegs-Tschechoslowakei" oder mit dem aus dem Repertoire eines aus der antikommunistischen Vorstellungswelt entnommenen Vokabulars des „Bolschewiken" und „Bürgerschrecks" zu identifizieren. Die Vorstellung der „nationalen und demokratischen Revolution tschechoslowakischen Typs" sollte zum Sinnbild der kommunistischen Aktivität in Staat und Gesellschaft werden.

Daß die Führung der KPTsch dabei auch nicht vergaß, ihre strategischen langfristigen Vorstellungen von dieser „nationalen und demokratischen Revolution" zu verwirklichen, davon zeugte vor allem ihr bestimmender Einfluß auf die Legislative, die, bis zur Einberufung der Verfassunggebenden Nationalversammlung, durch Dekrete des Präsidenten der Republik oder durch Regierungsverordnungen gekennzeichnet war[100]; diese Dekrete des Präsidenten der Republik, insbesondere die über die Enteignung des Besitzes der Deutschen, Magyaren und „Verräter", waren bereits im Kaschauer Programm als Ziele der neuen Politik festgelegt worden[101], und sie veränderten das bisherige ökonomische und gesellschaftliche Gefüge grundlegend. An die Stelle des Fabrikbesitzers trat das „Volk" als Eigentümer; die Verwaltung des nationalen Besitzes übernahm die „Volksverwaltung"[102].

---

[99] Für die Besetzung von Schlüsselpositionen hatte die KPTsch Mai 1945 nur rund 28 000 Vorkriegsmitglieder zur Verfügung.

[100] Über die Frage der Vollmacht der Präsidentur der Republik und über die rechtliche Problematik der sogenannten „Kontinuitätstheorie" vgl. u. a. Taborsky.

[101] In seinen Ausführungen im April 1945 in Kaschau (Konferenz) hatte Klement Gottwald eindringlich davor gewarnt, den Begriff „Sozialisierung" zu verwenden; vielmehr solle dieser Prozeß so dargestellt werden, daß das Eigentum der „Verräter, Kollaborateure, der Deutschen und Magyaren" in die „Hände des Volkes" übergeführt werden müsse.

[102] Eliáš, Zdeněk und Netík, Jaromír: Czechoslovakia. In: Communism in Europe. Volume 2, Part 2. Edited by William E. Griffith. Cambridge, Massachusetts 1966, S. 186 ff.

Dem Versuch, die sozialistischen Zielsetzungen der KPTsch auch optisch auf eine breitere Basis zu stellen, diente eine am 8. Juni 1945 geschlossene Übereinkunft mit der tschechoslowakischen sozialdemokratischen Arbeiterpartei und der tschechoslowakischen Volkssozialistischen Partei, das „Abkommen über einen gemeinsamen Auftritt der Parteien des Nationalen Blocks des werktätigen Volkes in Stadt und Land“[103]. In diesem Abkommen beschlossen die Partner, gemeinsam die in dem „Kaschauer Regierungsprogramm“ festgelegten Grundsätze in Abstimmung untereinander zu verwirklichen, in den Nationalausschüssen gemeinsam aufzutreten und gemeinsame, sozialistische Massenorganisationen zu bilden[104]. Es war dies ein erfolgreicher Versuch der KPTsch, innerhalb der „Nationalen Front“ die Gewichte des Einflusses noch weiter zugunsten der Kommunisten zu verschieben.

Die bedeutendste dieser Massenorganisationen war bereits in den Maitagen durch einen „revolutionären Akt“ entstanden, die „Revolutionäre Gewerkschaftsbewegung“, durch Übernahme der Einrichtungen der Protektoratseinheitsgewerkschaft, „Nationale Organisationszentrale der Beschäftigten“[105]; eine „Revolution“, die erst mehrere Monate später durch Gesetz legalisiert wurde. Maßgeblichen Einfluß von Anbeginn hatten in der Revolutionären Gewerkschaftsbewegung die Kommunisten. Am 28. Mai 1945 folgte als weitere einheitliche Massenorganisation der „Einheitsverband der tschechischen Landwirte“[106], und am 5. Juni 1945 die Gründung des „Verbands der tschechischen Jugend“[107]. Der Arbeit auf gewerkschaftlichem Sektor und in den anderen Massenorganisationen widmete die KPTsch größtes Augenmerk. Am 12. Juni und 2. August 1945 waren diese Fragen im Mittelpunkt der Beratungen des Plenums des ZK der KPTsch[108].

Noch immer war die KPTsch nur eine Partei unter mehreren und auch der stürmische Mitgliederzuwachs seit dem Mai 1945 ließ die Frage offen, wie die KPTsch

---

[103] B e e r.

[104] E b e n d a.

[105] Nástin dějin československého odborového hnutí od vzniku prvních organisací odborového hnuti typu do obdobi nástupu k výstavbu sozialismu [Abriß der Geschichte der tschechoslowakischen Gewerkschaftsbewegung von der Entstehung der ersten Organisation gewerkschaftlichen Typs bis zur Zeit des Antritts zum Aufbau des Sozialismus]. Prag 1963.

[106] „Jednotný svaz českych zemědělců“ und in der Slowakei „Jednotný sväz slovenských rolníkov“. Beide Verbände wurden als Einheitsorganisationen der Landwirte in der Volksdemokratischen Republik im Jahre 1945 gegründet. Sie unterstützten die Landwirtschaftspolitik der KPTsch unter Minister Július Ďuriš.

[107] „Svaz české mládeže“ (gegründet am 12. Mai 1945) und in der Slowakei „Sväz slovenské mládeže“ (gegründet am 14. und 15. August 1945). Auch diese beiden Verbände entstanden als Einheitsorganisationen der sozialistischen Jugend; die Partner der KPTsch im „Sozialistischen Block“ (Sozialdemokraten, Volkssozialisten) hatten auf die Errichtung eigener Jugendverbände verzichtet. Vgl. Příruční slovník k dějinám KSČ [Handbuch zur Geschichte der KPTsch]. Bd. 1, S. 109 ff.

[108] K o z á k, Jan: K některych otázkam strategie a taktiky KSČ v obdobi přerůstani národni a demokratické revoluce v revoluce socialistickou [Über einige Fragen der Strategie und Taktik der KPTsch in der Zeit des Hinüberwachsens der nationalen und demokratischen Revolution in eine sozialistische Revolution]. Prag 1956. – P u s t e j o v s k y, Otfrid: Parlamentarische Demokratie und die Politik der Kommunistischen Partei der Tschechoslowakei in den Jahren zwischen 1945 und 1948. BohJb 3 (1962) 468 ff.

bei den kommenden Wahlen in die Verfassunggebende Nationalversammlung abschneiden würde, die für das Frühjahr 1946 in Aussicht genommen worden waren und deren Vertreter die Mitglieder der Provisorischen Nationalversammlung ablösen sollten, die auf Grund von Kandidatenlisten der Nationalen Front auf Delegierten-Versammlungen am 14. Oktober 1945 in Prag und Brünn (für die böhmischen Länder) gewählt worden waren[109]. Auf Grund einer Vereinbarung der Vertreter der Nationalen Front war man übereingekommen, daß jede der sechs politischen Parteien 40 Vertreter (wobei die KPTsch und KPS als selbständige Parteien auftraten) in die Provisorische Nationalversammlung entsenden solle; 60 Sitze waren für Vertreter der Gesellschafts-Organisationen in der Nationalen Front reserviert. Davon waren wiederum 18 Kommunisten, so daß insgesamt 98 Kommunisten in der Provisorischen Nationalversammlung vertreten waren[110]. Sozialdemokraten und Kommunisten waren mit insgesamt 149 von 300 Delegierten vertreten[111].

Mit der tschechoslowakischen Sozialdemokratischen Arbeiterpartei zusammen – so waren die Überlegungen der Führung der KPTsch – konnte in absehbarer Zeit die Mehrheit im Parlament gewonnen werden und damit ein entscheidender Schritt zur Erringung der Macht im Staate. Die Tschechoslowakische Sozialdemokratische Arbeiterpartei hatte zwar am 8. Juni 1966 das Abkommen über den „sozialistischen Block“ unterzeichnet, ein erheblicher Teil ihrer Mitglieder schien jedoch nicht bereit zu sein, zu einer Vereinigung mit der KPTsch zu schreiten oder auch nur eine noch engere Aktionsgemeinschaft mit der KPTsch einzugehen. Diese Partei hatte sich am 27. Mai 1945 auf einer Konferenz ihres Aktionsausschusses neu konstituiert[112]. Ihr auf dieser Konferenz gewählter Vorsitzender, Zdeněk Fierlinger, war ein prominenter Vertreter des „linken“ Flügels seiner Partei und seit der Konstituierung der Kaschauer Regierung ihr Vorsitzender[113]. Ideologisch waren jedoch die Standorte dieser Parteien verschieden. Das Festhalten an einem demokratischen Sozialismus im Sinne eines pluralistischen Parteiensystems und einer pluralistischen Gesellschafts- und Wirtschaftsordnung war eine zunächst unüberbrückbare Trennmauer für eine Verschmelzung der beiden Arbeiterparteien[114].

So war die Taktik der KPTsch in der Phase vom Oktober 1945 bis zu den Wahlen in die Verfassunggebende Nationalversammlung neben der Popularisierung der Arbeit der Kommunisten für das Volk und die Republik auch darauf abgestellt, den konkurrierenden sozialistischen Parteien (Sozialdemokratie und Volkssozialisten) möglichst viele Anhänger abzuwerben. Die Popularisierung der KPTsch war dadurch erleichtert, daß an der Spitze der Ministerien für Volksaufklärung

---

[109] Zinner 144ff.

[110] Ebenda 145.

[111] Ebenda 145.

[112] Osmdesat let československé sociální demokracie 1874–1958. Uspořádal Adolf Mokrý [80 Jahre tschechoslowakische Sozialdemokratie 1878–1958. Zusammengestellt von Adolf Mokrý]. London 1958.

[113] Kuhn, Heinrich/Böss, Otto: Biographisches Handbuch der Tschechoslowakei. München 1961, S. 220 und 221. – Kuhn: Biographisches Handbuch 1. Lfg.

[114] Osmdesat let.

seit dem 4. Mai 1945 ein Kommunist stand[115]; dieses „Presse- und Informationsamt", mit seinem personalpolitischen Einfluß auf die Besetzung wichtiger Schlüsselpositionen des Propaganda-Apparates, sollte vor allem in die Kreise der Intelligenz einwirken und diese für die KPTsch gewinnen[116].

Wesentlich andere Voraussetzungen für einen organisatorischen Neuaufbau der Kommunistischen Partei und ihr Wirken um Einfluß und Macht gab es in der Slowakei. Fünf Jahre lang existierte ein selbständiger slowakischer Staat, der seine Entstehung zwar der durch Hitler initiierten Auflösung der Vorkriegstschechoslowakei verdankte und dadurch mit dem Kains-Zeichen des Faschismus gebrandmarkt war; aber er war in weiten Kreisen der slowakischen Bevölkerung eine Realität geworden. Bestimmender politischer Faktor in diesem Slowakischen Staat war die slowakische Volkspartei, von Andrej Hlinka gegründet, und seit März 1939 zur herrschenden Partei geworden.

Auch die slowakischen Kommunisten wurden seit „München", insbesondere nach der Gründung des Slowakischen Staates, verfolgt und ihrer legalen Tätigkeit wurde die Basis entzogen[117]. Die Anhänger der Kommunisten in der Slowakei und in der Karpaten-Ukraine rekrutierten sich vornehmlich aus den Kreisen der land- und forstwirtschaftlichen Gelegenheitsarbeiter, der „Taglöhner"[118]; die Partei hatte in den magyarischen Gebieten des Landes die meisten Anhänger[119] und bei den Wahlen vor allem in der Karpaten-Ukraine einen sehr erheblichen Stimmenanteil[120].

Zu den Opfern der Umwälzungen seit dem März 1939 in der Slowakei gehörten auch die Sozialdemokraten, die seit diesem Zeitpunkt keine politische Organisation mehr besaßen[121]. Aber außer diesen Gruppen der sozialistischen Parteien existierten auch noch andere, bürgerliche, insbesondere der slowakischen evangelischen Kirche nahestehende Kreise, die sich von dem klerikalen, betont katholisch-nationalistischen Kurs der Slowakischen Volkspartei und vieler ihrer Repräsentanten im Staate zurückgesetzt glaubten und in die neue Staatsordnung und -idee nicht integriert werden konnten[122].

Mit dem sich nach dem mißlungenen Blitzkrieg im Osten langsam abzeichnenden Ende des nationalsozialistischen Imperiums wuchsen in der Slowakei die Kreise jener, die sich mit Sorge fragen mußten, was geschehen würde, wenn das Ende der nationalsozialistischen Herrschaft in Europa käme. So viel wie möglich von der slowakischen Selbständigkeit zu retten, war die Triebkraft jener bürgerlichen Politiker, die seit 1939 in das zweite Glied zu treten hatten[123]. Diese Gefühle und das

---

115 Vgl. Kuhn: Biographisches Handbuch 1. Lfg.

116 Zinner 120ff.

117 Die KPTsch war in der Slowakei bereits am 9. Oktober 1938 durch die autonome slowakische Regierung verboten worden. Vgl. Přiručni slovník I, 385.

118 Kuhn: Sozialstruktur.

119 Ebenda.

120 Ebenda.

121 Lettrich.

122 Lettrich. – Hoensch, Jörg K.: Geschichte der Tschechoslowakischen Republik 1918–1945. Stuttgart 1966. – Hoensch, Jörg K.: Der Slowakische Nationalaufstand in der Geschichtsschreibung der ČSSR. Osteuropa 15 (1965) 509–515.

123 Hoensch: Der Slowakische Nationalaufstand.

Denken dieser Kreise, das auch bis in die Führung der slowakischen Armee gedrungen waren, boten einen Ansatzpunkt für die Tätigkeit der illegalen Kommunistischen Partei der Slowakei. Die Aktionen und Maßnahmen der illegalen KPS waren bis 1943 wenig erfolgreich; die Partei und ihre illegalen Exponenten wurden von den Sicherheitsorganen des Slowakischen Staates in Schach gehalten[124]. Erst der Slowakische Aufstand vom August 1944, auf dessen Organisation auch die Kommunisten erheblichen Einfluß hatten, brachte die bisher illegale KPS in den Vordergrund des Interesses und der Aufmerksamkeit der slowakischen Bevölkerung[125]. Während der Aufstandstage und nach der revolutionären Konstituierung des zweiten „Slowakischen Nationalrats"[126] in Neusohl[127] kam es auf einem „Vereinigungskongreß" am gleichen Orte durch Vereinigung der Slowakischen Sozialdemokraten mit den Kommunisten zur Gründung der „Kommunistischen Partei der Slowakei"[128].

? welche Parteien?

Der „Slowakische Nationalrat" hatte sich in Neusohl zur alleinigen Wahrerin der Souveränität des slowakischen Volkes deklariert und leitete aus dieser Rechtskraft auch die Vollmacht ab, die staatsrechtliche Stellung der Slowaken in einer befreiten Tschechoslowakei auszuhandeln[129]. In diesem zweiten „Slowakischen Nationalrat" waren die Exponenten der in der Slowakei illegal wirkenden Kommunisten maßgeblich vertreten[130]. Im März 1945 hatten die Vertreter der KPS in Moskau mit der Auslandsleitung der KPTsch verhandelt; das Ergebnis dieser Verhandlungen hatte seinen Niederschlag im „Kaschauer Regierungsprogramm" vom April 1945 gefunden, soweit es die allgemeine Stellung der Slowaken im befreiten Staate betraf[131].

An diesen Realitäten slowakischen Eigenlebens konnte auch die Führung der KPTsch nicht vorbeigehen. Am 5. April 1945 hatte Klement Gottwald in Kaschau, über die allgemeinen, im Kaschauer Regierungsprogramm enthaltenen Grundsätze des slowakisch-tschechischen Arrangements hinausgehend, zugesagt, daß das Verhältnis zwischen Slowaken und Tschechen auf der Basis der Gleichheit geregelt werden solle, daß die Kommunistische Partei den Slowakischen Nationalrat als die alleinige Quelle der Staatsmacht in der Slowakei anerkenne, und sogar zugesichert, eigene slowakische Armeeinheiten mit slowakischen Offizieren aufzustellen[132].

Für die slowakischen Kommunisten war diese von Gottwald sanktionierte slowakische Eigenständigkeit Richtschnur in ihrer politischen Agitation; sie konnten, ohne ihren in der Illegalität erlassenen Aufruf zu verleugnen – vor allem das am 1. Mai 1941 erlassene Programm der Kommunistischen Partei der Slowakei[133] –,

---

[124] Ebenda.
[125] Venohr, Wolfgang: Aufstand für die Tschechoslowakei. Der Slowakische Freiheitskampf 1944. Hamburg 1969.
[126] Husák.–Jablonický.
[127] Husák.–Jablonický.
[128] Husák.
[129] Ebenda.
[130] Ebenda.
[131] Über diese Verhandlungen vgl.: Cesta ke Květnu Bd. I/1, S. 410–440. – Husák.
[132] Gottwald: Spisy XII.
[133] Vgl. Anmerkung 54.

gegenüber der Konkurrenz der „Demokratischen Partei" mit einem nationalen und zugleich sozialistisch slowakischen Programm um die Gunst der Bevölkerung werben[134]. Aber schon auf der gesamtslowakischen Konferenz der KPS im August 1945 in Sillein waren die parteiinternen Gegensätze zwischen den ehemaligen „Illegalen" mit Karol Šmidke und Gustav Husák und den „Zentralisten", die sich vornehmlich aus den Exponenten der Auslandsführung der KPTsch in Moskau unter Viliam Široký rekrutierten, deutlich geworden[135]. Diese Gegensätze endeten zunächst mit einem Kompromiß. Viliam Široký wurde zum Vorsitzenden der Partei gewählt und damit bekamen die „Zentralisten" ein Übergewicht im Parteiapparat, während Husák und Šmidke für leitende Funktionen in der Slowakischen Regierung (Kollegium der Beauftragten) und im Slowakischen Nationalrat delegiert wurden[136]. Die KPS blieb jedoch zunächst eine eigene Partei, war als solche Partner in der Nationalen Front und in der Provisorischen Nationalversammlung als eigene Partei gleichfalls mit 40 Delegierten vertreten[137]. Auch in der Regierung in Prag besetzten die Mitglieder der KPS, als solche designiert, Ministerfunktionen[138].

Trotz aller Aktivität der Kommunistischen Partei der Slowakei um eine großangelegte Werbung neuer Mitglieder konnten die Kommunisten im Vergleich zu dem rapiden Wachstum der Kommunisten in den böhmischen Ländern nur bescheidene Erfolge erringen. Daran waren nicht allein die Mentalität des slowakischen Volkes, die revolutionären Neuerungen abhold zu sein scheint, noch die anders als in Böhmen und Mähren geartete Sozialstruktur oder die religiöse Verwurzelung eines Großteils der Bevölkerung schuld, vielmehr die Tatsache, daß die Magyaren gleich den Deutschen als „Verräter" vogelfrei erklärt worden waren. Vor dem Kriege hatten die Kommunisten insbesondere in den überwiegend magyarisch-besiedelten Gebieten ihre stärksten Bastionen[139]; ein Teil dieser Gebiete war im Wiener Schiedsspruch Ungarn abgetreten worden[140]. Auch in den wiedergewonnenen Gebieten ließen sich diese Verluste am Mitgliederpotential nicht ausgleichen[141].

Die ruthenischen Teile der Tschechoslowakei, in denen die KPTsch bis 1938 ihre relativ stärkste Position hatte, verlor die Tschechoslowakei auf Grund des Abkommens vom 29. Juni 1945 an die Sowjetunion, nachdem diese Gebiete seit ihrer Besetzung durch Ungarn de facto niemals mehr der Oberhoheit Prags unterstan-

---

134 H o e n s c h : Der Slowakische Nationalaufstand 511 ff.

135 K u h n : Der Kommunismus II (Manuskript).

136 Karol Š m i d k e war vom 12. August 1945 bis 27. Mai 1950 Stellv. Vorsitzender des Präsidiums des ZK der KPS und vom 17. September 1945 bis 14. August 1946 Vorsitzender des Kollegiums der Beauftragten; Gustav H u s á k leitete vom 14. August 1946 bis Mai 1950 das Kollegium der Beauftragten; vgl. K u h n : Handbuch 389 ff.

137 Z i n n e r.

138 K u h n : Handbuch 369 ff.

139 K u h n : Sozialstruktur.

140 E b e n d a. – Gerade in diesen Gebieten hatte die KPTsch bei den Wahlen in der Vorkriegstschechoslowakei bedeutende Erfolge erzielt.

141 Bei den Wahlen im Mai 1946 erzielte die KPS in diesen Gebieten relativ weniger Erfolge als in jenen, die nicht an Ungarn abgetreten worden waren.

den[142]. Auch diese Tatsache der Abtretung eines Staatsgebietes an den „sowjetischen Bruder“ hemmte die Agitation der Kommunisten in der Slowakei[143].

Auch solche Aktionen, wie die Übergabe einiger deutsch-magyarischer Gemeinden in der Südslowakei in die „Hände der slowakischen Bauern“, die am 22. Juli 1945 in Anwesenheit des slowakischen kommunistischen Landwirtschaftsministers Július Ďuriš vorgenommen wurde, vermochten die Sympathien der Bevölkerung nicht nachhaltig zugunsten der Kommunistischen Partei zu verändern[144], zumal die Größe des den Deutschen und Magyaren enteigneten Bodens im Vergleich zu Böhmen und Mähren (bis 29. November 1945 rund 930 000 Hektar) in der Slowakei mit 150 000 Hektar relativ gering war[145].

Diese unbefriedigende Entwicklung der Kommunistischen Partei in der Slowakei war auch Hauptberatungspunkt auf der Sitzung des Präsidiums des ZK der KPTsch in Anwesenheit von Funktionären der Partei am 5. Januar 1946 in Kaschau; Viliam Široký machte für den „mangelhaften Wiederaufbau“ der Slowakei die Politik der „Demokratischen Partei“ verantwortlich und wandte sich gegen die Zulassung einer dritten politischen Partei in der Slowakei[146]. Es war klar, daß die KPS von einer weiteren slowakischen Partei, die sich aus den mit der Verschmelzung zur KPS unzufriedenen ehemaligen Mitgliedern der Sozialdemokraten zu formieren begann, eine weitere Schmälerung der eigenen sozialistischen Basis befürchten mußte. Dennoch konnte die KPS die Konstituierung der „Partei der Arbeit“ am 20. Januar 1946 nicht verhindern[147]. Diese neue politische Lage war auch Beratungspunkt der Repräsentanten der politischen Parteien in der Slowakischen Nationalen Front am 25. Februar 1946 in Preßburg, auf der die slowakischen Kommunisten der Zulassung der neuen Partei als Mitglied der Nationalen Front mit der Forderung begegneten, auch eine vierte Partei zuzulassen[148], die sich wenige Tage darauf, am 6. März 1946, durch Abspaltung von der „Demokratischen Partei“ als „Christlich-Republikanische Partei“ konstituierte[149]. Beide Parteien wurden am 17. März 1946 als Mitglieder der Nationalen Front aufgenommen; die „Christlich-Republikanische Partei“ allerdings nur unter der Auflage der Änderung ihrer Bezeichnung[150].

Dies geschah wenige Tage vor dem VIII. Kongreß der KPTsch (28. und 31. Mai

---

142 Über den Schriftwechsel zwischen Stalin und Beneš in dieser Frage vgl.: Cesta ke Květnu I/2.

143 Im Wahlkreis Prešov erzielte die KPS Mai 1946 den geringsten Stimmenanteil in der Slowakei.

144 Diese Aktion betraf die Verteilung von Boden in einigen einst von deutschen Bewohnern besiedelten Gemeinden.

145 Sněm budovatelů.

146 Hoensch: Geschichte der Tschechoslowakei 152.

147 Diese Partei sollte die Traditionen und Ziele der Sozialdemokratie wiedererstehen lassen.

148 „Pravda“ (Preßburg), vom 26. 2. 1946, S. 1.

149 Diese Parteigründung war als Gegenzug zur Gründung der „Partei der Arbeit“ gedacht, um das „christliche“ Monopol der „Demokratischen Partei“ zu durchbrechen.

150 Diese neue Partei war die „Partei der Freiheit“ (Strana Svobody), die auch heute noch besteht.

1946) und nur wenige Wochen vor den Wahlen in die Verfassunggebende Nationalversammlung, die für Mai 1946 anberaumt worden waren. Während sich in den böhmischen Ländern der gewaltige Aufschwung der Kommunistischen Partei auf dem Kongreß der Partei manifestierte und dem Kommunismus günstigste Aspekte für die Wahlen eröffnete, war in der Slowakei auch nach der Spaltung der „Demokratischen Partei“ die Aussicht auf ein günstiges Abschneiden der Kommunisten bei den ersten „freien Wahlen“ seit Kriegsende nicht besser geworden[151].

Der organisatorische Neuaufbau der KPTsch in den einzelnen Kreisen und in den böhmischen Ländern von Mai 1945 bis März 1946

Wenn man von der Zahl von rund 28 500 Mitgliedern der KPTsch ausgeht, die diese in den Maitagen 1945 in den böhmischen Ländern zählte[152], und die Vorkriegsmitgliederzahl von 70 000–80 000 damit vergleicht und dabei die Tatsache unterstellt, daß die KPTsch während des Krieges durch Tod 25 000 ihrer Mitglieder verloren habe[153], so war die Ausgangsbasis der Partei für einen Neuaufbau rein zahlenmäßig nicht sehr günstig. In den 18 Kreisen der Partei war die Zahl der für einen Neuaufbau übriggebliebenen Mitglieder sehr unterschiedlich. Das zeigt die nachfolgende Untersuchung über die Ausgangslage und Entwicklung der Partei in diesen einzelnen Kreisen.

1. Kreis Prag. Prag war schon immer eine „Bastion“ der KPTsch gewesen; wenn man den Mitgliederstand des Jahres 1937 betrachtet, nimmt sich die Vorkriegsmitgliederbilanz bescheiden aus. Auf der letzten Kreiskonferenz der KPTsch im Juni 1937 hatte die KPTsch 112 Betriebsorganisationen mit 1317 Mitgliedern; in 169 örtlichen Organisationen waren 4074 Mitglieder organisiert (insgesamt also 5391 Mitglieder in 281 Organisationen). Weitaus höher dürfte jedoch die Zahl des festen, aber nicht organisierten Anhängerstamms der KPTsch gewesen sein, denn das „Rudé právo“ hatte 1937 im Kreis Prag immerhin einen Stamm von 60 255 Beziehern. Das Verhältnis von organisierten Mitgliedern zum Kreis der Anhänger erläutert der Vergleich von organisierten Mitgliedern zur Stimmenzahl bei den letzten Wahlen in die Nationalversammlung (1935): Im gesamten Kreis I (Prag Stadt und Land) erzielt die KPTsch 118 505 Stimmen (= 15,2 %).

Nach der gleichen Quelle[154] besaß die KPTsch im Jahre 1938 rund 8000 Mitglieder. 4000 Mitglieder waren während der Protektoratszeit verhaftet worden. Während des Prager Mai-Aufstands fielen 329 Mitglieder der KPTsch. Das rasche Wachstum der Partei von Mai 1945 bis Februar 1946 wird aus der folgenden Aufstellung ersichtlich:

---

[151] Die Wahlergebnisse vom Mai 1946 zeigten dann auch tatsächlich, daß es der KPS nicht gelungen war, eine ähnliche beherrschende Position wie die KPTsch in den böhmischen Ländern zu erringen.

[152] Angaben nach Jan K a š p a r 4.

[153] Z i n n e r 75.

[154] Sněm budovatelů 67–71.

Die KPTsch hatte am:	Mitglieder:
5. Mai 1945	22 862
Juni 1945	84 472
Juli 1945	96 483
August 1945	110 411
September 1945	127 305
Oktober 1945	132 416
November 1945	138 714
Dezember 1945	146 583
Januar 1946	152 038
Februar 1946	165 643[155]

Bei dieser Zahlenaufstellung muß die Mitgliederzahl vom 5. Mai 1945 „auffallen"; sie würde bedeuten, daß in den übrigen Kreisen der böhmischen Länder in den Maitagen 1945 nur rund 5000 Vorkriegsmitglieder der Partei vorhanden waren. Stimmt diese Zahl (22 862), so könnte dies nur bedeuten, daß es der illegalen KPTsch gelungen sein müßte, bis zum Mai 1945 über 18 000 Mitglieder zu gewinnen (die 4000 Mitglieder, die verhaftet wurden, dürften wohl kaum zu diesem Zeitpunkt aus den Konzentrationslagern und Gefängnissen zurückgekehrt sein!).

Zur Zeit der 1. Kreiskonferenz der KPTsch Prag (1. und 2. September 1945) hatte die KPTsch 699 Organisationen (davon 151 in der Stadt und 548 im übrigen Kreisgebiet). Bei der 2. Kreiskonferenz der KPTsch Prag (1. Mai 1956) zählte die KPTsch bereits 1082 Organisationen (411 in der Stadt, 671 im übrigen Kreisgebiet). Hatte die KPTsch am 1. September 1945 76 351 Mitglieder, so zählte sie bei der 2. Kreiskonferenz (1. 3. 1946) bereits 165 633 Mitglieder. Der Zuwachs betrug also 38 324 Mitglieder (30,1 %), wobei er im Stadtgebiet mit 35,5 % höher war als im übrigen Kreisgebiet (21,6 %). Bei diesen Zahlen wäre noch hinzuzufügen, daß in der Zeit vom 1. September 1945 bis März 1946 der Abgang von Parteimitgliedern 6016 betrug (allein 5327 Mitglieder übernahmen Parteifunktionen außerhalb des Kreisgebiets, dagegen wurden nur 270 aus der KPTsch ausgeschlossen; 267 traten aus der KPTsch aus und 152 verstarben während dieses Zeitraumes).

Von den 146 533 Mitgliedern der KPTsch zum 31. 12. 1945 waren 75,6 % Männer und 24,4 % Frauen; 17,2 % der Mitglieder waren jünger als 28 Jahre.

Aufschlußreich ist dabei die soziale Zusammensetzung der Mitglieder; sie wird wie folgt angegeben:

61 %	Arbeiter;
20,3 %	Beamte und Angestellte;
2 %	Landwirte;
3 %	Gewerbetreibende;
13,7 %	Rentner und Hausfrauen.

Bei diesen Zahlen fällt besonders der hohe Anteil der Beamten (einschließlich der „werktätigen Intelligenz") mit rund einem Fünftel des Mitgliederbestandes auf[156]!

---

[155] E b e n d a 71.
[156] E b e n d a 70.

besser: in Tabellenform (übersichtlicher)

2. Kreis Kladno. Das Industriegebiet Kladno war von jeher ein Schwerpunkt der KPTsch und der Arbeiterbewegung gewesen. Vergleichszahlen mit dem Vorkriegsstand der Parteimitglieder sind leider nicht bekannt, auch nicht, wieviele Mitglieder der KPTsch während des Krieges verhaftet worden sind. Bekannt ist lediglich, daß die KPTsch 1938 in 479 Gemeinden des nunmehrigen Kreisgebietes 131 örtliche und 22 Betriebsorganisationen zählte[157]. Zum Zeitpunkt der 1. Kreiskonferenz der KPTsch Kladno (am 10. Juli 1945) hatte die Partei 432 Organisationen mit 50223 Mitgliedern, davon 43023 in den 380 örtlichen Organisationen.

Mit Ausnahme des Bezirks Saaz (der damals noch nicht von der deutschen Bevölkerung „gesäubert" worden war) betrug der durchschnittliche Anteil der Parteimitglieder im Vergleich zur Einwohnerzahl in den einzelnen Bezirken über 10%! Im Bezirk Saaz war zu diesem Zeitpunkt (16. Juli 1945) dagegen nur rund jeder 20. Einwohner Mitglied der KPTsch.

Für den Zeitpunkt der 2. Kreiskonferenz der KPTsch Kladno (21. Januar 1946) kennen wir auch die soziale Struktur der 60826 Parteimitglieder; es waren:

Arbeiter	36413
Landwirte	2552
Gewerbetreibende	2386
Beamte und werktätige Intelligenz	2068
Hausfrauen und berufstätige Frauen	17407[158].

3. Kreis Jungbunzlau. Im Kreisgebiet zählte die KPTsch im Jahre 1936 rund 7000 Mitglieder (also mehr als im Jahre 1937 in Prag!). Zur Zeit der 1. Kreiskonferenz der KPTsch Jungbunzlau hatte die KPTsch 43190 Mitglieder, die in 69 Betriebs- und 539 örtlichen Organisationen registriert waren. Dezember 1945 wurden für das Kreisgebiet 46811 Mitglieder angegeben. Das ist bemerkenswert, wenn man die Zuwachszahlen mit anderen Kreisen vergleicht; hier sind nur etwa über 3000 neue Mitglieder angeworben worden.

Im Vergleich zur Einwohnerzahl waren zu diesem Zeitpunkt in den einzelnen Bezirken als Mitglieder der KPTsch registriert:

Jungbunzlau	17 %
Melnik	18 %
Jitschin	10,4 %
Turnau	10,5 %
Semily	16,9 %
Nymburk	12 %
Münchengrätz	12,5 %
Podiebrad	10,4 %
Dauba	15,4 %

Am 1. März 1946 hatte die KPTsch im Bezirk Jungbunzlau 56547 Mitglieder, darunter rund 18% Frauen, 5% Gewerbetreibende, 12% Landwirte, 4% Beamte und werktätige Intelligenz und 61% Arbeiter[159].

---

[157] Ebenda 72–78.
[158] Ebenda 75.
[159] Ebenda 79–81.

4. Kreis Königgrätz. Auch für diesen Kreis lagen keine direkten Vergleichszahlen mit dem Vorkriegsstand vor. Während der Protektoratszeit verlor die KPTsch 1521 Mitglieder (in den Konzentrationslagern, durch Hinrichtung und im Partisanenkampf).

Zur Zeit der 1. Kreiskonferenz der KPTsch Königgrätz am 3. August 1945 hatte die Partei 39182 Mitglieder in 661 örtlichen und in 196 Betriebsorganisationen; davon waren 30471 in den örtlichen Organisationen und 8765 in den Betriebsorganisationen registriert.

Bei der zweiten Kreiskonferenz der Partei (am 16. und 17. März 1946) hatte die KPTsch bereits 61760 Mitglieder (davon 50949 in örtlichen und 10811 in Betriebsorganisationen); die Zahl der örtlichen Organisationen betrug zu diesem Zeitpunkt 809, die der Betriebsorganisationen 213. Von diesen Parteimitgliedern waren 64,6% in Industrie, Gewerbe und Verkehr beschäftigt, 25,2% in der Landwirtschaft und 10,2% im Handel; 75% der Mitglieder waren Männer und 25% Frauen.

Dem Beruf nach waren:

59,9 %	Arbeiter
9,1 %	Landwirte
5,0 %	Gewerbetreibende
10,25 %	Hausfrauen
8,6 %	Beamte und werktätige Intelligenz
7,15 %	andere Berufe.

Aus den Angaben über die Zusammensetzung der Mitgliederschaft nach dem Zeitpunkt des Eintritts in die Partei kann ersehen werden, daß von den 57400 Mitgliedern (zum 15. 3. 1946) rund 3200 Mitglieder bis zum Jahre 1938 der Partei beigetreten waren (5,5%)[160].

5. Kreis Kolin. Für diesen Kreis liegen keine Vergleichszahlen vom Jahr 1938 vor. 58 Mitglieder der KPTsch starben während des Krieges in Konzentrationslagern. Am 15. März 1946 hatte die KPTsch 28812 Mitglieder, die in 447 Organisationen registriert waren (davon in 61 Betriebsorganisationen 3716 Mitglieder). Von der Gesamtzahl der Parteimitglieder (28812) waren 25% Frauen, 4,5% Gewerbetreibende und 13% Landwirte[161].

6. Kreis Pardubitz. Im letzten Jahr vor dem Zweiten Weltkrieg hatte die Kreisorganisation der KPTsch rund 1200 Mitglieder. Mitte März 1946 war der Mitgliederstand der KPTsch 37040, davon 28% Frauen (!), 48% Arbeiter, 8% Landwirte, 2% Gewerbetreibende. In der Zeit vom Mai 1945 bis März 1946 verließen 3106 Mitglieder das Kreisgebiet, um sich im Grenzgebiet anzusiedeln[162].

7. Kreis Deutsch-Brod. 1938 hatte die Kreisorganisation rund 600 Mitglieder in 46 Organisationen. In der Zeit von der 1. Kreiskonferenz (13. und 14. Juli 1945) bis zur 2. Kreiskonferenz der KPTsch am 5. März 1946 wuchs die Zahl der Mitglieder auf 19015, die in 388 örtlichen und 76 Betriebsorganisationen registriert

---

[160] Ebenda 82–87.
[161] Ebenda 88–91.
[162] Ebenda 92–96.

waren. Über 2000 Mitglieder der KPTsch übersiedelten in diesem Zeitraum ins Grenzgebiet. Von der Mitgliederzahl (März 1946) sind 60% Arbeiter, 26% Landwirte, 5% Gewerbetreibende, 3% Intelligenzberufe und 6% mit anderen Berufen[163].

8. Kreis Tabor. Angaben über den Mitgliederstand im Jahre 1938 sind nicht bekannt. Während des Krieges wurden 220 Mitglieder der KPTsch verhaftet, davon kamen 112 (= 50,9%) um. Zur Zeit der ersten Kreiskonferenz der KPTsch (21. und 22. Juli 1945) hatte die Partei 17 376 Mitglieder in 478 örtlichen und Betriebsorganisationen. Bis März 1946 übersiedelten 2841 Mitglieder ins Grenzgebiet. März 1946 war der Mitgliederstand 33 387 in 630 örtlichen und Betriebsorganisationen[164].

9. Kreis Budweis. Im Gebiet des Kreises Budweis hatte die KPTsch im Jahre 1938 sechs Betriebs- und 60 örtliche Organisationen, in denen insgesamt 486 Mitglieder der Partei organisiert waren. Die Verluste während des Zweiten Weltkriegs betrugen 5 durch Hinrichtungen und 45, die in den Konzentrationslagern ums Leben kamen. Zur Zeit der 1. Kreiskonferenz der KPTsch am 28. Juli 1945 hatte die Partei 25 746 Mitglieder (24 502 in den 471 örtlichen Organisationen und 1244 in 6 Betriebsorganisationen). Die Zahl wuchs bis zum 15. März 1946 auf 30 033 Mitglieder an (26 631 in 476 örtlichen und 4402 in 67 Betriebsorganisationen). Von der Gesamtmitgliederzahl des Kreises waren 82,5% Männer. Ihrer sozialen Zusammensetzung nach gehörten der Partei an:

55,5%	Arbeiter
19,0%	Landwirte
8,5%	Gewerbetreibende
5,5%	Beamte und Intelligenz
11,5%	andere Berufe[165].

10. Kreis Strakonitz. Der Kreis hatte 1938 rund 900 Mitglieder der KPTsch. Die Verluste während des Krieges betrugen 120 Mitglieder. Über die Zahlen der Mitglieder zur Zeit der 1. Kreiskonferenz liegen keine Angaben vor. Zum 1. März 1946 zählte die KPTsch 30 961 Mitglieder, davon waren 18,5% Frauen und 20,62% der Mitglieder 18 bis 28 Jahre. Der sozialen Zusammensetzung nach waren:

43,0 %	Arbeiter
20,6 %	Landwirte
4,04%	Gewerbetreibende
4,21%	Intelligenz
27,92%	andere Berufe[166].

11. Kreis Pilsen. Über den Mitgliederstand im Jahre 1938 im Kreisgebiet liegen keine Zahlen vor, auch nicht über die Zeit der 1. Kreiskonferenz im Sommer 1945. Am 28. Februar 1946 hatte die KPTsch 64 515 Mitglieder, die in 912 örtlichen und

---

163 Ebenda 97–99.
164 Ebenda 100–106.
165 Ebenda 107–112.
166 Ebenda 113–118.

185 Betriebsorganisationen registriert waren. Zu diesem Zeitpunkt existierte in 214 Gemeinden des Kreises noch keine Organisation der Partei; es handelte sich um jene Gemeinden, in denen damals noch fast ausschließlich Deutsche lebten. 10775 Mitglieder waren Frauen, 37439 Arbeiter, 60077 Landwirte, 1309 Bergarbeiter, 1705 Gewerbetreibende und der Rest Beamte, Pensionisten, Lehrer, Ärzte und andere Berufe[167].

12. Kreis Karlsbad. Auch von diesem Kreis liegen keine Angaben über die Mitgliederzahlen im Jahre 1938 vor. Im Sommer 1945, zur Zeit der 1. Kreiskonferenz, hatte die KPTsch rund 3000 Mitglieder. Am 15. März 1946 waren 15983 Mitglieder registriert, die in 303 örtlichen und 100 Betriebsorganisationen organisiert waren. 11,7% der Mitglieder waren älter als 55 Jahre, 25% jünger als 25 Jahre. Der sozialen Schichtung nach waren 31,16% Arbeiter, 19,9% Landwirte, 16,94% Gewerbetreibende, 14% Intelligenzberufe und 18% Frauen[168].

13. Kreis Aussig. Im Jahre 1938 hatte die KPTsch im Kreisgebiet rund 3000 Mitglieder. Zur Zeit der 1. Kreiskonferenz der KPTsch, am 4. und 5. August 1945, waren es 18890, die in 140 örtlichen und 52 Betriebsorganisationen registriert waren. Mitte März 1946 stieg die Zahl der Parteimitglieder auf 51592 an, die der örtlichen Organisationen auf 522 und der Betriebsorganisationen auf 266. Über die damalige Zusammensetzung der Mitglieder ist nur bekannt, daß 10288 der Gesamtzahl Frauen waren[169].

14. Kreis Reichenberg. Vom Jahr 1938 sind Angaben über die Mitgliederzahl nicht bekannt. Zur Zeit der 1. Kreiskonferenz am 22. und 23. September 1945 hatte die KPTsch 8710 Mitglieder in 191 örtlichen und 53 Betriebsorganisationen. Mitte März 1946 waren 23265 Mitglieder in 284 örtlichen und 120 Betriebsorganisationen registriert. Von dieser Zahl waren allein über 17000 in den Bezirken Reichenberg, Böhmisch-Leipa, Gablonz und Friedland organisiert, in den vier anderen Bezirken des Kreises waren nur jeweils etwa über 1000 Mitglieder in der KPTsch organisiert[170].

15. Kreis Brünn. 1938 waren im Kreisgebiet rund 4500 Mitglieder der KPTsch in 218 Organisationen vereint. Wie groß die Mitgliederzahl zur Zeit der 1. Kreiskonferenz am 30. Juni und 1. Juli 1945 war, ist nicht bekannt. Am 10. März 1946 (2. Kreiskonferenz) hatte die KPTsch 122749 Mitglieder, davon 78099 Arbeiter, 7453 Landwirte, 10324 Intelligenzberufe, 22074 Frauen, 3324 Gewerbetreibende und 1475 andere Berufe. Der Kreis hatte 1522 örtliche und 385 Betriebsorganisationen[171].

16. Kreis Olmütz. Angaben über Mitgliederzahlen vor dem Zweiten Weltkrieg sind nicht bekannt. Ende Mai 1945 hatte die KPTsch 27238 Mitglieder, davon 2520 Frauen. Die Mitglieder waren in 520 örtlichen und 93 Betriebsorganisationen der Partei registriert. Ende Dezember 1945 hatte die KPTsch 49133 Mitglieder,

---

[167] Ebenda 114–122.
[168] Ebenda 123–127.
[169] Ebenda 128–133.
[170] Ebenda 134–137.
[171] Ebenda 138–144.

davon 15 % Landwirte, 4 % Gewerbetreibende, 8 % freiberuflich Tätige, 11 % Beamte, 4 % Hausfrauen; 63 % waren Arbeiter der verschiedensten Kategorien[172].

17. Kreis Zlin. Von einer nicht bekannten Zahl Vorkriegsmitglieder der KPTsch waren 1271 in Konzentrationslagern inhaftiert; 359 kamen in KZs ums Leben. Über die Entwicklung des Mitgliederstands von Mai 1945 bis März 1946 liegen keine Angaben vor. Mitte März 1946 hatte die Kreisorganisation 46 373 Mitglieder, die in 245 Betriebs- und 539 örtlichen Organisationen registriert waren. 27 000 (!) Mitglieder der Partei waren in Genossenschaften organisiert[173].

18. Kreis Ostrau. Über diesen Kreis liegen keine Angaben über die Mitgliedszahlen von 1938 vor, auch nicht darüber, wie stark die KPTsch zur Zeit ihrer 1. Kreiskonferenz im Sommer 1945 gewesen ist. Zur Zeit der 2. Kreiskonferenz am 16. und 17. März hatte die Partei 57 857 Mitglieder in 248 Betriebs- und 516 örtlichen Organisationen. Die Zahl der weiblichen Parteimitglieder betrug 9089.

Der sozialen Zusammensetzung nach waren 49 589 = rund 86 % Arbeiter, 3 % Landwirte, 2 % Handwerker und Gewerbetreibende und der Rest andere Berufe. 10 088 Mitglieder waren jünger als 25 Jahre, 9040 älter als 55 Jahre[174].

In den böhmischen Ländern hatte die KPTsch am 3. Juli 1945 bereits 475 304 Mitglieder, die in 2825 örtlichen und 635 Betriebsorganisationen erfaßt waren[175].

Die Entwicklung vom Juli 1945 bis zum 31. Dezember 1945 wird aus der nachstehenden Tabelle sichtbar:

	Anzahl der Mitglieder	Organisationen: örtliche	Organisationen: Betriebs-
6. 8. 1945	683 471	8 272	1887
4. 9. 1945	712 776	8 802	2132
1. 11. 1945	793 140	10 052	2804
31. 12. 1945	826 527	–	–[176]

Wenn sich auch das Tempo des Mitgliederzuwachses gegen Ende des Jahres 1945 etwas verlangsamt hatte, so war die KPTsch binnen kurzem in den böhmischen Ländern zur weitaus mitgliedstärksten Partei geworden. Diese zahlenmäßige Stärke konnte und sollte nicht Selbstzweck sein, sondern nur dem Ziele dienen, bei den Wahlen in die Verfassunggebende Nationalversammlung im März 1946 die zahlenmäßige Stärke auch in politische Macht umzumünzen.

Ende 1945 war die soziale Zusammensetzung der Mitglieder wie folgt:

Arbeiter	87 %
Landwirte	14 %
Intelligenz	9 %

---

172 Ebenda 145–149.
173 Ebenda 150–153.
174 Ebenda 154–159.
175 Kašpar 6.
176 Angaben nach Kašpar 6.

Gewerbetreibende	4%
Übrige (Beamte und Hausfrauen)	17%[177].

Die stürmische Mitgliederentwicklung stellte die KPTsch vor große organisatorische Aufgaben, so daß sich das Organisationssekretariat des ZK der KPTsch am 18. Oktober, und erneut am 27. Oktober 1945, mit den sich daraus ergebenden Problemen befassen mußte und zu dem Schluß kam, einen Austausch der Mitgliedsausweise vorzuschlagen, da es immer schwerer würde, eine Kontrolle über den Mitgliederstand zu halten. Das Präsidium des ZK der KPTsch beschloß jedoch auf seiner Sitzung am 27. November 1945, den Umtausch für die Zeit nach den Wahlen im Jahre 1946 zu verschieben[178]. Daß die Parteiführung unter Klement Gottwald im Gegenteil einen weiteren Massenzustrom an Mitgliedern für wünschenswert hielt, zeigte das Dezember-Plenum des ZK der KPTsch, auf dem Gottwald die Parole verkündete, bis zum VIII. Kongreß der KPTsch den Sprung zur Millionenpartei zu machen[179].

Aufgrund einer neuen Kampagne zur Mitgliederwerbung wuchsen die Mitgliederzahlen Anfang 1946 nochmals erheblich an:

Bis zum 15. Februar 1946 traten	48 475
bis Ende Februar 1946 nochmals	89 128
bis 15. Mai 1946 weitere	79 943
und bis Ende Mai 1946 nochmals	44 317 Mitglieder

der KPTsch bei.

So konnte die KPTsch während dieser Kampagne 261 863 neue Mitglieder gewinnen und erreichte zum VIII. Kongreß einen Mitgliederstand von 1 050 081[180].

Organisationsaufbau und Mitgliederbewegung in der Slowakei 1945 bis 1946

Wie bereits erwähnt, gab es Anfang 1945 in der Slowakei rund 12 000 Vorkriegsmitglieder der Partei, zu denen allerdings noch die rund 20 000 ehemaligen Sozialdemokraten zu zählen sind, die 1944 zu einer einheitlichen Partei zusammengeschlossen wurden: zur „Kommunistischen Partei der Slowakei". Diese Partei war durchaus selbständig und trat auch bei den Wahlen als eigene Partei auf. Im Provisorischen Präsidium des ZK der KPTsch waren aber auch Repräsentanten der KPS vertreten. Organisatorisch war die KPS in Gebiete und die ihnen unterstellten Bezirke gegliedert. Die Bezirke wurden aus den örtlichen Grund- und Betriebsorganisationen gebildet.

Da die KPS zu jener Zeit (seit der Konferenz von Sillein im August 1945) neben Mitgliedern auch Kandidaten (Anwärter) hatte, ist eine statistische Rekonstruktion schwierig. Einschließlich der Kandidaten hatte die KPS zum 30. Juni 1945 62 986, am 31. August 1945 167 574 und am 31. Dezember 1945 197 365 Mitglieder[181].

---

177 Sněm budovatelů 62.
178 Archiv ÚD KSČ (Frank č. 13), PÚV 14–5 vom 27. 11. 1945; zitiert nach Kašpar 7.
179 Kašpar 7.
180 Ebenda 7.
181 AUV KSČ. 100 – 4/5 26; zitiert nach Kašpar 12.

Die Partei war vor allem in der Gewerkschaftsbewegung und in den Betrieben stark und die Entwicklung verlief, wie aus dem o. a. ersichtlich, zunächst in einer ähnlichen Entwicklung wie in den böhmischen Ländern. Auf der Plenarsitzung des ZK der KPS vom Oktober 1945 wurde jedoch ein Umtausch der Parteilegitimation beschlossen und im Gegensatz zu den böhmischen Ländern auch durchgeführt. Nach der Beendigung dieses Umtausches zählte die Partei (15. März 1946) nunmehr 151 333 Mitglieder. Das bedeutet, daß nahezu ein Viertel der Mitglieder aus der KPS ausgeschlossen worden war[182].

Diese negative Entwicklung fand schließlich auch ihren Niederschlag im Ergebnis der Wahlen zur Verfassunggebenden Nationalversammlung, bei denen die KPS folgende Ergebnisse erzielte:

Wahlkreis	Stimmen	in Prozenten
Preßburg	66 792	30,23
Tyrnau	62 962	33,04
Trenčín	55 535	34,06
Neutra	45 867	28,97
Sillein	52 527	34,69
Lipt. Mikuláš	49 230	27,17
Neusohl	77 671	39,27
Prešov	39 610	23,00
Kaschau	39 336	18,96

Insgesamt erreichte die KPS in der Slowakei nur 30,4%, während ihr bürgerlicher Konkurrent, die Demokratische Partei, 62,0% der Stimmen erhielt[183].

Zusammenfassung

Die Kommunistische Partei der Tschechoslowakei fand im Mai 1945 einen günstigen Nährboden für ihren organisatorischen und politischen Neuaufbau vor. Aber sowohl für den organisatorischen wie auch für den politischen Neuaufbau war die bisherige Mitgliedergrundlage völlig unzureichend. Die rund 28 000 Mitglieder der KPTsch in den böhmischen Ländern und die 12 000 in der Slowakei waren aber die Basis, von der aus der Neuaufbau vorgenommen werden konnte.

Der spontane Zustrom von neuen Mitgliedern nach dem Mai 1945 muß im Zusammenhang mit den Ergebnissen des Zweiten Weltkrieges und vor allem der „Befreiungsmission" durch die Sowjetunion und die Rote Armee und der geschickten Taktik der illegalen KP gesehen werden, die der Bevölkerung erfolgreich zu suggerieren vermochte, daß die Kommunistische Partei die Grundprobleme der Tschechoslowakei sowohl unter den Gesichtspunkten der internationalen Situation wie auch der neuen innenpolitischen Lage lösen wolle. Die KPTsch präsentierte sich 1945 als nationale Partei (in der Slowakei existierte ja die KPS als eigene, nationale Partei) und konnte daher vergessen machen, daß sie lange Jahre in der Zwi-

182 Kašpar 12.
183 Statistical Bulletin of Czechoslovakia, I. Nos. 2–3. Prag 1946, S. 9 und 10.

schenkriegstschechoslowakei eine „Partei des proletarischen Internationalismus", also auch eine Partei für die Interessen der Minderheiten, gewesen war. Diese nationale Komponente mußte in einer Zeit (1945), die von der tschechischen Bevölkerung noch ganz unmittelbar von den Erlebnissen und Erfahrungen der Besatzungszeit geprägt war, eine ganz besondere Anziehungskraft ausüben. Die KPTsch konnte sich darauf berufen, daß sie an „München" und dem, was später folgte, keinen Anteil und als einzige der Parteien die Ergebnisse der Münchner Konferenz abgelehnt hatte.

Es ist der Kommunistischen Partei auch weitgehend gelungen, die Vorstellungen vom Kommunismus als einer revolutionär-bolschewistischen Bewegung mit radikalen Tendenzen bei weiten Kreisen der Bevölkerung zu verdrängen. Sie operierte bei der Werbung neuer Mitglieder mit den Begriffen einer nationalen Revolution, deren primäre Aufgabe es sei, das zu verhindern, was 1938–1945 durch Mitverschulden der alten bürgerlichen Parteigruppierungen geschehen war. Sie argumentierte mit Erfolg, daß die Befreiung der Tschechoslowakei durch die Sowjetunion und die Rote Armee erfolgt sei; der westliche Anteil an der Befreiung des Landes mußte auch optisch gering erscheinen. Die Animosität gegenüber dem Westen, die durch die Zustimmung zum Münchner Abkommen und die Duldung der Errichtung des Protektorates im Fühlen und Denken weiter Bevölkerungskreise bereits tiefe Wurzeln geschlagen hatte, wurde zielbewußt weiter geschürt und zugleich der Anteil der Kommunisten und der Sowjetunion an der Befreiung ebenso zielstrebig aufgewertet.

In dieser psychologischen Situation mußte eine Propaganda für eine national-revolutionäre Erneuerung in der befreiten Tschechoslowakei bei der Bevölkerung zunächst die gesellschaftspolitischen Ziele der Kommunisten als sekundär erscheinen lassen. Gesellschaftspolitische Ziele, die für die Werbung unter der Bevölkerung für einen Beitritt zur KPTsch angewendet worden waren, wurden stets im Zusammenhang mit den national-revolutionären und zugleich demokratischen Zielen proklamiert. So agierte die Partei z. B. nicht mit der Enteignung und Sozialisierung als solcher, sondern stets mit dem Hinweis darauf, daß das Eigentum der großkapitalistischen „Verräter", die Schuld an dem nationalen Unglück hatten, einer „Volksverwaltung" zuzuführen sei, und daß allein diese Maßnahmen verhindern könnten, daß sich das Geschehene nochmals wiederhole. Auch die Vertreibung und Entrechtung der Deutschen und Magyaren wurde nicht primär mit nationalchauvinistischen Parolen erklärt, sondern aus der Notwendigkeit heraus, diese Elemente für immer auszuschalten, damit sie die nationale und demokratische Revolution nicht behindern könnten.

Die Analyse der spontanen und stürmischen Mitgliederentwicklung vom Mai 1945 bis zum VIII. Kongreß der KPTsch März 1944 zeigt, daß die KPTsch vor allem bei den Arbeitern, Bauern, der Intelligenz, den Studenten und Beamten das Gros ihres neuen Mitgliederstamms erhielt. Die Arbeit von Kašpar[184] zeigt auch deutlich, daß die Mitgliederfluktuation von anderen Parteien zur KPTsch erst nach dem Februar 1948 erfolgte. Obwohl Kašpar – mangels ihm vorliegender Quel-

[184] Kašpar 4.

len – keine Angaben darüber macht, in welchem Ausmaß bereits 1946 Angehörige anderer Parteien der KPTsch beitraten, so muß doch der Schluß gezogen werden, daß die Mehrzahl der neuen Mitglieder der KPTsch bisher parteilos war und sich vor allem aus einem Personenkreis rekrutierte, der unmittelbar durch die Besatzung betroffen worden war. Die Analyse der Mai-Wahlen 1946 läßt auch den Schluß zu, daß ein nicht unwesentlicher Teil der neuen Mitglieder der KPTsch auch aus dem Lager der 1945 nicht wieder zugelassenen Parteien kam. Die Vermutung liegt nahe, daß manche dieser Kreise deshalb der KPTsch beitraten, weil sie sich in ihren Reihen vor einem Nachspüren über ihre politische Vergangenheit sicherer fühlten. Auch das Opportunitätsprinzip, das sich hier andeutet, wird eine maßgebliche Rolle bei dem steilen Weg der KPTsch zur Millionenpartei gespielt haben. Begreiflicherweise sind hierüber keine Untersuchungen in der Tschechoslowakei angestellt worden. Aber Kašpar[185] führt in seiner bis in das Jahr 1950 (und damit in die Zeit der beginnenden Säuberungen) führenden Untersuchung auch detaillierte Zahlen über die bereits 1949 und 1950 erfolgten Parteiausschlüsse an. Sie zeigen, daß es sich hierbei wohl auch zum erheblichen Teil um jene „Opportunisten" gehandelt haben muß, die sich 1945 „spontan" den stärker erscheinenden Bataillonen angeschlossen hatten.

Das bisher bekannt gewordene Material über den Neuaufbau der KPTsch seit 1945 ist noch nicht ausreichend, um wissenschaftlich absolut gesicherte Folgerungen ziehen zu können. Die meisten Darstellungen (mit Ausnahme einiger weniger, vor allem nicht öffentlich zugänglicher Kandidaten- und Dissertationsarbeiten, von denen der Verfasser nur einen Teil studieren konnte) befassen sich mit der politischen Entwicklung der KPTsch und den gesellschaftlichen Organisationen. Sicherlich ist auch dieser Aspekt des politischen Weges der KPTsch für die Geschichtsforschung eine wesentliche Komponente zur Abrundung des Gesamtphänomens. Wenn dieser Aspekt nicht in der möglichen Breite berücksichtigt wurde, so deshalb, weil darüber bereits einige Arbeiten vorliegen, deren Analyse und Beleuchtung keine neuen Gesichtspunkte ergeben würden.

Die Problematik des Neuaufbaus der KPTsch 1945 kann allerdings nicht mit der Beschränkung auf das Jahr 1945 abgerundet betrachtet werden. Erst mit dem IX. Kongreß der KPTsch und mit dem von Klement Gottwald verkündeten „Weg zum Aufbau des Sozialismus" hatte die Partei die Phase ihres Neuaufbaus abgeschlossen. Zwischen dieser ersten Phase, die mit dem VIII. Kongreß der KPTsch endet und nur einen spezifischen Ausblick auf die Wahlen vom Mai 1946 gestattet, und dem Jahr 1949 liegt der besondere „tschechoslowakische Weg zum Sozialismus", der der Partei nochmals Massen neuer Mitglieder zugeführt hatte und nach dem Februar 1946 zur organisatorischen Eingliederung der Sozialdemokratie und der Kommunistischen Partei der Slowakei führte. Diese interessante und wichtige Etappe will der Verfasser in einer gesonderten Untersuchung abhandeln.

---

[185] Ebenda 5.

20. Oktober 1938	In den historischen Ländern (Böhmen, Mähren-Schlesien) wird die Tätigkeit der KPTsch eingestellt. Zur Wahrnehmung der Interessen der Partei konstituiert sich in Prag eine legale Leitung unter Jaromír *Dolanský* und Antonín *Zápotocký*.
November 1938	In Moskau wird die „Moskauer Leitung" der KPTsch mit Rudolf *Appelt*, Klement *Gottwald*, Čeněk *Hruška*, Václav *Kopecký*, Robert *Korb*, Josef *Krosnář* und Rudolf *Slánský* gebildet.
November 1938	Neben der „legalen" Leitung entsteht die I. illegale Leitung (ZK) mit Emanuel *Klíma?*, Klírna, Otto *Synek*, Viktor *Synek*, Eduard *Urx* und Jan *Zika*.
27. Dezember 1938	Die KPTsch wird verboten.
Januar 1939	Auf Empfehlung des Exekutivkomitees der Kommunistischen Internationale (EKKI) konstituiert sich die Kommunistische Partei der Slowakei und die Kommunistische Partei des Sudetenlandes.
Anfang 1939	In Paris wird das Auslandsbüro der KPTsch unter der Leitung von Bruno *Köhler*, Viliam *Široký* und Jan *Šverma* gebildet.
März 1939	Aus der slowakischen Kreisführung der KPTsch konstituiert sich das illegale ZK der Kommunistischen Partei der Slowakei (KPS), dem neben Július *Ďuriš* Ján *Osaha* und L'udovít *Benada* angehören.
März 1941	Die II. illegale Leitung (ZK) der KPTsch wird gebildet; sie wird von Jan *Černý*, Julius *Fučík*, Jan *Pokorný* und Jan *Zika* geführt.
Anfang September 1941	Unter Otto *Krajnak*, Ján *Osaha* und Vincent *Škalala* entsteht das II. illegale ZK der KPS.
Mai 1942	Das III. illegale ZK der KPS unter Štefan *Dubček*, Jozef *Lietavec* und Ján *Osaha* konstituiert sich.
Juni 1942	Es entsteht die III. illegale Leitung (ZK) der KPTsch unter František *Molák*.
Juli 1942	Štefan *Baštovanský* und Miloš *Huršovský* bilden das IV. illegale ZK der KPS.
5. Januar 1943	Auf Grund einer Entschließung des EKKI über die politische Linie und die allgemeinen Aufgaben der KPTsch wird die Bildung einer „Sudetendeutschen Front für Frieden und Freiheit" empfohlen.
Frühjahr 1943	Nach Verhaftung der meisten Mitglieder des illegalen ZK der KPTsch übernimmt Rudolf *Vetiška* die Leitung des III. illegalen ZK der KPTsch.
Ende Mai 1943	Nach der Auflösung der Kommunistischen Internationale konstituiert sich in Moskau das Auslandsbüro der KPTsch, dem Rudolf *Appelt*, Klement *Gottwald*, Bruno *Köhler*, Václav *Kopecký*, Josef *Krosnář*, Rudolf *Slánský* und Jan *Šverma* angehören.
August 1943	Gustav *Husák*, Ladislav *Novomeský* und Karol *Šmidke* bilden das V. illegale ZK der KPS.
14. September 1944	Vereinigungskongreß der KPS und der Slowakischen Sozialdemokraten in Neusohl. Dem 17-köpfigen ZK der KPS gehören Karol *Šmidke* als Vorsitzender, Ján *Čech* und Gustav *Husák* als stellvertretende Vorsitzende an.

Oktober 1944	Die IV. illegale Leitung (ZK) der KPTsch mit Lumír *Čívrný*, Václav *David*, Jiří *Hájek*, Josef *Knap*, Josef *Smrkovský*, Vladimír *Koucký* und František *Šiška* wird gebildet.
Anfang November 1944	Konferenz der Kommunisten in der Karpaten-Ukraine in Munkacz. Die Delegierten beschließen die Gründung einer unabhängigen „Kommunistischen Partei der Karpaten-Ukraine".
28. Februar – 1. März 1945	Arbeitskonferenz der Kommunistischen Partei der Slowakei in Moskau.
8. April 1945	Sitzung des ZK der KPS mit Funktionären der KPTsch aus den Reihen der Moskauer und Londoner Emigration in Kaschau. Es wird ein 17-köpfiges provisorisches ZK der KPTsch mit Klement *Gottwald* als Vorsitzenden, Karol *Šmidke* als stellv. Vorsitzenden und Rudolf *Slánský* als Generalsekretär gebildet.
12. Mai 1945	Klement *Gottwald* spricht auf der ersten Parteiversammlung der KPTsch nach dem Krieg in der Prager Lucerna-Halle.
12. Mai 1945	Die Regierungsverordnung vom 5. Mai 1945 über die Wahlen und Vollmachten der Nationalausschüsse wird veröffentlicht.
13. Mai 1945	Die KPTsch erläßt einen Aufruf: „Für ein neues glückliches Leben in einer freien und wirklich demokratischen Tschechoslowakei."
18. Mai 1945	Sitzung des provisorischen ZK der KPTsch in Prag. Das Plenum behandelt vor allem organisatorische Fragen des Wiederaufbaus der Partei. Die KPTsch zählt in Böhmen und Mähren-Schlesien 27 000 Mitglieder; die KPS in der Slowakei hat 10 000 Mitglieder.
27. Mai 1945	Konferenz des Aktionsausschusses der Tschechoslowakischen Sozialdemokratie. In einer Programmerklärung wird als eines der Ziele der Partei die Schaffung einer einheitlichen Arbeiterpartei gefordert.
24. Mai 1945	Sitzung des provisorischen ZK der KPTsch in Prag. Es wird über die Tätigkeit der Partei in der Zeit der Illegalität beraten. Das provisorische ZK und sein Präsidium kooptiert einige Mitglieder aus den Reihen der „Illegalen" und der aus den Konzentrationslagern Heimgekehrten.
8. Juni 1945	Das Abkommen über gemeinsames Auftreten der Parteien des „Nationalen Blocks des werktätigen Volkes in Stadt und Land" wird von den Vorsitzenden der KPTsch, der Tschechoslowakischen Sozialdemokratischen Arbeiterpartei und der Tschechoslowakischen Nationalsozialistischen Partei unterzeichnet (Klement *Gottwald*, Zdeněk *Fierlinger* und Petr *Zenkl*). Das Abkommen, das am 17. Juni 1945 veröffentlicht wird, verpflichtet die Partner zu gemeinsamem Auftreten bei der Verwirklichung des sogenannten „Kaschauer Regierungsprogramms".
21. Juni 1945	Das Dekret des Präsidenten der Republik über die Beschlagnahme des landwirtschaftlichen Grundbesitzes der Sudetendeutschen, Magyaren und der „Verräter und Kollaborateure" wird erlassen.
17. Juli 1945	In Prag tagt das provisorische ZK der KPTsch und berät über Organisationsfragen.
2. August 1945	Sitzung des provisorischen ZK der KPTsch in Prag. Antonín *Zápotocký* referiert über die Vereinigungsverhandlungen der tschechischen und slowakischen Gewerkschaften. Das Präsidium

	des provisorischen ZK wird um 3 Mitglieder erweitert. Jaromír *Dolanský* wird Stellvertreter des Generalsekretärs.
5. August 1945	In Prag wird die Zentrale Parteischule der KPTsch durch Klement *Gottwald* eröffnet.
11. und 12. August 1945	Gesamtstaatliche Konferenz der KPS in Sillein. Es nehmen 614 Delegierte aus allen Bezirken und den wichtigsten Betrieben der Slowakei teil. Die Konferenz berät über die Erfüllung des „Kaschauer Regierungsprogramms". Hauptreferent ist Viliam *Široký*. Er wird zum Vorsitzenden der KPS gewählt. Sein Stellvertreter wird Karol *Smidke*.
15./16. August 1945	Konferenz der leitenden Kreisfunktionäre der KPTsch aus den böhmischen Ländern in Prag. Über die Aufgaben der Partei referiert Rudolf *Slánský*, zu landwirtschaftlichen Fragen spricht Július *Ďuriš*. In einer abschließenden Erklärung umreißt Klement *Gottwald* fünf Punkte aus den aktuellen Hauptaufgaben der Partei: 1. Festigung der Volkswirtschaft, 2. Verstärkter Fortgang der Verstaatlichungen, 3. Festigung der Nationalausschüsse, der Sicherheit und der öffentlichen Verwaltung, 4. Verbreiterung und Festigung der Nationalen Front, 5. Festigung der KPTsch.
1./2. September 1945	1. Kreiskonferenz der KPTsch Prag. Klement *Gottwald* spricht über die Tätigkeit der KPTsch in den letzten vier Monaten. Er ruft zur Aktion „Eine Million Arbeitsstunden für die Republik" auf.
8. Oktober 1945	Sitzung des provisorischen ZK der KPTsch in Prag. Das Plenum verhandelt über die Nominierung der Kandidaten für die Provisorische Nationalversammlung.
28. Oktober 1945	Zum Fraktionsvorsitzenden der 40 Abgeordnete zählenden Mitglieder der KPTsch in der Provisorischen Nationalversammlung wird Jaromír *Dolanský* gewählt. Die Abgeordneten der KPS leitet Jozef *Válo*.
15./16. Dezember 1945	1. Gesamtstaatliche Frauenkonferenz der Funktionärinnen der KPTsch in Prag. Es referieren Klement *Gottwald* und Marie *Švermová*.
18. Dezember 1945	Erweiterte Sitzung des provisorischen ZK der KPTsch in Prag. Daran nehmen auch alle Abgeordneten der KPTsch und die leitenden Mitarbeiter der Kreisorganisationen der KPTsch teil. Es referiert Klement *Gottwald* über die Gegenwärtige innenpolitische Situation und die künftigen Aufgaben der Partei. Die Sitzung beschließt, den VIII. Kongreß der KPTsch für den 28. bis 31. März 1946 nach Prag einzuberufen.
5. Januar 1946	Sitzung des Präsidiums des ZK der KPS in Kaschau. Viliam *Široký* referiert über den Aufbau der Slowakei und über die innenpolitische Lage in der Slowakei.
15. Januar – 15. Februar 1945	In allen 13 193 Grundorganisationen der Partei werden Mitgliederversammlungen abgehalten.
16. Januar 1946	Das provisorische ZK der KPTsch veröffentlicht einen Brief des ZK der KPTsch an alle Parteimitglieder zur Vorbereitung des VIII. ordentlichen Kongresses der KPTsch.
4. Februar 1946	Plenarsitzung des provisorischen ZK der KPTsch in Prag. Es referiert Václav *Kopecký* über Fragen der Verbesserung der Planung und über eine Zusammenarbeit der KPTsch mit den Sozialdemokraten und den Tschechoslowakischen Nationalsozialisten.

4. Februar 1946	Konferenz der Kreissekretäre der KPTsch und der Redakteure der Parteipresse in Prag. Der Hauptreferent Klement *Gottwald* berichtet über die Vorbereitungen für den VIII. Kongreß.
9./10. März und 16./17. März 1946	In den 18 Kreisen der KPTsch werden Kreiskonferenzen zur Vorbereitung des VIII. Kongresses abgehalten und die Delegierten für den Kongreß gewählt.
11./12. März 1946	Plenarsitzung des ZK der KPS in Preßburg. Es wird über die Aufgaben der Partei in der Slowakei, die Industrialisierung des Landes und die Wirtschaftspolitik der KPS beraten.
14.–16. März 1946	I. Gesamtstaatliche Volkswirtschaftliche Konferenz der KPTsch in Prag. Die Konferenz befaßt sich mit der Wirtschaftspolitik der Partei.
28.–31. März 1946	VIII. ordentlicher Kongreß der KPTsch in Prag. An dem ersten Nachkriegskongreß der KPTsch nehmen 1166 Delegierte, davon 128 mit beratendem Stimmrecht, teil, die 1 159 164 Mitglieder vertreten. Die KPS ist durch eine 50-köpfige Delegation unter Leitung von Viliam *Široký* vertreten. Den Tätigkeitsbericht über die Arbeit der Partei seit dem VII. Kongreß vom Jahre 1936 erstattet Rudolf *Slánský*. Über die gegenwärtige Lage, die Politik der Partei und ihr Aktionsprogramm referiert Klement *Gottwald*. Über die Organisationsstatuten berichtet Marie *Švermová*, über die ideologische Ausrichtung und Kulturpolitik Václav *Kopecký*, über die Landwirtschaftspolitik der Partei Josef *Nepomucký* und über die Gewerbepolitik Josef *Horn*. Die Generallinie des VIII. Kongresses ist: zu verhindern, daß die Macht in die Hände der Bourgeoisie zurückkehrt, und die Macht der Arbeiterklasse zu stärken, daß sie über die Bourgeoisie obsiegen kann. Der Kongreß beschließt eine neue Organisationsordnung, die die bisher aus dem Jahre 1927 gültige ersetzt, und wählt 101 Mitglieder und 33 Kandidaten des ZK der KPTsch.
31. März 1946	Konstituierende Plenarsitzung des ZK der KPTsch in Prag. Das Plenum wählt ein neues Präsidium mit Klement *Gottwald* als Vorsitzenden und Rudolf *Slánský* als Generalsekretär. Klement *Gottwald* gibt bekannt, daß die KPTsch eine Million Mitglieder erreicht habe.

Anhang I.

Vergleich des Stimmenanteils der KPTsch in den böhmischen Ländern bei den Wahlen Mai 1946 mit den Prozentzahlen des Mitgliederanteils der KPTsch an der Bevölkerung in diesen Kreisen.

Parteikreise	Mitglieder in %*) (15. 3. 1946)	Stimmenanteil der KPTsch in %**) (Wahlen Mai 1946)
1. Prag	12,7 %	36,1 %
2. Kladno	22,8 %	53,6 %
3. Jungbunzlau	13,9 %	43,7 %
4. Königgrätz	14,7 %	39,5 %
5. Kolin	11,9 %	–.–
6. Pardubitz	12,2 %	35,7 %
7. Deutsch Brod	13,2 %	41,5 %
8. Tabor	13,6 %	39,7 %
9. Budweis	12,1 %	42,1 %
10. Strakonitz	13,8 %	42,7 %
11. Pilsen	19,8 %	44,9 %
12. Karlsbad	17,2 %	52,2 %
13. Aussig	18,5 %	56,5 %
14. Reichenberg	15,1 %	48,3 %
15. Brünn	11,1 %	33,8 %
16. Olmütz	11,0 %	32,4 %
17. Zlin	7,4 %	30,9 %
18. Ostrau	8,25 %	37,9 %

*) Sněm budovatelů štastné a silné republiky. Zpráva o činnosti strany od VII. do VIII. sjezdu KSČ. Prag 1946, S. 58.
**) Statistical Bulletin of Czechoslovakia. I. Nr. 2–3. Prag 1946.

Anmerkung: Die Prozentzahlen der Mitglieder in den Kreisen beziehen sich auf die „slawische Bevölkerung".

Die Parteikreise sind nicht in allen Fällen mit den Wahlkreisen identisch. Dies betrifft die Parteikreise Prag, Pardubitz, Brünn und Ostrau. Der Kreis Strakonitz ist mit dem Wahlkreis Prag-Süd identisch. Der Parteikreis Ostrau umfaßt die Wahlkreise Ostrau und Troppau, der Parteikreis Brünn die Wahlkreise Brünn und Iglau und der Parteikreis Königgrätz die Wahlkreise Königgrätz und Kolin. Der geführte Vergleich ist daher nur mit diesen Einschränkungen möglich.

Anhang II.

Organisationsstand der KPTsch zum 15. 3. 1946

Kreis	Einwohnerzahl	Mitgliederzahl in Organisationen Betriebe	örtliche	insgesamt	Verhältnis der Mitgliederzahl zur Einwohnerzahl in %	neue Mitglieder vom 18.12.1945 bis 15.3.1946
I. Prag	1 381 822	64 833	111 760	176 643	12,7%	38 086
II. Kladno	320 179	14 652	58 348	73 000	22,8%	13 174
III. Jungbunzlau	449 333	21 906	40 215	62 121	13,9%	15 495
IV. Königgrätz	475 707	10 394	59 234	69 628	14,7%	11 837
V. Kolin	244 090	3 716	25 496	29 212	11,9%	8 650
VI. Pardubitz	371 931	7 837	34 562	42 399	11,4%	5 654
VII. Deutsch Brod	158 127	3 119	16 177	19 296	12,2%	4 804
VIII. Tabor	231 597	2 773	27 773	30 546	13,2%	12 520
IX. Budweis	222 500	3 402	26 631	30 033	13,6%	3 899
X. Strakonitz	251 447	1 977	28 934	30 911	12,1%	2 814
XI. Pilsen	476 237	21 414	44 407	65 821	13,8%	12 542
XII. Karlsbad	80 778	4 729	11 254	15 983	19,8%	6 127
XIII. Aussig	339 779	14 593	43 758	58 351	17,2%	21 640
XIV. Reichenberg	133 951	3 211	21 578	24 789	18,5%	8 638
XV. Brünn	814 208	22 074	100 675	122 749	15,1%	25 187
XVI. Olmütz	531 795	7 362	46 297	53 659	11,0%	7 560
XVII. Zlin	621 432	10 338	36 035	46 373	7,45%	10 736
XVIII. Ostrau	681 087	26 064	30 256	56 320	8,25%	8 273
insgesamt	7 786 900	244 444	763 390	1 007 834	12,94	217 546

Helmut Slapnicka

VERFASSUNGSPROBLEME DER TSCHECHOSLOWAKEI IM JAHRE 1945

Bei der Errichtung der Tschechoslowakei im Jahre 1918 hatte man nur 16 Tage bis zur Erlassung einer provisorischen Verfassung benötigt und nur 16 Monate bis zum Inkrafttreten der definitiven Verfassungsurkunde. Bei der Wiedererrichtung der Tschechoslowakei im Jahre 1945 dauerte es – obwohl die Londoner Exilregierung, der Staatsrat und der Rechtsrat jahrelang Vorbereitungen hierfür getroffen hatten – wesentlich länger: mehr als ein halbes Jahr lang wurde mit Dekreten des Staatspräsidenten regiert, mit der gesamtstaatlichen Gesetzgebung konkurrierte die Gesetzgebung des Slowakischen Nationalrats und erst nach dreijährigem Ringen kam unter dramatischen Umständen 1948 eine neue Verfassungsurkunde zustande.

Dabei sah das Konzept, das Präsident Beneš in seinem Londoner Exil für die Wiedererrichtung der Tschechoslowakei entworfen hatte, verblüffend einfach aus. In einer Botschaft an die Tschechen in der Heimat hatte sein Sekretär Drtina am 16. Juli 1944[1] über die Vorstellungen des Präsidenten mitgeteilt: „Gleich am ersten Tag existiert die alte vor-münchener Verfassung, existiert unsere ursprüngliche Gesetzgebung und in diesem Geiste wird der Umsturz durchgeführt ... Die politische Verwaltung und die Bürokratie bleibt grundsätzlich an ihrem Platz, so daß das tägliche Leben möglichst normal weitergehen kann."

Benešs Vorstellung ging über die völkerrechtliche Staatsidentität und -kontinuität hinaus. Für die Tschechoslowakei genügte es ja nicht, die Vorkriegssituation wiederherzustellen, Beneš lehnte aber auch den Stand vom 14. März 1939 als Anknüpfungspunkt ab, sein Ziel war es, in allem und jedem die Situation des 29. September 1938, des Vortages des Münchener Abkommens, wiederherzustellen und alles, was sich in der Zwischenzeit ereignet hatte, zu ignorieren, ex tunc für ungültig, für nicht existierend zu erklären.

Schon in seiner Rundfunkansprache an alle Staatsbürger in der Heimat – zu

---

Erklärung der gebrauchten Abkürzungen:

ABl.	Úřední list [Amtsblatt]. Prag 1920–1961.
Slg.	Sbírka zákonů a nařízení [Sammlung der Gesetze und Verordnungen]. Prag 1918–1948.
Slg.SNR	Sbierka nariadení Slovenskej Národnej Rady [Sammlung der Verordnungen des Slowakischen Nationalrats] 1944–1948.
Sl.GBl.	Slovenský zákonník [Slowakisches Gesetzblatt]. Preßburg 1939–1945.
WBl.	Úřední věstník československý [Amtliches tschechoslowakisches Weisungsblatt]. London 1940–1945.
SVPČ	Slovník veřejného práva československého [Wörterbuch des tschechoslowakischen öffentlichen Rechts]. Hrsg. v. J. Hoetzel u. F. Weyr. Bd. 5. Brünn 1948.

[1] Zitiert nach Bertelmann, K.: Vznik národních výborů [Die Entstehung der Nationalausschüsse]. Prag 1956, S. 96 (Rozpravy Československé akademie věd, ř. společenských věd 66/3).

denen er damals auch noch ausdrücklich die Deutschen rechnet – sagt er am 24. Juli 1940: „Ich erkläre all das, wozu ihr seit dem September 1938 in ungesetzlicher und verfassungswidriger Weise gezwungen wurdet, für nicht existierend und rechtswidrig ... Ihr unterliegt keiner dekretierten nazistischen Rechtsordnung[2]." In seinen Memoiren wiederholt er diese Auffassung: „Alles, was seit dem 29. September 1938 geschehen ist, geschah illegal, in verfassungswidriger Weise und wurde uns mit Drohungen, Terror und Gewalt aufgezwungen[3]."

Fraglich war für Beneš lediglich die Durchsetzbarkeit dieses Anspruchs. Hier ist seine Haltung völlig undoktrinär und ausschließlich an den jeweiligen politischen Möglichkeiten orientiert. Als der Londoner Ministerrat am 16. Dezember 1941 über die Formulierung beriet, der Kriegszustand zwischen der Tschechoslowakei auf der einen und Deutschland und Ungarn auf der anderen Seite bestehe „von dem Zeitpunkt an, da sich die Regierungen dieser Staaten Gewalttaten gegen die Sicherheit, Selbständigkeit und territoriale Integrität der Tschechoslowakei zuschulden kommen ließen", sagte Beneš dazu: „Es ist mir klar, daß wir, wenn darüber auf der Friedenskonferenz verhandelt werden wird, niemanden davon überzeugen können, daß es der September 1938 und nicht der 15. März 1939 sein sollte. Wenn wir dies heute sagen, würden wir die Sache nur komplizieren, denn wir könnten eine Auseinandersetzung unter den Verbündeten hervorrufen. Für uns allerdings ist schon alles, was seit dem 19. September geschah, aufgezwungen und daher rechtswidrig. Taktisch, rechtlich und politisch ist es gut, heute allen diesen Dingen nicht vorzugreifen und den Weg offen zu lassen, wie sich die Umstände entwickeln, den Weg weder nach rückwärts noch nach vorn zu verbauen. Und deshalb sollen wir sagen ‚seit diesem Zeitpunkt', ohne Angabe eines genauen Datums (September 1938 oder 15. März 1939)[4]."

Das Postulat der Kontinuität des Staates wurde also nicht nur mit der Forderung nach gebietsmäßiger Integrität, sondern auch einer Identität der Rechtsordnung verknüpft, und zwar in der Weise, daß alles, was diesen Vorstellungen entgegenstand, als nicht bestehend angesehen wurde.

Identität und Kontinuität des Staates

Laut Regierungsbeschluß vom 27. Juli 1945 traten rückwirkend mit dem 5. April 1945 die Verfassungsurkunde vom 29. Februar 1920 sowie die übrigen, bis zum 29. September 1938 erlassenen Verfassungsgesetze in Kraft[5].

---

[2] Beneš, E.: Šest let exilu a druhé světové války. Řeči, projevi a dokumenty [Sechs Jahre Exil und Zweiter Weltkrieg. Reden, Kundgebungen und Dokumente]. London 1945, S. 53.

[3] Beneš, E.: Paměti. Od Mnichova k nové válce a k novému vítězství [Erinnerungen. Von München zum neuen Krieg und zum neuen Sieg]. Prag 1947, S. 156.

[4] Acta Occupationis Bohemiae et Moraviae [I]. Dokumenty z historie československé politiky 1939–1943 [Dokumente aus der Geschichte der tschechoslowakischen Politik 1939–1943]. Hrsg. v. L. Otáhalová u. M. Červinková. Prag 1966, Dokument Nr. 214, S. 259.

[5] Kundmachung des Ministeriums für Inneres vom 27. Juli 1945 (Nr. 30 Slg.) über die Geltung des Verfassungsdekrets des Präsidenten der Republik vom 3. August 1944 (Nr. 11

Die Frage der Kontinuität hat damals die tschechischen Juristen zu zahlreichen Untersuchungen[6] angeregt. Es bestand Einmütigkeit über das Bestehen einer „materiellrechtlichen Kontinuität" der Nachkriegs-Republik mit der vor-münchener Republik, d. h. einer inhaltlichen Identität beider Rechtsordnungen, deren Ver-

---

WBl.) über die Erneuerung der Rechtsordnung. – Der Regierungsbeschluß gilt nur für die Länder Böhmen und Mähren-Schlesien. Den naheliegenden Schluß, daß die Verfassungsurkunde in der Slowakei nicht oder jedenfalls nicht auf Grund dieses Verfassungsdekrets wiedereingeführt wurde, versucht J. Hoffmann (in SVPČ 799) wie folgt zu widerlegen: „Der Irrtum beruht darin, daß Vorschriften über die Verfassungsstruktur eines Einheitsstaates nicht partikulär rezipiert werden können, so daß eine derartige Rezeption, die am Sitz der Verfassungsorgane erfolgt, diese im Gesamtbereich ihrer sachlichen und örtlichen Zuständigkeit betrifft. Diese Auslegung hat ihre authentische Interpretation durch das Verfassungsgesetz Nr. 47/1945 Slg. erfahren, das gesamtstaatliche Geltung hat." Die Ablehnung einer Wiedereinführung der Verfassung aus dem Jahre 1920 durch den Slowakischen Nationalrat geht auf einen Beschluß vom 29. 9. 1944 zurück, den die nach London entsandte Delegation dort vertreten sollte: „Durch die tatsächliche Entwicklung infolge der Erfordernisse des Abwehrkampfes im Ausland und daheim sind viele grundlegende rechtliche Prinzipien der Verfassung aus dem Jahre 1920 überholt und die revolutionären Organe im Ausland sind in mehr als einem Punkt von ihr abgewichen, so daß wir der Meinung sind, daß diese Verfassung als Gesamtheit nicht die Grundlage für die innenpolitische Ordnung der Verhältnisse in der ČSR sein kann." Zitiert nach Rašla, A.: L'udové súdy v Československu po II. svetovej vojne ako forma mimoriadneho súdnictva [Die Volksgerichte in der Tschechoslowakei nach dem 2. Weltkrieg als Form der außerordentlichen Gerichtsbarkeit]. Preßburg 1969, S. 45.

6 Insbesondere Budník, J.: Prozatímní státní zřízení Československé republiky. Poznámky k otázce kontinuity státu československého a jeho právního řádu [Die provisorische Staatsordnung der Tschechoslowakischen Republik. Bemerkungen zur Frage der Kontinuität des tschechoslowakischen Staates und seiner Rechtsordnung]. Prag 1947. – Ders.: Kontinuita státu a práva československého [Die Kontinuität des tschsl. Staats und Rechts]. Právník 86 (1947) 136 ff. – Hoffmann, J.: Zřízení (zatímní organizace) Československé republiky po osvobození [Ordnung (provisorische Organisation) der Tschl. Republik nach der Befreiung]. In: SVPČ 786 ff. – Körbel, P.: Několik dalších poznámek k otázce právní kontinuity a ratihabice [Einige weitere Bemerkungen zur Frage der Kontinuität und Ratihabition]. Právní prakse 10 (1946) 234 ff. – Ders.: Kontinuita a československý právní řád [Kontinuität u. tschsl. Rechtsordnung]. Právní prakse 11 (1947) 4 ff. – Ders.: Doslov ke kontinuitě práva [Schlußwort zur Rechtskontinuität]. Právník 86 (1947) 281 ff. – Kučera, B.: Kontinuita československého právního řádu [Die Kontinuität der tschsl. Rechtsordnung]. Právní prakse 10 (1946) 24 ff. – Ders.: La continuité de l'Etat Tchécoslovaque. Bulletin de droit tchécoslovaque 5 (1947) 46 ff. – Luby, Št.: Kontinuita. Právny obzor 29 (1946) 191 ff. – Morávek, J.: Kontinuita československého právního řádu [Die Kontinuität der tschechoslowakischen Rechtsordnung]. Justiční listy 1 (1947) 40 ff. – Neubauer, Z.: Kontinuita našeho ústavního práva [Die Kontinuität unseres Verfassungsrechts]. Právník 84 (1945) 285 ff. – Ders.: Kontinuita a revoluce [K. u. Revolution]. Právní prakse 10 (1946) 161 ff. – Ders.: Otázka kontinuity s hlediska slovenského [Die Frage der K. vom slowakischen Standpunkt]. Právní prakse 10 (1946) 274 ff. – Vošta, L.: O právní kontinuitě Československé republiky [Über die Rechtskontinuität der Tschl. Republik]. Prag 1947. – Einen Überblick gibt Korkisch, F.: Die tschechoslowakische Kontinuitätstheorie. BohJb 4 (1964) 275 ff. – Rückblickend aus kommunistischer Sicht: Jičínský, Zd.: Vznik československého lidově demokratického práva buržoazní teorie „právní kontinuity". Rés.: La naissance du droit démocratique populaire tchécoslovaque et la théorie bourgeoise de la „continuité juridique". Universitas Carolina, Iuridica 1 (1955) 91–122. –

knüpfung durch die Rezeptionsbestimmungen des Art. 1 Abs. 1 des Verfassungsdekrets vom 3. August 1944 herbeigeführt worden war[7].

Keine Einigung bestand aber hinsichtlich der formellen Rechtskontinuität, mit anderen Worten über die Frage, ob sich beide Rechtsordnungen auf die gleiche Urnorm zurückführen lassen. F. Weyr und seine Anhänger vertraten die Ansicht, daß die formelle Rechtskontinuität durch das Verfassungsdekret des Präsidenten der Republik vom 15. Oktober 1940 über die provisorische Ausübung der gesetzgebenden Gewalt[8] unterbrochen worden sei und daß dieses Dekret eine neue Urnorm darstelle. Für die Anhänger der Normativtheorie kam dieser Frage insofern eine entscheidende Bedeutung zu, weil infolge der Identität von Staats- und Rechtsordnung die Leugnung der Rechtskontinuität konsequenterweise auch zur Leugnung der Kontinuität des Staates führen mußte.

Von diesen Auseinandersetzungen hielt sich die Kommunistische Partei fern, die zwar die Meinung vertrat, daß die Tschechoslowakei niemals rechtlich zu bestehen aufgehört habe, aber die Auffassung ablehnte, die Nachkriegsrepublik sei eine bloße Fortsetzung der vor-münchener Republik[9]. Sie befürchtete, die Theorie von der innerstaatlichen Rechtskontinuität könnte die Beibehaltung der gesamten Wirtschafts- und Gesellschaftsordnung zur Folge haben. Diesen restaurativen Zielen setzte sie ihre revolutionäre Orientierung entgegen.

Keine dieser beiden Strömungen hat sich uneingeschränkt durchgesetzt. Das Kräfteverhältnis zwischen konservativ-restaurativen und sozial-revolutionären Auffassungen, wie es bis zum Februar 1948 bestand, zwang zu Kompromißlösungen. Schon in seinem Schreiben an die Kommunisten in England vom 21. Dezember 1943[10] hatte sich Klement Gottwald damit einverstanden erklärt, daß bis zur Neuwahl der Nationalversammlung die alte Verfassungsurkunde in Kraft gesetzt

---

Ders.: K politické ideologii buržoazní ČSR [Zur politischen Ideologie der bourgeoisen Tschechoslowakei]. Prag 1965, S. 213–240. – Doležal, M.: K problému vzniku právního řádu lidově demokratického Československa. Dekrety presidenta republiky a jejich místo ve vývoij lidově demokratického právního řádu Československé republiky [Zum Problem der Entstehung der Rechtsordnung der volksdemokratischen Tschechoslowakei. Die Dekrete des Präsidenten der Republik und ihr Platz in der Entwicklung der volksdemokratischen Rechtsordnung der Tschsl. Republik]. In: Vznik a vývoj lidově demokratického Československa. Prag 1961, S. 203–213.

7 SVPČ 786–787.

8 Nr. 2 WBl., Wiederverl. Nr. 20/1945 Slg. Andere sehen die Unterbrechung in späteren Normen, so Neubauer im Verfassungsdekret Nr. 47/1945 Slg., Hoffmann im Verfassungsdekret Nr. 57/1946 Slg. und Morávek in der Summe aller legislativen Maßnahmen (Ges. Nr. 12/1946 Slg., Verf. Ges. Nr. 57/1946 Slg. u. Verf. Ges. Nr. 65/1946 Slg.), vgl. SVPČ 786.

9 Nach dieser Theorie galt die tschsl. Verfassung und die ganze Rechtsordnung der ‚Ersten Republik' ... und mit ihr das ganze System, auf dem die vor-münchener Republik beruhte, der Kapitalismus ... Der Ruf nach der Erneuerung der Rechtsordnung war nur ein Vorwand für das Eintreten für den bourgeoisen Staat, für die kapitalistische Ordnung" (Jičínský: Vznik 95, 117). Die KPTsch. hat also zwar die völkerrechtliche Seite der Kontinuitätstheorie akzeptiert, keineswegs aber ihre innenpolitischen Aspekte (Doležal: K problému 207).

10 Gottwald, K.: Spisy [Gesammelte Werke]. Bd. 11, S. 259–272.

wird, denn er sah in ihr mit Recht weder ein Hindernis für die Schaffung von Nationalausschüssen, noch für eine weitgehende Nationalisierung der Industrie. Gleichzeitig waren die Kommunisten bemüht, durch die rechtliche Verankerung verschiedener revolutionärer Tatsachen – etwa die Anerkennung der slowakischen Nationalorgane – eine materiellrechtliche wie formalrechtliche Diskontinuität der Rechtsordnung zu dokumentieren.

Auch Beneš mußte sich mit Neuerungen abfinden. In seiner Rede über „Rechtskontinuität und neues revolutionäres Recht“ anläßlich seiner Promotion zum Ehrendoktor der Rechtswissenschaften anerkannte er die Notwendigkeit, aus der Rechtsordnung der Ersten Republik das zu eliminieren, was sich nicht bewährt hatte und was sich die geänderten Verhältnisse als revolutionäre Änderungen erzwingen, freilich nach Möglichkeit im Geiste der früheren Gesetzgebung[11].

Grundsätzlich sollten also alle, aber auch nur jene Gesetze gelten, die am 29. September 1938 in Kraft standen. Aber schon der erste Akt der neuen Regierung, das Programm der Regierung Fierlinger-Gottwald vom 5. April 1945[12], verletzt diesen Gedanken der Rechtskontinuität in zahlreichen Punkten, indem es aufzeigt, welche Lebensbereiche abweichend von der bisherigen Regelung neu geordnet werden sollten. Die Praxis der kommenden Wochen und Monate hat dieses Bild noch wesentlich bunter gestaltet: Zahlreiche Bestimmungen, die im Sinne des Kontinuitätsprinzips und nach dem Wortlaut des Verfassungsdekrets Nr. 11/1944 WBl. geltendes Recht waren, wurden nicht angewendet, Neuerungen wurden ohne gesetzliche oder verfassungsrechtliche Grundlage eingeführt und erst nachträglich teils mit, teils ohne rückwirkende Kraft ratihibiert.

Staatsgebiet und Staatsvolk

Die auf Grund des Münchener Abkommens erfolgten territorialen Änderungen wurden 1945 rückgängig gemacht:

Die sudetendeutschen Gebiete werden von der Viermächte-Erklärung vom 5. Juni 1945 über die deutsche Niederlage und die Einteilung Deutschlands in

---

[11] Beneš, E.: Světová krise, kontinuita práva a nové právo revoluční [Weltkrise, Rechtskontinuität u. neues revolutionäres Recht]. Prag 1946, S. 33–34. Es fällt auf, daß sich Beneš während seiner Londoner Exilzeit weit weniger zurückhaltend über Verfassungsänderungen und die „großen sozialen Wandlungen, die die Republik durchmachen muß“, geäußert hat. Vgl. Acta Occupationis, Dokument Nr. 302, 109. Am 12. 9. 1943 hatte Beneš in einem Schreiben an V. Šrobár gesagt: „Es existieren rechtlich die alten Zustände ... mit der früheren Konstitution, die so bald wie möglich abgeändert wird.“ Zitiert nach Rašla 44. – Auch Feierabend hatte den Eindruck, daß Beneš die Kontinuitätstheorie ursprünglich nur auf außenpolitische Fragen angewendet wissen wollte, nicht auch auf die innerstaatlichen Verhältnisse (Feierabend, L. K.: Ve vládě v exilu [In der Regierung im Exil]. Bd. 1. Washington 1965, S. 113).

[12] Program československé vlády národní fronty Čechů a Slováků, přijatý na prvé schůzi vlády dne 5. dubna 1945 v Košicích [Programm der tschsl. Regierung der Nationalen Front, angenommen in der ersten Regierungssitzung am 5. April 1945 in Kaschau]. Prag 1945. Vgl. hiezu Laštovička, B.: Vznik a význam Košického vládního programu. Rés.: Les origines et l'importance du programme gouvernemental de Košice. ČSČH 8 (1960) 449 ff. Vgl. auch Anm. 75.

Besatzungszonen nicht erwähnt, sondern stillschweigend der Tschechoslowakei zur Wiederinbesitznahme überlassen, die seither die Gebietshoheit tatsächlich ausübt.

Ungarn mußte sich in dem in Moskau am 20. Januar 1945 abgeschlossenen Waffenstillstandsabkommen zur Rückgabe der 1938 und 1939 von der Tschechoslowakei gewonnenen Gebiete verpflichten und im Friedensvertrag darüber hinaus noch einer weiteren Gebietsabtretung an die Tschechoslowakei zustimmen[13].

Polen mußte die am Karpatenkamm gewonnenen Gebiete schon am 21. November 1939 (nach dem deutsch-polnischen Feldzug, an dem die Slowakische Republik an Deutschlands Seite teilnahm) wieder zurückgeben[14]. Das Olsa-Gebiet wurde 1945 von der Tschechoslowakei militärisch besetzt, der Grenzvertrag aber erst nach langwierigen Verhandlungen im Jahre 1958, also nach 13 Jahren, unterzeichnet[15].

Der Versuch, die Ober- und Niederlausitz mit der Tschechoslowakei zu vereinigen, den im Mai 1945 der Lausitzer Nationalausschuß mit dem Sitz in Prag unternahm, ist – ähnlich wie 1918 – ohne Ergebnis geblieben[16].

Eine sehr erhebliche Änderung des Grenzverlaufs gegenüber der Situation des Jahres 1938 ist jedoch im Osten der Republik erfolgt: Das Kaschauer Regierungsprogramm sagt hierüber, die Regierung werde sich im Sinne des auf demokratische

---

[13] An die Tschechoslowakei wurden die drei Dörfer Horváthjárfalvu (slowak.: Jarovice, deutsch: kroatisch Jahrendorf), Oroszvár (slowak.: Rusovice, deutsch: Karlburg [damals eine überwiegend deutsche Gemeinde]) und Dunacsún (slowak.: Čunovo, deutsch: Sarndorf) abgetreten (Art. 1 Abs. 4 Buchst. c des Friedensvertrages v. 10. 2. 1947, deutsche Übers. in: Die Friedensverträge in deutschem Wortlaut, 1. Heft, Heidelberg 1947, S. 121 ff.). Vgl. Bohmann, A.: Menschen und Grenzen, Bd. 2: Bevölkerung und Nationalitäten in Südosteuropa. Köln 1969, S. 24. Die tschsl. Verfassunggebende Nationalversammlung hat den durch den Vertrag vorgenommenen Änderungen des Staatsgebietes und des Verlaufs der Staatsgrenze die innerstaatliche Wirkung mit Verf.Ges. v. 14. 10. 1947 (Nr. 171 Slg.) zuerkannt. Das Gebiet wurde dem Verwaltungsbezirk Preßburg-Land eingegliedert und hier ab 15. 10. 1947 das in der Slowakei geltende Recht eingeführt (Ges. Nr. 172/1947 Slg.).

[14] Vgl. das slowakische Verfassungsgesetz v. 22. 12. 1939, Nr. 325 SlGBl. über die Inkorporation der Gebiete, die nach dem Jahre 1918 der ehemaligen Republik Polen angegliedert wurden, sowie die dazu ergangenen Regierungsverordnungen Nr. 10/1940 u. 24/1940 SlGBl. Die damals erworbenen Gebietsteile, die 1938 nicht mehr zur Tschechoslowakei gehört hatten, wurden am 20. 5. 1945 an Polen zurückgegeben, vgl. Kořalková, K.: K problematice československo-polských přátelských vztahů po druhé světové válce 1945–1948 [Zur Problematik der tschsl.-polnischen Freundschaftsbeziehungen nach dem Zweiten Weltkrieg 1945–1948]. In: Vznik a vývoj lidově demokratického Československa. Prag 1961, S. 258. – Bielovodský, A.: Severné hranice Slovenska [Die Nordgrenze der Slowakei]. Preßburg 1946. – Die Grenzveränderungen zwischen der Slowakei und Polen 1938 und 1945. Wissenschaftlicher Dienst Südosteuropa 2 (1953) 53 ff. – Geilke, G.: Rechtsprobleme der tschechoslowakisch-polnischen Staatsgrenze 1918–1959. WGO Die wichtigsten Gesetzgebungsakte in den Ländern Ost-, Südosteuropas und in den ostasiatischen Volksdemokratien 2 (1960) 47–56.

[15] Hiezu vgl. Uschakow, A.: Das Münchner Abkommen in den Beziehungen zwischen Polen und der Tschechoslowakei. EA 23 (1968) 523 ff.

[16] Hiezu vgl. Dudzik, P.: O budoucnost Lužice [Über die Zukunft der Lausitz]. Světové rozhledy 1 (1947) 614 ff. – Vaněček, V.: Dějiny státu a práva Československu do roku 1945 [Staats- u. Rechtsgeschichte in der Tschechoslowakei bis zum Jahre 1945]. Prag 1964, S. 502.

Weise zum Ausdruck gebrachten Willens des karpatoukrainischen Volkes um die baldige Lösung dieser Frage bemühen. Das Regierungsprogramm verwendet nicht mehr die in der Verfassungsurkunde gebrauchte Bezeichnung Podkarpatská Rus, also Südkarpatenrußland, sondern spricht von Zákarpatská Ukrajina (Transkarpatenukraine). Hier hatte nach dem Einmarsch der Roten Armee der Kongreß der karpatoukrainischen Nationalausschüsse in Munkatsch (Mukačevo) am 26. November 1944 das „Manifest über die Vereinigung der Transkarpatenukraine mit der Sowjetukraine" erlassen und darin das Selbstbestimmungsrecht für sich in Anspruch genommen nach der Devise „Wir wollen von der Stiefmutter zur Mutter"[17]. Der Vertrag zwischen der UdSSR und der Tschechoslowakei über die Abtretung der Transkarpatenukraine wurde in Moskau am 29. Juni 1945 unterzeichnet[18], die Bestimmungen der Verfassungsurkunde und anderer, mit dem Vertrag nicht vereinbarer Gesetze durch Verfassungsdekret vom 24. August 1945 (Nr. 60 Slg.) aufgehoben.

Wesentlicher als die Änderungen des Staatsgebietes waren die Änderungen hinsichtlich des Staatsvolkes. Ohne Berufung auf eine innerstaatliche Rechtsnorm wurde auf Grund des Potsdamer Abkommens die deutsche Bevölkerung aus dem Staatsgebiet entfernt[19]. Die tschechoslowakische Gesetzgebung hat sich darauf beschränkt, den Staatsbürgern deutscher Nationalität die tschechoslowakische Staatsangehörigkeit abzuerkennen und ihr Vermögen entschädigungslos zu konfiszieren[20]. Unter

---

17 Cesta ke květnu. Vznik lidové demokracie v Československu [Der Weg zum Mai. Die Entstehung der Volksdemokratie in der Tschechoslowakei]. Hrsg. v. M. Klimeš, P. Lesjuk, I. Malá, V. Prečan. Bd. 2. Prag 1965, S. 463 ff. – Dazu Brügel, J. W.: Der Fall Karpathorußland. EA 8 (1953) 6021 ff. – Bertelmann: Vznik 58, 81.

18 Die Veröffentlichung des in russischer, ukrainischer und slowakischer Sprache abgefaßten Textes in der Gesetzessammlung erfolgte erst im Oktober 1946 (Nr. 186 Slg.), nachdem die Provisorische Nationalversammlung mit Verfassungsgesetz v. 22. 11. 1945 (Nr. 2/1946 Slg.) dem Vertrag und der dadurch bedingten Änderung des Staatsgebiets zugestimmt hatte. Deutsche Übersetzung des Vertragstextes in Meissner, B.: Das Ostpakt-System. Frankfurt a. M. 1955, S. 51 f. (Dokumente. Hrsg. v. d. Forschungsstelle f. Völkerrecht u. ausländisches öffentliches Recht d. Universität Hamburg 18).

19 Hiezu vgl. Die Vertreibung der deutschen Bevölkerung aus der Tschechoslowakei. Bd. IV/1. Bonn 1957, S. 105 ff. (Dokumentation der Vertreibung der Deutschen aus Ost-Mitteleuropa).

20 Dekr. d. Präsidenten der Republik v. 21. 6. 1945, Nr. 12 Slg. über die Konfiskation u. beschleunigte Aufteilung des landwirtschaftlichen Vermögens der Deutschen, Madjaren u. der Verräter u. Feinde des tschechischen u. slowakischen Volkes; Dekr. d. Präsidenten der Republik v. 25. 10. 1945, Nr. 108 Slg. über die Konfiskation des feindlichen Vermögens u. die Fonds der nationalen Erneuerung (deutsche Übers. beider Dekrete in: Die Vertreibung 225 ff., 263 ff.). Verordnung des Präsidiums des Slowakischen Nationalrats v. 27. 2. 1945, Nr. 4 Slg. SNR über die Konfiskation u. beschleunigte Aufteilung des landwirtschaftlichen Vermögens der Deutschen, Madjaren sowie der Verräter und Feinde des slowakischen Volkes. – Zur Vorgeschichte der Vermögenskonfiskation vgl. Cesta ke květnu [Der Weg zum Mai]. Bd. 2. Prag 1965, S. 510 ff. – Palečková, D.: Konfiskace nepřátelského majetku [Die Konfiskation des Feindvermögens]. Prag 1946 (Příručky pro národní výbory 6). – Die Erklärung der tschsl. Delegation gegenüber der Konferenz der stellvertretenden Außenminister der 4 Großmächte in London vom 30. 1. 1947 bezeichnet dieses konfiszierte Vermögen als das „Ergebnis der Arbeit und der Gehirne des tschechoslowakischen Volkes", das als tschsl. Staatsvermögen nicht auf die tschsl.

Durchbrechung des Grundsatzes, daß Vorschriften aus der Zeit der „Unfreiheit"[21] nicht Bestandteil der tschechoslowakischen Rechtsordnung sind, beruft sich das Verfassungsdekret über die Regelung der Staatsbürgerschaft auf die „Vorschriften einer fremden Besatzungsmacht" und hält sie ausdrücklich aufrecht. Personen, die die deutsche Staatsangehörigkeit erworben haben, verlieren mit dem Tag des Erwerbs die tschechoslowakische Staatsangehörigkeit; soweit deutsche Volkszugehörige die deutsche Staatsbürgerschaft nicht erworben haben – z. B. die Deutschen in der Slowakei –, wurde ihnen die tschechoslowakische Staatsangehörigkeit mit Wirkung vom 10. August 1945 aberkannt[22].

Für tschechoslowakische Staatsangehörige madjarischer Nationalität gelten die gleichen Bestimmungen wie für die deutschen über die Aberkennung der Staatsbürgerschaft und die entschädigungslose Konfiskation ihres Vermögens[23], durch einen mit Ungarn abgeschlossenen Vertrag über einen Bevölkerungsaustausch[24] wurden aber die Bestimmungen über die Aussiedlung und die Vermögenskonfiskation modifiziert. Ungarn konnte jedoch die vollständige Durchführung verhindern[25].

Das Staatsoberhaupt

An der Spitze des Staates stand 1945 – wie 1938 – Eduard Beneš. Diese Kontinuität des Staatsoberhauptes wurde durch den einstimmig angenommenen Beschluß der Provisorischen Nationalversammlung vom 28. Oktober 1945 bestätigt: „Die

---

Reparationsforderungen angerechnet werden darf (Dokumenty čsl. zahraniční politiky 1945–1960 [Dokumente der tschsl. Außenpolitik 1945–1960]. Prag 1960, S. 388).

[21] 30. 9. 1939 bis 4. 5. 1945 (Verf. Dekr. v. 3. 8. 1944, Nr. 11 WBl., Art. 1 Abs. 2, 2. Satz; Regierungsverordnung v. 27. 7. 1945, Nr. 31 Slg.).

[22] Verfassungsdekret des Präsidenten der Republik v. 2. 8. 1945, Nr. 33 Slg. über die Regelung der tschsl. Staatsangehörigkeit von Personen deutscher u. madjarischer Nationalität. Deutsche Übers. u. Erläuterungen in Schmied, E.: Das Staatsangehörigkeitsrecht der Tschechoslowakei. Frankfurt a. M. 1956 (Slg. geltender Staatsangehörigkeitsgesetze 18).

[23] Die Konfiskation des Vermögens madjarischer Staatsbürger in der Tschechoslowakei erhielt in Art. 29 des Friedensvertrags mit Ungarn (durchgeführt mit Regierungsverordnung Nr. 208/1947 Slg.) eine völkerrechtliche Grundlage.

[24] Das in Budapest am 27. 2. 1946 abgeschlossene Abkommen (Nr. 145 Slg.) sieht einen Bevölkerungsaustausch zwischen beiden Staaten vor. Im gleichen Umfang als Tschechen oder Slowaken aus Ungarn in die Tschechoslowakei umgesiedelt werden, werden Madjaren, die im Gebiet der Tschechoslowakei ihren ständigen Wohnsitz haben, nach Ungarn umgesiedelt, wobei mit der Umsiedlung automatisch der Wechsel der Staatsangehörigkeit verbunden ist. Die Umsiedler können ihre gesamte bewegliche Habe mitnehmen, für zurückgelassene Liegenschaften erhalten sie eine Entschädigung, soweit das Ausmaß nicht 50 ha übersteigt. Unabhängig von diesem Bevölkerungsaustausch werden jedoch aus der Tschechoslowakei Personen madjarischer Nationalität ohne das Recht der Mitnahme ihrer beweglichen Habe und ohne Entschädigung für zurückgelassene Liegenschaften ausgesiedelt, die sich strafbarer Handlungen im Sinne der Verordnung des Slowakischen Nationalrats Nr. 33/1945 Slg. SNR zuschulden kommen ließen. Ausgenommen von den Begünstigungen des Vertrags sind auch Madjaren, die sich nach dem 2. 11. 1938 auf dem jetzt wieder einen Bestandteil des tschechoslowakischen Staates bildenden Gebiet niedergelassen haben.

[25] Hierüber vgl. Mikus, J.: La Slovaquie dans le drame de l'Europe. Paris 1955, S. 272 ff.

Provisorische Nationalversammlung bestätigt gemäß Art. 2 des Verfassungsdekrets des Präsidenten der Republik vom 25. August 1945 (Nr. 47 Slg.), daß der von der Nationalversammlung am 18. Dezember 1935 ordnungsgemäß gewählte Präsident der Republik Dr. Eduard Beneš gemäß § 58 Abs. 5 der Verfassungsurkunde bis zur Neuwahl des Präsidenten der Republik in seiner Funktion verbleibt[26]."

Dieser Beschluß wurde gefaßt, obwohl Eduard Beneš am 5. Oktober 1938 auf seine Funktion als Präsident der Republik verzichtet und die Nationalversammlung am 30. November 1938 mit der nach § 57 der Verfassungsurkunde erforderlichen Dreifünftelmehrheit, nämlich mit 272 Stimmen, Dr. Emil Hácha zum Präsidenten der Republik gewählt hat.

Zur Stützung der Auffassung von der Kontinuität des vor-münchener Präsidenten wurde angeführt, daß Háchas Funktion in der Nacht vom 14. auf den 15. März 1939 erloschen sei, da er durch seine Unterschrift unter das ihm von Hitler vorgelegte Protokoll zu verstehen gegeben habe, daß er seine Funktion des Repräsentanten eines souveränen Staates nicht anerkenne; da er diese Funktion nicht beseitigen konnte, könne in seiner Haltung nur seine Abdikation erblickt werden[27].

Die Resignation Benešs wird so erklärt, daß sie nur die Funktion eines Präsidenten der sogenannten „Zweiten Republik" betraf, keineswegs aber die Funktion, die er 1935 durch Wahl erlangt hatte[28]. Da aber Benešs Haltung nach dem 5. Oktober 1938 durchaus nicht erkennen ließ, daß er seine Abdankung für ungültig halte, hat man folgende Erklärung für die Kontinuität gefunden: Mit dem Erlöschen der Funktion des Präsidenten der Republik am 15. März 1939 und dem gleichzeitigen Wegfall der Regierung (der Trägerin der Funktion eines Staatsoberhauptes in der Zeit der Vakanz des Präsidentenamtes gemäß § 60 Verfassungsurkunde) ist, da auch der Ständige Ausschuß der Nationalversammlung von seinem Recht gemäß § 78 Abs. 2 Verfassungsurkunde[29] keinen Gebrauch gemacht hat, ein Notstand eingetreten. In dieser Situation war das Eingreifen des letzten Präsidenten der Republik gerechtfertigt[30].

Beneš selbst hat vor der Provisorischen Nationalversammlung, die die ununterbrochene Ausübung seiner Funktion bestätigt hat, folgende Darstellung der politischen Zusammenhänge gegeben: „Ich wurde durch ordentliche Wahl am 18. Dezember 1935 nach dem Rücktritt des Präsidenten-Befreiers zum Präsidenten der Republik gewählt. Nach dreijähriger Amtszeit als Präsident wurde ich – nach der Entscheidung über das Münchener Diktat – durch deutschen Druck[31] gezwungen, auf

---

[26] Národní shromáždění zahajuje [Die Nationalversammlung nimmt ihre Tätigkeit auf]. Prag 1946, S. 14 (Publikace Národního shromáždění 1). – § 58 Abs. 5 Verfassungsurkunde 1920 lautet: „Der frühere Präsident bleibt in seiner Funktion, solange nicht der neue Präsident gewählt ist."

[27] Hoffmann in SVPČ 791.

[28] Neubauer, zit. nach SVPČ 789.

[29] § 78 Abs. 2 lautet: „Kommt es zu einer Demission der Regierung in einem Zeitpunkt, in dem weder ein Präsident, noch ein Stellvertreter desselben vorhanden ist, so wird die Entscheidung über die Demission der Regierung und die Verfügung über die einstweilige Führung der Regierungsgeschäfte von dem im § 54 bezeichneten Ausschusse getroffen."

[30] Hoffmann in SVPČ 791.

[31] Zu dieser Behauptung vgl. Korkisch: Die tschsl. Kontinuitätstheorie 284 Fußn. 31. –

diese Funktion zu verzichten; ich habe allerdings gleich damals die Notwendigkeit in Erwägung gezogen, ins Ausland zu gehen und die Dinge für den nahenden Krieg vorzubereiten[32] ... [Am 21. Juli 1942] übernahm ich wiederum die Präsidentenfunktion in der Londoner Auslandsregierung und vertrat dabei die Rechtsthese, daß durch die Ungesetzlichkeit von München und all das, was darauf folgte und was wir nie anerkannt haben, meine Präsidentenschaft nicht unterbrochen wurde ... Daher hat vor dem 18. Dezember 1942, als die siebenjährige Wahlperiode meiner Präsidentenfunktion vollendet war, die Londoner Regierung[33] eine Erklärung beschlossen, wonach die Funktion des Präsidenten der Republik auf Grund des 58. Artikels der tschechoslowakischen Verfassung bis zu dem Zeitpunkt dauert, da es möglich sein wird, zur ordentlichen Wahl des Präsidenten auf Grund unserer Verfassung zu schreiten. Diesen Vorgang hat die Provisorische Nationalversammlung jetzt durch ihre Entscheidung bestätigt. Mag man diesen Vorgang vom rein rechtlichen Standpunkt wie immer beurteilen, sicher ist, daß die überwältigende Mehrheit des Volkes ihm politisch seine volle Sanktion erteilt und daß die Provisorische Nationalversammlung, die alle Prärogativen eines gewählten Parlaments hat, durch ihre Entscheidung nur die Zustimmung des tschechoslowakischen Volkes als Ganzem mit diesem Vorgang ausgedrückt hat. Ich betrachte es somit als meine Pflicht, die Funktion des Präsidenten bis zur ordentlichen Präsidentenwahl weiter auszuüben[34]."

Verfassungsänderungen

Mit Verfassungsdekret vom 15. Oktober 1940 (Nr. 20/1945 Slg.) hat der Präsident der Republik das Recht für sich in Anspruch genommen, in unvermeidlichen Fällen Verfassungsänderungen herbeizuführen. Auch die Provisorische Nationalversammlung war zu Verfassungsänderungen nur in dem unumgänglich notwendigen Umfang ermächtigt (Verfassungsdekret Nr. 47/1945 Slg., Art. 2, Pkt. 2). Trotzdem ist es im Laufe des Jahres 1945 zu einer stattlichen Zahl von Verfassungsänderungen gekommen.

Von der Neuordnung der Gesetzgebung durch Dekrete war schon die Rede. Aber auch als am 28. Oktober 1945, dem Jahrestag der Staatsgründung, die Provisorische Nationalversammlung wieder die gesetzgebende Gewalt ausübte, unterschied sie sich in mehrfacher Hinsicht von der Nationalversammlung, wie sie die Verfassungsurkunde vorsah:

Die zweite Kammer der Nationalversammlung, der Senat, wurde beseitigt und das Einkammer-System eingeführt (Verf. Dekr. Nr. 47/1945 Slg., Art. I, Abs. 2).

Rabl, K.: Die verfassungsrechtliche Entwicklung in der Tschechoslowakei seit 1944/45. Jahrbuch des öffentl. Rechts N.F. 8 (1959) 295 Anm. 4.

[32] Als „offiziellen Repräsentanten der Rechtskontinuität der tschecho-slowakischen Republik" hat sich damals der tschsl. Gesandte in Paris, Št. Osuský, bezeichnet, und zwar in einem am 23. 10. 1939 an den „ehemaligen" Präsidenten Beneš gerichteten Schreiben. Acta Occupationis, Dok. Nr. 21, S. 53.

[33] Beschluß v. 3. 12. 1942, WBl. 3. Jg., 3. St. v. 14. 12. 1942, abgedruckt in: Cesta ke květnu 717 Anm. 2. Vgl. auch Acta occupationis, Dok. Nr. 240, S. 288.

[34] Národní shromáždění 18 f.

Abweichend von den §§ 9 und 10 der Verfassungsurkunde wurde das aktive Wahlalter von 21 auf 18 Jahre, das passive Wahlalter von 30 auf 21 Jahre herabgesetzt (Verf. Dekr. Nr. 47/1945 Slg., Art. I Abs. 3) und das Wahlrecht auf Bürger tschechischer, slowakischer oder einer anderen slawischen Nationalität beschränkt. Das Wahlrecht der Militärpersonen wurde wieder eingeführt.

Die Wahlen in die Provisorische Nationalversammlung waren auch keine direkten Wahlen, wie es § 9 der Verfassung vorsah, vielmehr ging sie aus Wahlen hervor, die in drei Etappen durch Wahlmänner erfolgten: Die Ortsnationalausschüsse und Verwaltungskommissionen entsandten Wahlmänner in die Bezirke, deren Delegierte länderweise die Abgeordneten wählten (Regierungsverordnung Nr. 48/1945 Slg.). Da aber auch die Nationalausschüsse nicht vom Volk gewählt waren, vertritt Zdeněk Neubauer die Ansicht, daß auch nicht von indirekten Wahlen gesprochen werden kann, sondern es sich um eine Nominierung durch die in der Regierung vertretenen politischen Parteien handelt[35].

Das geänderte Wahlrecht fand seinen Niederschlag in der Zusammensetzung der Provisorischen Nationalversammlung: Jede der zur „Nationalen Front" zusammengeschlossenen Parteien – 4 in Böhmen und Mähren-Schlesien, 2 in der Slowakei – entsandte 40 Abgeordnete, weitere 60 Mandate waren mit Vertretern der „Massenorganisation" – Zentralgewerkschaftsrat, Landwirteverband, Jugendorganisation usw. – und Fachleuten besetzt[36]. Die Vertreter der Massenorganisationen

---

[35] SVPČ 588. Durch die nach dem gleichen Verfahren bestimmten Wahlmänner erfolgte auch die Neubestellung der Bezirks- u. Landesnationalausschüsse (Regierungsverordnung Nr. 49/1945 Slg.). – Über den Wahlvorgang vgl. R a b l : Die verf.rechtl. Entwicklung und K o r k i s c h , F.: Die verfassungsrechtliche Entwicklung in der Tschechoslowakei bis zur Verfassung vom 9. Mai 1948. Zschr. f. ausländ. öffentl. Recht u. Völkerrecht 13 (1951) 678.

[36] Die Provisorische Nationalversammlung (28. 10. 1945 – 18. 6. 1946) war wie folgt zusammengesetzt:
200 Abgeordnete für die Länder Böhmen u. Mähren-Schlesien, davon
je 40 für die Kommunistische Partei der Tschechoslowakei, die Tschsl. Volkspartei, die Volkssoziale Partei u. die Sozialdemokratische Partei,
32 Abgeordnete der tschechischen gesamtnationalen Interessenorganisationen (10 f. Gewerkschafts-Zentralrat, 8 f. Einheitsverband tschechischer Landwirte, 2 f. Zentralverband des Handels, 2 f. Zentralverband des Handwerks, 4 f. Genossenschaftszentralrat, 3 f. Nationalausschuß f. Körpererziehung, 3 f. Tschechischen Jugendverband),
8 Abgeordnete als Vertreter des tschechischen öffentlichen Lebens,
100 Abgeordnete für die Slowakei, davon
je 40 Abgeordnete für die Kommunistische Partei der Slowakei und für die Demokratische Partei,
12 Abgeordnete f. d. slowakischen Interessenorganisationen (je 4 f. d. Slowakische Gewerkschaftszentrale und den Einheitsverband slowakischer Landwirte, je 2 f. d. Slowakischen Jugendverband und den Slowakischen Frauenverband),
3 Abgeordnete als Vertreter von Kultur u. Wissenschaft,
5 Abgeordnete als Vertreter des ukrainischen Volkes in der Slowakei.
(Z á d ě r a , V.: Deset let parlamentí retrospektivy: Od Národního shromáždění r. 1935 k Prozatímnímu Národnímu shromáždění r. 1945 [Rückblick über 10 Jahre parlamentarischen Lebens: Von der Nationalversammlung d. J. 1935 zur Provisorischen Nationalversammlung d. J. 1945]. Prag 1948, S. 48 ff.).

und die Fachleute traten den Abgeordnetenklubs ihrer Parteien bei, so daß die paritätische Zusammensetzung Verschiebungen erfuhr. Insbesondere errang die Kommunistische Partei dadurch einen beträchtlichen Vorsprung vor den übrigen Parteien, daß sie als einzige Partei in beiden Staatshälften bestand (KPTsch., KPS) und allein dadurch 80, durch den Beitritt von Vertretern der Massenorganisation in ihre Klubs weitere 18, also fast ein Drittel aller Mandate erzielte.

Die Regierung hatte nicht nur bis zum 28. Oktober 1945 das Recht der Gesetzesinitiative, auch ihre Zusammensetzung hatte sich gegenüber 1938 geändert: Sie verfügte jetzt über ein Präsidium, das aus dem Vorsitzenden der Regierung und seinen fünf Stellvertretern bestand und in der Verfassungspraxis eine wichtige Rolle spielte (Verf. Dekr. Nr. 1/1945 Slg., § 1; Nr. 153/1946 Slg.).

Neu ist auch die Institution der Staatssekretäre in den Ministerien des Äußeren, des Außenhandels und der Verteidigung. Sie sind Mitglieder der Regierung. Ist der jeweilige Ressortminister ein Tscheche, so muß der Staatssekretär Slowake sein und umgekehrt (Verf. Dekr. Nr. 1/1945 Slg., § 3).

Entgegen § 95 Abs. 2 der Verfassungsurkunde, wonach für das ganze Staatsgebiet ein einziges Oberstes Gericht zu bestellen ist, gab es 1945 zwei solcher Gerichte, da das in Preßburg in der Zeit der Slowakischen Republik errichtete Oberste Gericht seine Tätigkeit weiter ausübte. Das Erste Prager Abkommen zwischen der Regierung der Tschechoslowakei und dem Präsidium des Slowakischen Nationalrats versuchte eine vermittelnde Lösung, indem es zwei Gerichtspräsidenten, einen Tschechen und einen Slowaken, in Aussicht nahm. Die gleiche Lösung sah es für das Oberste Verwaltungsgericht vor, denn auch das Preßburger Verwaltungsgericht bestand 1945 weiter. Überdies sollte der Sitz eines der beiden Obersten Gerichte nach Preßburg verlegt werden[37].

Die wesentlich einschneidendere Einrichtung außerordentlicher Volksgerichte (Dekr. Nr. 16/1945 Slg., Verordnung Nr. 33/1945 Slg. SNR) hält sich im Rahmen der Verfassungsurkunde, deren § 94 Ausnahmegerichte im Strafverfahren auf beschränkte Zeit vorsah[38]. Mit der Zusammensetzung ihrer Senate, in denen sich die

---

[37] Vgl. Regierungsverordnung v. 4. 4. 1949 Nr. 49 SlGBl. über die Errichtung eines Slowakischen Obersten Gerichts u. v. 12. 4. 1939 Nr. 62 SlGBl. über das Oberste Verwaltungsgericht. Der Sitz des tschsl. Obersten Gerichts wurde durch Ges. Nr. 166/1949 Slg. nach Preßburg verlegt, aber dieser Maßnahme kam jetzt keine praktische Bedeutung mehr zu, da inzwischen die Verwaltungsgerichtsbarkeit stillgelegt worden war. 1952 wurde das Oberste Verwaltungsgericht aufgehoben (Ges. Nr. 65/1952 Slg., § 8 Abs. 2), vgl. Mikule, V.: Správní soudnictví Československu [Verwaltungsgerichtsbarkeit in der Tschsl.]. Acta Universitatis Carolinae – Iuridica 15 (1968) H. 4, S. 22.

[38] Die außerordentlichen Volksgerichte wurden ursprünglich auf die Dauer eines Jahres errichtet, durch Ges. Nr. 149/1946 Slg. erfolgte die Verlängerung bis 8. 1. 1947, durch Ges. Nr. 245/1945 Slg. bis 9. 5. 1947. – In der Slowakei, wo der Schwerpunkt nicht auf den verfahrensrechtlichen, sondern auf den materiellrechtlichen Bestimmungen lag (dazu vgl. Rašla 162), wurde durch Verordnung Nr. 88/1947 Slg. SNR die Aburteilung von Straftaten nach den §§ 1–4 der Retributionsverordnung Sondersenaten der Kreisgerichte zugewiesen. 1948 wurde im ganzen Staatsgebiet die Tätigkeit der außerordentlichen Volksgerichte wieder aufgenommen und bis Jahresende fortgeführt (Gesetz Nr. 33/1948 Slg.). Vgl. Anm. 43.

juristisch vorgebildeten Berufsrichter gegenüber den Laienrichtern in der Minderheit befanden, wurden die Volksgerichte die Vorläufer der späteren Gerichtsreform[39].

Auch in die Grundrechte der Staatsbürger erfolgten zahlreiche Eingriffe: Entgegen § 114 der Verfassungsurkunde, der die Koalitionsfreiheit gewährleistet, wurde die im „Protektorat Böhmen und Mähren" verfügte Zusammenlegung der Gewerkschaften und der Wirtschaftsorganisationen ausdrücklich aufrechterhalten (Dekr. Nr. 81/1945 Slg., § 1 Abs. 2 Buchst. a) und damit die Errichtung der Einheitsgewerkschaft („Revolutionäre Gewerkschaftsbewegung", Ges. Nr. 144/1946 Slg.) vorbereitet[40].

Entgegen § 113 Verfassungsurkunde über die Vereinsfreiheit wurde durch Dekret des Präsidenten der Republik angeordnet, daß die Errichtung von Vereinen, die nicht im öffentlichen Interesse liegen, von der Behörde zu untersagen ist. Deutsche und madjarische Vereine wurden aufgelöst (Dekr. Nr. 81/1945 Slg.).

Ohne gesetzliche Grundlage erfolgte das Verbot der Wiedererrichtung verschiedener politischer Parteien, darunter der größten Partei, die 1938 bestanden hat, der Agrarpartei, aber auch der Gewerbepartei und der Nationaldemokratischen Partei. Die Regierung stützte sich dabei auf Pkt. IX des Kaschauer Regierungsprogramms: „Die Regierung wird das Verbot aller faschistischen Parteien und Organisationen aussprechen und die Wiedererrichtung – in welcher Form auch immer – jener politischen Parteien nicht zulassen, die sich so schwer an den Interessen des Volkes und der Republik vergangen haben." Als das Oberste Verwaltungsgericht die Entscheidung des Innenministeriums aufhob, mit der auch die „Bauernreiterei" (Selská jízda) verboten worden war, entspann sich in der Öffentlichkeit eine Auseinandersetzung zwischen dem kommunistischen Innenminister V. Nosek, der dem Verwaltungsgericht vorgeworfen hatte, das Kaschauer Programm zu ignorieren, und dem Ordinarius für Verfassungsrecht an der Prager Karls-Universität J. Hoetzel, der das Verwaltungsgericht, das die Satzungen dieser Organisation mit der demokratischen Ordnung für vereinbar gefunden hatte, verteidigte[41].

Entgegen § 106 Abs. 2 der Verfassungsurkunde, der allen Einwohnern ohne Rücksicht auf die Staatsangehörigkeit den vollen und bedingungslosen Schutz der Freiheit zusichert, wurde die Internierung fremder Staatsbürger an bestimmten Orten zwecks späteren Abschubs ohne zeitliche Begrenzung gestattet (Verf. Dekr. Nr. 137/1945 Slg., § 2)[42].

Entgegen § 111 der Verfassungsurkunde wurden Strafgesetze mit rückwirkender Kraft erlassen, vor allem durch das sogenannte „Retributionsdekret"[43], das nicht nur

---

[39] Vgl. Slapnicka, H.: Die Organisation der Gerichte in der ČSSR. Osteuropa-Recht 7 (1961) 191 ff.

[40] Hierüber vgl. Slapnicka, H.: Die sozialistische Kollektivperson. Wien 1969, S. 153.

[41] Lidová demokracie, 22. 7. 1947, zit. nach Jičínský: Vznik 114 f. – Zur Vorgeschichte des Parteienverbots vgl. K. Rabl: Die verf.rechtl. Entwicklung 333 ff.

[42] In Böhmen bestanden 75, in Mähren u. Schlesien 29, in der Slowakei 3 solcher Internierungslager. Vgl. Die Vertreibung 80 ff.

[43] Deutsche Übers. in: Vertreibung 211 ff. – Zum Retributionsdekret vgl. Schmied, E.: Das tschechoslowakische Strafrecht. In: Das ausländische Strafrecht der Gegenwart. Hrsg. v. E. Mezger, A. Schönke, H. Jescheck. Bd. 2. Berlin 1957, S. 390. – Über

die Strafsätze rigoros verschärfte, sondern auch neue Tatbestände rückwirkend für strafbar erklärte, und zwar auch dann, wenn die fragliche Handlung durch Vorschriften eines anderen Rechts angeordnet war.

Das Recht, eine Privatklage wegen Ehrenbeleidigung auf Grund des Gesetzes zum Schutz der Ehre (Nr. 108/1933 Slg.) einzubringen, wurde jenen Personen aberkannt, auf die sich das Dekret über die Konfiskation des feindlichen Vermögens bezog (Dekr. Nr. 143/1945 Slg.).

Mindestens ebenso wichtig, wie die ausdrücklichen Verfassungsänderungen durch Verfassungsdekrete des Präsidenten der Republik oder durch Verfassungsgesetze der Provisorischen Nationalversammlung waren aber die via facti herbeigeführten Änderungen gegenüber dem Zustand vom 29. September 1938:

Mit der Aberkennung der Staatsbürgerschaft eines Viertels der Staatsbürger war das ganze 6. Hauptstück der Verfassungsurkunde über den Minderheitenschutz obsolet geworden, ebenso das Sprachenrecht.

Drei wichtige verfassungsrechtliche Institutionen wurden 1945 nicht mehr aktiviert: das Verfassungsgericht, das Wahlgericht und der Ständige Ausschuß der Nationalversammlung. Für den Ständigen Ausschuß[44], der – wenn man die Auflösung des Abgeordnetenhauses und des Senats am 21. März 1939 für nichtig ansieht – bis zum 28. Oktober 1945 existiert hat, bestand keine Notwendigkeit mehr, da ja das Gesetzgebungsrecht nicht von der Nationalversammlung, sondern vom Präsidenten der Republik ausgeübt wurde. Im Wahlgericht[45] erblickte man eine undemokratische Einrichtung, weil beamtete Richter die Mandate der gewählten Volksvertreter zu beglaubigen hatten[46]. Über die Gültigkeit der Wahlen entschied jetzt ein eigener Ausschuß der Provisorischen Nationalversammlung[47].

Die gesetzgebende Gewalt

Die Gesetzgebung[48] übte bis zum 28. Oktober 1945 der Präsident der Republik auf Vorschlag der Regierung aus, und zwar in Form von Dekreten oder Verfassungsdekreten, die vom Vorsitzenden der Regierung und den mit der Durchführung betrauten Ministern gegengezeichnet wurden. Seit dem 2. Juni 1945 ist zur Erlassung von Dekreten das Einvernehmen mit dem Slowakischen Nationalrat herzustellen.

---

die Tätigkeit der Volksgerichte vgl. Slapnicka, H.: Die Tschechoslowakei 1945 bis 1965. In: Handbuch der Geschichte der böhmischen Länder. Hrsg. v. K. Bosl. 4. Bd. 1970, S. 314 f., weitere Literaturhinweise hier S. 308. Neuestens Rašla.

44 Vgl. § 54 Verfassungsurkunde 1920, hiezu SVPČ 791 f.

45 Errichtet durch Ges. Nr. 125/1920 Slg.

46 So Vaněček 505.

47 Regierungsverordnung Nr. 48/1945 Slg., § 10 Abs. 4. Im Jahre 1946 wurde das Wahlgericht ausdrücklich aufgehoben, und zwar durch Verfassungsgesetz Nr. 65/1946 Slg., Art. 13.

48 Zum folgenden vgl. Körbel, P.: O revolučním zákonodárství a jeho ratihabici [Über die revolutionäre Gesetzgebung und ihre Ratihabierung]. Právní prakse 9 (1945) 139 ff. – Neubauer, Zd.: Zákon a zákonodárství [Gesetz u. Gesetzgebung]. In: SVPČ 588–589.

Dieses Gesetzgebungsrecht des Präsidenten der Republik geht auf die Dekretalgesetzgebung der Exilzeit zurück. Solange das 2. Hauptstück der Verfassungsurkunde über die Nationalversammlung nicht angewendet werden konnte, hat der Präsident der Republik mit dem von ihm erlassenen Verfassungsdekret vom 15. Oktober 1940[49] das Recht in Anspruch genommen, mit Zustimmung der Regierung, später auch nach Anhörung des Staatsrates, Dekrete und Verfassungsdekrete mit Gesetzeskraft zu erlassen. Durch ein weiteres Dekret des Präsidenten der Republik vom 22. Februar 1945[50] wurde die Geltung bis zur Konstituierung einer gesetzgebenden Körperschaft verlängert.

Ein weiteres Verfassungsdekret des Präsidenten der Republik vom 23. Juni 1945 (Nr. 22 Slg.) über die Verlautbarung der außerhalb des Staatsgebiets der Tschechoslowakischen Republik erlassenen Rechtsvorschriften hat die Regierung ermächtigt festzustellen, welche der im Exil erlassenen Rechtsnormen in Kraft bleiben, den Zeitpunkt ihres Inkrafttretens und den räumlichen Geltungsbereich abzuändern und sie in der „Sammlung der Gesetze und Verordnungen" wiederzuverlautbaren („Ratihabition").

Dekrete des Präsidenten der Republik wurden also nicht nur im Londoner Exil erlassen, sondern auch nach der Rückkehr bis zum ersten Zusammentreten der Provisorischen Nationalversammlung am 28. Oktober 1945. Seit dem April 1945 wurden 6 Verfassungsdekrete und 98 Dekrete erlassen und in der „Sammlung der Gesetze und Verordnungen" verlautbart. Es fällt auf, daß mehr als die Hälfte dieser Dekrete erst im Oktober 1945 erlassen wurden, davon am letzten Tag, an dem diese zwar einfache, aber verfassungsrechtlich bedenkliche Möglichkeit bestand, nämlich am 27. Oktober 1945, allein 22 Dekrete.

Durch Verfassungsgesetz der Provisorischen Nationalversammlung Nr. 57/1946 Slg. wurden nachträglich alle diese Dekrete – einerlei ob sie im Ausland oder bereits im Inland erlassen wurden – gebilligt und mit Gesetzeskraft ausgestattet. Es ist allerdings zu beachten, daß diese Bestätigung durch die Provisorische Nationalversammlung erfolgt ist, die selbst auf der Dekretalgesetzgebung beruht, so daß es sich also um keine Ratihabition handelt[51].

Früher erlassene Rechtsvorschriften bleiben nur in Kraft, wenn sie vor dem 29. September 1938 erlassen wurden. Später, in der „Zeit der Unfreiheit" (30. September 1938 bis 4. Mai 1945), erlassene Rechtsvorschriften bilden grundsätzlich keinen Bestandteil der tschechoslowakischen Rechtsordnung. Lediglich während einer

---

[49] WBl. Nr. 2, Wiederverlautb. Nr. 20/1945 Slg.

[50] WBl. Nr. 3, Wiederverlautb. Nr. 21/1945 Slg.

[51] SVPČ 798. In der Provisorischen Nationalversammlung wurden daher Stimmen laut, die die definitive Genehmigung der Dekrete der künftigen, aus normalen Wahlen hervorgehenden Verfassunggebenden Nationalversammlung vorbehalten wollten (Doležal 210 Anm. 24). – Die Billigung der Dekrete und ihre Anerkennung als Gesetze bezog sich auf sämtliche vom Präsidenten der Republik erlassenen Dekrete ohne Rücksicht darauf, ob sie 1945 als geltendes Recht in Kraft gesetzt wurden oder nicht. Soweit dies nicht der Fall war, erfolgte ihre Veröffentlichung in der Beilage zur Sammlung der Gesetze und Verordnungen, Jg. 1947, S. 1–43. Die übrigen Dekrete waren schon vorher fallweise in der Slg. verlautbart worden (z. B. Slg. 1945, Nr. 2, 20, 21, 30, 43, 136, 149, 150; Slg. 1946, Nr. 11, 41, 43, 56).

Übergangszeit fanden auch solche Vorschriften Anwendung, soweit sie nicht mit dem Wortlaut oder den demokratischen Grundsätzen der tschechoslowakischen Verfassung in Widerspruch standen und es sich nicht um Rechtsnormen auf dem Gebiet des Strafrechts, des Strafverfahrens, des Personen- oder des Familienrechts handelte[52]. Eine Präzisierung erfuhr diese Bestimmung erst durch das Gesetz vom 2. Oktober 1946 über die Anwendbarkeit von Vorschriften aus der Zeit der Unfreiheit (Nr. 195 Slg.), das eine Aufzählung der ausdrücklich aufgehobenen Vorschriften enthält.

Das in den ehemals sudetendeutschen Gebieten erlassene Recht wurde generell erst mit Wirkung vom 15. November 1946 aufgehoben (Ges. Nr. 195/1946, § 1).

In der Slowakei übte der Slowakische Nationalrat weiterhin das Gesetzgebungsrecht auf Grund der während des Slowakischen Aufstandes erlassenen Verordnung des Slowakischen Nationalrats vom 1. September 1944 (Nr. 1 Slg. SNR) aus. Diese Bestimmung erfuhr nach der Wiedererrichtung gesamtstaatlicher tschechoslowakischer Organe am 21. April 1945 eine Änderung (Verordnung Nr. 30/1945 Slg. SNR), wonach er sein Gesetzgebungsrecht in der Slowakei in Angelegenheiten, die nicht von gesamtstaatlicher Bedeutung sind, „im Geiste aufrichtiger Übereinstimmung mit dem Präsidenten und der Regierung der Tschechoslowakei“ ausüben wird, während die Gesetzgebung in gesamtstaatlichen Angelegenheiten dem Präsidenten der Republik und der Regierung im Einvernehmen mit dem Slowakischen Nationalrat obliegt[53].

Der Slowakische Nationalrat hat seit dem 1. September 1944 die von ihm erlassenen Normen immer nur als „Verordnungen“ bezeichnet und damit offenbar angedeutet, daß er die Bezeichnung „Gesetz“ den Rechtsnormen mit gesamtstaatlicher Bedeutung vorbehält, ähnlich wie er seine mit der Regierungs- und Vollzugsgewalt betrauten Organe „Kommissare“ und nicht „Minister“ nannte.

In den Jahren 1945 bis 1947 übte der Slowakische Nationalrat eine rege Gesetzgebungstätigkeit aus, wichtige Rechtsmaterien – etwa die Retribution, die Vermögenskonfiskation, die Organisation der Nationalausschüsse – wurden z. T. erheblich abweichend von den in den Ländern Böhmen und Mähren-Schlesien geltenden Bestimmungen geregelt.

Es waren – nach der Terminologie der Normativtheorie – zwei Urnormen entstanden, ein de-facto-Zustand, der weder mit dem Prinzip des Einheitsstaates, noch mit der Kontinuitätstheorie vereinbar war. Ähnlich wie das Problem der Rechtskontinuität hat die Frage der Duplizität der Rechtsordnungen die Rechtswissenschaft in einem außergewöhnlichen Umfang beschäftigt[54].

---

[52] Verfassungsdekret des Präsidenten der Republik v. 3. 8. 1944, Nr. 11 WBl. über die Erneuerung der Rechtsordnung, bestätigt durch Regierungsbeschluß v. 27. 7. 1945 (Kdm. Nr. 30/1945 Slg.), ergänzt u. abgeändert durch Ges. d. Prov. Nationalversammlung v. 19. 12. 1945, Nr. 12/1946 Slg. – Vgl. Weiß, E.: Die Rechtsentwicklung in der Čechoslowakei. Juristische Blätter 68 (1946) 317 f.

[53] Wegen der letzten, die Kompetenz des Slowakischen Nationalrats übersteigenden Bestimmung wurde die Verordnung in der westlichen Staatshälfte vielfach für ungültig gehalten, vgl. SVPČ 805.

[54] U. a. Hoffmann, J.: Československý a „slovenský“ právní řád [Tschsl. u. „slowakische“ Rechtsordnung]. Právník 85 (1946) 293 ff. – Körbel, P.: Zákonodárná moc

In der Praxis versuchte man eine Überbrückung der beiden miteinander unvereinbaren Standpunkte durch das sog. „Erste politische Abkommen", das am 2. Juni 1945 zwischen der Regierung der Tschechoslowakei und dem Präsidium des Slowakischen Nationalrats in Prag abgeschlossen wurde[55]. Artikel II enthält die Aufzählung der gemeinsamen Angelegenheiten, für die die Prager gesamtstaatlichen Organe zuständig sein sollten. Die slowakischen Regierungsmitglieder wurden bevollmächtigt, gesamtstaatlichen Dekreten namens des Slowakischen Nationalrats ihre Zustimmung zu erteilen (Art. III). In nicht-gemeinsamen Angelegenheiten wurde die Gesetzgebungskompetenz des Slowakischen Nationalrats anerkannt (Art. IV). Dekrete des Präsidenten der Republik enthalten seither im Einleitungssatz den Hinweis, daß sie „im Einvernehmen mit dem Slowakischen Nationalrat" erlassen wurden. Dieses ursprünglich nur politische Abkommen ist später auszugsweise in der Sammlung der Gesetze publiziert worden (Nr. 66/1946 Slg.) und wurde dadurch Bestandteil der geltenden Verfassungsordnung.

Das Verordnungsrecht des Slowakischen Nationalrats im bisherigen Umfang wurde durch Verfassungsgesetz über die Verfassunggebende Nationalversammlung (Nr. 65/1946 Slg.) ausdrücklich aufrechterhalten. Die Verfechter der Einheitsstaatsidee haben darin auch eine Sanierung der bisherigen Gesetzgebung gesehen, deren es nach slowakischer Auffassung durchaus nicht bedurfte.

Das Mitwirkungsrecht des Slowakischen Nationalrats an der gesamtstaatlichen Gesetzgebung ist am 28. Oktober 1945 erloschen. Die Gesetzgebung für den Gesamtstaat liegt seither ausschließlich in den Händen der Provisorischen Nationalversammlung. In Angelegenheiten, die die verfassungsrechtliche Stellung der Slowakei betreffen, ist auch die Zustimmung der Mehrheit der slowakischen Abgeordneten erforderlich (Verfassungsdekret Nr. 47/1945 Slg.).

Die Nationalausschüsse

Die Londoner Exilregierung hatte sich am 16. April 1944 über den Rundfunk mit einer Proklamation an die Bevölkerung in der Heimat gewendet, in der zur Errichtung von Nationalausschüssen aufgerufen wurde, deren Aufgabe die Bekämpfung

Slovenské národní rady [Die Gesetzgebungsgewalt des Slowakischen Nationalrats]. Právní prakse 9 (1945) 141 ff. – Luby, Št.: Obnova práva [Rechtserneuerung]. Právny obzor 29 (1946) 1 ff. – Ders.: Normotvorná právomoc a činnost' Slovenskej národnej rady a jich orgánov [Die normensetzende Kompetenz u. Tätigkeit des Slowakischen Nationalrats u. seiner Organe]. Verejné právo 6 (1946) 2 ff. – Morávek, J.: Ústavní poměr česko-slovenský. Obnovení právního pořádku [Das tschechisch-slowakische Verfassungsverhältnis. Die Erneuerung der Rechtsordnung]. Prag 1947. – Ders.: Kontinuita a Slovensko [Die Kontinuität und die Slowakei]. Justiční listy 1 (1947) 131 ff.

[55] Ein zweites Abkommen folgte am 11. April 1946. Über den Verhandlungsverlauf vgl. Barto, J.: Riešenie vzt'ahu Čechov a Slovákov 1944–1948 [Die Regelung der Beziehungen zwischen Tschechen und Slowaken 1944–1948]. Preßburg 1968, S. 54–90. Den Text der Abkommen veröffentlichen Kvetko, M.: Dohody o štátoprávnom usporiadaní pomeru Čechov a Slovákov v oslobodenej vlasti [Die Abkommen über die staatsrechtliche Regelung des Verhältnisses von Tschechen und Slowaken in der befreiten Heimat]. Preßburg 1947 und Peška, Z.: Dokumenty k ústavním dějinám československým 1938–1946 [Dokumente zur tschsl. Verfassungsgeschichte 1938–1946]. Bd. 2. Prag 1947, S. 151 ff., 174 ff.

der Okkupationsmächte, in den von der Roten Armee besetzten Gebieten aber die Organisierung der öffentlichen Verwaltung sein sollte[56]. Eine gesetzliche Regelung der Organisation und des Wirkungskreises der Nationalausschüsse erfolgte mit Verfassungsdekret des Präsidenten der Republik vom 4. Dezember 1944[57]. Darin werden die Nationalausschüsse in Gemeinden, Bezirken und Ländern als provisorische Einrichtungen bezeichnet. Sie sind Organe der öffentlichen Verwaltung in allen ihren Zweigen und sollen aus Wahlen hervorgehen. Bei dem Verfassungsdekret handelt es sich lediglich um eine Rahmenbestimmung, deren unzulängliche Formulierung damit erklärt wurde, daß man die revolutionäre Entwicklung einer solchen neuen Institution nicht von vornherein durch präzise Rechtsvorschriften einengen wollte.

Heute wissen wir, daß der Erlassung des Verfassungsdekrets heftige Auseinandersetzungen zwischen der Londoner Exilregierung und der Moskauer Gruppe der KPTsch vorausgegangen sind[58]. Gottwald trat für die Beseitigung des alten Staatsapparates und seine Ersetzung durch neue Organe nach der Art der Sowjets ein[59], deren Kompetenz der der früheren Selbstverwaltungskörperschaften plus der der politischen Verwaltung entsprechen sollte. Bei seinem Aufenthalt in Moskau im Dezember 1943 konnte Beneš weitgehend für diese Auffassung gewonnen werden[60]. Die Londoner Exilregierung und der Staatsrat hatten sich die Nationalausschüsse freilich nur als Beratungsorgane oder bestenfalls als eine neue Art der Selbstverwaltung vorgestellt, jedenfalls aber als ein Provisorium, das nur bis zur Wiederherstellung der vor-münchener Verwaltungsorganisation bestehen sollte. Der Londoner Rechtsrat hatte sich bei der Vorbereitung des Verfassungsdekrets vor allem gegen die Bezeichnung der Nationalausschüsse als „Organe der öffentlichen Verwaltung in allen Zweigen“ gewendet, da darunter auch die Übernahme der Eisenbahn, der Post usw. durch die Nationalausschüsse zu verstehen wäre. Die Kompromißlösung sah schließlich so aus, daß die Nationalausschüsse – den Londoner Vorstellungen entsprechend – als provisorische Organe bezeichnet wurden, daß aber anderseits – den Moskauer Wünschen Rechnung tragend – die umfassende Kompetenz der Nationalausschüsse durch die Worte „in allen Zweigen“ ausgedrückt wurde, der Präsident der Republik aber gleichzeitig mit der Unterzeichnung des Verfassungsdekrets an Ministerpräsidenten Msgr. Šrámek ein Schreiben richtete[61], in dem er vor der irrigen Auffassung warnt, daß sich der Wirkungskreis der Nationalausschüsse auch auf die Verwaltung der Steuern, die Interessenselbstverwaltung u. dgl. erstrecke – eine ungewöhnliche Form einer authentischen Gesetzesinterpretation.

---

[56] Inhaltsangabe der Proklamation bei Cihlář, M.: K vývoji státní správy ČSR [Zur Entwicklung der Staatsverwaltung der ČSR]. Prag 1953, S. 388. – Štafl, A.: Národní výbory [Die Nationalausschüsse]. T. 1. Prag 1946, S. 34 (Sbírka právních pojednání 74). – Zur Vorgeschichte vgl. Documenta occupationis, Dok. Nr. 318.

[57] WBl. Nr. 18, Wiederverl. als Beilage z. Kundmachung Nr. 43/1945 Slg.

[58] Bertelmann: Vznik 88–108. – Slapnicka, H.: Der Aufbau der Verwaltung in der Tschechoslowakei. Das System der Nationalausschüsse. EA 8 (1953) 5965 ff. – Cihlář 383 ff.

[59] Vgl. Bertelmann: Vznik 99.

[60] Gottwald: Spisy, Bd. 11, S. 263 ff.

[61] WBl., 5. Jg., Nr. 6, abgedr. b. Štafl: Národní výbory 103.

Gegenüber dem Moskauer Vorschlag „Als Organe der öffentlichen Verwaltung sind die Nationalausschüsse der Regierung unterstellt" enthält die endgültige Formulierung des Verfassungsdekrets den Wortlaut „als Organe der staatlichen Verwaltung ...". Die Nationalausschüsse unterscheiden sich also in diesem Punkt von den Sowjets und behalten die alte Aufspaltung in einen eigenen und einen übertragenen Wirkungskreis, d. h. in Staatsverwaltung und Selbstverwaltung bei. Soweit die Nationalausschüsse Selbstverwaltungsaufgaben erfüllen, sind sie der Regierung nicht unterstellt.

Damit war zunächst die vollständige Übernahme des Sowjetmodells verhindert. Beneš lenkte von Vergleichen mit den Sowjets ab: „Das alles machen wir nicht nach dem Vorbild des Ostens, wie viele bei uns glauben, sondern nach dem Vorbild des Westens ... In England haben sie Nationalausschüsse schon seit mehreren Jahrhunderten[62]."

Das Kaschauer Regierungsprogramm stellt die künftigen Nationalausschüsse dem bisherigen monokratisch aufgebauten, dem Volk entfremdeten Verwaltungsapparat gegenüber und betont ihre allumfassende Kompetenz. Von ihrem provisorischen Charakter ist keine Rede mehr. Die rechtliche Regelung erfolgte durch zwei voneinander unabhängige Akte, die Verordnung des Präsidiums des Slowakischen Nationalrats vom 7. April 1945 (Nr. 26 Slg. SNR) über die Nationalausschüsse[63], und die Regierungsverordnung vom 5. Mai 1945 (Nr. 4 Slg.) über die Wahl und die Kompetenz der Nationalausschüsse[64]. Während die vom Slowakischen Nationalrat erlassene Verordnung eine selbständige, umfassende Regelung der gesamten Materie für das Gebiet der Slowakei darstellt, handelt es sich bei der Regierungsverordnung[65] lediglich um eine Durchführungsbestimmung zu dem in London erlassenen Verfassungsdekret; daß es nur in den Ländern Böhmen und Mähren-Schlesien Anwendung zu finden hatte, ist in der Regierungsverordnung selbst mit keinem Wort erwähnt, sondern geht aus einem im Amtsblatt veröffentlichten Schreiben des Präsidenten der Republik an den Vorsitzenden der Regierung hervor[66].

Während die Verordnung des Slowakischen Nationalrats das Londoner Verfassungsdekret völlig ignoriert[67], versucht die Prager Regierungsverordnung die Lücken

---

[62] E. Beneš im September 1945 vor Studenten der Hochschule für Politik u. Sozialwissenschaften, zitiert nach Bertelmann: Vznik 89.

[63] Hierüber Matura, A.: Národní výbory na Slovensku [Die Nationalausschüsse in der Slowakei]. In: SVPČ 375 ff. Neuestens Vietor, M.: Úloha národných výborov pri vzniku československej l'udovej demokracie [Die Aufgabe der Nationalausschüsse bei der Entstehung der tschechoslowakischen Volksdemokratie]. Právny obzor 53 (1970) 893–911.

[64] Hierüber Štafl, A.: Místní národní výbory [Die Ortsnationalausschüsse]. In: SVPČ 355 ff. – Hoetzel, J.: Okresní a zemské národní výbory [Die Bezirks- u. Landesnationalausschüsse]. In: SVPČ 352 ff.

[65] Es handelt sich um eine Regierungsverordnung mit Gesetzeskraft, die vom Präsidenten der Republik mitunterzeichnet wurde (Verf.Dekr.Nr. 18/1944 WBl., Art. 3). Diese komplizierte Regelung ist angesichts der Tatsache, daß die gesamte Gesetzgebungsbefugnis in den Händen des Präsidenten der Republik und der Regierung lag, unverständlich. Vgl. hierüber Korkisch: Die verfassungsrechtliche Entwicklung 677.

[66] ABl. v. 1. 6. 1945, Nr. 14.

[67] Bertelmann: Vznik 120 sieht darin den Ausdruck eines bourgeoisen Nationalismus.

des Londoner Verfassungsdekrets zu schließen, enthält aber – entgegen seiner Bezeichnung – keine Bestimmungen über die Wahlen, sondern unterscheidet lediglich zwischen der Entstehung und der Erneuerung der Nationalausschüsse. Die iure revolutionis entstandenen Nationalausschüsse werden anerkannt, ihre Erneuerung soll nach den Grundsätzen des früheren tschechoslowakischen Wahlrechts auf Grund einer zu erlassenden Regierungsverordnung erfolgen. Lediglich das Wahlalter wird festgesetzt – 18 Jahre gegenüber bisher 21 Jahren –, desgleichen der Kreis der von der Wählbarkeit ausgeschlossenen Personen. Ferner wird bestimmt, daß die Mitglieder der Nationalausschüsse jederzeit abberufen werden können. In Übereinstimmung mit dem Kaschauer Regierungsprogramm werden die Nationalausschüsse nicht mehr als provisorische Organe bezeichnet. Eine weitere Abweichung vom Londoner Verfassungsdekret besteht darin, daß bei der Kompetenzabgrenzung der Zusatz „in allen ihren Zweigen" weggeblieben ist, womit den Einwendungen des Präsidenten der Republik und des Londoner Rechtsrates Rechnung getragen wurde[68]. Die Nationalausschüsse sind also seit dem Inkrafttreten der Regierungsverordnung nicht mehr Organe mit allumfassender Kompetenz, vielmehr entspricht ihr Wirkungskreis dem der früheren Gemeindevertretungen, Gemeinderäte und Bürgermeister, in den Bezirken der Bezirksvertretungen, Bezirkshauptmannschaften und Bezirkshauptmänner, in den Ländern Böhmen und Mähren-Schlesien der Landesvertretungen, Landesbehörden und Landespräsidenten.

Ihr Kompetenzbereich ist aber von allem Anfang an durch zahlreiche neue Aufgaben außerordentlich angewachsen, insbesondere durch die Kontrolle über die konfiszierten Industrie-, Landwirtschafts-, Forstbetriebe usw. (Dekr. Nr. 5/1945 Slg.), in denen sie „nationale Verwalter" einzusetzen hatten, Aufgaben zur Vorbereitung der Nationalisierung und der Bodenreform, der Wiederbesiedlung des Grenzgebietes usw.

In Gemeinden und Bezirken mit überwiegend deutscher oder madjarischer Bevölkerung wurden keine Nationalausschüsse, sondern Verwaltungskommissionen errichtet, denen gelegentlich auch Angehörige dieser Nationen angehört haben sollen[69].

Die Verordnung des Slowakischen Nationalrats unterscheidet sich von der später in den böhmischen Ländern getroffenen Regelung vor allem durch das Fehlen eines Landesnationalausschusses, es gab hier nur Orts- und Bezirksnationalausschüsse. Die bisherigen Gemeinde-, Notariats-, Bezirks- und Gaubehörden wurden aufgehoben. Die Mitglieder der Nationalausschüsse können jederzeit abberufen werden. Ein für die Beamtenschaft wesentlicher Unterschied besteht darin, daß in der Slowakei der bisherige Behördenapparat ausdrücklich beseitigt und lediglich die Möglichkeit offen gelassen wurde, einzelne frühere Beamte in den Apparat der neuen Nationalausschüsse zu übernehmen, während in den böhmischen Ländern eine Umwandlung der bisherigen Behörden in Nationalausschüsse und damit die grundsätzliche Über-

---

[68] Zur Frage, warum eine solche Änderung des Verfassungsdekrets durch eine Regierungsverordnung vorgenommen werden konnte, siehe Štafl: Národní výbory 48 f.

[69] So Bertelmann: Vznik 114. In Tetschen-Bodenbach war am 9. 5. 1945 Vorsitzender des „Revolutionären Nationalausschusses" der Deutsche Allert (Prager Volkszeitung, 12. 6. 1970).

nahme des Personals erfolgte, soweit nicht im Einzelfalle eine Entlassung ausgesprochen wurde.

Noch augenfälliger als bei der Umwandlung der Gemeinde-, Bezirks- und Landesbehörden in Nationalausschüsse erfolgte die Zerschlagung des bürokratischen Apparates auf dem Gebiete der Polizei. Die vom Innenminister neu aufgestellte „Wache der nationalen Sicherheit" (Stráž Národní bezpečnosti, SNB) besteht aus den für zuverlässig erachteten ehemaligen Gendarmerie- und Polizeibeamten, vermehrt um die Revolutionsgarden, Partisanenkämpfer und politische Häftlinge, die im Mai 1945 in ein Bereitschaftsregiment der Nationalen Sicherheit, und seit September 1945 in Grenzregimenter des Korps der Nationalen Sicherheit zusammengefaßt sind. Die rechtliche Grundlage hierfür wurde in den böhmischen Ländern erst 1947 geschaffen (Ges. Nr. 149/1947 Slg.), in der Slowakei aber bereits im Mai 1945 (Verordnung des Präsidiums des Slowakischen Nationalrats über die Auflösung der Gendarmerie- und Polizeiorganisationen u. -formationen, Nr. 6/1945 Slg. SNR)[70].

Die Umgestaltung der Wirtschafts- und Eigentumsordnung

Eine ähnlich revolutionäre Einrichtung wie auf dem Gebiet der Verwaltung die Nationalausschüsse waren auf wirtschaftlichem Gebiet die nationalen Verwaltungen, die in den Wirtschaftsbetrieben und Banken der Deutschen, Madjaren sowie tschechischer und slowakischer Kollaborateure zunächst auf revolutionärem Wege, später auf Grund eines Dekretes des Präsidenten der Republik (Nr. 5/1945 Slg.) durch Nationalausschüsse und Betriebsräte eingesetzt wurden. Ende August 1945 standen 9045 Betriebe mit 1 Million Beschäftigten unter nationaler Verwaltung[71].

Die nationalen Verwaltungen bildeten den Auftakt zur eigentlichen Nationalisierung, der Überführung eines Großteils der Produktionsmittel auf den Staat durch vier Dekrete des Präsidenten der Republik vom 24. Oktober 1945 (Nr. 100–103/1945 Slg.)[72]. Mit der Übernahme des gesamten Bergbaus, von 99 v.H. der Energiewirtschaft, 77 v.H. der chemischen Industrie und 73 v.H. der metallverarbeitenden Industrie[73] stellen die 4 Dekrete einen ungeheueren Einbruch in die Eigentumsverhältnisse und damit – ohne formell gegen die Verfassungsurkunde zu verstoßen[74] – in die gesamte Gesellschafts- und Staatsstruktur dar.

---

[70] Fiala, J.: Československé ozbrojené síly a zabezpečení pokojného vývoje revoluce v letech 1945–1947 [Die tschsl. bewaffneten Kräfte u. die Gewährleistung einer friedlichen Entwicklung der Revolution in den Jahren 1945–1947]. HaV 1962, 486 f.

[71] Houser, J.: Socialisace a znárodnění [Sozialisierung u. Nationalisierung]. Právník 109 (1970) 359. – Vgl. ferner Knapp, V./Hromada, J.: O národní správě [Über die nationale Verwaltung]. Prag 1945. – Nešpor, Z.: Národní správa průmyslových a řemeslných podniků [Die nationale Verwaltung der Industrie- und Handwerksbetriebe]. Prag 1945.

[72] Vgl. die Literaturangaben in Bosl, K. (Hrsg.): Handbuch der Geschichte der böhmischen Länder. Bd. 4. Stuttgart 1970, S. 309; ferner Rabl: Die verf.rechtl. Entwicklung 324 ff. – Kaplan, K.: Znárodnění a socialismus [Nationalisierung u. Sozialismus]. Prag 1968. – Slapnicka: Die sozialist. Kollektivperson 98 ff.

[73] Houser 360.

[74] § 109 der Verfassungsurkunde 1920 läßt die Enteignung von Privateigentum jeden Um-

Die Stellung der Slowakei

Das Kaschauer Regierungsprogramm, das von der „Anerkennung der Slowaken als einem national selbständigen Volk" ausgeht, sieht vor, daß die Republik als gemeinsamer Staat gleichberechtigter Völker erneuert wird[75]. Es beschränkt sich nicht auf die Deklarierung der Gleichberechtigung der Angehörigen beider Völker – d. h. daß Tschechen und Slowaken die gleichen Staatsbürgerrechte genießen –, sondern besagt, daß slowakische Organe der gesetzgebenden, Regierungs- und Vollzugsgewalt zu konstituieren sind. Die Gleichberechtigung wird also dem Volk als Ganzem zugesichert und aus dem Volk eine organisierte Einheit geschaffen, der eine bestimmte staatsrechtliche Stellung zuerkannt wird. Mit den Worten „Die Slowaken sollen Herren in ihrem slowakischen Land sein" und der Bezeichnung des Slowakischen Nationalrats als „Träger der Staatsgewalt im Gebiet der Slowakei" wird das Territorialprinzip akzeptiert.

Das Kaschauer Programm hat die slowakische Frage nach dem asymmetrischen Modell gelöst, neben den gesamtstaatlichen tschechoslowakischen Organen bestehen eigene slowakische, aber keine analogen tschechischen Organe. Für eigene tschechische Nationalorgane fehlt jedes historische Vorbild[76] (es gab immer nur böhmische oder mährische und schlesische Gesetzgebungs- und Verwaltungsorgane), die Tschechen konnten sich daher eher eine trialistische – als eine dualistische – Lösung vorstellen, hätten also eher eine territoriale als eine nationale Gliederung akzeptiert. Ein Ansatz zu einem dem Slowakischen Nationalrat ähnlichen Organ für die böhmischen Länder bestand im Tschechischen Nationalrat, der im Mai 1945 den Prager Aufstand geleitet hatte, sich aber nach dem Eintreffen der neuen Regierung auflöste[77]. Die Tschechen dachten in ihrer Mehrheit „tschechoslowakisch" und hielten

---

fangs mit oder ohne Entschädigung durch einfaches Gesetz zu. Über die Absichten des damaligen Gesetzgebers vgl. Laco, K.: Ústava predmníchovskej ČSR a ústava ČSSR [Die Verfassung der vor-münchener ČSR und die Verfassung der ČSSR]. Preßburg 1966, S. 400 ff.

75 Das Kaschauer Regierungsprogramm war in Moskau von Klement Gottwald formuliert worden, vgl. Kopecký, V.: Gottwald v Moskvě [G. in Moskau]. Preßburg 1949, S. 30, 41. Gegen die Bezeichnung des VI. Abschnitts, der die slowakische Frage regelt, als „Magna charta des slowakischen Volkes" wendet sich Husák, G.: Svedectvo o Slovenskom národnom povstaní [Zeugnis über den Slowakischen Nationalaufstand]. Preßburg 1964, S. 595.

76 Die slowakische Sprache verfügt hingegen über den Ausdruck „Česko" (der etwa dem deutschen „Tschechei" entspricht, aber keinerlei geringschätzige Bedeutung hat) als Sammelbezeichnung für die westliche Staatshälfte, vgl. Barto 45 Anm. 21.

77 Der Tschechische Nationalrat, an dessen Spitze Prof. A. Pražák als Vorsitzender und J. Smrkovský als Stellvertreter standen, hat am 11. Mai 1945 alle Macht in die Hände der aus Kaschau in Prag eintreffenden Regierung übergeben. Später wurden seine Mitglieder zu Funktionären des neu errichteten Landesnationalausschusses für Böhmen ernannt, Smrkovský wurde sein Vorsitzender, aber schon kurz darauf die Mitunterzeichner der deutschen Kapitulation, General Kutlvašr und Dr. Kotrlý, zum Verzicht auf ihre Funktionen aufgefordert, Smrkovský von seiner Partei abberufen. Vgl. Machotka, O.: Ceská Národní Rada po revoluci [Der Tschechische Nationalrat nach der Revolution]. In: Pražské povstání 1945. Washington 1965, S. 117 f. – Bertelmann: Vznik 35 nennt den Tschechischen Nationalausschuß „kontrarevolutionär".

auch bie Beibehaltung eines Slowakischen Nationalrats für entbehrlich, zumal ja die Slowaken in den gesamtstaatlichen Organen anteilmäßig vertreten waren: in der Regierung mit 9 von 22 Mitgliedern (2 stellvertretende Ministerpräsidenten, 4 Ressortminister, 3 Staatssekretäre), später auch in der Provisorischen Nationalversammlung mit 100 von 300 Abgeordneten. Es war die groteske Situation entstanden, daß der Prager Zentralregierung zwar slowakische Minister und Staatssekretäre angehörten, ihre Kompetenz aber auf die westliche, tschechische Staatshälfte beschränkt blieb; auf die Entwicklung in der Slowakei hatten sie keinen Einfluß, da hier die Kommissare des Slowakischen Nationalrats die höchste Instanz waren[78].

Die ständige Berufung auf das Kaschauer Programm und seine häufige Zitierung kann natürlich nicht darüber hinwegtäuschen, daß es sich eben nur um ein Regierungsprogramm, aber keineswegs um eine rechtlich verbindliche Norm, geschweige denn um eine Norm des Verfassungsrechts handelt, wie sie für eine Neuordnung des tschechisch-slowakischen Verhältnisses erforderlich gewesen wäre. Das VI. Kapitel, das die slowakische Frage behandelt – eine von Gottwald in Moskau erzielte Kompromißlösung zwischen den Wünschen des Slowakischen Nationalrats und den Vorstellungen der Londoner Exilregierung –, ließ die Frage offen, ob die weitere Entwicklung in der Richtung einer Förderation, einer Autonomie oder einer Dezentralisierung verlaufen sollte[79].

Am 21. Februar 1945 hatte das Präsidium des Slowakischen Nationalrats seine Tätigkeit wieder aufgenommen und knüpfte an die Gesetzgebungs- und Verwaltungstätigkeit der Zeit des Slowakischen Aufstandes an. Damals war eine Verordnung des Slowakischen Nationalrats über die Ausübung der gesetzgebenden, Regierungs- und Vollzugsgewalt in der Slowakei erlassen und unter Nr. 1 der „Sammlung der Verordnungen des Slowakischen Nationalrats“ publiziert worden. Danach oblag die Gesetzgebungs-, Regierungs- und Vollzugsgewalt in der Slowakei dem Slowakischen Nationalrat. Die bisher geltenden Gesetze, Verordnungen und Maßnahmen blieben in Kraft, soweit sie nicht dem demokratisch-republikanischen Geist widersprachen. Nach der Niederwerfung des Slowakischen Aufstandes hatte der Slowakische Nationalrat mit seiner letzten Verordnung (Nr. 40/1944 Slg. SNR) seine Kompetenz auf sein Präsidium übertragen, das sie an einzelne Mitglieder des

---

[78] Dazu Barto 46, 110.

[79] Rebro, K.: Historické korene československej federácie [Die historischen Wurzeln der tschsl. Föderation]. Právnické štúdie 17 (1969) 723. – Zum folgenden vgl. Kováčik, J./Král, K.: Dokumenty o ústavnom postavení Slovenska [Dokumente über die verfassungsrechtliche Stellung der Slowakei]. Prag 1947. – Kvetko, M.: K základom ústavného pomeru česko-slovenského [Zu den Grundlagen des tschechisch-slowakischen Verfassungsverhältnisses]. Preßburg 1947. – Koržinský, K.: Povereníctva [Die Kommissariate]. Verejné právo 8 (1948) 225 ff. – Moural, J.: Slovenské národní orgány [Die slowakischen nationalen Organe]. Prag 1958. – Matoušek, St.: Slovenské národné organy [Die slowakischen nationalen Organe]. Preßburg 1960. – Grospič, J./Jičínský, Z.: K některým problémům ústavně právního vývoje Čechů a Slováků v letech [Zu einigen Problemen der verfassungsrechtlichen Entwicklung der Tschechen und Slowaken in den Jahren] 1945–1946. In: Československá revoluce v letech 1944–1948. Prag 1966, S. 126–149; ferner die in den Anm. 54 u. 55 angeführte Literatur.

Präsidiums delegieren konnte, um so die Rechtskontinuität nach der Niederwerfung des Aufstandes aufrechtzuerhalten.

Am 11. April 1945 hat der Slowakische Nationalrat seine vorübergehend dem Präsidium übertragenen Kompetenzen wieder selbst übernommen (Verordnung Nr. 29/1945 Slg. SNR). Aber schon vorher hatte das Präsidium eine Kompetenzteilung in der Weise vorgenommen (Verordnung Nr. 27/1945 Slg. SNR), daß der Slowakische Nationalrat in Hinkunft nur die gesetzgebende Gewalt ausübt, während die Regierungs- und Vollzugsgewalt auf den neu geschaffenen Rat der Kommissare[80] des Slowakischen Nationalrats und auf die einzelnen Kommissariate übertragen wird. Der Rat der Kommissare bestand aus zwölf Mitgliedern, die nach dem Erlöschen der während des Slowakischen Aufstandes bestandenen Kommissariate durch Verordnung vom 21. Februar 1945 (Nr. 1 Slg. SNR) neu errichtet worden waren. An der Spitze des Rats der Kommissare stand bis zum 14. September 1945 das Präsidium des Slowakischen Nationalrats, seither sein Vorsitzender.

Das Erste Prager Abkommen vom 2. Juni 1945 anerkennt den Slowakischen Nationalrat als „Träger der Staatsgewalt (Gesetzgebungs-, Regierungs- und Vollzugsgewalt) auf dem Gebiet der Slowakei. Die Kommissare des Slowakischen Nationalrats gelten als oberste Verwaltungsbehörde für den Bereich der Slowakei, soweit nicht ausdrücklich die Minister der Zentralregierung für zuständig erklärt werden. Der Rat der Kommissare, der bisher ausschließlich dem Slowakischen Nationalrat verantwortlich war, ist nunmehr auch der Regierung verantwortlich, die einzelnen Kommissare unterliegen aber keinem Weisungsrecht der Minister[81].

Dieser lediglich vertraglich festgelegte Zustand erfuhr seine verfassungsrechtliche Verankerung erst durch das Verfassungsgesetz vom 11. April 1946 (Nr. 65 Slg.), durch das der Slowakische Nationalrat zu einer Institution der tschechoslowakischen Verfassung wurde[82].

Seit dem 28. Oktober 1945 hat das Mitwirkungsrecht des Slowakischen Nationalrats an der gesamtstaatlichen Gesetzgebung aufgehört, aber nach wie vor übte er einige Rechte aus, die nach der Verfassungsurkunde dem Präsidenten der Republik zustanden, z. B. die Ernennung höherer Beamter.

Der Rechtsdualismus, d. h. die Weitergeltung österreichischen Rechts in Böhmen, Mähren und Schlesien, des ungarischen Rechts in der Slowakei, den man während der Ersten Republik ohne nennenswertes Ergebnis zu beseitigen versucht hatte, ist durch die Entwicklung zwischen 1939 und 1945 nur noch vertieft worden. Aber auch 1945 geschah nichts, was einer Rechtsvereinheitlichung gedient hätte. Von den 98 Dekreten, die der Präsident der Republik im Laufe des Jahres 1945 erlassen hat, sind nur 54 gesamtstaatlichen Inhalts, die übrigen galten nur in der westlichen Staatshälfte[83].

---

[80] Sbor povereníkov. Ich bevorzuge die Übersetzung Kommissar gegenüber dem farblosen „Beauftragten", weil die Bezeichnung unter Anlehnung an die „Volkskommissare" der Sowjetunion gewählt wurde.

[81] Über die Versuche zur Änderung dieses Zustandes vgl. Barto 141 ff., 75.

[82] Hingegen hat die beherrschende Lehre die Auffassung vertreten, daß der Rat der Kommissare durch diese Vorschrift nicht ratihabiert wurde, sondern lediglich eine faktische, nur durch das politische Abkommen gedeckte Einrichtung geblieben ist (SVPČ 812).

[83] Darauf verweisen Grospič/Jičínský 137.

Bei der Wiedererrichtung der Tschechoslowakei im April 1945 stellte die Slowakei eine Wirtschafts-, Zoll- und Währungseinheit innerhalb der Tschechoslowakei dar. Slowakische Kronen (Ks) galten nicht in den Ländern Böhmen und Mähren-Schlesien, umgekehrt die „Protektorats-Kronen" (K, Kč) nicht in der Slowakei (Regierungsverordnung Nr. 7/1945 Slg.). Erst am 1. November 1945 wurde eine im ganzen Staatsgebiet geltende Währungseinheit (Kčs) eingeführt, am 20. November haben die Zollämter an der mährisch-slowakischen Grenze ihre Tätigkeit eingestellt. Aber die Slowakei war nie Träger von Vermögensrechten, ihre Organe konnten Ansprüche nur zugunsten des Gesamtstaates begründen und nur den Gesamtstaat verpflichten. Es bestand nur ein einheitlicher Haushaltsplan, der von der Nationalversammlung beschlossen wurde, nicht etwa ein tschechischer und ein slowakischer. In diesem Punkt hat der Prager Zentralismus keine Einbuße erlitten[84].

Ausblick

Überraschend bald, im November 1945, haben die Besatzungstruppen – im westlichen Zipfel Böhmens die Amerikaner, im übrigen Staatsgebiet die Rote Armee – die Tschechoslowakei geräumt. In welchem Zustand haben sie das Land zurückgelassen?

In weit geringerem Maße als Beneš es sich vorgestellt und gewünscht hat, ist die verfassungsrechtliche Entwicklung des Jahres 1945 vom Gedanken der Kontinuität geprägt. In einem wichtigen Punkt, der Staatsangehörigkeitsfrage, hat man bewußt dieses Prinzip durchbrochen, in vielen anderen Punkten mußte – unter dem Druck der geänderten politischen Verhältnisse – auf seine Durchsetzung verzichtet werden.

Verdeckt durch diesen Streit, durch das Ringen zwischen zentralistischem Einheitsstaat und Staat zweier gleichberechtigter Völker der Tschechen und der Slowaken, durch die hochgehenden Wogen des Nationalismus – es war ja die Zeit der Nationalen Front, der Nationalausschüsse, der Nationalunternehmen und der nationalen Verwalter – erweist sich als die eigentliche Fragestellung jener Monate: Ist die Tschechoslowakei eine „bürgerliche", eine westliche, von der Rechtsstaatsidee, dem Schutz des Privateigentums, der freien Marktwirtschaft geprägte Demokratie oder eine „Volksdemokratie", als die sie der Vorsitzende der Nationalen Front und stellvertretende Ministerpräsident Kl. Gottwald bezeichnet hat[85].

Daß gegenüber der Situation des Jahres 1937 eine sehr spürbare Gewichtsverschiebung eingetreten war, hat Beneš selbst bestätigt, als er von einer „sozialisierenden" Demokratie sprach[86].

---

[84] Hierüber vgl. Čakrt, K.: Postavení Slovenska ve státním hospodářství [Mie Stellung der Slowakei in der Staatswirtschaft]. Vědecká ročenka právnické fakulty Masarykovy university v Brně 15 (1947) 197–207.

[85] „Wir sind keine Republik des alten parlamentarisch-demokratischen Typs mehr und wir sind auch keine sozialistische Republik. Wir haben einen neuen, spezifisch tschechoslowakischen Typus geschaffen, der ungefähr in der Mitte zwischen den beiden angeführten Arten steht. Am besten eignet sich der heute trotz philologischer Einwendungen übliche Terminus Volksdemokratie." Gottwald: Spisy, Bd. 13, S. 259.

[86] Beneš: Světová krise 23. – Wie attraktiv diese Idee im Ausland wirkte, zeigt das

Aber mit der umfangreichen Vermögenskonfiskation jener Monate, der weitgehenden Nationalisierung des Bergbaus, der Industrie, des Außen- und Großhandels, der Banken und Versicherungsanstalten war die Wirtschafts- und damit die Gesellschaftsform des Staates grundlegend verändert worden und der maßgebende Teil der Produktionsmittel in die Hände der Arbeiterklasse gelangt.

Mit der Beseitigung der Bezirkshauptmannschaften, der Gendarmerie und der Polizei und dem Verbot zahlreicher politischer Parteien war ein wesentliches Stück des bisherigen Staatsapparats, der „Staatsmaschinerie" hinweggefegt worden und damit eine der Aufgaben erfüllt, die Lenin[87] als Ziele der proletarischen Revolution bezeichnet hatte: „Weder die tschechische noch die slowakische Bourgeoisie kann sich heute auf die rechtlichen, verfassungsmäßigen oder staatlichen Institutionen stützen, die sie sich bis zum Münchener Abkommen geschaffen hatte. Und sie kann auch nicht an die vor-münchener Regierung und das vor-münchener Parlament anknüpfen. Sie hat keine feste Verfassungsinstitution, die sie beherrschen könnte und mit deren Hilfe sie im Namen des Rechts, der Verfassungsmäßigkeit und der Kontinuität herrschen könnte ... In London gab es einen Staatsrat, eine Regierung und einen Präsidenten. Der Staatsrat wurde durch das Verdienst unserer Genossen aufgelassen, die Regierung, deren Trümmer nach Kaschau kamen, mußten schon im Eisenbahnzug, noch auf sowjetischem Boden, demissionieren, und von denen, die die Kontinuität aufrechterhalten, blieb allein Beneš übrig[88]."

Es ist in diesem kurzen Zeitraum nicht nur sehr viel zerstört und zerschlagen worden. Man hat sehr rasch den demolierten Staatsapparat durch Nationalausschüsse ersetzt, in denen man ein „Instrument zur Überwindung des bourgeoisen Parlamentarismus"[89] erblickt hat. Nach dem Grundsatz, daß das Volk nicht nur die Gesetze zu geben, sondern sie auch selbst durchzuführen hat, sollten sie das Prinzip der Gewaltenteilung beseitigen. Die Thesen des Zentralkomitees der KPTsch bezeichnen sie als das Instrument, mit dem es möglich ist, die Struktur der ganzen Staatsordnung von Grund auf zu ändern[90]. Gottwald sagt von ihnen, daß sie die Republik wirklich zur Volksdemokratie machen[91].

Vom Standpunkt der marxistisch-leninistischen Staatstheorie konnte später rückblickend festgestellt werden, bereits damals habe eine Diktatur des Proletariats über einen Teil der Bourgeoisie bestanden, zwar eine noch nicht gefestigte Diktatur, die

---

österreichische Lehrbuch des Verfassungsrechts von L. Adamovich, der damals auch für Österreich die Forderung aufgestellt hat, „den Weg zu der neuestens geforderten sozialen und humanen Demokratie (Beneš)" einzuschlagen (Grundriß des österreichischen Verfassungsrechts, 4. Aufl. Wien 1947, S. 67).

[87] Lenin, V. I.: Staat und Revolution 45.

[88] Gottwald: Spisy, Bd. 12, S. 13–14.

[89] Das ist der Titel einer Arbeit von Bertelmann, K.: Národní výbory pří překonávání buržoasního parlamentarismu a rozvíjení proletářské demokracie [Die Nationalausschüsse bei der Überwindung des bourgeoisen Parlamentarismus und der Entfaltung der proletarischen Demokratie]. In: Vznik a vývoj lidově demokratického Československa. Prag 1961, S. 347 ff.

[90] Zitiert nach Bertelmann: Vznik 3.

[91] Spisy, Bd. 13, S. 271.

sich aber innerhalb weniger Monate in eine feste und vollkommene Diktatur verwandelt hat[92].

Das Jahr 1948 hat das Ringen zwischen beiden Richtungen entschieden – die Weichen waren schon 1945 gestellt.

---

[92] L a k a t o š, M.: Otázky lidové demokracie v Československu [Fragen der Volksdemokratie in der Tschechoslowakei]. Prag 1957, S. 100, 102, 107.

Fritz Peter Habel

DIE EINGLIEDERUNG DER VERTRIEBENEN IN DEUTSCHLAND

Ein Beitrag zu Umfang, Begriff, Konzepten und Ergebnissen eines gesellschaftlichen Strukturierungsprozesses

In gewissem Sinne führt der zu behandelnde Fragenkomplex etwas aus dem Generalthema dieser Tagung „Das Jahr 1945 in der Tschechoslowakei" heraus. Der Zusammenhang ist jedoch klar gegeben: Durch gewisse Ereignisse des Jahres 1945 in diesem Gebiet, nämlich die Vertreibung[1] der Sudeten- und Karpatendeutschen, wurde eine Bevölkerungswanderung ausgelöst. Diese Wanderung mündete an ihrem hauptsächlichen Endpunkt, im „4-Zonen-Deutschland" der Jahre 1945 bis 1947[2], in einen größeren Strom ein, da die Potsdamer Konferenz am 1. August 1945 auch den „Transfer" der Deutschen aus Polen und Ungarn beschlossen hatte[3].

Die nachfolgenden Darlegungen setzen diese Tatbestände voraus und befassen sich lediglich mit der Frage, was nachher, d. h. nach 1945/47, mit den von diesen Vorgängen betroffenen Menschen geschah. Es handelt sich dabei um eine zahlenmäßig absolut und relativ recht große Gruppe[4], zu der auch frühere Einwohner des Territoriums der ČSR – nämlich die erwähnten Sudeten- und Karpatendeutschen – gehören. Von dort aus ergibt sich die Verbindung zu dem Generalthema dieser Tagung.

Der zu behandelnde Fragenkomplex hat den Untertitel „Ein Beitrag zu Umfang, Begriff, Konzepten und Ergebnissen eines gesellschaftlichen Strukturierungsprozes-

---

[1] Dieser nachfolgend vorwiegend verwendete Ausdruck wäre an sich genauer zu analysieren. Der offizielle Ausdruck in tschechischer Sprache lautet „odsûn" (= Abschub); in englischer Sprache findet man vorherrschend die Bezeichnung „transfer" (= Übertragung, Überweisung, Versetzung, Verlegung; speziell auch Umsteiger).
Verstanden werden sollte unter dem Begriff „Vertreibung" ein Bündel von Vorgängen aus Einzelfluchtaktionen und (oder) Massenausweisungen und (oder) Gruppenaussiedlungen, durch welche die Bevölkerungsstruktur eines bestimmten geographischen Gebietes in einem historisch abgreifbaren Zeitraum nachhaltig verändert wird. Kernpunkt des jeweiligen Vorganges ist der psychische und physische Zwang für den einzelnen Menschen, den bisherigen ständigen Wohnsitz verlassen zu müssen, verbunden mit einem unbefristeten Verbot, ihn für dauernd wieder einzunehmen und (oder) eine faktische Situation, die dies unzumutbar macht.

[2] Von den ca. 3,2 Mio. Deutschen in der ČSR am 1. September 1938 waren im Jahre 1950 (einschließlich zwischenzeitlichem Geburtenüberschuß) ca. 2,8 Mio. im „4-Zonen-Deutschland". Ca. 0,2 Mio. befanden sich noch in der ČSR und ca. 0,2 Mio. in Drittstaaten (v. a. Österreich). Das Schicksal restlicher ca. 0,2 Mio. war ungeklärt; man bezeichnet sie als „Vertreibungsverlust".

[3] Zum Text des Protokolles vgl.: Foreign Relations of the United States – Diplomatic Papers: The Conference of Berlin (The Potsdam Conference) 1945. Bd. 2. Hrsg. v. US-Außenministerium. Washington 1960, S. 1478 ff., hier S. 1495 f.

[4] Siehe dazu S. 290 f.

ses". Aus diesen Ansatzpunkten sollten zunächst gewisse Präzisierungen und Abgrenzungen der Gesamtthematik vorgenommen werden.

Vorausgeschickt sei, daß sich aus verschiedenen Gründen eine erschöpfende Analyse verbietet; der Ausdruck „Beitrag" versucht dies anzudeuten. Einer umfassenden Darstellung würde ohnedies sowohl die Quellenlage[5] als auch die Zeitnähe des zu behandelnden Themas entgegenstehen. Es wird sich daher eher um eine fragmentarische Skizze mit gewissen Hypothesen handeln als um die komplette Niederschrift eines letztlich noch nicht abgeschlossenen historischen Vorgangs.

Es soll vielmehr versucht werden, am Beispiel der deutschen Vertriebenen in Umrissen etwas nachzuzeichnen, was man als einen gesellschaftlichen Strukturierungsprozeß bezeichnen könnte. Dabei sei dreierlei unterstellt:

a) Die moderne Gesellschaft von Menschen, bezogen auf ein bestimmtes geographisches Gebiet, setzt sich aus *Gruppen* von Menschen zusammen.
b) Sowohl die so verstandene Gesellschaft in ihrer Gesamtheit als auch ihre einzelnen Gruppen sind *wandelbar*, wobei eine deutliche Wechselwirkung beobachtet werden kann.
c) Diese Wandlungen können wegen der benötigten Zeit als Prozesse aufgefaßt werden, die *steuerbar* sind und *gesteuert* werden.

Im Rahmen dieser methodischen Betrachtungsweise soll den einzelnen Teilen im Untertitel des Fragenkomplexes „Eingliederung der Vertriebenen in Deutschland" nachgegangen werden:

1. Die Befassung mit dem *Umfang* des Problems ermöglicht es, gewisse sachrelevante Folgerungen zu ziehen.
2. Die Analyse des *Begriffs* der Eingliederung an sich gestattet es, einigen wesentlichen Aspekten seines Erscheinungsbildes zu folgen.
3. Von diesen Ausgangspunkten her werden dann die *Eingliederungskonzepte*, d. h. die staatlichen Steuerungsvorstellungen des gesellschaftlichen Wandlungsprozesses in den verschiedenen Teilgebieten Deutschlands seit 1945 zu schildern sein.
4. Schließlich soll den *Ergebnissen* des zu beobachtenden gesellschaftlichen Strukturierungsprozesses soweit Raum gegeben werden, als gesicherte Aussagen hierzu heute bereits möglich erscheinen.

Diese Disposition ist dabei mehr als flexible Arbeitshilfe aufzufassen, denn als starres Ablaufschema mißzuverstehen. Gewisse Vorgriffe und thematische Sprünge sind im Interesse einer flüssigen Darstellungsweise unvermeidlich.

Der Umfang des Problems

Die Tafel 1 stellt das Eingliederungsproblem der Vertriebenen in Deutschland in die Zusammenhänge von Raum und Zeit über die Reduzierung vielfältiger Abläufe auf wenige markante Punkte[6]:

---

[5] Siehe dazu Anm. 70.

[6] Die Zahlenangaben sind aus verschiedenen Quellen entnommen und gerundet worden. Zu den Details vgl. u. a.:
Raum und Bevölkerung in der Weltgeschichte – Bevölkerungsplötz. Bd. 4. Bevölkerung

Die Waagerechte zeigt zunächst das von dem Gesamtvorgang der Vertreibung betroffene Gebiet in einer zweckentsprechenden Zusammenfassung. Sodann sind zwei Spalten für stark pauschalierte Wirtschaftsdaten vorgesehen.

Die Senkrechte der Darstellung berichtet über die Flächen der jeweiligen Gebiete und bietet sodann eine geraffte Bevölkerungsbilanz Deutschlands bzw. der Deutschen von 1939 bis 1970. Dabei ist als wesentlicher Vorgang die Einschleusung der Vertriebenen herausgestellt worden.

Aus dieser Darstellung ist zunächst der Tatbestand der räumlichen Zusammendrängung zu entnehmen: Eine Menschenzahl, die bis 1945 auf weit mehr als 470 000 km² lebte, ist nunmehr insgesamt auf 355 000 km² zusammengeführt. In diesem Raum lebten 1939 ca. 60 Mio. und 1970 (ohne rd. 2 Mio. Gastarbeiter) ca. 76 Mio. Menschen. Dabei ist die Bevölkerungszahl eines Teilgebietes, nämlich die der DDR, praktisch gleichgeblieben (jeweils ca. 17 Mio.) und der andere Teil, nämlich der BRD, von ca. 43 Mio. auf fast 59 Mio. gewachsen. Dieses Wachstum um 16 Mio. Menschen war nun zwar etwa zur Hälfte, nämlich mit ca. 8 Mio., auf den Einfluß von Vertriebenen zurückzuführen, weitere ca. 8 Mio. kamen aber aus der Interzonenwanderung und dem Geburtenüberschuß. Damit wird bereits für den Bereich der BRD deutlich, daß der Vertriebenenzustrom zwar ein sehr wesentlicher Faktor, aber eben nur einer unter mehreren für den derzeitigen Zustand in diesen Gebieten wurde.

Dieser Hinweis wird bei Analyse der Verhältnisse in der DDR noch deutlicher: Der Zugang an „Umsiedlern", wie die Vertriebenen dort genannt wurden und werden, von ca. 4 Mio. Menschen wurde durch die Interzonenwanderung von ca. 3 Mio. Menschen fast aufgezehrt.

Beide deutschen Gebiete hatten demnach aus den Vertreibungen der Jahre 1945/1947 beträchtlichen Zuwachs an Menschen. In den darauffolgenden zwei Jahrzehnten, in denen sich der zu betrachtende Eingliederungsprozeß dieser Vertriebenen vollzog, ereigneten sich jedoch auch andere Bewegungen von mindestens gleicher Größenordnung.

In diesen zwei Jahrzehnten, also zwischen 1950 und 1970, vollzog sich aber noch ein anderer, wesentlicher Ablauf, den die Zahlen der relativen Entwicklung des Bruttosozialproduktes je Kopf der jeweiligen Bevölkerung deutlich machen. Ohne in einen volkswirtschaftlichen Exkurs über Möglichkeiten und Grenzen der Aussagefähigkeit dieses Begriffes[7] einzutreten, sollte man einfach als Information hin-

---

und Raum in Neuerer und Neuester Zeit. Hrsg. v. Wolfgang Köllmann. 3. Aufl. Würzburg 1965, S. 171 ff.

Statistisches Taschenbuch über die Heimatvertriebenen. Hrsg. v. Statistischen Bundesamt. Wiesbaden 1953.

Die deutschen Vertreibungsverluste. Hrsg. v. Statistischen Bundesamt. Wiesbaden 1958.

[7] Vgl. dazu das Stichwort „Wirtschaftskreislauf und Sozialprodukt" von Alfred Stobbe (sowie die dabei vermerkte Literatur) in: Kompendium der Volkswirtschaftslehre. Hrsg. v. Ehrlicher, Esenwein-Rothe, Jürgensen und Rose. Göttingen 1967, S. 52–74.

Die Grundformel lautet:

Bruttoproduktionswert (aller Unternehmungen und öffentlichen Haushalte)

— Vorleistungen

Tafel 1: Gebiets- und Bevölkerungsbilanz Deutschlands 1939 bis 1970 sowie Wirtschaftsdaten 1950 und 1970

	Se Deutschland							Relative Entwicklung des „Bruttosozialproduktes" je Kopf	
	Gebiet 31. 12. 37	Gebiet 1945 ff.	BRD	DDR	Ostdeutschland 1937	Andere Länder v. a. ČSR	Se Vertriebene bzw. Umsiedler	BRD DM West	DDR DM Ost
	1 (=3+4+5)	2 (=3+4)	3	4	5	6	7 (=5+6)	8	9
1) Flächen (in T. km²)	470.	355.	250.	105.	115.	.	.		
2) Menschen (in Mill. mit Dez.)									
a) Stand 1939	69'3	59'7	43'0	16'7	9'6	7'4	17'0		
– Kriegs- bzw. NS-Verluste + Geburten 1939/45	– 4'0	– 3'3	?	?	– 0'7 + 0'4	– 0'4 + 0'3	– 1'1 + 0'7		

b) Stand 1945				9’3	7’3	16’6		
– ungeklärte Vertreibungsfälle				– 1’2	– 0’9	– 2’1		
– „Heimatverbliebene“				– 1’1	– 1’5	– 2’6		
+ Zugang aus Vertriebenen Deutsches Reich	+ 7’0	+ 4’6	+ 2’4	7’0	–	11’9		
+ Zugang aus Vertriebenen Ausland	+ 4’9	+ 3’4	+ 1’5	–	4’9			
+ Geburten 1939 bis 1950	+ 0’4	?	?			?		
– Auswanderung	– 0’5	– 0’5	–					
c) Stand 1950	69’2	50’8	18’4				1,00	1,00
+ Geburtenüberschuß	+ 7’2	+ 5’4	+ 1’8			?		
± Interzonenwanderung	0	+ 3’2	– 3’2					
+ Zuwanderung aus Osteuropa	+ 0’4	+ 0’3	+ 0’1			– 0’4		
– Auswanderung	– 0’9	– 0’9	–					
d) Stand 1970 (o. Gastarbeiter)	75’9	58’8	17’1				4,05	3,10

nehmen: Wo 1950 je Kopf der damaligen Bevölkerung eine DM in Gütern und Dienstleistungen entstand, sind das heute drei bis vier DM. Eine derartige Entwicklung in bloßen 20 Jahren ist, selbst wenn man die schmale Ausgangsbasis des Jahres 1950 berücksichtigt, in der gesamten Entwicklung jedenfalls der deutschen Volkswirtschaft im echten Sinne des Wortes beispiellos[8].

Man könnte derartige Überlegungen, die hier nur anhand von Mustern, nämlich von Raum, von Menschen und von gesamtwirtschaftlicher Leistung entwickelt wurden, vielfach fortsetzen. Worauf es ankommt, ist jedoch nicht die Vollständigkeit der Exemplifizierung, sondern das Erkennen von Interdependenzen. In jenem Zeitabschnitt, in dem sich der Eingliederungsprozeß vollzog, ereigneten sich gleichzeitig sehr beachtliche Entwicklungen und Umwälzungen, die mit der Eingliederung an sich zunächst mindestens theoretisch nichts zu tun haben. Oder hatten sie mit ihr zu tun? Wie ist das Verhältnis dieser Entwicklungen zum Eingliederungsprozeß und umgekehrt? Sind die jeweiligen Ergebnisse des Eingliederungsprozesses, über die noch zu berichten sein wird, Resultate des jeweiligen Eingliederungskonzeptes an sich oder der allgemeinen, davon unabhängigen Entwicklungstendenz? Welche Ergebnisse kann man welchen Ursachen zuordnen? Kann man eigentlich überhaupt von Ergebnissen eines Vorgangs berichten, den man von anderen Vorgängen fast gar nicht abklammern kann?

Diese Fragen betreffen die Essenz der Untersuchung und stellen sie letztlich schlechthin in Frage. Sie müssen gestellt werden, um einer isolierten Betrachtungsweise von vornherein vorzubeugen, sollten jedoch auch nicht überbewertet werden.

− Doppelzählungen
= Brutto-Inlandsprodukt zu Marktpreisen
− Inlandseinkommen der Ausländer
+ Auslandseinkommen der Inländer
= Brutto-Sozialprodukt zu Marktpreisen
− Verbrauchsbedingte Abschreibungen
= Netto-Sozialprodukt zu Marktpreisen
+ Subventionen für laufende Produktion
− Indirekte Steuern
= Netto-Sozialprodukt zu Faktorkosten

Vgl.: Statistisches Jahrbuch (der BRD) 1959. Hrsg. v. Statistischen Bundesamt. Wiesbaden 1959, S. 479 f.

[8] Zum Vergleich:

	Sozialprodukt zu Faktorkosten	Bevölkerung	Sozialprodukt je Kopf	Relativ	Zeitabstand
	in Mrd RM	in Mio	in RM		in Jahren
1913	49,5 Mrd	ca. 60	ca. 825	1,00	–
1932	42,6 Mrd	ca. 64	ca. 615	0,75	19
1938	79,8 Mrd	ca. 69	ca. 1150	1,40	25

Quellen: Stolper, Gustav/Häuser, Karl/Borchardt, Knut: Deutsche Wirtschaft seit 1870. 2. Aufl. Tübingen 1966, S. 239. – Köllmann 172 f., 184 (z. T. interpoliert).

Man kann, wie noch zu zeigen sein wird, im Rahmen derartig grundsätzlicher Einschränkungen durchaus gültige und bedeutungsvolle Aussagen machen.

An dieser Stelle dann auch ein „gegenläufiger“ und erforderlicher Einschub: Die durch die vorangegangenen Bemerkungen bewußt vorgenommene Relativierung der Bedeutung des Umfangs der Vertreibungen für die Gesamtheit der deutschen Fragen und Bevölkerung kann folgende Tatbestände nicht verschwinden lassen: 1950 waren immerhin fast 20% der Bevölkerung 4-Zonen-Deutschlands „Neubürger“[9], die noch 5 Jahre vorher in z. T. völlig anders strukturierten Gebieten Mittel- und Osteuropas gelebt hatten. Diese Größenordnung ist mindestens beachtenswert. Darüberhinaus sollte man stets bedenken, daß die hier eher manipulativ verwendeten Millionenzahlen nur die knappe statistische Zusammenfassung von einzelnen menschlichen Schicksalen darstellen, deren völlige Auslotung wohl nie möglich sein wird.

Der Begriff der Eingliederung

Der Begriff „Eingliederung“ ist bereits mehrfach gefallen. Was soll darunter verstanden werden? Dieses schwierige Problem mit seinen verschiedenen Aspekten soll nunmehr in einem kleinen Definitionsdiagramm deutlich werden. Dabei ist jedoch die nachfolgende Tafel als eine Art von Idealtypendarstellung zu verstehen und erhebt Anspruch weder auf Vollständigkeit noch auf vollkommene Geschlossenheit, sondern lediglich darauf, als nützliche Zusammenfassung für recht komplexe Tatbestände und Abläufe zu wirken.

In der Tafel wird davon ausgegangen, daß eine bestimmte Ausgangslage vorliegt: Zwei Gruppen von Menschen werden zusammengeführt. Es wird zunächst versucht, die Ausgangslage, d. h. den Zustand vor dem Beginn des nun folgenden Prozesses zu definieren. Dabei wird auf die besonderen Merkmale der beiden Personengruppen mit dem Ausdruck „Spezifika“ eingegangen: Es kann sich hierbei um Merkmale handeln, die bereits vor der Wanderung vorhanden waren (sogenannte „Ursprungsspezifika“) oder auch um Merkmale, die erst während der Wanderung entstanden (sogenannte „Wanderungsspezifika“). Sie können materieller Art sein, wie z. B. wirtschaftliche und soziale Lage, oder ideeller Natur, wie z. B. Sprache – auch in der Sonderform des Dialekts –, Rasse, Religion, „Weltanschauung“ (d. h. besondere Überzeugungen, Haltungen und relevante Verhaltensweisen); i. d. R. wird man eine Kombination mehrerer derartiger Spezifika beobachten können.

Die Tafel zeigt sodann die unterschiedliche Motivierung des Wanderungsvorganges im knappen – und vergröbernden – Begriffspaar „unfreiwillig“/„freiwillig“ auf, beschreibt verschiedene Ablaufmöglichkeiten und deren Ergebnisse und charakterisiert sie mit bekannten Bezeichnungen: Der Begriff „Eingliederung“ nimmt dabei eine mittlere Stellung zwischen den Ausdrücken „Segregation“ und „Assimilation“ ein. Die letztlich angeführten Beispiele stehen im echten Sinne pars pro toto; die

---

[9] Vgl. dazu die Angaben in Tafel 1.

Tafel 2: *Begriffe zur Eingliederung*

1) ZUSTAND VORHER: (=Ausgangslage)	2 Gruppen von Menschen – Unterschied durch gewisse materielle und „ideelle" Spezifika – Zusammenführung durch Wanderung einer (i. d. R. schwächeren) Gruppe in den geographischen Raum der (i. d. R. stärkeren) anderen Gruppe		
2) Grundsätzliches Motiv der Wanderung:	unfreiwillig		freiwillig
3) VORGANG:	PROZESS, der zu einem NEUEN ZUSTAND führt		
4) Ablaufmöglichkeiten:	Spezifika bleiben erhalten, da von schwächerer Gruppe a) nicht änderbar (oder) b) nicht als änderungsbedürftig angesehen (und/oder) für größere Gruppe c) nicht übernehmbar (oder) d) als nicht übernehmenswert angesehen	Spezifika bleiben erhalten, nähern sich jedoch denen der größeren Gruppe soweit an, daß sie aus (neuer) „Gesamtgruppe" nicht störend hervorragen	Spezifika verschwinden
5) ZUSTAND NACHHER: (=Ergebnis)	Gruppen leben materiell und „ideell" grundsätzlich nebeneinander her, um oft sogar gegeneinander vorzugehen	Gruppen sind materiell weniger und weniger voneinander zu unterscheiden; „ideell" erfolgt z. T. ein Austausch voriger Gruppenspezifika	„Schwächere" Gruppe geht (nach gewisser Zeit) materiell und „ideell" in stärkerer Gruppe auf
6) Bezeichnung:	Absonderung/Segregation	EINGLIEDERUNG	Einschmelzung/Assimilation
7) Beispiele:	Neger in den USA		Weiße Einwanderer in den USA

Vertriebene in Deutschland

räumliche Einordnung des Falles der „Vertriebenen in Deutschland" ist an diesem Platze durchaus beabsichtigt, worauf später noch zurückzukommen sein wird[10].

Es sei gerne zugestanden, daß diese Tafel eine Reihe von Fragen aufwirft, deren komplette Beantwortung den Rahmen dieser Darstellung jedoch überschreiten würde. Deswegen werden nachfolgend nur einige besonders wichtige Probleme herausgegriffen.

Freiwilligkeit der Wanderung im Verhältnis zur Motivierung der Eingliederungspolitik

Strukturierungsprozesse der hier zu behandelnden Art entstehen durch Massenwanderungen. Diese Massenwanderungen können grundsätzlich freiwillig sein (man vergleiche das Beispiel „Weißer Einwanderer in den USA") oder unter Zwang erfolgen, wie im hier vorliegenden Fall der deutschen Vertriebenen. Daraus entsteht sofort ein ganzes Bündel von Problemen, das über die Verwendung unterschiedlicher Hilfszeitwörter wenigstens angedeutet wird: Kann und (oder) soll und (oder) darf man im Falle einer Massenzwangswanderung überhaupt eingliedern?

Diese Fragen ergeben sich natürlich nur dann, wenn man in der betreffenden Gesellschaftsordnung den einzelnen Menschen, der einer derartigen Zwangswanderung unterworfen wird, als grundsätzlich seßhaftes Wesen mit eigenen Rechten ansieht[11]. Dann ist man geneigt, diese Wanderung als Unrecht anzusehen und jede Maßnahme, durch welche die Wanderung de facto anerkannt wird – also gerade Eingliederungsmaßnahmen –, zu unterlassen, ja gegebenenfalls sogar zu bekämpfen. Das furchtbare Janusgesicht dieser Betrachtungsweise für den einzelnen Menschen ergibt sich daraus, daß als Konsequenz des Unterlassens der Eingliederungsmaßnahmen diesem Menschen eine zweite Unbill widerfährt: Zunächst vertrieben besteht für ihn am neuen Aufenthaltsort weniger oder gar keine Möglichkeit, sein Recht auf Entfaltung der Persönlichkeit, den berühmten „pursuit of happiness", wahrzunehmen. Wenn man ihn eingegliedert hätte, wenn er seinen Lebensunterhalt selbst verdienen und sein Leben sowie eben seine Persönlichkeit materiell selbst gestalten könnte, wäre diesem Prinzip weit mehr Rechnung getragen. Es wäre faszinierend, diesem bitteren Zusammenhang am Beispiel der Wanderung von Arabern

---

[10] Siehe dazu S. 314.

[11] Es wurde versucht, diesen Zusammenhang in Form von soziologischen Funktionsverhältnissen auszudrücken:

„1) The greater the role of the principle of residency and (or) that of personal autonomy in the social structure of the homeland, the stranger it must seem to the people concerned to have had to flee or to be evicted by force in order to keep their personal autonomy.

2) The more unaccustomed this pressure to flee or to abandon their homes the more they must have felt these measures unjust.

3) The keener the sence of injustice the greater the effort – in proportion to the numerical strength of the group – to have this injustice repaired."

Vgl. Habel, Fritz Peter: The Sociology of Mass Expulsions. Sudeten Bulletin 8 (1960) 212–215, hier 213.

aus dem ehemaligen Palästina (bzw. dem heutigen Israel) in die Nachbarländer in sachgerechter, unpolemischer Differenzierung nachzugehen[12].

Die Frage nach dem Verhältnis zwischen Freiwilligkeit (Unfreiwilligkeit) der Wanderung einerseits und der Motivierung der Eingliederungspolitik stellt sich natürlich überhaupt nicht, wenn man die betroffenen Menschen als bloße Gegenstände betrachtet, die beliebig zwischen verschiedenen Staatshoheiten herumgeschoben werden dürfen[13].

Materielle und geistige Aspekte der Eingliederung

Als weiteres Problem des Eingliederungsbegriffes darf man den Unterschied zwischen den materiellen und den ideellen Spezifika der zusammentreffenden Gruppen hervorheben. Es hat in Vergangenheit und Gegenwart zu vielen Mißverständnissen in der Diskussion geführt, daß man den gesamten Integrationsprozeß zunächst auf einen Teilbereich, nämlich seinen materiellen Aspekt, reduzierte und darüber hinaus diese Gleichsetzung meistens unausgesprochen erfolgte: Die jeweiligen Gesprächspartner verwendeten den gleichen Begriff für unterschiedliche Inhalte und verwandelten dadurch die Diskussion oft in einen Doppelmonolog. Der derart reduzierte Inhalt kann z. B. für die hier vorliegende Frage etwa wie folgt wiedergegeben werden: Das deutsche Vertriebenenproblem sei doch gelöst und erledigt; bei Ernährung, Kleidung, Wohnung und Arbeitsplatz liegt keine Beeinträchtigung der Lebensinteressen der vor 25 Jahren Vertriebenen mehr vor. (Diese These gewann zwar an Lautstärke, nicht aber an Überzeugungskraft, als sie von interessierten Kreisen aufgegriffen und in tagespolitisches Kleingeld umgemünzt wurde.)

Diese Argumentation ließ den alten Satz unberücksichtigt, daß der Mensch zwar Brot unbedingt braucht, aber vom Brot allein nicht leben kann. Alle bisherigen Beobachtungen der Folgen von Massenwanderungen machen deutlich, daß zur Zusammenführung unterschiedlicher Menschengruppen in einem gemeinsamen geographischen Territorium nicht nur die Integration materieller, sondern auch ideeller Spezifika gehört. Man möchte sogar meinen, daß die Frage der „geistigen Eingliederung" mindestens einen besonderen Stellenwert, wenn nicht gar auf lange Sicht Vorrang hat.

Es ist interessant, daß der deutsche Bundesgesetzgeber den geistigen Eingliederungsaspekt erkannte, und überdies, in welcher Form er das zum Ausdruck brachte[14].

In § 96 des Bundesvertriebenengesetzes vom 19. Mai 1953[15] wurde formuliert: „Bund und Länder haben entsprechend ihrer durch das Grundgesetz gegebenen Zu-

---

[12] Auf neueren Stand gebrachtes Material dazu in: Der israelisch-arabische Konflikt. Hrsg. v. d. Bundeszentrale für politische Bildung. Bonn 1970 (Kontrovers 2).

[13] Der US-Präsident Wilson meinte bereits am 11. Februar 1918 in einer Botschaft an den Kongreß seines Staates, daß dieses Verfahren nunmehr „für alle Zeiten verworfen und beendet" werden müsse.
Vgl. The Public Papers of Woodrow Wilson: War and Peace. Hrsg. v. Stannard Baker und William E. Dodd. Bd. 1. New York 1927, S. 127 ff.

[14] Wegen der allgemeinen Bedeutung dieser Frage sei daher bereits an dieser Stelle ein Teil aus den später darzustellenden staatlichen Integrationskonzepten vorweggenommen.

[15] Zum Text vgl. Bundesgesetzblatt I, S. 201.

ständigkeit das Kulturgut der Vertreibungsgebiete in dem Bewußtsein der Vertriebenen und Flüchtlinge, des gesamten deutschen Volkes und des Auslandes zu erhalten, Archive, Museen und Bibliotheken zu sichern, zu ergänzen und auszuwerten sowie Einrichtungen des Kunstschaffens und der Ausbildung sicherzustellen und zu fördern. Sie haben Wissenschaft und Forschung bei der Erfüllung der Aufgaben, die sich aus der Vertreibung und der Eingliederung der Vertriebenen und Flüchtlinge ergeben, sowie die Weiterentwicklung der Kulturleistung der Vertriebenen und Flüchtlinge zu fördern."

Wenn man aus dieser Definition dem Problem des Inhalts „geistiger Eingliederung" in der Sicht des Bundesgesetzgebers näherkommen will, so sollte man zunächst die – zweifelsohne deswegen nicht unwichtigen – Bereiche „Wissenschaftsförderung" und „Museenerhaltung" ausklammern. Die Vorstellung des Gesetzgebers über den geistigen Aspekt der Eingliederung verdichtet sich dann auf die „Erhaltung des Kulturgutes" bzw. die „Weiterentwicklung der Kulturleistung".

Eine weitere Formulierung oszilliert in den politischen Bereich und ist gerade deswegen von Interesse: Mit Gesetz vom 27. Juli 1970 errichtete der Freistaat Bayern eine Sudetendeutsche Stiftung[16]. In der umfangreichen Begründung hierzu hieß es u. a.: „Die Errichtung einer ‚Sudetendeutschen Stiftung' erweist sich aus folgenden politischen Gründen als notwendig:

. . . . .

In der Erkenntnis, daß die heimatvertriebenen Sudetendeutschen, von denen etwa die Hälfte in Bayern ihre zweite Heimat gefunden hat, einen wertvollen Beitrag auf politischem, sozialem und kulturellem Gebiet zum Wiederaufbau des Freistaates Bayern geleistet und sich als eine zuverlässige Stütze der freiheitlich demokratischen Ordnung bewährt haben, ist es ein berechtigtes öffentliches Anliegen des Freistaates Bayern, das *Volkstum der Sudetendeutschen zu erhalten* und *sie* vor allem in *ihren kulturellen Belangen und Zielsetzungen* ideell und finanziell *zu fördern*[17]."

In diesen Formulierungen ist zunächst – im Gegensatz zum vorrangig *personalen* Charakter der materiellen Eingliederung – der vorrangig *soziale* Charakter der geistigen Eingliederung angesprochen. Darüber hinaus taucht in den angeführten Definitionen des Gesetzgebers in Form der Ausdrücke „Kulturgut", „Kulturleistung" sowie „kulturelle Belange und Zielsetzungen" der etwas schillernde Ausdruck „Kultur" auf. Was soll man darunter verstehen?

Man könnte, wenn von Kultur die Rede ist, etwa meinen: Wertgerichtete geistige Leistung von einzelnen oder Gruppen von Menschen zur Erhöhung ihrer eigenen und der allgemeinen Lebensintensität[18]. Diese geistige Leistung findet ihren Aus-

---

16 Zum Text vgl. Bayerisches Gesetz- und Verordnungsblatt Nr. 17, 31. 7. 1970, S. 338.

17 Zum Text vgl. Gesetzesvorlage der Bayerischen Staatsregierung an den Bayerischen Landtag vom 9. April 1970 in der Form der Landtagsbeilage 3181; abgedruckt in: Die Sudetendeutsche Stiftung in Bayern. Hrsg. v. Bayr. Staatsministerium für Arbeit und soziale Fürsorge. München 1970, S. 44–68, hier 46 f.
(Sperrdruck im Original; Hervorhebungen nicht im Original.)

18 Definition angelehnt an Begriffsbestimmung Krohs im Stichwort „Kulturpsychologie" des „Wörterbuches der Soziologie". Hrsg. v. Wilhelm Bernsdorf u. Friedrich Bülow. Stuttgart 1955, S. 275–285, hier 276.

druck v. a. in sinnlich wahrnehmbaren Erscheinungen wie Musik, Tanz und bildende Kunst. Die Sprache – auch in der Form des Dialektes – und ihre Kunstformen Epik und Lyrik sind weitere Beispiele geistiger Leistung, die unmittelbar mit menschlichen Sinnen wahrnehmbar sind. Erst bei näherer Befassung mit der Thematik werden jedoch über den Zeitablauf weit relevantere, weil nicht direkt wahrnehmbare Aspekte der „Kulturleistung" deutlich: Da ist einmal das als gesellschaftliche Überzeugung der Gruppe herausgebildete, nur zum Teil auch schriftlich fixierte Verhältnis zu Begriffen wie z. B. „Recht" und „Unrecht", „Ordnung" und „Unordnung". (Es handelt sich dabei hier um ein ganzes Bündel von Meinungen, Urteilen – und Vorurteilen – der Menschen einer Gruppe über die sozialen Werte sowohl ihrer eigenen, als auch anderer Gruppen.) Da sind weiters spezifische Kenntnisse und Fähigkeiten der Menschengruppe, die in der Regel aus der besonderen Lage der Gruppe in – im weitesten Sinne – sozialer Beziehung entstanden. Inwieweit diese kulturellen Spezifika erhaltbar und (oder) erhaltenswert sind, bleibe dabei zunächst völlig dahingestellt. Von grundsätzlicher und allgemeiner Bedeutung ist, daß ohne ihre wie immer geartete Bewältigung während des Integrationsprozesses ein gewisses Vakuum zurückbleibt: Etwas Wesentliches der einzugliedernden Gruppe wird in den Untergrund verschoben; unter Umständen können sogar wertvolle Größen verloren gehen.

Über die Auffüllung der terminologischen Dimension der „Kulturleistung" mit praktischen Inhalten wird man jedoch in jedem konkreten Fall von Eingliederungsmaßnahmen intensiv nachdenken müssen. Das gilt auch für den uns hier vorliegenden Fall der deutschen Vertriebenen; darauf wird an späterer Stelle der Untersuchung zurückzukommen sein[19].

Die Eingliederungskonzepte der beiden deutschen Staaten

Nachdem damit sowohl aus dem Umfang des Eingliederungsproblems gewisse neue Aspekte gewonnen wurden, als auch der Begriff an sich abgegrenzt wurde, kann man sich der Darstellung der Eingliederungskonzeption Deutschlands zuwenden.

Dabei wird zu berücksichtigen sein, daß die jeweilige Konzeption von der politischen Gesamtvorstellung der Machtträger des geographischen Raums, in dem der Integrationsprozeß stattfindet, abhängig ist und über den Zeitablauf variiert.

1. Die gemeinsame Phase: 1945 bis etwa 1948

Für den historischen Ablauf der Integration der deutschen Vertriebenen wird man zunächst festzuhalten haben, daß die erste Phase in den Jahren 1945 bis 1948 weitgehend durch eine Negierung von Zonengrenzen und Realisierung von nationalen Unterschieden gekennzeichnet war: Deutsche in Ost und West dachten über das Flüchtlingsproblem gleich. Nach dem Einströmen der „Flüchtlinge" wurde von diesen selbst wie auch von der ortsansässigen Bevölkerung ziemlich klar angenommen, daß es sich um eine bloß zeitweilige Anwesenheit ähnlich der von „Evakuierten",

---

[19] Siehe S. 309–313.

„Bombengeschädigten“ oder „Displaced Persons“ handle. Eine damals sehr wichtige deutsche Zeitschrift, die „Gegenwart“, notierte im November 1946 unter dem Titel „Der fünfte Stand?“: „Die Deutschen standen und stehen zu einem großen Teil auch heute noch diesem Phänomen (gemeint: der Vertreibung) fassungslos gegenüber[20].“ Die erste Regierungserklärung der Bayerischen Staatsregierung, abgegeben von Dr. Hoegner am 22. Oktober 1945, konnte die Vertreibung auch der Sudetendeutschen fast als eine Art von Evakuierung erscheinen lassen[21]. Aus der berühmten Byrnes Rede in Stuttgart am 6. September 1946 konnte man herauslesen (und Prager Stellen taten dies anscheinend auch), daß die Abtrennung des Sudetenlandes von Deutschland von der US-Regierung nicht anerkannt werde[22]. Die Verfassunggebende Landesversammlung von Württemberg-Baden bat am 9. September 1946 die Militärregierung und die Weltöffentlichkeit um Rückgängigmachung der Vertreibung[23].

Es war daher für den Personenkreis der damals so bezeichneten Flüchtlinge wortwörtlich eine Zeit der „nicht ausgepackten Koffer“. Die gemeinsame Meinung der Deutschen aller Zonen ist auch daraus ablesbar, daß sich in der damaligen SBZ maßgebliche Politiker, wie z. B. der spätere Ministerpräsident Grotewohl, noch 1947 dafür aussprachen, die in Potsdam gefaßten Transferbeschlüsse nicht als endgültig

---

[20] Die Gegenwart vom 30. 11. 1946, S. 9.
Ähnlich: Frankfurter Hefte (September 1946) unter dem Titel „Die Zehn Millionen aus dem Osten“.

[21] Hoegner, Wilhelm: Der schwierige Außenseiter. München 1958, S. 210.

[22] Zum Text vgl. z. B.: 87. (US) Kongreß, 1. Sitzung, Senatsausschuß für auswärtige Angelegenheiten: Documents on Germany 1944–1961. Washington 1962, S. 55 ff., v. a. S. 62.
Zur Reaktion in Prag vgl. Diamond, William: Czechoslovakia between East and West. London 1947, S. 195.

[23] „Die Volksvertretung betrachtet es als ihre unabweisbare Pflicht, der Militärregierung und der Weltöffentlichkeit zu sagen, daß die dem deutschen Volke durch die Vertreibung von vielen Millionen Menschen aus den Ostgebieten auferlegte Last unmöglich getragen werden kann.
Zweifellos hat diese Aktion ihren Ursprung in den Schandtaten, die die Hitlerregierung in den östlichen Ländern verübt hat. Nach Beendigung der Kriegshandlungen ist aber eine Maßnahme dieser Art und dieses Ausmaßes mit der Absicht, ein friedliches, demokratisches Europa nach den Grundsätzen der Gerechtigkeit aufzubauen, nicht zu vereinen.
Weder ihr politischer Sinn, noch ihre wirtschaftliche Notwendigkeit ist zu erkennen. Sie widerspricht den primitivsten Geboten der Menschlichkeit.
Die daraus entstandene Notlage übersteigt in jeder Hinsicht die wirtschaftlichen Kräfte des deutschen Volkes. Die aus der Verpflanzung der enteigneten Menschenmassen entstandenen Verhältnisse treiben einer Katastrophe zu. Wohnungsbeschaffung, Ernährung und Arbeitsbeschaffung sind in dem verkleinerten deutschen Raum unmöglich.
Die sittlichen Gefahren von Seuchen, insbesondere durch die Verbreitung von Tuberkulose, wachsen täglich.
Auch der beste Wille aller mit dem Problem befaßten Stellen kann keine Lösung bringen.
Die Regierung wird daher dringend ersucht, diese Kundgebung der Militärregierung zu unterbreiten und sie zu bitten, mit allen Mitteln der entstandenen Verwirrung entgegenzutreten und einen vernunftmäßigen Ausgleich im europäischen Raum herbeizuführen.“ (Abdruck in: Gegenwart 11).

anzusehen[24]. Daraus konnte man entnehmen, daß die Anwesenheit wenigstens großer Teile der Flüchtlinge nur kurze Zeit dauern würde. Demzufolge erfolgten unmittelbar nach den Vertreibungen in allen Teilen Deutschlands lediglich gewisse Notmaßnahmen: Man richtete z. B. Behelfsunterkünfte ein, versuchte die Verpflegungsversorgung zu ermöglichen und gab Taschengelder aus. Wenn man auf der Begriffsskala der Tafel 2 bleibt, ist man versucht, diese Phase als einen Spezialfall der Absonderung (Segregation), nämlich den der noch nicht erfolgten Berührung, zu bezeichnen.

Diese Betrachtung – das sei hinzugefügt – ist vom dargelegten Konzept her logisch, enthält jedoch auch die Gefahr der „logificatio post eventum". Man wählte nämlich diese Maßnahmen nicht etwa bewußt aus verschiedenen Möglichkeiten aus, sondern sie waren die einzig möglichen – eine Alternative zu ihnen existierte einfach nicht. Die ungeheure materielle Notlage beider Gruppen – von „Flüchtlingen" wie von „Eingesessenen" – ließ jeden Versuch systematischer Eingliederungsmaßnahmen als von vornherein sinnlos erscheinen[25]. Hier ist eine der Nahtstellen von Vertriebenenintegration als spezifischer Frage einerseits und allgemeiner Gesellschaftsentwicklung andererseits erreicht, auf die bereits weiter oben[26] an Hand der Zahlendarstellung der Tafel 1 hingewiesen wurde. Die zuständigen Exekutivbehörden der Besatzungsmächte in Ost und West erkannten die deutsche Haltung und wiesen in Wahrnehmung einer gewissen Drehscheibenfunktion zwischen ihr und

---

[24] Zu den Texten der Erklärungen vom 19. und 20. September 1946 sowie 13. März 1947 vgl. den Abdruck in: Dokumentation der deutsch-polnischen Beziehungen. Hrsg. v. Johannes Maass. Bad Godesberg 1960, S. 4.

[25] Der Bayerische Staatskommissar für das Flüchtlingswesen, Dr. Wolfgang Jänicke, wies z. B. am 4. April 1946 vor dem Länderrat der US-Zone in Stuttgart „auf den katastrophalen Mangel an den notwendigsten Rohmaterialien und Artikeln des täglichen Bedarfs hin, dessen Deckungsmöglichkeiten äußerst gering sind. Bei Bestecken z. B. übersteigt der Mindestbedarf die vorhandenen Mengen um das Zweihundertfache, bei Hausrat, Kleidung und Bettzeug sieht es nicht viel besser aus. Dabei besitzen viele Flüchtlinge nichts außer dem, was sie am Leibe tragen. Die Unterbringung von 2¼ Millionen Ostflüchtlingen sowie die gleichzeitig angeordnete Rückführung und Wiederaufnahme hunderttausender Evakuierter sind zwei Riesenaufgaben, deren Bewältigung uns vor große Schwierigkeiten stellt. Wir halten, so sagte Dr. Jänicke, die Durchführung für möglich, indessen kann es sich unter den jetzigen Umständen nur um eine unzulängliche Unterbringung handeln, deren Fortbestehen untragbar erscheint. Ausfälle an Wohnraum durch Krieg, Belegung durch Besatzungsmächte und UNRRA zwingen uns, Wohnungen in einer Weise zu beanspruchen, daß in hygienischer Hinsicht schwere Folgen zu befürchten sind. Die Raumnot bringt moralische Gefahren besonders für die Jugend mit sich. Die beaufsichtigte und notwendige Eingliederung der Flüchtlinge in den Arbeitsprozeß kann durch die Raumnot und den Mangel an Handwerkszeug ferner wegen der Währungsfrage und der wirtschaftlichen Abtrennung der Zonen nur in unzulänglicher Weise durchgeführt werden. Die Arbeitskraft der Flüchtlinge fehlt fast ganz, da vorwiegend Arbeitsunfähige, Frauen, Kinder und Greise hereinströmen. Nur mit internationaler Hilfe kann das Flüchtlingsproblem gelöst werden, das in einem solchen Umfang zum ersten Male in der Menschheitsgeschichte auftritt. Der Vorsitzende führte zahlreiche Einzelheiten an, die einen tiefen Eindruck hinterließen."
Abdruck des Sitzungsprotokolles bei Eckmeier, Otto: Die Flüchtlinge in Bayern. München 1949, S. 20 f.

[26] Siehe S. 290 f.

entgegengesetzten Anweisungen ihrer Regierungen seit 1945 wiederholt, nachdrücklich und deutlich darauf hin, daß die Flüchtlinge „have come to stay“[27].

2. Die Jahre ab etwa 1948 in der DDR

Ab etwa 1948 lief die Betrachtung der Eingliederungsproblematik durch die deutschen Behörden in Mittel- und Westdeutschland, die unterschiedlich an Kompetenzen von den Besatzungsmächten übernahmen, deutlich auseinander.

In der damaligen SBZ und heutigen DDR nahm die sowjetische Besatzungsmacht relativ früh die von ihr eingesetzte Regierung an die politische Kandare: Durch Abmachungen dieser Regierung aus dem Jahre 1950 wurde klargestellt, daß die „Umsiedlungen“ nach Meinung der Sowjets unabänderlich seien[28]. Die bisher lediglich polizeilich überwachten Flüchtlingsverbände auf z. B. landsmannschaftlicher Basis wurden Anfang 1950 verboten, da derartige Zusammenkünfte nach Meinung des Ostberliner Innenministeriums geeignet seien, „die freundschaftlichen Beziehungen zu den jetzt in Schlesien, Ostpreußen und Pommern bestimmenden Ländern zu gefährden“[29].

Daraus kann man in etwas summarischer Zusammenfassung ableiten, daß die Integrationspolitik der SBZ-Behörden klar und eindeutig auf die „Einschmelzung“ im Sinne der Assimilation gerichtet war. Aber noch mehr: Einschmelzung und Umformung des gesamten gesellschaftlichen Gefüges wurden in untrennbarem Zusammenhang gesehen und gebracht; es wurde bewußt eine völlig neue Sozialstruktur angesteuert[30]. Im Rahmen dieses Gesamtprozesses wurde auch die Integration der „Umsiedler“ abgewickelt: Im wirtschaftlichen und sozialen Sektor bemühte man sich, durch die Enteignungen in Industrie, Landwirtschaft, Handel und Gewerbe freigewordene Positionen auch zur Ansetzung von Umsiedlern zu verwenden. Dabei gab es v. a. in der Landwirtschaft Erfolge – bis zum 1. Juli 1948 wurden etwa 100 000 Familien mit etwa 350 000 Menschen auf etwa 750 000 ha angesetzt[31] –, aber auch wegen ungenügender Ausstattung der sogenannten „Umsiedlerbauern“ mit Maschinen und Einrichtungen große Schwierigkeiten. Als dann durch Kollektivierung der Landwirtschaft[32] und völlige Staatskontrolle der Industrie ein weiterer

---

[27] Vgl. z. B. Clay, Lucius D.: Decision in Germany. New York 1950, S. 107, 163.

[28] Zum Text der Vereinbarungen mit Polen vom 5./6. 6. und 6. 7. 1950, ihren Vorläufern und den Reaktionen in Ost und West vgl.: Dokumentation 42 ff.
Zum Text der Vereinbarungen mit der ČSR vom 23. Juni 1950 vgl. Dokumentensammlung zur Sudetenfrage. Hrsg. v. Fritz Peter Habel. 3. Aufl. München 1962, S. 41 f.

[29] Vgl. Seraphim, P. H.: Die Heimatvertriebenen in der SBZ. 2. Aufl. Bonn 1955, S. 17.

[30] Hier ist nicht der Ort, die Gesellschaftspolitik der SED nachzuzeichnen. Man vergleiche die Dokumente in: Die KPD-SED an der Macht. Hrsg. v. Hermann Weber. Köln 1963.

[31] Vgl. die Darstellung: 250 Fragen – 250 Antworten über die DDR. Berlin (Ost) 1954, S. 127 f.; wiedergegeben in: Oder-Neiße. Hrsg. vom Dt. Inst. f. Zeitgeschichte. 2. Aufl. Berlin (Ost) 1956, S. 135.
Zum entsprechenden Vorgang in Westdeutschland siehe S. 306.

[32] Begonnen im Zuge der Bodenreform im Jahre 1945; abgeschlossen lt. Erklärung der Regierung der DDR am 14. April 1960.

Schritt in Richtung auf den dort so bezeichneten „Sozialismus" getan wurde, brauchte man kein spezifisches Umsiedlerproblem mehr zu berücksichtigen. Ein weiterer Aspekt, an dem die Funktion der „Umsiedler" als Rohmaterial einer neuen Gesellschaft in der DDR deutlich wurde, ergab sich als Konsequenz der immer deutlicher aufgebauten Planwirtschaft: Es entstand ein großer Bedarf an Verwaltungsangestellten. In diesem Bereich konnten bis 1950 etwa 150 000 „Umsiedler"[33] angesetzt werden. Der Zwang zum Eintritt in die SED als Voraussetzung für den Aufstieg in mittlere und höhere Ränge war jedoch ein deutliches Hemmnis für die „Umsiedler": Sie schätzten diese Partei bereits an sich nicht und hatten außerdem lebhafte Erinnerungen an die praktischen Auswirkungen der Zugehörigkeit zu einer früheren ideologischen Staatspartei, nämlich der NSDAP.

Als interessante Aspekte über den „ideellen" Bereich seien erwähnt: Straßennamen in Städten der DDR, die nach ostdeutschen Zusammenhängen benannt waren (z. B. Oderstraße oder Königsberger Platz oder Breslauer Straße), wurden umbenannt; Volkslieder mit Textzeilen wie z. B. „lebten froh am Memelstrand", verschwanden aus dem Programm und scheinen heute noch auf „schwarzen Listen" zu stehen. Mindestens teilweise wurde sogar die Bezeichnung von Geburtsorten in Personalpapieren geändert: Die Geburt erfolgte eben nunmehr 1890 nicht in Stettin, sondern in Szeszin oder 1910 nicht in Glatz, sondern in Kladsko oder 1920 nicht in Allenstein, sondern in Olsztyn[34].

Insgesamt möchte man daher meinen, daß der Einschmelzungsprozeß von den staatlichen Machtträgern der DDR von vornherein als ein totaler geplant wurde.

Die einzige Möglichkeit für einen derart zu assimilierenden Umsiedler, dem einschmelzenden Machtanspruch des neuen Staates zu entgehen, war das Verlassen des Staatsgebietes der DDR. Diese Möglichkeit bestand bis zum Mauerbau im August 1961 und wurde, wenn man den verstreuten und unrepräsentativen Schätzungen glauben darf, von den „Flüchtlingen" der Jahre 1945/47, die in der SBZ ihr Aufnahmegebiet gefunden hatten, ziemlich ausgiebig genutzt. So sollen im Frühjahr 1957 (unter dem Eindruck der Niederschlagung des Ungarnaufstandes durch die Sowjets) ca. 40% der Zonenflüchtlinge Vertriebene gewesen sein, deren Gesamtanteil an der Bevölkerung Mitteldeutschlands bekanntlich nur ca. 20% betrug. Günstigere Altersstruktur mag zu diesem Tatbestand beigetragen haben, doch dürfte das „Nicht-wieder-seßhaft-geworden-sein" eine spezifische Rolle gespielt haben.

---

[33] So Seraphim. – In: 250 Fragen – 250 Antworten über die DDR heißt es: „Eine Aufstellung aus dem Herbst 1950 besagt, daß rund 73 000 ehemalige Umsiedler in der staatlichen Verwaltung, fast 9000 bei der Post, über 350 000 bei der Reichsbahn und 23 500 als Lehrer angestellt wurden."

[34] Entsprechende amtliche Verordnungen sind nicht bekannt geworden; die folgenden Beispiele beruhen auf mündlichen Auskünften von „Sowjetzonenflüchtlingen".
Neuere Presseberichte (z. B. Münchner Merkur vom 16./17. Januar 1971) geben an, daß die dargestellte Ortsbezeichnungspraxis bereits in den Jahren um 1965 von den Behörden der Volksrepublik Polen übernommen und neuerlich wieder mit Nachdruck angewandt wird.

3. *Die Jahre nach (etwa) 1948 in der Bundesrepublik*

a) Die allgemeine Lage. Die Entwicklung im Gebiet der Westzonen des Jahres 1948 (d. h. der späteren BRD) war weit differenzierter. Man möchte meinen, daß zunächst gegenüber den „Flüchtlingen“ überhaupt kein Konzept vorlag. Die bereits erwähnte materielle Notlage war mindestens bis in den Anfang der 50er Jahre ein starkes Hemmnis. Deswegen erklärte man in vielen Verlautbarungen der Westzonen, die sich schrittweise zur Bundesrepublik entwickelten, das deutsche Vertriebenenproblem zu einer europäischen oder zu einer Weltfrage[35], rief nach Hilfe des Auslandes[36], forcierte die Auswanderung[37] und setzte zunächst mit dem „Soforthilfegesetz“[38] das Konzept bloßer Übergangs- und Notmaßnahmen fort.

Der in den Jahren 1948/49 beginnende „Kalte Krieg“ schuf dann einen Rahmen für die Eingliederungsmaßnahmen, den man zunächst als eine Art von Einschränkung mißverstehen konnte. Insgesamt wurde zwar nach allem, was wir wissen, in keiner Phase des „Kalten Krieges“ seitens der tatsächlichen Machtträger im Westen die Änderung der Situation, bezogen auf das Vertriebenenproblem, praktisch erwogen, aber die allgemeine Polarisierung des politischen Ost-West Verhältnisses hatte gewisse psychologische Auswirkungen. Dazu trug weiters sowohl die Koalitionsfreiheit in der Bundesrepublik als auch die offene Diskussion politischer Fragen in einem freiheitlich demokratischen Rechtsstaat bei: Mit Ausnahme der von der UdSSR gesteuerten KPD fand sich zunächst (d. h. zwischen etwa 1945 und etwa 1958) keine politische Gruppierung, die bereit gewesen wäre, die Vertreibungen als end- und rechtsgültig anzuerkennen. Die Vertriebenen selbst verzichteten zwar schon 1950 in der Stuttgarter „Charta der Heimatvertriebenen“[39] auf Rache und Vergeltung für die Vertreibung, erachteten es jedoch als selbsterweislich, daß eine demokratische Gesellschaft Vertreibungen nicht als Mittel der Politik anerkennen könne. Wichtige Vertreter aller politischen Richtungen solidarisierten sich öffentlich mit dieser Auffassung[40], die mit der zwischen etwa 1948 und etwa 1958 existierenden weltpolitischen Situation harmonierte, welche man etwa durch die Steuerungsbegriffe „roll back“ bzw. „containment“ des Weltkommunismus kennzeichnen kann.

---

[35] Siehe z. B. die Materialien in Anm. 23 und 25.

[36] Bayerische Wohlfahrtsverbände gaben noch im Juni 1950 eine Bildbroschüre „Bayern ruft um Hilfe für die Heimatvertriebenen“ heraus; im September 1951 wandte sich die holländische Königin Juliane mit der gleichen Bitte brieflich an den US-Präsidenten Truman.
Vgl. dazu neuerlich Kornrumpf, Martin: Als die Flüchtlinge kamen. Bayerland 72, Nr. 8 (August 1970) 41 f.

[37] Auf Grund des sog. Walter-Berichtes (Vertriebene und Flüchtlinge volksdeutschen Ursprungs. Bericht Nr. 1841 des 81. US-Kongresses, 2. Sitzungsperiode. Washington 24. 3. 1950) wurden allein 1950/51 zusätzlich über 50000 Einreisevisen in die USA ausgegeben.

[38] „Gesetz zur Milderung dringender sozialer Notstände“ vom 8. August 1949, das nur sehr begrenzte Leistungen vorsah und vorsehen konnte.

[39] Zum Text vgl. Dokumentensammlung 15 f.

[40] Auf eine detaillierte Belegung dieser Gedankengänge wird im Rahmen dieser Arbeit bewußt verzichtet; zur Situation ab etwa 1958 siehe S. 312.

Diese allgemeine Lage hätte – wie bereits ausgeführt – jede Integration hemmen können. Sie wurde jedoch von einer anderen Tendenz überrollt: Die explosive Entwicklung der westdeutschen Wirtschaft gab für die Integration der Vertriebenen mindestens ab der Mitte der 50er Jahre Wahlfreiheit zwischen verschiedenen Möglichkeiten; man konnte nunmehr integrieren, wann man wollte. Zusätzlich erzwang die gesellschaftliche Entwicklung als das entscheidende Element von sich aus, auch ohne die Bemühungen öffentlicher Stellen, die Integration über den bloßen Eingliederungsgrad hinaus.

Als Hilfskonstruktion für ein niemals klar formuliertes staatliches und gesellschaftliches Konzept konnte man wie folgt zusammenfassen: Bejahung der materiellen Eingliederung, um den Rechtsanspruch auf die Heimatgebiete der Vertriebenen nicht durch einen „verzweifelten politischen Flugsand an Menschenmaterial", sondern durch mündige Bürger einer modernen Gesellschaft vertreten zu lassen, dagegen Ablehnung der Integration im Sinne der Einschmelzung. Diese Formulierung ist nicht nur deswegen in sich widerspruchsvoll, weil sie sehr knapp ist. Die gesamte Entwicklung stand, abgesehen vom Faktor des bloßen Zeitablaufes, unter dem traumatischen aber verdrängten Zwiespalt zwischen der schlichten Unmöglichkeit, mit zehn Millionen Vertriebenen inmitten einer dynamischen Entwicklung in ein gesellschaftliches Ghetto zu gehen, das jedoch die Voraussetzung für eine fundierte Aufrechterhaltung des politisch-rechtlichen Anspruches auf Repatriation gewesen wäre.

b) Bemerkungen zum materiellen Aspekt. Nunmehr sind einige materielle Bereiche staatlicher Eingliederungspolitik herauszugreifen und mit überschaubaren Zahlen zu belegen. Dabei wird wiederum ein gewisser Vorgriff gegenüber der Disposition erfolgen, in dem der Verlauf des Integrationsprozesses bereits über gewisse faßbare Ergebnisse dieses Ablaufs charakterisiert wird.

Auf dem Gebiet der Wohnung, der Unterbringung lebten im Lande Bayern 1946 noch ca. 0,8 Mio. „Flüchtlinge" in Flüchtlingslagern. 1948 davon noch ca. 100 000, 1952 ca. 50 000, 1956 ca. 20 000 und erst 1960 war diese Personengruppe völlig aus den Lagern verschwunden[41]. Es dauerte also fast 15 Jahre, bevor der Begriff Flüchtlingslager für die Zugewanderten der ersten Welle der Jahre 1945 bis 1947 in ihrer Gesamtheit der Vergangenheit angehörte[42].

Wenn man der Eingliederung in Sachen Wohnung nachgeht, so muß man sich weiter vor Augen halten, daß 1950 – also etwa 5 Jahre nach dem Wanderungsvorgang – im gesamten Bundesgebiet über 70% der Vertriebenen Untermieter in Teilen von „Normalwohnungen", Wohnungsinhaber sogenannter „Notwohnungen" bzw. überhaupt wohnungslos waren. Nur rund 30% wurden 1950 als – man beachte die heute kraus anmutende Terminologie – „Wohnungsinhaber in Normalwohnungen" bezeichnet[43]. Der entsprechende Prozentsatz bei den Nichtvertriebenen

---

[41] Vgl. Jahresbericht des Bayerischen Staatsministeriums für Arbeit und soziale Fürsorge 1969, S. 197.

[42] Im gleichen Zeitraum vollzog sich dann auch der Nomenklaturwandel von den „Flüchtlingen" des Jahres 1945 zu den „Vertriebenen" späterer Zeiten.

[43] Vgl. Taschenbuch 27–35.

betrug 1950 ca. 60%. Eigentum an Wohnraum verzeichnet die Statistik für 1950 überhaupt nicht; das war damals kein Problem.

Glanz und Elend zwischenzeitlich staatlicher Eingliederungspolitik wird in den Zahlen für 1965 deutlich: Ca. 17% der Vertriebenen waren nämlich zwischenzeitlich sogar Eigentümer der Wohnungen geworden, die sie bewohnten; aber ca. 25% der Nichtvertriebenen hatten den gleichen Status erreicht[44]. (Damit ist sicherlich nichts Endgültiges über die tatsächliche Eigentumsaufteilung gesagt, aber zur Beurteilung der Effizienz staatlicher Eingliederungsmaßnahmen ein wichtiges Indiz gewonnen.) Es gelang dieser Politik demnach, den großen Notstand des Jahres 1950 zu beheben, nicht aber, den relativen Unterschied zwischen den beiden Personengruppen der Vertriebenen und Nichtvertriebenen auszugleichen.

Insgesamt möchte man hier auch meinen, daß sich im Bereich der Wohnung nur eine allgemeine Tendenz ausdrückt: Kriegsfolgebedingte Mangellagen auf den verschiedensten Gebieten wurden überwunden[45], aber eine allgemeine soziologische Deklassierung der Vertriebenen blieb zurück. Ein anderer, in der nachfolgenden Tabelle dargestellter Zusammenhang macht das deutlich:

Tabelle 3. Sozialstruktur in Deutschland 1939–1969[64]

	Gesamt (1939: Deutsches Reich, ab 1950 BRD)		Nichtvertriebene (1939: BRD)		Vertriebene (1939: Ostdeutschland)	
	% Anteil der Erwerbspersonen*	% Anteil der Selbständigen**	% Anteil der Erwerbspersonen*	% Anteil der Selbständigen**	% Anteil der Erwerbspersonen*	% Anteil der Selbständigen**
Stand 1939	52	27	52	33	52	35
1950	46	29		33		7
1957				27		9
1961	48	22	48	25	45	9
1968				21		9
1969	43	18	42	20	44	8

* Von 100 Personen der Bevölkerung stehen selbst im Erwerbsleben ... Personen.
** Von 100 Erwerbspersonen sind selbständig (incl. mithelfender Familienangehöriger) ... Erwerbspersonen.

---

44 Vgl. Landsberg, Ludwig: Wirtschaftliche und soziale Integration. Rheinischer Merkur Nr. 23/1970.

45 Man nehme die Situation der Arbeitslosigkeit: 1950 noch ca. 6% der Vertriebenen (gegen ca. 2% der Nichtvertriebenen; Zahlen lt. Taschenbuch 46–58) arbeitslos; später verlieren diese Größen an Bedeutung und sind heute irrelevant.

46 Quellen: a) Für 1939 Gesamt und „Erwerbspersonen“: Bevölkerung und Wirtschaft – Langfristige Reihen 1871–1957. Hrsg. v. Statistischen Bundesamt. Wiesbaden 1959, S. 29–31. Statistik der BRD 199.
b) Für 1939 „Selbständige“: Landsberg.

An diesen Zahlen fällt zunächst eine Gemeinsamkeit auf: der Kreis der außerhalb des Arbeitsprozesses stehenden Personen hat sich allgemein stark erhöht. Hier findet man die Modernisierung der Sozialstruktur mit längerer Ausbildungszeit, Fortfall des Zwanges zur Frauenarbeit und früherer Verrentung.

Der Unterschied zwischen den Gruppen wird dann bei den Selbständigen sichtbar: Sie haben sich in den beiden Personengruppen recht unterschiedlich entwickelt. Wenn man dem Selbständigen die höhere Wertigkeit in einer Sozialstruktur zubilligt, so liegt hier für die Vertriebenen eine klare Deklassierung vor.

Diese findet ihren Ausdruck auch in einem durchschnittlich tieferen Einkommensniveau der Vertriebenengruppe, das man für 1965 mit ca. 10% veranschlagt hat. Als Motiv wird man v. a. die Konsequenzen geringeren Aufstiegs wegen mangelnder Beziehungen in der neuen Heimat ansehen müssen[47]. Hinter der Verringerung des Anteils der Selbständigen steckt noch ein anderer interessanter Vorgang: Der Tatbestand, daß von ca. 0,4 Mio. Bauern unter den Vertriebenen nur ca. 40 000, d. h. etwa 10%, wieder in ihrem Beruf, allerdings zumeist auf viel zu kleinen Höfen, eingesetzt wurden[48]. Die anderen 90% sind entweder aus dem Arbeitsprozeß ausgeschieden und in den Kreis der sozialunterstützten Personen übergegangen oder mußten sich bereits in den 50er Jahren beruflich anders orientieren. Man hat dies oft beklagt, aber nicht zu ändern vermocht. Angesichts der Agrarentwicklung in der EWG sollte man sich jedoch fragen, ob hier in der Vertriebenengruppe nicht ein Prozeß vorweggenommen wurde, den nichtvertriebene bäuerliche Kreise in der BRD irgendwann werden nachvollziehen müssen.

Ein anderer Aspekt materieller Eingliederung macht deutlich, wie zeitüberdauernd der Prozeß, den wir betrachten, ist. Eine der Leistungen der sozialpolitischen Eingliederung war und ist die sogenannte „Kriegsschadensrente", die nach gewissen, hier nicht interessierenden Kriterien im wesentlichen dem Kreis der Vertriebenen zugesprochen wurde. Für Bayern ergab sich folgendes Bild:

---

c) Für 1950 Gesamt: Bevölkerung und Wirtschaft.
d) Für 1950 und 1957 Aufteilung:
Die Vertriebenen in Westdeutschland. Hrsg. v. Eugen Lemberg. Kiel 1959. Bd. 1, S. 165.
e) Für 1961:
Bevölkerung und Kultur – Volks- und Berufszählung v. 6. Juni 1961. Heft 6: Vertriebene und Deutsche aus der SBZ. Hrsg. v. Statistischen Bundesamt. Stuttgart 1967, S. 41–45.
f) Für 1968: Landsberg.
g) Für 1969:
Bevölkerung und Kultur – Bevölkerungsstatistische Ergebnisse des Mikrozensus 1969. Reihe 4: Vertriebene und Flüchtlinge. Hrsg. v. Statistischen Bundesamt. Stuttgart 1970, S. 10–11.

[47] Schätzungen und Annahmen. – Bemerkenswert erscheint, daß dieser Rückstand trotz durchschnittlich eher etwas höherem Ausbildungsniveau vorlag: 4,6% aller über 20 Jahre alten Vertriebenen hatten 1961 eine abgeschlossene Berufsfachschule oder Fachschulausbildung gegenüber 4,4% der Nichtvertriebenen. Die Werte der Altersgruppe 20–25 Jahre (8,9% gegenüber 7,4%) machen den Bildungs- und Ausbildungswillen gerade jüngerer Menschen deutlich. Quelle: Volks- u. Berufszählung vom 6. 6. 1961, S. 41.

[48] Zu den zunächst viel größeren Erfolgen der SBZ (auf halb so großem Gebiet das zweieinhalbfache an Bauernansetzung) siehe S. 301.

Tabelle 4. *Kriegsschadensrente in Bayern*[49]

Zeit	Leistungen			
	„Berechtigte"	Ehegatte	Kind	Zahl der Empfänger (in Tsd. Personen)
		in DM/Monat		
1949	70.—	30.—	20.—	250
1954	100.—	50.—	35.—	270
1959	140.—	70.—	47.—	220
1964	175.—	105.—	60.—	180
1969	235.—	155.—	80.—	120
1980				40
2000				3

Im Höhepunkt der Beanspruchung dieses Instruments, im Jahre 1954, erhielten die Nutznießer gewisse Beträge pro Monat und es gab in Bayern 270 000 Empfänger. 15 Jahre später, also im Jahre 1969, hatten sich die gewährten Leistungen pro Person verdoppelt bis verdreifacht und die Zahl der Anspruchsberechtigten war von rd. 270 000 auf rd. 120 000 zurückgegangen. Diese Zahl ist aber eben 25 Jahre nach dem Wanderungsvorgang in einem einzigen Bundesland noch so groß und wird erst um das Jahr 2000 herum gegen 0 gehen; d. h. es wird rd. 55 Jahre dauern, bis – im wesentlichen über den biologischen Ablauf – die Integration auf diesem Bereich vollzogen ist.

Zusammenfassend ist ein Wort zu den Beträgen am Platz, mit denen die staatliche Vertriebenenpolitik diese und andere materielle Eingliederungsmaßnahmen verwirklichte. Wichtigstes Instrument war das Lastenausgleichsgesetz vom August 1952[50]; bis zum 31. Dezember 1969 sind hieraus an die Vertriebenengruppe Leistungen von rd. 47” DM ergangen[51]. Diese an sich gewaltige Summe wird durch wesentliche Einschränkungen reduziert. Die Kaufkraft der DM ist seit Vorliegen des Schadensfalles beachtlich geschrumpft. Weiters ist diese Summe selbst zu Nominalwerten im Verhältnis zu dem zurückgelassenen Vermögen der Vertriebenen als gering zu bezeichnen. Es wäre eine interessante Aufgabe für einen sachkundigen Volkswirtschaftler, die entsprechenden Zahlen zu errechnen und zu überprüfen (bezeichnenderweise haben nur die Sudetendeutschen den Versuch der Abschätzung ihres Vermögens unternommen[52]) und ins Verhältnis zu jenen Leistungen zu setzen,

---

[49] Jahresbericht 190 f.

[50] „Gesetz über den Lastenausgleich" vom 14. August 1952 mit zwischenzeitlich 23 Novellen, im wesentlichen Leistungsverbesserungen.

[51] So Landsberg.

[52] Wannenmacher, Walter: Das verlorene Nationalvermögen der Sudetendeutschen. Ms-Manuskript im Auftrag des Sudetendeutschen Rates. München. o. J. Die Aufstellung schließt mit ca. 215 Mrd. Kč Vorkriegswert ab.

die sie vom deutschen Vermögensbesitzer und Steuerzahler dafür bisher erhielten[53].

Die dargestellten materiellen Bereiche des „Eingliederungskonzeptes" für die Vertriebenen in der BRD stehen pars pro toto für eine allgemeine Tendenz: Die öffentlichen Hände bemühten sich, vieles zu tun, um, unterstützend zum allgemeinen Integrationssog der modernen weltmarktorientierten Wirtschaft in der BRD, möglichst vielen Teilnehmern an diesem Prozeß wenigstens eine Starthilfe zu geben. Sie bemühten sich weiter, jene, die nicht mitzuhalten in der Lage waren, dauernd zu unterstützen.

Ohne die noch zusammenzufassenden Ergebnisse völlig vorwegzunehmen, muß bereits an dieser Stelle festgehalten werden[54], daß etwa ab 1960 einerseits die laufenden realen Einkommen der Masse der Vertriebenen höher lagen als vor der Vertreibung. Diese Entwicklung war jedoch nur Teil einer allgemeinen Bewegung: Die wirtschaftliche Lage fast jedes Bürgers der Bundesrepublik und Westeuropas ist heute besser als vor dem Zweiten Weltkrieg. Relativ gesehen ist nämlich andererseits zunächst zu beachten, daß der Vermögenssubstanzverlust der Vertriebenen nicht ersetzt werden konnte; sie bezahlten den verlorenen Krieg. Außerdem bedeutet nicht jedes auskömmliche Einkommen bereits eine „restitutio in aequo". Der (hervorragend bezahlte) Baufacharbeiter des Jahres 1965 ist in vielerlei Hinsicht mit dem (karg und frugal existierenden) Kleinbauern und Einzelhandwerker des Jahres 1940 einfach nicht zu vergleichen. Im Prozeß der nicht mehr umkehrbaren Eingliederung in die moderne deutsche Industriegesellschaft[55] gingen wesentliche Teile der soziologischen Struktur der Vertriebenen, darunter fast das gesamte Bauerntum und ein großer Teil des Mittelstandes, unwiederbringlich verloren.

In den Jahren nach etwa 1958 ergab sich dann aus der in diesem Zusammenhang nicht weiter nachzuzeichnenden politischen Entwicklung in der Welt und der Bundesrepublik (Hinnahme der 1945 geschaffenen Machttatsachen ohne Rücksicht auf ihren Rechtsgehalt)[56] eine neue Rahmenlage für den Integrationsprozeß: Der materielle Aspekt erschien weithin als gelöst; das fortdauernde politische Bemühen um den Rechtsstandpunkt durch die Vertriebenenverbände[57] wurde nunmehr durch die

---

[53] Das Grundkonzept des Lastenausgleichsgesetzes sieht die aus ihm erfließenden Leistungen nicht als Entschädigung für dieses Vermögen, sondern als eine Art von kapitalisierter Abfindung für den über den Zeitablauf verlorenen Nutzen an.

[54] Der Gedankengang folgt in textlich geraffter – und zugleich sachlich erweiterter – Form meiner Arbeit: Historische, politische und soziale Voraussetzungen des Zusammentreffens zwischen Bayern und Sudetendeutschen nach 1945 – Ein Beitrag zum Strukturwandel Bayerns. München 1968, S. 255–257 (Wissenschaftliche Materialien und Beiträge zur Geschichte und Landeskunde der böhmischen Länder 9).

[55] Nachdrücklich ist dabei zu unterstreichen, daß sich dieser Prozeß über das ganze geographische Territorium der Bundesrepublik vollzog. Demonstrationsvorhaben wie die Vertriebenenstädte Neu-Gablonz, Waldkraiburg, Traunreuth, Espelkamp und Geretsried sind zwar optisch beachtlich, aber für den Eingliederungsvorgang weder zahlenmäßig noch sachlich repräsentativ.

[56] Zur Meinung vor etwa 1958 siehe S. 298–300 und 303 f.

[57] Auf die detaillierte Belegung dieser Gedankengänge wird im Rahmen dieser Arbeit weiterhin bewußt verzichtet.
Vgl. dazu: Habel, Fritz Peter / Kistler, Helmut: Deutsche und Polen. Teil 2. Bonn

gesellschaftlichen Massenorganisationen[58] und die von ihnen gesteuerte „veröffentlichte Meinung“ in steigendem Maße auf die bloße Kulturpflege verwiesen.

c) Der ideelle Aspekt. An einem besonderen Personenkreis kann der damit berührte ideelle Aspekt des Eingliederungsprozesses verdeutlicht werden: an der Gruppe der sogenannten Spätaussiedler.

Seit dem Ende der großen Massenwanderung etwa im Jahre 1948, die das Vertriebenenproblem nach Deutschland brachte, sind mehrere Hunderttausende derartiger Personen auch in der Bundesrepublik angekommen und jüngste politische Entwicklungen[59] erwecken die Hoffnung, daß mit weiteren größeren Zahlen dieser Personengruppe zu rechnen ist. Für diese Menschen sind meistens die wichtigsten Fragen der materiellen Eingliederung ziemlich unproblematisch, wenn eine Frage aus dem Bereich ideeller Eingliederung, nämlich die eindeutige Beherrschung der deutschen Muttersprache, gelöst worden ist. Wer diese 25 Jahre lang nur versteckt sprechen oder aber überhaupt nicht richtig erlernen konnte, für den wird der Erwerb von Arbeitsplatz und Wohnung oft zu einer bloßen Funktion der Sprachbeherrschung. Hier liegt demnach ein Spezialfall ideeller Eingliederung vor.

Der Gesamtbereich dieses bereits im Zusammenhang mit der Begriffsklärung erwähnten[60] Aspektes der Eingliederung ist beträchtlich weiter gesteckt und variiert über den zu betrachtenden Personenkreis der Vertriebenen erheblich. Als Gesamtgruppe kann man sie begrifflich in drei „Generationen“ aufgliedern, die sich freilich zugegebenermaßen vielfach überschneiden:

1. Die Erlebnis„generation“, d. h. jene Menschen, die ihre Heimat noch bewußt über längere Zeit erlebten und von ihr geprägt worden sind.
2. Die Geburts„generation“, d. h. jene Menschen, die in ihrer Heimat nur geboren wurden, ohne von ihr direkt spezifisch prägende Eindrücke erfahren zu haben.
3. Die Erb„generation“, d. h. jene Menschen, die mit ihrer Heimat zunächst nur der Tatbestand der Abstammung verbindet.

Es ist offensichtlich, daß sich die Probleme geistiger Eingliederung in diesen drei Generationen unterschiedlich stellen. Ohne auf die mannigfachen Probleme auch und gerade der sogenannten „Geburts“- und „Erb“generation einzugehen[61], sollte

---

1971, S. 21 ff. (Informationen zur Politischen Bildung 143). – Dies.: Die Oder-Neiße Linie. Bonn 1971, S. 60 ff., 70 (Kontrovers 3).

[58] Vgl. sowohl die evangelische Denkschrift „Die Lage der Vertriebenen und das Verhältnis des deutschen Volkes zu seinen östlichen Nachbarn“ vom 15. November 1965 als auch den Briefwechsel der katholischen Bischöfe Polens und der Bundesrepublik vom 18. 11./7. 12. 1965. Abdruck in: Deutschland und die östlichen Nachbarn. Hrsg. v. Reinhard Henkys. Stuttgart 1966, S. 176 ff.

[59] Vgl. den Text der „Information der Regierung der Volksrepublik Polen“ vom 18. November 1970 über „Maßnahmen zur Lösung humanitärer Probleme“. Abdruck in: Bulletin. Hrsg. v. Presse- und Informationsamt der Bundesregierung, Nr. 171. Bonn 8. 12. 1970, S. 1817.

[60] Siehe S. 294.

[61] Vgl. dazu die instruktive und materialreiche Analyse von Oskar Böse: Die junge Generation. Rheinischer Merkur, Nr. 27/1970.

man sich für den hier vorliegenden Zweck in erster Linie auf die sogenannte „Erlebnis"generation beschränken. Die ideelle Eingliederung dieses Personenkreises ist, wie bereits ausgesagt, in einem freilich schwer bestimmbaren Maß auch abhängig von der Integration ihrer spezifischen Kulturleistung in den Kulturbestand der Gesamtgruppe.

Diese Kulturleistung müßte man sowohl personal verstehen als Sorge um die kulturell wirkenden Menschen, die, durch die Vertreibung ihres natürlichen Arbeitsbodens beraubt, nunmehr weder ganz in emigréhafter Rückwärtsschau verkümmern noch in die neue hektische Umwelt spurlos und unspezifisch eingeschmolzen werden sollten[62]. Forscher und Künstler sind grundsätzlich schwerer eingliederbar als Straßenbahnschaffner und Textilingenieure. Darüber hinaus ist es die Essenz der Kulturleistung im Osten, welche nur z. T. personal in diesen Menschen weiterwirkt, die es zu erhalten gilt[63].

Gewisse Aspekte dieser Kulturleistung werden sich unter normalen Umständen – d. h. ohne Repression[64] – selbst erhalten. (Es ist in diesem Zusammenhang als unnormaler Zustand zu bezeichnen, daß der „Atlas der tschechoslowakischen Geschichte", 1965 herausgegeben, in den Karten 4, 20 und 29 für Zusammenhänge des 12. und 19. Jahrhunderts den Namen „Königsberg" mit „Kaliningrad" aktualisiert, da schließlich die Bezeichnung Königsberg auf einen Böhmenkönig zurückgeht!) Unter normalen Umständen wird man wohl davon ausgehen können, daß eben z. B. Eichendorff als Schlesien besonders verbundener Dichter, Kant als in Ostpreußen wirkender Philosoph und Austerlitz als Name eines historischen Vorgangs nicht so verfälscht werden, als sei Eichendorff ein Pole und Kant ein Sowjetrusse gewesen oder Napoleon habe im Jahre 1805 bei Slavkow gesiegt. Auf diesen Bereichen wird sowohl das ideelle Eingliederungsbedürfnis der Vertriebenen als auch das kulturelle Wahrheitsbedürfnis aller Menschen vermutlich meistens durch den faktischen Sachverstand in der Welt abgedeckt sein.

Schillernder wird es schon im Bereich, man könnte sagen, stammesspezifischer Gegebenheiten. Die Pflege und Erhaltung Egerländer Mundart, pommerscher Volkstänze und ostpreußischer Trachten liegt sicherlich im Rahmen der Selbstbestätigung der Erlebnisgeneration von Egerländer, Pommern und Ostpreußen. Liegt sie auch, so kann man fragen, im Interesse des „neuen Volkes" aus Binnendeutschen und Ostvertriebenen, das in der Bundesrepublik herangewachsen ist? Interessant erscheint, daß gerade die Jugend für die Pflege der „Folklore" aufgeschlossen zu sein scheint, derartige Gruppen die Beschäftigung mit politischen Fragen im Regelfall ablehnen, sich eben als junge Deutsche empfinden und die Pflege des ostdeutschen Volksgutes eher selbstverständlich in ein gesamteuropäisches Volkstumsprogramm einbauen, als hierauf besondere „osterhaltende" Akzente zu setzen.

---

[62] Ein interessantes Beispiel ist die am 15. März 1946 unter dem Namen „Bamberger Tonkünstlerorchester" wiederbegründete „Prager Deutsche Philharmonie", die seither als „Bamberger Symphoniker" Weltruf erwarb.

[63] Zum Umfang und den Problemen vgl. Leonhart, Leonore: Das unsichtbare Fluchtgepäck – Kulturarbeit ostdeutscher Menschen in der Bundesrepublik. Köln 1970.

[64] Wie z. B. in der DDR praktiziert; siehe S. 302.

Bedeutsam erscheint auch die Integration von Kenntnissen und Fähigkeiten sowie die Eingliederung in „Verhalten" und „Haltung". Dafür einige Beispiele: Hunderttausende von Vertriebenen brachten die Kenntnis von Ostsprachen nach der Bundesrepublik. Sehr viele Menschen hatten praktische Erfahrungen im Genossenschaftswesen verschiedenster Ausprägung. Weit verbreitet war v. a. unter den Sudetendeutschen ein europäisches Selbstverständnis der Nation, abseits ebenso von etatistischer Überheblichkeit wie von linearer Gleichmacherei, gewachsen aus einer vermittelnden Sicht zwischen Staats- und Kulturnation.

Bei den Verben dieser knappen Aufzählung wurde aus gutem Grund die Vergangenheitsform benützt. 25 Jahre nach der Massenwanderung sind diese Kenntnisse und Fähigkeiten weitgehend verschwunden. Wiederbelebungsversuche blieben, wenn man von einzelnen ebenso wohl publizierten wie praktisch irrelevanten Ansätzen absieht[65], insgesamt erfolglos. Die neuen Fertigkeiten – Kenntnis eben der englischen Sprache, Einführung in eine technokratische Organisation Westeuropas, Anpassung an die moderne Industriegesellschaft der „einsamen Masse" – überdeckten die mitgebrachten Aspekte. Vielfach geschah dies sogar zum Nutzen der Vertriebenen von 1945 und ihres Eingliederungsprozesses, aber, so möchte man meinen, zum Schaden der westdeutschen Gesellschaft in den 70er Jahren. Durch die Substitution mitgebrachter Kenntnisse kann man den Entwicklungsländern heute meistens nicht jene Genossenschaftsleute bieten, die dort oft benötigt würden[66]. Die deutschen Industriekonzerne, die im Zuge der Ausweitung ihres Ostgeschäftes ceteris paribus Angestellte mit Ostsprachenkenntnissen brauchen würden, können nicht bedient werden.

Gering blieb auch die Durchsetzung der Sozialstruktur der BRD mit bäuerlichen Produktions- und handwerklichen Dienstleistungsgenossenschaften sowie z. B. Ärzteverbindungen genossenschaftlicher Art; alle diese Erscheinungsformen könnten jedoch in der Zeit von Agrostädten, Großkonzernen und quantitativ gigantischer Gesundheitsindustrie wesentliche Korrektive in Richtung sowohl auf größere Effizienz wie auch auf qualitativ höhere Menschlichkeit sein. Der § 96 des weiter oben[67] angeführten Bundesvertriebenengesetzes sprach auch von der „Weiterentwicklung der Kulturleistung der Vertriebenen"; praktische Maßnahmen im angedeuteten Sinne zur Entwicklung der Kulturleistung in die neue soziologische Wirklichkeit der Gesellschaft hinein blieben jedoch aus[68].

---

65 Sowohl die „Deutsche Jugend des Ostens, Sudetendeutsche Jugend" als auch der Bayerische Rundfunk bemühten sich z. B., tschechische Sprachkurse durchzuführen.

66 Vgl. Ghaussy, A. Ghanie: Das Genossenschaftswesen in den Entwicklungsländern. Freiburg 1964, S. 117 ff.

67 Siehe S. 296 f.

68 Es erscheint dann freilich durchaus verständlich, daß die Bayer. Staatsregierung den zugegebenerweise nicht sehr eindeutig verständlichen Begriff „Weiterentwicklung" einfach auf die Vokabel „Mehrung" reduziert und ihre Zuschußbestimmungen wie folgt formuliert (in der Sammlung: Finanzhilfen – wie und wo? Wegweiser zu staatlichen Förderungs- und Finanzierungsmöglichkeiten. Hrsg. v. d. Bayerischen Staatsregierung. München 1970. Abschnitt XI, S. 8 f.):
„Erhaltung und Mehrung des Kulturgutes der Vertriebenen und Flüchtlinge
Zweckbindung: Zur Erhaltung und Mehrung des Kulturgutes der Vertriebenen und

Was den „Haltungsbereich" der Vertriebenen anbetrifft, so scheint die westdeutsche Gesellschaft wesentliche „Ursprungs"- und „Wanderungsspezifika" ihrer Neubürger einfach zurückgewiesen zu haben. Die distanzierte Stellung der Sudetendeutschen zum Staatsbegriff ist nur bei starker prima facie Betrachtungsweise irrelevant geworden; die politische Aufteilung der deutschen Kulturnation auf eine Mehrzahl z. T. völlig unterschiedlich organisierter Staaten sollte dieser Haltung sogar eine erhöhte Bedeutung zuordnen. Vollends beachtenswert erscheint die Negation der Betonung der Menschenrechte in der Form von Heimatrecht und Selbstbestimmungsrecht durch beträchtliche Teile, wenn nicht gar eine Mehrheit der Deutschen. Ohne auf Details einzugehen, möchte man mit aller Vorsicht doch meinen, daß die praktische Politik der Bundesregierungen seit der Kanzlerschaft von Dr. Erhard (17. Oktober 1963) einen klaren Kurs von den diesbezüglichen veröffentlichten Spezifika der Vertriebenen weg gesteuert und dabei durch die Wähler nicht korrigiert wurde[69].

Flüchtlinge sind im Haushalt des Bayer. Staatsministeriums für Arbeit und soziale Fürsorge bei Kap. 10 03 Tit. 685 03 Mittel ausgebracht, die vornehmlich der Durchführung von Maßnahmen im Sinne des § 96 BVFG dienen. Im einzelnen sind folgende Förderungsmaßnahmen vorgesehen:

a) Förderung von Volksgut und Brauchtum der Vertriebenen und Flüchtlinge,
b) Beihilfen für bildende und ausübende Kunst,
c) Unterstützung ostdeutschen Schrifttums,
d) Unterstützung aller Bemühungen, die der Erhaltung und Mehrung des Kulturgutes der Vertriebenen und Flüchtlinge dienen,
e) Förderung des Heimatgedankens in der Jugend durch Gewährung von Zuschüssen an die hiermit befaßten und anerkannten Jugendorganisationen,
f) Sudetendeutscher Kulturpreis des Freistaates Bayern,
g) Zuschüsse für Stiftungen einschl. ihrer Vermögensbildung,
h) Förderung wissenschaftlicher Arbeiten und Dokumentationen zum Vertriebenenproblem und zur Situation der Vertreibungsgebiete.

Allgemeine Erläuterungen: Auf die Förderung besteht kein Rechtsanspruch; sie wird im Rahmen der zur Verfügung stehenden Haushaltsmittel durchgeführt. Die Förderung erfolgt in Form der Zuschußgewährung.

Antragstellung: Die Anträge auf Bezuschussung kultureller Vorhaben sind beim Bayer. Staatsministerium für Arbeit und soziale Fürsorge zu stellen. Die Zuschüsse werden in der Regel an die landsmannschaftlichen Verbände und Einrichtungen der Vertriebenen gewährt, die Träger der Kulturarbeit sind.

Fundstelle: Bund und Ländern obliegt entsprechend ihrer durch das Grundgesetz gegebenen Zuständigkeit gem. § 96 BVFG die Pflege des Kulturgutes der Vertriebenen und Flüchtlinge."

69 Man wird die Meinung eines deutschen Politikers vielleicht nicht zu teilen, wohl aber zu beachten haben: „Die Bundesregierung kann sicher sein, daß ihre Politik nicht nur von der Mehrheit der Bevölkerung, sondern auch von der Majorität der Vertriebenen unterstützt wird." Vgl. Ruhnau, Heinz: Vertriebene und Ostpolitik. In: Die neue Gesellschaft. Bd. XVIII/6 (Bonn, Nov./Dez. 1970), S. 748. Den Zusammenhang zwischen Ursache und präziser verdeutlichter Wirkung scheint ein US-Diplomat realer aufzuzeigen, als er fast gleichzeitig über die Vertriebenen berichtete: „The amazing powers of assimilation in the West German economy and society have dulled the sense of a lost Heimat [homeland]." Vgl. Ball, Robert: ‚Ostpolitik': The Era of Negotiations in Europe. In: Fortune. Bd. 82, Nr. 6 (New York, Dezember 1970), S. 68–71, 110–113, hier S. 110.

Es sei gern zugestanden, daß diese Betrachtungsweise im Schrifttum über die Eingliederung der Vertriebenen in Deutschland[70] kaum berücksichtigt wurde und wird. Insgesamt scheint, daß die Beschäftigung mit den verschiedenen Aspekten der Vertriebenenthematik in den 60er Jahren einen Rückgang aufweist. Das dürfte kein Zufall gewesen sein. Die Überdeckung des materiell insgesamt gelösten Eingliederungsproblems durch die aufgezeigten mächtigen Vorgänge der westdeutschen Wirtschaftsexplosion bei gleichzeitigem Wandel aller Wertvorstellungen verschob das allgemeine Interesse auf andere Zusammenhänge, während die Zeit für die eigentliche historische Forschung an einem noch nicht ganz abgeschlossenen Prozeß anscheinend noch nicht als reif angesehen wurde.

Ergebnisse

Die Feststellung, daß die Geschichte der Eingliederung der Vertriebenen in Deutschland noch nicht geschrieben wurde, erscheint gesichert; die Feststellung, daß

---

70 Folgende Schrifttumshinweise können im Rahmen einer Art von bibliographischem Beitrag gegeben werden:

a) Für die *Situation in der DDR* scheint nach wie vor die einzige Unterlage P. H. Seraphims: Die Heimatvertriebenen in der SBZ. Bonn 1955 zu sein. Die Arbeit ist überholt, aber selbst intensive Befragungen an zahlreichen mit diesem Problem befaßten amtlichen Stellen sowie in mehreren größeren Bibliotheken brachten nur Hinweise auf verstreute und relativ unbedeutende Zeitungsaufsätze. Die bereits erwähnte (s. S. 301 f.) klare Einschmelzungspolitik der DDR-Behörden dürfte bis in die Publikationsebene in jenem Gebiet gewirkt, aber auch westdeutsche Autoren scheinen, vermutlich „mangels Masse", auf diesem Gebiet nicht weitergearbeitet zu haben. Der kritische Forscher wird vermutlich solange warten müssen, bis Archivmaterial aus den Unterlagen der DDR-Regierung zugänglich sein wird.

b) Für die *Entwicklung in der BRD* ist bezüglich des statistischen Bereichs zunächst auf das Taschenbuch über die Heimatvertriebenen. Wiesbaden 1953 zu verweisen. Weiters liegen Spezialuntersuchungen über einige Teilbereiche und Auswertungen vor; auch die Berichte von einschlägigen Ministerien über ihre Arbeit können wertvolle Hinweise bieten. Allgemein ist das umfangreiche dreibändige Sammelwerk: Die Vertriebenen in Westdeutschland. Kiel 1959 zu erwähnen. Hier findet sich eine große Materialfülle zu den verschiedensten Aspekten des Integrationsprozesses und ein reichhaltiges Quellen- und Unterlagenverzeichnis.

c) Für die *ideelle Eingliederung* müssen immer noch v. a. die verschiedenen Arbeiten Eugen Lembergs aus den Jahren 1949–1954 herangezogen werden, insbesondere die nicht nur wegen ihres Erscheinungspunktes (1950) interessante Studie: Die Entstehung eines neuen Volkes aus Binnendeutschen und Ostvertriebenen – Untersuchungen zum Strukturwandel von Land und Leuten unter dem Einfluß des Vertriebenenzustroms. Die zahlreichen Arbeiten von Alfred Karasek-Langer und die gesamten Bemühungen des Jahrbuchs für Volkskunde der Heimatvertriebenen sollten selbst in dieser schmalen Auswahl nicht unerwähnt bleiben. Eine interessante neue Studie ist die gedankenreiche Arbeit von Wieland, Lothar: Geistige Eingliederung – eine Betrachtung unter soziologischen und kulturpolitischen Gesichtspunkten. Bad Godesberg 1967. Das Interesse von Herrn Prof. Bosl an diesen Zusammenhängen ermöglichte es, in meiner Dissertation: Historische, politische und soziale Voraussetzungen des Zusammentreffens zwischen Bayern und Sudetendeutschen nach 1945. München 1968 einen partiellen Beitrag zum Gesamteingliederungsproblem zu leisten, der auch auf die gesellschaftlichen Zusammenhänge eingeht.

manche verheißungsvollen Ansätze in dieser Richtung vorhanden sind, erscheint tragfähig. Die Aussage, daß eine derartige Gesamtdarstellung wichtige Aufschlüsse über einen modernen gesellschaftlichen Strukturierungsvorgang liefern könnte, soll hier in den Raum gestellt werden.

Was ist – so möchte man gerade nach der Präsentation des vorgelegten Falles fragen – so eine „Struktur"? Dieses Sinngefüge bzw. diese innere Gliederung bedeutet im historisch-soziologischen Sinne doch wohl nicht mehr, aber auch nicht weniger als eine über einen längeren Zeitablauf eingefahrene Proportion bestimmter gesellschaftlicher Spezifika, die in Form etwa einer Blitzlichtaufnahme zu einem bestimmten Zeitpunkt aufgenommen wird. (Im vorliegenden Fall waren das die Ausgangslagen vor der Vertreibung.) Diese Struktur wandelt sich im Ablauf der Zeit, d. h. die Spezifika können durch exogene und endogene Faktoren in Bewegung gebracht werden. (Im vorliegenden Fall ist die Vertreibung ein klar exogener Faktor, die freilich in endogene Faktoren – die generelle Umgestaltung der Welt im technischen Zeitalter – zutiefst eingebettet ist.) Nunmehr beginnt ein Strukturierungsvorgang, den man mit dem Beispiel eines Filmes – im Gegensatz zur Blitzlichtaufnahme der Struktur – verdeutlichen kann. Dieser Strukturierungsvorgang kann wiederum endogen sich selbst überlassen bleiben, oder durch exogene Eingriffe – eben die Strukturierungspolitik staatlicher Stellen – gesteuert werden. (Im vorliegenden Fall haben wir einmal im Teilbereich der DDR offensichtlich eine weitgehende exogene Steuerung und im Falle der Bundesrepublik einen stärkeren Anteil von endogenen Faktoren vor uns.) Am Ende des Strukturierungsvorganges steht dann eine neue „Struktur", die wiederum in Form einer Blitzlichtaufnahme aufgenommen und mit der Ausgangsstruktur verglichen werden kann.

Diese Betrachtungsweise ist zugegebenerweise stark mechanistisch: ein Ende in diesem Sinne gibt es nicht; jedes Ende ist zugleich ein neuer Anfang. Die Methode ist jedoch in ihrer Begrenzung hilfreich, indem sie Abschnitte markieren läßt. Sie macht zugleich im vorliegenden Falle deutlich, daß der neue Anfangspunkt noch nicht voll erreicht zu sein scheint. Er würde die Gesamtgeschichte der Eingliederung voraussetzen.

Ohne dieser noch nicht geschriebenen Gesamtgeschichte vorzugreifen, ergibt sich die Frage, zu welchen Ergebnissen man bereits heute aus den hier dargestellten Ausschnitten des Problems kommen kann.

Nicht ohne Vorbedacht erschien auf der vorgelegten Tafel 2 über die „Idealtypen" der Eingliederung der Beispielfall „Die Vertriebenen in Deutschland" sowohl gestrichelt als auch unter den beiden Kategorien „Eingliederung" wie „Einschmelzung". Starke Hinweise deuten darauf hin, daß man hier letztlich einen Tatbestand bloßer Einschmelzung vorfinden wird. Gewisse Befunde der Untersuchung lassen auf Eingliederung schließen. Einige Ergebnisse deuten sogar in die Richtung der Absonderung, freilich in einem neuen Zusammenhang über die soziologische Deklassierung im Zeitablauf. Das Instrument der Prognose, das hier z. T. noch eingesetzt werden müßte, ist aber nur dem Futurologen und Politologen zur behenden Handhabung gestattet.

Festgestellt kann werden, daß in der DDR das totale Einschmelzungskonzept nach allem, was wir wissen, erfolgreich war. Gesonderte Spezifika der Ostdeutschen sind über einen Prozeß der Ausmerzung durch die Regierung und des schrittweisen Vergessens durch die Vertriebenen selbst im Zuge der unerbittlichen zwangsweisen Umgestaltung der Gesellschaft verschwunden.

Festgehalten scheint auch heute bereits werden zu können, daß in der BRD ein Prozeß gesellschaftlicher Umgestaltung von beträchtlicher Tiefe ablief und abläuft, dem sich die Vertriebenen weder entziehen konnten noch wollten. Sie erlebten dabei gegenüber ihrem Stand 1945 bis 1950 eine beachtliche Integrierung, um jedoch insgesamt allgemein sozial abzusinken. Sie scheinen ihre ideellen Spezifika weitgehend wegen Widerstands oder mangelnden Interesses der Gesamtgruppe und im Zuge eigener erfolgreicher Adaptionsbemühungen aufgegeben zu haben.

Es bleibt offen, ob dieses Untersuchungsergebnis begrüßenswert oder bedauerlich empfunden wird. Hier werden wohl sehr verschiedene Meinungen legitim sein dürfen. Es sei jedoch nochmals herausgestellt, daß das Ergebnis methodisch eher den Charakter einer Hypothese hat, da es die Kriterien einer umfassenden Niederschrift weder anstreben kann noch will.

Systematisierungsversuch ?

ABKÜRZUNGSVERZEICHNIS

BohJb	Bohemia. Jahrbuch des Collegium Carolinum
ČČH	Česky časopis historický
ČE	Československá etnografie
ČSČH	Československý časopis historický
EA	Europa Archiv
EČ	Ekonomický časopis
GWU	Geschichte in Wissenschaft und Unterricht
HaV	Historie a vojenství
HČ	Historický časopis
HZ	Historische Zeitschrift
JbWG	Jahrbuch für Wirtschaftsgeschichte
JCEA	Journal of Central European Affairs
SbAP	Sborník archivních prací
VfZ	Vierteljahrshefte für Zeitgeschichte
ZBLG	Zeitschrift für bayerische Landesgeschichte
ZfO	Zeitschrift für Ostforschung
ZfP	Zeitschrift für Politik

In derselben Ausstattung erschien:

Detlef Brandes

Die Tschechen unter deutschem Protektorat

Teil 1:

Besatzungspolitik, Kollaboration und Widerstand im Protektorat Böhmen und Mähren bis Heydrichs Tod (1939–1942)

Herausgegeben vom Vorstand des Collegium Carolinum, Forschungsstelle für die böhmischen Länder. 1969. 372 Seiten, Gr. -8°, Leinen DM 45.–

Aus dem Inhalt: Von der deutschen Besetzung am 15. 3. 1939 bis zu den Demonstrationen am 28. 10. und 15. 11. 1939 – Von der Schließung der tschechischen Hochschulen am 17. 11. 1939 bis zur Ernennung Heydrichs zum stellvertretenden Reichsprotektor am 27. 9. 1941 – Vom Amtsantritt Heydrichs bis zu seiner Ermordung am 27. 5. 1942 und der anschließenden Terrorwelle.

Im Mittelpunkt der Arbeit steht das Verhalten der tschechischen Bevölkerung in den Jahren 1939–1943. Dadurch unterscheidet sich die vorliegende Arbeit von der Mehrheit der Darstellungen der deutschen Politik oder des Widerstandes in den besetzten Gebieten. Grund für diese Themenstellung war die Erkenntnis, daß zumindest im Protektorat der Übergang vom Widerstand zur Kollaboration stets fließend war, und daß die Mehrheit der Bevölkerung weder von der Widerstandsbewegung noch den kollaborationsbereiten Gruppen erfaßt wurde. Der Verfasser hat sich bemüht, immer dann, wenn er in der bisherigen Literatur allgemeine Behauptungen über die angeblich humane Protektoratspolitik, die Bedeutungslosigkeit des tschechischen Widerstandes, die deutsche, besonders Heydrichs, Sozialpolitik, die angebliche kommunistische Kollaboration mit den Protektoratsbehörden usw. vorfand, diese an Hand der Akten zu überprüfen, um sowohl den Miterlebenden von damals, als auch den nur mittelbar Betroffenen von heute bei der Beurteilung der Vergangenheit zu helfen.

Die Dastellung baut auf dem Studium umfangreicher Aktenbestände aus deutschen und besonders tschechischen Archiven und der gesamten, vor allem tschechischsprachigen Literatur auf. Dem Leser von heute werden verblüffende Parallelen, aber auch grundsätzliche Unterschiede zu den gegenwärtigen Vorgängen in der Tschechoslowakei auffallen.

Der 2. Teil dieser Arbeit soll Ende 1972 erscheinen.

R. Oldenbourg Verlag München Wien